本书出版得到河南大学中国古代史研究中心经费资助，谨致谢忱！

当代史学平议

李振宏　著

社会科学文献出版社
SOCIAL SCIENCES ACADEMIC PRESS (CHINA)

目　录

序

　　衡定一个时代历史学的进步可以有多项标准，史学体裁的丰富、研究角度的变化、对新的问题的考察等等，都是这些标准的组成部分。但在我看来，在这些标准之上且能统摄这些标准的还应当有一个更为本质的大标准，这就是史学观念或史学思想。这是一种深刻的力量，任何一个时代的历史学都是通过观念和思想达成了自己所属时代的史学目标，并因此而形成了史学史上的起伏、变化和进步。

　　我们这一代人经历了思想解放运动带来的史学研究的转折，称之为革命性的改变也并不为过。其中最为显著和重要的表现是，我们树立起了独立思考这一科学研究工作最基本的却被长期阉割的学术精神，由此产生了对以往被视为神圣不可动摇的教条的怀疑，并和我们许多值得尊敬的前辈学者一起，努力使中国的历史学走出"奉命史学"、"遵命史学"的樊篱，努力使中国历史学回归到它应有的学术位置。与此相应，这个时代的历史学的进步没有与中国传统文化割裂开来。我们继承和发扬了中国传统史学中"求真"和"致用"的优良传统，前者保证了我们对历史学科学性的确认，后者则使我们看到了历史学的现实品格。

　　以往读李振宏教授的论著和论文，总是能被他深刻的思想洞察力和敏锐的批判精神所感染，所打动。我上面提到的独立思考的学术精神，在研究工作中对历史学科学性的确认和对历史学现实品格的实践，在他的身上，在他的文字之中，都有着极为鲜明的体现。最近，李教授寄来大著《当代史学平议》，让我又一次感受到了思想和批判的力量。

其实，这部著作收入的一些论文我之前就已经拜读过，例如《中国政治思想史研究中的王权主义学派》、《"天高皇帝近"：一个重要的思想史命题》、《文化史研究需要提倡整体性思维》等。而《六十年中国古代史研究的思想进程》这篇长文在发表之前我就已经学习过，而且可能是第一个读者。2008 年前后，中国史研究杂志社考虑中华人民共和国已走过了近 60 年，有必要对这段不算短暂且不平凡的时代的史学研究走向做一次细致的梳理，因此准备设立"六十年的中国古代史研究"专栏，并约请了几位专家撰稿。这些朋友因工作繁忙没有完成文章，只有李教授赐寄来《六十年中国古代史研究的思想进程》，令我非常感动。由于专栏取消，这篇文章也没有在《中国史研究》上刊出。适在此时，中国史研究杂志社创办了《历史学评论》，承李教授不弃，慷慨允诺将此文交给《历史学评论》。这篇论文是《历史学评论》创刊号上的压轴文章之一，发表后在学界引起了不小的反响。

《六十年中国古代史研究的思想进程》是迄今为止我读到过的相关问题研究中最有深度的论著。这篇长达 10 余万字的宏文和李振宏教授的其他论文，体现了他的三个鲜明的学术风格。

首先是他的对现实的深切关怀。历史研究是否要指向现实，历史知识是否要介入现实世界，历史学家是否要具有对现实关怀的精神，这些问题长期存在不同意见。在中国一种有着相当影响的看法是历史学是"无用之用"之学，它应当与现实形成距离，从而保持自身的科学性。我个人未必准确的意见是，这种看法在逻辑上存在着偏差。历史学的一个基本特征是它处在变化的过程中，不同时代历史学面临的问题实际上是由现实所提交的，从而每一个时代都有属于这个时代的历史学。由此出发，每个时代的历史学的科学性保证既来自所有时代历史学所共有的"求真"品质，也来自对特定时代现实向历史提交问题的回答。李振宏教授所关注的学术对象，是以其对现实的深刻理解为基础，从而展现了他闪烁着思想光芒的过人之处。例如，中国的思想史有着怎样的发展路径？这种路径何以表现出与以古代希腊、罗马为原点的西方思想史的区别？李振宏教授指出："秦汉以后的中国思想史，是没有个性化思想的思想史。因为，在皇权主义意识形态的掌控之下，整个民族只能有一种思想，只能用一种方式去思想，只能沿着官方规定的思维路径去思想，只能围绕着维护皇权的绝对权威去思想。任凭再聪颖、再智慧的思想家，也必须牺牲自己的思维个性，牺牲自己思想的权利。在思想家的'思想'之前，就已经为你规定好了思维的路向，思维的内容，就连思维的最后结果也是在思维开始之前就已经给予……所以能够如此，就在于专制皇权的过于强大，在于皇权体制的刻意设计……只要抓住文化专制主义这个本质属性，中国思想史的核心问题就基本解决了。"从思想论思想，由概念到概念，是国内学界惯熟的路径，它能够达到的终极效果是在表层上展现出思想的现象，却不能洞察思想走向的根源。李振宏教授将思想的历程与政治结构和社会结构紧密联系在一起，分析了思想演变与社会构成的内在联系。这一洞彻思想史脉搏的观察，正是来自他对我们所处时代的深切体味。如果说解决了"历史"是什么，完成的是对"历史"小"真"的答案；那么解释了"历史"为什么，完成的则是对"历史"大"真"的回答。而对"历史"大"真"的判断，正来自历史学现实品格所喷流出的泉流。

其次是他对历史学思想走向的深切关怀。在《历史学评论》发刊词中，我写了一段话："在历史学中，也存在着一种记忆，这就是历史学的记忆。这种记忆不仅总结了一个时代历史学的基本精神，更重要的是，它在学术道路的总结中蕴含洋溢着充满反省的批判理念，最终将记忆的经验化为历史学前进的动力。"中国传统历史学"善"、"恶"并存。后一方面，在历史学的目的性而言，它主要不是寻求真知，而是让历史知识成为支持国家统治和正统观念的工具；在历史学的自律性而言，它将"是非据《春秋》"和"扬名教"作为最高的价值观念，从根本上限制了一种学术事业本应具有的彻底的批判精神。这两种表现在新史学浪潮席卷中国传统史学和马克思主义历史学传播光大之后依然顽强存在。分析和总结这些表现对于当下和未来的中国历史学有着重要意义。在这个方面，李振宏教授付出了极大的努力。我想向读者推荐作者《六十年中国古代史研究的思想进程》结语中的一段文字，这些文字是一个真挚的历史学家在沉痛思考后的思想表达，值得我们特别是青年朋友思索：

> （最近六十年来中国古代史从业者思想演绎过程）的内在逻辑，实际上就是一个思想从禁锢、盲从，到冲出牢笼的激越冲动，以至于最后达到个体自觉、解放的过程。历史学家在20世纪五六十年代的思想禁锢，不仅仅是意识形态强化的原因，也根源于几千年历史中权威崇拜、皇权观念和经学思维的思想传统，只不过是人们将对孔圣人和皇帝的崇拜，转化到了对马克思和当今政治领袖身上……当人们真正获得了独立思考的权利的时候，对历史的认识，才可能有所谓真知灼见，产生来自心灵的感应……思想的天性终归是要求独立和自由的，一切对思想世界的规范和掌控，带来的都是实践世界的沉闷和惨痛；保护思想跳动的自由，才是社会建设的至高境界。

思想的自由是人类获得幸福的根基，对于历史问题的自由思考和自由表达是获得真知的前提。衷心希望经过近六十载特别是改革开放三十多年以来几代学人的反思，我们前辈和我们这一代人的经历和经验能够为后来者提供有意义的认识基础，不媚俗，不趋势，不唯上，让中国的历史学成为追求真理的学术家园。

最后是他对史学理论和方法论的深切关怀。李振宏教授是改革开放后我们这一代人中史学理论研究的先行者。他的《历史学的理论与方法》一书两次再版，在学界获得很高评价，是国内这个领域研究的代表作之一。收入本书的多篇论文讨论了史学理论和方法论问题。他敏锐地指出：方法论观念淡薄，缺乏方法意识，是中国史学长期沉闷、缺乏重大创新性成果的主要根源之一。我完全赞同这个观点。理论和方法论是一个学科的灵魂，一个学科缺乏理论和方法论，这个学科就不能真正成长。一个学科理论和方法论不能进步，这个学科也将长期停滞。有一句流传很久的话，叫"画鬼（指理论）容易画人（指考证）难"。其实，把"人"画得像"人"

固然不易，而把"鬼"画得"吓人"即有说服力又有指引性更为不易。国内史学界理论和方法论的薄弱原因很多，我以为最为根本的是我们缺乏对于理论和方法论研究的自觉性和自主性。我们是否能够在具体问题研究基础上，自觉提出有思想的判断和概括？我们是否能够面对已有的理论和方法论框架，自主提出更加合理的观念？这些都是目前国内历史学面临的挑战性问题。我期望李振宏教授这部著作的出版，能够有助于这个挑战性问题的解决。

我和李振宏教授相识已有二十多年，我们都是恢复高考后的第一届大学生。几年前，上海崇明岛的一个秋夜，我们把酒长谈。帘外细雨霏霏，屋内振宏兄讲述他的曲折人生，讲述他的历史观念，讲述他对中国发展的关切……这一切犹如昨日。振宏兄长我七岁。我常说，如果不是因为十年"文革"的荒诞岁月，振宏兄和其他一些比我年长许多的同学，很可能就是我的老师。他的人生经历、他的思想让我学到了很多历史学知识以外的内容。人生短暂，此生能与振宏兄和其他学兄相识为友，足矣！

彭 卫

2015 年 3 月 19 日于北京潘家园寓所

六十年中国古代史研究的思想进程

一 问题的提出

2008 年和 2009 年，是中国当代史上两个充满回忆和反思的年份。对于中国古代史研究来说也是如此。因此，我们看到，站在 30 年或 60 年学术发展的高度去反思中国学术的论文论著，一时为盛。但是，综观这些总结，多是对成绩的罗列或问题的反思，并主要是从政治或意识形态对学术的干扰或影响方面，总结学术史上的经验教训，而从学术思想发展的内在逻辑出发，去描述史家治史之思想进程的论述却并不多见。比如总结"文化大革命"前十七年的中国学术史，人们都会瞩目于强大的集权政治和国家意识形态的影响。在那个时代，中国学者实在是没有多少思想的自由，没有多少可以进行思想或理论选择的权利。所以，对于十七年史学的总结，特别是史学研究中的极"左"化倾向和理论至上的形而上学猖獗，几乎所有的总结性评论，都把问题的根源归之于强权政治和意识形态的威压，归结于政治运动对学者人格的摧残和扭曲。这些的确是该时期学术最顽强的特征，但是，强权政治和意识形态，对于正常的学术发展来说，毕竟是外部因素（尽管是学术主体不可抗拒的外部因素），而完整的、全面的学术史总结，不能仅仅考虑外部因素，还需要深入学术内部，特别是深入到学术主体最隐秘的内心世界。考察学术主体内心世界或曰思想世界的状况及其发展，才可能对学术史的发展历程做出完整且较为深刻的说明。

排除政治或意识形态方面的因素，从史学自身出发去总结或反思"文化大革命"前十七年中国古代史研究中的思想理论问题，最少有三个方面的因素需要考虑：一是中国史学所背负的传统的历史文化因素；二是中国史学家所秉承的经世致用与史学资治观念；三是中国学者思维素质中批判性思维的缺失。这些是十七年史学所以繁荣也所以走向极"左"狂热的根本原因。

首先，所谓传统的历史文化因素，就是几千年所形成的经学传统，对所尊奉的理论观念只能盲目地崇拜和践行，而不能有所怀疑或违逆，这种传统使历史学家将遗传下来的经学态度和经学思维，移植到现实中对待马克思主义的立场和态度上去，将马克思主义这一本来具有启迪性和方法论属性的思想理论，变成了只能理解和尊奉的教条，变成了丝毫不能触碰的红线和雷区，并因此窒息了它的生命力，使之失去其所可能具有的强大的方法论效应。其次，强大的经世致用和史以资世的史学思想传统，使得历史学家将历史学的功能，直接理解成为现实的政治和政策服务，自觉地肩负起类似《资治通鉴》的御用使命，使史学沦为解读政治和政策的工具。特别是当历史学家为新中国的诞生而激发起强大的政治热情的时候，这种资治观念就被发挥到极致，提出最政治化和现实化的命题，并形成趋之若鹜的局面。所谓"五朵金花"正是这样的产物。最后，批判性思维的缺失，则是中国历史学家的先天性痼疾。中国古代没有这个思维传统，即使有几个具有批判素质的思想家和历史学家，如王充、刘知幾、李贽等，也被时人或后世所诟病，远没有形成一种思维的传统。批判性思维的缺失，使得历史学家在接受一种理论或思想的时候，失去独立思考的基本品格，而被盲目性和狂热性所左右。

在实际的中国古代史研究中，这三种思想因素的结合，促成了"左倾"学术思潮如洪水般泛滥。三种因素的结合是这样实现的：资治传统调动了历史学家为现实政治服务的积极性和主动性，而现实政治中的中心课题则是"千万不要忘记阶级斗争"，防止资本主义复辟；经学思维使历史学家对马克思主义的唯物史观进行注经性阐述，把经学家发明微言大义的技能发挥到极致，对个别马克思主义词句的极端性泛滥起到推波助澜的作用，而在大讲阶级斗争的现实中，被政治所中意的马克思的个别词句，则只能是其阶级斗争理论；批判性思维的缺失，则使得历史学家对于出自马克思、恩格斯、列宁、斯大林、毛泽东之口的任何言语甚至只言片语都奉为圣明，丧失其分析和批判的意识和能力，盲目遵循，顺旨发挥，竭尽所能去实现放大效应。十七年史学中，对古代史研究破坏性最大的阶级斗争理论，就是在这样的知识思想背景下，被发挥、演绎而放大到极致的。

本来，在马克思的理论体系中，阶级斗争理论只具有次生形态的意义，马克思明明讲过，"阶级的存在仅仅同生产发展的一定历史阶段相联系"。[①] 这一思想表达，一方面说明了马克思的阶级斗争理论只是他的生产力与生产关系和经济基础与上层建筑等社会理论体系中的一个组成部分，远不是唯物史观最核心的理论观点；另一方面，它也清楚地表明，在马克思那里，阶级理论的运用只能在历史主义原则的指导下去进行，任何时期的阶级与阶级斗争，都是特定的生产发展阶段的产物，离开一定社会历史阶段经济状况的具体考察，阶级与阶级斗争的性质、内容、形式与特征，等等，都不能得到历史的说明。如果我们能够将马克思主义的阶级斗争理论作这样的理解，它倒还是可以作为一个观察历史问题的思想方法。然而，在十七年史学中，马克思阶级斗争理论的这一基本属性，完全被扭曲了，被夸大到了唯物史观理论的核心观点的地步，并被用来无条件地、万能地解释古代历史中的一切问题，成了历史研究唯一的方法论原则。这里，一方面有毛泽东对阶级斗争问题的极端性表述为导向，[②] 另一方面，也有历史学家对这一理论的积极主动的推波助澜。无疑，历史学家本身有着不可推卸的责任。古代史研究中，阶级斗争方法的极端运用及其泛滥，都是通过历史学家的聪明才智去实现的，他们自身表现了主动性与创造

---

① 《马克思恩格斯选集》第 4 卷，人民出版社，1995，第 547 页。

② 毛泽东在《丢掉幻想，准备斗争》（1949 年 8 月 14 日）中说："阶级斗争，一些阶级胜利了，一些阶级消灭了。这就是历史，这就是几千年的文明史。拿这个观点解释历史的就叫做历史的唯物主义，站在这个观点的反面的是历史的唯心主义。"《毛泽东选集》第 4 卷，人民出版社，1991，第 1491 页。

性，绝不单单是一个完全被动执行或违心接受的问题。历史学家自身对极"左"思潮的推波助澜作用不可低估，对历史学家自身的分析或解剖，揭示一个时期历史学家思想世界的真实图景，应该是我们认识该时期史学状况的新的视角。

从学术史的内在线索出发，中国古代史研究六十年的发展史，可以粗略分为三个阶段："文化大革命"前十七年，"文化大革命"后到 20 世纪 80 年代末的十年时间，20 世纪 90 年代至今的二十年。至于"文化大革命"十年，严格地说是没有学术可言的；如果硬要谈什么学术，也是一个扭曲的阶段，难以从学术自身去总结，可以视为学术的断裂期略而不论。本文就依循新中国史学发展三阶段的历史线索，从解剖历史学家自身思想状况的角度，揭示从事中国古代史研究的历史学家思想演绎的历史过程。①

二 "文化大革命"前十七年中国古代史研究的思想世界

"文化大革命"前十七年中国史学的基本形态是"阶级斗争史学"，最顽强的特征就是阶级斗争思维。在那个年代里，研究课题是历史上的阶级斗争问题，研究方法是阶级分析方法，指导思想是马克思主义的阶级斗争理论，一切研究都被打上了深深的阶级烙印。离现实较近的中国近现代

---

① 作为一篇论文，该选题的确是过于宏大，对于所要论及的问题之繁复几乎难以掌控。思想的进程，不是一个人的思想进程，而是一个具有千差万别的学术个性和不同思想向度的学者群体的思想进程，如何把握颇费思索。笔者采取的方法是，对于 20 世纪五六十年代这个思想高度统一、缺乏个性色彩的时代，基本上采取一般性论述，所举案例多以当时最著名的学术大家和流行的通史著作为例；而之后的两个时代，相对于前一时期是一个发展和变化的时代，而任何一个发展变化的时代，也都存在变与不变两种要素，甚至对于一个只有十年、二十年的短时段来说，不变的要素很可能还是最普遍的可以看作群体思想的底色的色素。但是，对于本论题要写思想的进程这个主旨来说，写作一个变化的时代，则只能抓住那些变化的因素，那些代表着思想发展方向的因素。所以，在第二或第三阶段的描述中，笔者要着意揭示的是那些反映思想变化趋向的东西，而不是作为最普遍的底色的也可以目为惰性的思想成分。于是，笔者关于第二或第三时段的描述，所选择的研究个案就难以反映该时代的大多数人的思想，而只是评述那些走在学术思想前头的人的思想。

史研究是如此，古代史研究中也是如此，人们是唯知有阶级，无论其他。于是，从事古代史研究的历史学家的思想世界里，无论研究什么，也都只是跳跃着"阶级"二字。

（一）一般政治经济史研究中的阶级斗争思维

历史学家的阶级斗争思维，既来自于现实政治生活中人为制造的阶级斗争的启迪，也是历史学家将马克思主义阶级斗争理论严重片面化的结果。由阶级斗争思维产生的古代史研究成果，大都远离了历史本身。譬如对经济史上一些重要历史现象的解读，就完全抛开了经济发展的内在逻辑。对唐代重要赋税制度"两税法"的评论就是如此。《中国通史》写道：

> 初行两税法，百姓也有些好处，安、史之乱后，朝廷急需钱物，随意增设税收官，多立名目，旧税加新税，无有限制……两税法虽然对民众的负担丝毫不曾减轻，而且还加重些，但比起乱收税来，总算是有个统一的税制。可是，腐朽已极的唐朝廷，只知道要钱愈多愈好，从七八一年藩镇田悦等叛变时起，两税法又变成乱收税，民众受害与改制以前一样严重。

> 颁行两税法时所说的九条规则，在唐德宗在位时，已经是每一条都起残害民众的作用。①

这段文字中对两税法的评价，完全是从农民税负之轻重去分析，即使对它最初施行时的些微肯定，也是因为它对"百姓也有些好处"；而不是从赋税史的内在逻辑、发展轨迹去判断其合理性。这样的评价角度完全离开了历史本身，离开了经济规律的必然性问题。先验的阶级立场代替了一切，历史评价变成了一个政治或道德评价。

同样，对赋税史上另一个重要变革，明代"一条鞭法"的评价也是如此。写于 20 世纪 60 年代的一篇文章中，对一条鞭法的总体评价是：

---

① 范文澜：《中国通史》第 3 册，人民出版社，1965，第 277～278 页。

（一）一条鞭法最主要的历史意义，是它调节了差役制度和地主土地所有制的矛盾，因而多少起到了缓和社会阶级矛盾，维护生产秩序的作用。

（二）一条鞭法促进了商品经济的发展……对明中叶社会经济中的资本主义萌芽有着一定程度的促进作用。

（三）一条鞭法促进了封建社会内部社会分工的进一步发展和封建国家结构的强化。一条鞭法的实行，虽然意味着地主阶级对农民的直接的人身强制的某种程度的松动，但地主阶级为了实现其对农民的残酷剥削，不得不借助于强大的暴力机器，必须不断地完备和强化自己的国家机器。同时役制改革的本身也促进了封建政治结构的强化……

（四）从整体上看，一条鞭法的实行，大大加重了人民的负担。一条鞭法实行差役货币化以后，就为封建国家打开了一条任所欲为地"加派"银两的道路，税款不断增加，因而给人民带来了更大的灾难。①

以上评价的关键词，就是"封建国家"、"地主土地所有制"、"阶级矛盾"、"暴力机器"、"剥削"、"人民的灾难"等等。即便是它具有人们可以认同的对于资本主义萌芽所起到的"一定程度的促进作用"，也必须强调指出它"给人民带来了更大的灾难"。站在人民的立场上去谴责地主阶级、剥削阶级，这个根本的阶级立场时刻都要旗帜鲜明。至于一条鞭法在这个时候为什么会出现，它在赋税史上的地位和作用，它的历史必然性从而历史进步性，这个历史评价的基本立场则被完全抛弃了。

两税法和一条鞭法，都是中国古代赋税史上的重大变革，体现着经济史发展的内在必然性；而对它们的评价，都被用来当作表达阶级立场的工

---

① 余用心：《关于明代一条鞭法的考察》，《西北师大学报》1983 年第 2 期。该文的"编者按"指出，该文写于1964 年，"文化大革命"后经他人删改后发表。所以，此处用作20 世纪60 年代的代表性观点。

具。在这样的历史评价中，思维变得极其简单，凡是劳动者就是好的，是进步的；凡是地主阶级或统治阶级就是坏的，是反动的。思维的形而上学猖獗，到了几乎不需要任何理性分析的地步。历史学家的思维已经被现实社会中的阶级斗争完全扭曲了。

既然是要站在抽象的人民利益的立场上评价历史，那么，站在人民对立面的地主阶级及其代表他们的政治经济利益的所谓封建政府，就必须给予完全的谴责和否定。于是，在这个年代中国历史学家笔下，封建地主阶级就完全成了一个反动的阶级，它不可能起到任何积极的历史作用，也不可能有任何的历史主动性。《中国通史》对隋初的政治就有这样的描述：

> 封建统治阶级在政治上总是有两种作法。一种是孔、孟的传统政治思想，即剥削较有节制的所谓行"仁政"。这在封建时代，应该说是进步倾向，因为农民迫切希望统治阶级不要夺去过多的生产品。另一种是腐朽势力的作法，那就是不顾农民死活，横征暴敛，贪得无厌，用来填无底的欲壑。进步倾向和腐朽势力在统治阶级内部常常发生斗争，如果进步倾向得势，阶级矛盾就比较缓和，出现"治平"的景象；反之，腐朽势力得势，制造各种祸乱，毒害民众，最后爆发农民起义，打击以至推翻腐朽统治。从表面看，一"治"一乱若循环，似乎是统治阶级自身的事情，实际上"治"是农民起义的产物，没有起义的威力，统治阶级是不会求"治"的。①

根据这样的观点，一切统治阶级都是反动的，所以是不可能求治的。我们对历史上的国家职能只能做如此反历史的理解。当然，是时的人们也知道毛泽东关于"历史上奴隶主阶级、封建地主阶级和资产阶级，在它们夺取统治权力以前和取得统治权力以后的一段时间内，它们是生气勃勃的，是革命者，是先进者，是真老虎"②的论断，从理性上承认地主阶级

---

① 范文澜：《中国通史》第 3 册，第 424 ~ 425 页。
② 毛泽东：《毛泽东选集》第 4 卷，人民出版社，1991，第 1092 页。

由最初的先进阶级转化为反动阶级有一个过程，但人们就是希望他们这个过程越短越好，以免会过多地涉及他们积极进步的方面。所以，20世纪五六十年代关于地主阶级历史属性的转变，就多是把它定位于汉代，即地主阶级的政治统治刚一确立，就很快完成了由先进阶级向反动阶级的转变，结束了它的上升期，西汉以后将近两千年的历史发展中，地主阶级成为一个完全反动的阶级。这样，地主阶级就可以成为被谴责的对象，就可以和现实社会中对他们的批判统一起来。如《中国史稿》中就是这样叙述的：

> 昭、宣之世是西汉历史的一个重要的转折点。从春秋战国之际到这个时候，封建生产方式已经走过了相当长的一段行程。在这个相当长的时期内，封建生产关系和生产力的矛盾，经济基础和上层建筑的矛盾，都在不断积累和发展。封建地主阶级的历史地位，也在逐渐发生变化……秦末农民起义标志着农民阶级的壮大和反抗斗争的加强，它促使封建地主阶级逐步向反面转化，化为反动的阶级。到了汉元帝以后，地主阶级历史地位的这一变化，已经明显地表现出来。在经济基础方面，封建地主土地所有制从促进生产力发展的因素，变成了束缚生产力发展的桎梏。[①]

既然在西汉时期地主阶级就已经变成了反动的阶级，那么，这个阶级对于其后中国历史的发展来说，就完全是多余的了。于是我们看到，初稿完成于20世纪60年代、出版于70年代末的胡如雷的《中国封建社会形态》一书，对中国封建社会形态的基本经济规律做出了如下判断：

> 我觉得可以把中国封建社会形态的基本经济规律表述如下：
> "用主要通过买卖方式兼并土地的办法，用剥削依附佃农的办法，来保证地主占有地租和满足其经常增长的寄生性消费。"
> 关于这个概括，须要声明以下几点：第一，这里是把危机阶段作

---

① 郭沫若主编《中国史稿》第2册，人民出版社，1979，第241~242页。

为每个周期中的基本阶段来考虑的……第二，我所以要把占有地租和满足地主寄生性消费同时提出，是由于考虑到，在土地兼并存在的前提下，地租除了一部分用于消费外，也有相当部分用于购买土地。如果只提满足寄生性消费，就会忽略地租在土地兼并中的作用，看不到中国封建地主对增加地产的无限冲动。第三，我所以称作"寄生性消费"，是由于考虑到，在生产过程中地主与资本家不同，前者只剥削地租，却不对生产进行投资，也没有实际上组织生产过程的职能，剩余劳动全部是他的纯所得，所以地主的消费具有纯粹的寄生性质。虽然如此，我们也不否认，当封建制代替奴隶制时，地主阶级曾经是一个起过进步作用的阶级。但这种进步只在于地主阶级能够采用适合于生产力性质的新剥削方式，这一点并不能说明它在这种生产关系中不是一个完全寄生的阶级。[①]

在这样一个关于中国古代社会两千年历史发展的基本经济规律的表述中，主导历史发展的地主阶级，竟然是一个完全多余的"寄生性阶级"，这样的历史如何使人理解呢？一个多余的寄生性阶级，主导了人类历史上最先进、最具创造活力的民族的历史发展，大概也只有在中国 20 世纪五六十年代这个特殊的历史时代，才可能创造如此巨大而荒谬的历史悖论！而它竟然一点也不能引起人们的质疑，相对于我们的阶级斗争思维来说，它的确是太自然、太正常、太合情合理了。

和对地主阶级的评价形成鲜明对照的，是历史学家们对于农民阶级的憧憬和期待。因为在历史学家的心中，推翻地主阶级封建统治的历史使命就寄托在农民阶级身上。现当代历史中中国共产党领导农民建立新中国的历史勋业，鼓舞了他们对历史上农民革命的憧憬。漆侠等人所著的《秦汉农民战争史》中写道：

---

① 胡如雷：《中国封建社会形态研究》"结束语"，三联书店，1979，第 422~423 页。该书"序言"中说："本书初稿完成于 1964 年。在'文化大革命'中，书稿曾一度失落，后来在一个偶然的机缘中找了回来。"所以，我们把该书看作十七年史学的思想成果。

农民革命斗争的胜利成果总是被贵族地主分子所窃取，封建政治制度、经济制度依然延续下来，农民依然处于被剥削被压迫的地位。这不能不是农民革命斗争的血的教训。这个经验教导革命人民，要时刻记住：革命组织必须健全，革命领导权必须牢固地掌握住，不然，革命就必然陷于失败！

三次全国性农民战争虽然以失败告终，但它则是以推翻三个强大的封建王朝，取得这样一个辉煌夺目的伟大胜利而被记录在史册上。千万劳动人民不堪封建统治的残酷剥削和压迫，为夺取这个伟大的胜利进行了持续斗争。他们的无数的英勇壮烈的事迹，以及像陈胜吴广的革命首创精神，巨鹿之战、昆阳大战的雄伟场面，张梁率领下数万义军视死如归、壮烈牺牲等等，永远值得尊敬，永远值得学习，永远成为革命人民反对剥削者压迫者的一个鼓舞力量。他们夺取来的这个伟大胜利，显示了被压迫人们具有无穷无尽的威力，反动的封建统治是无法阻挡的。真理就是这样，被压迫人们只要敢于斗争，就能夺取胜利。①

在当时所理解的马克思主义阶级观点中，劳动人民是歌颂的对象，阶级斗争是推动历史发展的根本动力，所以，历史学家为每一次农民战争之后胜利果实"被贵族地主分子所窃取，封建政治制度、经济制度依然延续下来，农民依然处于被剥削被压迫的地位"而感到遗憾，天真地希望他们能记取"血的教训"；似乎他们能记取这个教训，即使在秦汉时期，农民阶级也能获得阶级的解放。正是在这样貌似坚持马克思主义阶级分析的研究中，马克思主义的历史必然性思想被丢得一干二净，没有了丝毫的马克思主义味道。"真理就是这样，被压迫人们只要敢于斗争，就能夺取胜利。"历史果真如此，还有什么规律可言吗？只要敢于斗争，就能夺取胜利，历史岂不是就要以人们的意志为转移了吗？历史学家真的是为那个时代所鼓舞，和现实社会实践中那些"人有多大胆，地有多高产"的历史创造者一样地书写着豪言壮语！真实的历史是创造出来的，历史的发展是有

---

① 漆侠等：《秦汉农民战争史》，三联书店，1962，第206页。

内在逻辑的，有其必然性的法则的，靠历史学家的政治热情呼唤或编织出来的美妙篇章，充其量只能叫作历史神话。从这个意义上，历史学家有资格说，我们和现实中的大跃进一样，简直就处在一个神话时代！

（二）思想文化史研究中阶级分析方法的贯彻

阶级斗争理论及其所转化而来的阶级分析方法渗透到历史研究领域，是靠历史学家们的积极性和主动性来实现的，历史学家表现出了像古代文人一样的政治情结。只有这样，由政治所派生的东西，才能化作他们自觉自愿的行动，从而焕发出前所未有的创造性。中国古代思想、文化史研究中所流行的"劳动阶级/剥削阶级—唯物/唯心—进步/反动"分析模式，就是历史学家自己主动性创造的结果。凡是劳动者阶级所创造的思想或文化，就是唯物的，进而是进步的；反之，凡是剥削者阶级所创造的思想或文化则都是唯心的，也相应地是反动的。这是一个在今天看来难以理解的思维模式。

我们先来看中国古代思想史研究中的阶级分析及价值判断问题。当时最权威的思想史著作《中国思想通史》中，关于先秦思想史有言曰：

> 分工的发达，分裂出了新阶级，由新阶级的分裂或国民阶级的出现，逐渐形成了显族，以至于产生了土地私有的显族制度，因而阶级斗争的变化决定了"显学"的形成。所谓诸子之学既然是"道术将为天下裂"，那么，这一意识的分裂，就形成"言之成理、持之有故"的学术，它反映了土地生产资料的分裂，反映了由氏族贵族的所有制转化为地域化私有的多元所有制，以及工商业分工的发达。[①]

> 依据上面所述的唯物主义和无神论的思想看来，春秋时代的进步思想家虽然在"礼"的约束之下有其局限性，不敢公开地反对贵族的宗法制度，但他们却敢于把宗法制度所依托的灵魂跌开，举起无神论

---

① 侯外庐、赵纪彬、杜国庠：《中国思想通史》第 1 卷，人民出版社，1957，第 44～45 页。

的旗帜，讽刺贵族麻醉人民的迷信思想……①

道家的自然史的天道观中含有唯物主义的因素，和孔、墨的天道观比起来是进步的。②

五行说在春秋时代是一种进步的思想。到了战国时代这种思想则被唯心主义者所剽窃。③

《中国史稿》中关于先秦思想，也是类似的评价和判断：

"百家争鸣"说到底主要是两家：一家要维护垂死的奴隶制度，一家要维护封建的财产关系和剥削关系，巩固封建的政治制度和社会秩序。④

墨家的思想体系中呈现出许多自相矛盾的因素，具有明显的二元论和阶级调和的倾向。⑤

墨子"兼爱"的实质是主张阶级调和。⑥

庄子的思想代表一部分对前途感到绝望的没落奴隶主贵族的立场。⑦

（荀子）的性恶论和孟子的性善论一样，都是剥削阶级的人性论，不过一个是奴隶主阶级的人性论，一个是新兴地主阶级的人性论罢了。⑧

《中国思想通史》中关于宋代理学的评价：

---

① 侯外庐、赵纪彬、杜国庠：《中国思想通史》第1卷，第128页。
② 侯外庐、赵纪彬、杜国庠：《中国思想通史》第1卷，第532页。
③ 侯外庐、赵纪彬、杜国庠：《中国思想通史》第1卷，第645页。
④ 郭沫若主编《中国史稿》第2册，第48～49页。根据本书"后记"所说，该书第2册1963年内部印行，1978年初修改定稿，可以视为第一阶段的研究成果。
⑤ 郭沫若主编《中国史稿》第2册，第49～50页。
⑥ 郭沫若主编《中国史稿》第2册，第52页。
⑦ 郭沫若主编《中国史稿》第2册，第61页。
⑧ 郭沫若主编《中国史稿》第2册，第73～74页。

二程的理学是"接着"禅学、华严宗的唯心主义，并且进一步把封建的法律虚构提高到哲学体系中来，因而和他们的政治立场相应，是极端反动的。这就再一次证明了哲学是有党性的，是一定阶级利益通过政治法律的折射。这种"贵人气象"的理学是这样打上了时代的品级性地主阶级的烙印，后代"接着"理学宗传的各色各样的卫道论也不能不打上各时代的反动阶级烙印。[①]

封建等级是贯彻在朱熹哲学中的一条黑线，不管是他的自然观还是社会观，道德论还是人性论，其最后归宿都是要证明这种"等级差别"，在他的整个体系的每一部分上都满打着封建统治阶级的烙印。朱熹的反动的哲学和政治理论之为"后之时君世主""来此取法"不是偶然的，为近代保守主义或复古主义者所美化也不是偶然的。[②]

在上述思想评价的话语体系中，任何一种思想学说，都对应着确定的经济关系及其这种关系的代表者——社会阶级。并且所有百家诸子，被简化成两家，不是奴隶主阶级，就是封建主阶级，最多也就是再多出来一个墨家的"阶级调和"。在这样的学术背景下，思想——这种人的心灵之花，却是那样的僵硬和呆板；这个最为斑斓多彩的世界，只剩下了阶级性这种单一的色调。

思想的内涵是不是和人的社会阶级有着如此紧密的联系甚或是直接的对应关系，是可以讨论的一个问题；而在那个时代，人们是丝毫也不怀疑的。因为，阶级分析被理解为一把万能的钥匙，它可以用来观察一切历史问题，思想的历史当然也不能例外。而且，一旦属于统治阶级的思想范畴，就是极端的反动，统统应该被骂倒、被否定，没有任何积极的思想价值可以肯定。《中国通史》中关于佛教的极端性评价，就是很好的例证。作者在评价唐代的佛教文化时说：

---

① 侯外庐主编《中国思想通史》第4卷，人民出版社，1959，第584页．
② 侯外庐主编《中国思想通史》第4卷，第624页。

唐朝文化空前发达……其中占较大篇幅的是佛教部分。佛教肆毒，不始于唐朝，但唐朝是流毒极盛之世，佛教所有胡言乱语，为非作歹，这时候全部暴露出来，不禁使人望而切齿。我对佛教，没有从哲学的角度去粉碎它，我只用普通常识去批驳它那些灵魂不灭、因果报应、求福免祸、六道轮回等谎言和谬说，肯定唐朝佛教祸国殃民之罪恶极大。不过，由于研究不足，难免批判不够有力或分析不够妥帖，切盼读者多多提出意见，以便更有效地铲除它遗留下来的祸害。①

佛、道两教都是麻醉人民的毒品，和尚、道士都是懒馋无耻的寄生虫。佛教势力比道教大得多，它对民众的祸害也更大……天竺社会里一切黑暗、野蛮、落后、秽浊的事物，都借着佛菩萨的庄严慈悲相作掩护，整套整套地搬运到中国来，劳苦民众吃了它极大的苦头。千年以后，看到当时佛教遗迹，虽然应该当作珍贵的文物加以保护，但想起它祸国殃民的罪恶，使人感到犹有余痛。②

作者对佛教采取如此缺乏分析的态度，其主要原因大概就是两点：一是佛教反映了统治阶级的需要，是麻醉人民的鸦片；二是作为宗教，它是唯心主义的思想体系，和唯物主义相背离。而一切思想或文化，一旦染上了统治阶级和唯心主义这两个色素，就难逃被诛伐的命运。

从阶级观点出发对封建时代的思想文化进行批判，贯穿在那个时代的一切历史分析中，甚至是在当时看来具有一定价值的、明明应该给予肯定的东西也不能幸免。譬如史学史研究中对于刘知幾的评价，大家都知道刘知幾有着明确的反传统思想，在中国史学史上有重大的学术建树，但他毕竟是封建朝廷的史官，是属于当时认定的地主阶级知识分子的范畴，所以，也不能不从其所谓的阶级性上予以否定。请看下边的分析：

---

① 范文澜：《中国通史》第 3 册 "第三编说明"，人民出版社，1965。
② 范文澜：《中国通史》第 4 册，人民出版社，1965，第 453 页。

（刘知幾——引者注）把"直书"的根据归结为"务在审实"，离开阶级观点而抽象地强调一般的"公正"，这在实质上是一种客观主义的倾向，它并不能科学地揭示历史的规律性，而往往成为剥削阶级利用来作为掩饰其阶级偏见的幕布，这和历史主义就有着本质的区别。①

刘知幾是古代的杰出的历史学家，《史通》是一部不可多得的有价值的著作。然而，还必须指出，刘氏终究是封建主义史学家，是以地主阶级的立场和观点研究历史、评论史学的。他在谈到农民起义领袖时，时常加以诬蔑……而对于帝王将相则深为崇拜……他认为史书内容所应包括的"五志"（达道义、彰法式、通古今、著功勋、表贤能）和"三科"（叙沿革、明罪恶、旌怪异），也都是为封建政治服务的。他虽有许多论点能以摆脱儒家传统思想的束缚，但终不能完全冲出封建名教观念的窠臼，以致在某些进步主张中还存在着严重的缺陷……所以，他对史学虽有重要的贡献，但由于他的理论与方法根本上是为封建统治阶级服务的，当然不可避免地带有很大的局限性。②

以上论述，都出自当时史学界的名家，他们的学行人格颇为时人所重，其学术思想都透露着执着和真诚。现实政治生活中的阶级斗争理论，就是这样通过历史学家之手，掌控了学术表达的话语权力，塑造出一代学术。在这里，一个非常明确的问题是，政治家所倡导或策划的阶级斗争理论及其实践，并没有对历史学家的学术用语做出任何具体的要求，历史学家将其运用到历史研究领域的时候，则充分发挥了他们的聪明才智、主动性和创造力。

---

① 侯外庐：《论刘知幾的学术思想》，《历史研究》1961年第2期。又见吴泽主编《中国史学史论集》（二），上海人民出版社，1980，第16页。
② 杨翼骧：《刘知幾与〈史通〉》，《历史教学》1963年第7、8期。又见吴泽主编《中国史学史论集》（二），第158～159页。

（三）民族关系史研究中学者的思想状况

在十七年史学的中国古代民族关系史研究中，广泛流行着一个"民族问题的实质是阶级问题"的说法，它发挥着分析解释一切民族问题的方法论作用。据考，这个口号式的命题，是在 20 世纪 50 年代末和 60 年代初形成的，① 而学术史上的事实是，早在此命题产生之前，马克思主义的阶级斗争观点就被移植到了民族关系史研究领域，并产生了与"民族问题的实质是阶级问题"命题几乎完全雷同的提法。这里，笔者想提到《新史学通讯》（即今日之《史学月刊》）的创办人之一黄元起先生。黄先生是在 20 世纪二三十年代就接受马克思主义理论的老一辈学者，深通马克思主义，但政治并不激进，人品也丝毫无须怀疑，他在 20 世纪 50 年代初的两篇关于民族战争史研究的论文，就将马克思主义的阶级斗争理论贯彻到了极致，以至于今天阅读这些文献，仍使人有一种莫名的惶恐。

黄先生 1953 年、1954 年连续在《新史学通讯》发表了两篇评论中国历史上的民族战争的文章。1954 年论文的结语部分如下：

> 综合上述，我们可以得到下列的几点结论：第一，民族战争充满着人类的阶级社会中，构成了社会历史发展的复杂性，中国历史也是如此……第二，因为民族战争是阶级斗争的一种特殊形式……第三，民族战争的阶级矛盾性与历史复杂性，既要全面的照顾，也要重点的

---

① 促成这一命题的是发生于 1958 年和 1963 年的两个事件，和与此两事件有关的两个重要文献。1958 年 4 月，青海循化撒拉族自治县发生叛乱，中共中央在批转青海省委《关于循化撒拉族自治县反革命武装叛乱事件的教训的报告》的批语中指出："在阶级社会里，民族问题的实质是阶级问题"，不把握阶级实质，是不能彻底解决民族问题的。另一事件是，从 1963 年 4 月开始，美国阿拉巴马州、密西西比州等地爆发了大规模的黑人群众反对种族歧视的斗争，遭到美国政府大规模的逮捕和镇压。毛泽东对此事件，发表了一个"支持美国黑人反对种族歧视斗争的声明"，声明中提出一个重要的论断："民族斗争，说到底，是一个阶级斗争问题。"有简化了的中共中央批示"民族问题的实质是阶级问题"在先，又有毛泽东亲自发出的"民族斗争，说到底，是一个阶级斗争问题"伟大指示在后，"民族问题的实质是阶级问题"的判断就正式形成了。参见黄铸《人民日报特约评论员〈评所谓"民族问题的实质是阶级问题"〉的由来》一文，见《中南民族大学学报》2003 年第 5 期。

掌握，即看它对一定时期的人类历史发展的主要作用是进步的或反动的，它基本上是否符合被压迫者的根本利益，决不可把一定的民族战争的矛盾发展：进步性与反动性或正义性与非正义性平列起来，陷入折衷主义的错误；第四，在阶级社会里，民族战争的进步性与正义性，由于社会剥削制度与剥削阶级利益的限制，它总是有一定的限度的。[①]

仔细品味这段文字，作者关于民族战争评价的四点结论，无一不是贯彻着阶级斗争历史观，并且"民族战争是阶级斗争的一种特殊形式"一语，与后来产生的"民族问题的实质是阶级问题"何其相似！可以说，以往的某些过于"左"倾化的思想或结论，不仅仅是政治高压或意识形态控制的结果，而在某种意义上，也是学者自身从他们盲目尊崇的思想理论中自我体悟的结果。这是一个不容忽视的事实。

像这样充分发挥自身能动性而把某种观点发挥到极端地步的，莫过于范文澜先生对民族战争性质问题的评判。对于中国历史上的民族战争，本来也应该有正义与非正义之分的，但是为了照顾到民族感情问题，也为了严格遵循所谓中国"自古以来就是一个统一的多民族国家"的判断，范文澜对宋金时期的民族战争做出"兄弟阋墙"的无是非判断。他写于1962年发表于1980年的文章说：

在中国历史上，从来没有停止过民族斗争，不是你打我，就是我打你；不是你打进来，就是我打出去……当国家完全失去抵御外来侵犯的作用，仅仅是一部剥削机器的时候，这样国家，才应该由民众起来予以消灭。民众自己不起来，强大的邻国进来消灭它，那是很自然的。金和南宋都是高级的封建社会，可是政治极端腐朽，社会继续发展的可能全被阻塞。蒙古虽还只是低级封建社会，但它正是在发展

---

① 黄元起：《再论中国历史上的民族战争》，《新史学通讯》1954年第1期。黄先生之前的另一篇文章是《论中国历史上的民族战争》，发表于《新史学通讯》1953年第6期。这是国内最早讨论中国古代民族战争评判问题最完整、最系统的两篇文章，在当时学界有广泛影响。

中，符合社会发展的规律，是一个方兴未艾的力量。它所碰到的是高级的但腐朽已极、精力耗尽的行尸走肉。凡是腐朽着的东西，碰到发展着的东西，必然被消灭。马克思主义的史学工作者，难道可以同情行尸走肉的被消灭么！

……历史上腐朽国家如北宋、南宋末年，都不过是单纯的剥削机器，抵御外患的作用丝毫也不存在了。虽然这些国家的统治阶级是汉人，但汉族史学工作者不值得替他们呼喊，说是受了侵略，并且谴责侵略者。我们应该严厉谴责那架剥削机器，赞成有人出来打倒它，女真灭北宋，蒙古灭金和宋，都是合乎规律的事情。①

范文澜的观点可以归纳为四个主要论点：其一，历史上中国境内的各民族国家间的战争，是兄弟阋墙、家里打架，没有原则的是非之分，无所谓侵略与反侵略、正义与非正义的区别。其二，当一个国家完全失去抵御外侮的能力，而成为一架纯粹的剥削机器的时候，强大的邻国来消灭它，完全是正常的事情，不应该受到谴责。其三，一个处在上升时期的民族（如蒙古），扩张和掠夺是很自然和正常的事情，甚至是阶级社会的规律，应该予以理解和接受。其四，残酷的民族斗争或民族战争是民族融合的正常形式，汉族因这种残酷的战争而增添了新鲜血液，得到发展，从民族融合的角度说，汉族的被征服是受益的，对侵略者不必过分憎恨。第一点讲侵略是有理的，第二点讲这种侵略是合乎规律的，第三点讲被侵略者也获得了好处，应该欢迎这种侵略；这真是一个很完整、很可怕的侵略有理论！看来，丝毫不需要政治当局的提示或暗示，一个为现实政治或政策服务的资治理念，一个完全被阶级化思维（如判断南宋政权是单纯的剥削机器）所支配而摒弃历史主义原则的头脑，再加上政治和思想的主动性，什么极端的、可怕的观点都可以创造出来！

---

① 范文澜：《中国历史上的民族斗争与融合》，《历史研究》1980 年第 1 期。根据《历史研究》发表此文时所做的说明，此文是范文澜先生于 1962 年夏交给编辑部的，是作者此前在一些高校的演讲稿。

（四）"五朵金花"所展示的精神世界

十七年史学中"五朵金花"的绽放，是当时强大的意识形态的产物。这一点，几乎所有的历史学家在总结这一历史现象时都注意到了，并且给予了很好的论证。突出的代表，是王学典在 2002 年《文史知识》第 1 期所发表的《五朵金花：意识形态语境中的学术论战》一文。他总结说："奴隶制的有无及其与封建制的分期问题、资本主义萌芽问题、农民战争问题、封建土地所有制形式问题、汉民族的形成问题之所以能成为这一时期史学界的中心问题，并讨论得轰轰烈烈，关键就在于这五个课题能与当时的时代主题相通，而且所承担的意识形态功能也最为巨大。"[1] 他还就每一朵金花的意识形态功能做了展开性分析。王学典的分析，对于我们认识"五朵金花"及那个时代的史学现象是极为重要的，这已经从某一个方面抓住了问题的本质。但是，如前所述，这种对于"五朵金花"的认识，还毕竟是从学术外部做出的解释，而对于学术自身或者说从造就了这一学术奇观的历史学家自身来说，还是有进一步挖掘的必要，我们还需要去探寻在"五朵金花"背后所隐藏的历史学家的精神世界。根据笔者的初步思考，该时期"五朵金花"研究中历史学家精神世界的大致图景，反映在以下几个方面：

第一，高涨的政治热情，传统的资治理念，及其"政治统一必须以牺牲思想自由为代价"的强大思想传统。

由历史学家的政治热情和资治理念而造就"五朵金花"，这一点已为学者所关注。前引王学典的文章中说：

"五朵金花"的绽放也来自当时学者们对现实政治的全神贯注。50 年代初，从学习历史唯物论和社会发展史入手的马克思主义学习运动改变了原来唯物史观派处于学术界边缘地位的状况，绝大多数学者在轰轰烈烈的学习运动后接受了社会发展史中的劳动创造世界、社会

---

① 王学典：《五朵金花：意识形态语境中的学术论战》，《文史知识》2002 年第 1 期。

形态和社会发展有规律性等观点。这时的史学家们，身上流淌着滚烫的政治血液，遍布着敏感的政治神经，因此，这些史学家便以直接服务于现实政治为自己的最高职责，以搞考证、搞远离现实的学问为耻辱。所以，他们笔下的历史，更多地顺从了对学术提出的学术之外的要求。这样，他们当时的学术研究兴趣便很自然地就集中到以"五朵金花"为代表的带有强烈意识形态色彩的几个关键问题上来了。①

陈支平也谈到过这个问题：

> 这个时期中国的历史学家们，虽然各自对于马克思主义史学理论的认知程度有所不同，有的甚至对马克思主义史学理论一无所知，但是他们见到建国初期欣欣向荣的国民经济和休养生息的社会环境，尤其是近百年来骄横于神州大地的外国势力受到比较彻底的消除，史学家们的政治使命感及其政治依附性得到了重新的激发。绝大多数的史学家们都形成了这样的一个共识：史学研究应当为新政权的政治服务。新政权坚持"指导我们思想的理论基础是马克思列宁主义"，那么，研究历史的理论基础就必然是马克思主义的"唯物史观"。因此，从另一角度来探讨，新中国的历史学家们与其说是服膺于西方的马克思主义，倒不如说是在本能的政治使命感和政治依附性的驱动下，服膺于新政权的现实政治。②

王学典和陈支平都注意到了历史学家的政治使命感问题，这实际上就是中国史学中传统的资治观念以及传统知识分子历史使命感的共同驱使。从这个层面上说，不能把历史学家在这一时期的学术狂热，都简单地归之于政治的高压和意识形态的强势，的确是有历史学家内在热情的支撑，同

---

① 王学典：《五朵金花：意识形态语境中的学术论战》，《文史知识》2002 年第 1 期。
② 陈支平：《历史学的困惑》，中华书局，2004，第 33～34 页。

时也是历史学家历史主动性的产物。

但是，仅仅看到这些是不够的，因为还有一个问题不能说明，那就是为什么服膺于政治就必须拥护政治当局的理论选择，顺从于政治当局的思想控制呢？政治和思想本来分属于两个世界。政治是刚性的，在政治的世界里，人的自由是有限度的，最基本的政治原则如宪法，是所有国民必须遵守的；而思想的世界则根本不同，思想是可以充分自由的，是没有边界的，不受控制的，独立思考的权利是天赋人权中最根本的权利，是人的自由的底线。20世纪五六十年代的历史学家为什么会在选择对新社会的政治拥护的同时，也在思想上放弃了选择的权利呢？为什么就那么自然地认为，对新社会的拥护，就必须伴随思想的"转向"呢？历史学家对思想自由的淡漠，需要从他们继承的文化传统中寻觅。

大一统的政治要求有大一统的思想相配合，这是中国古代文化的一个显著特色。这个思想文化传统从秦代开始就逐渐形成了。秦代的统一思想，由李斯的《焚书议》开启端绪。李斯认为，在"今皇帝并有天下"的时代，必须"别黑白而定一尊"，对于百家杂语，"禁之便"，因此，他建议："史官非秦纪皆烧之。非博士官所职，天下敢有藏《诗》、《书》、百家语者，悉诣守、尉杂烧之。有敢偶语《诗》、《书》弃市。以古非今者族。"① 其后，汉武帝时董仲舒的"贤良对策"，也是一个思想大一统的方案。董仲舒说："春秋大一统者，天地之常经，古今之通谊也。今师异道，人异论，百家殊方，指意不同，是以上亡以持一统；法制数变，下不知所守。臣愚以为诸不在六艺之科孔子之术者，皆绝其道，勿使并进。邪辟之说灭息，然后统纪可一而法度可明，民知所从矣。"② 董仲舒不顾春秋战国时期百家争鸣的历史事实，硬说"大一统"是"古今之通谊"的传统，任何时代的统治者张扬思想"一统"都是天经地义、无可厚非的。虽然他不像李斯那样主张用"禁之便"的暴力手段，而是采用引导人们采纳某种思想的柔性手段来实现思想统一，但毫无疑问，他也是利用国家力量来达到

---

① 《史记·秦始皇本纪》，中华书局，1982，第255页。
② 《汉书·董仲舒传》，中华书局，1962，第2523页。

统一思想的问题，其本质和李斯没有区别。汉以后两千年中国的历史发展，恪守的就是李斯、董仲舒们所奠定的这个传统，只要是统一的政治，就必然要求有统一的思想与之相适应，这是一个政治传统，也是一个思想传统，在中国知识分子的心理层面已经成为一种潜意识。政治统一必须以牺牲思想自由为代价，这就是 20 世纪五六十年代中国历史学家所秉承的思想传统。由此出发，对新社会的政治服膺，就自然要与其所奉行的理论、意识形态保持高度的统一，这是一个天经地义的问题，一个不可能就此提出异议的问题。

这一思想传统，既导致历史学家服膺行政当局的意识形态，又导致认同其实现思想统一本身，其结果自然是毫无选择地集中到唯物史观的相关问题上去，承载意识形态使命的"五朵金花"自然就获得了历史学家的真诚认同，成为其发自内心的主动性选择。

第二，固守经学思维，默认思想自由的"天然边界"。

研究中国人的思想世界，时刻都不能忘记，我们是一个被儒家思想掌握了的民族；而两千年一贯制教材"五经四书"所创造的最大精神成果，就是"经学思维"。孔孟荀之后，从董仲舒开始，中国思想文化史上，一连串最伟大的名字都是经学家，一部部呕心沥血之作都是针对"五经四书"的传注疏解、音义训诂。中国自古不乏天才的学问家和思想家，而他们都无例外地把聪明才智用在对"五经四书"的训诂和传注方面，而牺牲了独立从事思想创造的权利和能力。在这样一个思想演绎的历史中，所形成的思维定式就是经学思维。

经学思维的要害，在于"经"的神圣性，在于经典文本和精神权威的思想只能被解读和遵循，而不能被批判和质疑。经学史上最强大的传统就是尊经重师，一成不变，绝对顺从，崇奉权威。虔诚的精神崇拜，盲目的思想顺从，思维的共向性、无差别性等，成为经学思维的最大痼疾。而不幸的是，进入 20 世纪的中国历史学家，在面对人类思想史上最强大的思想武器——马克思主义的时候，所秉承的仍然是这种经学思维。

于是，在"五朵金花"的争奇斗艳中，我们看到的是一种很奇异的现象。譬如古史分期讨论，可谓异说纷呈，产生了西周封建说、战国封建说、魏晋封建说、春秋封建说、秦统一封建说、西汉封建说、东汉封建说、东晋封建说和中唐封建说等多种说法，而且每一种都由当时学界声名显赫的大家作为代表，可见论战之激烈。但是，人们也不难发现，这些不同的学说派别，都实际上出自"一家之言"，都是五种社会形态理论的派生物。如果说，它们就是所谓百花齐放的百花异叶的话，那么，它们则都是生长在一棵树干上，滋生于同一根茎。换句话说，古史分期讨论中竞放的所谓百花，只是同株异叶。

同样的情景，也顽强地反映在其他四朵金花的绽放中。譬如关于中国资本主义萌芽的讨论，有明代萌芽说，有宋代萌芽说，有唐代萌芽说，有汉代萌芽说，还有战国萌芽说，资本主义在中国历史上简直就是一个永恒的萌芽。而这萌芽众说，除了都是五种社会形态理论的派生物之外，实际上也只是对毛泽东"中国封建社会内的商品经济的发展，已经孕育着资本主义的萌芽，如果没有外国资本主义的影响，中国也将缓慢地发展到资本主义社会"① 这句话的演绎。而且那个时代的历史学家，并不避讳这一点，他们总是在自己的文章中直接声明，其研究是根据毛主席的指示。即使在当时受到集中批判的尚钺先生也不例外，他在文章中写道："我们在讲授中国人民大学的中国历史课程中，根据毛泽东同志的指示和过去学者的研究，自 1950 年即提出远在十六世纪中叶以前，中国已有资本主义最初的萌芽。"②

资本主义萌芽讨论中的各家各派，如同古史分期讨论一样，尽管意见纷呈，甚至尖锐对立，但其理论都是一个，论证方法也惊人的一致。其原因就是除了他们秉承相同的理论原则，也还拥有同样的思维。

奇怪的是，历史学家从来也不思考这样的问题。人们从来不自我发问：这些不同的百花异叶，为什么会生自同一块根茎？他们的矛盾是不是就出在这个根茎本身？也就是说，这个时代的历史学家在虔诚地运用一种理论做指导的时候，是不会想到向这个理论本身发问的，或者说，这个理

---

① 《毛泽东选集》第 2 卷，人民出版社，1991，第 626 页。
② 尚钺：《中国资本主义关系发生及演变的初步研究》，《历史研究》1955 年第 3 期。

论本身是不能发问的。理论本身就是"经","经"是天经地义的真理，不容怀疑、不容触碰。思想，哪怕仅仅是学术思想，也有一个不能触碰的前提。在这样的思维环境中，思想是不能无条件自由的，它有一个天然边界，不可触碰的边界；这边界就是他们所秉承的理论本身。在20世纪五六十年代，历史学家自觉地或者说本能地谨守着这个思想的天然边界。中国流传千年的古语"不越雷池一步"，即此之谓。

第三，批判性思维的严重缺失。

上边的分析，实际上已经将我们导向了这个论题。中国学人为什么会秉承一种经学思维，为什么不能越过雷池一步？跨越雷池就真的这么难吗？其实，我们只是少了一样东西，那就是任何学术研究都需要的基本素质——批判性思维。

中国学者批判性思维的缺失，是那个时代最突出的特征。最典型的例证莫过于另一朵"金花"——农民战争史研究中对毛泽东关于农民战争结局论断的简单照搬。毛泽东说：

> 每一次较大的农民起义和农民战争的结果，都打击了当时的封建统治，因而也就多少推动了社会生产力的发展。只是由于当时还没有新的生产力和新的生产关系，没有新的阶级力量，没有先进的政党，因而这种农民起义和农民战争得不到如同现在所有的无产阶级和共产党的正确领导。这样，就使当时的农民革命总是陷于失败，总是在革命中和革命后被地主阶级和贵族利用了去，当作他们改朝换代的工具。这样，就在每一次大规模的农民革命停息之后，虽然社会多少有些进步，但是封建的经济关系和封建的政治制度，基本上依然继续下来。①

无论从历史逻辑或者论证逻辑的角度出发，毛泽东的这一论断都是站不住脚的。毛泽东说农民起义或农民战争所以逃脱不了失败的命运，最根

---

① 《毛泽东选集》第2卷，第625页。

本的原因是它"没有新的生产力和新的生产关系，没有新的阶级力量，没有先进的政党"，而这些都是在传统社会根本不可能具备的历史条件，所以，总结这样的历史原因是抛弃了历史的逻辑，没有任何实际的价值和意义；另一方面，这一论断等于宣告中国历史上的农民起义或农民战争，无论如何都只能归于失败，而这也不符合历史的逻辑。农民起义或农民战争的每一次爆发，都是一场具体的历史运动，都是特定的历史条件下的产物，不能抛开当时特定的历史条件，去为它规定一项不切实际的历史使命，并由此出发判断它必然失败。应该根据每一次农民起义或农民战争爆发的特定历史条件，去判断它可能达到的历史目标，从而提出判断其是成功或失败的历史结论。空洞地、先验地将农民起义或农民战争的历史使命理解为推翻封建制度，并以是否实现了这样的历史使命来判断其成功与失败，是没有道理的。[①] 然而，在 20 世纪五六十年代所发表的数以千计的农民战争史论文中，无一例外地都在重复着毛泽东的这一论断，[②] 从而造成学术史上真正千篇一律的学术奇观。这就是批判性思维严重缺失所可能导致的必然结果。

我们不否认中华人民共和国成立后，历史学家接受唯物史观，实现向一个新的历史观的转向，从某种程度上说也是不得已而为之，确实有几分无奈。但现在我们必须同时面对的是，中国学者在接受一种新思想的时候，的确有着思维的致命缺陷。我们在接纳一个新思想的时候，总是以"学习"的态度，而不是以思考的、分析的、质疑和批判的态度去对待之。同样是接纳，这两种态度引起的后果是截然不同的。如果能够从质疑和批判入手去接纳一种理论，以清醒的、科学的态度去对待，那样即使是接受，也知道为什么要接受，如何去接受，知道在接受它、运用它的同时，如何避免其局限而误入歧途。如果我们富有批判精神，即使不是面对像马克思主义唯物史观这样科学的历史观，我们也能够应对自如，

---

① 详细论证参见拙作《论中国历史上农民战争的历史结局》，《史学月刊》1999 年第 5 期。
② 此处不再举证。因为这一时期所有的农战史著作和论文，都无一例外地遵循、重复毛泽东的这一论断，使得任何举证都有多余、累赘之嫌。

使之真正成为繁荣中国学术的他山之石。

学术批判功能的丧失,一方面固然应追究政治的责任,而学术本身呢?我们的历史学家有没有责任?我们是否清醒地意识到过这个责任?如果过去的历史学家没有意识到这种责任,中国的传统学术中也缺乏这种批判意识,那么今天,在经历了几十年的历史曲折,特别是"文化大革命"的灾难之后痛定思痛,对中国学人的批判意识缺失问题就再也不能回避!学术必须与政治保持距离。保持距离的学术才可能清醒,清醒才可能找到批判的节点。学术是可以为政治服务的,而这个服务是通过批判实现的;通过批判推进政治的发展,是学术服务于政治的根本途径。而以往的服务,不是批判,而是站在附庸地位的解读和诠释,并通过解读和诠释,达到对现实政治、政策的肯定性论证,从而实现貌似学术实则附庸的歌功颂德功能。于是,20世纪五六十年代学术走上歧路就难以避免了!

第四,西方话语体系的强势影响。

"五朵金花"背后的思想底层,隐藏着一个强大的西方话语系统;这种西方话语体系,以一种天然性品格,控制了近代以来中国学人的语言、概念和思维系统。这个问题学界有所关注,前引王学典的文章中说:

> 表面看来,"五朵金花"中的几乎每一朵都植根于"五种生产方式"理论与中国历史经验之间的紧张之中,从实质上说,围绕着"五朵金花"问题所展开的论战是"东方主义"对中国历史重新编码过程中的必然现象。

> "三联书店"在50年代中期出版了一套"五朵金花"问题讨论集……翻读这些讨论集后,给人最大的感受是讨论集所收的文章反映出论战各方在观念上都"不幸成为西方模式的俘虏",而走向极端者则完全"通过西方的'一家之言'来安排中国的史料与事实"。(余英时《中国史学的现阶段:反省与展望》)例如,"古史分期问题"、"资本主义萌芽问题"和"土地所有制形式"问题的讨论者,几乎全都用《左传》和《史记》、《汉书》等正史中的资料,来印证《资

本论》（特别是其中的第三卷）、《前资本主义生产各形态》、《家庭、私有制和国家的起源》、《苏联共产党（布）简史》和《政治经济学教科书》中的一些论断，很少例外，是一种比较典型的"以论带史"的治史路数。在所有这些文章中，西方模式都成为不证自明的前提，中国史料均处于被动的、消极的乃至从附的地位上。①

王学典指出了这个问题，但没有展开分析，而这是一个需要认真对待的问题，也是一个自近代以来开始形成、至今人们还没有清醒认识的问题。

明清以后中国相对于西方的落伍，是一个不争的事实。所以，西方文化传入中国、中国文化汲取西方文化的营养，是正当的文化现象。在中国哲学史上，人们都不会忘怀胡适的《中国哲学大纲》改造或重建中国传统学术的里程碑作用。当年，顾颉刚在给叶圣陶的一封信中，赞扬胡适用西方哲学方法研究中国哲学的做法是"以西洋哲学之律令，为中国哲学施条贯"。② 此时，中国哲学的确需要借助西方之概念、原则与方法，给予有系统之解读，这是当初挖掘中国哲学之价值的唯一可行的途径。因为在此之前的中国哲学之状况，是只有一盘散沙之资料，而没有发掘其内涵与价值的系统解说，哲学的文化价值找不到揭示或发掘的途径，于是，借助于他山之石，"以西洋哲学之律令，为中国哲学施条贯"，则成为解读中国哲学或中国文化的必由路径。但是，人们或许没有想到，自此开始，西方话语则逐渐掌控了中国学术，并使传统的中国本土学术丧失了表达自我的方式和权利。

不过，在新中国之前的学术界，这种来自西方的概念、知识体系没有上升到国家意识形态的地位，所以，还不具备垄断话语的性质。中华人民共和国成立之后，我们将马克思主义唯物史观确立为国家政治生活、经济生活、精神文化生活的指导原则，上升为国家意识形态，于是，唯物史观这种同是来自西方的知识体系，就开始成为一种垄断话语。诸如生产力与

① 王学典：《五朵金花：意识形态语境中的学术论战》，《文史知识》2002 年第 1 期。
② 转引自魏邦《胡适与顾颉刚》，《历史学家茶座》2010 年第 4 期，第 96 页。

生产关系、经济基础与上层建筑、社会存在与社会意识，封建主义、资本主义、社会主义、社会经济形态，国家、社会与阶级，唯物主义与唯心主义，等等，成为历史解释不容选择的工具。

但是，人们会说，马克思主义是科学、是真理，用它来解读中国历史还会有问题吗？其实，正是人们用马克思主义的真理性，掩盖了它最基本的一般文化知识属性。恩格斯清楚地讲过："真正科学的著作照例要避免使用像谬误和真理这种教条式的道德的说法。"[①] "真理和谬误，正如一切在两极对立中运动的逻辑范畴一样，只是在非常有限的领域内才具有绝对的意义。"[②] 绝对意义的"真理"是不存在的。仅就真理的基本属性说，任何真理都是具体的，而其具体性就是产生它的特定的历史文化背景所赋予的。因此，马克思主义作为一种知识体系，即便是一种具有强大真理性的知识体系，它也同样是有其文化背景的，确切地说，它是西方文化背景的产物，是产生于 19 世纪欧洲文化土壤上的一种解读历史或世界的话语体系，历史性是其基本属性。在这一点上，它和其他一切文化思想体系没有任何区别。

人们还会说，马克思主义的科学理论和科学概念是高度抽象的知识形态，并因此具有普遍意义。这里应该指出，人们对"概念"的认识存在着某种程度的幼稚或天真。概念是人的思维的抽象形态，抽象性使其具有某种普遍意义。但是任何概念都是一定历史时代的产物，都是特定的文化背景的产物，其中折射着一定历史时代的人们对客观世界的反映。因此，任何概念都有具体的意义表达，都只是对于特定的历史文化具有解释力和有效性，都不可能法力无边。遗憾的是，概念的这种属性总是被人们所忽略。因为，概念不同于一般的知识范畴，它有自身特有的属性，它既已产生出来，就以一种"获得性的遗传"的形式，在以后的各代人之间传递，积淀为人类主体的认识结构。个体认识主体把前代积淀下来的概念作为一种认识的便利工具，去获得自己的新认识，人们的认识能力

① 《马克思恩格斯选集》第 3 卷，人民出版社，1995，第 433 页。
② 《马克思恩格斯选集》第 3 卷，第 431 页。

往往就从对概念的掌握、运用上显现出来。这是概念的历史，也是人的认识的常规，而正是这种认识常规将概念的本性、概念的历史性隐藏起来，使其获得一种先天的、至上的然而是虚幻的本质，在人们的头脑中造成一种错觉，以为它就是万能的、普世的、永远有效的。在概念的基本形态或属性上，马克思主义也和其他学说的概念体系一样，没有实质性的根本的区别。具体性、某种限度的有效性，同样是其不可忽略的属性。

当我们用马克思所提供的那些概念体系去分析中国历史道路的时候，是否考虑过这些问题呢？从欧洲历史中抽象出来的概念体系，如何能够与中国的历史完全契合、融洽呢？人们都熟悉马克思批评俄国民粹派尼·康·米海洛夫斯基的那段名言："他一定要把我关于西欧资本主义起源的历史概述彻底变成一般发展道路的历史哲学理论，一切民族，不管他们所处的历史环境如何，都注定要走这条道路——以便最后都达到在保证社会劳动生产力极高度发展的同时又保证人类最全面的发展的这样一种经济形态。但是我要请他原谅。他这样做，会给我过多的荣誉，同时也会给我过多的侮辱……极为相似的事情，但在不同的历史环境中出现就引起了完全不同的结果。"① 马克思明确地声明他关于资本主义的历史概述，是以西欧资本主义的起源为背景的，他清楚地知道概念、范畴的历史性和局限性，反对将他的历史理论不分历史环境地到处乱套，反对将他的关于特殊事物的历史抽象当成关于"一般发展道路的历史哲学理论"。而"五朵金花"之一的资本主义萌芽问题讨论，基本上是站在了马克思的对立面，完全忽略了马克思概念的历史性。的确就像王学典所指出的，"五朵金花"研究中的不同派别的论战各方，在观念上都"不幸成为西方模式的俘虏"，几乎全都是用《左传》和《史记》、《汉书》等正史中的资料，来印证《资本论》等经典著作中的某些论断。

"五朵金花"研究，乃至那个时期的所有历史研究，都基本上被马克思所提供的话语系统所掌控，被近代以来传入中国的西方学术术语所垄

---

① 《马克思恩格斯全集》第19卷，人民出版社，1963，第130～131页。

断，中国几千年文明所创造的语言、概念、思维逻辑退出了学术的乃至日常的话语系统，中国历史上丰富的历史资料、浩如烟海的大量文献，仅仅成了西方话语言说的附属物。一个有着几千年历史的文明堆积，用一个完全的陌生的文明话语去解读，圆凿而方枘，是不是会有某种程度的不适宜呢？而这已经成为近代以来学者的集体无意识，成为历史学家学术思想的浓重底色。

在做完上述冗长的分析之后，让我们来概括性地描绘一下 20 世纪五六十年代历史学家的思想图景。该时期的历史学家为一个朝气蓬勃的新时代所鼓舞，以高涨的革命热情投入新时代的思想文化建设之中。置身于历史学的研究领域，他们为这个新社会所能做的贡献，就是发扬史以资治的历史传统，紧紧扣住新时代的政治需要开掘历史课题，于是，与时代精神最为吻合的"五朵金花"顺势绽放。然而，不幸的是，传统中国留给这个群体的思想传统，是"政治统一必须以牺牲思想自由为代价"，为新中国的政治服务，必须与国家意识形态保持高度的统一，这样，历史学家高涨的政治热情，转换成对意识形态的绝对服膺，在一种陌生的思想理论面前，自觉自愿地交出了独立思考的权利，并以经学的态度与眼光对待新接受的马克思主义，为学术思想的发挥设置了不可逾越的天然边界，使科学的发展的理论，染上不可质疑与批判的教条性色彩。在这样的思想世界里，学者失去了批判的天性，学术失去社会批判的功能，而成为解读政治与政策的工具。决定这一切的思想底层，是极其强势的西方话语霸权。西方话语体系虽然不如中国本土文化的历史悠久，但也经过了几代人的传承，再加上它的垄断地位和真理性化身，这种完全异于中土的文化言说体系，就变成了中国历史学家的集体无意识。这一切因素综合在一起，就使得中国学人的思想世界，远离了中国本土的历史实际。政治热情、资治理念、经学思维、西方话语，这诸多因素融合在一起，构成了那个时代历史学家的思想图景，托起了一个时代史学的极端化倾向，造成了作品的繁荣与思想的贫瘠、政治的自觉与信仰的盲目、理论的科学与运用的扭曲、中土历史与西式化言说这样一幅充满矛盾的历史学画卷。

三　20 世纪 80 年代中国古代史研究的思想世界

从 1978 年中共十一届三中全会前后到 1989 年的十多年，是新中国历史学家思想历程的第二阶段。① 这个阶段，人们的思想明显发生了变化，当然，这主要是得益于时代的转换，以及在该时期所发生的以"实践是检验真理的唯一标准"为标志的思想解放运动。

1980 年 4 月 10 日通过的《中国史学会章程》第二条规定："本会提倡用马克思主义研究历史，坚持实事求是的学风，发扬民主精神，开展学术研究和学术活动，促进历史科学的繁荣和发展。"② 对照 1951 年的章程，仍然是第二条，但不再将其内容明确规定为"宗旨"③ 了，并将强制性的"学习并运用"改为非强制性的"提倡用"，这是一个非常值得注意的转变。在制定这个新的章程的时候，主事者肯定是以前一届会议章程为底本的，为什么要做出这样一个改变，无疑是经过了思考和斟酌的。

在 1980 年 4 月的第二次中国史学会全国代表大会上，时为中共中央书记处书记的胡乔木到会讲话，他说："历史科学满足政治需要的正确理解应当是，历史向社会也向政治提供新的科学研究的成果，而社会和政治则利用这种成果作为自己活动的向导。"④ 这是我们至今为止中共高层领导人对史学与政治关系所做的最好的说明。胡乔木明确表示反对将历史科学为政治服务"理解成为一种从属于政治的临时的局部的甚至是错误的需要"，反对将历史科学置于政治的"应声虫"的地位。他说："如果要做应声虫，那就不需要科学。"⑤ 如此看待历史科学的功能和作用，就是从政治的角度

---

① "文化大革命"是中国历史的一个怪胎，这期间没有学术可言。"文化大革命"结束之后，人们痛定思痛，很快掀起了一个批判封建主义的高潮，历史学界也配合了这个思想运动。从纯学术的角度说，这并不能算作是学术的进程，所以本文对"文化大革命"及其之后的两年不做剖析。

② 《中国史学会五十年》，海燕出版社，2004，第 46 页。

③ 1951 年的《中国史学会章程》第二条规定："宗旨　学习并运用历史唯物主义的观点和方法，批判各种旧历史观……"（见《中国史学会五十年》，第 15 页）

④ 《中国史学会五十年》，第 43 页。

⑤ 《中国史学会五十年》，第 43 ~ 44 页。

为历史学松绑，就是承认了历史学家观察现实和考察历史的独立思考权利。虽然这个政治上的松绑还没有涉及意识形态和理论的放松，但至少为学术研究的独立性提供了依据。当然，历史学界如何理解胡乔木的这个提法，胡乔木的这个提法在此后的史学研究中能否真的落到实处，那则是另外的问题了。但至少，这是一个新时代的信息。

而在该时期历史学家真实的思想世界里，是一片什么场景呢？

（一）激情澎湃的思想跃动

从 1976 年 10 月粉碎"四人帮"，到 1978 年底的中共十一届三中全会，短短两年时间里，中国人民经历了两次解放。一次是由粉碎"四人帮"所带来的精神解放，一次是由"实践是检验真理的唯一标准"讨论所带来的思想解放。置身于这两次解放之中的历史学家和全国人民一样欢喜鼓舞、踌躇满志，对历史科学的恢复与重建充满了希望。或者是由于创造史学研究新局面的激励与鼓舞，或者是由于"文化大革命"的残酷和暴虐撕破了精神权威的皇帝新衣，或者是思想解放真的焕发了学人的理性与勇气，也或者是由于这诸多因素的叠加效应，使得该时期历史学家的思想世界里，激荡起从未有过的思想跃动。

历史学界的这场思想跃动，是以 1979～1980 年间的历史动力问题大讨论为标志的。历史动力问题是个史学理论问题，一般被认为是史学理论界的思想进程；而有意思的是，揭开这场大讨论序幕并充当其旗手和主将的，却是从事中国古代史研究的几位学者。

这个时期，虽然"四人帮"被粉碎了，"实践是检验真理的唯一标准"的讨论已经展开，"两个凡是"也已经遭到批评，但是，困扰历史学研究的史学枷锁则没有被真正打开，因为，"以阶级斗争为纲"在历史学领域的变种性教条——"一切历史都是阶级斗争史"、"阶级斗争是历史发展的根本动力"、"只有农民战争才是封建社会发展的唯一动力"等——依然坚如磐石般盘踞在史学思想领域，依然是一切历史研究不可触动的红线。如果不能彻底清算历史研究领域的"以阶级斗争为纲"及其一切变种，历史学家的思想解放，从而史学的解放就无从谈起。于是，从思想理论上突破"阶级斗争是历史发展的根本动力"说，就成为史学发展的根本要求，历史学家的思想进程也就必然地要从这里开始。

1979 年 3 月，中国社会科学院在成都召开历史学规划会议①。戴逸在会上做了题为《关于历史研究中阶级斗争理论问题的几点看法》的发言，锋芒直指"阶级斗争是历史发展的根本动力"说。他说：

> 阶级斗争并不是唯一的历史内容。社会的基本矛盾，是生产力和生产关系、经济基础和上层建筑的矛盾……阶级斗争只是体现了这些矛盾，并受社会基本矛盾所制约的。阶级斗争不能代替或者取消社会的基本矛盾。孤立地突出阶级斗争，并不能帮助我们弄清楚阶级斗争。当然，阶级斗争对各种历史现象发生深刻的影响，使它们都带上阶级的烙印。但是，同时我们不能用阶级斗争代替一切，用农民战争代替整个封建社会的历史……把农民战争当作历史发展的唯一动力……从人类社会存在以来，无论何时，生产活动是首要的活动，生产斗争是推进社会历史的强大动力……生产力是最活跃最革命的要素。生产的发展，社会的前进，首先是从生产力的发展，从生产工具的变革和发展开始的。阶级斗争本身也是依赖于生产力的发展。如果离开了生产来谈阶级斗争，如果忘记了生产斗争，而片面地把阶级斗争当作"唯一动力"，我认为，这是不符合马克思主义的。②

这篇发言带给人们两大震撼，一是它直指多年来人们奉为圣典的阶级斗争理论；二是它指出这个理论"不符合马克思主义"，从根本上否定了传统阶级斗争学说理论的合法性，使人们对这种否定不容置疑。

大会另一篇引起震撼的文章，是刘泽华与王连升合写的《关于历史发

① 关于这次会议的时间，另一说法是 1979 年 4 月初召开，见刘泽华《太晚的致意——由我的三篇文章说黎澍》，《历史学家茶座》2011 年第 1 期。

② 戴逸：《关于历史研究中阶级斗争理论问题的几点看法》，《社会科学研究》1979 年第 2 期。

展的动力问题》。此文写于 1978 年夏天，大会发言时已经被《教学与研究》杂志采用，即将发表。刘泽华此文旗帜鲜明，就是要否定阶级斗争动力说。他说：

> 马克思主义经典作家在肯定阶级斗争是历史发展动力的同时，还认为生产斗争是更为重要的最终的动力……生产斗争与阶级斗争是不是互为动力呢？我们认为，在一定历史条件下和一定历史时期内是这样的；但从历史总过程来考察，则不能说两者互为动力。因为：第一，生产斗争最终决定着阶级的构成，并且是阶级斗争的基础；第二，生产斗争与人类相始终，而阶级的存在仅仅同生产发展的一定历史阶段相联系；第三，阶级斗争不总是推动生产发展的动力。落后阶级向先进阶级的斗争就不是动力，而是阻力。先进阶级向落后阶级的斗争一般说来对生产的发展起着推动作用，但有时方针、政策错误，也会妨碍生产力的发展。①

刘泽华和王连升的论文是历史学界正面立论、提出"生产力动力说"的第一篇文章，对于从根本上否定"阶级斗争是历史发展的根本动力"说，起了关键作用。

和戴逸、刘泽华的发言相比，更有锐气和冲击力的，是戎笙的《只有农民战争才是封建社会发展的真正动力吗？》一文，他被和刘泽华一起安排在大会的最后一天发言，将会议的气氛推向高潮。戎笙的文章谈了四个问题，最重要的则是两点，一是关于历史动力问题，一是关于农民战争历史作用问题的认识。关于历史动力，他说：

> 马克思主义认为，事物内部的矛盾是事物发展的动力。生产力和生产关系的矛盾，就是人类社会发展的动力……即使在阶级社会里，阶级斗争也不是社会发展的唯一动力，当然更不能说农民战争是封建

---

① 刘泽华、王连升：《关于历史发展的动力问题》，《教学与研究》1979 年第 2 期。

社会发展的唯一动力。①

戎笙文章的主旨在于否定阶级斗争动力说，其震撼力在于，他的否定更明确、更直接地指向了农民战争动力说，并且似乎太过直接地对准了毛泽东关于"每一次较大的农民起义和农民战争的结果，都打击了当时的封建统治，因而也就多少推动了社会生产力的发展"② 那段名言。他说：

> 并不是每一次较大规模的农民战争之后，生产力都有显著的发展。相反，差不多有同等数量的例子说明，很多次大规模的农民战争之后，社会生产力长期处于停滞衰落的状态……坚持斗争二十多年的黄巾起义，和坚持斗争十多年的黄巢起义，两者都是在大半个中国里纵横驰骋的，失败之后出现的都是分裂割据的局面，除个别地区的经济略有恢复外，整个来说，社会生产力长期没有得到发展。清代中叶爆发的白莲教起义，纵横五省，历时九年，也没有表现出推动生产力发展的作用……伟大的太平天国革命运动，当然是一次大规模的农民战争，也没有表现出推动生产力发展的作用……这些都是我国历史上著名的大规模农民战争，至于中等规模的农民战争，没有推动生产力发展的例子就更多了。③

戎笙并不避讳他对毛泽东名言的否定，在文章的开头就说："由于本本主义作祟，特别是由于林彪、'四人帮'鼓吹'句句是真理'、'一句顶一万句'的谬论的影响，使得这个问题的研究长期停留在一些原理上徘徊不前。"这个"句句是真理"、"一句顶一万句"的主体当然是毛泽东，这样的论说在当时是很犯忌讳的，需要有极大的理论勇气。在中国就是这样，理论研究不光是要有深邃的思想力和思辨力，还需要有勇气。甚至在

---

① 戎笙：《只有农民战争才是封建社会发展的真正动力吗?》，《历史研究》1979 年第 4 期。
② 《毛泽东选集》第 2 卷，人民出版社，1991，第 625 页。
③ 戎笙：《只有农民战争才是封建社会发展的真正动力吗?》，《历史研究》1979 年第 4 期。

圣人们还没有走下神坛的时代，在是非曲直被严重扭曲的时代，理论勇气倒成为辨别真理与谬误的最可宝贵的素质。成都会议之后，刘泽华、戴逸、戎笙的文章相继发表；《光明日报》于 1979 年 10 月开辟了"关于历史发展动力问题的讨论"专栏，推进这场讨论的广泛展开。该专栏的第一篇文章也出自中国古代史研究学者之手，即董楚平的《生产力是历史发展的根本动力》。董文的核心观点就是文章的标题，文章开头首先是对"唯一动力"论的一连串质疑：

> 长期以来，我们把农民的阶级斗争和农民战争看做是中国封建社会发展的唯一动力、真正动力……他们一方面把农民战争的作用抬到如此吓人的高度，另一方面又说每次农民战争都是失败的。既然都失败了，又怎能推动社会发展呢？既然每一次都推动了社会前进，又怎能说都是失败的？
>
> 其次……中国封建社会里农民战争的次数之多、规模之大，都是举世无匹的，那么，中国封建社会理应发展很快。事实却不是这样……这是为什么？
>
> 有人鼓吹阶级斗争万能论、暴力万能论，把阶级斗争说成是阶级社会发展的唯一动力，动力的大小与暴力的大小成正比，阶级斗争越尖锐、越激烈，社会就发展得越快，一切缓和阶级矛盾的改良措施只能延缓甚至阻碍社会的发展。翻开中国古代史一看，却不是如此。阶级矛盾相对缓和的西汉初年，隋文帝时期，明前期社会发展最快；一旦矛盾尖锐化，发展速度就放慢下来，甚至停滞倒退。这又是为什么？①

董楚平的质疑，既有充足的历史论据，又抓住了"唯一动力"说的逻辑矛盾，并且层层递进，气势如虹。这是对成都会议的呼应，也具有半官方报纸的号召力，随后的历史动力大讨论便迅速展开。据不完全统计，到

---

① 董楚平：《生产力是历史发展的根本动力》，《光明日报》1979 年 10 月 23 日。《农民战争与平均主义》，方志出版社，2003，第 1 页。

1983 年底，各报刊发表的有关文章多达三百余篇，① 形成了改革开放以来史学界的第一场百家争鸣。

由动力问题讨论所带动，完全属于中国古代史研究领域之思想跃动的，是关于中国封建地主阶级有没有历史主动性、能否主动调整政策的讨论。在否定了极端的阶级斗争观点之后，对于统治阶级的认识就提上了思想的日程，那种将统治阶级或曰地主阶级（将这两个概念完全画等号，是那个时代的思维惯性）完全看作是反动的、多余的阶级的极"左"思潮，到了清算的时候。成都会议上戴逸的发言就涉及这个问题，他说：

> "让步政策论"是为了说明阶级斗争、农民战争的历史作用而提出的一种理论。它……至少会给人一种印象：统治阶级、剥削阶级不能够自动提出对生产发展有利的措施，因而，必须通过农民革命迫使他们"让步"。我不同意这种观点。我以为，统治阶级从自身的阶级利益出发，在一定历史条件下也是能够提出有利于生产发展的措施来的，并不一定需要农民迫使他们"让步"。我们似乎有一种观念，认为，剥削阶级、统治阶级都是不管生产，反对发展经济的。而农民总是推动生产发展的。这种观念从道理上是说不通的。②

其实，所谓"让步政策论"③ 就是建立在统治阶级不可能主动调整政

---

① 黄敏兰：《百年学案·历史学卷》，陕西人民出版社，2002，第 572 页。

② 戴逸：《关于历史研究中阶级斗争理论问题的几点看法》，《社会科学研究》1979 年第 2 期。

③ 翦伯赞 1952 年 2 月发表于《学习》杂志上的《论中国古代的农民战争》一文指出，中国古代的每一次大规模的农民暴动都或多或少推动了中国封建社会的发展。因为在每一次大暴动之后，新的统治者为了恢复封建秩序，就必对人民做出某种程度的让步，减轻对农民的剥削和压迫，这样就减轻了封建生产关系对生产力的束缚，使得封建社会的生产力有了继续发展的可能，从而就推动了历史的进步。此论被认为是"让步政策论"的最初提出。后来，漆侠等人在《秦汉农民战争史》一书的"结论"中发展了这一思想。他们指出，农民战争对封建统治的改造作用在于，"新当权的封建统治集团在革命的压力下，不得不对农民实施让步政策，从而对当时人民最所痛恨的剥削压迫制度的某些环节加以改变或调整，缓和减轻了剥削压迫的程度"。他们还将这一现象抽象为农民阶级和地主阶级矛盾关系的规律："革命斗争——被迫让步，再斗争——再让步"。（三联书店，1962，第 207 页）

策的认识之上的。统治阶级不可能主动调整政策以推动历史发展,农民战争推动历史发展又不会创造财富,所以就有了"让步政策论",让农民战争迫使统治阶级调整政策以有利于经济发展,这样"农民战争推动封建社会历史发展说"就可以成立了。要完全清算阶级斗争动力说,就必须解决统治阶级能否主动调整政策以推动历史发展的问题。戎笙的发言也有相关的论述:

> 地主阶级国家的政治权力,还可以朝着合乎规律的经济发展方向起作用,这样就能加速社会经济的发展……他们当然不能自觉地认识和运用客观经济规律,但他们却能直观地感受到客观经济规律的惩罚……封建统治阶级的政策在一定程度上符合客观经济规律,社会生产力才有可能在一定程度上获得发展。①

董楚平在《光明日报》那篇关于动力问题的文章中,也涉及统治阶级主动调整政策问题,他说:

> 封建帝王当然不是封建社会发展的动力,但是当封建生产关系还适应生产力水平的时候,只要制订适当的政策,保护小农经济,允许发挥封建生产关系的潜能,生产关系本身就能成为生产力发展的力量源泉。所谓好皇帝就是他能在这方面发挥好作用。②

1981 年,笔者还在大学读书的时候,受到学术界思想解放的影响,也习作了关于封建统治阶级主动调整政策问题的论文,几年后在《青海社会科学》杂志发表。该文第三部分对封建地主阶级能够主动调整政策、如何看待地主阶级的历史创造作用有理论论证,可惜这一部分由于在当

---

① 戎笙:《只有农民战争才是封建社会发展的真正动力吗?》,《历史研究》1979 年第 4 期。
② 董楚平:《生产力是历史发展的根本动力》,《光明日报》1979 年 10 月 23 日。《农民战争与平均主义》,第 7 页。

时仍是敏感问题被编辑删去，而只是在文章的结语部分保留了相关的基本思想：

> 地主阶级在中国二千多年的封建史上是占了重要位置的。它既是一个剥削者阶级，又是一个对历史发展做出过重要贡献的阶级；它的两千多年的活动，既受着剥削贪欲的驱使，又不得不服从于历史的规律；历史提供了它活动的舞台，支持它，容忍它，也最终抛弃了它。它是历史的产物，终该历史地去看。如果我们一概否定它的历史主动性，看它是一个完全被动的、多余的阶级，封建社会两千多年丰富生动的历史，在我们面前就会变成一场荒谬，一场误会。①

1983 年 10 月，历史研究杂志社、云南大学历史系、南开大学历史系联合发起的"中国封建地主阶级研究"学术讨论会在昆明举行。会议《综述》中说：

> 多数同志认为……封建国家是地主阶级的政治代表，它除了镇压农民阶级的反抗外，还具有管理社会公共事务，调整统治政策和抵抗外来侵略的职能……有的同志则从地主在生产过程中的地位出发，认为它并不是完全游离于生产过程之外的。封建地主从其切身剥削利益出发，也能关心生产、重视垦荒和水利事业，有的还直接经营地产，而封建地租剥削形态的演进，也在某种程度内容纳了生产力的发展。还有的同志认为有一部分地主阶级知识分子，主要是为本阶级制造"幻想"，从事意识形态活动，他们在生产封建精神文化方面起过重要作用。再有的同志从生产力与生产关系的矛盾关系出发，认为地主阶级作为生产关系的一个历史形态，不仅在取代奴隶制生产关系时有进步作用，而且在新的生产力出现以前，都有其历史的合理性

---

① 李振宏：《试论封建统治阶级主动调整政策问题》，《青海社会科学》1984 年第 6 期。

和正当性。①

从会议综述看，当时"多数同志认为"的意见，或者是形成为主流倾向的意见，则是主张从积极的角度去肯定这个阶级的历史作用，将中国封建时代长时间居于世界前列的辉煌历史与这个阶级的历史相联系，这就扭转了过去那种对所谓剥削阶级、统治阶级一概否定的极端片面性做法。这一点，在当时是一个很重要的思想突破。

以上从历史动力问题到封建地主阶级主动调整政策问题讨论，描述了在1979年前后这个激动人心的年代，古代史学者的思想跃动。所以谓之"跃动"，是不想从学术的层面讨论这些问题，而仅想描述出当时的思想动向。坦率地说，这些讨论的真正价值并不在于其学术方面，而在于思想解放意义的冲动和尝试，在于通过对传统观点的冲击而震撼人们的心灵，打破长期以来被禁锢得太死的人们的精神领域。王学典在评论此一问题时说：

> 无论对上述观点怎样评价，但值得肯定的是，它们在1979年前后出现，首先具有破除现代迷信的巨大意义。"真正动力论"长期束缚着史学家的思想，1949年以后特别是1958年以后的中国史研究基本上是为了论证"真正动力论"而进行的。现在，当史学家们提出各种动力论时，表明人们已对"真正动力论"进行大胆的当然也是辩证的否定，开始独立地思考问题了。②

而当时参与讨论的历史学家，大抵也是这样看待的。刘泽华在谈到这段历史时说：

> 就我而言，1978年写的《打碎枷锁　解放史学》、《评秦始皇的

---

① 夏至：《"中国封建地主阶级研究"学术讨论会综述》，《历史教学》1984年第2期。
② 王学典：《新时期史学思潮的演变》，《中国社会科学》1994年第2期。

功过是非》、《论历史发展动力问题》等文章是"走出来"的关键一步。这几篇文章在当时史学界应该说颇有点"轰动"效应，特别是论"动力"一文，对神圣的"阶级斗争是推动历史发展的唯一动力"说提出了质疑，不能说没有点"叛逆"的意味，以至史学界的大人物在几年以后"反精神污染"时还大加痛斥。现在看来这已不算什么，可是在当时确实是一个严重"问题"！又如评秦始皇的文章发表后，有多封读者来信，从政治上进行猛烈的批评，指责是"砍旗"行为。是不是"砍旗"姑且不论，从秦始皇当时的确是一个具有神圣性的禁区看，我写这篇文章的目的也很明确，就是闯闯这个禁区。①

刘泽华几篇文章的主要目的是要闯一闯禁区，要从教条主义里走出来，从"防御性思维"中走出来，要将那些神圣的不能置喙的东西，从禁区移到自由认识区。这的确是当时学者企图获得精神解放的真实的思想动向。

谓之"跃动"，还因为该时期的讨论或争鸣，还真的缺乏深层次思考，或者说它仅仅能表征一次精神的解放，而缺乏思想的深思，还不具有思想的自我批判意义。一个基本的特点是，该时期的讨论还带有极其明显的教条主义特征，对极"左"理论的批判，沿袭了之前的"语录仗"特征，所有理论依据都还只是马克思文本中的词句。这和之前时代的经学思维相比，还看不出有什么根本的改变。只要翻一下当时的那些论文，不管是持什么动力说，全文充斥的都是马克思如何说、恩格斯如何讲，人们的思想言说，都依然遵循着固有的经学传统和思维逻辑——一切思想表达，都只能到马克思的文本中找根据。

当然，根本的问题不在于学者本身，而是时代使然。说到底，这还只是一个精神解放的时代，而不是理论创新的时代。在这个时代，产生的是一次思想的跃动，一次精神的舞蹈。但历史已经跨入了一个新的时代，和

---

① 刘泽华：《我和中国政治思想史》，刘泽华、张分田等著《思想的门径——中国政治思想史研究方法论》，天津古籍出版社，2006，第9页。

以前相比还是进步了许多。历史学家的精神舞蹈，虽然不能翩翩起舞，不免跟跄和趔趄，但却与挣扎不同；它毕竟是一次舞蹈，因为它是走在解放的进程中。

（二）在"五朵金花"绽放而速败的背后

历史动力问题讨论，仅仅表征的是一场思想或精神的解放；而这场解放又仅仅是针对 20 世纪五六十年代以来，特别是 1958 年的"史学革命"和十年"文化大革命"将阶级斗争理论推向极端化的状况；所以，尽管它的势头汹涌澎湃，也曾经那样的激励人心，然而，对于历史学家的思想底层，对于几千年来所传承下来的经学思维传统却没有多少实质性的改善，也没有为历史学家的思想世界带来新的色彩，历史学家对这样的思想状况更是没有产生任何警觉或自省，而这就很快造成了中国古代史研究的千古奇观，那就是下边我们要讨论的重新绽放的"五朵金花"莫名其妙地无疾而终。

在粉碎"四人帮"之后的一段时间里，刚刚获得解放的历史学家，大都把"文化大革命"十年看作学术里程的简单中断。于是，在这个时期，除了一些走在思想解放前头的人们兴奋地投入批判封建主义、争辩历史动力问题等理论性研讨之外，大多数古代史学者是急匆匆地回到自己熟悉的实证研究之中，去接续"文化大革命"前的事业。在思想观念上说，他们多是遗憾"文化大革命"对学术的糟蹋和耽误，像其他各条战线上人们的心情一样，迫切希望把被"文化大革命"耽误的时间补回来。他们天真地认为，只需要抛开"文化大革命"思维，接续"文化大革命"前的研究思路讨论下去，就可以把未竟的事业引向深入。于是，生命的紧迫感使他们来不及思考，就迫不及待地重操旧业。于是，"文化大革命"前曾经争妍怒放的"五朵金花"，就又重新绽放了。

1978 年 10 月，由《历史研究》和《社会科学战线》两个杂志社联合举办的中国古代史分期问题学术讨论会在长春召开，几乎所有健在的参与20 世纪五六十年代中国古史分期问题研究的名家悉数到会，大家云集，使中断了十多年的古代史分期研究战火重燃。而遗憾的是，代表们所提出的古史分期意见几乎都是 50 年代已有观点的翻版，诸如西周封建说、春秋封建说、战国封建说、秦统一封建说、东汉封建说、魏晋封建说等等，显然是对五六十年代话题的简单接续。不仅是中国古代史分期问题讨论，"五朵金花"其他几朵的相续绽放，也大都如此。

但出乎历史学家意料的是，重新绽放的"五朵金花"，在不到几年的时间里就纷纷凋谢，渐趋无人问津之境。这种状况几乎可以使人们相信，"五朵金花"即使没有"文化大革命"的摧残，也一样会纷然凋零。王彦辉等人在探讨新时期古史分期讨论"陷入泥潭的原因"时，将其归纳为三点：其一，史学工作者在同当代世界历史科学的碰撞中陷入迷茫；其二，古史分期诸家说前辈已"浚发无余"，后学难以为继；其三，重新构建中国古代史体系渐成时代潮流。[①] 这三点原因，最重要的是前后两点，即课题的过时和理论超越，这两点都是致命的原因。其实，从辩证法的角度看，中国古代史研究中"五朵金花"的凋谢和怒放出自同一个原因。

从学术的外部说，"五朵金花"是意识形态的产物；而由学术外部原因催生的学术课题，大都有这种勃发而兴、急速而衰的特点。前文已经论说，"五朵金花"都是与唯物史观相关甚至是其直接派生的研究课题。当一种历史观由于某种政治的原因上升到国家意识形态的地位，并被强制性地规定为学术研究的指导原则的时候，它就必然地失去了学术思想的属性，而成为一种神圣的不可置疑的思想或行为规范，并染上规范所具有的教条性。唯物史观在当时的强势表现就是如此。当广大历史学家被强制性地要求向这个历史观"转向"，必须按照它的思想原则去研究问题的时候，它将学者的关注力都引向了它的几个问题焦点，所产生的集中效应是可以理解的。但是，它也不可避免地产生了问题的另一个方面，即它和其他任何过于强势的事物一样，其兴也勃焉，其亡也忽焉。在 20 世纪五六十年代，"五朵金花"没有走到寿终正寝的境地，所以，人们还无法认识它的这一面，当它被"文化大革命"这个突如其来的政治灾难所打断的时候，

---

① 王彦辉、薛洪波：《古史体系的建构与重塑——古史分期与社会形态理论研究》，河南大学出版社，2010，第 116～126 页。

人们为之扼腕。但是，当"文化大革命"后学者将其重新捡起，希望它再度辉煌而回天无力的时候，它的必败的真正原因才彰显出来。意识形态功能的过度强大，是不可能造就真正的学术的；由外部因素导致的学术的繁荣，或许只是虚假的繁荣。意识形态是学术的外部因素，此处就不再赘述了。

从学术的内部说，中国古史分期讨论争奇斗艳的背后，是惊人的思维同一性，我们已经说过它们是社会形态思维的同株异叶。同株异叶的致命伤在于——株身枯死，万叶皆萎。中国古史分期讨论的第二春所以没能出现当初的怒放情景，就在于人们开始从理论这个指导学术的根本点上怀疑社会形态理论的可靠性。其实，五种社会形态是不是人类历史发展的基本规律，在20世纪50年代就有不同看法，但在那个极"左"思想占绝对支配地位的时代，是不允许人们去思考和讨论的。而到了20世纪80年代初，在经历了一定的思想解放、有了较为宽松的学术环境的时候，这个重大的理论问题就被重新提了出来。先是胡仲达先生接连发表了几篇评论"五种生产方式"的论文，掀起波澜；① 接着《中国史研究》于1983年出版了关于亚细亚生产方式研究的专辑；1984年在武汉召开的第一届全国史学理论研讨会上，社会形态问题成为会议的两个主要议题之一。这样，关于五种社会形态问题的讨论形成了气候，以往被视为经典的五种社会形态说受到了严峻的挑战，并逐渐动摇了它对学术思想的垄断地位。

史学理论界关于五种社会形态问题的讨论，对中国古史分期问题研究的影响是致命的。所有古史分期讨论的各家学说，都是以五种社会形态说

① 胡仲达在《中国史研究》1981年第3期发表《试论亚细亚生产方式》一文，提出："那种认为封建社会必须脱胎于奴隶社会，原始社会假如没有受到先进生产力的影响只能发展为奴隶社会而不能发展为封建社会，并且把创立这种理论的'荣誉'归之于马克思和恩格斯，事实上是没有什么根据的。"否认马克思主义有完整的五种生产方式理论。此后，又在《内蒙古大学学报》1982年第2期发表《试论亚细亚生产方式兼评五种生产方式说》（是前文修订补充后重新发表），指出："根据现代历史科学的研究成果，并非'整个现代文明的欧洲'都经过奴隶制社会。日耳曼民族和斯拉夫民族在历史上都存在过奴隶制，但并未经历奴隶制社会这一阶段，这几乎是公认的事实。至于'世界上其余各洲的绝大多数民族'是否都经过奴隶制社会，'在绝大多数国家里'，农奴制社会即封建社会是否都由奴隶制社会发展而来，在现代史学中，更是一个争论纷纭的问题。"

为理论前提的。现在，这个理论本身受到了质疑，由此理论所滋养的百花被釜底抽薪了，根被挖去了，它的枝叶还如何茂盛？花蕾还如何绽放？

其他几朵金花也大抵如此。中国农民战争史研究的凋敝，最根本的原因是社会的转型，新时期抛弃以阶级斗争为纲的指导思想，阶级斗争史观本身受到质疑；社会发展以经济建设为中心的新时代，以"革命"为基调，以鼓动社会仇恨和造反、暴乱为特征的农战史研究，已经与新的时代不相协调；于是，传统的农战史研究，无论从理论依据方面，还是社会形态与时代发展的需要方面，都已经失去支撑。

资本主义萌芽问题的冷落，和古史分期研究一样也是因为五种社会形态理论本身被质疑，中国历史特殊性的问题突出出来，再去套用来自欧洲的概念系统，难以得到新一代学者的广泛认同。

民族关系史研究的课题转换，是因为原来那一套围绕列宁斯大林概念的纠缠，在实践是检验真理的唯一标准面前已显得毫无意义。原来支撑民族关系史研究的基本理论概念，斯大林的民族定义备受质疑，列宁关于民族融合与民族同化的概念也难以解释中国历史上的民族关系本质，民族关系研究的纲领性指导思想"民族问题的实质是阶级问题"受到广泛批评，这一切，使传统的民族关系史研究无以为继。

土地所有制问题研究的冷却，是中国革命合法性问题论证被新时期经济建设问题的突出而宣布为过时的课题，研究历史上的土地所有制问题，失去了现实意义。

从整体上说，所有"五朵金花"的讨论，都是根源于同一个理论、同一种思维。在新时期，它们所依据的理论本身被否定了，皮之不存毛将焉附？五朵金花的凋谢是必然的。这是学术思想同一性的莫大悲剧！显然，这个时期的历史学家，对于这个学术论战的思维同一性问题，对于这个致命的同株异叶问题是没有警觉和感悟的，所以，面对他们钟爱的学术之花的凋敝，也就只能徒发莫名之悲叹了。

（三）一般古史研究中阶级斗争史观的逐渐淡化

20世纪70年代末到80年代中期，史学理论研究的进展是那样迅猛，一鼓作气否定了阶级斗争是阶级社会历史发展的唯一动力，否定了阶级分析方法是历史研究的唯一方法，否定了"人民群众是历史创造者"是唯物史观的基本原理，否定了五种社会形态依次演进是人类社会历史发展的基本规律，在一系列重大的理论问题上，取得了具有时代印记的标志性成果。史学理论研究的这些进展，传导到具体的实证的古代史研究领域，带来了中国古代史研究的学术思想变化。

本文第一部分中，我们已经看到，前一个时期的中国古代史研究，无论是政治史、经济史、思想史、文化史，还是民族关系史，所有研究领域中一切历史问题的解释，都要归结为一个阶级或阶级斗争问题，阶级分析是看待任何历史问题的唯一方法。而到了"文化大革命"后的第一时期，这种状况得到了一定程度的改变。下边，我们就尽可能举出一些能够与前文例证相互对照的例子来说明问题。

前文提到经济史研究中对唐代两税法和明代一条鞭法的评价，这些明明是经济制度上的重大变化，而人们评价它的时候，则不顾经济本身发展的内在逻辑，完全归结为一个阶级压迫问题。现在的情况大不相同了。我们来看一个 20 世纪 80 年代关于一条鞭法评价的例子：

> 一条鞭法的实施既是社会经济领域内商品经济发展的客观要求，也是赋役制度发展变化的必然趋势……就其制度本身的目的看也是为了挽救封建统治危机。但是它在赋役制度发展史上的地位则应予以充分肯定，而不应加以忽视。因为赋役制度的除繁趋简、对人税开始向对物税的转变、按财富征税的比重的增加等等，既符合税制发展的总趋势，也体现了合理发展的总方向。我们不能把明朝万历晚年的加派现象看成是一条鞭法的必然结果，也不能把明后期更为腐败的局面与一条鞭法直接联系在一起，认为它"大大加重了人民的负担"……我们在研究过去的历史时，也不能因此而否认一切有进步趋势的改革具有其历史意义，不能不看到它是社会历史发展过程中的一点火花，不然我们将会成为历史虚无主义。这就是我们着重强调和分析一条鞭法

在赋役制度史上的意义的目的。①

20 世纪 60 年代评价一条鞭法的中心词，主要是"封建国家"、"地主土地所有制"、"阶级矛盾"、"暴力机器"、"剥削"、"人民的灾难"等；20 世纪 80 年代则变成了"商品经济发展的客观要求"、"赋役制度发展变化的必然趋势"、"在赋役制度发展史上的地位"、"人税向物税的转变"、"税制发展的总趋势"等。这些术语的变化说明，该时期的历史学家在评价历史事件时，开始注重历史事件本身的性质。一条鞭法是经济史上的事件，是赋税赋役制度的变革，于是，研究者就考察它的推行对于古代经济发展的影响，它在赋税赋役制度发展史上的影响，看它是否符合赋税赋役制度发展的历史趋势，是否是历史向前向上发展的必然性产物。这样的历史评价，基本上摆脱了一味强调阶级斗争和阶级压迫的"左倾"教条。

20 世纪 80 年代中国古代经济史研究中，被人们广泛赞誉的代表性著作是漆侠的《宋代经济史》。② 该书仍坚持用马克思主义的阶级分析方法分析宋代的社会经济问题，但却不是一个阶级斗争的著作体系，是很平实的历史分析。他所运用的阶级分析，是就阶级存在、阶级分层及其之间的经济关系做出的考察，完全可以看作是一种社会分析，摆脱了五六十年代的阶级斗争言说体系。譬如，第一编第十一章第五节"论宋代役法的演变（第十一章结论）"中写道：

> 宋代差役是远承魏晋近继隋唐的一项制度；就其性质说，则是魏晋隋唐时期封建国家劳役制的继续，当然在宋代则是作为残存形态而存在的。义役，从上述情况看，它不过是挂着义字牌号的差役。这是因为，除由吏胥差派改变为由役首或主役差派而外，义役与差役不仅完全一样，而且在压榨广大中下户方面，义役较诸差役更有过之而无不及。马端临称义役为"豪强专制"，实为有识之论。因之，从差役

---

① 曾唯一、沈庆生：《一条鞭法的历史意义和作用》，《四川师院学报》1984 年第 1 期。
② 漆侠：《宋代经济史》（上、下），上海人民出版社，1987、1988。

演变为义役，或从义役复回到差役，在本质上没有任何的改变，依然是前此国家劳役制的残存形态。

……以王安石为首的变法派决定以募役法代替差役法，相应缩小了这种劳役制，在客观上有利于社会生产力的发展，有利于商品货币经济的发展，与历史发展的要求是相适应的。而且，就役法本身说，以货币代替劳役，是封建时代的一个进步，是完全应当肯定的。依次而论，募役法之代差役法，是历史发展的一个客观要求。

在阶级斗争史学观念里，役法制度是地主阶级封建国家对劳动人民的人身控制和残酷剥削，役法的性质必须上升到阶级斗争的角度去言说。而在这段话中，漆侠先生已经完全抛开了阶级斗争观念，差役制度发展史、差役制度对于社会经济发展的推动作用是其言说的基本角度，历史分析回归于历史本身，而不是上升为阶级斗争的僵硬教条。坚持阶级分析而不突出阶级斗争，这就是该时期与20世纪五六十年代历史学家的思想差别，是抛弃"以阶级斗争为纲"之后，历史学家思想世界的新变化。

前文讲到20世纪60年代对刘知幾的评价，虽然刘知幾是个应该肯定和称颂的历史学家，也必须强调"刘氏终究是封建主义史学家，是以地主阶级的立场和观点研究历史、评论史学的"，时刻不能忘记他的地主阶级属性。而到了20世纪80年代，虽然人们还时不时说上几句封建主义或地主阶级的套话，但基本的立脚点明显变了。瞿林东在评价刘知幾时写道：

（关于刘知幾对《史记》列《陈涉世家》的批评）有的研究者，对刘知幾的上述见解，往往用"封建史家"、"地主阶级立场"的局限性一笔带过，但并没有说明问题的症结。因为刘知幾所批评的司马迁，同样也是站在地主阶级立场的封建史家……在这个问题上，刘知幾的认识，上不如马迁，下不及洪迈，确是事实。值得注意的是，洪迈也好，钱大昕也好，都是地主阶级的封建史家，为什么在这些问题上也跟刘知幾的认识发生歧异呢？为什么他们能够较好地窥见太史公的要旨呢？症结究竟在哪里？我认为，刘知幾撰《史通》一书，以论说史书体例（尤其是纪传体史书体例）著称于世，并影响后代，有一些见解，至今还没有失去参考价值。但是，任何事物在一定的条件下，都可能向相反的方向转化。由于刘知幾把体例的整齐划一强调到绝对化的地步，因此便以一种冷漠的态度去对待客观历史，并竭力使它符合于自己所阐发的关于史书体例的见解。正因为如此，这位大史家在史识方面的局限性，就暴露得十分突出。①

瞿林东把刘知幾的失误归结于思维方法方面的问题，而不再像20世纪60年代的人们那样从阶级属性、阶级本质方面找原因；并且他指出，仅仅归结于阶级属性问题，并不能解决具体问题，历史研究应该针对具体对象进行具体分析。于是，瞿林东所用的"都是地主阶级的封建史家"一语，也就成为一个一般性的说法，或者可以看作是一个习惯性用语，是在思想深层传统观念的惰性反映。

在思想史研究中，这种变化也很明显。前文谈到侯外庐在《中国思想通史》中对宋明理学的基本评价是，二程理学的政治立场是极端反动的，是一定阶级利益通过政治法律的折射，打上了时代的品级性地主阶级的烙印、反动阶级的烙印。朱熹哲学的整个体系的每一部分都打满封建统治阶级的烙印。而到了20世纪80年代，同样是侯外庐的著作，对宋明理学的基本价值判断却发生了很大变化。他和邱汉生、张岂之共同主编的《宋明理学史》写道：

> 近代新文化运动批判封建文化，理学也是被批判的对象……为了反封建，当时新文化运动的新潮流冲荡理学，指出理学的消极面，这是必要的。但是全面总结我国的学术思想，不论对两汉经学、魏晋玄学、隋唐佛学，都要有持平的论断，既不能崇为"国粹"，又不能一

---

① 瞿林东：《读〈史通〉札记》，《史学史研究》1982年第2期；瞿林东：《唐代史学论稿》，北京师范大学出版社，1989，第225~226页。

棍子打死。对待宋明理学也应当这样。①

宋明理学在中国思想史的发展长河中，占有特殊的地位。先秦诸子、两汉经学、魏晋玄学、隋唐佛学、宋明理学，是中国思想学术史上开出的不同花朵。这样说，并不是要颂扬它，并不是说它没有糟粕。在漫长的七百年间，理学家辈出，"穷理尽性，以至于命"，其间不能没有值得后人汲取的有价值的思想成果。②

这样的历史评价，不再简单地将宋明理学归结为地主阶级的思想体系，单纯地强调其反动属性，而是采取了一种"既不能崇为'国粹'，又不能一棍子打死"的辩证分析态度，并且将其放在中国学术思想发展的历史中评价其地位，认为它是中国思想史发展长河中开出的异样的花朵，确有值得后人汲取的有价值的思想成果。这样的评价比起20世纪60年代不仅客观多了、公允多了，而且也少了许多教条气息。

的确，在淡化了阶级斗争观点之后，20世纪80年代的历史评价开始向历史本身回归。经济史问题，就放在经济发展的历史进程中去评判；思想文化问题，就放到思想发展的长河中去判断；历史现象的分析，有了它特殊的历史规定性，不再一概地上升为一个统一的阶级问题。在这一时期，历史学家的思维逻辑开始向历史本身靠拢，而不是被一种先验的理论规则所规范，这样自然就少了许多教条主义和公式主义。

但是，在估价这一时期历史学家的思想世界的基本状况时，还是不可过于乐观。正像前边已经提到的，历史学家在阶级斗争理论认识问题上的转化，实际上主要是表现为纠正了过去那种将阶级斗争理论推向极端化的状况，而思想深处的阶级斗争观念，则并没有根本的改观，更没有被抛弃。带有"左倾"色彩的非历史观念，仍然牢牢地盘踞着历史学家的思想阵地。

---

① 侯外庐、邱汉生、张岂之主编《宋明理学史》（上），人民出版社，1984，第8~9页。
② 侯外庐、邱汉生、张岂之主编《宋明理学史》（上），第19页。

（四） 谋求学术思想的根本性转变

就 20 世纪 80 年代中国古代史研究的整体情况看，史学思想的进步和变化，主要表现在教条性的弱化，基本上扭转了那种阶级斗争理论形而上学猖獗的状况。但就其思想基本状况看，无论是对于所继承的中国传统的经学思维而言，还是就对待唯物史观理论的思想向度来说，都还没有根本的转变。但这并不妨碍有些思想敏锐的学者，已经开始在探讨走出思想僵化的路子了。

1. 白寿彝关于中国社会形态问题的思考以及摆脱理论束缚的尝试

白寿彝主编多卷本《中国通史》的工作，是从 1982 年开始的。[①] 在进行这项浩大的学术研究和学术著述工作之前，首先要确定著作的指导思想、结构体系、编纂体例等理论问题。按照常理，关于这些问题的思考，应该是在 1982 年之前很久，白寿彝就开始酝酿、谋划和裁断了。而在结构体系的安排上，则体现着作者对中国历史社会阶段的划分、不同时期社会性质的判断等重大历史见解。如果这些重大的历史理论问题弄不清楚，著作的结构体系是无法安排的。但遗憾的是，自从多卷本《中国通史》出版以来，对这套著作的诸多评论，都是侧重该书在史书体裁方面的创新，而对白寿彝在主编此书的指导思想方面的理论探索和理论勇气，却给予了不应有的忽视或回避。

论者多是指出该书没有采用传统的社会形态理论来划分中国历史的发展阶段，但仅仅是指出这一点是没有意义的。因为，作者在第一卷的"题记"中已经交代得很清楚。问题是，白寿彝为什么没有采用当时仍然被奉为马克思主义经典理论的五种社会形态说，评论者多不去深思，抑或是有意回避。

确切地说，对于神圣的五种社会形态理论，白寿彝不是没有采用，而

---

① 瞿林东在《关于多卷本〈中国通史〉编撰工作》中说："多卷本《中国通史》各卷的编撰工作，从 1982 年起陆续铺开了。"见瞿林东《白寿彝史学的理论风格》，河南大学出版社，2001，第 63 页。

是不采用，是抛弃。任何人的著书立说，都是在清醒的思辨状态中进行的，何况睿智明辨的白寿彝先生！他的不采用，是一种清醒的、自觉的理性选择。他在1991年出版的概述第三卷的"题记"中说：

> 这是《中国通史》第三卷，论述我国自有文字记载以来，以至战国末年的历史。从历史发展顺序上看，这约略相当于一般历史著述中所说的奴隶制时代。但在这个时代，奴隶制并不是唯一的社会形态。我们用"上古时代"的提法，可能更妥当些。①

白寿彝说得很明白，"奴隶制并不是唯一的社会形态"，所以不采用奴隶制说，是因为用它来概括该时期中国社会的性质未必妥当，说直率一些就是它不符合中国历史的实际情况。这样的态度还不明确吗？

白寿彝是马克思主义史学家，在史学界具有重要的学术地位，在20世纪80年代初社会形态问题刚刚开始讨论、传统观念还极其强大的时期，对这样敏感的问题做出另类判断，是需要极大的勇气和胆略的。以他的身份和地位，在这样重大的理论问题上是不能随便表态的，特别是逆向表态更是要慎之又慎。但是，多卷本《中国通史》，对于这位年已古稀的人，也就是他一生最后的也是最重要的建树了，在最重大的历史观点上，无论是出于对历史负责还是对个人的学术声誉负责，他都必须表明态度。对于素有"名山事业"观念的历史学家，这一点极其重要。但是，以他的身份是不能公开对五种社会形态说发表批评意见的；回避是他所可能做到的最佳的选择。

但是，自从形成了马克思主义的史学传统之后，任何历史著述，都不可能完全回避社会性质判断这样的重大问题。白寿彝用上古时代来概括当时大家普遍采用的"奴隶社会"概念，但在具体的历史叙述中，是必须有所交代的；因为"上古时代"毕竟是个时间概念，而不是关于社会属性的判断。可以想见，在这个问题上，白寿彝先生是很费思量的。

---

① 白寿彝总主编《中国通史》第3卷"题记"，上海人民出版社，1991。

第三卷中，关于夏代的社会性质，作者只有简短的几行文字：

> 关于夏代社会性质问题，史学界还没有取得一致的意见。有的同志认为夏代仍是原始社会；有的同志则认为在禹或启的时期奴隶制已经形成。我们认为这些看法都还可以商榷。
>
> 根据文献记载看来，我们同意夏代处于原始社会向奴隶社会转变时期的观点。这是我国古代史上的一个重要转折点。[①]

除了这简单的几行文字之外，以下对夏商周社会性质问题就不再置喙。虽然作者表明说赞成"夏代处于原始社会向奴隶社会转变的观点"，这等于是承认了传统的社会形态理论，但在后边的具体内容叙述中，就再也不涉及这个问题。为什么赞同这样的判断，向奴隶社会转变表现在哪些方面，为什么这些方面是奴隶社会性质等，作者完全回避不谈，而直面中国历史的具体面相。这就是回避。

其实，白寿彝最初是想回答关于历史时代划分这个虽然敏感但的确重大的问题的。他最初设计的"导论"卷最后一章的标题是"历史时代的划分"，最后一节的节目是：

第四节　本书对于中国史的时代划分
一、本书对于演进和时代的理解
二、本书对于中国历史时代的划分[②]

他想明确回答这个重大理论问题的意图是很明显的，但最后成书的结果是舍弃了这部分内容。这个"导论"卷的目录，曾经以"中国历史上的十二个方面346个问题"为题，在《史学史研究》1981年第2期发表过，而最后则没有兑现当初的设想。这是为什么？是思考不成熟？还是问题太敏

---

① 白寿彝总主编《中国通史》第3卷，第200页。本章撰稿人是徐喜辰先生。
② 白寿彝总主编《中国通史》第1卷"附录一"，上海人民出版社，1989，第394页。

感，不适宜回答？我们不得而知。可以想见的是，中国史学家的困惑与无奈。无论如何，在主编多卷本《中国通史》中所反映出来的以上情况，足可以使我们对白寿彝在 1980 年前后的这些思想探索表示由衷的敬意。

多卷本《中国通史》第一卷中的某些地方，也可以反映出作者企图摆脱理论困境的尝试。该书关于国家职能问题的论述，只是在第五章"国家和法"的第一节"国家性质和政权形式"中，一般性地大段征引了列宁《论国家》的相关文字，这种征引几乎是相当于"立此存照"的性质，而没有对这些理论观点与中国历史的关系或关联度做任何分析；而在第二节"国家的职能"中，则完全撇开了这些理论，将国家的职能分为社会职能和统治职能。作者写道："从中国历史上看，国家的社会职能主要是防水治水，修整道路，发展生产和做好保卫工作。"而国家的政治职能，作者则概括为"国家的统治职能，首先是对劳动人口的编制"；"在经济方面，封建国家有时施行平籴、和买等，调剂社会经济政策，但主要是对人民进行剥削"；"军队是国家暴力统治的强大工具"；"伴随着政治、经济、军事各种统治机构的运用，统治集团为满足自己的统治欲望，也要占有思想文化的阵地"等几个方面。① 按理说，国家职能是国家性质的反映，而从这些论述中，我们却看不到前述列宁《论国家》中理论的中国式展开，看不到列宁关于"国家是一个阶级压迫另一个阶级的机器"论断的具体演绎，而这在 20 世纪五六十年代是不可能的。那个时期的学界一旦谈到国家的职能问题，则几乎全是对"阶级压迫工具"的演绎性阐述。该书上述关于中国古代国家职能的具体论述，已经是在很大程度上向中国历史本身面貌的回归，他所征引的以阶级斗争理论为特征的历史理论依据，仅仅成了空有其名的理论旗帜。从历史编纂学的角度说，这样的著作是不成功的，前后两节的内容严重脱节，理论与历史分析相分离；但从学术思想的发展说，这是一个很大的进步，是历史分析摆脱理论羁绊的一个尝试。这样一种矛盾的现象，不知道是作者的有意为之，还是不自觉地反映了时代的进步。我们宁愿把它看作是作者摆脱理论羁绊的聪明

---

① 白寿彝总主编《中国通史》第 1 卷，第 224~230 页。

之举。

2. 刘泽华关于国家权力支配经济的初步探索

研究 20 世纪 80 年代历史学家的思想世界，刘泽华关于国家权力支配经济的理论探索，是一个值得给予特别关注的学术事件。1981 年，刘泽华与王连升合作发表了《中国封建君主专制制度的形成及其在经济发展中的作用》一文，明确提出政治因素支配历史运动、君主专制帝国是政治支配经济运动的产物的思想。他们写道：

> 君主集权制与其说是某种形式的土地占有关系（国有或私有）要求的产物，毋宁说是权力支配经济，主要是支配分配的产物。权力的大小与分配的多寡成正比，所以人们都拼命地追逐权力。封建统一与君主集权就是在这种追逐权力的斗争中形成的。集权是手段，攫取经济利益才是目的。所以在集权过程中必然引起财产关系的重大变化。在分封制下，土地和人民的所有权是从属于政治权力的。在分封制被破坏与集权形成的过程中，土地和人民的所有权同样是随着政治权力的变动而变动的……这样说，是不是把政治凌驾于经济之上了呢？从某种意义上说是这样。①

其后连续几年时间，刘泽华的关注点集中在中国地主阶级的形成及构成（分层）问题上，政治权力支配社会的思想更加明晰起来。当时，关于第一代地主的形成问题，多数学人是坚持从经济关系发展的角度看问题，认为是经由土地买卖之路产生，而刘泽华则从具体历史事实的考证中，提出"特权支配经济"的论断，认为第一代地主的出现是政治暴力的产物。他在 1984 年的文章中说：

> 封建地主成员的生产与再生并不完全都是经济范围中的事。从中

---

① 刘泽华、王连升：《中国封建君主专制制度的形成及其在经济发展中的作用》，《中国史研究》1981 年第 4 期。

国历史上看，第一代封建地主主要是通过政治暴力方式产生的。从春秋战国看，组成封建地主的不外诸侯、卿大夫、官僚、官爵大家、豪士、豪民、豪杰这些人。他们中的多数不是通过经济手段发家的，主要是靠政治的暴力……豪族、豪杰、大家、巨室大部分是由受封赏的贵族勋臣蜕变而来的。如果说这部分人是最早的私人地主，那么他们也不是靠土地买卖而发家的，而是权力分配的遗物……如果说春秋战国已进入封建社会，那么封建地主中的多数显然不是沿着土地买卖的道路产生的，主要是通过武力争夺和政治分配方式形成的。①

显然，他是从历史出发的。只要人们愿意正视历史的事实，中国第一代地主的确不是小农经济的自然扩展而导致土地兼并的结果，不是以往学界所认定的开荒开出来的结果，② 而是由"诸侯、卿大夫、官僚、官爵大家、豪士、豪民、豪杰这些人"转化、蜕变而来，而这些人的背景的确是政治因素。特权支配经济，是一个历史的结论。1986 年，刘泽华又发表文章，从政治在土地运动中的支配作用、等级制对社会的控制、政治支配产品分配、封建主的各阶层情况四个方面，对政治在封建地主形成中的决定性作用做充分的展开性论述，最后得出结论："中国历史上第一代封建地主的成员主要是通过政治方式发展起来的"；"超经济的方式造就了第一代封建地主，这就是中国历史上的真实情况"。③

至此，刘泽华还只是看到了秦统一过程及地主阶级形成过程中权力支配经济及政治的特殊意义，而他随后的论著中，这一认识则迅速上升为一个更为普遍性的结论。在 1988 年出版的《专制权力与中国社会》一书中，

---

① 刘泽华：《论中国封建地主产生与再生道路及其生态特点》，《学术月刊》1984 年第 2 期。

② 以往学界为了服膺生产力决定生产关系理论，将新兴地主阶级的产生归之于因生产工具变革而导致的私田开垦。如《中国史稿》第 1 卷中说："生产工具的变革，牛耕的推广，使耕地面积急剧增加，私田大量出现……到了春秋时代，由于荒地被大量开辟和农业生产的提高，私田的数量因而也就不断地增加。'公田'有一定的规格，私田则可以因任地形而自由摆布。'公田'是不能买卖的，私田却真正是私有财产。'公田'是要给'公家'上一定赋税的，私田在初却不必上税。就在这样的发展过程当中，有些诸侯和卿大夫们逐渐豪富起来了。"（人民出版社，1976，第316～317页）

③ 刘泽华：《从春秋战国封建主的形成看政治的决定作用》，《历史研究》1986 年第 6 期。

他说：

> 古代政治权力支配着社会的一切方面，支配着社会的资源、资料和财富，支配着农、工、商业和文化、教育、科学、技术，支配着一切社会成员的得失荣辱甚至生死。在这里，从物到人，从躯体到灵魂，都程度不同地听凭政治权力的驱使。[①]
>
> 考察中国古代历史，不可不留意政治权力在古代社会中的这种特殊位置与作用。[②]

这些论断表明，在刘泽华的研究中，政治权力已经成为他观察古代社会一切问题的重要视角，于是，政治权力支配社会便上升为一个具有普遍意义的方法论思想。这一方法论思想，是有别于唯物史观从生产方式运动解释历史的方法论思想的，是一个新的历史分析角度，给人以耳目一新的感觉；这种特殊的观察角度，是否会形成一个关于中国历史的新的解释体系，刘泽华的研究仍有继续深化和发展的巨大空间。从思想层面上说，刘泽华现象已显出传统经学思维的松动，他离开了传注经典的思维模式，开始了思想的独立行程，标志着在古代史学者的思想世界里，在酝酿、孕育着一种希望。

同一时期，刘泽华还在进行着同样重要的另一项研究，这就是他在20世纪70年代末就起步的中国古代政治思想史研究，其成果就是1984年出版的《先秦政治思想史》一书。无论你研究什么问题，一个人的头脑总是既"一以贯之"又"有机整体"，因为他是"一个人"。于是，我们在刘泽华的政治思想史研究中，同样也感受到这个思想的独立行程。

《先秦政治思想史》的突出特点是，政治权力支配社会历史观开始向政治思想史研究中渗透。该书认为，先秦时期政治思想的展开，都围绕着如何确立君主专制的需要这个核心问题。他写道：

[①] 刘泽华、汪茂和、王兰仲：《专制权力与中国社会》，吉林文史出版社，1988，第258页。

[②] 刘泽华、汪茂和、王兰仲：《专制权力与中国社会》，第2页。

从平面上看百家相争，很有点民主气氛。但如果分析一下每家的思想实质，就会发现，绝大多数人在政治上都鼓吹君主专制，思想上都要求罢黜他说，独尊己见，争着搞自己设计的君主专制主义。因此，百家争鸣的实际结果……促进了君主专制主义制度的完善和强化。把握了这一点，才能把握住百家的政治归宿。①

1986 年，刘泽华的"政治权力支配社会"思想更明晰与成熟之后，便在政治思想史研究中提出了"王权主义"概念，用之表述中国传统政治思想的核心或主题。他在一篇论文中说："从内容上看，中国古代人文思想的主题是伦理道德，而不是政治的平等、自由和人权，当时的伦理道德观念最终只能导致专制主义，即王权主义。"论文将王权主义的基本思想，归结为君权的绝对性，具体表现在五个方面：第一，君主能参天地，是调节人与自然的中枢；第二，君主体现着自然与社会的必然性，把握着必然之理；第三，君主是政治治乱的枢机和决定力量；第四，君主拥有全面所有权；第五，君主是认识的最高裁决者。② 第二年，作者又发表文章阐述王权主义问题，说：

王权主义。这是传统政治文化的核心，其特点是宣扬君权至上；君主是全社会的最高主宰，神圣不可侵犯。王权主义的形成是中国古代社会君主政治的需要；反过来，王权主义巩固和强化了君主专制统治。在政治运行过程中，王权主义直接促进君主专制政治系统的建立和完善，是指导政治输入和输出体系，即政令法规的制定与实施的理论依据。王权主义的表现形式以理论形态为主，本质上是统治阶级的政治价值体系。在长期的社会政治实践中，王权主义通过多种社会化

---

① 刘泽华：《先秦政治思想史》，南开大学出版社，1984，第173～174页。
② 刘泽华：《中国传统的人文思想与王权主义》，《南开大学学报》1986年第4期。刘泽华：《中国政治思想史集》第3卷，人民出版社，2008，第12～16页。

渠道，直接控制和影响着人们的政治意识。①

刘泽华这一时期政治思想史研究中使用"王权主义"概念，是对中国政治思想或政治文化主题的概括或表述，或者说是"政治权力支配社会"理论在思想史研究中所形成的一个必然性结论。"王权主义"概念的提出，是他"政治权力支配社会"理论探索的一个组成部分。

刘泽华的理论创造，并不是完全自由的，这个时期的学者还没有自由驰骋思想的权利。刘泽华明明得到了"政治权力支配社会"这个起码是被中国历史所证明的规律，但却不能不回答一个历史之外的问题，那就是这个规律与马克思理论的关系。经的神圣性使得思想的表达依然沉重。学者必须在与马克思理论并不违背的前提下阐述自己的看法。这在20世纪80年代史学中仍然是一个普遍性的问题，也是思想发展中一个牢不可破的瓶颈。突破这个瓶颈是需要智慧的，刘泽华这样来为他的理论辩解：

> 历史唯物主义关于阶级社会结构的基本原理是：阶级是经济发展到一定社会阶段的产物，是经济关系的一种表现……然而需要指出的是，在古代社会，特别是在权力支配一切的古代中国社会，阶级虽然是存在的，但剥削阶级与被剥削阶级之间的关系，并不像现代资本主义社会工人阶级与资产阶级那样泾渭分明。在这里，反映经济关系的阶级关系非常模糊，而反映政治身份的等级关系则要清楚得多。②

> 而等级概念则是一个政治概念，它只不过是阶级差别的一种外在形式，是指一部分人区别于另一部分人特殊的法律地位、社会地位和政治地位，它标志着法权上、道德上所规定的等级差别和一部分人的特权制度。③

---

① 刘泽华、葛荃：《王权主义的刚柔结构与政治意识》，《论中国传统政治文化》，吉林大学出版社，1987.刘泽华：《中国政治思想史集》第3卷，第24页。
② 刘泽华、汪茂和、王兰仲：《专制权力与中国社会》，第96页。
③ 刘泽华、汪茂和、王兰仲：《专制权力与中国社会》，第97~98页。

在前资本主义社会，由于生产力水平的低下，这种经济上的剥削，则更多的是采用政治暴力的形式，即所谓超经济强制的办法直接攫取的。在这种谋生方式之下，只能出现政治权利支配经济这样一种结果。①

刘泽华的辩解抓住了两个问题。一是他承认历史唯物主义的阶级理论，承认经济关系对阶级关系的决定性作用，但问题是在前资本主义时代，阶级关系主要的表现形式是等级关系，这一点连马克思和恩格斯也是承认的，他们在《共产党宣言》中有所论述。而等级关系或等级差别，实际上是一种特权制度，是政治权力所规定出来的。于是，从政治权力去分析社会的阶级结构，就会更便利、更直接。二是强调他所说的政治权力支配社会，和马克思所讲过的超经济强制概念是完全一致的，与马克思的理论并不违背。在强大的传统理论面前，刘泽华十分无奈，以致不得不使自己的理论解说显示出诡辩的意味。如他迫于传统思维的重压不得不为"政治权力支配社会"寻找所谓必然性支撑的时候，就这样写道：

君主专制在中国历史上存在了3000年以上，不管中间经过多少次改朝换代，继起的仍然是君主专制。但就这个事实，可以说君主专制的背后一定有一种历史的必然性在支持着它。这种必然性是什么呢？学界有种种不同看法，或曰土地国有，或曰地主土地私有，或曰小农经济等等。这些说法不无道理，但在我们看来，普遍存在的超经济强制，或者说是人身支配，更能直接说明专制主义存在的根据。专制主义有许多特点和表现，而最基本的特征是对人的支配与占有。专制主义的必然性不是在它的基本特征之外，而是在它之中。在这里，两者是互为因果和互为表里的。②

---

① 刘泽华、汪茂和、王兰仲：《专制权力与中国社会》，第98页。
② 刘泽华、汪茂和、王兰仲：《专制权力与中国社会》，第298页。

这后两句话是辩证还是诡辩？他真的是非常的无奈。反正无论如何，他是不愿再回到为他的"政治权力支配社会"寻找所谓经济必然性的老路上去的。实际上，当人们从事学术创造的时候，是应该无所顾忌的，他只需要面对历史，对历史负责，从历史中寻求历史的解释是历史学家的"天赋人权"。而刘泽华在创造历史新说的时候，不得不花力气为自己做出理论依据上的辩护，甚至被逼到诡辩的境地，正是反映了20世纪80年代的学术思想的一般状况。人们想从经学思维和理论禁锢中走出来，但还非常无力与无助，还必须去为自己的新说寻求合法性的外衣。

3. 社会史研究对阶级斗争史学和经学学术模式的反叛

20世纪80年代中国古代史研究中带有根本意义的变化，是文化史和社会史研究的兴起。

为什么要重提社会史研究，历史学家的思想里有着怎样的潜流涌动，我们可以从走在这一研究前沿的人的头脑中寻找答案。冯尔康是学界公认的新时期社会史研究的发起者之一，当被问到社会史兴起的原因，是不是与"经过了文革后的反思，认为真正科学的历史研究，不能单纯以中国的历史资料去印证来自西方的宏观理论"这种思潮有关的问题时，他回答说：

> 把历史简单的看成阶级斗争史，这样做，就把丰富复杂的历史简单化、片面化了。历史上许多问题用阶级斗争的观点是解释不了的。我当时想，人们的生活本来是丰富多彩的，为什么却只变成一种斗争式的、战斗式的生活？人们的生活究竟是什么样的？只用阶级斗争研究的结果，把历史变成一个小瘪三，无血无肉，难以反映历史的全貌，所以应把有血有肉的历史再现出来。在当时，尤其不可以讨论阶级斗争的理论。马克思主义最根本的道理就是阶级斗争，在那种情况下，很难发展丰富马克思主义，一切历史都用它来解释是解释不了的，我们是不是要重新思考并来探讨如何丰富历史。后来王家范教授说，社会史研究的提出是一种叛逆。我想，实质上也是这样……

总体上说，社会史研究的出现是在改革开放的大背景下，人们对三十年的史学研究做深刻反思，希望史学研究开辟出新的路子，就想到了社会史。①

发起社会史研究，不是社会史本身的魅力，而在于它的研究模式及其内容恰恰可以使人们摆脱阶级斗争史学模式，可以使人们从经典作家的著作中解放出来，说穿了，只有提倡社会史，才可能真正地反叛已经无可救药的教条化史学，拯救中国史学。冯尔康作为社会史的发起人是这样说的，后来研究社会史的学者对 20 世纪 80 年代社会史研究兴起的思考或反思，也注意到了这样一个特殊的思想背景。

赵世瑜、邓庆平关于社会史研究的评述文章，这样来总结 20 世纪 80 年代的社会史研究：

> 80 年代是中国思想学术界改革开放、恢复发展的重要时期。在对以往的史学研究进行深刻反思的过程中，有两个重要的突破口：一是重新思考阶级问题，其结果是突破了阶级分析是认识中国古代社会的惟一方法的僵化观念，把认识社会的目光扩大到了多种社会关系、社会群体和社会生活，并开始关注中外历史的比较，这有利于对西方理论如何适应于中国本土历史研究进行思考。二是对马克思主义史学理论的重新认识，其结果是学者们一致认为，过去几十年里，史学界对马克思主义理论进行了教条化的理解和诠释，历史研究形成了一套僵化死板的思维模式，研究领域也很狭窄，课题单调。要扭转弊端，必须在新的形势下重新认识马克思主义理论，尤其是重视中间层次的理论建设，扩大历史研究的范围，并且要适应"当今世界人文学和社会科学的互相渗透"这一大趋势借用社会学、心理学、经济学、政治学、人类学、地理学、语言学等手段来研究

---

① 刁培俊、张德安：《历史学的传承与启新——冯尔康先生访谈录》，《史学月刊》2005 年第 1 期。

历史。①

这段话提出两个问题，而实际上是讲了三个方面的内容。一是要突破用阶级分析去认识中国古代社会的僵化观念；二是隐约感到了西方理论模式是否适合中国本土历史研究的问题，而这个西方理论，就不仅仅是马克思主义的阶级斗争话语体系；三是要突破由于对马克思主义的教条化理解所形成的僵化死板的思维模式。赵世瑜认为，社会史研究就是适应这三方面突破的需要而兴起的。

在这同一篇文章中，赵世瑜、邓庆平还更直白地说："无论是持社会史研究'范式说'、'专史说'还是其他说法的学者，基本上都有一个共识，那就是都承认社会史与传统的精英政治史有着极大的不同，前者是作为后者的替代物而出现的。"人们所以提倡社会史研究，就是用它来作为以往阶级斗争史学、精英政治史学的代替物。在学术方向的选择上，体现着学者摆脱以往史学研究模式的强烈愿望。

常建华的总结也大抵如此：

> 进入改革开放的 80 年代，随着思想解放和现实社会生活中各种禁锢的解除，学术界对于流行三十年的历史研究进行反思，人们不满意公式化、教条化的诠释经典理论和片面强调阶级斗争的僵化研究方式，提出史学革新的新设想并加以实践，社会史研究的开展便应运而生。②

在社会史研究兴起之后，人们很快专注到对这个新的学术模式性质的认识上，提出了各种各样的理解，其中一个突出的观点是赵世瑜所主张的"范式说"，即认为社会史不是历史学的一个具体的分支学科，而是一种研

---

① 赵世瑜、邓庆平：《二十世纪中国社会史研究的回顾与思考》，《历史研究》2001 年第 6 期。

② 常建华：《新时期中国社会史理论争鸣及其演进》（上），《河北学刊》2004 年第 1 期。

究范式。他多次论及这个问题：

> 社会史根本不是历史学的一个分支，而是一种运用新方法、从新角度加以解释的新面孔史学。不仅家庭、婚姻、妇女这些东西可成为社会史的研究对象，皇帝、宦官这些传统政治史的课题，经济危机、工资与物价这些传统经济史的课题也可以是社会史的研究对象，说的过分一些，历史学的变革目标就是这种社会史……应该说，历史哲学层面上的理论将导致社会史研究从选题到结构的根本不同。①

> 绝不能把社会史当作这样一个分支来理解，而是一个史学新范式，一个取代传统史学的政治史范式的新范式。只有这样，我们才能充分认识倡导社会史研究的意义：它并不只是发现一个以往被遗忘了的角落，它是一场革命，它是使史学家的眼界、方法、材料统统发生变化了的一场革命。②

赵世瑜如此定位社会史的性质，实际上就在于强调它对于先前那种阶级斗争史学、政治化史学、经学式史学的革命意义，实际上也体现着他对20世纪80年代兴起的社会史研究的根本价值的认识。

20世纪90年代在讨论社会史的学术史源头时，还有这样一场争论。有学者将中国80年代的社会史研究的学术思想源头，追溯到马克思的社会历史研究，如王先明就这样论道："从历史学本身的发展进程来看，正是马克思、恩格斯最先自觉地从事'社会史'研究，并确立了科学的社会史研究的范式、方法、角度，从而为西方社会史学的兴起提供了历史的和理论的印证。无论是从'社会史'学术概念的提出，还是从社会史研究范围和方法来说，马克思、恩格斯都是先行者。"③ 王先明的研究无疑为中国学者接受社会史研究找到了来自经典的依据，所论也还是有所根据。但是，

---

① 赵世瑜：《社会史研究呼唤理论》，《历史研究》1993年第2期。
② 赵世瑜：《社会史的概念》，载周积明、宋德金主编《中国社会史论》（上），湖北教育出版社，2000，第17页。
③ 王先明：《浅谈马克思主义对社会史研究的贡献》，《历史研究》1991年第1期。

却遭到了一些学者的批评。譬如常宗虎就认为，"80年代中国社会史的复兴直接渊源于西方的冲击"，确切地说是源于法国的年鉴学派。他还对来源于马克思的说法进行详细反驳："从纯粹字面看，马克思也确曾使用过'社会史'一词……但是，这里的'社会史'显然是相对于自然史涵义的'地球史'而言。"常宗虎还解释说："否定马克思、恩格斯是'社会史'学科的创始人，并不是要抹杀他们对社会史研究的突出贡献。"他还具体论述了马克思对"社会史"学科的重大贡献。① 常宗虎既然肯定马克思对社会史的重大贡献，还为什么要反对向马克思追溯呢？其根本的原因，不在于学术层面，而在于思想层面。笔者推测，常宗虎所以这样做，实际上是不想让新兴起的社会史研究与此前所谓的马克思主义史学接续起来，而通过社会史的兴起，实现对所谓马克思主义史学、特别是过于强调阶级斗争和政治史的学术传统进行改造。

以上不同方面的考察，都证明一个事实，即20世纪80年代社会史的兴起，实际上是对先前以突出阶级斗争为特征的教条化的马克思主义史学的反叛，是历史学家从思想上为历史学寻求出路的结果。于是，社会史研究的兴起，实际上是反映了历史学家思想世界的面貌或状况的，是他们要从经学化、教条化史学中"走出来"的表征。在思想本身不能反叛的情况下，在传统理论依然强大不能违逆的情况下，就只有回避对它的触碰，而社会史研究恰恰可以满足这样的思想诉求。历史学家以他们的学术方向选择，实现了对强大的国家意识形态的抗争。

相对于20世纪五六十年代思想的统一、僵化，相对于权威崇拜和经学思维的强大传统，80年代中国古代史研究背后的思想领域，则是一个充满生机并多彩缤纷的世界，思想的单一性和强控性开始有所松动。虽然从根本思想属性上说，变化还不是质的飞跃，但却有明显特征可以总结。在经过了"文化大革命"的灾难之后，人们开始尝试用理性分析的态度对待马克思主义的指导问题，由经学思维和权威崇拜所带来的盲目性在逐渐减弱，对马克思主义理论观点表现出某种分析和思考的态度；政治热情和资

---

① 常宗虎：《社会史浅论》，《历史研究》1995年第1期。

治理念表现出向现代观念转化的趋势；对理论的盲目尊崇和教条性搬弄明显褪色，权威理论与中国实际的关系问题引起关注，但迷信理论指导和用单一理论解读历史的做法仍是可以强烈感知的惰性存在，西方话语的垄断地位也几乎没有得到些许改善。从总体上说，该时期历史学家的思想世界所发生的变化，更多地表现为解放的冲动，是一种想从强大的传统中"走出来"的跃动，而在思想的创造性上还不可能有重大的实质性建树。因为，当思想权威的阴影还不可能散去的时候，经学思维还没有被自觉意识到的时候，他们对一种理论偏向的冲击或进攻，还必须用另一种权威的论断做根据，无可奈何地用权威来对抗权威，用神圣来对抗神圣，学术研究所需要的强烈的自我意识、个性意识以及学术批判精神，还没有成为学者们的思想素质；思想的解放，还局限在非常有限的范围或非常浅显的层次。唯一可喜的，历史学家已经是行进在思想解放的进程中，而只有当这种解放的激情平缓下来，冷静地思考、反思问题的真正根源，充分意识到独立思考的学术个性才是最可宝贵的学术品格、没有任何框框的创造才可能达到充分的解放、无所畏惧的批判才可能造就真正的学术的时候，中国的历史学研究才会迎来一个崭新的时代！显然，在 20 世纪 80 年代中国古代史研究的思想领域，人们还没有做好这样的思想准备。

四 20 世纪 90 年代以来中国古代史研究的思想趋势

20 世纪 90 年代以来，中国古代史研究的基本面貌，相对于前一时代有了一个显著的变化，其特征就是，人们开始直接面对自身民族的历史过程进行理论抽象，尝试用本民族的语言概念来阐述自己民族的历史，即开始了一个自觉摆脱用欧洲历史模式解读中国历史的思想行程。这与世界学术范围内的本土化趋向似乎有着惊人的一致性，但又的确与之不同，是发自中国学术自身的一种学术倾向。这标志着中国学人开始进入一个具有清醒的自我意识和批判精神的时代，一个具有真正意义上的独立思考的时代。

（一）中国社会形态问题研究凸显的思想倾向

20 世纪 90 年代以来中国古代史研究中最激动人心的事件，是关于中国古代社会道路特殊性的探讨，以及与之相关的至今仍方兴未艾的"封建"之争。上文所及 20 世纪 80 年代中国古史分期研究的重新复兴及旋即沉寂，实际上是根源于人们的话题转换。因为，人们突然发现，当历史学家绞尽脑汁、殚精竭虑地为中国历史上的奴隶社会与封建社会寻找分界点的时候，实际上却忽略了一个重要的前提，那就是我们还没有能够证明中国历史到底是否也像欧洲历史一样地存在过奴隶社会和封建社会，人们更没有思考过无论自然地理环境和社会历史过程都迥异于西方的中国历史，为什么也必然地和西方走出同一条路径。如果这些问题不解决，所谓古史分期则确实难逃"伪问题"的宿命。就如一位学者所指出的那样：

> 回顾半个多世纪来的社会性质讨论，我们发现了一个理论上的和逻辑上的重大缺陷，这就是人们对于所争论问题的大前提并没有经过论证。究竟是不是世界上所有的国家和地区都是按照这五种社会形态发展的，绝无例外？中国古代的历史上究竟有没有封建社会？如果不首先论证中国历史上有没有封建社会这个大前提，就来争论中国的封建社会是从什么时候开始的实在未免有些鲁莽。①

走出"鲁莽"，回归自觉与理性，面临的第一个问题，就是中国古代历史道路的特殊性。大部分学者是认同这个命题的。1993 年，周东启发表文章说，我们对封建制度和封建社会的习惯理解与马克思所阐述的西欧封建制度的社会形态有着原则的区别，因此，"中国古代社会根本不是在马克思所说的那个意义上的封建社会"。② 杨宽在 1998 年 1 月写的《西周史》

---

① 方黧：《走出史学研究的樊篱——论中国历史上没有封建社会》，《文化中国》1998 年第 2 期。转引自黄敏兰《近年来学术界对"封建"及"封建社会"问题的反思》，《史学月刊》2002 年第 2 期。
② 周东启：《中国有封建社会吗?》，《求是学刊》1993 年第 5 期。

"前言"中说："中国从古以来历史发展有其独特的规律，根本不同于欧洲的历史，既没有经历像希腊、罗马那样的典型的奴隶制，更没有经历过像欧洲中世纪那样的领主封建制，而是从井田制的生产方式发展为小农经济以及地主经济的生产方式。"① 张广志从 20 世纪 80 年代开始就致力于中国少数民族历史没有经过奴隶制阶段问题的研究和考察，他在 90 年代的文章中说："多少年来，人们苦心于中国的奴隶社会与封建社会分期问题的研究、讨论。但拿现今我们所依以为据的某些理论来观察古代中国社会，却是圆凿方枘，钮铻难入。于是，一些聪明人只好牵强附会，削中国历史之'足'，以适欧洲古典社会之'履'，以致闹出种种笑话，无端耗费了一大批史学工作者的宝贵心血。"② 前引方竑的论文中也指出："秦以后中国社会的形态与性质，则与欧洲中世纪社会的状况，无论在表面上，还是在实质上，无论是在经济关系方面，还是在政治体系、法律制度、文化观念、社会结构、家族关系等方面，都毫无相似之处。因此我们认为，中国古代不存在与欧洲中世纪相同的封建社会这样一个五种社会形态理论中的历史阶段。"③

民族历史特殊性问题，本来就是马克思主义历史主义思想中的应有之义，是历史辩证法的基本内涵。当思维回归理性的时候，20 世纪 90 年代的古代史学人，便毅然决然地举起了特殊性的旗帜。1999 年 11 月，由

---

① 杨宽：《西周史》，上海人民出版社，2003，第 4 页。

② 张广志、李学功：《中国古史分期三家说平议》，《青海师范大学学报》1998 年第 1 期。张广志先生早在 20 世纪 80 年代，就做了少数民族历史初始阶级社会并非奴隶制性质的系列专题研究，在 1982～1985 年的《青海师范大学学报》上相继发表了《匈奴与奴隶制》、《鲜卑拓跋部与奴隶制》、《突厥与奴隶制》、《回纥与奴隶制》、《吐蕃与奴隶制》、《南诏与奴隶制》、《契丹与奴隶制》、《党项与奴隶制》、《女真与奴隶制》、《蒙古与奴隶制》等 10 篇专题论文，论证这些民族的初始阶级社会历史都不是奴隶制性质，从而否定了五种社会形态说的历史必然性。这些论文后来汇集成《奴隶社会并非人类历史发展必经阶段研究》一书，由青海人民出版社 1988 年出版。2001 年张广志又和李学功合作出版了《三代社会形态——中国无奴隶社会发展阶段研究》（陕西师范大学出版社）一书。张广志的这些研究，都属于中国社会形态特殊性研究的范畴。

③ 方竑：《走出史学研究的樊篱——论中国历史上没有封建社会》，《文化中国》1998 年第 2 期。转引自黄敏兰《近年来学术界对"封建"及"封建社会"问题的反思》，《史学月刊》2002 年第 2 期。

《历史研究》编辑部和南开大学历史系联合发起的"中国社会形态及相关理论"学术研讨会在南开大学举行，何兹全、田昌五、何兆武、宁可、刘泽华、马克尧、陈启能、冯尔康、晁福林、朱凤瀚、张国刚等几十位学者出席会议。据笔者的感受，在这个会议上，已经没有人再坚持五种社会形态说，"中国社会形态"成为一个一致认可的概念。

此次会议的论文中，田昌五说，用五种生产方式斧削中国历史，是不适宜的。首先，五种生产方式是按照欧洲的历史提出来的，所以只适用欧洲的历史，与中国历史是不切合的。其次，五种生产方式只是一种逻辑概念，与实际的历史是有出入的。我过去也是信奉五种生产方式，以此来研究中国历史的。但在"文化大革命"后我改变了。经过十余年的努力探索，我终于提出一套新的中国历史体系。① 沈长云批评了坚持"五种社会形态"理论而否定中国历史发展特殊性的思想。他说，至今仍有不少人把不按照主要是西方所经历的"五种社会形态"的次序来解释中国历史的做法视做不能容忍的"离经叛道"行为。"五种社会形态"说在中国的提出，是同否认中国社会发展有自己的国情亦即特殊性联系在一起的。他们在强调马克思主义的普遍适用性的同时，往往"走向完全否认中国国情、否认中国历史确有特殊性一面的极端"。这就造成了以后中国历史研究，尤其是有关中国社会形态研究长期忽视中国历史特点，忽视中国国情的错误倾向。② 晁福林说，中国社会形态研究应当建立起自己的话语系统。对于国外学术界的新观念，我们当然应当吸收和借鉴，但那代替不了我们自己的研究，也不必要以我们的研究之足非要去适国外某个观点之履。在传统文化中，我们自古以来有自己的礼制和社会制度的用语，用来说明古代社会情况非常得体。例如"宗法"一词，说明西周春秋时期的社会情况，切中肯綮，没有必要非得换成西方的某个用语不可。③ 张国刚在列举了一系列中国历史与中世纪欧洲历史的重大区别之后说："我们只有对类似以上列

① 田昌五：《中国历史发展体系的新构想》，《历史研究》2000 年第 2 期。
② 沈长云：《认清中国古代非西方历史发展道路的特色》，《历史研究》2000 年第 2 期。
③ 晁福林：《探讨有中国特色的社会形态理论》，《历史研究》2000 年第 2 期。

举的这些重大历史现象作出深入研究，通过研究归纳出中国历史研究中新的概念系统和理论范式，才能重建中国社会形态的理论体系。这与学术界提倡的社会科学'本土化'异曲同工。本土化就是在反思从西方引进的传统理论学说的基础上，重建植根于本土经验之上的历史理论。中国的现代化之所以选择了一条独特的发展道路，其根本原因就是中国与西方国家的历史和传统不一样，而中国国情正是数千年历史发展的累积。"① 这次会议上，不少学者还就中国社会形态的概念表述发表了具体看法，提出了不少个性化的学术观点。

而天津会议还仅仅是开端。2006 年出版的冯天瑜《"封建"考论》一书，将中国古代社会形态问题的讨论推向一个新的高潮。《"封建"考论》看似讨论封建译名问题，实际上意在究明中国古代社会形态的特殊性质。冯天瑜认为，20 世纪 30 年代的中国社会史论战以后，"把以专制集权和地主——自耕农经济为特征的秦汉至明清的两千余年纳入'封建时代'，以与西欧中世纪对应，'封建'概念泛化，既与本义脱钩，也同对译之英文术语 feudalism 含义相左，且有悖于马克思原论"。在辨析概念的基础上，他提出中国秦至清这一社会时段，"宜以'宗法地主专制社会'取代'封建社会'"。② 此书出版后的两年之内，相继有多次相关专题学术活动展开：

2006 年 10 月，武汉大学举办了"'封建社会'再认识"学术研讨会；

2007 年 11 月，中国社会科学院历史研究所、经济研究所和《历史研究》编辑部联合举办"'封建'社会名实问题与马列主义封建观"学术研讨会；

2008 年 3 月，《史学月刊》编辑部组织"'封建'译名与中国'封建社会'笔谈"专栏，发表了吴承明、瞿林东、冯天瑜、李根蟠、郭世佑、黄敏兰等六位学者的论文；

2008 年 12 月，武汉大学中国传统文化研究中心、苏州大学社会学院和苏州科技学院人文学院在苏州联合召开"'封建'与'封建社会'问

① 张国刚：《本土化：重建中国社会形态理论的根本》，《历史研究》2000 年第 2 期。
② 该书"提要"，武汉大学出版社，2006 年。

题"学术研讨会。

关于中国"封建社会"问题讨论一时形成热点。虽然讨论中意见分歧依然较大，仍有不少学者坚持传统观点，但对秦汉至明清中国社会形态的认识，毕竟出现了新的气象，冲决了过去那种众口一词、千人一面的非正常局面，大部分学者开始用独立思考的精神来面对我们自己这段的确不同于西欧社会的历史了。

2010年5月，《文史哲》编辑部发起召开"秦至清末：中国社会形态问题"学术研讨会。这次会议抛开中国有没有"封建社会"以及"封建"译名的纠缠，倡导以独立思考之精神对秦至清末这段历史的社会形态进行重新命名。会议报道中说：

> 张金光教授着重将"国家权力"引入对社会形态的讨论中，提出了秦至清末为"国家体制式社会形态"的概念，其根基则为以"普遍的真正的土地国有制"为基础的"官社经济体制"模式。萧功秦教授认为，秦所建立的是带有强烈军事色彩的"国家主义"形态。李振宏教授也认为，从秦至清末，中国的国家政体一直是高度集权的"皇权专制"，而这个皇权专制的特点，几乎渗透到了社会的各个层面和领域，因而将秦至清末社会形态命名为"专制社会"既名副其实，又简单明了。李治安教授强调，君主专制和地主经济形态，是秦至清末中国古代社会的基本特征。荣剑亦认为，秦统一中国，是中国封建主义历史的正式终结，也是中国中央集权专制主义时代的开始。何怀宏教授将秦至清末命名为"选举社会"。孟祥才教授将秦至清末中国社会形态命名为"帝制农民社会"。李若晖教授认为，秦至清则是以地缘关系划分民众并建构国家权力的"郡县制"社会。俞吾金教授则把包括秦至清末在内的中国传统社会定义为"以血缘关系和地缘性的农村公社为基础的宗法等级制社会"。①

---

① 《〈文史哲〉杂志举办"秦至清末：中国社会形态问题"高端学术论坛》，《文史哲》2010年第4期。这段文字是对原报道稿的节选和压缩。

其实，关于中国社会形态的抽象概括问题，从 20 世纪 90 年代就已经展开了，《文史哲》的会议只是一个更有力的推动。之前之后人们提出的看法还有：何兹全把中国古代社会形态的演变分为五个阶段，即先秦时代——君权、贵族权、平民权三权鼎立时代；秦汉时代——君权渐强，贵族、平民权衰而力图挣扎的时代；魏晋南北朝时代——君权、贵族权保持平衡时代；隋唐宋时代——君权恢复、贵族权削弱的时代；明清时代——专制主义时代。① 田昌五把中国历史的发展进程分为三个大的时段，即洪荒时代、族邦时代、封建帝制时代或帝国时代。② 曹大为把中国古史划分为宗法集耕型家国同构农耕社会（夏—春秋战国）、专制个体型家国同构农耕社会两大时期。③ 叶文宪将中国古代历史分为六个时代，即酋邦时代、封建时代、转型时代、秦汉帝国时代、隋唐帝国时代、多民族帝国时代，后三个时代统称为专制帝国时代或帝国时代。④ 赵轶峰主张用"帝制农商社会"来概括明清时期的社会形态。⑤ 许苏民主张将秦汉至明清的中国社会定名为"皇权官僚专制社会"。⑥

如何界定秦至清末社会的形态属性，还需要经历一个相当长期的探索过程，也有不少重要的理论方法论问题需要解决。鉴于此，《史学月刊》编辑部又在 2011 年第 3 期，组织了题为"秦至清社会性质研究的方法论问题"笔谈文章，发表了冯天瑜、张金光、李若晖、李振宏、黄敏兰、叶文宪、李治安等七位学者的看法。

20 世纪 90 年代以来，中国古代史学者关于中国社会形态特殊性的讨论略如上述，应该说还处在非常初步的阶段。从人们提出的关于秦至清社会的各种命名，就知道人们的认识还是那么的初步或稚嫩，提法还是那么

---

① 何兹全：《中国社会形态演变——从三权鼎立走向专制》，《中国文化研究》1999 年冬之卷。

② 田昌五：《破除长期封建社会说建立中华帝国史发展体系》，《史学理论研究》2001 年第 1 期。

③ 曹大为：《关于新编〈中国大通史〉的几点理论思考》，《史学理论研究》1998 年第 3 期。

④ 叶文宪：《关于重构中国古代史体系的思考》，《史学月刊》2000 年第 2 期。

⑤ 赵轶峰：《明代中国历史趋势：帝制农商社会》，《东北师大学报》2007 年第 1 期。

⑥ 许苏民：《自秦迄清中国社会性质是"宗法地主专制社会"吗？——与冯天瑜教授商榷》，《学术月刊》2007 年第 2 期。

的散乱和分歧，没有一个人的看法能获得相对多数的认同，甚至还没有一种提法可以和传统的"封建社会"提法相匹敌、相抗衡；但是，这毕竟是中国学者自己的看法，是出自他们自己的独立思考，既不是鹦鹉学舌，更不是盲目地因袭。正是在这初步、幼稚的不成熟之中，发散着科学精神的光芒，透露出一个新的学术时代的曙光。

然而，这场讨论还没有发展到需要对之做出评价的时候，本文的任务也仅限于揭示这场讨论背后的思想底色。在中国古代社会形态特殊性研究中，所折射出来的思想倾向，如果选择用一个词来表达，那就是"回归"二字。因为我们看到，几乎所有关于这个问题的新的见解，都反映出一种"回归"的倾向，即从以往的理论幻想，回归到中国历史的实际之中；从欧洲历史的解释框架和概念体系，回归到中国历史语言的母体之中；从面对理论权威的崇拜与惊恐，回归到学术心理的自我与宁静。一句话，回归到学术的正常状态。

首先谈从理论幻想向中国历史实际的回归。

中国古代社会形态特殊性探讨本身，就意味着人们从以往的五种社会形态理论幻想中走了出来，已经不再迷信那些历史规律性的说教，开始直面中国历史的实际道路。历史研究的思维方式，不再是从既定的原则出发，而是真正地从历史实际出发，实现了思想方法上的根本转变。从已发表的文章看，在这一方面，一些学者是有着高度的理论自觉的。譬如张金光的有关研究，就特别强调"中国历史整体形态的独立性"，他写道：

> 中国历史在整体系统上终未受外来体系的干扰、颠覆而中断，没有基因体制性的移入……这就是中国历史的无与伦比的独立性亦即统一性。因之，中国历史自有自己的完整的统一的内在实践历史逻辑，故表述中国历史的整体形态、普遍面貌，必有建立在其实践历史逻辑基础之上的独立自在的学术话语理论体系。
>
> 必须特别强调的是，在这里我使用"独立性"来概观中国历史，而不用"特殊性"一类概念作为对中国历史的总体性描述。这是因为"独立性"标识的是中国历史的内在固有规律性。而"特殊性"则分

明是以某为"本"、为"正"而比较言之。此不符合中国历史之固有规律之本。①

很显然，张金光选用"独立性"概念，就是有意识抛弃长期以来以西方历史框架作为普遍历史道路或历史规律来看待中国历史的历史观。正是这一观念，使他从中国历史自身中探索历史的解释框架，提出了独到的中国历史体系思想。②

青年学者李若晖的中国古代社会形态研究，也是抛弃了传统历史决定论的研究模式，在中国历史的实际结构中寻找逻辑起点。他说：

> 我们应当致力于寻找这样的因素作为逻辑原点：它既能建构起静态的社会的完整结构和全景画面，又能准确反映诸变量的实时变化，同时还能把握中国历史的特性所在……真实的原点应介于经济与皇权之间，能够同时反映二者对于社会的影响及二者自身的变化。这就是使皇权达于广土众民，自身随着社会经济时空变化而不断调整，并最终反作用于皇权，同时又具有鲜明中国特色的地方行政制度——郡县制……从郡县制出发，可以从权力建构的角度推演出整个国家机器，即权力的静态结构；又可以从社会控制，即权力动态运行的角度推演出民众的生产生活，尤其是社会生活对权力建构的反作用。于是我们可以将秦至清两千余年的中国社会名之为郡县制时代。③

显然，李若晖所寻找到的中国历史结构的逻辑原点，不是传统的经济支点，而是他所认为的真正支配了中国社会历史运转的、介乎上层政治与广土众民之间的"郡县制"。不管这一结论的可靠性如何，他的思想方法已经明确告别了传统所沿用的西方历史框架，是仅仅立足于中国社会历史本

---

① 张金光：《中国古代社会形态研究的方法论问题》，《史学月刊》2011 年第 3 期。
② 张金光：《关于中国古代（秦至清）社会形态问题的新思维》，《文史哲》2010 年第 5 期。
③ 李若晖：《关于秦至清社会性质的方法论省思》，《史学月刊》2011 年第 3 期。

身的历史抽象。史学工作者的思想运转，已经从以往对某种固定理论的空洞幻想回到了中国历史实际的土壤上。

其次谈从欧洲历史解释框架或概念体系到中国历史语言母体的回归。

使用什么样的概念体系来解释中国历史，原则上说应该视解释的有效性而定。自从近代西方思想传入以来，中国历史的解释框架，无论是从严复、梁启超开始引进的进化论学说，还是胡适所介绍的实验主义，再进而到我们奉为经典的马克思主义，无不是来自异土他邦的概念体系。将近一个世纪的中国历史研究，为以欧洲中心主义为特征的话语体系所垄断，历史著作的文字表达，历史讲堂的话语言说，学术研究的心理意识，无处不盘旋着东方主义①的幽灵。西方的概念术语，西方的解释框架，西方的逻辑体系，西方的价值标准，这一切汇成一套牢不可破的华丽外衣，套在中国的历史骨架上，而人们却从来没有意识到它是否真的合身，是否真的可以解读中国古老典籍中的语义信息。20 世纪 90 年代以来的中国社会形态特殊性研究，冲破了这一牢不可破的规则，开始从母体历史中寻找表述自身历史的概念体系。从人们已经提出的表述中国历史体系的术语看，大都出自母语之中。郡县制社会、选举社会、帝制时代、皇权专制主义、官社经济体制、帝制农商社会、帝国时代、宗法社会等等，都可以从中国历史的话语体系中寻找到根据。这意味着中国学者开始挖掘本土历史概念资源，重建中国历史的自我解释体系，是中国学者思想世界的一个新气象。

最后谈从面对理论权威的崇拜与惊恐回归到学术心理的"自我"与"宁静"。

---

① 东方主义，意即西方对东方的解释。根据萨义德的研究，所谓"东方主义"就是一门关于东方的知识，是一种规范与东方有关的思考、写作和研究的行为；这种行为被颐指气使、臆测和意识形态偏见所控制。西方在解读和认知东方时，根据的并不是系统的、客观的对东方国家及其人民的研究和了解，而是根据自身的需要和口味，幻想出来的对东方的认知和描述。因而东方主义对东方及其人民的描述是高度选择性的。这种高度选择性的东方主义的出现，并不是由于对东方知识的缺乏或者理解方式的不同造成的自然结果，而是被精心制造出来的，具有强烈的政治性和意识形态色彩。〔参见爱德华·萨义德《东方主义》(Edward Said, *Orientalism*)，纽约，精品图书，2004〕与其说东方主义是知识的产物，毋宁说它是特定的政治力量和行为的一个产品。东方主义是一种从西方特有的政治和意识形态立场出发，对东方的歪曲性解读，带有强烈的偏见和歧视色彩。

所谓"自我"，是讲学者的自我意识和学术理性。新中国成立以来中国学术思维的"天然边界"，是所谓经典作家的几本著作；面对被规定为指导思想的经典，要么是由崇拜而遵循，要么是由疑问而惊恐。为自己的认识与经典作家产生了差异时，务必要从同是经典著作的另外篇章中找到为自己辩护的根据，否则就只能放弃，总之，学者的自我意识和学术理性被笼罩在经学思维的强力禁锢之中。这种情况，在20世纪90年代以来的中国古代社会形态特殊性研究中有了改变。所谓"宁静"，是历史学家在有了学术个性之后，与权威理论发生冲突时所表现出的坦然和淡定，没有了昔日的恐慌和惊悚。虽然人们在否定五种社会形态的规律性时，多是把这个理论的成型挂到斯大林的名下，但这个理论毕竟是当代国家意识形态仍然坚持的东西，仍然挂着马克思历史唯物主义的招牌，否定它仍然有着离经叛道的嫌疑。学者们敢于对之提出异议，公然否定，在中国历史道路的分析中另辟蹊径，并表现得那样理性和平静，说明在该时期的历史学家面前，那些理论经典已经失去了昔日那种神圣性、权威性、经典性的光环和威严，一切权威的东西都成为理性思考和分析的对象。和20世纪80年代争取精神解放时的那种激情和跃动相比，单单是这份学术心理的宁静，就足以反映历史学家的思想向度，已经有了一个质的跃升，这是真正获得了精神解放的象征。

（二）冲破经学思维，独立思考中国古代历史的重大理论问题

20世纪90年代以来中国古代史研究的思想世界里，一个引人注目的变化是，在几个涉及重大理论问题方面，根深蒂固的经学思维开始动摇，人们从中国历史的特殊性、中国历史的实际出发，提出了一些与权威理论相悖逆的重大理论观点。

前文述及，刘泽华在1986年提出的"王权主义"一词，是一个政治文化概念，是王权支配社会思想在思想史研究中的理论表述。但到了20世纪90年代，他则用这一概念来指称整个中国古代社会，形成了一个通观整个中国古代历史的完整的历史解释体系。这一理论转变，最早见于1998年的《王权主义：中国文化的历史定位》一文。他说：

这种王权是基于社会经济又超乎社会经济的一种特殊存在。它是社会经济运动中非经济方式吞噬经济的产物，是武力争夺的结果，所谓"马上得天下"是也；这种靠武力为基础形成的王权统治的社会，就总体而言，不是经济力量决定着权力分配，而是权力分配决定着社会经济分配，社会经济关系的主体是权力分配的产物；在社会结构诸多因素中，王权体系同时又是一种社会结构，并在社会的诸种结构中居于主导地位；在社会诸种权力中，王权是最高的权力；在日常的社会运转中，王权起着枢纽作用；社会与政治动荡的结局，最终还是回复到王权秩序；王权崇拜是思想文化的核心，而"王道"则是社会理性、道德、正义、公正的体现，等等。过去我们通常用经济关系去解释社会现象，这无疑是有意义的；然而从更直接的意义上说，我认为从王权去解释传统社会更为具体，更为恰当。①

我所说的王权主义既不是指社会形态，也不限于通常所说的权力系统，而是指社会的一种控制和运行机制。大致说来又可分为三个层次：一是以王权为中心的权力系统；二是以这种权力系统为骨架形成的社会结构；三是与上述状况相应的观念体系。②

很显然，此时的刘泽华用"王权"来取代了他原来使用的行政权力、专制权力、国家权力等概念。并且，"王权主义"也不再是单一地指称专制权力控制下的文化观念体系，而指称整个古代社会的运行机制、社会体制。这样，"王权主义"就完成了一个概念转换，变成了一个如同封建主义或资本主义一样的表示社会属性的理论术语。虽然作者声明"王权主义"不是指社会形态，但社会的控制方式或运行机制是什么呢？

"王权支配社会"与权威的经济决定论明显相悖，刘泽华需要面对权威理论和国家意识形态的强势威压，必须对自己的理论做出一个与权威理论并不矛盾的解释。他说：

① 刘泽华：《王权主义：中国文化的历史定位》，《天津社会科学》1998 年第 3 期。
② 刘泽华：《王权主义：中国文化的历史定位》，《天津社会科学》1998 年第 3 期。

从历史的总过程看，我仍相信生产力的发展状况与生产关系决定着社会的基本形态。这是最基础性看法。王权支配社会问题是在此基础上提出的一个具体的社会运行机制问题。这是既有联系又有区别的两个不同层次的问题。前者要回答这个社会何以是这样？后者则是回答这个社会运动的主导力量是什么？就中国古代社会而言，我认为区分这两个不同层次对更真实地把握历史过程是有意义的。①

社会的运动主要是受日常的社会利益矛盾驱动的。社会利益无疑有许多内容，但主要的还是经济利益。在长达数千年的中国传统社会中，经济利益问题主要不是通过经济方式来解决，而主要是通过政治方式或强力方式来解决的。这样，政治权力就走到历史舞台的中心，并在相当长的时期内成为社会运动的主角。②

他摆脱传统理论的方法是一个文字游戏。他说，生产力的发展状况与生产关系决定着社会的基本形态，这一点我并不怀疑，但我说的"王权支配社会"只是那个基础之上的一个社会运行机制问题，我是在你们的基础上来谈论问题的，当然，社会互动运行机制一旦展开，那个所谓的基础就和他没有关系了。于是，他完成了一个理论的悠闲转身。另一方面他解释说，经济利益要通过政治的方式来解决，于是政治权力居于历史舞台的中心，历史研究的目光就必须瞩目于这个中心，这似乎也无可非议。再加上他当初提出政治权力支配社会的时候，还引经据典地搬出了马克思"行政权力支配社会"的名言，也就更加可以冠冕堂皇地"贩卖私货"了。刘泽华的理论在问世以来的 20 多年间，没有受到公开的围剿和批判，还真是证明了中国历史的进步，也证明了经学思维和阶级斗争思维的威势不再。

更令人欣慰的是，从 20 世纪 90 年代以来，像刘泽华这样从政治权力或国家权力支配社会或经济的角度看问题的人越来越多，渐成一普遍之趋势。王家范就认为，中国历史中的一切内容都是以政治为转移的，整个社

---

① 刘泽华：《王权主义：中国文化的历史定位》，《天津社会科学》1998 年第 3 期。
② 刘泽华：《王权主义：中国文化的历史定位》，《天津社会科学》1998 年第 3 期。

会是一个"政治一体化"的特殊类型。他说：社会三大系统：政治、经济和文化，政治又是居高临下，包容并支配着经济和文化，造成了所谓"政治一体化"的特殊结构类型。经济是大国政治的经济，即着眼于大国专制集权体制的经济，私人经济没有独立的地位；文化是高度政治伦理化的文化，着眼于大国专制一统为主旨的意识形态整合的功能，异端思想和形式化的思辨不是没有，而却总被遮蔽，了无光彩。一切都被政治化，一切都以政治为转移。①

2010年5月，在《文史哲》编辑部举办的"秦至清末：中国社会形态问题"研讨会上，这种观点已经相当普遍。有关的会议报道中说："与会专家对秦至清末的社会形态基本形成了如下重要共识：在秦至清这一漫长的历史时期，与现代社会不同，权力因素和文化因素的作用要大于经济因素；并着重把'国家权力'和'文化'的概念，引入到社会形态的研究和命名中，认为自秦商鞅变法之后，国家权力就成为中国古代的决定性因素，不是社会塑造国家权力，而是国家权力塑造了整个社会。"②

在《史学月刊》2011年第3期发表的一组笔谈中，不少学者在谈秦至清社会性质研究的方法论问题时，都强调了从政治权力角度分析中国社会的重要性。李若晖说：

> 我们一直认为经济是历史发展的杠杆，这是马克思有鉴于欧洲资本主义兴起，大工业生产几乎在一夜之间改变了整个社会而得出的结论。实则近代欧洲经济的迅猛发展冲决了传统社会的旧有外壳，从而使得整个社会都被经济大潮裹挟而前。但是在古代，在古代中国，当经济力量相对弱小时，能否基于近代欧洲的经验，给予经济这样高的地位？刘泽华先生就指出："中国传统社会的最大特点是'王权支配社会'。"③

---

① 王家范：《中国历史通论》，华东师范大学出版社，2000，第11～12页。
② 《〈文史哲〉杂志举办"秦至清末：中国社会形态问题"高端学术论坛》，《文史哲》2010年第4期。
③ 李若晖：《关于秦至清社会性质的方法论省思》，《史学月刊》2011年第3期。

李若晖赞成刘泽华的"王权支配社会"说，并分析了马克思看重经济因素的历史根据，而在中国传统社会并不存在这样的历史条件，所以，单纯从经济角度看问题的方法论，并不符合于对中国古代社会的分析。

张金光在这个问题上的明确表达是"国家权力塑造社会"。他说：

> 传统的方法略去了国家权力这个维度——在中国社会历史中一个最重要的、决定性的维度。在中国历史上，国家权力这一维度是维中之维，纲中之纲，国家权力决定一切，支配一切。在中国不是民间社会决定国家，而是国家权力塑造社会，国家权力、意志、体制支配、决定社会面貌，应以国家与社会间的关系，简言之曰官民对立统一关系来观察、认知、表达、叙述中国古代社会历史。如此才能说明中国古代社会历史的本质属性。[①]

黄敏兰说，"国家权力决定中国古代社会的性质"这一认识，突破了以往的单纯经济决定论，的确抓住了中国古代社会的基本特征。[②]

国家权力支配社会的思想，虽然在当代学界仍不是主流观点，经济决定论仍然没有退去其权威的神圣的光环，但毕竟时代变了，20世纪五六十年代那种思维的绝对同一状况不见了，经学思维已经开始被打破，对权威理论的质疑或放弃，已经成了一个可以讨论或自主选择的学术问题。

对传统经典理论的颠覆，还表现在关于中国古代社会矛盾问题的判断上。

王亚南在20世纪40年代所写的《中国官僚政治研究》一书中，曾提出"官民对立"是中国古代社会基本阶级分野的观点，认为"官僚的封建社会就是官僚与农民构成的社会，或官民对立的社会"。[③] 中国古代社会的基本矛盾究竟应该如何表述，是一个可以见仁见智的学术问题。然而，新

---

① 张金光：《中国古代社会形态研究的方法论问题》，《史学月刊》2011年第3期。
② 黄敏兰：《全面认识中国古代社会的政治权力经济》，《史学月刊》2011年第3期。
③ 王亚南：《中国官僚政治研究》第11篇"农民在官僚政治下的社会经济生活"，时代文化出版社，1948。

中国成立之后，关于这个问题的认识，却失去了学术的属性，人们只能有一种解释，那就是根源于马克思主义阶级斗争理论的两大阶级对抗式解读，中国古代社会的基本矛盾，只能被说成是地主阶级与农民阶级的矛盾。坦率地说，地主阶级与农民阶级的矛盾，可以作为认识古代社会的一个视角（尽管这个地主阶级的概念极其含混），但却无法说明中国古代政治的特点，无法对秦汉以后两千多年间以专制主义官僚制为其基本政治特色的社会进行政治解读，无法面对历史上几乎每日每时都在重演着的"官逼民反"、"官民对立"的基本事实。而在贯彻"以阶级斗争为纲"的年代，以及在取消这一口号之后的若干年内，以阶级斗争为古代社会基本矛盾的理论仍然是一个思想禁区，是学术无法逾越的、不能触碰的红线和雷区。到了 20 世纪 90 年代，随着学术界从理论幻想到中国历史实际的回归，以及从欧洲话语体系到中国历史语言母体回归的潜流涌动，"官民对立"的社会矛盾说就被重新提起。

如果追溯官民对立问题的重新认识，1986 年张显清的《明代官绅优免和庶民"中户"的徭役负担》一文就已经涉及这一问题。该文写道：

> "社会等级虽然是'多级'的，但官绅等级与庶民等级的划分却是最基本的。""官绅等级，系指具有进士、举人、贡监生员身份的出仕、致仕、未仕人员的阶层……皇族、贵族也属于官绅等级……庶民等级，除了广大的农民阶级之外，还包括非身份的地主，即庶民地主。官绅等级与庶民等级的差别是多方面的，是否向封建国家承担徭役则是主要标志之一。""对于官绅等级，不仅他们本身及其家内部分或全部人丁有免役之特权，而且其田地也部分或全部享有免役之特权。人是有特权之人，田是有特权之田。""庶民中小地主，作为地主阶级，有剥削农民的一面；作为非身份的庶民，又有必须承担徭役的一面。他们往往是重役的担负者、官户转嫁徭役的受害者。"①

---

① 张显清：《明代官绅优免和庶民"中户"的徭役负担》，《历史研究》1986 年第 2 期。

张显清的文章虽然没有明确做出"官民对立"这个关于基本矛盾的理论表述，但他所表达的思想，显然已经突破了传统的阶级对立观念。他提出的问题，最要害的有两点：一是突出了官绅等级的特权问题，而这也正是官僚制社会中"官民对立"的核心问题；二是他将中小地主即没有政治特权的地主阶层归入庶民等级，打破了过去的地主、农民两极划分。张显清的文章可以看作是新时期关于"官民对立"问题的最初表述，但他则没有使用"社会矛盾"这个概念，不是直接的社会矛盾问题探讨。直接以表述社会矛盾问题提出官民对立问题，就是在20世纪90年代了。

就笔者所及，关于该问题的正式提出，是1995年黄敏兰的文章。黄敏兰说：

> 中国古代社会有自己独特的发展规律，与欧洲中世纪社会的性质和特点完全不相同。社会的基本矛盾并不是能从政治经济学的角度来解释的，不能用单纯的剥削与被剥削关系来解释具体的社会现象。中国古代的社会基本结构，是以权力为核心的等级制，与财产占有、经济行为和阶级属性都没有直接的关系。法律明确规定了等级间的不平等……在中国古代社会里，社会的基本矛盾不能简单地归结为地主阶级和农民阶级的矛盾，而是皇帝官僚集团与该集团以外的全体社会成员的矛盾。[1]

黄敏兰没有使用"官民对立"这个概念，但是，她所说的"皇帝官僚集团与该集团以外的全体社会成员的矛盾"，则无疑是明确的"官民对立"思想，并且她就正是在讨论"在中国古代社会里，社会的基本矛盾"问题时表达这一思想的。

1996年迟汗青发文指出："官民关系是传统政治的基本问题，是推动政治发展的基本动力，对政治生活的各个方面都有根本的规定和影响作用。"作者从政权性质、经济结构、政治运行、官僚资本等四个方面进行

---

[1] 黄敏兰：《评农战史专题中的严重失实现象》，《史学理论研究》1995年第4期。

论证，得出结论说：“传统社会的经济结构从根本上决定了官民之间利益关系的对立性，而私有性质的政权又维护并强化了这种对立性。”① 迟汗青明确地从官民关系的角度看待中国古代社会结构，从传统社会经济结构的角度论证了官民利益的对立性。迟汗青好像是借鉴了王亚南的基本思路，但他对官民对立关系的表述，以及将其看作是中国古代社会的基本问题，其思想还是值得重视的。

1998 年，又有两篇论证“官民对立”的文章发表。一篇是孟祥才接续黄敏兰文章对“官民对立”问题做深入的阐发和补充，他说：

> 中国古代留下的大量史料表明，中国封建社会的主要矛盾是封建国家同它的赋税和徭役的征课对象之间的矛盾。这个征课对象的主体应是自耕农与半自耕农，其中当然也包括不享有免赋免役特权的一般地主……这说明，地主阶级与农民阶级，特别是与他们的剥削对象之间的矛盾虽然是封建社会的重要矛盾之一，但与农民阶级同封建国家的矛盾相比，在大多数情况下，只能居次要地位。②

孟祥才旗帜鲜明地批判了以往将地主阶级与农民阶级的矛盾看作是封建社会主要矛盾的观点，认为即使存在地主阶级与农民阶级的矛盾，它也是次要的矛盾，而“封建国家同它的赋税和徭役的征课对象之间的矛盾”才是封建社会的主要矛盾，而封建国家的赋税和徭役的征课对象，既包括自耕农与半自耕农，也包括不享有免赋免税特权的一般地主，按照“左”倾时代的说法，他再一次“模糊了阶级阵线”，这是在一个重大问题上向经典理论挑战。

另一篇文章，是顾震发表在《东方文化》上的论文《审视“定论”与等级分析——以关于封建时代农民、地主的理论为例》，明确提出封建社

---

① 迟汗青：《传统社会官民对立及其调整》，《学习与探索》1996 年第 4 期。
② 孟祥才：《如何认识中国农战史研究中的“失实”问题》，《泰安师专学报》1998 年第 1期。

会的主要矛盾为"税民"与国家的矛盾。税民中包括为数众多的庶民地主。文章认为，"地主阶级即封建统治阶级"之说，忽略了地主构成里包含庶民地主，如果将命题改为"特权地主是封建统治阶级"就确切了。顾震说，认识到税民与国家的矛盾，由此认识封建社会所出现的户口制度、赋役制度、政治改革等，历史或许会清晰一些。因为这些都是封建国家为控制自耕农和平民地主等税民所采取的措施。①

到目前为止，将"官民对立"视为秦汉以后传统社会基本矛盾的观点，还没有得到更多人的响应，要在一个基本的重大理论问题上取得普遍的共识，就中国的情况说，需要上升到国家意识形态的层面，因为中国的学术从来是不可能摆脱政治和意识形态而独立发展的，意识形态仍然是控制普遍社会观念和支配主流学术观点的主要力量。但尽管如此，关于"官民对立"的认识，也已经达到了相当深刻的程度，张金光近期发表的论文可为代表。他说：

> 我们必须确立如下观点：官民二元对立是中国古代社会阶级结构的基本格局……官民之间，不仅是统治与被统治的关系，而且是一种经济关系，是剥削与被剥削的关系，也就是说，它是以土地国有制、国家权力、政治统治为基础建立起来的社会生产关系。这种生产关系是国家体制式社会生产关系或叫权力型社会生产关系。这种生产关系比之民间社会的任何经济关系都具有无可伦比的稳定性、凝固性、恶劣性、暴力性。这一对生产关系，在时、空两个维度上比之民间的任何生产关系都具有广泛性和普遍意义，此乃是中国社会的历史基因。三千年间，这一生产关系总是以不同形式重塑着中国社会历史，万变而不离其宗。舍此便不得中国古代社会历史面貌之本。②

---

① 转引自黄敏兰《近年来学术界对"封建"及"封建社会"问题的反思》，《史学月刊》2002 年第 2 期。

② 张金光：《中国古代社会形态研究的方法论问题》，《史学月刊》2011 年第 3 期。

"官民对立"基本矛盾说的重新提出，已经不是几十年前王亚南观点的简单翻版，而是有了新的意义和深度，它是对行之几十年的阶级斗争思维的否定，是在历史学家冲破了经学思维和权威意识之后的独立思考，是将学术回归历史本身的思想成果。它既需要有理论创新的勇气，也需要有对历史本身性质的深刻体察，同时也反映着客观平实地对待自身历史的学术风尚，并自然地融入从理论幻想向中国历史实际回归的学术潮流中。

对社会基本矛盾判断的改变，表明在中国历史学家的思想世界里，已经发生着带有根本意义的改变，理论权威和经学思维的紧箍咒，对于思想的自由发展来说，在逐渐丧失它魔鬼般的控制力量。虽然思想自由发展的天地还十分有限，但思想的力量又是如此巨大，只要稍稍给它一点空间，它就能毫不犹豫地使那些貌似强大的传统理论显现出无可奈何的窘态。

（三）摆脱欧洲历史解释模式的思想倾向

摆脱欧洲中心主义的影响，从欧洲历史模式中解放出来，直面中国历史实际而独立思考，是 20 世纪 90 年代以来走在学术前沿的历史学家的共同追求，或者说是形成了一种带有思潮性的思想倾向。无论是社会经济研究、思想文化研究，还是通史教材的编纂，都可以看到这一思想倾向的学术案例。

1. 张金光的秦制研究

在社会历史研究中，张金光的"秦制研究"是一颗耀眼的明珠。从 20 世纪 80 年代到 90 年代，十几年的时间里，张金光一直致力于研究战国及秦的社会模式，并最终提出了一个自成体系的"官社经济体制"说。他的基本观点如下：

> 战国社会经济制度的支配形态是在土地国有制基础上，通过国家授田，建立起强制性的份地农分耕定产承包责任制。这是一种官社或官公社经济体制。官社经济体制是在土地国有制下，以国家行政系统为统绪，以农为本，寓兵于农的新的政、农、军合一的社会经济体制。其首要特点是政社合一，政治、社会、经济、军事，乃至精神文

化生活等在国家政权支配下的一体化。这种经济体制下，由于实行份地授田，政治经济关系主要是在政府与民之间发生的统治剥削关系，所谓阶级关系也都表现在官民对立之中。传统的战国新兴封建地主阶级说有违于历史真实。①

张金光所以会得出这样一个不同于传统理论的历史结论，是他抛弃西方历史解释框架而直面中国历史实际的结果。他在《秦制研究》中总结自己的学术思想说：

> 我的基本研究方法便是：从中国先秦秦汉的历史实际出发，准确把握历史事实，尊重事实，经过综合分析，"本名实相符"之原则，提出"官社经济体制模式"一理论概念，用以概括和表述中国古代历史上一定历史时期（主要是战国、秦）的一种带有普遍意义的社会经济体制，并以此去解释和说明当时的社会、政治、经济、文化等诸多关系和现象。关于此问题研究的基本思路和结论，可以概言之日：土地国有制产生了官社经济体制；官社经济体制决定了当时的社会历史面貌。②

所谓"从中国先秦秦汉的历史实际出发"，所谓"'本名实相符'之原则"，就是要摆脱理论界以西方历史解释模式框架中国历史实际的教条做法，从中国历史本身探寻适合于本民族历史特点的历史解释框架。张金光有着很清醒的理论方法论自觉。他说：

> 以往学界用以表述中国古代社会的诸多概念和范畴，如"五种生产方式"说等，基本都来自于西方学术话语体系，唯独缺少产生于中国自身的理论话语体系，而在理论模式的建构方面尤为贫乏。事实上，全部

---

① 张金光：《银雀山汉简中的官社经济体制》，《历史研究》2001 年第 5 期。
② 张金光：《秦制研究》，上海古籍出版社，2004，第 275 ~ 276 页。

中国历史的进程是以国家权力为中心运转的，国家权力决定并塑造了中国社会历史的基本面貌；中国国家的核心权力是土地国家所有权。①

过去，表述中国历史的一些概念和范畴大抵是泊来品，有的直接来自于欧洲中心论以及在其上形成的西方学术话语体系，有的是辗转、间接来自于西方，或者是仿制品。关于中国的研究，应深入中国历史实践，通过大量的实证分析，做出符合中国历史实际的理论模式建构。我致力于此道之研究凡三十余年，其目的在于另辟蹊径，以求走出西方历史中心论及其西方学术话语体系所笼罩之困境，建构符合中国历史实践逻辑的理论体系。②

2. 李伯重的明清江南经济研究

李伯重的明清江南经济研究，是 20 世纪 90 年代以来中国社会经济史研究中的一大亮点。90 年代中期，李伯重就批评了传统的"资本主义萌芽情结"，决然与"世界各民族都必然遵循一条共同的道路"的教条化思维分道扬镳。他说：

> 从认识基础来说，"资本主义萌芽情结"是一种"单元—直线进化"史观的产物。按照这种史观，世界各民族都必然遵循一条共同的道路。资本主义是这条道路上不可回避的一个阶段，所以中国也必然要经历它。既然要经历它，当然就要有萌芽，否则就只能承认中国的资本主义完全是舶来品了……我们之所以这么做，主要原因是我们思想方法上的教条主义，使我们盲从于以欧洲经验为基础的历史发展模式……把从欧洲经验得出的社会发展规律绝对化，从根本上来说，也是欧洲中心主义的一种形式……坚信"西方有，我们也有"的民族心态和坚信"资本主义是中国历史发展的必经阶段"的信念，二者是有共同基础的，即认为中国应该而且必定能够按照欧洲近代发展的模式去发展。然而，

---

① 张金光：《关于中国古代（秦至清）社会形态问题的新思维》，《文史哲》2010 年第 5 期。
② 张金光：《中国古代社会形态研究的方法论问题》，《史学月刊》2011 年第 3 期。

中国近代历史的发展并未如此。至于"如果没有外国资本主义的影响，中国也将缓慢地发展到资本主义社会"、"如果没有洋人到来，中国也会出现自己的工业革命"一类的推论，则更明显地只是一种情结。①

这里，李伯重明确指出了中国近代以来"盲从于以欧洲经验为基础的历史发展模式"的思想痼疾，并毫无顾忌地批评了毛泽东关于"没有外国资本主义的影响，中国也将缓慢地发展到资本主义社会"的著名论断，否定了"单元—直线进化"史观的虚妄性。此后的多篇论文中，李伯重都坚持对"欧洲中心主义"的批判。如他在一篇论文中说：

> （以往的中国经济史研究）其真正关心的、并不是研究"中国究竟发生了什么变化"，而是研究"中国应当发生什么变化"和"中国为什么没有发生它应当发生的变化"。换言之，它最感兴趣的是如何用近代西方的标准去评判中国的过去和预测中国的未来，而非解释中国过去的实际……这种欧洲中心主义的研究阻碍了我们对明清中国经济的真实情况的准确了解。②

但是，在李伯重看来，摒弃西方中心论也不是要造出一个中国中心论，中国学者还是应该融入国际学术主流之中。所以，他对明清社会经济的研究，仍然使用的是西方学者的概念体系和分析工具。其代表作是发表于2001年的《英国模式、江南道路与资本主义萌芽》一文，此文提出了一个著名的"江南道路说"。

李伯重认为，资本主义发展的英国模式，既有它的普遍意义，也有它的特殊性，不是所有的民族都可以循着这条道路去走到资本主义的。资本主义萌芽理论是从"社会再生产"出发的，而社会生产可以分为生产资料

---

① 李伯重：《"资本主义萌芽情结"》，《读书》1996年第8期。
② 李伯重：《史学与变化——重新认识历史上的江南农业经济及其变化》，杨念群、黄兴涛、毛丹主编《新史学》（下），中国人民大学出版社，2003，第464页。

生产（主要即重工业）和生活资料生产（主要即农业和轻工业）两大部类，二者之间存在一定的比例关系。资本主义的发展需要的是以生产资料生产迅速扩张的社会再生产，而不是以扩大生活资料生产为中心的简单再生产。一般认为英国的工业革命以纺织业为先导，但实际上在这场革命中起更大作用的却是重工业的迅猛发展，即所谓煤铁革命。如果没有这个煤铁革命，工业革命是不能想象的。英国模式的特殊性正在于此。

学界都承认明清江南地区是资本主义萌芽最突出的地方，而明清江南经济发展的情况，恰恰与英国形成鲜明对照。明清江南工业发展最主要的特点之一，是其重工业畸轻而轻工业畸重，从而形成一种"超轻结构"。规模庞大的轻工业加上规模同样庞大（甚至更为庞大）的农业，生活资料的生产占了社会生产的绝大比重，以重工业为主的生产资料生产在社会生产中所占比重十分微小，并且随着江南工业的发展，这种畸轻畸重的情况还日益加剧。因此，如果我们承认英国模式所体现出来的再生产规律具有普遍意义，就必定会得出这样的结论：如果没有外部因素介入，明清江南经济发展不会导致近代工业化。在此意义上来说，英国模式并不适合明清江南经济发展的现实。①

李伯重对江南道路的分析，从方法论上说仍然是沿用西方的概念术语和分析方法，他的研究中所使用工业化、工业革命、生产部类、生产资料生产、生活资料生产、斯密型成长等，都是西方的经济学术语，但他则否定了英国模式的普遍意义，以独立思考之精神，仅仅抓住明清时期中国江南经济发展的特殊性进行研究，做出了自己的独立判断。在李伯重看来，中国学者的自我思想清算，摆脱欧洲历史解释模式的影响，不能是简单地与西方决裂，而是要与盲从决裂，与神学和权威决裂，与经学思维决裂。在独立思考的科学精神面前，无论是中国的还是西方的，一切优秀的东西都可以吸收，并为自己所用。李伯重在 2008 年的一篇学术访谈中说：

---

① 李伯重：《英国模式、江南道路与资本主义萌芽》，《历史研究》2001 年第 1 期。

研究中国经济史要摈弃西方中心论，但这并不意味着我们要建立一个与西方学术体系对立的中国独特的学术体系。这样做是不现实的，也是没有必要的……无论是中国还是西方都是人类历史的一部分，在历史研究中具有平等的地位。所以我们不应该走极端，为了反对"西方中心论"而创造出来一个"中国中心论"，这是不可能也是不正确的。我认为，我们应当采取的方法，不是拒西方学术于千里之外，而是汲取西方学术的精华，丰富我们的研究手段，发挥我们自己原有的特长和优势，从而进入国际学术主流，并在这个主流占有与我们历史地位相符的重要位置。①

3. 葛兆光的中国古代思想史研究

1998 年复旦大学出版社出版的葛兆光《七世纪前中国的知识、思想与信仰世界》（《中国思想史》第一卷）一书，无疑是当时中国古代思想史研究中一个最为引人注目的事件。葛兆光提出了一个"一般知识、思想与信仰世界的历史"的思想史理念，走出从子书到子书、从思想到思想或从社会到思想的研究套路，拓展思想史的研究范围和资料范围，创造了极具个性化的思想史研究法，为学界提供了无论从内容到方法都可以使人耳目一新的思想史著作。葛兆光的书出版以后，引起了不小的轰动，也发表了不少评论文章，可以说是誉满学界，但也谤声不绝。但无论是毁是誉，人们都多是在内容的学术性或规范的严谨性上思考问题，很少去考虑它在改变思想史研究模式的单一性以及思想解放方面的意义，很少去理解作者的内心世界。作者为什么要去构造这样一个思想史的模式，它反映了一个什么样的思想倾向？一篇关于葛兆光的访谈文章中说：

葛兆光指出，多年来那种僵化、凝固的"左"的思维统治着古代知识和思想的研究领域，惯常以一种僵化、简单的方式分析和描述中

---

① 李伯重、梁晨：《铁肩担道义　苦心传文明——李伯重教授访谈》，《学术月刊》2008 年第 4 期。

国古代的思想，历史人物总是被划分成大贵族和小贵族，或者是进步派、保守派和反动派。而实际上，这并不是研究和描述中国古代思想发展的唯一方法。①

也就是说，葛兆光不满于多年来所形成的思想史著作模式，不满于这种来自西方的分析框架及其过于政治化、意识形态化的思想史话语体系，想创造一种更能接近中国思想史实际的具有中国意识的思想史言说方式，要让中国古代思想史研究向"中国"回归，更加中国化，才有了他的个性化思想史著作。他在 2000 年以来的一些文章、访谈中不断地强调"中国意识"问题：

> 我之所以这样改变思想史的写法，主要动因还是一个来自中国的问题意识。我觉得，我们过去的中国哲学史和中国思想史研究，存在一个很大的弊病，那就是用某种来自西方的概念工具或者强烈的问题意识观念，将丰富的历史和思想资料脉络化。就好比编辫子，完全按照主观的想象、意识形态的观念和僵硬的逻辑，将所谓思想史拧成紧紧的一股。而我所要做的工作就是，将这个辫子解开并打散，然后再重新按照我们现在对思想史的理解，对其进行重新梳理和编织，这或许可以叫做"去脉络化"。②

> "中国意识"这个问题的提出，是因为我觉得现在的历史研究，除了把历史学当作技术活儿，缺乏问题意识和现实关怀之外，还有一个值得担忧的趋向，就是在各种西方理论以及国外中国研究的影响下，亦步亦趋，因而失去了自己的问题和立场。我们当然要接受各种各样的新理论、新观念、新知识、新资源，也要学习国外中国学的研究，但是，这必须和我们讨论中国的思想、中国的历史，两者之间必

① 转引自王峰明《在知识、思想和信仰的世界里开掘——记清华大学人文学院葛兆光教授》，《前线》2000 年第 3 期。
② 葛兆光、张瑞龙：《新思想史研究、历史教科书编纂及其他——葛兆光教授访谈录》，《历史教学》2005 年第 2 期。

须有一个平衡。在历史研究中是否突出本土的问题、是否有本土的眼
光，这是十分重要的。因为，我们只有表达出本土意识、本土立场，
才能成为普遍意义的历史研究领域的有机组成部分，才能在文明对话
时，真正融入世界……所以，我主张"让学术说汉语"，这并不是一
种学术民族主义。①

要让中国思想史研究真正有"中国意识"，有"本土的问题，本土的
眼光"，表达出"本土意识，本土立场"，要"让学术说汉语"，这就是葛
兆光思想史研究的出发点，对于自梁启超、胡适以及马克思唯物史观引入
以来，已经严重欧化、西化、概念化的中国思想史研究来说，这无疑是正
当的要求，是符合中国学术的内在理路和发展方向的。

4. 刘泽华的"阴阳组合结构"说和张分田的"尊君—罪君"模式

刘泽华的中国古代政治思想史研究，也是摆脱欧洲话语体系的典型代
表。刘泽华没有过多谈论这个问题，而是以自己的研究实践成功地回答了
这个问题。他提出了一系列源自中国历史母体的概念术语作为分析工具，
形成了较为完整的政治思想史解释体系。著名的"阴阳组合结构"说，就
是他提出的最重要的中国思想史命题，并以此形成观察中国古代政治思想
史的方法论思想。刘泽华说：

中国传统政治思想在其学理上是很难找出理论元点的，各种理论
命题是交织在一起的……我们的先哲几乎都不从一个理论元点来推导
自己的理论，而是在"阴阳组合结构"中进行思维和阐明道理……诸
如：天人合一与天王合一；圣人与圣王；道高于君与君道同体；天下
为公与王有天下；尊君与罪君；正统与革命；民本与君本；人为贵与
贵贱有序；等级与均平；纳谏（听众）与独断……在上述组合关系中
有对立统一的因素，但与对立统一又有原则的不同，对立统一包含着

---

① 葛兆光、张瑞龙：《新思想史研究、历史教科书编纂及其他——葛兆光教授访谈录》，《历
史教学》2005 年第 2 期。

对立面的转化，但阴阳之间不能转化，特别是在政治与政治观念领域，居于阳位的君、父、夫与居于阴位的臣、子、妇，其间相对而不能转化，否则便是错位……上边罗列的各个命题，都是阴阳组合关系，主辅不能错位。比如在君本与民本这对阴阳组合命题中，君本与民本互相依存，谈到君本一定要说民本；同样，谈到民本也离不开君本，但君本的主体位置是不能变动的。①

"阴阳组合结构"说，为我们认识中国古代政治思想提供了一个重要的观察视角。它既突出了王权主义的思想主题，又凸显了中国古代思想复杂而圆润的中庸特点，具有重要的方法论价值。而从这个方法论思想以及它的概念命题中，我们能够感受到的是，该时期的中国古代史学者，在努力摆脱西方的影响，在清理东方主义的顽固偏见，在从中国历史的自身中寻找历史解释的分析工具，他们开始培养独立解读历史的自信和勇气。在这方面，刘泽华是有着清醒的方法论自觉的。他在《中国政治思想史集》第一卷"再版弁言"中说：

本书的立论基本上是来自归纳法，所有的材料都是从"母本"中梳理出来的，而且在解释和运用时也都以"母本"的整体性为前提。我曾给自己"立法"，决不抓住一两句话，离开"母本"体系，推导和演绎出现代性的政治观念或理论。由于以归纳和"母本"体系为基础，我自信本书叙述的内容更接近历史的本来面目。

而他所说的"母本"，就是中国历史本身。和刘泽华有着共同学术理念的张分田，他所提出的"尊君—罪君"分析模式，也是一个从本土文化抽绎概念体系或分析工具的极好例证。在《中国帝王观念》一书的"导论"中，他描述了自己发现、提炼"尊君—罪君"分析模式的思维过程：

唐甄是研究"尊君—罪君"范式的最典型性的个案之一。正是他

---

① 刘泽华：《传统政治思维的阴阳组合结构》，《南开大学学报》2006 年第 5 期。

的"治天下者惟君，乱天下者惟君"的思维方式和"使我立于明主之侧……不出十年，天下大治"的政治抱负，启发了笔者的研究思路。笔者就是在撰写关于唐甄的一节书稿时，经反复思考，数易其稿，正式提出了"尊君—罪君"命题的。时在1993年秋冬。这个概括更能体现唐甄思想的性质与特点。不久，笔者发现不仅黄宗羲、王夫之、顾炎武、吕留良、龚自珍等都有类似的思维方式，就连明朝统治思想代表作《大学衍义补》也符合这个范式。此后，在广泛翻阅历代著名思想家的著作的基础上，逐步证实"尊君—罪君"范式具有普遍意义。在一定意义上可以说，笔者的概括来自唐甄的概括。这个概括与其说是笔者个人的主观判词，不如说是对历史现象的客观摹写。①

从刘泽华、葛兆光、张分田等人的思想史研究中，我们再也看不到唯心与唯物、社会存在与社会意识、阶级斗争与阶级观念、进步与反动等过去人们须臾不可离开的思想史分析工具；他们告别了传统的权威的意识形态教条，直接从中国历史的母体进行概念提炼，寻找分析工具，实现了分析工具、概念体系和研究方法的民族化。这在20世纪90年代以来的中国古代思想史研究中，逐渐形成趋势或潮流。

5. 朱绍侯主编《中国古代史教程》的概念表述

具体学术领域里摆脱欧洲历史解释模式的思想倾向，经过一段时间的发展，最终在高校教材这种相对稳定的历史著作中得到了反映。2010年河南大学出版社出版的《中国古代史教程》一书，不再采用五种社会形态的解释框架，也不在教材中讨论这个问题的是与非，而直接使用中国历史中已有的词汇来叙述中国的历史发展。

在关于中国社会形态问题的讨论中，有些人担心如果不使用五种形态的概念体系，古代中国的历史就会无法叙述，中国历史的叙述已经对之形成了严重的概念依赖。譬如，如果不把秦至清两千多年的中国历史称作

---

① 张分田：《中国帝王观念》，中国人民大学出版社，2003，第35页。

"封建社会"，那么如何称呼它呢？回避这个概念，历史能说清楚吗？放弃五种形态理论的《中国古代史教程》，回答了这个问题。该书放弃使用"奴隶社会"、"封建社会"等传统的一套概念体系，使用本民族自有的词语概念，平实地叙述了中国历史的发展进程，取得了令人满意的效果。不出现"奴隶社会"和"封建社会"概念的中国历史进程叙述，显得更流畅、更平实，更能反映中国历史进程的真实面貌。

譬如，在一般的中国古代史教材中，关于秦统一后巩固统一的措施，在全国确认土地私有制度，多是使用"封建土地私有制是地主阶级统治的经济基础"，秦统一六国后，"令黔首自实田"，这就意味着私有土地受到统一的封建政权的保护，意味着"封建土地所有制在全国范围内正式得到确认"，"这也使地主阶级利用土地剥削人民成为合法，压在农民身上的地租、赋税以及各种徭役也愈来愈重"等一类语言、概念来表述。而同样的内容，在《中国古代史教程》中则叙述为：

> 秦始皇三十一年（前216），下令"使黔首自实田"，即命令土地拥有者向官府呈报占有土地的情况，然后官府根据其呈报的数额征收租税。这意味着秦在全国范围内承认土地私有权，中国古代的土地私有制正式确立。为了征收租税的便利，秦颁布了统一货币、度量衡的法规……这些措施，对建立新的经济秩序、促进社会经济发展以及帝国赋税职能的实现，都起到了积极的作用。[①]

和一般教材中的说法相对照，在《中国古代史教程》中，"封建土地私有制"变成了"土地私有制"；"地主阶级利用土地剥削人民"的表述不再出现，代之以"官府……征收租税"；"剥削人民成为合法，压在农民身上的地租、赋税以及各种徭役也愈来愈重"，代之以"对建立新的经济秩序、促进社会经济发展以及帝国赋税职能的实现，都起到了积极的作用"。

---

① 朱绍侯主编，龚留柱执行主编《中国古代史教程》（上），河南大学出版社，2010，第207页。

哪种叙述更有中国历史的味道，是可以感知的。

关于清中期以后社会矛盾和社会危机的叙述，也是很好的例证。一般教材在谈到清中期以后的社会危机时，大都强调土地高度集中所造成的清代封建地主阶级对农民剥削的加强，诸如农民沦为佃户，承受地主阶级高额地租剥削；封建政府对农民进行的赋役剥削越来越重；封建官僚统治机构日益腐朽，吏治腐败等，最终导致了人民的反抗斗争，给满、汉地主阶级以沉重打击，使得清朝开始了由盛到衰的转折。而同样的历史内容和问题诠释，在《中国古代史教程》中是这样叙述的：

"尽管除掉了乾隆时代腐败的象征和珅集团，但嘉庆并没有摆脱政治困境，也无法从根本上改变乾隆以来国运衰退、社会危机不时爆发的趋势。""嘉庆帝的政治困境首先是其本人的保守性格所造成。乾隆帝虽然通过传位、训政顺利地实现了权力交接，但却塑造了嘉庆帝墨守成规、不思变革的性格，使得嘉庆年间的社会更趋于停滞后退。嘉庆表面上反对官场效率低下，但他自己也助长了这种风气。""其次是乾隆以降形成官场因循守旧、官吏饱食终日、相互推诿的风气积重难返。""再次是官场贪污腐败成风。曾有直隶官吏，上下串通，共同贪污，不仅州县司书、银匠私下侵吞，而且幕友、长随也参与分赃。""政治困境难以摆脱，社会危机便接踵而至。就在颙琰即位的当年，即嘉庆元年（1796），震惊全国的川、楚、陕三省白莲教大起义爆发了……他们对以前所赖以生存的组织机构已经失去信心，清朝官方的社会组织机构正趋于涣散和瓦解……虽然嘉庆朝镇压了几次大规模的农民起义，但社会危机并没有从根本上缓解……到咸丰朝发展为大规模的捻军，与太平军北南呼应，极大地动摇了清朝的统治基础。"[①]

在这样的分析中，阶级斗争理论不见了，社会矛盾作为一种常见的

① 朱绍侯主编，龚留柱执行主编《中国古代史教程》（下），第 832～836 页。

社会危机问题去处理。造成该时期社会危机的主要因素，有嘉庆帝本人的保守性格，乾隆以降形成的官场之上因循守旧、相互推诿之风气以及官场贪污腐败成风等方面，这既是从中国历史本身总结出来的认识，又是传统社会带有普遍性的社会政治问题。将农民战争归入社会危机的社会问题范畴，分析造成社会危机的原因，寻找解决社会危机的途径和方法，在任何时代都是必要的、有意义的。这样的历史解读，比起把一切社会问题都归之于两大阶级的对抗和斗争，不仅更符合历史的实际，更平实可信，也更具有普遍的历史借鉴意义。《中国古代史教程》抛弃社会形态概念体系，摒弃阶级斗争思维，用本土语言叙述中国历史的发展进程，是一个可喜的尝试；同时它也反映了 20 世纪 90 年代以来中国古代史研究中正在形成的极力摆脱欧洲历史解释模式的学术思潮或思想倾向。

（四）中国政治思想史研究中批判精神的崛起

批判精神的缺失，曾经是 20 世纪五六十年代史学的一大痼疾；而 20 世纪 90 年代以来的中国古代史研究中，我们则欣喜地看到，历史学家的批判意识有了明显的觉醒，并突出地表现在中国古代思想史研究方面。

本文已经多次谈到刘泽华的中国古代政治思想史研究，这里又不能不再次讨论他的相关方面，因为他在中国古代思想史研究方面的突出成就，正是批判精神所绽放的思想之花。刘泽华自己谈到过，他研究中国政治思想史的目的"就是为解析中国的'国情'，并说明我们现实中封建主义的由来"。[①] 当被问到"这是否是'理念'先行，违背了学术独立的原则，是否有实用主义的毛病"时，刘泽华说："我不排除'我'的因素和目的，也不排除'理念'先行，不贯彻某种'理念'的历史认识几乎是不存在的。我所写的东西表达的是我的一种认识。'文革'以及前后那么多的封建主义，不全是新冒出来的，很多是中国历史的延续，对此不应袖手旁观和熟视无睹……有人说，从我著述中看到了某些现在的东西，能有这种感

---

① 刘泽华：《中国政治思想史集·总序》，人民出版社，2008，第 1 页。

受，可谓得吾心矣!"① 强烈的现实关怀，是历史学家的优秀传统；而现实关怀在古代史家那里主要是资治意识，到新中国之后演变为服务意识，即所谓"为无产阶级政治服务"，具体说就是为现实政治和政策服务。古代的资治意识和现代的服务意识，最根本的要害是历史学家学术人格和批判精神的丧失。在这种传统观念的支配下，历史学家向现实政治交出了自己独立思考的权利，成为为政治和政策摇旗呐喊的御用工具，历史学也因之而成为跟风史学或影射史学。刘泽华的现实关怀与之最大的区别是他的独立思考，是他对现实政治的冷静观察，是在现实面前保持了学者的独立人格。正是这种出自独立思考的现实关怀，才使他的研究真正实现了与现实的对话，并具有了现实批判精神。

张分田的中国古代政治思想史研究，也充溢着强烈的批判意识。2004年以来，张分田连续出版了《中国帝王观念》、《民本思想与中国古代统治思想》两本皇皇巨著，系统地回答了一些年来竭力倡导国学而将儒学现代化的若干重大问题，表达了一个史学工作者强烈的现实关怀和批判精神。

张分田所揭示的中国古代帝王观念的内在逻辑结构，就是前边提到的"尊君—罪君"模式，这是中国政治思想史研究中的一个重大发现。他的研究证明，尊君与罪君基于同一个思想体系、价值体系，二者相辅相成，共时性地寓于一体，但却是罪君为尊君所制导。② 而为什么会是如此？罪君如何为尊君所制导，二者为什么隶属于同一个思想体系？作者在一篇文章中分析道：

> 以罪君为主要特色的思想家，除无君论者外，都认同由一人执掌最高权力的政治制度和圣化的政治权威。他们不仅从来没有提出过治权在民的政治理念，反而在抨击暴君暴政的基础上设计理想化的"圣王之道"。

---

① 刘泽华、范思：《治史观念与方法经验琐谈——刘泽华教授访谈录》，《历史教学问题》2006 年第 2 期。
② 张分田：《中国帝王观念》，中国人民大学出版社，2003，第 12～13 页。

道高于君这个命题本身就是把道与君紧密地联系在一起的。道，指一般原则；君，指具体君主。所谓道高于君即君主制度的一般原则凌驾于现实中的一切君主。这个思路必然形成一而二，二而一的理论结构："有道理想"与"道高于君"。如果说有道理想着重论证君主制度的合理性、绝对性，那么道高于君则着重论证君主的行为规范及其权位的相对性。就主要政治功能而言，天下有道的政治信仰势必导向皈依王权，憧憬圣王；而道高于君的政治信条则势必导向规范王权，抨击暴君。显而易见，以道罪君是由以道尊君中派生出来的。道与君主制度相合是本质，道与具体君主相分是现象。无论维护道义的士人与时君、时政有多大冲突，都不具有在理论上否定君主制度的意义。维护道统的士人必定是君主制度的同路人。①

于是，张分田的研究证明，无法将古代的君主批判理论归入民主思想的范畴："所谓圣王之道又以治权在君作为一般法则。这就无法将他们的理论体系归入民主范畴。"②

在多年研究的基础上，2009 年，张分田又出版了七十多万字的《民本思想与中国古代统治思想》一书，沿着"尊君—罪君"思路，详细地解剖了中国古代民本思想传统的理论本质。该书开宗明义地提出：

> 本书的核心命题是：现代学术界所说的"民本思想"始终是中国古代统治思想的重要组成部分。甚至可以说，中华帝制的政治原理是以民本思想为基础框架而精心构筑的庞大的思想体系。③

张分田对民本思想属性的最终判断是：

---

① 张分田：《从民本思想看帝王观念的文化范式》，《天津师范大学学报》2004 年第 1 期。
② 张分田：《从民本思想看帝王观念的文化范式》，《天津师范大学学报》2004 年第 1 期。
③ 张分田：《民本思想与中国古代统治思想》（上），南开大学出版社，2009，第 1 页。

民本思想是全面论证、系统规范君主制度的政治理论。从历史过程看，帝制越兴旺，"民惟邦本"思想就越发达，皇权越集中，"民贵君轻"观念就越普及。在历代王朝的官方学说代表作乃至最高统治者的著作和言论中，可以找到民本思想的核心理念和基本思路。民本思想一直是统治思想不可或缺的有机构成之一，甚至可以成为中华帝制统治思想的代称。①

从理论特质、制度设计、政治实践和发展历程看，中国古代的"民本思想"不是"民主思想"。主要根据是：从理论特质看，民本思想始终没有明确指出"治权在民"的思想；从制度设计看，民本思想与中华帝制具有高度的匹配性；从政治实践看，民本思想的主要功能是优化君主政治；从发展历程看，民本思想既没有推出民主共和政治，也没有自发地导出民主思想。就最基本的核心理念而言，民本思想不属于民主思想范畴，而属于专制主义范畴。②

张分田的研究，是迄今为止对中国古代最为重要的一个思想传统的最为详尽也最为明晰而辩证的回答。从《中国帝王观念》到《民本思想与中国古代统治思想》，张分田所取得的思想成果，不是本文评论的中心问题，我们企图要寻找的是支撑作者选择论题及其寻找答案的思想原点，他的内心世界。

张分田的研究是有其现实针对性的。在《中国帝王观念》的"导论"中，他公开声明：

就本书的研究课题而言，虚无主义者的论点过于简单，而以现代新儒家为典型代表的一派，其论点涉及中国历史上一批重要的思想现象，不条分缕析，详加辩驳，则不足以推而倒之。更何况深入批判以孔孟为代表的中国古代专制主义思想体系，依然是中国思想史学界尚

---

① 张分田：《儒家的民本思想与帝制的根本法则》，《文史哲》2008年第6期。
② 张分田：《民本思想与中国古代统治思想》（下），南开大学出版社，2009，第743页。

未完成的重大历史使命。因此，本书学术争鸣的主要对象是"儒家民主主义"说。①

2010 年，在一篇关于讲述自己的学术视角和治学心得的文章中，他也明确表达了这样的思想：

近代以来，由于对儒学历史价值及现代意义的评估分歧巨大，于是儒学的本质属性始终是学界辩论的焦点，至今仍聚讼不已。一批将儒学奉为"国学"、"国教"、"国粹"、"国魂"的学者依据儒家经典中一批蕴含积极因素的命题，诸如民惟邦本、民贵君轻等，判定孔子"倡导民主"，孟子"谓为世界民主论之先驱可也"，乃至有儒家"民主主义"、"自由主义"的说法。这类学者对儒学的重大负面因素，或视而不见，或曲解美化，或遮遮掩掩，或轻描淡写。于是在他们的事实陈述中，儒学体系的完整结构被掩盖了一半。我将这种现象称之为"结构性信息缺失"。一些不熟悉儒家经典的人很容易受到这类事实陈述的误导。

解读古代思想最容易出现望文生义、断章取义乃至随意演绎的失误。避免出现这种情况的途径之一是以解析组合命题、分析理论要素等方法，全面考察理论体系。任何一种比较成熟的政治理论体系都是由一系列相关理论要素依一定方式组合而成的整体。相关的政治命题有各自的意思表达和特定的理论功能，并按照既定的政治宗旨和特定的思维方式组合在一起，共同构成逻辑圆融的理论体系。②

很显然，张分田的主要论题是针对"儒家民主主义"说，是对现代新

① 张分田：《中国帝王观念》，中国人民大学出版社，2003，第56页。
② 张分田：《完善事实陈述的主要途径——涉及中国思想史研究方法与视角的治学心得》，《湖南大学学报》2010年第6期。

儒家一系列思想观点和文化主张的批判和回应。在作者看来，当代中国的文化建设，最为重大或曰最为繁重的任务，仍然是"深入批判以孔孟为代表的中国古代专制主义思想体系"，这是一切具有强烈现实关怀和具有历史责任感的历史学家必须肩负的重大历史使命。

张分田提出的是关系中国历史发展前途和命运的大问题。中国两千多年的专制主义文化传统由于近代以来的特殊国情，至今也没有受到根本性的动摇或触动，甚至由于"文化大革命"的原因而再度泛滥而达至顶峰，批判专制主义仍然是现实社会重大而艰巨的思想任务。而现代新儒家及其一些文化保守主义的思想主张，配合以非理性的民族主义情结，使得一些人（上至政治家和思想精英，下至富有怀旧情结的芸芸众生）把中国未来的希望寄托于向传统的回归，于是抓住传统文化中某些似是而非的思想要素大做文章。如果不对所谓"儒家民主主义"的种种论调给予有力回击，思想文化领域的复古倒退之风，最近十多年来日益滋长的国学热、读经潮，将危及新时期以来的改革大业，并最终葬送中华民族初见曙光的复兴前程。张分田的研究，是在这样的思想文化背景中展开的，并由此使他的研究具有强烈的批判意识。

作为学者，张分田要执行的是学术的批判，并通过学术批判达到历史批判和现实批判的双重目的。学术批判的武器是学术，而科学的学术研究，就恰恰具有批判的功能。张分田敏锐地捕捉到了所谓"儒家民主主义"在学术上的致命死穴，即他们总是片面地抓住诸如"民惟邦本"、"民贵君轻"一类传统的思想命题大做文章，从中挖掘所谓民主思想，以证明其现代价值；而偏见、偏执或是思想的贫瘠，则使得他们不懂得这些命题也只是更大的思想范畴的要素或支脉，只是中国传统文化中普遍存在的阴阳组合结构中的一端或一极。张分田是用科学的分析态度来讨论问题的，他指出，新儒家的种种论说，都省略掉了问题的另一个方面，即"在他们的事实陈述中，儒学体系的完整结构被掩盖了一半"，于是他提出，"研究一种思想的属性必须借助结构完整的事实陈述"，任何望文生义或断章取义都会将古代思想现代化，而掉进传统的陷阱。正是"结构完整的事实陈述"这一平实的科学态度和研究方法，使他将诸如"民惟邦本"、"民贵君轻"一类优秀的传统思想成分，无可争辩地归入专制主义的思想传统之中，还原了思想的本质。釜底抽薪，张分田用百余万字的研究成果，执行了宏大的历史批判！

研究当代历史学家的现实批判精神，中青年学者雷戈则是一个比较突出的代表。2006 年以来，雷戈相继出版了两本中国政治思想史方面的学术论著《秦汉之际的政治思想与皇权主义》和《道术为天子合——后战国思想史论》，颇显学术锐气。这两部著作在学术思想上的贡献主要有两点：一是提出了"后战国时代"的思想史概念，并将后战国时代思想的主旋律确定为皇权主义意识形态的生成和确立，为人们认识秦汉以后中国政治思想史的内容和特质，提供了明确的思想借鉴；① 二是提出了认识中国秦汉以后政治思想的三个重要命题，即"天高皇帝近"、"道术为天子合"、"诸子皆王官"。下文则主要来分析在这两部书中所体现的强烈的现实感和批判意识。

在《秦汉之际的政治思想和皇权主义》一书中，雷戈写道：

> 有一个事实是我们始终无法回避的，即中国有着两千年的皇权教化主义传统。这个传统在决定性的程度上已经深刻塑造了中国人的思想品质。而我们现在所要试图理解的就是这种传统。它把思想弄成一种规范式的东西，要求人们只能进行一种规范主义的思考。它把统一思想作为思想本身的目的。围绕这个目的，它建构和制定出一整套体制和标准，从而使得人们的正常思想成为专制制度可以强力控制的东西，即使思想成为一种可控的过程。②

中国已经有过两千多年专制主义的历史，而这个专制主义的最大危害是对社会公众的思想专制，"把思想弄成一种规范式的东西"，"把统一思

---

① 关于这一点，笔者曾有过评论，见《"天高皇帝近"：一个重要的中国思想史命题——雷戈〈秦汉之际的政治思想与皇权主义〉评介》，《史学月刊》2007 年第 10 期。
② 雷戈：《秦汉之际的政治思想与皇权主义》，上海古籍出版社，2006，第 64~65 页。

想作为思想本身的目的"，这无疑是对专制主义本质最深刻的揭示、控诉和批判。对于有着悠久专制主义传统的中国来说，雷戈的研究具有强烈的现实批判意义。

在《道术为天子合——后战国思想史论》一书中，雷戈对意识形态的思想控制功能又进行了既形象清晰又犀利入木的历史批判。他写道：

> 意识形态就像河流上修筑的水库和堤坝。有了水库和堤坝，河流的性质和状态其实就已经发生了某种程度的变化。表面上看，河还是那条河，河仍然在原来的那条河道里流淌和奔腾，但实际上，河流原有的自然性质已被改变了。河水不是完全按照自己的本性在自然流淌，而是受到人工的有力控制，它变得必须服从人为的需要。这样河水就在自己的河道里被改造成一种符合人的意愿的有序形态。由此还可能引发水质、河中生物、流域生态环境的某些变化或变异。以此比喻可以直观地理解意识形态之于思想史演进的深刻定向功能。①

两千多年的专制主义历史，造成了无比强大的思想专制传统，使"专制"具有了历史的天然属性。于是，在这种历史中生存的社会公众，已经麻木到无法感知专制的威压；接受专制的控制与支配，就确如在河流中仰泳顺水而下。雷戈对中国古代社会意识形态所执行的专制主义功能的生动揭示，对于仍负有批判专制主义使命的当代社会，确有其警世作用。

雷戈在《秦汉之际的政治思想与皇权主义》一书的"后记"中说：

> 我希望能够创造出一些真正有价值的东西。但有些似乎超出了我最初的预想。每天都在见证并重新认识一些似曾相识的东西，成为这种思考过程中最有意义的一部分。历史作为现实中匿名的存在，使得我们的生活方式和信仰体系在巨大的惯性中始终处于一种不确定的状

---

① 雷戈：《道术为天子合——后战国思想史论》，河北大学出版社，2008，第47页。

态。我们能够用手触摸到它，但却无法把握。如果把现在人抛进佣坑，填上黄土，谁能担保他不会又是一个新的秦佣？而且历史的所谓进步似乎也不应仅体现在对过去的这种现代式展示和审美性观赏。现代知识人在佣坑底层的逍遥倒是真正值得关注。我们应该还能听到不远处的儒坑中那绵绵的呼吸和不绝的呻吟。

雷戈的心可能过于沉重，但这沉重没有能窒息他跃出佣坑的冲动；并且，正是这种冲动，使他的研究具有了强烈的现实感和批判意识，反映了当代学人的现实关怀和历史责任。也正如他在《秦汉之际的政治思想与皇权主义》一书的"后记"中所说："以学术为人生，只是一种人生境界。以学术关照人生，才是学术的最高境界。"他的两本中国古代政治思想史著作，就是在追求这个学术的最高境界；也因之成为 20 世纪 90 年代以来，中国思想史研究中批判精神崛起的代表或象征。

（五）唯物史观沉淀于历史学家的心理层面

20 世纪 90 年代以后中国古代史研究中出现的众多理论创新，历史学家的思想解放，经学思维的被冲决，绝不意味着历史学家对马克思主义唯物史观的简单抛弃。人们所做的，只不过是对教条化唯物史观的摒弃，是对马克思主义理论盲从态度的摒弃，实际上，长期教育或灌输的唯物史观的基本理论，已经深入历史学家的心理层面，成为人们一般的普遍的思维素质。虽然以往言必称马列、书必引经典的学术风气不见了，但在人们思考重大学术问题的时候，支配历史学家思维的基本要素，却仍然是马克思所给予的。套用刘泽华的话说，马克思主义对于中国的历史学家来说，那就是"马克思在我心中"。

以笔者观察，在这方面，晁福林的先秦史研究，就是一个很典型的代表。

晁福林 2003 年出版有《先秦社会形态研究》一书，我们可以先拿它和"文化大革命"以前的同类著作在文风上做个简单的比较。1979年史学界出版有一部很有影响的著作，即胡如雷先生的《中国封建社会形态研究》，① 晁福林的《先秦社会形态研究》② 与此可谓同类性质，然因为时代不同了，在文风上显示出很大差异。胡著全书 32 万字，征引马克思、恩格斯、列宁、斯大林、毛泽东的著作 124 次，平均每万字征引 3.875 次；晁著 54 万字，征引同类经典文献 83 次，平均每万字征引 1.537 次，单从引经据典的教条遗风上看，就比前者减弱了 60%。而且，晁著的经典文献征引，多集中在第一章"先秦时代社会形态的理论研究"这一纯粹的理论研究部分，其所征引多属问题讨论的涉猎范围，马列经典文献是作为讨论的参考文献，而不是简单的公式化套用。在晁著第三章之后关于先秦社会形态的具体研究中，将近 40 万字的篇幅，对马列文献则只有三次征引，还是在批评他人著作中的错误引证而被动引述。可以说，在晁著第三章之后的 40 万言论证中，没有一处引用到马克思他们的文献资料。2011 年，晁福林又出版了《春秋战国的社会变迁》③ 一书，而这 70 万字的巨著中，也仅有一处提到恩格斯的相关论述。这些在文风方面的改变，是 20 世纪五六十年代的历史学家所不敢想象的，它毫无争辩地证明，90 年代之后的历史学家，已经基本上清扫了言必称经典的教条化遗风，在一定程度上从权威崇拜和经学思维中走了出来。

但同样毫无争辩的事实是，像晁福林这一代的中国历史学家，却是由唯物史观理论培养出来的学者。马克思主义的理论和方法已经化作基本的思维素质，体现在他们的研究和著述中。他们的具体历史研究体现着马克思的思想营养，实践了恩格斯"不要生搬硬套马克思和我的话，而应该根据自己的情况像马克思那样去思考问题"④ 的谆谆教诲。

就晁福林的个案说，笔者以为，马克思主义理论的深刻影响，或者说晁福林对马克思主义的传承或运用，主要表现在两个方面。

---

① 胡如雷：《中国封建社会形态研究》，三联书店，1979。该书虽然出版于 1979 年，但实际的写作和成书年代，则是在"文化大革命"前和"文化大革命"中。该书"自序"中说："本书稿完成于 1964 年……从 1974 年开始，我每晚利用业余时间在书斋里进行修改，也没有想到几年后就能和读者见面。"

② 晁福林：《先秦社会形态研究》，北京师范大学出版社，2003。

③ 晁福林：《春秋战国的社会变迁》，商务印书馆，2011。

④ 引自《智慧的明灯》，人民出版社，1983，第 91 页。

一是继承马克思唯物史观的基本理念，关注宏观历史走向。马克思的唯物史观，把人类历史发展看作一个社会经济形态发展的自然历史过程，特别重视历史发展的内在规律性的揭示，重视历史的宏观进程。而晁福林的先秦史研究，就恰恰体现了这一点。从 20 世纪 90 年代以来，晁福林最有影响的三部书是《夏商西周的历史变迁》、《先秦社会形态研究》、《春秋战国的社会变迁》，他把自己的研究定格在对中国社会形态特殊性的研究方面，并以此为人们认识人类社会发展的共同规律提供借鉴。诚如他在一篇学术访谈中所言："由于中国古史发展的系统性和完整性，所以探讨中国特色的社会形态理论就具有更大的学术意义，对于阐明人类社会发展的共同规律也就具有更大的价值。"① 于是，晁福林的这些研究就无可争辩地具有宏大的气象，而且也具有坚持和发展马克思主义历史理论的思想自觉。还是在这篇学术访谈中，他说：

> 马克思主义经典作家提出了社会经济形态的理论，但是他们的相关论述直接涉及中国社会形态问题的内容并不多。马克思、恩格斯在提出相关理论的时候，总是实事求是地指出，他们所提出的理论的依据主要是西方的材料。所以我们研究中国的问题，不能将马、恩的论断生搬硬套到中国古史上面，而应该花主要的精力来研究中国古史的历史实际，提出符合中国古史的相关理论。

晁福林是在马克思没有解决的问题（中国古代社会形态）上，开拓自己的研究道路，并且是不生搬硬套马克思的具体论述，而把精力集中于中国古代历史的实际进程。

二是晁福林的研究，实践了唯物史观所提供的方法论思想。我们知道，唯物史观为人们提供的是一个以人们的经济活动为基础去观察人类一切社会活动的特有的思维角度，从社会存在的角度去理解人类思维活动进

---

① 晁福林、邹兆辰：《对先秦历史文化问题的艰辛探索——访晁福林教授》，《历史教学问题》2006 年第5 期。

程的思维路径。对于重大的历史进程来说，经济关系具有特别重要的意义。这一点，就很好地体现在晁福林的著作中。前边说过，晁福林 70 万字的大著《春秋战国的社会变迁》中，基本上没有提到马克思的任何论述，但仔细读来，又几乎处处可以感受到马克思唯物史观的思想方法，即特别重视经济因素的决定性作用。在该书第三章"社会性质的演变"中，一开始就交代了他的思想方法和研究思路：

> 春秋战国时期，其社会性质是由宗法封建制向地主封建制过渡的时期。这一时期社会性质的演变，在政治上的表现是政治权力的下移；在经济上的表现是井田制度的趋于瓦解和土地赋税制度变革；在社会结构上的表现是自耕农民这一社会阶层的出现和壮大，士阶层这一社会群体的发展及其影响的日益增强；在文化思想方面的表现在于文化的普及和思想的解放，以及由此而触发的百家争鸣，正是社会性质大变革的反映。这一过渡是中国古史上社会结构极为重要的转变。春秋战国时期社会生产力的提高所促成的社会经济的全面发展为这一转变奠定了基础。作为生产关系变动晴雨表的是土地赋税制度的变革。我们研讨春秋战国时期社会性质的演变问题，系从土地赋税制度的变革开始，再进而分析社会各阶层及新的社会群体的出现与发展的情况，以期对于那个时代社会性质的变迁能有一个大略的认识。①

很显然，晁福林的思想方法，也就是唯物史观的方法，社会生产力的提高所促成的社会经济的全面发展，是他论证该时期社会变革的基础。这样的思想方法也体现在该书的具体论述中，像"以力役地租为主要剥削形式的农业经济是周王朝立国的基础"；"随着周王室经济的严重衰退，西周后期人们的经济观念出现了新的因素"；② "春秋时期各诸侯国陆续采取'初税亩'、'初租禾'、'相地而衰征'等措施，改变剥削方式。这种变革与西周

---

① 晁福林：《春秋战国的社会变迁》下册，第 545 页。
② 晁福林：《春秋战国的社会变迁》上册，第 29 页。

后期经济的变化与经济观念的发展有着一脉相承的关系"① 等，这样强调经济作用的论述随处可见。所以，我们说，晁福林的研究虽然没有高谈唯物史观的原则和口号，而实际上是真正地实践了唯物史观的方法论，唯物史观已经深埋在他的心理层面。

晁福林是否定传统的五种形态理论的规律性意义的，并由此倡导和倾心于中国古代社会形态特殊性的研究。但是，我们在他的研究中却看到了唯物史观思维方法的深刻影响。当代中国的大多数历史学家都是这样，他们都不再据守马克思的具体论断，然而他们却没有抛弃马克思主义。这就是 20 世纪 90 年代以来从事古代史研究的历史学家思想世界的基本状况。

（六）20 世纪 90 年代以来中国古代史研究思想世界的整体评论

探究 20 世纪 90 年代以来中国古代史研究背后的思想世界，有几点趋势性的东西显得异常清晰。

其一，历史学家的思想关注，已经从对理论神圣性的恐惧，转向了对中国历史实际的兴趣。无论是对中国历史发展道路或曰中国古代社会形态特殊性的探讨，还是对中国历史特点（国家权力支配社会）的认可，都表现出更加尊重历史实际的思想倾向。历史学家在理论与历史相矛盾的地方，毫不犹豫地站到了历史的立场上。20 世纪五六十年代对理论的盲目尊崇与恐惧，20 世纪 80 年代冲出理论束缚时的惊悚、勇气和跃动，到此阶段已变为平静而理性的探讨。权威理论可以成为质疑的对象，这无疑是有着几千年权威崇拜和经学思维传统的中国学人思想境界上的极大进步。

其二，历史学家已经厌烦了欧洲话语模式和历史解释框架的强势和霸道，对这套来自异邦他土的理论与中国历史实际的不相融洽有了清晰自觉的理性认识，摆脱西方控制的愿望极其强烈。一位历史学家曾就此发出强烈的呼声："我真的不知道未来的突破将从哪里开始，将以什么样的形式出现，心中只有期待……在纷乱的思绪里，不止一次地责难自己，也苛求别人，浮现过大胆甚或有些粗暴的假想：我们是不是需要暂时地先把许多

---

① 晁福林：《春秋战国的社会变迁》上册，第 33 页。

诱人却消化不良的社会科学概念搁置一旁……因为这种历史诠释的习惯，已经延续百年有余，时时妨害我们直面生活事实。'理论'牵着史料的鼻子，历史的真容不是变得更清晰，反而越来越像不断整容甚或变性后陌生的'她'。"① 从晁福林主张"中国社会形态研究应当建立起自己的话语系统"和张国刚提出的"重建植根于本土经验之上的历史理论"，都反映出历史学家希望重建中国历史解释理论的迫切愿望；而且，无论是社会形态的理论性研究，对中国古代思想的重新解读，还是对中国社会基本矛盾的重新定位，都反映了这种思想趋向，大有形成思潮之势。这种思想趋向预示着中国历史理论的发展方向。

其三，中国古代史学者在思想深处，开始倾向于学术个性的追求，并越来越自觉到肩负起学术批判的责任。无论是刘泽华的"王权支配社会"说，张分田的帝王观念和民本思想研究，还是雷戈的"天高皇帝近"、"道术为天子合"、"诸子皆王官"三大命题，再及张金光的"官社经济体制模式"说，都既突出了鲜明的学术个性，又表现出强烈的现实关怀和现实批判精神。这是该时期历史学家思想属性的重要特征。这种现实关怀和现实批判精神，是对传统学人经世思想和资治思想的继承和超越，将古代史学的优秀思想转化成了现代科学精神。

其四，该时期学人的思想世界里，表现出用母体语言言说自身历史传统的强烈愿望。秦至清社会形态命名中提出的各种看法，郡县制社会、士族社会、帝制社会、宗法地主制社会等；中国思想研究中提出的阴阳组合结构、尊君—罪君模式以及让"历史说汉语"的呐喊等，都是这种思想倾向的突出代表。而且，用这些语言概念言说的中国历史，更能为中国普通民众所理解、所接受，更能发挥历史研究促进民族向心力和凝聚力的功能和作用。

其五，20世纪90年代以来，中国古代史研究所展示的本土化思想倾向，是与意识形态强势话语系统和近代以来的西方话语霸权抗争的结果，是对思想理论控制反叛的结果，也是历史学家追求本土历史真实性的历史

---

① 王家范：《明清江南研究的期待与检讨》，《学术月刊》2006年第6期。

责任感使然，和最近一些年来流行的民族主义思潮、文化保守主义倾向，甚至和与之极其相似的国际范围内的社会科学本土化思潮，都没有思想联系，也并非受其感染；甚至恰恰相反，历史学家对本土历史的重视，是他们独立思考中国历史学道路的必然性选择。如果说中国古代史研究所表现出来的本土化倾向，与国际范围内的社会科学本土化趋势有某种暗合之处的话，那也仅仅是"暗合"，而非自觉地与之靠拢；至于与民族主义思潮或文化保守主义倾向，则没有任何共同之处，在这种本土化特色研究中所展示的是一种严肃的历史批判精神。这里需要说明的是，笔者并不是一味地赞成本土化倾向，特别是不赞成由此可能导致的对西方文化的盲目排斥，在概念体系、话语体系的选择上，我们重视的是它对历史解释的适用性，解读历史的有效性；在这方面，最重要的是历史学家的独立思考、批判意识和科学精神。有了这样的学术品格，目前显露出来的本土化倾向，就不会演变为简单排斥外来文化的民族主义倾向。

其六，20 世纪 90 年代以来中国古代史学人的思想世界里，并没有消失马克思主义的踪影。虽然他们对已经教条化的马克思主义极其反感并努力摆脱，但真正的马克思主义理论之精髓，已经融入他们的血液中，变成了一种思维理性和思维习惯。比如他们对宏大历史问题的把握，在思想史研究中对社会历史背景的重视，政治思想研究中对政治权力机制的重视等，都可以看到马克思历史思想潜移默化的影响。严格地说，他们没有违背马克思主义，更没有抛弃马克思主义，而是像刘泽华说的"马克思在我心中"。我们所分析的这些历史学家，他们都是深受马克思主义培养的，他们抛弃的仅仅是政治家时常挂在嘴边的那些马克思的词句或术语，而马克思思想方法的精髓，则已深植于他们的思维理性之中。

总括全文，我们通过对三个阶段中国古代史研究的思想世界的描述，揭示了六十年来中国古代史从业者思想演绎的过程。这个演绎过程的内在逻辑，实际上就是一个思想从禁锢、盲从，到冲出牢笼的激越冲动，以至于最后达到个体自觉、解放的过程。历史学家在 20 世纪五六十年代的思想禁锢，不仅仅是意识形态强化的原因，也根源于几千年历史中权威崇拜、皇权观念和经学思维的思想传统，只不过是人们将对孔圣人和皇帝的崇拜，转化到了对马克思和当今政治领袖身上。这种状况所造成的史学研究，除了表面的繁荣和具有时代的印记之外，在思想的深刻性上乏善可陈；并且由于这种状况的极端性发展，而最后走到"文化大革命"那个完全非学术的程度。物极必反，当"文化大革命"将一切都推向极端的时候，"文化大革命"后的人们再也无法容忍自身的状况，而首先激起的是求得解放的冲动，是"走出来"的澎湃激情。虽然人们求生心切还来不及思考，还不可能静下心来从事真正的思想创造，但解放的挣扎是一个必经的过程，因之，缺乏实质性成果的 20 世纪 80 年代，仍然是一个激动人心的时代。只有在这个过程之后，当人们真正获得了独立思考的权利的时候，对历史的认识，才可能有所谓真知灼见，产生来自心灵的感应。随后到来的 20 世纪 90 年代，就是这样一个历史学家真正面对本民族历史自我感悟、独立思考的学术时代。该时期历史学家的思想世界里，开始绽放五彩缤纷的思想之花，而中国古代史研究也才开始凸显出个性化的创造，开始张扬起学术本身故有的批判精神。其实，六十年来中国古代史研究的思想进程，与共和国的整个历史一样，经历了一个沉闷、激越、艰难、曲折，而终于走上充满希望的过程。这里有太多的教训可以汲取。思想的天性终归是要求独立和自由的，一切对思想世界的规范和掌控，带来的都是实践世界的沉闷和惨痛；保护思想跳动的自由，才是社会建设的至高境界。如今，中国古代史研究的历史学家才刚刚开始有了思想跳动的自由，这个至高境界的真正实现，仍然是他们的深深期待！

初稿于 2010 年 9 月至 2011 年 4 月，2013 年 4 月修订

（原载彭卫主编《历史学评论》第一卷，社会科学文献出版社，2013）

中国政治思想史研究中的
王权主义学派

　　很久以来，用"学派"来称呼一个学术群体，在中国学术界已经很不习惯了。中国学人已经习惯于丧失张扬独立学术个性的权利，一旦某个人提出自己独立的历史观和方法论，不管是别人看他，还是他自我思忖，都会油然而生一种大逆不道的感觉，就像是犯了罪似的不敢坦然面对学界的狐疑。个人没有独立思想的权利，更趋自由的学派当然难以企及，我们似乎还不能奢望先秦时期的诸子时代。然而，历史总归是要发展的，"学派"问题还是提出来了，王权主义学派就是一个案例。"王权主义学派"这个提法在学界尚属首次，但关于"刘泽华学派"的说法已经广为流行，[①] 二者所指大致相同。本文所以换一个说法，是考虑到这个学派内部成员的学术个性、差异性问题，而"王权主义学派"较之"刘泽华学派"来说，可能具有更大的包容性。以往学界对这个学派的基本情况，提及者多而论之

---

① "王权主义学派"是本文首次使用的概念，但它的具体所指，学界早有所及，就是不少人谈到的"刘泽华学派"。以往学界公开使用"刘泽华学派"这一概念的文章有方克立《甲申之年的文化反思——评大陆新儒学"浮出水面"和保守主义"儒化"论》，《中山大学学报》2005年第6期；方克立《关于当前大陆新儒学问题的三封信》，《学术探索》2006年第2期；秦进才《形式主义史料与政治文化的存在方式》，《中国图书评论》2008年第9期；李冬君《真理之辨——读毕来德〈驳于连〉》，《中国图书评论》2008年第5期。笔者三年前的一篇小文《中国思想史研究中的学派、话语与话域》（《学术月刊》2010年第9期），曾用两千字的篇幅谈到刘泽华学派，大概是对之最详细的一个解说，关于刘泽华学派的认真研究，还十分欠缺。

者少，真正对之讨论的不多。笔者在拜读了刘泽华及其同仁的大著之后，很有一些思想的冲动，不揣浅陋，从学派的角度对这个群体发表一些感想，以就教于学界同仁，并向刘泽华先生和他的学生诸君聊表敬仰之情。

一 刘泽华的学术思想

中国政治思想史研究中王权主义学派的形成，是刘泽华王权主义理论影响的结果。所以，本论题要从刘泽华的学术思想谈起。刘泽华盛名于史坛，其学术思想的发端，来自于对"文化大革命"的反思。早在"文化大革命"尚未结束之时，他就对其正当性产生了怀疑，或者说对"文化大革命"这样的荒唐历史深感困惑。[①] 粉碎"四人帮"之后，刘泽华是史学界最早的一批觉醒者之一，他率先举起清理极左史学的旗帜，以发人深省的三篇文章，[②] 引领了当时的学术潮流，也同时酝酿、培育了其后几十年不断发展、成熟起来的学术思想，形成了自身的学术特色。

1. 王权主义的中国历史观

刘泽华的王权主义思想，萌芽于他 1979 年发表的《论秦始皇的功过是非》一文。当时该文在政治上所形成的强大的冲击力，[③] 遮蔽了人们的视线，其真正的要害（一个新的学术思想苗头）则没有被时人发现；而正是这个学术思想的苗头，后来发育成长为一棵思想的大树，深深地影响了当代史坛。文章本来是在既有的马克思主义基本理论指导下探讨秦统一问题的："究竟什么是秦统一中国的根本原因呢？我们认为，这只能从封建生产方式的经济运动中寻找。""秦的统一和中央集权制国家的建立是封建

---

① 参见刘泽华《我在"文革"中的思想历程》，《炎黄春秋》2011 年第 9 期。

② 这三篇文章是：刘泽华：《砸碎枷锁 解放史学》，《历史研究》1978 年第 8 期；刘泽华、王连升：《论秦始皇的是非功过》，《历史研究》1979 年第 2 期；刘泽华、王连升：《关于历史发展的动力问题》，《教学与研究》1979 年第 2 期。

③ 秦始皇评价在"文革"时期是个政治敏感问题，刘泽华此文在当时也被认为有影射毛泽东之嫌。刘泽华曾说："评秦始皇的文章发表后，有多封读者来信，从政治上进行猛烈批评，指责是'砍旗'行为。"见刘泽华、张分田合著《思想的门径——中国政治思想史研究方法论》，天津古籍出版社，2006，第 9 页。

经济运动的产物。"这是非常明确的遵循唯物史观理论的必然结论，是当时政治形势及意识形态条件下的理论常识；问题是作者下边的一段话开始有了味道：

> 秦能够统一的因素很多，但它能够严格地按照军功爵和公爵进行赏罚，是诸种因素的基础。秦自商鞅以来一直贯彻执行的军功爵制度，使全国上下都纳入了战争的轨道，而且这种多等级制度吸引着每一个人来发挥自己的最大能量。这种制度之所以有威力，关键在于它是由国家不断进行财产和权力再分配的基本形式，各级爵位的实际利益是落实在土地、赋税、徭役的分配以及个人身份升降等等之上的……用经济手段调动了臣民的力量，打了胜仗又使秦国获取更大的利益，如此循环，这就是秦强和秦始皇完成统一的基本原因、并吞诸侯的秘密基础。

本来作者要论证的秦统一的根本原因是封建生产方式的经济运动，但做具体分析的时候，历史本身的状况则引导着他去追寻支撑秦实现统一的要素——严格执行军功爵制的问题；而军功爵制又仅仅是"国家不断进行财产和权力再分配的基本形式"。军功爵制是依靠国家权力进行的，并且也仅仅是国家进行财产和权力再分配的形式，于是，论述的逻辑就不自觉地将秦统一原因的探讨，引导到了国家权力——政治因素方面；是政治因素、国家权力，而不是封建生产方式的经济运动，最终成为秦统一的根本原因。这样，作者的分析，慢慢地在"封建生产方式的经济运动"的旗帜下，离开了经济运动本身。历史的逻辑要胜过分析的逻辑，变化是在不自觉中发生的。

作者这种区别于唯物史观经济决定论的思想苗头，很快便发展成了明确的"君主专制帝国是政治支配经济运动的产物"的思想。1981年，刘泽华在与王连升合作的《中国封建君主专制制度的形成及其在经济发展中的作用》一文中写道：

君主集权制与其说是某种形式的土地占有关系（国有或私有）要求的产物，毋宁说是权力支配经济，主要是支配分配的产物。权力的大小与分配的多寡成正比，所以人们都拼命地追逐权力。封建统一与君主集权就是在这种追逐权力的斗争中形成的。

集权是手段，攫取经济利益才是目的。所以在集权过程中必然引起财产关系的重大变化。在分封制下，土地和人民的所有权是从属于政治权力的。在分封制被破坏与集权形成的过程中，土地和人民的所有权同样是随着政治权力的变动而变动的……这样说，是不是把政治凌驾于经济之上了呢？从某种意义上说是这样。①

刘泽华没有回避自己学术思想的发展将会导致"把政治凌驾于经济之上"，从而和仍然是神圣不可侵犯的唯物史观相冲突的问题，坦然而直率地说"就是这样"。这还只是在 1981 年，整个中国的思想世界里，虽有春风拂面，而江河都还没有解冻，仍然是墨子所崇尚和追求的"一同天下之义"的思想统一的时代，而他就在一条和传统思想相悖逆的道路上率性而行了。

其后连续几年时间，刘泽华的关注点集中在中国地主阶级的形成及构成（分层）问题上，政治权力支配社会的思想更加明晰起来。当时，关于第一代地主的形成问题，多数学人是坚持从经济关系发展的角度看问题，认为是经由土地买卖之路产生，而刘泽华则从具体历史事实的考证中，提出"特权支配经济"的论断，认为第一代地主的出现是政治暴力的产物。他在 1984 年的文章中说：

封建地主成员的生产与再生并不完全都是经济范围中的事。从中国历史上看，第一代封建地主主要是通过政治暴力方式产生的。②

① 刘泽华、王连升：《中国封建君主专制制度的形成及其在经济发展中的作用》，《中国史研究》1981 年第 4 期。
② 刘泽华：《论中国封建地主产生与再生道路及其生态特点》，《学术月刊》1984 年第 2 期。

刘泽华的论证是从历史出发的。只要人们愿意正视历史的事实，中国第一代地主的确不是小农经济的自然扩展而导致土地兼并的结果，不是以往学界所认定的开荒开出来的结果，① 而是由"诸侯、卿大夫、官僚、官爵大家、豪士、豪民、豪杰这些人"转化、蜕变而来，而这些人的背景的确是政治因素。特权支配经济，是一个历史的结论。1986 年，刘泽华又发表文章，从政治在土地运动中的支配作用、等级制对社会的控制、政治支配产品分配、封建主的各阶层情况等四个方面，对政治在封建地主形成中的决定性作用做充分的展开性论述，最后得出结论："中国历史上第一代封建地主的成员主要是通过政治方式发展起来的"；"超经济的方式造就了第一代封建地主，这就是中国历史上的真实情况"。②

至此，刘泽华还只是看到了秦统一过程及地主阶级形成过程中权力支配经济及政治的特殊意义，而他随后的论著中，这一认识则迅速上升为一个更为普遍性的结论。在 1988 年出版的《专制权力与中国社会》一书中，他说：

> 古代政治权力支配着社会的一切方面，支配着社会的资源、资料和财富，支配着农、工、商业和文化、教育、科学、技术，支配着一切社会成员的得失荣辱甚至生死。在这里，从物到人，从躯体到灵魂，都程度不同地听凭政治权力的驱使。③

> 我们认为，考察中国古代历史，不可不留意政治权力在古代社会中的这种特殊位置与作用。④

---

① 以往学界为了服膺生产力决定生产关系、经济基础决定上层建筑理论，将新兴地主阶级的产生归之于因生产工具变革而导致的私田开垦。如郭沫若主编的《中国史稿》第 1 卷中说："生产工具的变革，牛耕的推广，使耕地面积急剧增加，私田大量出现……到了春秋时代，由于荒地被大量开辟和农业生产的提高，私田的数量因而也就不断地增加。'公田'有一定的规格，私田则可以因任地形而自由摆布。'公田'是不能买卖的，私田却真正是私有财产。'公田'是要给'公家'上一定赋税的，私田在初却不必上税。就在这样的发展过程当中，有些诸侯和卿大夫们逐渐豪富起来了。"（人民出版社，1976，第 316～317 页）

② 刘泽华：《从春秋战国封建主的形成看政治的决定作用》，《历史研究》1986 年第 6 期。

③ 刘泽华、汪茂和、王兰仲：《专制权力与中国社会》，吉林文史出版社，1988，第 258 页。

④ 刘泽华、汪茂和、王兰仲：《专制权力与中国社会》，第 2 页。

这些论断表明，在刘泽华的研究中，政治权力已经成为他观察中国古代社会一切问题的主要视角，于是，政治权力支配社会便上升为一个具有普遍意义的方法论思想。这一方法论思想，是有别于唯物史观从生产方式运动解释历史的历史方法的，给人以耳目一新的感觉；这种特殊的观察角度，是否会形成一个关于中国历史的新的解释体系，刘泽华的研究仍有继续深化和发展的巨大空间。

同一时期，刘泽华还在进行着同样重要的另一项工作，这就是他在70年代末就起步的中国古代政治思想史研究，其成果就是1984年出版的《先秦政治思想史》一书。无论你研究什么问题，一个人的头脑总是既"一以贯之"又"有机整体"，因为他是"一个人"。于是，我们在刘泽华的政治思想史研究中，同样也感受到这个思想的独立行程，感受到他所获得的新的中国历史观——政治权力支配社会——在思想史研究中的延伸。在该书中，他看到了政治权力（君主专制）对思想的影响与支配，使得先秦时期政治思想的展开，都围绕着一个如何确立君主专制的需要。服务于确立君主专制需要，成为该时期政治思想的核心课题。他写道：

> 从平面上看百家相争，很有点民主气氛。但如果分析一下每家的思想实质，就会发现，绝大多数人在政治上都鼓吹君主专制，思想上都要求罢黜他说，独尊己见，争着搞自己设计的君主专制主义。因此，百家争鸣的实际结果……促进了君主专制主义制度的完善和强化。把握了这一点，才能把握住百家的政治归宿。①

而当1986年他的"政治权力支配社会"思想更加明晰与成熟之后，便在政治思想史研究中提出了"王权主义"概念，用之表述中国传统政治思想的核心或主题。他第一次提到"王权主义"概念，是在1986年的一篇论文中。他说："从内容上看，中国古代人文思想的主题是伦理道德，而不是政治的平等、自由和人权，当时的伦理道德观念最终只能导致专制

① 刘泽华：《先秦政治思想史》，南开大学出版社，1984，第173~174页。

主义，即王权主义。"论文将王权主义的基本思想，归结为君权的绝对性，具体表现在五个方面。① 第二年，作者又发表文章阐述王权主义问题：

> 王权主义。这是传统政治文化的核心，其特点是宣扬君权至上；君主是全社会的最高主宰，神圣不可侵犯。王权主义的形成是中国古代社会君主政治的需要；反过来，王权主义巩固和强化了君主专制统治。在政治运行过程中，王权主义直接促进君主专制政治系统的建立和完善，是指导政治输入和输出体系，即政令法规的制定与实施的理论依据。王权主义的表现形式以理论形态为主，本质上是统治阶级的政治价值体系。在长期的社会政治实践中，王权主义通过多种社会化渠道，直接控制和影响着人们的政治意识。②

刘泽华这一时期政治思想史研究中使用"王权主义"概念，是对中国政治思想或政治文化主题的概括或表述，或者说是"政治权力支配社会"理论在思想史研究中所形成的一个必然性结论。

从政治权力支配社会，到王权决定思想的形成而概括出"王权主义"，刘泽华观察一切历史的中心点越发明确地指向一个核心，即王权对一切历史的决定性支配作用，于是，他终于走向对中国历史的最高概括，即超越了思想史解释范畴的王权主义理论。在刘泽华的学术思想体系中，"王权主义"概念终于从表述中国古代政治文化的术语演变成对整个中国古代社会核心本质的理论抽象。这一理论转变，最早见于1998年的《王权主义：中国文化的历史定位》一文。他说：

> 这种王权是基于社会经济又超乎社会经济的一种特殊存在。它是社会经济运动中非经济方式吞噬经济的产物，是武力争夺的结果……

---

① 参见刘泽华《中国传统的人文思想与王权主义》，《南开大学学报》1986 年第 4 期；《中国政治思想史集》第 3 卷，人民出版社，2008，第 12～16 页。

② 刘泽华、葛荃：《王权主义的刚柔结构与政治意识》，《论中国传统政治文化》，吉林大学出版社，1987；刘泽华：《中国政治思想史集》第 3 卷，第 24 页。

这种靠武力为基础形成的王权统治的社会，就总体而言，不是经济力量决定着权力分配，而是权力分配决定着社会经济分配，社会经济关系的主体是权力分配的产物；在社会结构诸多因素中，王权体系同时又是一种社会结构，并在社会的诸种结构中居于主导地位；在社会诸种权力中，王权是最高的权力；在日常的社会运转中，王权起着枢纽作用；社会与政治动荡的结局，最终还是回复到王权秩序；王权崇拜是思想文化的核心，而"王道"则是社会理性、道德、正义、公正的体现，等等。过去我们通常用经济关系去解释社会现象，这无疑是有意义的；然而从更直接的意义上说，我认为从王权去解释传统社会更为具体，更为恰当。①

很显然，此时的刘泽华用"王权"来取代了他原来使用的行政权力、专制权力、国家权力等概念。并且，王权主义也不再是单一的指称专制权力控制下的文化观念体系，而指称整个古代社会的运行机制、社会体制。这样，"王权主义"就完成了一个概念转换，变成了一个如同封建主义或资本主义一样的表示社会属性的理论术语。

2008 年，刘泽华在一篇文章中，对自己的王权主义理论做了自我总结，除了强调王权主义的三个层次之外，又总结王权主义的具体内容为八个方面。② 我们当然有理由认为，刘泽华自己总结的王权主义的这三个层次、八个方面，是对王权主义理论内涵最全面也最权威的说明。不过，不同的是，笔者则倾向于认为，刘泽华所讲的王权主义，实际上就是一个社会形态概念，或者说是一个历史观。王权主义既是社会的运行机制，也是社会的存在形态，更是社会存在的中枢和基础，是关于中国古代社会属性

---

① 刘泽华：《王权主义：中国文化的历史定位》，《天津社会科学》1998 年第 3 期。但是，该文也同时声明："我所说的王权主义既不是指社会形态，也不限于通常所说的权力系统，而是指社会的一种控制和运行机制。大致说来又可分为三个层次：一是以王权为中心的权力系统；二是以这种权力系统为骨架形成的社会结构；三是与上述状况相应的观念体系。"

② 参见刘泽华《中国政治思想史研究之思路》，《学术月刊》2008 年第 2 期。按：此文即氏著《中国政治思想史集》之"总序"。

和本质的理论抽象。认识了这一点，也就认识了中国历史的基本问题。刘泽华所以要声明它不是"社会形态"，是不是仍然蜷缩在防御性思维之中，出于一种自我保护的考虑呢？

2. 解读中国古代政治思想特质的"阴阳组合结构"说

在中国古代政治思想史研究中，刘泽华发现了一个很有意思也很普遍的现象，即中国古代的政治思想命题，往往都是一种组合式的存在，很少有将一个单一的命题做无限制推演，而任何一个命题也都必有一个相对应的命题来对之限定或修正。他对这种思想史上的奇特现象，有时称之为"混沌性"，有时称之为"阴阳结构"，有时称之为"主辅组合命题"，[①] 也很正式地使用过"刚柔结构"来概括，其代表作便是他和葛荃合写的《王权主义的刚柔结构与政治意识》一文。[②] 此文认为，"王权主义的体系庞大而完备，它的内在构成呈一种刚柔二元结构。刚是指王权主义的绝对性而言，柔指的是王权主义的内在调节机制"。从王权主义的绝对性上说，王是沟通天人的中枢，拥有统属社会一切的巨大权力，是认识的最高权威和终极裁决者，这是王权主义的绝对性的一面；而传统思想在肯定王权的绝对性的同时，为了防范王权走向极端而失控，又提出了一系列调节王权的理论，比如天谴说、从道说、圣人和尊师说、社稷和尚公说、纳谏说等等。该文写道：

> 王权主义的绝对化理论与调节理论有机地融为一体，呈现出一种刚柔互补状态。其中，维护君权至上的刚性原则是王权主义的主体，这些原则是坚定不移，不可动摇的……王权主义的原则是永恒的。调节王权理论本质上是对王权绝对性的理论补充，其立论的前提无一不是对君权的肯定……调节并不触犯君主政治制度本身，调节的对象是那些倒行逆施、背离原则、有损于统治阶级整体利益的昏君暗主。王

---

① 刘泽华主编《中国传统政治哲学与社会整合·前言》，中国社会科学出版社，2000，第2页。

② 刘泽华、葛荃：《王权主义的刚柔结构与政治意识》，《论中国传统政治文化》，吉林大学出版社，1987；又见刘泽华《中国政治思想史集》第3卷，第23～38页。

权调节理论的出发点和归结点只能是使君主政治体制更加巩固。①

这的确是一个重大的学术发现，它不仅提醒我们认识中国古代政治思想的复杂性，也给予某些紧紧抓住古代思想的某一单个命题大做文章的偏执者当头棒喝！近代以来，甚至在当代，也不乏传统文化的卫道士抓住古代思想中的某些略带积极性的命题肆意演绎、单向推理，似乎一下子就在传统思想中挖掘出了一个可以挽救当代中国的救世法宝，而他们却不知道握在手中的那些所谓积极性命题，也都仅仅是传统思想刚柔结构中的配角和辅料，其实质也仅仅是为着维护君权的目的性存在，它们内在地组合在传统政治思想的结构之中，而且也毫无保留地隶属于已经过去了的历史时代！

80 年代之后，随着研究的不断深入，刘泽华把原来的"混沌性"、"主辅组合命题"、"刚柔二元结构"等提法，统一为一个"阴阳组合结构"概念，并对其属性和内涵又做了更为清晰的界定。2006 年，他对"阴阳组合结构"新的表述如下：

> 我们的先哲几乎都不从一个理论元点来推导自己的理论，而是在"阴阳组合结构"中进行思维和阐明道理。这里不妨先开列一些具体的阴阳组合命题，诸如：天人合一与天王合一；圣人与圣王；道高于君与君道同体；天下为公与王有天下；尊君与罪君；正统与革命；民本与君本；人为贵与贵贱有序；等级与均平；纳谏（听众）与独断……在上述组合关系中有对立统一的因素，但与对立统一又有原则的不同，对立统一包含着对立面的转化，但阴阳之间不能转化，特别是在政治与政治观念领域，居于阳位的君、父、夫与居于阴位的臣、子、妇，其间相对而不能转化，否则便是错位。因此阴阳组合结构只是对立统一的一种形式和状态，两者不是等同的。我上边罗列的各个命题，都是阴阳组合关系，主辅不能错位。②

---

① 刘泽华：《中国政治思想史集》第 3 卷，第 34 页。
② 刘泽华：《传统政治思维的阴阳组合结构》，《南开大学学报》2006 年第 5 期。

仔细想来，"阴阳组合结构"说实际上是王权主义理论在思想史研究中的自然演化，它内在地包含在王权主义的理论体系之中。"阴阳组合结构"中的辅命题，是对主命题的矫正和缓冲，是为着修复主命题的脆性而提出的，而其本质属性，是属于主命题的附属物，主辅命题共同构成王权主义的意识形态体系。中国古代政治思想史研究必须有这样的眼光，才不至于被某些单一命题的表面意义所迷惑，而失去对其思想本质的考察。

刘泽华所提出的"阴阳组合结构"说，既突出了王权主义的思想主题，又凸显了中国古代思想复杂而圆润的中庸特点，对于认识中国古代政治思想的复杂现象，的确是一个很好的解释工具，一种逻辑清晰的方法论思想，具有重要的方法论价值。最近一些年来，现代新儒家以及有些国学热的倡导者，每每抓住传统思想文化中的某些论题大做文章，大肆渲染中国古代思想中的民主性因素，以抵制西方民主思想的传播，如果这些学者都是真诚的话，则就是缺乏对中国古代思想史的深入了解，暗于古代阴阳组合的思想史事实，不懂得那些思想命题的辅命题属性。只要明了中国古代思想命题的阴阳组合属性，我们就不会再犯那些幼稚或偏执的错误，不会再被思想史的表面现象所迷惑。可以说，提出"阴阳组合结构"说，是刘泽华对中国古代思想史研究的一大贡献。

3. 关于中国传统政治思想史研究的整体擘画

刘泽华学术研究的重点在中国古代政治思想史领域，他从 20 世纪 80 年代开始，就对政治思想史研究的内容和范围有一个整体性的擘画，极大地拓宽了政治思想史研究领域，并奠定了其后他和弟子们学术研究的基本方向。

（1）打破政治思想史研究的传统格局，提出政治思想有超阶级的一面

按照传统的看法，政治思想史的研究对象是历史上各个阶级和政治集团对社会政治制度、国家政权组织以及各阶级相互关系所形成的观点和理论体系，各种不同政治思想流派之间的斗争、演变和更替的具体历史过程，各种不同政治思想对现实社会政治发展的影响和作用等几个方面，最主要的是各个阶级对待国家政权的态度和主张，即关于国家的产生、性质和作用，以及如何维持国家政权的理论观点和政治主张。刘泽华认为，这

样规定中国古代政治思想史研究的对象显得过于狭窄，政治思想史除了研究国家和法的理论外，还有不少问题可以纳入它的范围。他提出还应该研究的主要问题有：政治哲学问题、关于社会模式的理论、治国的方略和政策、伦理道德问题、政治实施理论以及政治权术理论等。根据这些问题，他把政治思想史研究的对象表述为："研究历史上不同阶级、不同阶层、不同学派和不同人物关于国家和社会制度、社会改造，以及通过国家机关和强力处理人与自然的关系和人与人的关系的理想、理论、方针和政策，研究这些理想、理论、方针和政策提出的社会背景及其对实际政治的影响，研究它们之间的相互关系及其发展、演变的过程和规律。"① 也就是说，从他出版第一本中国古代政治思想史的著作开始，就把政治思想史研究的内容和范围，做了有别于传统研究的极大拓展。

不过，最能表现刘泽华的学识和勇气的，则是他对阶级分析方法的突破。在以往的政治思想史研究中，阶级性被看作是政治思想的基本属性，甚至是唯一属性。而刘泽华则提出，政治思想也有超阶级的社会属性。在当时的学术语境中，他不能直接否认政治思想的阶级性问题，而只能说除了有阶级性的一面，还有非阶级性或超阶级性的一面。他写道："在阶级社会，政治思想的核心部分具有最明显的阶级性质。但从政治思想的总体看，又不能全部归入阶级范畴。""也有一些超出了一个阶级的范围。""虽然每个人都无法游离于阶级生活之外，但在观念上，并不妨碍某些人会提出超阶级的理论和主张。""在政治思想史的研究中，一定要坚持阶级分析，但阶级分析方法并不是要求人们简单地把每一个人和每一个思想命题都统统编排到阶级的行列中。""即使在政治思想史范围内，也不能把每一种思想命题统统还原为阶级的命题。"② 于是，从他研究中国政治思想史的早期阶段开始，就突破了阶级分析的藩篱，开始向思想史的本真回归。

---

① 刘泽华：《中国政治思想史研究对象和方法问题初探》，《天津社会科学》1985 年第 2 期。
按：此文是刘泽华《先秦政治思想史》一书"前言"的扩充和改写。
② 刘泽华：《中国政治思想史研究对象和方法问题初探》，《天津社会科学》1985 年第 2 期。

（2）提出并强调政治哲学研究

"政治哲学"这个词出现很早，但作为中国政治思想史中一个特殊领域，是刘泽华给予了特别的重视。刘泽华最早提出重视政治哲学研究，也是在前文提到的《先秦政治思想史·前言》中的观点。20世纪80年代初，政治哲学对中国学界还是一个比较生疏的概念，它是什么，包括哪些内容，刘泽华当时提出的一些研究命题有天人关系，人性论，中庸、中和思想，势不两立说，物极必反说，理、必、然、数、道等必然性理论，历史观，圣贤观等，这些显然是很初步的考虑。但他明确强调："从先秦政治思想史看，政治哲学问题具有特殊重要的意义，是应该花大气力研究的课题之一。"①

2000年，刘泽华主编出版了《中国传统政治哲学与社会整合》一书，在该书"前言"中，他对政治哲学研究的范畴、命题、内容提出了更为系统的看法：其一，在政治思想与观念中最具普遍性的理论与命题。所谓普遍性，一方面指这些理论命题寓于党派又超越党派；另一方面寓于具体时代又超越具体时代。其二，有关政治"为什么是这样"的理论与命题。其三，政治价值的理论依据。其四，有关政治范式化的理论与观念。其五，政治理论的结构与思维方式问题。这五个方面大体上划定了中国传统政治哲学的研究范围。虽然此时刘泽华还不能对政治哲学给出一个明晰的定义，但政治哲学是什么的问题，在刘泽华的头脑中已经是非常明确了。关于政治哲学在中国传统政治思想中的重要性，他此时又做了特别强调，"把它视为中国历史进程中的社会控制因素"，认为"不梳理政治哲学就难以把握中国历史的总貌和特点"。②

刘泽华在20世纪90年代的几篇论文，集中讨论天与王、道与王、圣与王的关系，提出天王同体、圣王合一等命题，最后提出天、道、圣、王"四合一"为中国古代政治哲学普遍性命题的观点：

---

① 刘泽华：《中国政治思想史研究对象和方法问题初探》，《天津社会科学》1985年第2期。
② 参见刘泽华主编《中国传统政治哲学与社会整合·前言》，中国社会科学出版社，2000。

天、道、圣、王合一，简称"四合一"，置王于绝对之尊。"四合一"是传统思想中的普遍性命题，只要是能称得上是思想家的，几乎没有不论述"四合一"的……这里仅撮要说几点：一、"四合一"把王神化、绝对化、本体化；二、把王与理性、规律一体化；三、把王与道德一体化；四、把理想寄希望于王。①

天、道、圣、王"四合一"可以说是抓住了中国古代政治哲学的核心问题，这是一套强化王权主义的论说体系。提出并大体论定政治哲学问题，是刘泽华为中国古代政治思想史研究开辟的一个重大研究领域，是他对政治思想史研究的开拓性贡献之一。

（3）提出政治文化问题

20 世纪 80 年代末，从王权主义的历史观出发，刘泽华特别关注中国传统文化中的政治性因素，并使他的政治思想史研究深化到政治文化领域。1989 年初，刘泽华和葛荃、刘刚合作发表了《中国传统政治文化导论》一文，指出：

在古代中国，政治具有极强的弥散性，几乎渗入整个社会文化，使之呈现出鲜明的总体性政治价值取向。也就是说，不仅直接与政治系统密切相联的文化显现出政治性价值取向，同时在宗教、教育、伦理，甚至社会物质文化等方面，均无一例外地显示出明显的政治性价值取向。由此形成中国传统文化所特有的政治文化化与文化政治化过程。②

关于政治文化应该研究什么，该文提出：第一，研究中国传统政治文化的价值系统。这个价值系统是一个以王权主义为核心，以宗法观念、清官思想、平均主义为补充的"刚柔结构"体系。第二，研究中国传统政治

---

① 刘泽华：《王权主义：中国文化的历史定位》，《天津社会科学》1998 年第 3 期。
② 刘泽华、葛荃、刘刚：《中国传统政治文化导论》，《天津社会科学》1989 年第 2 期。

文化的政治社会化过程。政治社会化即是政治文化形成、持续、改变和发展的过程。第三，研究传统中国的政治一体化问题。所谓政治一体化，主要指人们对国家的认同问题。人们通过对国家的认同，意识到各自的同一性，从而获得某种属于特定政治系统的归属感，并为其所属的政治权力或统治权威提供合法性基础。

2000 年前后，刘泽华主编出版了一套《中国政治文化丛书》，在丛书《序》中，刘泽华关于中国传统政治文化的形成过程，提出了一个新的更加明晰的思想，即文化政治化与政治文化化问题。《序》中写道：

> 文化政治化主要包括两层含义：其一，一定的政治体制的形成有赖于一定的文化背景；其二，一定政治体制的存在和运行受到文化因素的制约……以"权力"这一范畴为例，权力问题不仅仅是"硬件"的规定和运动，同时也是一个文化问题。比如有关权力的合法性与对权力的认同问题，在很大程度上说是一个文化问题。

> 政治又会文化化。一定的政治制度和法律体系可以通过不断的社会化过程，逐渐内化为政治共同体成员所奉行的价值和行为准则。例如中国传统政治文化中的皇帝至上观念，即绝对权威崇拜，就是长期的君主专制制度社会化的产物。①

根据这一认识，中国政治文化研究，对于认识中国政治思想的根本性质，具有重要意义。由此，政治文化问题成为刘泽华中国政治思想史研究的又一新的领域。

（4）提出思想与社会互动的整体研究问题

新世纪之初，刘泽华在南开大学社会史研究中心举办的"思想与社会"学术讨论会上，提出了一个新的学术盲区，即近二十年来的思想史和社会史研究都在各自划定的领域里有了长足的发展，但思想与社会，从而思想史与社会史的关系问题则被忽略了。而从历史本身出发，两者的发展

---

① 参见杨阳《王权的图腾化——政教合一与中国社会》，浙江人民出版社，2000。

则是处在一个互动的动态过程中。刘泽华提出并强调了两个问题：一是要研究两者的互动关系；二是把两者的互动作为一个整体去研究，在这方面，有着巨大的研究空间。他说：

> 我这里所提出的思想与社会互动过程，不是一般的既研究思想又研究社会，也不是思想研究与社会研究的机械相加，而是说主要是两者的互动和混成现象。更具体地说，主要是研究如下两方面的问题，一是思想的社会化和社会的思想化过程问题；二是思想（观念）的社会和社会的思想（观念）。①

在这篇文章中，刘泽华列出了思想与社会互动整体研究应该关注的 12 个问题，对思想与社会互动研究的内容和范围做出了基本规划。

2004 年刘泽华和张分田合作发表《开展统治思想与民间社会意识互动研究》一文，提出以统治思想与民间社会意识关系研究作为切入点，深化思想与社会互动研究。论文列举了若干值得深入探讨的课题：①历代统治集团的社会政治思想与各种社会思潮的关系研究；②王权主义与各种社会权威崇拜的关系；③官方意识形态与民众社会理想的关系；④宗教的社会政治观念与主流文化的关系；⑤钦定的经典思想与大众社会文化符号的关系；⑥统治思想与各种民间社会文化典型的关系。②

刘泽华公开发表文章提出思想与社会互动研究是在 2001 年，而这一学术思想萌发和产生则很早，在这之前他已经开始指导博士生做这方面的研究。刘丰的《先秦礼学思想与社会的整合》、季乃礼的《三纲六纪与社会整合》等，都是在刘泽华的指导下于 90 年代末写作或完成的。虽然刘泽华本人没有在这方面做更多的具体研究，但他开拓这样的学术研究领域，则给中国古代政治思想史研究拓展了天地，指出了方向。

---

① 刘泽华：《开展思想与社会互动和整体研究》，《历史教学》2001 年第 8 期。
② 刘泽华、张分田：《开展统治思想与民间社会意识互动研究》，《天津社会科学》2004 年第 3 期。

　　总括上述，刘泽华对新时期以来的中国古代政治思想史研究有开拓之功，提出了一系列重要的研究领域。政治哲学、政治文化、政治文明、政治思维方式、思想与社会互动等等，都有赖于他的倡导和发起。而他所倡导和组织的这一系列研究，无不围绕着一个中心，就是揭示中国古代政治思想的王权主义本质。即使他提倡的思想与社会互动研究，也是从政治思想史角度出发的。在他看来，深入研究统治思想与民间社会意识关系是为了更全面、更准确、更具体地解读官方意识形态以及相关的经典思想、精英思想。也就是说，进行思想与社会互动研究，更能够全面和深刻地揭示统治思想控制社会的机制和过程，更能够揭示王权主义的思想史本质。从这一点上说，刘泽华提出的所有重大问题，都是他的学术思想体系的组成部分，他的研究有着鲜明而集中的问题意识和思想指向。

二　一个以刘泽华为核心的学术群体

　　从 20 世纪 80 年代中期开始，刘泽华所进行的中国古代政治思想史研究，就已经不是他一个人的单个行动。刘泽华通过带学生的方式，培育了一个阵容可观的学术群体。本文所论"王权主义学派"就是由刘泽华和他培养出来的学生组成的。这个群体的主要成员有张分田、葛荃、张荣明、林存光、杨阳、何平、刘畅、李冬君、胡学常、刘丰、张师伟、李宪堂等。本文的分析不可能将他们每个人都纳入进来，只能择其要者，抓住他们中最具代表性的人物和著作进行考察。

1. 张分田的中国古代统治思想研究

　　张分田在中国古代政治思想史研究中成果丰硕，主要集中在帝王观念和民本思想等古代统治思想研究方面，最具代表性的著作是《中国帝王观念——社会普遍意识中的"尊君—罪君"文化范式》（中国人民大学出版社，2004）和《民本思想与中国古代统治思想》（上、下册，南开大学出版社，2009）。

　　（1）提出"尊君—罪君"文化范式说

　　在《中国帝王观念》一书中，张分田提出了一个著名的"尊君—罪君"文化范式。他认为，在中国古代社会不仅普遍存在着尊君理论、观念与行为，而且普遍存在着罪君的理论、观念和行为；并且，尊君与罪君这两种理论、观念和行为并不分属于两个相互对立的思想体系、价值体系，而是共时性地寓于一体，并形成一种具有普遍意义的范式化的意识－行为模式。① 不仅如此，在这样一个文化范式中，尊君与罪君并不是一个完全平行的存在结构，而是罪君以尊君为依归，尊君理念制导着罪君思想的展开，二者结合构成一个主副分明而圆润融通的文化结构。

尊君和罪君，看似两个截然对立的思想范畴，却巧妙地统一在一个思想体系之中，构成了中国帝王观念内在思想逻辑的两极，这的确是一个重大的思想发现。中国古代的政治思想体系为什么会是如此？罪君如何为尊君所制导？二者为什么隶属于同一个思想体系？作者的解释是：

> 以罪君为主要特色的思想家，除无君论者外，都认同由一人执掌最高权力的政治制度和圣化的政治权威。他们不仅从来没有提出过治权在民的政治理念，反而在抨击暴君暴政的基础上设计理想化的"圣王之道"。
>
> 道高于君这个命题本身就是把道与君紧密地联系在一起的。道，指一般原则；君，指具体君主。所谓道高于君即君主制度的一般原则凌驾于现实中的一切君主。这个思路必然形成一而二，二而一的理论结构："有道理想"与"道高于君"。如果说有道理想着重论证君主制度的合理性、绝对性，那么道高于君则着重论证君主的行为规范及其权位的相对性。就主要政治功能而言，天下有道的政治信仰势必导向皈依王权，憧憬圣王；而道高于君的政治信条则势必导向规范王权，抨击暴君。显而易见，以道罪君是由以道尊君中派生出来的。道与君主制度相合是本质，道与具体君主相分是现象。无论维护道义的士人与时君、时政有多大冲突，都不具有在理论上否定君主制度的意义。

---

① 参见张分田《中国帝王观念——社会普遍意识中的"尊君—罪君"文化范式》，第12页。

维护道统的士人必定是君主制度的同路人。①

在张分田看来，"以道罪君"实际上是"以道尊君"的派生物，罪君说是附着于君主制度之上的思想观念。这一发现的确意义重大，它粉碎了当下一些思想史学者及其所谓现代新儒家从中国古代政治思想体系中寻找民主的企图。张分田的研究，使得人们再也无法将固定的罪君理论当作现代民主思想的旗帜。因为，这种理论本来就是君主政治的附属物，是君主政治理论的有机构成，无论如何是无法归入民主范畴的。

（2）揭示传统民本思想的本质属性

沿着"尊君—罪君"的致思路径，张分田又剖析了中国古代民本思想传统的理论本质，其成果就是 2009 年出版的思想史巨著《民本思想与中国古代统治思想》。该书开宗明义地提出：

> 本书的核心命题是：现代学术界所说的"民本思想"始终是中国古代统治思想的重要组成部分。甚至可以说，中华帝制的政治原理是以民本思想为基础框架而精心构筑的庞大的思想体系。②

张分田对民本思想属性的最终判断是：

> 民本思想是全面论证、系统规范君主制度的政治理论。从历史过程看，帝制越兴旺，"民惟邦本"思想就越发达，皇权越集中，"民贵君轻"观念就越普及。在历代王朝的官方学说代表作乃至最高统治者的著作和言论中，可以找到民本思想的核心理念和基本思路。民本思想一直是统治思想不可或缺的有机构成之一，甚至可以成为中华帝制统治思想的代称。③
> 就最基本的核心理念而言，民本思想不属于民主思想范畴，而属

---

① 张分田：《从民本思想看帝王观念的文化范式》，《天津师范大学学报》2004 年第 1 期。
② 张分田：《民本思想与中国古代统治思想》（上），第 1 页。
③ 张分田：《儒家的民本思想与帝制的根本法则》，《文史哲》2008 年第 6 期。

于专制主义范畴。①

张分田认为，民本思想绝不是一个独立的思想范畴，而仅仅是中国古代以帝制为核心的统治思想的组成部分。张分田敏锐地捕捉到了所谓"儒家民主主义"在学术上的致命死穴，即他们总是片面地抓住诸如"民惟邦本"、"民贵君轻"一类传统的思想命题大做文章，从中挖掘所谓民主思想以证明其现代价值；而偏见、偏执或是思想的贫瘠，则使得他们不懂得这些命题并不是孤立存在的，它们只是更大的思想范畴的要素或支脉，只是中国传统文化中普遍存在的结构性范畴中的一端或一极。张分田是用科学的分析态度来讨论问题的，他平静地指出，新儒家们的种种论说，都省略掉了问题的另一个方面，即"在他们的事实陈述中，儒学体系的完整结构被掩盖了一半"，于是他提出，"研究一种思想的属性必须借助结构完整的事实陈述"，任何望文生义或断章取义都会将古代思想现代化，而掉进传统的陷阱。正是"结构完整的事实陈述"这一平实的科学态度和研究方法，使他将诸如"民惟邦本"、"民贵君轻"一类优秀的传统思想成分，无可争辩地归入专制主义的思想传统之中，还原了思想的本质。釜底抽薪，张分田用七十万言的皇皇巨著，执行了宏大的历史批判！

张分田对中国传统政治思想的解说没有使用刘泽华的"阴阳组合结构"说，而其分析方法则和其师刘泽华一样用的是结构分析方法，将中国古代政治思想命题看作圆润精美的结构性组合。在总结中国古代政治思想的特点时，他指出的特点之一，就是"王权绝对化理论与政治调节理论融合为一体，政论多以组合命题展开"。各种政治调节理论皆由论证君主与规范君主两大类命题构成。道统论以"道中有君－道高于君"为基本结构，革命论以"天命－革命"为基本结构，公天下论以"以一人主天下－不以天下奉一人"为基本结构，民本论以"君为民主－民为国本"为基本结构，君臣一体论以"君主－臣辅"为基本结构。尽管思想家主要讲后者，却又自觉或不自觉地以前者制导、限定后者。中国古代著名思想家都

---

① 张分田：《民本思想与中国古代统治思想》（下），第743页。

没有能从这个结构中解脱出来。具有这种政治思维方式的政治理论绝对不会把人们引向否定君主制度，因而其本质特征是专制主义的。① 张分田认为，正是这一特点使这种理论有了一定的迷惑性。那些惯于一叶障目而缺乏宏大视野的学者，自然就容易抓住古代思想体系中属于政治调节理论的部分而大肆渲染。如中国古代政治思想体系中的"革命论"、"公天下论"、"民本论"、"法治论"等命题，都曾被人们以民主性的思想要素奉为至宝，大肆张扬，这实在是进入了思想的误区。张分田的研究，给人们提供了一个观察古代思想的重要角度。有了这个角度，对中国古代思想的观察或认识，就可以避免片面性的错误，而不再一叶障目。

（3）关于"重建中国思想史知识体系"的努力

在研究民本思想过程中，张分田发现了一个重大的思想史事实，即被当下学术界广泛接受、由众多著名学术前辈所奠定的一些基本的学术观点，却经不起思想史事实的检验，中国古代思想史的知识体系确有重建之必要。在一篇论文中，他坦率地表明了自己的看法：

> 自从由于一系列偶然因素而步入中国政治思想史研究领域以来，我参阅了大量相关著述，竟然发现一个令人震惊的现象，即在若干重大问题上，一批著名前辈学者提出的学术观点竟然经不起事实的检验。这些观点的影响极其广泛，有的已然陈陈相因，积非成是，乃至许多中青年学者依然借助这类说法构筑自己的学术基础。我的判断是：有必要，也有可能，在充分借鉴前贤的基础上，对现有中国思想史知识体系进行具有一定颠覆性的重建。完成这项工作必须在史料收集、事实梳理、方法改进、概念界定、理论创新方面下一系列的功夫，可能需要几代人的不懈努力。②

① 张分田：《中国帝王观念——社会普遍意识中的"尊君—罪君"文化范式》，第 729～730 页。
② 张分田：《完善事实陈述的主要途径——涉及中国思想史研究方法与视角的治学心得》，《湖南大学学报》2010 年第 6 期。

在 2011 年的一篇论文中，张分田正式提出"重建中国思想史知识体系"命题。这篇论文，以对"专制"的理解为切入点，提出适度超越传统的"民主/专制"预设，全面评估"君主专制"的历史价值，进而客观、全面、准确地认识中国古代政治文明及相关思想现象问题。此文可以看作是张分田试图"重建中国思想史知识体系"的一个案例。在这一案例分析的基础上，张分田指出，一般学者总是将"民主思想"与"专制思想"视为两个相互独立、相互排斥的发展序列，似乎只有"民主"可以衍生"民主"，而"专制"绝对不可能为"民主"提供文化资源。而我们如果跳出一些简单化的预设，纵观一部人类政治文明史就不难发现：无论在制度上，还是在思想上，"民主"与"专制"都没有单独构成一个连续的发展序列。因此，二者都可以成为政治理性和政治智慧的借寓之所。中国学者应当在坚定不移地批判君主专制及其各种流弊的同时，深入地研究中国古代政治学说的精到之处，并给予相应的评价。①

就此案例可以看出，张分田所坚持的是历史主义的思想态度和学术立场。由此出发再去看他关于帝王观念和民本思想的研究，都是这一立场的产物，都是他"重建中国思想史知识体系"的努力。只不过他的这种努力目标，随着研究的深入越来越自觉、越来越明确了。

（4）关于中国古代政治思想史研究的方法论思考

张分田特别重视方法论问题，写过多篇关于方法论的文章，如他和刘泽华合作的《中国古代政治学说史研究对象与方法》、《开展统治思想与民间社会意识互动研究》，自己独立发表的《深入剖析统治思想的若干思路》、《中国帝王观念研究的对象、思路与方法》、《深化民本思想研究的思路与方法》、《社会普遍意识研究的若干思路》等。② 除此之外，张分田的主要著作中，都还会专门谈到他的研究方法问题。如他在《中国帝王观念》的"导论"中所说：

---

① 张分田：《"专制"问题论纲——关于"重建中国思想史知识体系"的若干思考》，《天津社会科学》2011 年第 3 期。

② 这些论文都已收录到刘泽华、张分田等合著的《思想的门径——中国政治思想史研究方法论》一书中。

思想史的研究必须坚持历史与逻辑的统一、思想与社会的统一、抽象与具体的统一。评说历史上一位思想家的某一命题，不能脱离这位思想家的整个思想体系和思维逻辑，不能脱离当时的社会背景（特别是当时的社会普遍意识），不能脱离这个命题的具体历史内容，更不能望文生义而任意演绎。这是严肃的思想史研究所必须遵循的基本原则。①

张分田所强调的这三个统一，实际上就是思想史研究最重要的方法论。这既是借鉴以往学界的方法论思想，也有他自己对思想史研究方法论新的补充，是他自己方法论思想的抽象和总结。

在具体的研究方法方面，张分田特别强调"以罗列事实为主的研究方法"。在《中国帝王观念》的"导论"中，他说："本书最重要的论证方法和阐释方法是罗列事实，在实证的基础上，探讨原因、本质、结构、模式、规律。"在《民本思想与中国古代统治思想》中单列一个节目标题，来讲述他为什么要选择"以罗列事实为主的研究方法"。② 罗列事实并不是一项简单的工作，它的最高境界是达到尽可能完善的事实陈述，以还原历史的本来面貌。如何才能做到这一点，张分田也上升到方法论的高度做了总结。2011 年他发表文章说："事实是一切学术研究的基础。高品位的学术著述必须尽力完善事实陈述。观点、方法、概念、理论的创新也有赖于高质量的事实陈述。有时仅靠事实陈述便足以颠覆一些成说。"论文从研究争鸣的各种理据与结构完整的事实陈述、分析思想的内在理路与逻辑完整的事实陈述、剖析文本的理论体系与要素完整的事实陈述、拓展史料的取材范围与过程完整的事实陈述四个方面，探讨了思想史研究中完善事实陈述的基本途径。③ 可以说，张分田给予思想史研究方法的探讨和总结，

① 张分田：《中国帝王观念——社会普遍意识中的"尊君—罪君"文化范式》，第 65～66 页。
② 参见张分田《民本思想与中国古代统治思想》，第 20～24 页。
③ 张分田：《完善事实陈述的主要途径——涉及中国思想史研究方法与视角的治学心得》，《湖南大学学报》2010 年第 6 期。

对于学界有重要的启发意义。

2. 葛荃的中国古代政治文化研究

葛荃主要从事中国古代政治文化研究，代表性著作有《立命与忠诚——士人政治精神的典型分析》、《权力宰制理性——士人、传统政治文化与中国社会》、《中国政治文化教程》，并与刘泽华共同主编《中国古代政治思想史》等。

葛荃在王权主义理论的基础上展开自己的研究工作。他在《中国政治文化教程》中说："王权主义作为'社会的一种控制和运行机制'，为我们相对准确地把握中国传统思想文化的基本历史定位提供了视角。""王权主义从学理上讲明了中国传统文化的政治本质与君主专制的特性，以这样的认识为前提，我们关于中国政治思想与政治文化的历史定位和现代命运的理解就会相对地更切近事实，更接近历史的本来面目。"① 基于此，他的《中国政治文化教程》一书中的许多基本观点，都是对王权主义理论的展开式论述。如他把中国传统政治文化的核心内涵概括为君权至上，而君权至上的价值准则则主要表现在四个方面：①政治权力层面，君主的权威具有决定性。②在社会政治关系方面，君主有着绝对的统属和占有权。③在人与自然的关系方面，君主处于独特的崇高地位。④在权力与思想文化的层面，君主意味着终极真理。② 有关这四个方面的全部论述，都是对王权主义的展开式阐发。

但这绝不是说葛荃的研究缺乏思想个性。葛荃对中国古代政治文化的研究，系统地揭示了中国古代政治文化的思想内涵、价值原则、观念体系、文化性格，建构了关于中国古代政治文化研究的方法论原则和学术体系。他的《中国政治文化教程》涉及 "传统政治文化的价值结构"、"传统政治文化中的人"、"士人的政治存在"、"传统政治人格"、"从臣民观到公民意识"、"中国传统的'公私观'与'以公民为本'"、"君臣之道与贤人政治"、"忠孝之道与传统义务观"、"政治制衡观念与政治运作"、"传

---

① 葛荃:《中国政治文化教程》，高等教育出版社，2006，第318、319 页。
② 具体论述参见葛荃《中国政治文化教程》，第32～43 页。

统中国的政治社会化"、"中国政治文化的思维定式与思维特点"等诸多方面。可以说，传统政治文化的各个层面都被他进行了充分的挖掘和分析。

葛荃的研究有几个突出的亮点值得关注。

（1）关于中国古代社会政治的根本特点的认识

葛荃把中国古代社会政治的根本特点归结为"政治本位"，《权力宰制理性》中写道：

> 中国古代社会政治的根本特点之一就是"政治本位"。这主要表现在：其一，存在着一个极其完备、运行有效的政治体系，中国古代君主政治的官僚制度和政体设置无疑是最为系统化和最完备的。其二，君主及其麾下的贵族官僚拥有对全社会的绝对统治权和主宰权……王权是至高无上和独一无二的。其三，以君权至上和尊卑等级原则为核心的价值体系覆盖了整个政治文化领域……"官本位"即政治权威崇拜成为遍布社会深入人心的政治心理趋势。其四，在全社会的利益分配和利益选择之中，政治利益，即君主利益、王朝利益和官家之利是压倒一切的，占有绝对优势……其五，政治性的广泛弥散。在中国传统文化的各个领域、各个层面，都能找到与政治相通的地方，体味其中的政治性。①

这些思想也很充分地体现在他的《中国政治文化教程》一书中。"政治本位"可以说是抓住了中国古代社会的核心问题，中国历史过程中的一切问题都是围绕政治展开的；中国文化最鲜明的色彩就是政治色彩。个人修养是政治问题，读书治学也是政治问题，人的一切活动无不是围绕"政治"二字展开的，"政治"在中国人的一切社会生活、精神生活中占有最重要最突出的位置。中国历史的这一特征，即使在现代社会也没有丝毫改变。要理解中国历史，"政治本位"就是一把打开历史之门的钥匙。其实，"政

---

① 葛荃：《权力宰制理性——士人、传统政治文化与中国社会》，南开大学出版社，2003，第132页。

治本位"和"王权主义"表达的是同一个问题，只是换了个说法，而这个说法比起王权主义说却更加通俗化了，它更加直白地揭示了王权主义治下中国社会和中国文化的本质特征。

（2）关于中国传统文化价值结构的认识

关于中国传统文化，近代以来有过无穷无尽的解说，中国文化的属性，中国文化的结构，中国文化的价值观念，等等，从事文化研究的人，都有自己的一套说辞。但是，相较而言，葛荃对中国传统文化价值结构的揭示，则更给人以鞭辟入里的感觉。他总结中国传统文化的价值结构说："我们认为传统文化的价值系统由三个层次构成：在政治生活层面，儒学崇尚的价值准则是君权至上；在家庭即社会生活层面，儒学认可的价值准则是父权至尊；以人为社会主体，沟通社会与政治的价值中介是伦常神圣。此三者结合为一体，涵盖了传统文化的主流。"[1] 在这三层次结构中，"君权至上是核心，决定着儒家文化的理性思维和价值选择的主导方向；父权至尊是君权至上的社会保障机制，为维护君权提供社会—心理基础；伦常神圣则居间沟通调停，使君父之间形成价值互补。故而不论从致思逻辑，还是从操作形式，儒学的价值系统都显示出趋于成熟圆满的自我调节功能和超强的稳定性"。[2] 君权、父权、伦理三层结构，围绕君权至上组合了一个文化的核心体系，控制了中国人的思想、观念、心理和思维，支配着几千年间中国人的一切行为和实践活动。如果说"政治本位"是理解中国历史的钥匙的话，这个以君权至上为核心并由君权、父权、伦常三层次组合而成的价值体系，则是理解中国人的思想、心理和行为方式的钥匙。这一理论概括，对今天我们的国民进行自我文化反省和自我认识，有着重要的提示性意义。

（3）关于道统与君统本质关系的考察

葛荃用《权力宰制理性》一书，回答了长期以来政治史和思想史上人们争论不休的一个基本问题，即道统和君统的关系。道统是理性的代表，是历代士人所坚守的治国理民的正义之道，亦即儒家的政治理念；君统是

---

[1] 葛荃：《中国政治文化教程》，第239页。
[2] 葛荃：《中国政治文化教程》，第243页。

权力的代表，是历代帝王所控制的国家权力。本来，在中国古代社会政治结构中，君权至上，以帝王为代表的国家权力支配一切，道统也是毫无例外地为君统所统驭；但自孔子以来，体认道统的士人却编造出一个聊以自慰的美妙幻想，高喊"从道不从君"、"道高于君"云云。诚然，"道高于君"的确为历代士人所崇尚，而问题是它高得了吗？

葛荃分析说，道高于君是统治阶级自我批判和自我认识的一种表现。高度集中的王权必须辅之以适当的调节，否则很容易走到极端，"道高于君"恰恰为这种调节提供了理论根据。依据"道高于君"，君主在道面前就是有条件的、有局限的，君主唯有遵循道的规范，自我调整各种关系，才能长治久安，传祚万代。这样，道在一定限度内对于君主的确具有某种制约作用。对于一些贤明的君主来说，他愿意服从道的制约，能够做到虚心纳谏，则可以增加他们的应变能力和自我调适能力。于是，在这种情况下，"道高于君"从根本上说是对君主专制制度的一种肯定。这是"道高于君"的最好的状况，构成君主专制制度的肯定性因素。

从一般情况说，"道高于君"只是士人的理想和信念，它既不是制度化的建制，也不是具有实际约束力的规范，在坚实和冰冷的王权面前，道统的力量是孱弱无力的。"道"的孱弱是和它的载体——士人在社会政治中的地位相联系的。葛荃说：

> 在"政治本位"的社会环境中，一切与政治权力和政治利益相关的认识及选择主宰着社会的发展趋势，制约着人们的思想观念和社会存在方式，士人在这样的文化和社会条件下，只能越来越变成名副其实的"政治动物"，他们的具体的历史表现只能是进一步的臣仆化。
>
> 纵观中国古代社会，士人无论是得宠，还是失意，他们始终是君主的奴仆和工具，因之从根本上说，士人是不可能脱离政治而形成相对独立的社会定位的。①

---

① 葛荃：《权力宰制理性》，第 132 ~ 133、144 页。

士人的地位就是如此，他们坚守的"道"能强到哪里去呢？要他们去约束王权，如何可能？让至高无上的皇权向虚幻的理想低头的事情，在中国历史上从来没有看到过。葛荃通过详尽的历史考察，证明了"权力宰制理性"这个中国古代历史的政治特点，粉碎了关于古代民主的虚妄臆测。葛荃的分析考察使我们看清了文化保守主义、现代新儒家寄托于古代"道统"的虚妄幻想。对于政治权力的制约，从来不能靠理性和意念。政治权力是一种实实在在的力量，制约它的也必须是实实在在的力量，甚至需要一种比其更强大的力量。诚如葛荃所说："人类的文明史早已证明，只有权力才能制约权力。因此，尽管士人反复论证'道高于君'，君主要听命于天，可是在现实政治生活中，他们最终难逃王权的控制。"[①] 这是古往今来任何愿意面对事实的人都可以看到的冰冷的事实。中国古代思想家在"道高于君"的旗帜下臆想了几千年，今天的继起者难道还要再去执着于那些空洞的幻想？

3. 张荣明的中国古代政治宗教研究

好像这个学术群体一开始就有明确的分工一样，张荣明的研究集中在中国古代政治宗教研究方面，主要著作有《殷周政治与宗教关系研究》、《权力的谎言——中国传统的政治宗教》、《中国的国教——从上古到东汉》、《中国思想与信仰讲演录》、《信仰的考古——中国宗教思想史纲要》等。

张荣明的博士论文选题就是探讨政治与宗教的关系，并得出了在中国上古时期，国家政治与宗教高度契合的结论。他认为殷周王朝是"王权政治"时代，而王权政治即是"神权政治"，它有四个方面的显著特点：第一，政治信仰与宗教信仰的合一；第二，政治组织和宗教组织的合一；第三，政治权力与宗教权力的合一；第四，政治制度与宗教制度的合一。[②] 博士论文的写作，将其之后一个时期的研究兴趣引导到政治宗教的研究方面。

---

① 葛荃：《权力宰制理性》，第 215 页。
② 张荣明：《殷周政治与宗教关系研究》，南开大学博士学位论文，1995。

从政治思想史和政治文化史的角度说，张荣明的主要学术贡献在于提出并论证了"政治宗教"问题，并在学界第一次对"国家宗教"概念做了系统阐述，为中国古代政治思想史研究开拓了一个新领域。他界定政治宗教有如下特点：第一，政治信仰。任何一种成熟的政治形态都有自己的信仰和观念体系，这套观念体系既与业已存在的政治状况相关，又超离当时的政治现状，被当作政治的长远目标。第二，政治信仰的传输机制。为了完成社会整合的任务，每个时代的政府都通过特定的政治机制宣传自己的政治理想，竭力使之成为每一个国民的政治信念和自觉的政治追求。通过传输政治信仰，使每一个国民认同政治管理者，认同所处社会的政治体制。第三，权力神圣。传统中国百姓认为，管理者之所以能拥有行政权力，是因为只有他（们）能最大限度地体现神的意志，或者说最富有智慧。在中国政治文化中，绝大多数统治者都是尽善尽美的。第四，一定的礼仪形式。在政治活动中，一定的政治礼仪形式是政治宗教的外在象征，它时刻向人们昭示着政治权力的存在和神圣。[①] 可以说，张荣明所说的政治宗教，实际上是统治者从意识形态掌控的需要出发而制造出来的，是权力操作的结果，是管理者或统治者自我神圣化的产物。从这一点上说，政治宗教实际上也是王权主义意识形态的组成部分。

完成《权力的谎言》之后，张荣明又借鉴西方的国家宗教理论来探讨中国中古时期的国家宗教，并承接国内学者已有的儒教说，把传统的儒学定义为儒教，即秦汉之后中国社会的国家宗教。代表作就是他 2001 年出版的《中国的国教——从上古到东汉》一书。尽管儒教说在国内学术界早已有之，尽管任继愈、李申等学者在儒教说的学理化解读上已经做了不少的工作，[②] 张荣明的研究还是对之有所推进，或者说在儒教说的系统化上走得更远。因之，是书在学界还是产生了不小的冲击力。

---

① 参见张荣明《权力的谎言——中国传统的政治宗教》，第 6 ~ 7 页。

② 将儒学界定为宗教，定义为儒教，国内学者最具代表性和最有影响力的论文论著有任继愈《论儒教的形成》，《中国社会科学》1980 年第 1 期；任继愈《朱熹与宗教》，《中国社会科学》1982 年第 5 期；李申《关于儒教的几个问题》，《世界宗教研究》1995 年第 2 期；李申《中国儒教史》（上、下卷），上海人民出版社，1999、2000。

张荣明定义的国家宗教是一个结构－功能性概念，强调这种宗教的政治属性。他说，国家宗教是"入世"的宗教，它强调社会秩序和等级，为国家的存在提供终极价值依据。因而国家宗教是一种集体宗教，它的任务是提供集体道德和公共思想秩序。[①] 在张荣明看来，国家宗教作为一种隐性的宗教，它在以往没有引起广泛的注意和研究，乃在于它没有像民间宗教一样的教团组织和教会机构，而从功能属性判断的角度说，国家的行政组织，则正是起着宗教组织的功能和作用。所以他说："国教组织正是国家的行政组织，国教机构正是国家行政机构。"在这种国家宗教的组织体系中，执掌国教布道职能的不是民间僧侣，而是政府的官吏，他们布道的对象正是治下的民众。因而实际上，国家行政组织充当着国教组织，各级官员充当着国教牧师或政治牧师的角色。国家宗教也有自己的教主、教皇、教士和教徒。教皇是宗教组织的最高统治者，既是教内事务的最高管理者，也是教义争端的裁决者和最终解释人。国教的教皇就是国家的最高元首。他不但是国教教义的最终解释者和教务的最高仲裁者，而且是国教的最高祭司。[②] 在该书第十章"教主·教皇·教士·教徒"中，作者分析的教主是孔子；教皇是皇帝（皇帝兼有教皇和教主双重身份，国教中存在孔子和皇帝二元教主）；教士是五经博士；教徒有孝子、忠臣、节妇、义士等。国教的经典即是儒学传承的《诗》、《书》、《春秋》、《周易》、《礼》"五经"以及后世衍化出的"十三经"。

张荣明的儒学国教说在学术界也招致了一些批评。如有学者发表书评文章批评说："本书具有采用功能性定义通常会有的一个缺陷，那就是外延的扩大化。后果就是有一种泛宗教主义的倾向，最突出的表现应该是将儒学的全部都视为宗教，如本书把国家的行政组织等同于国家宗教的宗教组织，把国家的官吏等同于国家宗教的教士，这显然是一种过于简单化的做法，唯一的好处就是使得国家宗教能够在结构上比附于制度化宗教。然而，行政组织与宗教组织、官吏与教士在性质、职掌上的区

---

① 张荣明：《中国的国教——从上古到东汉》，中国社会科学出版社，2001，第15页。
② 张荣明：《中国的国教——从上古到东汉》，第8～12页。

别是显而易见的。这种泛宗教主义的做法无助于明确国家宗教的本质性特征。"① 从纯学术的角度说，这一批评并非没有道理，就连儒学能否作为一种宗教看待，在学术界也是见仁见智，并且更传统、更强大的仍是儒学非宗教说。但是，学界的一些批评，并没有深得张荣明儒教说之真谛。

应该承认，通过国家力量打造一种政治信仰，造成全社会对君权合法性的无条件认同，这即是政治宗教，从而一切国教的根本性质。充分揭示中国古代政治思想史上国家权力对公众思想的强力操控问题，才是张荣明关于政治宗教、国家宗教研究的真正价值。张荣明实际上是以"国家宗教"解释了中国古代的意识形态独断。国家意识形态的神圣性、权威性、非批判性，用宗教形态予以比附，还的确有一种类宗教性。不管这种解读方式是否恰当，国家宗教、国教等概念系统的引入，的确使我们惊醒于秦汉以来中国政治思想控制的森严和专横。宗教是不允许有异端的，当思想上升为宗教的时候，这种思想的专横性就栩栩如生了。张荣明的研究，揭穿了那些披着道德伦理华丽外衣说教者的真正目的，谓其"权力的谎言"可谓一语破的。至于从纯科学的角度说，他关于"国教"、"政治宗教"的定义云云，则是可以讨论的。

4. 林存光的中国古代政治哲学研究

林存光是刘泽华学术群体中更年轻的一代。他主要集中于儒家政治思想、政治思维和先秦诸子政治哲学方面的研究，主要著作有《儒教中国的形成——早期儒学与中国政治文化的演进》、《历史上的孔子形象——政治与文化语境下的孔子和儒学》、《儒家式政治文明及其现代转向》、《先秦诸子政治哲学研究》等。就刘泽华学术群体而言，林存光的个性是较多地探讨了儒学的现代转换问题，给予儒学以更多同情的理解，但在对儒学的本质、中国传统文化基本特质的认识上，则和这个群体基本一致，有着共同的学术立场，毫无疑问地属于这个学派中的一员。

---

① 王青：《关于国家宗教研究对象的思考——读张荣明〈中国的国教〉》，《世界宗教研究》
2002 年第 2 期。

（1）关于儒家"文化政治"观的研究

林存光最初的政治思想史研究集中在儒家政治观方面，其最突出的思想观点是提出用"文化的政治学"，或曰"文化政治"来概括儒家的政治理念。

在 1995 年的一篇论文中，林存光把儒家的政治理念归结为"道德政治论"，认为儒家政治思想的特质即是德政人治，把政治完全置于道德的领域。在关于人道与政治的关系问题上，儒者认为"人道政为大"，"政"处于人道价值符号系统的核心地位。孔学所强调的"礼"，就是被赋予了一种普遍性的人文道德意义的制度化规范。在儒家看来，政治的合法性即源自于政治人或权力主体的道德魅力。论文认为，儒家从理论上孕育、培植了古代中国人将政治置于道德领域的政治思维习惯，并由此构造了中国古代政治的人本传统。这一政治思维习惯起自对人道德本体的反思与觉悟，最终亦将政治实施过程及政治的最终目的归结于人道或人性化价值的充分实现，这即是儒家政治思想的总体特征。①

在 2003 年的一篇论文中，林存光将上述认识进一步深化并做了更突出的表达，提出了"文化政治"概念。用作者自己的话说，提出这一概念，旨在从一种更富于解释性的政治思维方式的视角来重新审视和分析先秦儒家政治理论的本质特征。这一概念是针对学界对儒家政治思想"混政治道德为一谈"的批评而产生的。在林存光看来，儒家不是"混政治道德为一谈"，而是在儒家看来，"道德（个人品格的修养和社会伦理的规范）既应构成为整个政治运作的普遍基础，而政治亦必须担负起化民成德的根本职能或以化民成德为最终目标与归宿"，二者本来就是一个一而二、二而一的问题，于是他就干脆把儒家的政治思想叫作"文化政治观"。儒家的文化政治观可以从四个层面来理解：其一，整合的理念。对儒家而言，政治的根本目标是文化性的礼教德化，或者说最大的政治也就是礼教德化。所以，儒家的"文化政治"理念是一种文化与政治高度整合的理念。其二，就学术思想的层面而言，对于春秋战国时代圣王离异、道术分裂、文化一

---

① 参见林存光《先秦儒家政治思想简论》，《管子学刊》1995 年第 3 期。

政治秩序分化解体的境况，孔儒采取的是一种批评和否定性的认知态度，因为这有悖于他们高度整合性的文化政治理想。其三，在文明教养的层面，儒家主要是从人之所以为人的普遍理念来审视政治与伦理的关系，并倡导以共同的道德规范来构筑社会整合的文明教养基础。其四，在生活方式的层面，儒家的礼教或礼治主义最能体现其文化政治理念的特色。由此观之，将一种泛道德主义的文化价值理想与泛政治主义的全能型政治观融合为一，是儒家"文化政治"理念的最大特色。① 2006 年 9 月，林存光主编出版了《儒家式政治文明及其现代转向》一书，认为儒家政治观的实质是人本主义，并概括其基本内涵为七个方面。② 这些研究，补充了"文化政治"观的具体内涵。

（2）关于中国古典政治哲学的哲学化表达

前已论及，刘泽华率先提出并论证中国古代的政治哲学问题，规划了政治哲学研究的主要范畴，并主编出版了专门性著作，是当代中国传统政治哲学研究的奠基人。但是也应该指出，在中国古代政治哲学的研究方面，刘泽华所主编的《中国传统政治哲学与社会整合》一书，基本上停留在问题梳理和思想归纳的层面上，从政治哲学的角度说还缺乏学理性的探讨。而林存光所进行的恰恰就是在补充刘泽华政治哲学研究的相关不足，把政治哲学研究学理化而真正提升到哲学的水平。

林存光在 2006 年底主编出版的《先秦诸子政治哲学研究》一书中，有题为"先秦诸子政治哲学综论——一项基于中西比较视角的审视与分析"的专题研究，从西方的政治哲学概念出发，比较了中西古典政治哲学的差异。这可以视为林存光将先秦诸子政治哲学研究真正提升到哲学层面的开始。这项研究提出的最重要的结论是，"比较而言，古希腊古典政治哲学可以说遵循的是以制度为中心来寻求解决城邦政治出路问题的思维路向"，而中国的古典政治哲学家则是选择了"以主体为中心来寻求解决政

---

① 参见林存光《文化的政治学——试论先秦儒家政治思维的文化取向》，《天津社会科学》2003 年第 4 期。
② 参见林存光主编《儒家式政治文明及其现代转向》，中国政法大学出版社，2006，第 36 ~ 42 页。

治出路问题的思维路向，不管他们推崇的是哪一种类型的圣王统治或主张采取什么样的统治方式，他们也并非不关注制度的问题……但对他们来讲这却是低一层次的政治问题，他们所推崇的圣王明君是完全超然凌驾于国家与制度之上的独一无二、至尊至上的政治主体"。所以，中国古代政治哲学的核心问题便是"如何将一个有限的个体塑造成为一个无限的政治主体"。①

这一重要中国古代政治哲学观，在几年后发表的《重读中国古典政治哲学——兼论中国政治思想史研究诸范式》中得到了较为详尽的发挥。论文对在学界已经形成的学术共识——中国哲学的主题"内圣外王之道"——作了新的解读，认为"内圣外王之道"这一中国古典政治哲学的内核或主题，实质上是一个理想的政治主体性问题，是一个反身以求而以"主体"为中心来思考和寻求解决客观世界问题的根本办法。这即是中国古典政治哲学思想的形态与特质。以主体为中心来思考和寻求解决客观世界问题的出路和办法，的确是抓住了中国古典政治哲学的根本性质。接着，作者借鉴美国政治哲学家斯特劳斯的政治哲学定义，给出了自己关于何谓"政治哲学"的基本看法，并循此展开分析，将问题的讨论提升到了哲学的平台上。

林存光的政治哲学定义是："政治哲学就是试图真正了解政治事务的性质以及最适宜于统治天下或作天下王的政治主体这两方面的统一之道。""所谓'了解政治事务的性质'，对中国的政治哲人而言，主要指的就是了解和探究天下的事务和本性"；"对中国的政治哲人来讲，最大的政治问题便是由谁和如何来平治和统一天下的问题，答案是最好或最理想的就是由圣人做王才能平治和统一天下，而圣人做王并不是一个制度性的问题而是一个主体性的问题"。"综合而言，了解天下的事务与本性并期之以必待圣人而治之，这便是中国政治哲人的最根本的政治信念。"②

① 林存光主编《先秦诸子政治哲学研究》，辽海出版社，2006，第237～239页。
② 林存光：《重读中国古典政治哲学——兼论中国政治思想史研究诸范式》，《政治思想史》2011年第1期。

谋求从政治主体的角度解决天下的治理问题，而主体就是圣王明君，是个体意义上的政治主体。那么，个体意义的主体，如何解决个体的有限性与天下的公共性和无限性之间的矛盾呢？也就是说，如何才能把"一个有限的个体塑造成为一个无限的政治主体"呢？中国古代政治哲学的所有重大思考，基本上都是围绕此一问题而展开。林存光认为，中国古代政治哲学家所塑造的理想的政治主体主要有四大特性：一，它是一种个体性的存在；二，它是一种道德性的存在；三，它是一种层级性的存在；四，它是一种境界性的存在。个体性是其实体存在；层级性是主体的结构性，是对个体性的补充；道德性和境界性则是政治哲学家设想的解决个体有限性与政治无限性矛盾的基本途径。几千年间，思想家一直陶醉于君主道德自律、境界提升这一无限美好的憧憬之中；并在长期的幻想中培育出希望的倒置——圣王崇拜，把一切都绝对地托付给虚幻的圣王明君，最终成为专制主义的塑造者和牺牲品。林存光通过他的中国古代政治哲学研究，为王权主义理论从一个方面做了深刻论证。

（3）关于传统政治思想的现代转化问题

在这个学术群体中，林存光是较多强调中国传统政治思想现代转化问题的一位。《儒家式政治文明及其现代转向》这个书名已经说明了问题，该书还专门安排了一个专题"儒家政治智慧的现代转向——重构儒家'外王'理想的两种路径及第三种可能"。林存光执笔的第一章和第四章中，分别有"儒学的'转化'功能及其当代相关性"、"儒教传统与中国政治文明的现代转向"两节，提出对儒家政治哲学应该抱有一种"同情地理解"的态度。他说："我们首先应以一种平正的心态将儒家的政治理念视作是独特的，而不是先入为主地就判定它是完全错误的，然后再去作一种辩证的两面观，即全面地批评反省它的利与弊，这才是我们对待影响我们至深的一种政治观所应持的态度和立场。"①

王权主义学派的重要特色之一，是重视对传统思想的批判，这一点我们后边还要专门分析。林存光的研究也很鲜明地体现了批判色彩。但是，

---

① 林存光主编《儒家式政治文明及其现代转向》，第71~76页。

他在执行批判的时候，是兼顾到转化的问题，在这方面较该群体中的其他学者做了较多的工作。

三 "王权主义学派"之成立

很久以来，中国学术界已经非常不适应"学派"这个概念了。没有也不允许有独立学术观念和个性的学派存在，在舆论一律、思想一统的社会中是一种正常现象；但对于学术的发展和繁荣来说，则是极不正常且违背学术规律的现象。现在该是打破这种没有不同声音产生的沉闷局面的时候了，王权主义学派的形成生逢其时。但是这个学术群体中有些人并不承认他们构成为一个学派，也有人对学派这一提法感到不安。然在笔者看来，他们的确已经具备构成一个学派的充足要件。这是一个稳定的学术群体，有代表人物，有基本队伍，有代表性著作。他们坚守共同的历史观，有共同的选题指向和问题意识，有共同的学术宗旨和学术立场，甚至在方法论和学术风格上都不乏相同之处，为什么不能称之为学派呢？谓予不信，不妨约略证之。

1. 王权主义历史观：共同的本体论选择

以刘泽华为中心的这个学术群体，在历史观上都坚持王权主义历史观，在历史本体论方面有着高度一致的学术立场。尽管刘泽华一再强调声明他的王权主义理论只是关于社会的一种控制和运行机制的看法，而实际上，当这种理论可以用来解释社会历史的权力系统、社会结构、观念系统等各个方面，几乎可以用来解释社会历史的一切重大问题的时候，它不是历史观又是什么呢？它是关于中国历史的最本质的看法，是地地道道的中国史观。

王权主义历史观的最大特征就是强调中国古代历史中的政治因素，强调"国家权力支配一切"，王权、国家权力、政治是这个历史观的中心词。这一群体都从事中国古代政治思想史研究，而他们坚守的这一历史观对于政治思想史研究来说，一个总的指导思想就是刘泽华下面这段文字：

在传统中，政治的幽灵无处不在，而且举足轻重，决定一切。从历史上看，几乎所有的思想家都以其独特的方式与政治紧密地纠葛在一起。政治问题成为全部社会问题的核心，甚至一切社会问题最终都被归结为政治问题……政治思想也就成了中国古代思想文化的重心。而且在某种意义上，我们可以说，正是这种鲜明的政治色彩和强烈的政治化倾向，构成中国传统文化的一个基本特征。因此，要准确而深刻地剖析传统，就必须以政治为楔入点。[①]

注重思想史中的政治因素，就是刘泽华给予这个学术群体最明确的指引，并且也的确得到了这个群体最广泛、最真诚的认同。就目前可以看到的这个群体的十多个人的论文和著作，还没有脱离王权主义历史观的学术观点，他们的著作大体上都是在王权史观的基础上立论的。张分田、葛荃、张荣明、林存光几个主要人物的学术思想前边已有分析，这一点已经可以看得非常分明，其他诸位也大体如此，试举几例：

季乃礼研究古代社会的人伦关系，代表性著作是《三纲六纪与社会整合——由〈白虎通〉看汉代社会人伦关系》。他的基本观点是："王权是中国古代整个人伦体系的核心"，"中国传统的人伦关系是以三纲六纪为主要内容的。而三纲六纪基本的指导原则是'尊尊'和'亲亲'，其中'亲亲'又是为'尊尊'服务的。也就是说王权主义支配传统的一切人伦关系"。[②] 很明显，季乃礼研究古代社会的人伦关系，王权主义便是其立论的基础。

刘丰研究先秦时期的礼学思想，而他判断礼是一种国家权力，而这种权力最集中、最明显的表现即是以君王为核心的专制王权。所以，他的结论是："从总体上来说，礼治学说关于理想社会的设想就是王制理想，它的基本走向和最终归宿是专制主义的王权社会。"[③] 其理论基础自然也是王权主义的历史观。

---

① 刘泽华：《中国传统政治思维·前言》，吉林教育出版社，1991。
② 季乃礼：《三纲六纪与社会整合——由〈白虎通〉看汉代社会人伦关系》，中国人民大学出版社，2004，第290~291页。
③ 刘丰：《先秦礼学思想与社会的整合》，中国人民大学出版社，2003，第210~211页。

杨阳研究古代社会政教合一的政治特征，代表作是《王权的图腾化——政教合一与中国社会》，该书《导言》第四、五节的标题是"王权主义：从政治到思想的本质现象"、"政教合一：王权主义进入信仰世界的桥梁"，他是拿王权主义作为他的分析工具的。该书"导言"中说："如果承认文化是一个完整的系统，承认文化基本精神应该是其社会制度结构和主流思想形态所共同具有的，当一个民族的制度和社会体系的核心精神被认为是王权主义时，它的主流思想形态，乃至其文化基本精神又怎能是别的什么东西呢？"① 很显然，王权主义正是杨阳展开自己研究工作的本体论前提。

刘畅研究身体政治学，代表作是《心君同构——中国古代政治思想史的一种原型范畴分析》。对于政治思想史研究来说，这个选题给人以别开生面的感觉。心、君并非同类事物，如何同构，这样的研究有何意义？一般人都会生发这样的疑问。但作者的问题意识则非常明确。作者认为，心君同构作为一种思想史现象，在中国古代社会是一种客观存在，不少思想家都有过这样的论述或比附。"心君合一"的确是先秦两汉政治思维中的重要命题，人们以君论心，是以君主的权威推论心灵在精神世界的绝对支配作用；而以心论君，则是以心灵的思维能力推论君主权威的合理性。二者循环互动论证，"心"与"君"双方各自的合理性、权威性就都有所增强；二者同构，实际上是有着重要的政治目的性。刘畅为什么选择"心君同构"作为研究对象，我们从他对刘泽华一段话的引证发现了其选题目的性。该书第二章第一节引述刘泽华的话说：

> 对中国传统思想文化无疑可以从不同视角或侧面进行研究，但居于主导地位的，我认为是政治思想和政治文化。它的基本精神是什么？我认为就是王权主义；就是君尊臣卑。不管研究什么问题，不能

---

① 杨阳：《王权的图腾化——政教合一与中国社会》，浙江人民出版社，2000，第19~20页。

忽视它的存在及其主导意义。①

显而易见，王权主义既是刘畅进行研究工作的指导思想，也是他所以选择这一选题的初衷或目的；他是要从"身体政治"这个很少有人触及的侧面去拓宽认识中国政治思想之王权主义特质的思路，为王权主义研究开辟新的思想资源。

李冬君的《孔子圣化与儒者革命》"结语"部分，在"关于中国文化'质'的批判"标题下，讲了五个问题：王权主义之一：文化一元化；王权主义之二：人们抽象化；王权主义之三：人本性异化：王权主义之四：理性王道化；王权主义之五：个体无我化。② 王权主义在这里也是被作为一种解释工具使用的。

无需更多列举，王权主义历史观是这一群体共同历史观的判断是毋庸置疑的。历史观的一致性，对历史本体的共同看法，导致这一学术群体在许多重大问题上的统一或同一，显示出鲜明的学派色彩。

2. 共同的学术立场

共同的历史观，带来的第一个学术特征，就是他们具有共同的学术立场。这表现在两个方面：一是对中国传统政治文化基本上保持批判的历史态度；二是由此导致他们与现代新儒家文化立场的严重分歧，成为当今学界批判新儒家的学术力量。

先来说第一点，对中国传统政治文化的历史批判态度。

当刘泽华通过大量的历史研究对中国历史的基本特质或属性确定为王权主义的时候，他是选择了坚定的历史批判态度的。王权主义的判断，既是一个客观的历史判断，也是一个评价性判断。说它是客观的历史判断，是说中国历史的本来属性即是如此，它仅仅是对历史本来面貌的事实性判断；说它是评价性判断，是说站在当代历史高度，站在专制主义早已被历

---

① 参见刘畅《心君同构——中国古代政治思想史的一种原型范畴分析》，南开大学出版社，2009，第96页。

② 李冬君：《孔子圣化与儒者革命》，中国人民大学出版社，2004，第276～280页。

史所否定的时代，王权主义判断本身就昭示着历史评判的否定性，对于今天来说的否定性。这一判断本身就对研究者提出了对之进行历史批判的要求。王权主义学派，没有回避这一判断的历史要求。刘泽华的全部政治思想史研究，就是围绕着对王权主义的历史批判而展开的。

在《中国政治思想史集》第3卷"弁言"中，刘泽华写道：

> 这些文章都是围绕一个中心而展开的，这就是要论证中国传统思想文化的主脉与核心是王权主义（或曰君主专制主义、封建专制主义等）……本卷的各篇文章，或从一个角度、或从一个层面、或就一个问题为切入点来解析传统政治思想的种种"范式"，这些"范式"相当稳定，以致可以说都形成了"定势"，成了人们政治思维的当然前提和出发点。因此对人与社会具有极大的控制力，成为一种社会惰性。对这种惰性如不用极大的力量进行清理，就会"死的拖住活的"，成为前进的绊脚索。对此应有警惕。

张分田并不直接表明自己的政治立场，在学术研究上是以澄清事实为出发点，他给自己设定的学术旨趣是客观、全面、准确地认识中国古代政治文明及其相关的思想现象。他多次声明这一点。但是，当他澄清了中国古代政治的专制主义属性的时候，而当专制主义在今天主要是一种否定因素的时候，他的澄清事实本身，就是表明了一种历史批判态度。如他在《民本思想与中国古代统治思想》所说：

> 中国古代政治制度及其政治理念与现代民主制度及其政治理念有明显差异，在现代化进程中既要充分注意这个差异，又不要夸大这个差异。前者要求我们坚定不移地批判专制主义，切忌将专制主义的政治理论误认为民主思想，后者要求我们全面地评价历史上的专制主义，实事求是地肯定其历史价值。在评判中国古代政治文明的时候，切忌国粹主义或虚无主义的偏失，只有这样才能避免"民

主幼稚病"。①

问题的逻辑就是这样，你在学术立场上选择客观，并且用客观的态度解决了中国古代政治思想的专制主义属性，无情地撕破了现代人给民本思想披上的民主披风，将其牢牢地钉死在专制主义的躯体上，而并不回避坚定不移地批判专制主义的政治立场，那你不是执行了历史的批判又是什么呢？实际上，张分田在自己的政治思想研究中，也是选择了历史批判的态度，只不过相对于那些名言批判太直白表明政治立场的人来说，抱持的是一种更客观、更平实的历史批判态度。实际上，在刘泽华群体的学术著作中，那种坚定不移的历史批判态度几乎是无需论证的问题，批判性几乎就是他们的学术个性，一种值得肯定并大肆张扬的个性。

对中国传统政治文化的历史批判态度，很自然地导致他们与现代新儒家文化立场的严重分歧，成为当今学界批判新儒家的学术力量。新儒家是中国现当代思想文化史上一个很耀眼的思想或学术流派，其基本的思想文化态度就是坚守儒家学说的基本理念，主张用儒学解救中国，抱持一种文化保守主义立场。王权主义学派对待传统文化的历史批判态度，很自然地与这种文化立场发生了冲突。刘泽华在《中国政治思想史集》第 3 卷"弁言"中说：

> 我的这些文章是有针对性的，就是对现代封建主义作历史的解剖。这种作法有点绕弯子，但在一定环境下，这未必不是一种表达方式。另外也是针对新儒家、崇儒和"发扬传统"的大思潮。这种思潮或避而不谈中国传统的专制主义，或掩饰专制主义，或曲解历史，把本来是专制主义的东西说成是什么美好的东西。这种学术误导应该说已经造成了很大的危害，是现代封建主义泛滥新潮的重要原因之一。②

---

① 张分田：《民本思想与中国古代统治思想》，第 748 页。
② 刘泽华：《中国政治思想史集》第 3 卷"弁言"。

张分田用七十万字篇幅研究民本思想得出的结论，就是对新儒家理论支点的无情解构，前文我们已经用釜底抽薪形容了张分田的研究对于新儒家思想的真正价值。其实，张分田自己也并不讳言对新儒家的批判。他说："以现代新儒家为典型代表的一批学者就是由于刻意追求这类旨趣而走进了误区。他们一厢情愿地从儒家典籍中'开弘'出成系列的违背历史事实的谬说。笔者近年来的学术构思主要围绕批驳这类谬说展开。"① 毋宁说，张分田关于民本思想的研究，就正是从批判新儒家出发的。

关于张分田，也有人从批判新儒家的角度做过评论，陈寒鸣写道：

> 张分田教授的这些直视对中国传统社会起着规制作用的以王权主义为基本特质的核心价值体系的平实之论，有着强烈的学术针对性和现实针对性。他注意到在中国近代诸种学说中，把某种属于现代社会的思想观点考据成"中国古已有之"可能是最发达的一种，此等学问以思想史研究领域最为突出，尤以现代新儒家最为典型……近年来，此等学问大有甚嚣尘上之势，颇能耸动视听，也确有为数众多的不知底细者被其误导。有鉴于此，张分田教授经过长期的科学研究和深入思考，确信所谓"儒家民主主义"的说法与历史事实相去甚远，并以阐论传统社会普遍意识中的"尊君—罪君"文化范式为重心完成了这部近60万言的《中国帝王观念》。②

这就是说，张分田的《中国帝王观念》也是从批判新儒家的学术立场出发的。

李宪堂《先秦儒家的专制主义精神》一书的副题就是"对话新儒家"，他要用几十万字篇幅去解构新儒家的理论基础。他说："尽管重建已经成为当务之急，本书要做的却是对新儒家已经奠定的基础进行重新解构。因

---

① 张分田：《民本思想与中国古代统治思想》，第8页。
② 陈寒鸣：《直视中国传统社会核心价值体系的重要著作——张分田教授〈中国帝王观念〉读后》，《理论与现代化》2008年第3期。

为他们的设计依据的仍然是旧有的图式，他们使用的材料带有致命的放射性。作者力图从历史现象学的角度，分析理论与实践如何相互催化，真理与权力如何相互生成，以期历史地描摹出儒学的真面目、真精神……本书的结论是：传统文化在精神气质上就是专制主义，从作为传统文化主流的儒学中，不可能像新儒家认为的那样，'开出'现代西方式的民主制度。"①

这个群体中，葛荃是关于新儒家和国学热批评较多的一个，他为此专门写过几篇论文。在 2006 年的一篇论文中，葛荃写道："近年来，借助于'弘扬传统文化'的方略和海外'文化寻根'热，伴随着'国学热'，以文化守成为要旨的保守主义开始回潮，泛起了一股新的文化保守主义思潮……我们的基本看法是，以儒学为主体的传统政治文化里，不包含现代化和现代社会文明的因素。尽管其中也有合理的部分和优秀的部分，但是文化的基本规定性是适应君主政治存续与发展的需求的……儒学的这些基本价值准则都是不适应现代文明社会发展需要的。因此，我们不主张直接从中国传统文化里面去挖掘所谓现代化的因素，也不认为提倡复兴儒学是合理的思路。"②

林存光也写过不少批评现代新儒家和"国学热"的文章。③ 群体中其他诸君，也大都在自己的著作中表述过对新儒家和国学热思潮的批判。以刘泽华为中心的这个学术群体，批判新儒家、反对简单地倡导"国学"，是由他们的王权主义历史观所决定的，是极其正常的学术现象，无须过多论证。

3. 共同的问题意识和话语体系

由共同的历史观和共同的学术立场所决定，学术群体自然会有共同的问题意识和话语体系。王权主义学派这个学术群体即是如此。他们的所有重大

---

① 李宪堂：《先秦儒家的专制主义精神——对话新儒家》，中国人民大学出版社，2003，第 9 ~ 10 页。

② 葛荃、逯鹰：《论传统儒学的现代宿命——兼及新保守主义批判》，《清华大学学报》（哲学社会科学版）2006 年第 4 期。

③ 参见林存光《复兴儒教抑或回归孔子——评蒋庆〈关于重建中国儒教的构想〉》，《儒家式政治文明及其现代转向》"附录"；《也论国学研究的态度、立场与方法——评梁涛儒家道统论的"国学观"》，《学术界》2010 年第 2 期。

选题，几乎都集中在中国古代专制主义思想体系的研究方面，都在于论证中国古代思想的王权主义性质，这一点已经为上边的研究所证明，无须赘述。

从研究者所使用的概念工具看，刘泽华学术群体也有着鲜明的一致性。笔者检索刘泽华群体中几个主要代表人物的代表性作品，每个人的著作中都活跃着数十个基本术语，而这些术语则有着相当高的重复率或一致性。特别是刘泽华所使用的核心术语——王权主义、阴阳组合结构、专制权力支配社会、圣王合一、主奴综合人格等，几乎为群体中的每一个人所使用。可以明确判断，这一学术群体有着共同的话语体系。共同的问题意识和话语体系，正是学派所以成立的特征之一。

当然，也应该说明，这个学术群体中的个体，每个人都有自己相对独立的研究领域，他们都是从一个特定的角度来探讨中国传统政治文化的奥秘，揭示这一文化传统的专制主义属性。他们从不同的角度奔向同一个目标，正是这一点决定了他们基本学术术语的一致性；而这一点并无妨于他们各自独立的学术个性。

4. 共同的学术宗旨：强烈的现实关怀和使命意识

治学宗旨是学者学术思想的重要组成部分，是其学术的底色，也是其学术研究的终极动力。从刘泽华的学术研究与学术思想中，我们感受到了一种强烈的现实批判精神，他的一切研究都具有现实批判意识，而这种批评精神或批判意识，就来自于他的现实关怀，来自于他对国家、民族命运的深重忧患和知识分子的使命感、责任感。

关注现实，怀抱强烈的现实关怀，是刘泽华所倡导的学术理念。20世纪80年代，他曾在《求是》上撰文，呼唤历史学研究的现实感和当代意识，疾呼历史学要"搭上时代的列车"，"史学工作者应该具有对于人类与民族命运的强烈的关切感与使命感"，"史学家应先把对时代的关切感、责任感与使命感作为研究工作的第一动力"，提出开展与人类和民族命运相关课题研究的问题。① 而实际上，他的学术研究方向选择，就是践履了这样的学术理念。无论是王权主义问题研究，还是政治思想史研究，都是与

---

① 刘泽华：《历史学要关注民族与人类的命运》，《求是》1989年第2期。

当代社会重大问题相关的历史研究。或者说，他的研究课题的选择从本源上说，是来自现实社会的政治指向。他曾自我追溯说：

> 我从事政治思想史的学习与研究……与反思"文化大革命"中的封建主义大泛滥有极大关系……我的研究目的之一就是为解析中国的"国情"，并说明我们现实中封建主义的由来。①

> 当中国步入世界性近代化之路时，君主专制无论如何都过时了。中国的君主专制主义像百足之虫，死而不僵，影响还广泛存在。我的"价值"和"意义"之一就是想对它有一个清醒的认识，以便从中走出来。②

他声明自己的研究目的就是解析中国的国情。刘泽华的治学旨趣和某些人的为学术而学术理念大相异趣，对于有关的非难，他直面回应而不动摇。在一篇关于他的学术访谈中，对于"你研究政治思想史的目的之一是批判封建主义，这是否是'理念'先行，违背了学术独立的原则，是否有实用主义的毛病"这样的提问，他回答说：

> 我想，或许有不食人间烟火的纯学术，但我不是；也或许有不要思想的纯学术，但我也不是……我们应该充分认识，就我们民族的整体观念而言，还远没有从中世纪走出来。"文革"固然是有人发动的，但闹起来后何尝不是民族观念的一次大展现。诸如"生为某某的人，死为某某的鬼"，"三忠于，四无限"等等，就是普遍认同的一种意识。更为悲惨的是，许多被打倒的、被折磨致死的"老革命"，最后竟是要"紧跟"之类的遗嘱。这些思维方式在传统文化中有深厚的根据。我写的多篇文章，从历史角度说，是对历史的描述，但放到现在则是想照照镜子。有人说，从我著述中看到了某些现在的东西，能有

---

① 刘泽华：《中国政治思想史集》第1卷"总序"第1页。
② 刘泽华：《困惑与思索》，《我的史学观》，广东人民出版社，1997，第126页。

> 这种感受，可谓得吾心矣！有人说是影射，平心而论，不能直言的环境，影射便是必要的一种表达方式。①

说到影射，刘泽华的有些文章确实无法摆脱这种嫌疑，但就像他说的，在某些特殊时期，"影射"也是一种表达方式。在他来说，"影射"是一种弱者的无奈。而他的这种"影射"和御用史学之影射的最大区别，是他的独立思考，是他对现实政治的冷静观察，是在现实面前保持了学者的独立人格。正是这种出自于独立思考的现实关怀，才使他的研究真正实现了与现实的对话，并具有了现实批判精神。当初轰动史坛的三篇文章，即使在今天读来仍具有激动人心的力量，其中都渗透着强烈的历史使命感和现实批判精神。

2005年，年届古稀的刘泽华在一本书的《序》里写下了这样一段话：

> 在这里，我想我有必要作一个自我表白：我并不像有些人认为的那样，是一个心地阴郁的恨世者，一个否定传统文化的虚无主义者；并不是专意要跟伟大传统过不去，决意为中华文明抹黑。相反，我爱这个国家，爱我们民族所创造的所有伟大和美好之物。只是，我强调的是，在开始大规模的新文化建设时，我们还有太多的基础性清理工作要做。我爱我们的国家，爱我们的民族，所以要对她衰颓的经络痛下针砭，对她久病的病灶厉加刀锯。我希望她保持对现实的警觉，通过自我批判维持日进日新的健康机能，而不是在自我粉饰的辉煌里沉溺不返。我相信，我们的看法离历史事实不远。即便天荒地老而世不我知，也无怨无悔：虽千万人，吾往矣！②

正是从这样的使命感出发，他选定了中国古代政治思想史作为他和他的团队的主要研究领域。因为他清醒地看到，"传统政治文化的价值主体仍然

---

① 刘泽华、范思：《治史观念与方法经验琐谈——刘泽华教授访谈录》，《历史教学问题》2006年第2期。
② 刘泽华：《王权与社会——中国传统政治文化研究》，崇文书局，2005。

遗留在我们的民族意识和大众心理之中，仍然左右着人们的基本价值取向和政治选择"，"从政治文化看，至今我们还没有完全走出中世纪"。① 选择中国古代政治思想史研究，最能实现帮助人们从传统中"走出来"的学术夙愿。也正是从这个角度说，刘泽华及其同仁的全部政治思想史研究，都是肩负着沉重而庄严的历史使命的。

这一学术群体中的大部分人都有明确的使命感和现实关怀。张分田总是强调列举事实的研究方法，强调他研究古代统治思想是为了弄清事实，但其现实关怀也是很明确、很强烈的。前已谈及，他的《中国帝王观念》是直接发端于对新儒家的清算。而清算新儒家，即是对现实重大文化问题的回答，是对现实问题的热切关注。后来研究古代民本思想，现实目的性也很鲜明。在《民本思想与中国古代统治思想》一书的最后，他写道：

> 纵观数千年的中国古代政治文明史，可以得出这样的结论：既不能高估孔孟之道的历史价值，更不能夸大儒家民本思想的现代意义。儒家学说的核心政治价值已经完全丧失了继续存在的历史依据。如果在现代社会张扬"民贵君轻"，只能让人们笑掉大牙。中华文明的复兴绝对不能走"复归"的道路。"回到孔孟去"的思路过于天真烂漫，而"重建儒教社会"的主张则是地地道道的误国之论。②

他这本倾注了多年心血的皇皇巨著，基本的出发点就是要清除现实政治文化生活中甚嚣尘上的误国之论。他还多次提出要人们警惕"民主幼稚病"，③ 对传统文化研究中的左的思潮，始终保持着清醒的头脑，并表现出对当代文化建设健康发展的热切待望。

无需过多列举，这个学术群体的现实关怀和历史使命感，凡是读过他们作品的人，都会留下深刻的印象。现实关怀和历史使命感以及现实批判

---

① 刘泽华、张分田、刘刚：《中国传统政治文化导论》，《天津社会科学》1989 年第 2 期。
② 张分田：《民本思想与中国古代统治思想》（下），第 750 页。
③ 张分田：《民本思想与中国古代统治思想》（下），第 748 页。

精神，是知识分子的天性和基本品格，只是在当代中国，这些知识分子的天然性格在经济大潮和浮躁风气的浸染下有些弱化和褪色，而刘泽华学派则依然坚守着学人的底线和品格。

一个位数众多的学术群体，有着共同的学术追求，抱持独特而共同的历史观，有着共同的学术立场，所有选题都朝着一个共同的学术方向，就其内部说有太多的学术共性，就其外部说显示其鲜明的学术个性，判断其为一个学派，大概是不需要怀疑的。之所以取名"王权主义学派"，则是因为他们都共同集聚在王权主义理论的旗帜下，对中国古代历史、古代思想的历史属性，有着高度一致的思想共识。

四　余论

本文所论是谓"王权主义学派"之成立，至于对这个学派学术思想更具体的剖析，在有限的篇幅内还难以做到。但是，仅仅是学派的"确立"，已经是一个不容忽视的大问题。六十多年来的中国学术，长期钳制于国家意识形态强力控制的舆论一律的环境中，没有不同学派的产生，没有相对于主流意识形态的不同声音的存在，人们已经完全习惯了"保持统一"的要求和奴性。正因为这样，当我们看到"王权主义学派"的雏形时，陡然增添几分欣喜。中国学术的希望，就在于此！

更为可喜的是，王权主义历史观带给中国历史学的绝不仅仅是对于中国古代政治思想史的开发，其方法论效应也绝不会囿于思想史的范围。它是一个宏伟的中国史观，是关于整个中国历史过程本质内容的抽象概括，因而对于整体中国历史研究都具有方法论意义，是中国历史研究的一个有力的解释工具。这一历史观的有效性，目前显示已超出思想史范围，涉及整个社会，有着非常广阔的发展空间，最后形成中国历史研究的王权主义学派也并非不可期待。实际上，"王权支配社会"说一经提出，其影响就渐渐扩展开来。

在近三十年来的中国史研究中，虽然很少有人直接使用"王权主义"这个概念，但王权主义理论的核心思想——政治权力支配社会，则是逐渐被人们接受了。在 2010 年《文史哲》编辑部举办的"秦至清末：中国社会形态问题"高端论坛上，关于政治权力对社会的影响问题，几乎是达成了共识。有关会议的报道中说："与会专家对秦至清末的社会形态基本形成了如下重要共识：在秦至清这一漫长的历史时期，与现代社会不同，权力因素和文化因素的作用要大于经济因素；并着重把'国家权力'和'文化'的概念，引入到社会形态的研究和命名中，认为自秦商鞅变法之后，国家权力就成为中国古代的决定性因素，不是社会塑造国家权力，而是国家权力塑造了整个社会。"① 在《史学月刊》2011 年第 3 期发表的一组笔谈中，不少学者在谈秦至清社会性质研究的方法论问题时，都强调了从政治角度分析中国社会的重要性。可以说"王权主义"历史观的影响，还正在一个展开的过程中。

而且，这个展开的空间还非常巨大。任何一个宏伟的历史观，思想内涵都非常丰富，都可以派生出许多宏观性的理论问题。王权主义历史观也是如此。譬如，王权支配社会，王权通过什么去支配，如何支配？很显然，官僚系统才是王权支配社会的基本途径或工具。而王权通过官僚系统去实现自己的社会控制的时候，它就不能不创造出一个控制对象的对立物——官僚阶级。最近一些年来，学术界已经有人提出"官僚阶级"这个新的阶级概念。而"官僚阶级"能否成立，如何成立，它是一个什么样的阶级，它的阶级属性是什么，在社会历史中的地位如何，它与王权的关系，与社会与民众的关系，等等，都是王权主义理论应该延伸研究并回答的理论问题。

再譬如，王权是超经济的强制性力量，王权支配经济，它本身不是经济的衍生品，于是在王权支配社会的时代，社会的基本矛盾也难以单从经济方面来解释。于是，中国古代社会的基本矛盾问题也成为王权主义理论必须面对的重大理论问题。最近一些年来，有人重新提出将官民矛盾看作是中国古代社会的基本矛盾，这个看法能否成立，如何成立，都需要王权

① 《〈文史哲〉杂志举办"秦至清末：中国社会形态问题"高端学术论坛》，《文史哲》2010年第 4 期。

主义理论给予回答。

从王权主义这样一个新的历史观出发去观察中国历史，很多问题都需要重新认识，无论是关于王权主义的理论研究，还是用王权主义解读中国历史的实证研究，都还有十分辽阔的拓展空间。王权主义历史观的学术影响，将会随着思想解放的深入而进一步展开。我们期待着王权主义理论在学界越来越多的关注、质疑和争鸣中得到深化和发展，逐渐成为中国历史研究更具方法论效应的完善的理论工具之一；我们更期待，王权主义学派的形成及发展，会对中国学术发展产生示范性效应，催生出更多具有思想个性的学术流派，使当代中国学术再现两千多年前中国文化创生期那种百家争鸣的壮丽情景；我们也坚信，王权主义学派在这方面的历史影响，会远远超出它本身的学术影响，而成为新的学术时代的先声。

（原载《文史哲》2013 年第 4 期）

关于"王权主义学派"问题的对话

一 "学派"对于中国学术的意义

刘泽华：李教授，《文史哲》第四期竟然打破常规，在首篇刊出了你长达四万字的文章，这让我非常吃惊。究竟其意义何在呢？我个人揣测，李教授和《文史哲》的诸位决策者都意在学术界提倡"学派"。但我的问题是：为什么在现在要提倡"学派"呢？1949 年以后，中国史学界除了官方认定的一个学派外，其他的基本上谈不上什么学派了；即便有一些"学派"苗头的，也没有什么好的结果。于是，包括我在内，大多数人都成了"紧跟派"。受中国传统文化的影响，圣人发言了，就紧跟圣人；圣人不讲话了，就紧跟贤人。总而言之，当时是唯权力是瞻，谁的权力大，谁就是真理。就当时的情况而言，也并非完全出于被迫，在相当程度上还是认同的；即使有心存异议者，多半是沉默或进行自我批判——历史学界重量级的学者几乎都有自我批判的文章。最为伤痛的是，"文化大革命"爆发前夕，郭沫若竟然要焚毁自己的全部著作以求存身。"文革"结束以后，大的环境出现了变化，学术界又开始思考问题、对不认同的观点提出质疑，并且出现了多元化的势头，但也不时会出现一些要"统一"思想的声音。从政治家的初衷来说，在政治组织内部对其成员的思想行为做出规定，予以约束，从而形成统一意志，是有其正当理由的。但是，由于中国语境下的政治与学术边界模糊，政策执行者容易混为一谈，使得学术研究深受影响。以历史学为例，哪些人物、事件可以肯定，哪些人物、事件可以否定，不否定是否就都是肯定，不否定是否就不能分析；如果允许分析，到哪一步是允许的，到哪一步是禁止的，由谁来判定，等等，这些都涉及一个历史认识的大问题。另外，现在还有一种"交学费"的观点很盛，认为20世纪五六十年代的"大跃进"、"文化大革命"都是在进行探索，都是为后来的改革开放所交的必要学费和应付出的代价。这类认识固无不可，问题是不准与之相左的看法公之于世。这就让人感到害怕了！难道学者都得沿着这个思路去思考、去认识？所以，我想请问李教授，你现在提出"学派"问题，用意何在？

李振宏：我之所以要提出"学派"问题，并提出一个以您为首的"王权主义学派"，并不是出于对您个人的感情。刘先生的大名我虽早已耳闻，非常敬仰，并且在20世纪80年代就受到过您的影响，但过去我们之间并没有交往，而且我也不习惯于为某个人做事。我之所以提出"学派"问题，而且要张扬一个"王权主义学派"，出发点在于推进当代的学术发展。

在我看来，任何学术都是要在充满活力的学派林立的局面中获得其生命力的。如果没有不同学术理念、不同历史观的认知、不同学术风格形成的学术共同体的对立和争鸣，学术生命就会窒息。对此，古人深谙其道。《汉书·艺文志》开篇就讲："仲尼没而微言绝，七十子丧而大义乖。"所以，孔子死后，《春秋》分为五，《诗》分为四，《易》有数家之传。一个学术的创始人死了以后，他的思想是一定要分化的。这个分化的最终结局，就会形成不同的学派。其本始是一派，派中又分派，这是必然的现象。正是学派的对立和争鸣，推进了学术的发展。马克思逝世后，继承马克思的人，或者有志于学习、研究马克思的人要不要分化呢？答案是肯定的。因为，不同人所理解的马克思都只是他自己理解的马克思。于是，在理解研究马克思的过程中自然就会形成马克思主义的不同学派。这些学派的对立与争鸣，就延续了马克思主义的生命力。这是学术发展的正道。如果不是这样，只有一种声音，那学术怎么发展？而学术的对立和争鸣，是要靠形成一批相对稳定、集中的学术共同体来实现的。这个学术共同体就是学派嘛！只有稳定的学术共同体，才能把某种学说、某种理论、某种学术思想推向一定的理论高度，创造具有相对完整并付诸实践的、能够经得起检验的一种理论体系。单个人是没有力量来完成这些的。一个相对稳定的学术共同体，有相对一致的问题指向、选题指向，有大体相同的学术理念，有相同的历史观认知，有相同的方法论，它在这个领域的开掘会达到相当的深度。这是学术共同体的作用。有这样不同的学术共同体存在的对立和争鸣，自然就推进了学术、繁荣了学术。所以我想，只有学派林立的学术时代，才可能是学术大发展、大繁荣的时代。而中国自从1949年以来就只有一个学派，那就是马克思主义学派。显而易见的是，只有一个学派也就等于没有学派。我们中国史学界在过去几十年里，从50年代到80年代，开了"五朵金花"（古史分期问题，封建土地所有制形式问题，农民战争问题，资本主义萌芽问题，汉民族形成问题），结果怎么样？后来都败落了吧，现在人们很少知道或提起"五朵金花"了。起初还以为是"文化大革命"把它的研究进程打断了，所以，"文革"以后，历史学家们又重操旧业，重开了"五朵金花"，结果没开多久就枯萎、败落了。为什么？因为它根本上还是一种声音。比如，关于"古史分期"好像有八家学说，其实都属于五种形态史观之内。按照我的说法，可以称之为"同株异叶"。一棵树干，生长出不同的枝叶，只要树根树干出了问题，那所依附的各种枝叶也就都枯萎了，哪一派也活不下去。古史分期就是这样的结果——当五种形态史观受到挑战后，以此为理论的各家学说也就统统被置于尴尬的境地。我之所以写这篇文章，就是想在中国学术界产生一些不同的声音，张扬一下学术的个性，并最终实现推动中国学术的发展与繁荣。这是我的初衷。

刘泽华：接下来我想问的是，"学派"如何界定？比如说，一种思潮算不算学派？近年来的"国学"热，新儒家与尊崇儒之风很盛，以及新道家等等，算不算是一个大学派？还有，许多认识领域的开发，也有相应的理论。比如，社会史、文化史等，算不算学派？所谓"学派"，你主要是看价值体系，还是认识领域和认识体系（解释体系），抑或三者的交织？

李振宏：按我的理解，"学派"是一个比较模糊的概念，如果要下定义，就不一定能说得很精确。大体说来，就是在同一个学科中由于学术观点、研究方法、学术理念、价值取向等方面的不同而形成的学术派别。一个学派就是一个相对稳定的学术共同体，即一个由共同的价值观体系、共同的方法论思想（即解释体系）和坚守共同认识领域的人形成的学术共同体。一个学派是否成立，主要看几个要素：（1）有共同坚守而又区别于他人的价值观体系和系统的方法论思想。在历史学范围内说，就是有共同的历史观和方法论。（2）有共同的治学理念和学术宗旨，亦即学术目的性问题。（3）有共同的概念体系或话语系统。（4）有明确的代表性人物和代表性著作。如果是在这几个方面都有所体现的学术共同体，就可以称之为学派。从这样的角度出发，现代新儒家是可以称为一个"学派"的。他们的确有一致性的价值观认同，有共同的学术理念和学术宗旨，有他们的概念体系，也有比较突出的代表性人物和代表性著作。而那些所谓"国学"热以及强盛的尊儒之风，就算不上什么学派了，仅仅是一种思潮而已。它们甚至都划不到学术的范畴内，只是一种思想或观念的浮躁和喧嚣。而文化史、社会史则只是一种观察历史的角度或方法，是从特有的视角观察历史所形成的不同学术路径。文化史或社会史尽管有着自己独特的方法论体系，有很多从业人员，但其从业者并不一定在历史观、价值观、治学宗旨、学术理念上与其他从事历史研究的人相区别，如果笼统地称之为"文化史学派"、"社会史学派"也无大谬，但严格地说，是不具备学派的基本要素的。在历史学的范围内说，判断学派问题，最重要的是历史观、价值体系、解释体系、治学宗旨这样几个要素。这里申明一下，人们常说的"文化史观"，无疑是一个学派。

刘泽华： 谈到学派问题，我认为首先要关注历史的"真"。但是，"真"在哪里？比如，在讨论近代史从何时开始这个问题上，有宋朝说，有明末说，有鸦片战争说。这算不算学派？又如，近代以来，有现代化为主流说，有"挨打"为主流说，还有既"挨打"又输入现代文明说。这些算不算正常的学派？再如，经常会有一些有权势的人凭借权力而形成学术垄断，这算不算一个正常的学派？中国传统史学中是很强调"正统"的，而越是"正统"，假的东西越多，是否"正统"也算是一派？

李振宏：历史研究是以求真为前提的，只有弄清了历史之"真"，才可能从真实的历史中提取出可靠的历史借鉴。但是，问题的诡异之处就在于，什么是历史之"真"？历史之"真"在哪里？不要说带有解释性的历史认识，就是纯粹客观的历史现象，我们都难以捕获。归根到底，客观的或解释的历史，都需要通过史学家的头脑来发现、来表达；而一旦经过了头脑，不同的头脑解释或揭示出来的东西，就一定不会是同一个面貌。这是一个无可奈何的事实。我记得，您在 20 世纪 80 年代的一次关于历史认识论的讲座中，就曾谈到过历史事实的问题。您说，每个历史学家都说自己是凭事实说话，但事实在哪里？同一个历史事实，拿在不同的人手里，就是不一样的事实。当然，这不是您的原话，但大意如此。我是从别人的录音磁带里听到了您的演讲，很受启发。历史研究就是这样，我们面对的是消失了的对象，对它的解读不能不打上无法清除的主观性印记。给历史以解释，在解释中倾注我们全部的主观能力，这是历史学家特有的职责和权利。于是，在近代史的开端问题上，就出现了您所说的宋朝说、明末说、鸦片战争说等等；但这些不同的说法，并不一定是由于历史观的不同、价值观的不同的结果，也不一定是方法论的问题，其实就是对材料的解读问题，对所谓"资本主义萌芽"、"市民社会"等等概念的理解问题，它是由个人的思想观念、学术修养、认识能力等等方面的不同而造成的。这些就是一般的学术观点的不同，不一定都上升到学派的高度去认识。

关于近代历史进程的认识或解读，过去传统的说法就是"革命史观"，改革开放之后出现了"现代化史观"，最近有些人在批"历史虚无主义"的同时，把"现代化史观"上升到需要大加挞伐的"历史虚无主义"的高度，这些是不能称之为学派的。"革命史观"是政治为学术规定的解读路径，不属于学术的范畴，而政治与学术之属性不同则是不需要论辩的。最近看到一些报道，某个搞政治的人，去一个高等学术研究机构做讲座，批判某些学者"穿上学术的隐身衣，制造烟幕"，其实，那些完全从政治出发的大批判，才真正是穿着"学术的隐身衣"，而没有一点点学术的味道。"现代化史观"作为一种学术观点，就目前情况看，表达这些看法的人似乎还没有形成一种学派，没有成为一个稳定的学术共同体，不一定要从学派的角度去认识。

在近代史研究中，坚持"革命史观"的大体可以分为两种类型：一种是，自身并非政治家，却用政治家规定的思维路径去"裁剪"历史。这些人由于缺乏思维的独立性，对"学术"为何物并不理解，当然是谈不上学派的。另一种是，如果有着自己的独立思考，在自己真诚的学术研究中抽象出了一个"革命史观"，有着自己独立的历史观和方法论，那是可以称之为学派的。

一个学派的基本要件，或者说正当性与合理性的主要支点，在于它是独立思考、思想自由的产物，而不在于它的观点和理论本身。如果是在这样的情景中形成的学术群体，无论它与政治家的宣传多么相似，它也是应该受到保护和鼓励的。因为，它是学术研究中的正常现象，是认识的常规产物。我赞成恩格斯的观点："真正科学的著作照例要避免使用像谬误和真理这种教条式的道德的说法。"① 在真正的学术研究中，不要轻易判断什么是真理与谬误，从自由思想场域中产生的任何观念、观点，都要肯定其正当性。其实，说穿了，正统不正统，不在于观点本身，而在于你是不是以独立思考、自由思想为前提，在于你是不是真正具有学术的本性。

刘泽华：如果"学派"丛生，每个学派都有自己的历史观和方法论，对于同一个问题各有自己的答案或解释，历史的"真"是否会被"异化"，还是更能接近历史的"真"？学派林立是否会引起人们对"历史学"的怀疑——历史是否会成为任人梳妆打扮的小姑娘？历史学是否就会变成民间艺人——"说书人"口中之物，只是给人以乐趣而已？

李振宏：您提的是一个历史认识论的问题。对于历史的不同解释，其实正是学术的魅力之所在，正是学术的生命力的表现。

事实上，每个历史学家都是从一个特有的角度去认识历史，都只是提出对历史的一个独特的认识，因此，每个人的认识，都只是看到了历史的一个方面，再聪颖、再智慧的人也不可能洞察历史的全部真相。我们都来

---

① 《马克思恩格斯选集》第3卷，人民出版社，1995，第433页。

认识历史，你看到了历史的这个方面，我看到了历史的那个方面，他看到了历史的另一个方面，不同的历史认识汇集起来，对历史的认识就更加丰富和全面。因为，真实的历史就埋在各种各样不同的历史解释之中。所以，学派丛生所造成的不是历史的异化，而是历史学的繁荣，是历史之"真"的充分揭示。只不过，在中国，这是人们还不太适应的学术场景。

中国的文化传统是太习惯于"一"——统一和同一。由于文化传统中的专制主义土壤过于深厚，人们不能接受对于同一种事物的不同解释，好像不同的解释就一定只有一种是确定正确的，而其他则是错误或荒谬的。其实，世界上的任何事物都不是只有确定的一种解释，对于消失了的历史现象的解读更是如此，这也正是学术研究要提倡百花齐放、百家争鸣的原因。而只有学派林立，才可能造成真正的百花齐放、百家争鸣。学派林立、百花齐放，在一定时期内的确会给人以眩目之感，会使长期在学术一统的氛围中生活惯了的人们感到某种不适，但是，这种局面却正是科学春天的象征。在这个问题上，我深深感到，中国史学界需要进行历史认识论的补课。有了认识论方面的常识，人们就不会为历史解释的纷然杂陈而感到不适了，就不会把丰富多彩的历史认识戏称为对小姑娘的梳妆和打扮了。

刘泽华：在历史认识问题上，究竟是提倡学术个性，还是应强调特定的历史规定性？如果学术个性与特定的规定性发生矛盾，是求同存异、展开争鸣、摆事实（打材料仗）呢，还是服从特定的规定性呢？

李振宏：当然是要提倡学术个性了。任何认识，在其原初意义上都是个体性认识，学术个性是学术发展的前提。从学术的本质出发，不仅不应该强调特定的规定性，而且对于认识来说，就根本不应该有"规定性"这样一个提法。认识应该是自由的、生动的、变动不居的、因人而异的。有了规定就取消了自由，就没有了认识。所谓"规定"是对认识的规范、控制和牢笼。思想被规范了，还是思想吗？认识被规范了，还是认识吗？被规范的思想是教条，被规范的认识是模板。如果一种学术研究，不是从事实本身出发，而是从明确的既定的政治目的出发，研究的全过程、研究最后得出的结论始终被一种东西规定着，甚至在研究开始之前，研究的结果就已经明确了，这还叫研究吗？这还是学术吗？规定性是学术研究的对立面，是真正的学术研究和真正的学者应该鄙视和摒弃的东西，这应该是常识。

当然，我理解，您提出的这个特定的规定性，指的是历史认识中的政治因素、意识形态因素，我们改革开放前对历史的认识就是被这些东西规定的，但这是过去特定的政治环境造成的不正常现象，不是认识的常规现象。改革开放以来，我们要极力摆脱的正是这种东西，尽管至今这种规定性还不时地在纠缠着我们。作为中国学者的个体，要想完全摆脱规定性的控制是困难的，但可以呼吁认识的自由，呼吁有与之争鸣的权利；从我内心来讲，不认同任何人有控制我学术个性的天然权力。

刘泽华：在历史认识上有很多关乎国家、民族利益的问题，这些问题有否"国家"意志或某种利益集团的利害问题？在这些问题上，可否有"学派"的不同认识？

李振宏：这是个现实性很强的问题。在历史认识中，的确有许多关乎国家和民族利益的问题。这些问题，站在国家或民族的立场上，一定有着特定的利益表达，于是也就有与之相应的观点表述，这是非常正常的事情；而历史学家对这些问题的研究，得出的结论不一定会与这些问题的国家认识相一致，这也是极为正常的事情。在这个问题上，就需要根据具体情况，根据特定的国情来处理。

首先，从学术的角度说，对这些问题形成的"学派"的不同认识，或者是个人的不同认识，当然是可以的。这个"可以"是天经地义的，与其他一般问题的认识一样，没有人有剥夺不同认识的权力。但是，具体到中国的特殊国情，这些涉及国家、民族利益问题的不同认识，应该采取合适的渠道去表达，不一定要与一般的历史认识那样诉诸公开的学术媒体。因为中国在过去很长一段时间内对学术的控制过于严苛，学者也必须表达与国家意志、国家意识形态完全一致的看法，这样一来，学者公开发布的研究成果，外界、国外往往视之为政府立场的表达；因此，如果一些学者从学术自由的立场出发，在此类问题上公开发布与国家意志不同的看法，那么这些本来是表达学术个性的看法就可能被误读、曲解为国家立场。所以对于这类与国家意志不同的认识，是需要慎重考虑它的发布渠道的。

其次，随着国家政治环境的改善，学术自由的空间也在大幅度拓宽；当学者们可以完全自由表达个性化认识的时候，学者的认识与国家意志可以明确区分的时候，公开发布与国家意志相左的看法或认识就正常化了。理想的学术状态是，对于同一个问题，即使是涉及国家或民族利益的重大问题，国家意志与个性化认识都可以自由表达、互不干涉、共同生存，学者们的不同认识表达不会引起什么歧义或麻烦。

二 "王权主义"作为一个"学派"的依据

刘泽华：我现在提另外一个问题：你根据什么把我们这一群人撮成一个学派？我先自诩一下，我这个人一直是提倡学术个性的，我本人也想追求一点学术个性。正因为如此，我写的东西多多少少还是产生了一些影响的，有的甚至越出了国界。比如说，我 1987 年出版的《中国传统政治思想反思》这本书，在中韩建交之前就已经被翻译成韩文了；后来，韩国人又把我、葛荃、张分田分别担任主编、副主编的三卷本的一百二十多万字的《中国政治思想史》翻译成了韩文。在日本，也有人介绍我的观点。在英语世界，比利时鲁汶大学有一个影响很大的刊物《当代中国思想》（*Contemporary Chinese Thought*，季刊），有四十多年历史了，最近推出了我的一个专集；我想，他们也认为我有点学术个性吧。

但是，由于我认定儒学主导部分是帝王之具，于是遭到尊崇儒学者的批评；现在尊儒之风浪潮汹涌，我是有点儿讨嫌。在我印象中，最早批评我的是张岱年先生（1909～2004），20 世纪 80 年代中期，他通过方克立先生向我转达："刘泽华，怎么老是讲王权主义啊？你讲王权主义，中国的传统文化往哪儿放？"我回应说："这是两回事啊！中国是王权主义是个事实问题，传统文化该接受什么、该怎么评价是另外一个问题。"后来，批评我的人多了起来，叫"刘泽华学派"。其实，最初叫"刘泽华学派"的是把我批判得一塌糊涂的人，说我这个人狗屁不通。有一些人批评我是全盘否定传统，中国社会科学院哲学研究所所长谢地坤在一篇文章中把我作为全盘否定论的代表,① 美国华裔教授陈启云先生也持这种观点,类似的批评很多。当然,也有不同评论,方克立先生就接过"刘泽华学派"这个称呼而给予充分的支持;瑞士汉学家毕来德（J. F. Billeter）在分析当代中国思想的时候,说中国当代有四大思潮,其中有一个是"反思派",代表人物就是刘泽华。还有不少的学人大体认同我的观点。其实,我与你李教授以前没有见过面,很少交流,那么,你是根据什么提出一个中国政治思想史的"王权主义学派"呢?

李振宏:这个问题很简单。我以为,你们这个"王权主义"研究群体符合作为一个学派的要件:第一,这个学术群体有一个代表人物。这自然就是您刘先生了。第二,不仅有一个稳定的学术群体,而且还有一些标志性的骨干核心人物,如张分田、葛荃、张荣明、林存光等。第三,有代表性的著作。比如,您的三卷本的《中国政治思想史集》;另外四位核心人物也都有代表性著作。第四,有着共同的重大的历史认知,在历史观和方法论问题上有着明显的一致性。比如,您下面这段话就具有方法论的意义:

> 在传统中,政治的幽灵无处不在,而且举足轻重,决定一切。从历史上看,几乎所有的思想家都以其独特的方式与政治紧密地纠葛在一起。政治问题成为全部社会问题的核心,甚至一切社会问题最终都被归结为政治问题……政治思想也就成了中国古代思想文化的重心。而且在某种意义上,我们可以说,正是这种鲜明的政治色彩和强烈的政治化倾向,构成中国传统文化的一个基本特征。因此,要准确而深刻地剖析传统,就必须以政治为楔入点。②

第五,有着共同的选题指向。您带出来的一群博士,所有的选题都是指向

---

① 谢地坤:《文化保守主义抑或文化批判主义——对当前"国学热"的哲学思考》,《哲学动态》2010 年第 10 期。
② 刘泽华:《中国传统政治思维·前言》,吉林教育出版社,1991。

了政治思想史，而且所有研究政治思想著作的核心都是解剖王权、专制这个问题。这一点是非常鲜明的。甚至那个叫刘畅的博士，写了身体史这方面的东西——心君同构，也是在解决这个问题。你们这个群体，有着共同的选题指向、共同的问题意识、共同的学术理念、共同强烈的现实批判精神。我在投给《文史哲》那篇文章的初稿中，还详细检索了你们几个主要人物使用的学术术语，因原文太长，这部分在发表时删掉了。单是您用过的术语，我就总结出了五六十个概念；张分田、张荣明等人的术语，我也总结了一些。这些学术术语有着相当大的共同性。使用的概念术语的共同性，也就是你们分析工具的共同性，你们的话语体系是由你们的历史观和方法论决定的。刘先生，这么多的共同性还不足以说明这是一个学派吗？

刘泽华：对此，我在这里不免感到有点儿不安。"不安"什么呢？就是我把学生都拉到我这一条道路上了，我是不是带有"学霸"色彩？我也多次想过，自认为在我与学生之间，我从来没有要求学生遵守什么。比如，选题我一概不管，必须是博士生自己选。在我看来，如果自己都不能选题目，还做什么论文？一旦有了选题方向，我会与他们反复讨论。为什么我不赞成讲"刘泽华学派"，因为刘泽华是一个土老头，学识很少，把这么多学生都放在"刘泽华学派"中，一是忽视了每个人的个性，二是也不尊重各自的独创性。跟随我学习的博士们的论文几乎都出版了，你稍微翻翻就会看到每个人的独创性，有很多远远超越了我，我为他们的独到创见感到骄傲。所以，我不接受这个"刘泽华学派"这几个字。

李振宏：呵呵，"王权主义学派"还是可以接受的。

刘泽华：我觉得，要说我的学术有特点，还是能够接受的；但能否构成一个"学派"，可能还有疑问。我在论著中所说的王权主义首先是"事实"问题，而"价值"也不是简单的一边倒；有些人说我是"全盘否定论"、是"虚无主义"，其实他们没有理会我提出的"阴阳组合论"，我是在矛盾的陈述中评说"价值"的。有人说"阴阳组合论"不是"一分为二"，而是"一分为一"，我估计他就没有仔细读我的文章，大概看到"王权主义"就反感。"反感"也正常，也是一种学派吧！

三　中国史观意义上的"王权主义"

刘泽华： 刚才李教授提到了我有一套中国史观，我有点坐不住了。"中国史观"这几个字，我看得非常重。我这个人虽然有点个性，但毕竟一身土气，坐井观天，不大可能创造一个独立的中国史观。所以，你现在提到我有一个中国史观，我请问，你是怎么找出这个中国史观的？

李振宏： 我把您的观点上升到历史观的高度，您是有点恐惧，这正是中国王权主义的特点。王权主义搞得一切都变成政治问题了，好像我们一般人就不能有个历史观，谁要有个历史观就大逆不道了。所以，我在《文史哲》那篇文章的开头这样写道：

> 很久以来，用"学派"来称呼一个学术群体，在中国学术界已经很不习惯了，中国学人似乎已经不习惯于张扬独立学术个性，一旦某个人自己提出了独立的历史观和方法论，不管是别人看他，还是他自我思忖，都会油然而生一种大逆不道的感觉。他会像犯了罪似的不敢坦然面对学界的狐疑。①

坦率地说，我们为什么就不能提出一个历史观呢？这里，我之所以认为刘先生的王权主义是个历史观，是因为您这个王权主义关照的是中国历史的整体。1998 年，您在《天津社会科学》发表的那篇文章对王权主义讲得很清楚：

> 就总体而言，不是经济力量决定权力分配，而是权力分配决定着社会经济分配，社会经济关系的主体是权力分配的产物；在社会结构诸多因素中，王权体系同时又是一种居于主导地位的社会结构，在诸种社会权力中，王权是最高的权力，在日常的社会运转中，王权起着

---

① 李振宏：《中国政治思想史研究中的王权主义学派》，《文史哲》2013 年第 4 期。

枢纽作用，社会政治动荡的结局最终还是恢复到王权秩序中，王权崇拜是思想文化的核心，而王道则是社会理性、道德、正义和公正的体现等等。①

整个社会的各个层面都归结为王权，王权关照到了中国社会的各个领域，而且最后您总结说，王权主义"大致说来分三个层次，一是以王权为中心的权力系统，二是以这种权力系统为骨架形成的社会结构，三是与上述状况相应的观念体系"。您看，政治结构、社会结构、观念体系，社会的几个主要层面都突出了一个王权；您的王权主义关照了整个中国社会，解决的是一个历史的整体认知，您说它不是个中国史观又是什么呢？至于说这种中国史观能否与哲学上讲的唯物史观等量齐观，那是另外一个问题。我想，二者也的确是有区别的。就它们之间的关系而言，有如下三点区别：第一，唯物史观是关于人类社会历史发展规律的学说，而您的史观只是中国史观，只是对于中国历史的本质抽象和整体把握，两者相比，处在不同的层次上。第二，王权主义历史观应该是继承了唯物史观的某些东西，没有完全背离或脱离唯物史观。比如，唯物史观认为人类社会的历史是一个自然的历史过程，而您也是承认历史的客观性的。又如，唯物史观认为社会存在决定社会意识，尽管您对这个东西没有完全认同，因为您讲过两者是"鸡生蛋和蛋生鸡"的关系，但您也不是完全脱离社会存在来讲思想的发展，并且特别注重政治思想与社会的互动。第三，王权主义确实在某些方面对唯物史观有所突破，如果没有这个突破，我不会认为您是一个学派。比如，对于"侯外庐学派"，我就不大承认。因为，侯外庐先生（1903～1987）只是贯彻马克思主义"社会存在决定社会意识"的思想来研究中国思想史，并没有很突出的个人特色。您的突破就在于您不再用"经济基础决定上层建筑"、"政治是经济的集中表现"这样一些观点来解释中国历史，而是强调中国历史发展中政治权力的决定性力量和支配意义。总之，我感觉，"王权主义历史观"不是对唯物史观的抛弃，而是在

---

① 刘泽华：《王权主义：中国文化的历史定位》，《天津社会科学》1998 年第 3 期。

承袭唯物史观的某些方法论并将之运用于中国历史的考察中形成了与唯物史观相区别的一个中国史观。我这样来认识，不知您能接受吗？

刘泽华：你这是"哪儿有疮疤就往哪儿揭"啊！扪心自问，我自己都不敢讲。实际上，我知道我有些地方出格了。我的确在"经济基础决定上层建筑"、"政治是经济的集中表现"这样的基本观点上有所变更。

李振宏：终于承认了，终于承认了吧。

刘泽华：我是个小"修正主义分子"。我很早以前写文章提出要给"修正主义"正名，因为不搞"修正"就不能发展；但我这个人做学问时缺少一点理论上的勇气，只能打打擦边球。因为，写出文章还得能发表才行，所以有时候我也为"影射"做辩护，说"影射"是中国史学和中国传统文化中的一个非常典型的传统之一，不能正面讲，只能拐弯抹角地讲。这类事儿多得很。我曾多次建议我的学生们研究一下中国的"影射文化"，可惜指导了这么多博士生，却没有一个人接受我这个建议。

中国学术要进步就必须要争鸣，而争鸣是不能有前提的。我曾在1986年写过一篇文章《除对象，争鸣不应有前提》，① 又写过《史家面前无定论》。② 如果有前提，有定论，那还算什么"争鸣"？何况，我们身处的世界纷繁复杂，就算国内"统一"了，还有一个与国外学术界争鸣的问题；要求国外学者以你限定的思想为指导来讨论学术问题，这是不大可能的。

作为一门科学，历史学本来是开放的，从哪种角度进行研究都可以，关键是看哪种论述更接近于历史事实。但是，现实中的一些现象仍然对正常的历史学研究形成制约：一是有些部门对重大的历史问题研究设置"框框"，研究成果不能见诸正式出版物。二是垄断了档案资料，一些本应解密的档案只公布"一角"，造成"史出一孔"。当然，这种现象的完全消失，还需要各方面的共同努力；但作为史学研究者来说，即使外在条件"万事俱备"，如果自身缺乏基本功的话，也难以有成。这除了"德"、"才"、"学"之外，还要有"识"，即学术胆识。魏晋时期的嵇康

---

① 刘泽华：《除对象，争鸣不应有前提》，《书林》1986年第8期。
② 刘泽华：《史家面前无定论》，《书林》1989年第2期。

就写过一篇文章叫《明胆论》,一个学者如果学术胆子小的话,是很难有创见的。

四 如何发展"王权主义历史观"

刘泽华:我再给李教授提个问题。你在文章中讲,这个"王权主义历史观"还有很大的拓展空间;那么,请问,它有哪些开拓空间?怎么开拓?会不会越开拓越麻烦?

李振宏:这是个很大的问题,我对这些问题想过一些。"王权主义历史观"已经被您三卷本的《中国政治思想史》以及您这个学术群体大量有分量的学术著作所证实。当然,还有您与汪茂和、王兰仲合著的《专制权力与中国社会》一书,对王权支配社会有相当精辟的论证。但总的来说,它还是偏重于政治思想史,对整个中国历史研究缺少力度。那么,这个历史观是否站得住脚,能否成为解读整体中国历史的一个方法论,就需要回到具体的中国历史研究的实践当中来。目前,"王权主义历史观"已经在中国古代史研究的范围内产生了影响。在 2010 年 5 月《文史哲》编辑部举办的"从秦到清社会形态问题讨论会"上,与会专家对秦到清末的社会形态基本上形成共识,认为"自秦商鞅变法之后,国家权力就成为中国古代的决定性因素,不是社会塑造国家权力,而是国家权力塑造了整个社会"。这不就是王权主义吗?不过,真正拿您的王权主义作指导来研究历史的人还很少,至今还没有一部以"王权主义历史观"为指导编写的《中国古代史》。我们能不能把中国古代社会就命名为"王权主义社会"?这个词是我想的。秦统一以后的社会过去叫"封建主义社会",现在就叫"王权主义社会",秦以前的社会称之为"前王权主义社会",如何?就我所知,刚刚去世的南开大学校友、山东大学的张金光教授(1936~2013)最近十多年的研究,就是在证明着"王权主义历史观"的正确性。我不知道张教授是否读过您的王权主义的书,是否受过您的影响?如果没有,那就是他在自己独立的研究中发现了王权主义。

刘泽华:他的论说很有发现意义,但时间应该在我之后。

李振宏：所以，这个学派才以您的研究来命名。2013 年 3 月，商务印书馆出版了张金光《战国秦社会经济形态新探》一书。他认为，秦以后的中国社会就是官绅经济体制模式，是国家权力支配的这样一个社会模式。这本书由国家社科基金资助出版，他找了两个推荐人：一个是北京大学的阎步克，一个是我。我为他写了推荐信，但当时我还没有把他的书与您的王权主义联系起来。我是这样写的：

> 作者的理论概括，把该书命名为"官绅经济体制模式"，为人们理解该历史阶段的社会性质和社会形态提供了一条新的路径。官绅经济体制模式说的提出不仅可以确立一个新的中国古代社会历史体系，而且将更新传统的社会历史观和国家观。它就是一个新的历史观，是理解中国古代社会的一把钥匙，具有重要的理论创新意义。

现在，我研究了您的王权主义以后才知道，他的研究是依附于您的王权主义的，实际上他突出的也是这么一个东西。2010 年，他在《文史哲》发表的文章讨论秦至清的社会形态问题时，使用的概念就有"国家权力中心论"。[①]《文史哲》主编王学典在给张教授写的祭文中这样评论道：

> 张老师也做出了一些宏观历史判断：周秦以降三千年，不是民间社会决定国家，而是国家权力塑造整个社会，国家权力是中国历史的决定性因素，官民二元对立是中国古代社会阶级结构的基本格局。

张先生几十万字的书，他的一些研究成果，实际上都是在证实着"王权主义历史观"。所以，您是有知音的。我认为，"王权主义历史观"在实践的领域中还有无限广阔的发展空间。我相信，将来会有很多人受这种历史观的影响去看待与研究中国古代历史的。

从理论的层面看，如果用"王权主义历史观"解读中国历史的时候，

---

① 张金光：《关于中国古代（周至清）社会形态问题的新思维》，《文史哲》2010 年第 5 期。

会有许多重大的历史问题需要面对。比如说，"王权支配社会"，怎么支配？深宫之中，皇帝就两只手，他能渗透到社会中去吗？他只有豢养一个庞大的官僚体系，通过这个庞大的官僚体系来实现对社会的控制和支配。那么，在中国古代，这样一个官僚体系与皇权是什么关系？由此我们要回答，官僚阶级能不能成立？中国存在不存在官僚阶级？如果根据过去马克思、列宁关于阶级的定义、关于生产资料所有制的四个方面去判断，显然不行。但是，老百姓的土话说得很清楚："官官相护"。为什么会官官相护？因为有共同的利益。那么，他们能不能成为一个阶级？还有，在中国古代社会中，不管"官僚阶级"的概念能不能成立，官民矛盾、官民对立应该说越来越普遍地被人们认识到，这种矛盾甚至超越了过去所谓地主与农民的矛盾。王权主义需要回答中国古代社会是否存在官僚阶级，其基本矛盾究竟是地主与农民的矛盾还是官与民的矛盾这些重大的理论问题。

从我对您个人的评价来说，恕晚辈不恭，您是史学家、思想家，但不是哲学家、理论家。如果"经验主义"不是贬义词的话，您是一个经验主义者。您的理论来自于对经验的总结和抽象，您最大的优长之处是对历史的直接洞察，您直觉到了历史的本质，而不是从哲学的理性分析抽象出了历史的本质。我为什么能体会出这一点呢，因为我的思维也有这一点。我也不懂哲学，也不敢做理论研究，也是个经验主义者。您现在的王权主义理论缺乏纯粹的理性分析和内在的逻辑建构，这是需要再去建构和完善的。王权主义历史观从实践和理论上都还有极大的发展空间，可以说前程无限。

刘泽华：你说我不是哲学家，很对；你说我是思想家，我也不敢接受；我接受"经验主义者"的称呼。因为，我写文章基本上是以史料为依据的，从史料里面往外抽象，而没有按照一个事先设定的理论框架，用演绎法去演绎历史。我这个理论也不是一下子形成的，而是一步步的，从研究这个问题得出个结论到研究那个问题再得出个结论。就这样，从20世纪70年代末一直滚到80年代中期，我才提出一个"王权主义"理论。1983年，中国历史学界第一次召开地主阶级问题讨论会，由《历史研究》杂志社、南开大学、云南大学各出一人组成三人领导小组来主持会议，鄙人就是其中之一，另外两人是《历史研究》杂志社的庞朴和云南大学的谢本书。我提交会议的文章是《论地主阶级的产生和再生道路问题》。我提出，权力决定了地主阶级的主要成员，他们是权力分配造成的。我这个说法一出笼，便遭到与会几位理论大家的批评，他们说我是杜林（K. E. Dühring, 1833～1921）"暴力论"的翻版，早被恩格斯批得体无完肤。我成了杜林的走卒，这让人怪害怕的。我说，你们最好先反驳我的材料，如果材料都错了，那我自然就垮台了。1986 年，我又在《历史研究》第 6 期发表了一篇文章《从春秋战国封建主的形成看政治的决定作用》，探讨所谓的第一代地主都有哪些人，是怎么产生的。我当时理解的就是，中国古代社会主要不是地租地产化，"地租地产化"是胡如雷（1926～1998）先生提出来的；我认为地主阶级的主要部分（在社会上起控制作用的部分）主要是通过"权力地产化"形成的。

这里我再自诩一下，是我最早发现"授田制"这个影响中国历史进程的大制度的。1973 年，我就在铅印的《中国古代史稿》中写下了这样一段话：

> 封建国家通过"授田"把一部分土地分给农民耕耘，农民要负担沉重的赋税和徭役、兵役。这些农民都被详细地登记在户籍里，并派有专门官吏管理，没有任何行动自由，如逃亡被捉住要施以严重的刑罚。这些编户民实际上是封建国家的农奴。

"授田"是一种社会体系，关涉到赋税、徭役、兵役、户籍、行政管理、人身控制。铅印教材使用之后，我一直留意战国授田制问题，不断地积累相关资料。1975 年，湖北省云梦县睡虎地出土了秦简；1976 年，《文物》杂志第 7 期公布了《云梦秦简释文二》，其中《田律》有"人倾刍、藁，以其受（授）田之数"的记录。看到秦简中"受（授）田"二字，我十分兴奋，这给我此前提出的"授田"提供了铁证。随后，我就着手撰写《论战国时期"授田"制下的"公民"》一文，发表在 1978 年的《南开学报》第 2 期。所以，我认为，"授田制"这个大的制度是鄙人最早发现的，现在涉及学术史的文章都承认我是最早褐橥授田制的。授田制的意义在于，它奠定了国家对农民控制的模式。胡适（1891～1962）说："发明一个字的古义，与发现一颗恒星，都是一大功绩。"① 我发现了一个大制度呢！当时写这篇文章完全靠的是经验，即资料的积累。

我的这个"王权支配社会"理论正是在经验的基础上做了些概括和总结，但反过来又作为一种观念指导我去再认识历史，但做的有限，年龄不饶人，今后更难了。我说的"经验"，也包括古今人的对话。我不是一个不食人间烟火死死盯住"历史"的人，我有现实关怀感。你们看，这些年的土地变动说明，政治支配远大于经济意义。这些年私人资本有明显的发展，经济学界不少人提出"官僚资本"、"权贵资本"、"权力资本"等等，都是从权力为切入点分析问题。从更广泛的角度说，他们与我的思路是否有相通之处呢？我认为应该说是有的。中国历史上的贪污、特权一直让人心烦，有所谓"三年清知府，十万雪花银"之说，这不是道德品质所能解释的。究其原因，我认为最根本是"权力支配社会"带来的必然现象。

至于"官僚政治"、"学人政治"这些概念，我是不用的。讲"官僚政治"，比较好的是王亚南（1901～1969），著有一本书《中国官僚制度研究》。在这本书中，他讲中国社会的主要矛盾是官与民的矛盾；刚才你提到的问题，在王亚南的书中已经提到。"学人政治"最早是由钱穆（1895～1990）提出的，近来又有人提出"士人政治"。是的，王权离不开官僚、学人、士人，但我不用"官僚政治"、"学人政治"等概念，因为他们不是独立于王权与王权并列的权力系统，而是附属王权体系的，更不是一个独立的阶级。在王权社会中，大致说来是"王—贵族—官僚—农民"这样一个序列组成的社会结构。在这个社会结构中，有人提到的王权与农民联合起来斗争官僚，或农民与官僚联合起来反王权，对此我不否认，但这些没有说到底。把一姓的王反掉了，接下来是什么？难道不是另一姓的王再支配社会？当然，不是一讲王权支配社会，好像其他问题都没有了，社会上还有很多其他问题；权力也不是在任何意义上统统支配经济。一个理论的

---

① 《胡适文存》第 1 集，亚东图书馆，1921，第 286 页。

概括只能是最高的概括，而历史的丰富性不是任何一个理论都能概括进去的。我认为，只要抓住其中的主要之点，而这一点具有较多的解释面，就可以了。"王权主义"只是解读中国历史的一个角度，并不排斥其他对于中国历史的解读方法。我想，这正是我在治学中的经验主义的态度与方法。

附记：2013 年 10 月，南开大学举行历史学科创建 90 周年纪念活动，邀请笔者与刘泽华先生就王权主义学派问题进行学术对话，参与活动的研究生李春生、崔立军、李梁楠、徐双燕整理了对话录音。在录音整理稿的基础上，笔者和刘泽华先生一起做了修改和补充，以"学派·学术个性·中国史观——关于'王权主义学派'问题的对话"为题，发表在澳门大学《南国学术》2014 年第 3 期上，现征得刘泽华先生同意收入本书。

"天高皇帝近":
一个重要的中国思想史命题

——雷戈《秦汉之际的政治思想与皇权主义》评介

思想的大海最容易激荡起汹涌的波涛，而中国的思想史研究却很少荡漾思想的涟漪。起码这几十年来的思想史研究，再没有像唯物史观初来时那样激动过人们的心灵。这不能不使人们对思想史的学术界多少感到些失望。什么样的思想史研究才能激起人们思想的浪花，如何去收获推动人们思考民族思想和命运的思想效应，这的确是学者们需要深思的问题。新近出版的雷戈著《秦汉之际的政治思想与皇权主义》一书，则以自己的研究实践，对这些问题给予了一个尝试性的回答。这是一本有思想的思想史，可以触动人心的思想史，它使我产生了一种要说点什么的强烈冲动。在此，我想发表一些初步的读书感想，和学界朋友们共同分享。

一 "后战国时代"的理论价值

"后战国时代"是雷戈用来把握秦汉之际（秦至西汉前期八十年间）政治思想的基本概念。"后战国时代"不是雷戈创设的新概念，李开元曾经用这个概念来指称秦末汉初的六十年历史，认为这六十年的历史构成了一个"独立的历史时期"，故用"后战国时代"来表述这一特殊的历史阶段。[①] 但

---

① 李开元：《汉帝国的建立与刘邦集团》，三联书店，2000，第 74～77 页。

李开元是用这一概念来概括秦汉之际历史的政治形态,他的"后战国时代"仅仅是一个历史时代概念,而不是一个思想史范畴。雷戈接过这个概念,引入自己的思想史研究领域,把它作为一个观念时代范畴去应用,从而赋予它以思想史的方法论意义。

在近代以来的秦汉思想史研究中,人们大多都肯定战国末期到西汉前期这段历史的特殊意义,认为它对于战国时期的思想世界,有了一个根本性的变化。譬如胡适就在《中国中古思想史长编》中说:

> 秦以前的思想虽有混合的趋势,终究因为在列国分立的局势之下,各种思想仍有自由发展的机会。在这一国不得志的思想家,在那一国也可以受君主的拥彗先驱。各国的君主王公子又争着养士,白马非马之论固有人爱听,鸡鸣狗盗之徒也有人收容。但秦汉一统之后,政治的大权集中了,思想的中心也就跟着政治的趋向改换。李斯很明白地提倡"别黑白而定一尊"的政策,焚烧诗书百家语,禁止私学,禁止以古非今,禁止批评政治。这时候虽然也有私藏的书,但在这统一的专制帝政之下,人人都有"无所逃于天地之间"的感觉……革命(指陈胜吴广起义——笔者注)成功之后,统一的专制局面又回来了,学术思想的自由仍旧无望。[①]

胡适很明确地用自由与专制对秦朝前后的思想界做了区分,帝政对思想的专制,是秦汉思想史研究要关注的基本特征。关于这一点,徐复观有类似的描述:

> 先秦诸子百家,在七雄并立中的自由活动,及在自由活动中所强调的人生、社会、政治的各种理想,与汉代所继承、所巩固的大一统的一人专制政治的情形,极容易引起鲜明的对照……汉文帝时贾山《至言》中谓:"雷霆之所击,无不摧折者;万钧之所压,无不磨灭

---

① 欧阳哲生编《胡适选集》,吉林人民出版社,2005,第302~303页。

者。今人主之威，非特雷霆也，势重非特万钧也。"这与战国时士人
对人君的觉感，可以说是天壤悬隔。因而西汉知识分子对由大一统的
一人专制政治而来的压力感也特为强烈。①

无须过多举例，在近代以来的学术界，对秦汉之际思想界与战国思想
界的分野，大多是有明晰的认识的，自由与专制，形成前后两个思想史阶
段的重要特征。对于前者而言，后者不仅是它的接续和继承，更是一种背
叛和断裂。但是，在我们表述这两个不同的思想史阶段的时候，一般是沿
用一种自然历史阶段的称谓，对接续战国思想史然而又完全不同于这一时
期的思想史阶段，称作"战国晚期到汉初"或"战国末期秦汉之际"。这
样的思想史阶段称谓，就无法揭示前后两个不同历史阶段的断裂关系，无
法显示二者质的差异。

雷戈的"后战国时代"概念就是为着解决这一问题提出来的。他说：
"思想史时代有两种性质：自然时代与观念时代。所谓'自然时代'就是
朝代的自然顺序，习称的先秦、秦汉就是自然时代。所谓'观念时代'就
是根据特定研究意图而对历史时期所做的重新割分和切割，其目的是凸现
该时期的思想史特性，即突出该时期特有的观念价值。"② 这种观念时代概
念的提出，是为了更直观明了地把握某一历史时期思想史特质的需要。那
么，雷戈提出"后战国时代"这个观念时代概念，又赋予了这个思想史时
代什么样的思想史特质呢？后战国时代思想相对于此前的时代，其断裂性
又表现在什么地方呢？雷戈做了如下归纳和论述：

标识其断裂性的特征有：（1）战国之际，诸子皆致力于"霸天
下"之策，故有水火不容之势。后战国之时，诸子皆致力于"安天
下"之术，故有水乳交融之态。（2）战国诸子重分，后战国诸子在
合。战国诸子是各守门户，壁垒森严，后战国诸子是有门户而无高

① 徐复观：《两汉思想史》第1卷，华东师范大学出版社，2001，第166~167页。
② 雷戈：《秦汉之际的政治思想与皇权主义》，上海古籍出版社，2006，第2页。

墙。（3）后战国时代诸子还在，但已不复为家，即诸子仍在，家不复存。（4）战国是思想创造的时代，后战国是思想实验的时代。思想实验的结果是：法家的暴戾和道家的清静，虽都有一时之效，但均无长久之功。（5）对于后战国来说，它所面临着的是一个刚刚消逝的在整个中国历史上都是空前绝后的"有思想"的中国时代，这使得后战国时代的"无思想性"显得更为醒目和突出……（6）战国时代的人们都不知道天下将来会是什么样子，后战国时代的人们都已知道天下现在是什么样子了。所以诸子之间便没有根本的利害冲突，思想融合渐成共识，甚至思想共识压倒理论分歧。

战国诸子在后战国时代被皇权主义规范成大一统式的思想方式。这不是说他们之间没有利害冲突和观点分歧，而是说，皇权主义秩序为他们提供了一种最大限度的政治－思想共识边界。这种大一统式的政治－思想共识几乎覆盖了人们之间的一切观念分歧，从而使之成为无关宏旨的话语碎片。就此而言，在中国政治思想史上，后战国可能是继春秋战国之后最重要的一个时代……皇权意识形态以强力方式彻底抹平了诸子之间的原则分歧，使之归于一体，即皇权政体是也。在皇权意识形态中，诸子皆由道而退化或简化为术，而无原则之分殊，故有鸣而无争矣。①

上边这段文字对后战国时代相对于战国时代的断裂性，作了集中归纳，虽然不是展开性的阐述，但由于思想的明晰和议论的深刻，已足以使读者认识提出"后战国时代"概念的必要性。这些断裂性，是沿用"秦汉之际"一类自然历史概念所无法表征的。采用"后战国时代"的提法，就在于强调或突出其断裂性，使人们一接触这一概念，便自然地去注意它作为一个观念时代所特有的内涵或意义。实际上，这个"后战国时代"概念本身，就具有一种方法论意义。它时刻在提醒我们去下功夫挖掘该历史阶段思想发展的阶段性特征，而不去满足于思想史研究和编纂中那种家谱式

---

① 雷戈：《秦汉之际的政治思想与皇权主义》，第 8~9 页。

的平铺或胪列。

雷戈认为，后战国时代思想的主旋律是皇权主义意识形态的生成和确立，该时期思想的一切发展，都是围绕这个主旋律展开的。后战国时代思想的这个基本特质，是以往的相关研究关注不够的。如果，拿这个思想纲领来重新审视后战国时代的思想状况，我们可以有不少新的发现。应该说，提出后战国时代概念，并赋予它"皇权主义意识形态的生成和确立"之特质，就大大深化了我们对该时期思想史的理解。在这一认识的指引下，我们看到战国诸子提出的不少涉及君权或国家理论的重大问题，到了后战国时代都发生了重大改变。特别是一些挑战君权王权的理论性问题，也不得不开始服膺于皇权。譬如，战国诸子中普遍流行着"汤武革命"说，《周易》革卦《彖传》曰："天地革而四时成，汤武革命，顺乎天而应乎人。"[1] 汤武革命的对象是代表着神圣王权的夏王桀和殷王纣，肯定汤武革命，无疑是对王权神圣性、至上权威性的挑战。这一思想在战国时期的广泛流传和深入人心，自然引起了王权的不安，于是产生了齐宣王和孟子的一段著名对话：

> 齐宣王问曰："汤放桀，武王伐纣，有诸？"
> 孟子对曰："于传有之。"
> 曰："臣弑其君，可乎？"
> 曰："贼仁者谓之'贼'，贼义者谓之'残'。残贼之人谓之'一夫'。闻诛一夫纣矣，未闻弑君也。"[2]

孟子虽然很机智地用"残贼之人"和"一夫"绕过了"君"的概念，但桀纣之王的身份还是无法改变的，齐宣王的不语，大概是无意和他纠缠。这段对话反映的基本信息，是孟子对王权神圣性的蔑视，在他看来，一切权威都必须执行世俗的约定，都必须接受"仁"和"义"的裁判。面

---

① 周振甫：《周易译注》，江苏教育出版社，2006，第207页。
② 杨伯峻：《孟子译注》，中华书局，2005，第45页。

对君王而否定王权，不仅没有受到王权的打压，反而受到优厚的礼遇。这就是思想自由的战国时期。

有趣的是，到了西汉景帝时期，关于汤武革命的话题再次在君王面前谈起时，境遇则大异于此前，后战国时代的思想史特征便凸显出来。《史记·儒林列传》载：

> 清河王太傅辕固生……与黄生争论景帝前。黄生曰："汤武非受命，乃弑也。"辕固生曰："不然。夫桀纣虐乱，天下之心皆归汤武，汤武与天下之心而诛桀纣，桀纣之民不为之使而归汤武，汤武不得已而立，非受命为何？"黄生曰："冠虽敝，必加于首；履虽新，必关于足。何者，上下之分也。今桀纣虽失道，然君上也；汤武虽圣，臣下也。夫主有失行，臣下不能正言匡过以尊天子，反因过而诛之，代立践南面，非弑而何也？"辕固生曰："必若所云，是高帝代秦即天子之位，非邪？"于是景帝曰："食肉不食马肝，不为不知味；言学者无言汤武受命，不为愚。"遂罢。是后学者莫敢明受命放杀者。①

黄生站在维护皇权的立场上，认为帝王无论如何无道，臣下都没有推翻他的权利，而且帝王的无道也罪在"臣不能正言匡过"；辕固生反驳的根据也抛却了孟子的武器，不再以仁义作为裁判的标准，而是为了论证"高帝代秦"的合理性，这也是一个皇权主义的标准。这两个截然对立的观点，都立足于皇权的合理性，都是在维护皇权的权威，只不过一个是先帝代表的皇权，一个是眼前的皇权。这使得景帝也无法裁判，他不好以自己的皇权去对抗先帝的皇权。于是，皇权的权威就蛮横地用一个"罢"字体现出来。汤武革命的历史，在这个皇权主义意识形态确立的时代，成为思想史上的一个禁区。

在辕固生和黄生的对话中，我们看到，孟子所用的"仁"或"义"的评判标准，已不再适合于用来作为评判帝王的准则。在这个新的后战国时

---

① 《史记·儒林列传》，中华书局，1959，第 3122～3123 页。

代，评价是非的唯一根据，是它和皇权的关系，是它是否有利于维护皇帝的权威，皇权主义已是一切言论的意识形态标准。"后战国时代"理论，使我们重新认识了上述对话的思想史价值。如果以后战国的眼光来观察这段历史，会使我们发现许多类似的具有思想史价值的东西。

"后战国时代"概念的理论价值，还在于它突出了秦汉之际这个特殊的思想史阶段。在以往的思想文化史研究中，人们最看重的是春秋战国时期的百家争鸣，把这段历史看作是中国文化的奠基期，是中国历史文化的轴心时代。这固然没有错误。但是，接踵而来的秦汉之际思想史阶段，对于后来中国的思想文化发展，却也有着极为特殊的意义。中国传统文化的理论基石，它的核心精神，亦即雷戈书中特别论述的皇权主义意识形态，则是这一历史阶段的产物。

秦汉之际思想史的特殊意义，也曾经受到一些学者的关注。老一代学者如冯友兰，就认为战国末期到秦汉之际，中国思想界有一种"思想统一的运动"。他认为，由于政治一统的原因，也由于思想发展的逻辑，"经过一百家争鸣之时代，随后亦常有一综合整理之时代"，战国之后秦汉之际的思想史也因之而有其特殊的意义。① 在当代学者中，葛兆光也特别看重战国末期到西汉初期的思想史，认为这是"中国思想世界的生成"阶段。他的《中国思想史》第 1 卷第 3 编《引言》中说："历史教科书常常用自豪的口吻谈到春秋战国的诸子蜂起、百家争鸣，毫无疑问，这是中国古代思想史上的辉煌时代……可是，当我们的目光顺着时间再往下看时，便不能不对百家争鸣的尾声，也就是战国末期到西汉前期那一段时间里各种思想走向融合交汇的现象多加关注。"葛兆光认为，这段思想史之所以值得关注，之所以具有特殊的意义，原因有三：

第一，宇宙、社会、人类的知识是在那个时代才真正地相互综合成一个大体系的。在诸子时代，"道术将为天下裂"，各自确认与坚守的立场与视角往往各执一偏，仿佛各有一把开启各自房门的钥匙却没

---

① 冯友兰：《中国哲学史》下册《原杂家》，中华书局，1961。

有通用于各个房门的万能钥匙，不足以应付日新月异的历史变化与瞬息万变的社会需要。第二，秦汉大一统以后的中国思想世界基本上依据的是一个庞大复杂而又有系统的知识体系，这个知识体系正是在这一时期逐渐形成的，它构成了中国文化的背景，而这背景又不是诸子中的一家一派，而是融会了包括人文与社会思想与兵法、数术、方技等实用技术在内的巨大的知识网络。第三……当近古的理性思想从远古蒙昧中剥离出来的时候，它对过去思想不是一种"彼可取而代之"式的否定，而是一种"百川汇流"似的综合和兼容，并在综合和兼容中重新进行了整合和解释……①

其实，葛兆光所谈的三点，都是在讲一个"一"字，思想和知识汇合为一个系统、一个体系，正是在这个时期形成了真正统一的思想世界。而这个统一的基础是什么？统一的原则是什么？统一的旗帜是什么？用什么去统一？它应该有答案，必须有答案，因为思想的指向和内涵从来都是明晰的，明晰或旗帜鲜明是思想的天性。葛兆光论述中最有价值的地方不是他指出的"各种思想走向融合交汇"的时代特性，也不是他所分析的构成这一判断的三点原因，而是他关于这一时代的总的断语：这是"中国思想世界的生成"阶段！这是一个重大的判断，它可以改变人们仅仅把春秋战国看作是中国思想文化的基础的传统观点。应该说，在战国末期到西汉前期所形成的思想，才真正是中国后世两千多年传统文化的思想基础，才真正是我们今天所理解或承袭的传统文化的思想基础。毋宁说，我们今天所承袭的中国传统文化，其核心、其体系都是在秦汉之际才形成的。

但是，在这一时期形成的思想世界是一个什么样的世界呢？这个世界的轴心是什么呢？雷戈回答了葛兆光没有回答的问题，它就是皇权主义！"中国思想世界的生成"，就是皇权主义思想的生成，是皇权主义意识形态

---

① 葛兆光：《中国思想史》第 1 卷第 3 编《引言》，复旦大学出版社，1998，第 314～315 页。

的生成。皇权主义意识形态构成了这一时期一切知识、思想或信仰的核心。而同时，由于这一时期生成的是中国思想的世界，因此，皇权主义意识形态也是整个后世中国传统思想和文化的核心。

雷戈书中写道：

> 在后战国时代的种种剧烈而又微妙的统合分离中，生长出一种成型的皇权主义谱系。它意味着从皇权主义的角度来理解后战国时代的思想史，是一个必然的选择，也是一个理想的视角。我想，有一个事实是我们始终无法回避的，即中国有着两千年的皇权教化主义传统。这个传统在决定性的程度上已经深刻塑造了中国人的思想品质。而我们现在所要试图理解的就是这种传统。它把思想弄成一种规范式的东西，要求人们只能进行一种规范主义的思考。它把统一思想作为思想本身的目的。围绕这个目的，它建构和制定出一整套体制和标准，从而使得人们的正常思想成为专制制度可以强力控制的东西，即使思想成为一种可控的过程。[①]
>
> （皇权主义的）影响就在于，人们必须围绕着皇帝制度来思考，学会并习惯于在皇帝制度下进行思考。[②]

这无疑是中国封建社会思想界最基本的现实状况，是即使在今天人们还可以约略体会到的一种思想风格。这一切就来自于后战国时代的思想奠基。可以说，"后战国时代"突出了秦汉之际这一思想史阶段的价值和意义，这一概念的提出和运用，对于我们认识由秦汉所奠基的整个后世中国传统文化的本质，也具有重要的理论价值！

二 从历史中发现思想

方法论观念淡薄，是中国史学界致命的弱点之一。在不少学者那

---

① 雷戈：《秦汉之际的政治思想与皇权主义》，第 64 ~ 65 页。
② 雷戈：《秦汉之际的政治思想与皇权主义》，第 69 页。

里，似乎方法或方法论的研究，新方法的尝试和探索，都应该是史学理论学者的事情。可以说，缺乏方法意识是中国史学长期沉闷、缺乏重大创新性成果的主要根源之一。具体到思想史研究领域，方法的问题就更为严重，甚至缺乏新的研究方法，已成为制约学术发展的瓶颈。造成这样的局面，依笔者之见，主要是出于对唯物史观方法论性质的误解。

就目前的情况看，笔者仍然认为，唯物史观对历史学的指导作用，在思想史研究中的体现最为有效，这就是它所提供的"社会存在决定社会意识"的思想方法，仍然在思想史研究中具有不可动摇的方法论意义。但是，如果把唯物史观提供的这种方法论思想当作思想史研究的唯一方法，那则是莫大的误会。"社会存在决定社会意识"是一个看待思想史的方法论原则，它解决的是最根本的方法论，是回答思想的起源问题，是提供给我们一条认识思想问题的唯物主义路线；而具体到思想史研究的不同领域，具体到不同的思想史研究任务，面对不同的思想史研究对象，我们还应该去探讨更为具体或者说更具可操作性的研究方法。不同的研究方法，是对研究对象的不同把握；不同的把握方式，会导致不同的学术视野和不同的资料范围，并因之造成不同的研究成果。方法或方法论的问题，对于历史研究（当然也包括思想史研究）具有至关重要的意义。而不幸的是，在中国史学界、特别是中国思想史学界，意识到这个问题的学者不多，力图在研究方法上有所尝新的更是寥寥无几。

最近一些年来，在这个问题上有清醒意识的是葛兆光先生。他提出了一个"一般知识、思想与信仰世界的历史"的思想史理念。他说："过去的思想史只是思想家的思想史或经典的思想史，可是我们应当注意到在人们生活的实际世界中，还有一种近乎平均值的知识、思想与信仰，作为底色或基石而存在，这种一般的知识、思想与信仰真正地在人们判断、解释、处理面前世界中起着作用，因此，似乎在精英和经典的思想与普通的社会和生活之间，还有一个'一般知识、思想和信仰的世界'，而这个知识、思想与信仰世界的延续，也构成一个思想的历史过程，因此它也应当在思想史的视野中。"① 根据这样的理念，思想史研究的方法论就要做出创造性地改变，就必须走出从子书到子书、从思想到思想或从社会到思想的研究套路，就必然极大地拓展思想史的研究范围和资料范围。于是，葛兆光对自己的研究方法和资料范围表述如下：

> 我想，需要描述的一般知识、思想与信仰世界，其构成与影响大体在三方面：一是启蒙教育的方向，它将作为每一个受过教育的人的经验而存在于他的思想发展过程中，因此分析那些重要教材中所包含的知识与思想是很重要的，二是生活知识的来源，也就是为每一个人提供的，当他面对陌生的世界时，可以动用的经验与知识，因此需要有种种无意的、普遍的材料，如非文字类的图像资料（画像石、铜镜、宗教图像、雕塑、建筑）、普遍适用的印刷品（如寺庙中的签文、一些格式化的祝祷词、皇历一类通用手册），三是思想传播的途径，精美的思想并不能直接转化为一般思想世界的内容，因此需要找到使它们通俗化的宣传品，例如一些历史学家不注意的文学性资料（如早期的讲经、变文以及后来的善书、可供艺人阅读的唱词、有固定场所的说书、家族祭祀或村社聚会时的演出）等等。②

正是这样一种新的研究方法，给他的研究带来了巨大的成功，使他超越了传统的思想史研究，为学界提供了无论从内容到方法都可以使人耳目一新的思想史著作。尽管学术界对他的著作褒贬不一，但其创新价值是谁也无法否认的。葛兆光的《中国思想史》无疑是最近十几年来中国思想史研究中最具个性化的研究成果。

雷戈的《秦汉之际的政治思想与皇权主义》，是继葛兆光的《中国思想史》之后，又一项在方法论上别开生面的研究成果。雷戈是有自觉的方法论意识的。他说："依据不同的标准，我们可以对目前的'思想史'写

---

① 葛兆光：《中国思想史》第 1 卷，第 13 页。
② 葛兆光：《中国思想史》第 1 卷，第 23～24 页。

法和模式作出不同的界定和分类。如果依据所写内容，我们可以分出两种思想史。一种是凌空飞行的思想史，俗称'精英思想史'。一种是匍匐而行的思想史，俗称'民间思想史'（或'底层思想史'）。实际上还应该有第三种思想史，这种思想史与制度、事件、权术、阴谋直接联系在一起……如果依据所用方法，我们可以区分出四种思想史。一是新儒家的从思想到思想的写法，一是唯物史观的从经济－阶级到思想的写法，一是长时段的从民间－知识到思想的写法，一是社会史的从社会到思想的写法。新儒家强调思想史的内在理路，唯物史观强调思想史的经济因素，长时段强调思想史的知识基础，社会史强调思想史的社会与思想的互动过程。其实，还应该有第五种写法，即凸显思想史的制度背景，展示思想在具体制度架构中的曲折生长过程。"① 正是这种清醒的自觉的方法意识，促使他在思想史的研究方法上进行了新的探索。

雷戈对自己创立的思想史（主要是政治思想史）研究方法表述如下：

> 制度与观念的关系如同生理与心理之关系。只有当一种政治秩序形成之后，一种与这种政治秩序相适应的思想观念才能逐渐有机地生长出来。皇帝制度所塑造出来的皇帝信仰和皇权观念，以及这种皇权观念对于王权观念和君权观念的强大综合和高度发展，都是在后战国时代逐渐展开的。这就意味着我们必须从这种皇帝制度本身以及这种皇权体制下的政治实践中去揭示皇帝信仰的具体发生过程。

> 为此，一种有效的制度分析和技术分析是必需的。我尝试着用它来观察和描述皇权主义生成的结构性过程和实践性状态。所以制度分析和技术分析在本书中具有一种方法论的性质。所谓制度分析，就是从制度与思想的互动建构来展示政治思想的复杂脉络。

> 所谓技术分析，就是从权力游戏和官场规则中描绘出某种普遍性的政治－思想共识……这些思想本质上是从皇权政体下官僚技术生活

---

① 雷戈：《秦汉之际的政治思想与皇权主义》，第23页注。

中自然生长出来的"观念有机物"，是皇帝和官僚们在既定的体制架构中为了应对和解决种种现实问题（政治的、社会的、道德的、学术的、文化的、民族的等等）而创造和发展出来的有效的生存技巧和政治智慧。

思想史的技术界面使得政治游戏、官场规则、权术阴谋等与政治思想有了直接关系。总体看，中国政治思想确有一种浓厚的权术性和阴谋性。基于这个视角，原来那些不受重视甚至是被排斥在外的典籍文献就有了新的意义和价值……至于史书中所描述的诸多政治仪式和官僚行为以及这些内容所蕴含和体现出来的政治共识更是思想史不容忽视的核心分析对象。这样思想史的技术分析就自然引出一个思想文献学的新的原则：正史和诸子具有相同的思想史价值。简言之，正史即诸子。或，正史亦诸子。从"四部分类"的眼光看，"史－子"打通可为"思想－历史"研究提供一个"历史－思想"的全新维度和广阔界面。①

以笔者的体会，雷戈提出的思想史研究法，实际上就是"历史－思想"研究法，即从人们的实际历史活动中分析思想发展轨迹的方法。这种方法论最大限度地扩大了思想史的资料范围。人类一切历史活动的记录，都有可能成为思想史的研究资料，因为人类的任何活动，都是有目的有计划的自觉行动，无处不留下思想的痕迹。雷戈所以强调"正史"，并且说"正史即诸子。或，正史亦诸子"，就是在强调一切历史的记录，都和通常人们所依据的"诸子"一样具有思想史资料的价值；而以往的思想史研究，几乎忽略了"诸子"书以外的一切历史记录。毋宁说，"诸子"书中的思想并不比客观历史进程中蕴涵的思想更真实、更有力，更能反映思想生成与发展的历史真相。这里，我想到了一本书，是一个青年学者在台湾出版的《静静的思想之河——战国时期国家思想研究》，他提出一个"思想与历史的断裂"的命题，认为思想与历史是两个完全不同的领域，二者

---

① 雷戈：《秦汉之际的政治思想与皇权主义》，第22~25页。

之间并没有人们所想象的那种必然的决定性的联系。这个观点我们并不一定都能接受，但他的某些论述却也是有益的，是可以给人以启发的。书中写道："在战国时期出现了两种国家历史话语。一个是在实际历史进程中的，即具有完备形态的国家的逐步形成和随后发生的异变（帝国的形成）。一个是在思想家开辟的领域内进行的，即思想家的抽象国家建设。两种国家历史话语没有派生关系，思想不是历史之镜。"① 这段话对于我们认识思想与历史的关系的确是一个提醒。我们的思想史研究是研究某一时期的思想，而不仅仅是研究某一时期的那些思想家的思想；而思想家的思想，决不就等同于该时期历史进程中实际反映出来的思想，不等同于在实际历史进程中起作用的思想。所以，考察某一时期的思想，应该注意考察在实际的历史进程中起作用的、实实在在影响了历史发展的思想。我们不能排除思想家对历史实际进程的影响，但也不能夸大这种影响，特别是不能以为他们的思想就是那个时代思想的全貌。我们应该拓宽思想史的研究视野，从人类全部的历史活动中去考察思想的轨迹。"历史－思想"研究法，就是雷戈《秦汉之际的政治思想与皇权主义》一书提出的最重要的方法论思想。

雷戈的"历史－思想"研究法，来自于他的一个重要的思想史观念，即他所创立的"思想共识"范畴。雷戈说："我们的思想史视野将有一个新的界面，即思想共识。""在我的著作中，'思想共识'、'政治共识'、'政治－思想共识'，这三个概念基本是一个意思。简单来说，它是指政治实践和政治事务中所遵循、恪守、依托、体现、包含的种种自觉或不自觉的观念意识和价值准则。""思想史研究将会有两种范式，一种是从理论原创的角度所进行的观察，一种是从思想共识的角度来作的审视。二者有很大差异。从时间线性角度看，思想共识是一种以连续性普遍性的方式承传传统的过程；从表现形态看，思想共识是一种通过政治制度、政治实践与政治思维、政治意识交叠互动的方式而呈现的过程。所以思想共识本质上

① 池桢：《静静的思想之河——战国时期国家思想研究》，台北：文津出版社有限公司，2006，第 44 页。

也就是政治－思想共识。思想共识常常表现为一种没有边界的蔓延、扩展、渗透和变异状态。在思想共识中，一般知识、经典理论、超验信仰重合交织，并无明显区分。但它又非某种观念的'平均值'。因为其观念内核始终存在。更重要的是，思想共识是历史缝隙中流淌出来的思想脉络。这需要我们细致勘查。实际上它是最贴近历史流程的一种观念状态。也就是说，我们需要把思想共识作为一个独立的思想史论域来予以关注和审视。思想共识不仅是思想史的一个独立论域，同时还是思想史的基座和底盘。它一般通过政治事务的日常实践呈现出来。对思想共识的描述就是思想史的技术分析。"① 提出思想共识的问题，就意味着人们的政治实践活动将被纳入思想史的研究范畴。正是在人们的政治实践活动中，埋藏着一种通行的政治见解、政治观念，它不被人们所意识，但却反映着人们的政治共识。将这种"思想共识"从人们的政治实践、政治事务中挖掘出来，无疑是思想史研究的一项重大任务。这样的思想史研究理念，就必然促成一种从历史中发现思想的研究方法。

从历史中发现思想。雷戈研究的是秦汉之际的政治思想，所以，他就侧重于从秦朝到汉初的政治制度和权力游戏、官场规则中探讨该时期所形成的普遍的政治－思想共识，把该时期的政治思想从当时的政权体制、政治运作机制和各级官僚的政治生活中抽绎出来。雷戈全书贯彻的都是这样的研究方法。下面，我们以作者在书中对"待罪"这个官场语汇的分析为例，来说明作者对这一研究方法的具体运用。

根据作者的考证，"待罪"是在秦汉时期出现的一个新的政治词汇和官僚术语，是该时期皇权体制下以"罪臣意识"为核心的官僚意识发展成熟的标志。先秦文献多有"得罪"、"获罪"、"有罪"、"请罪"等词语，但一般是用于君主自称，或用于对前朝的指控，都没有专门用于官僚身上。后来秦汉时期出现的"待罪"与"得罪"意义大体相通，但所用的对象及身份变了，"罪"意由君而臣，暗示出一种值得关注的思想史动向，折射出皇权政体对官僚意识的更为专横和强悍的意识形态

---

① 雷戈：《秦汉之际的政治思想与皇权主义》，第 26～27 页。

要求。

在秦汉君臣官场话语中，百官皆罪，所有官吏都是"待罪"之身，各级官吏都以"待罪"一词来自称其官职。

陈平对文帝说："陛下不知其驽下，使待罪宰相。"①

季布对文帝说："臣无功窃宠，待罪河东。"②

卫绾对景帝说："臣代戏车士，幸得功次迁，待罪中郎将。"③

张敞曰："臣前幸得备位列卿，待罪京兆。"④

卫青曰："青幸得以肺腑待罪行间，不患无威，而霸说我以明威，甚失臣意。且使臣职虽当斩将，以臣之尊宠而不敢自擅专诛于境外，而具归天子，天子自裁之，于是以见为人臣不敢专权，不亦可乎？"⑤

在列举了这些不同情形下的"待罪"话语之后，作者指出，"待罪"意识的核心就是皇帝至上独尊的皇权主义。它认为，臣子永远是有罪的，是永远不配享有皇帝所赐予的各种恩惠的；臣子在皇帝面前只能永远呈现出一副"罪人"的面孔，而无条件地等待皇帝的处置或裁决；臣子是没有任何权利来炫耀自身的权威的，因为臣子身上的所有权威都来自于皇帝的恩德和授予。所以，"待罪"意识作为一般性的官僚意识，本质上恰恰是对皇权主义的直接呈现。

官员"待罪"，不仅反映出一般的官僚意识，而且也是皇权对官员的基本要求。陈平所言"待罪宰相"一语所表征的宰相身份意识和情感认知，就是一个非常值得深究或深思的问题。作者认为，在皇权主义的宰相观念中，所谓"待罪宰相"一说，不仅仅是一种宰相的自我警醒意识和自我保护本能，它已不是一种心理，而是一种实际。从逻辑上说，宰相之"罪"恰恰在于这就是他的职责，即宰相的职责就在于他必须使自己成为一个有罪之人，从而使得皇帝永远正确，永远保持"正面"形象而为人们

① 《汉书·陈平传》，中华书局，1962，第2049页。
② 《史记·季布列传》，第2731页。
③ 《汉书·卫绾传》，第2201页。
④ 《汉书·张敞传》，第3224页。
⑤ 《史记·卫将军列传》，第2927~2928页。

所尊崇。所以，宰相首先是为皇帝承担责任的人，即宰相是皇帝在遇到麻烦时所需要的首选替罪羊，这种宰相观念在秦帝国时就已经成为皇帝统治策略的一部分。到刘邦时，在这方面也自然地汉承秦制了。《史记·萧相国世家》载：萧何为民请地，刘邦大怒，要将萧何下狱治罪。有人问"相国何大罪，械系之?"刘邦说："吾闻李斯相秦皇帝，有善归主，有恶自与。今相国多受贾竖金而为民请吾苑，以自媚于民，故系治之。"刘邦的意思是，宰相的职责就是为皇帝担待罪名，而萧何反倒和皇帝争功，向百姓献媚，讨好民众，岂不是严重违背了宰相的职责？从维护皇权的"待罪宰相"观念说，刘邦还真是有道理的。

就其本质而言，官僚"待罪"首先是一种不可抗拒的政治现实，其次才是一种人为塑造的思想观念。在皇权体制中，官僚们无论忠与不忠都可能成为致死的理由。《史记·季布列传》中记载，丁公因为投奔刘邦而被刘邦以"为项王臣不忠"下令斩杀；《史记·袁盎晁错列传》中，真正的忠臣晁错则成为皇权政治的牺牲品、替罪羊，"天子诛错以解难"。专制政治需要不断为官僚制造各种罪名，所以"待罪"并非完全是一种心理和姿态，它同时也是一种现实和制度。制度制造邪恶。官僚们的"待罪"意识，就是在这些一桩一桩具体的阴谋和邪恶中逐渐滋生并成长起来的。作者分析说："一旦'待罪'意识既内化又泛化为整个官僚意识，那么随之而来的变态便被顺理成章地视为常态。一方面，是懦弱、怕事、怕承担责任、畏惧上司等种种唯恐避祸不及的'待罪'意识；另一方面，则是献媚、邀宠、要官、求职等种种廉价的'感恩'意识。更多的时候，则是这二者的奇特而又怪诞的混合。当它逐渐沉淀为官僚意识的基本内核时，中国政治思想与文化的性质与形态也就被大体规定下来了。"①

关于"待罪"的分析，是雷戈思想史研究的一个例子。他没有使用该时期任何思想家的思想资料，而是从一个极为普通的官场用语中分析出了皇权意识形态的某种表现，反映了该时期皇权观念的强势话语。这是一种崭新的研究方法，它无疑会极大地拓宽思想史研究的视野，为今后的中国

---

① 关于"待罪"意识的全部分析，见该书第 193 ~ 216 页。

思想史研究开辟出一种新的路向。

"历史－思想"研究也会带来某些疑问，这样一本书，就完整地反映了政治思想史的全部面貌吗？所谓"思想共识"中能否完全地反映直接用文字书写的思想？雷戈书中基本上不采用思想家的资料，而该时期思想家们的大量论述，算不算是一种"政治思想"呢？《吕氏春秋》、《淮南子》、《新语》、《新书》一类该时期的代表性著作，该不该是史学家考察政治思想史应该关注的对象呢？或者说，以往史学家的政治思想史著作，是不是一种值得重视的政治思想史成果呢？还有，在葛兆光提出的"一般知识、思想与信仰世界"中，不也有大量关于国家、政治问题的观念或思考吗？按照葛兆光的思路或研究方法，不也可以写出另外一种政治思想史的洋洋大著吗？

回到一般思想史的研究方法上来，精英思想家的思想史，"一般知识、思想与信仰世界"的思想史，社会生活的思想史，"历史－思想"的思想史，这些不同的观察视角，都可以写出思想史的皇皇巨著，哪一种写法的思想史更接近思想史的历史真实呢？或者，我们应该将这多种写法，多种观察视角综合运用，写出一本更加综合、丰富的思想史？果真如此，这样的思想史又能否使人读得下去？或者，我们根本就不应该提出这样的问题？或者，所谓完整的绝对全面而真实的思想史根本就不存在？或者，它虽然客观上存在，而我们却没有必要去对它做出大而无当的反映？

葛兆光的《中国思想史》中明确提出了思想史的写法问题。但面对这个问题进行探索或追问的时候，我们会有些困惑。其实，任何历史都可以从不同的侧面去反映；而任何历史研究也不可能不是反映了历史的一个或几个侧面，完全真实而完整地反映历史的著作是不存在的。既然如此，我们为什么要去为追求所谓的全面而苦苦思索呢？一段思想史，我们可以尝试用多种方法去研究、去反映，可以写出丰富多彩的不同风格的思想史著作。每一种风格的著作，都会提供人们一种别样的思考；每一种写法，都是一种特殊的触角，都会探索到历史思想的一个特殊层面，揭示给人们尚未看到过的东西。这就是它的价值，这就是它存在的根据。从这样的意义上说，我们主张多种多样、风格各异的思想史著作的涌现，提倡在思想史方法上的创新和探索，一如雷戈的"历史－思想"研究法，给我们以别开生面、耳目一新的感觉，那岂不是学术的魅力和学人的快意！

三 "天高皇帝近"：看待中国思想文化史的核心命题

雷戈在《绪论》中为自己规定的研究任务是："我希望自己能够弄清：皇帝制度是如何将皇帝观念和皇权主义塑造成一种普世价值和全民信仰？为什么绝大多数人终其一生在从来没有见过皇帝一面的情况下会自然而然地相信皇帝的圣明和仁慈？这种精神联系是如何建构起来的？这种心理和信念是如何形成的？这种心理和信念是否有某种宗教性？"① 这一研究任务的理论预设，是判定皇帝观念与皇权主义在中国历史中的无处不在，皇帝制度与皇帝形象的无可置疑以及皇权崇拜的思想共识。这是一个不容置疑的判断。雷戈用一个无比形象的说法"天高皇帝近"，概括了这一判断。以笔者之见，这个对习惯用语"天高皇帝远"的琵琶反弹式说法，一下洞穿了中国两千多年来的思想史现实。"天高皇帝近"可以说是一个看待中国思想文化史的核心命题。

关于"天高皇帝近"，作者的论述如下：

就其本质而言，皇帝制度和皇权政体是一种规模空前的完全世俗化的统治方式和权力体系，它构成了中华专制主义的经典形态，它发展出一套高度有效的皇权主义秩序。这种皇权主义秩序把"天高皇帝远"的制度现实变为"天高皇帝近"的观念现实……在思想家眼里和思想史眼光中，"天高皇帝近"绝对是一种现实。其含义是，依托于皇权政体而建构起一种全面控制思想的专制主义意识形态秩序，于是思想逐渐成为一种体制内和秩序中的规范操作……

皇权政体的制度设计在于尽可能地拉开皇帝与民众之间的距离，使民众永远无法了解和习知皇权体制运作的黑箱秘密；同时，皇权政

---

① 雷戈：《秦汉之际的政治思想与皇权主义》，第29页。

体的观念导向则在于尽可能地拉近皇帝和民众之间的距离，使双方自觉认同皇权主义"政治共同体"的统治秩序。如此，制度设计与观念导向便自然融构成一种"天高皇帝近"的意识形态合力。概言之，"天"作为皇权体制的象征，一方面，这套体制使得皇帝本人实际上高高在上远离民众，即所谓"天高"；另一方面，这套体制所制造出来的皇权主义却又使得人们能够产生一种皇帝与民众直接对应的观念意识，即所谓"皇帝近"。应该说，这是一种相当成功的意识形态策略和效应……当皇帝与民众的结合被皇权主义意识形态建构为一种客观思想秩序时，所有的政治资源和价值资源都成为皇帝的统治财富。通过一种富有成效的教化形式来实现皇帝与民众之间的观念性结合，是皇权意识形态独特的实践性功能……"远在天边"的皇帝同时又"近在眼前"。

所以，皇权政体所创构出来的皇权主义秩序便具有一种"辩证性功能"：一方面，皇帝制度决定了皇帝观念的绝对性和神圣性，这使得"天高皇帝远"成为一种必然的政治现实；另一方面，皇权主义意识形态所自觉建构起来的皇帝 – 民众这种二元关系的直接性和对应性，则又使得"天高皇帝近"成为一种同样必然的观念实存。更要命的是，"天高皇帝近"这种观念实存直接抑制了人们"面对"皇帝而进行的任何理性批判和道义谴责，因为"天高皇帝近"的心理威压使人们更为彻底地丧失了自己的独立思想空间。至于"天高皇帝远"的政治现实，由于独立思想资源的缺乏，更是远不可及、无力改变。从中华专制主义的历史长时段演进看，"天高皇帝近"作为皇权主义秩序的理性建构，基本上贯穿并支配了秦汉以降中国历史的整个进程。①

作者全书几乎都是论证这个"天高皇帝近"的生成过程。譬如秦汉时期政治教化体制中的"以吏为师"问题，就是作者的一个个案性分析。作者认为，按照以吏为师的意识形态规定，每一个官僚都负有天然的教化性

---

① 雷戈：《秦汉之际的政治思想与皇权主义》，第 29～34 页。

使命。整个国家就是一个学校，整个社会就是一个教室，整个知识就是一部教材。官僚的导师身份和教师资格使得官方提倡的学术和观念自动成为民众必须无条件接受和认同的东西。与此同时，以吏为师的意识形态建制使得全体民众永远成为被官方教化的对象。以统治者为师，这绝对是一个意识形态命题。把统治者当作教师来尊崇礼拜，似乎是只有在中国这种素有尊师重教传统的国家才会出现的事情。它既是君道，又是吏道，还是师道，更是君－吏－师三者合一之道。以吏为师是达到普遍性的政治思想共识、造成"天高皇帝近"的最基本最重要的途径。

在皇权主义的意识形态秩序中，最基层的县官即是皇帝的代表，他的行为直接体现着皇帝的意愿。作者通过古代文献中"县官"与"天子"的互训"县官谓天子……王者官天下，故曰县官也"，① 来说明县官在造成"天高皇帝近"思想专制状态中的作用。作者指出，实际上天子－县官的真实含义在于通过暗示天子随时都会出现在民众面前，从而确认汉家天子与民众之间存在着一种"天高皇帝近"的客观秩序。天子－县官的这种互训性质，意味着二者之间系接着一道意识形态链条。这道链条将皇权官僚制的两个极端贯通起来，构成一种"常山之蛇阵"。即基层官吏与民众的接触被观念性地构制成为一种"如君亲临"的意识形态效应。在这样的皇权政体下面生存的广大民众，就无时无刻不处在专制皇权的掌控之中。

以笔者之见，"天高皇帝近"概念的提出，对认识中国传统思想文化史是个重大贡献。它既深刻又直观地揭示了中国传统文化的专制主义本质，也更形象和生动地描绘了在专制主义皇权下生存者的紧张感，使人对专制文化有一种直觉体验。几乎很难再找到另一个更为形象而准确地反映中国专制主义文化本质的词汇。后战国时代是皇权主义意识形态的建构期，因此，雷戈的研究就在于揭示"天高皇帝近"这种专制主义文化生态的生成过程。而我们还有必要弄清的是，这种专制主义文化形态的更长时段的生命历程，它如何萌发，如何生成，如何拓展而成为两千多年间中国传统思想文化的基本形态。

① 《史记·绛侯周勃世家》"索隐"，第 2079 页。

中华文化是一种极具民族特色的文化传统，它无疑有着丰富的优秀遗产，并对整个人类文化做出了巨大贡献。这些是无可置疑的。但是，如何看待这个文化传统的基本属性，则确实需要一种历史的客观的批判的眼光。笔者认为，这个文化传统的基本属性，属于专制主义文化范畴。中国两千多年的封建社会，是一个专制主义的中央集权制社会，即使从马克思的社会存在决定社会意识的原理出发，也可以毋庸置疑地认定，在这样专制的社会基础之上竖立起来的意识形态或思想文化具有专制主义的本质属性。① 遗憾的是，中国传统文化的这一基本属性，并没有引起学界应有的重视，人们在一片弘扬声中，忘记了这一文化传统的致命本质及其强大的历史惰性。

中华文化的专制主义形态，根源于中国君主专制的历史进程；而中国君主专制的历史，是伴随着文明时代而开始的。简单地说，中国所以从文明之初就形成君主专制的国家政体，大概与中国原始社会后期所形成的酋邦制社会形态有关。② 文化专制主义的理论表现，可以追溯到春秋战国时期的百家争鸣。具有充分自由的百家争鸣，其文化精神却是专制主义的，这虽然有些费解，但却也是不争的事实。儒家有专制主义，李宪堂写有专门性的著作，其大著《先秦儒家的专制主义精神》③ 可以参考。法家主张专制主义，在学术界没有疑义。墨家也是文化专制主义的极力鼓吹者，他们这方面的集中表述见于《墨子》的"尚同"篇。墨子说："闻善而不善者，必以告国君。国君之所是，必皆是之，国君之所非，必皆非之。去若不善言，学国君之善言；去若不善行，学国君之善行。则国何说以乱哉！察国之所以治者何也？国君唯能一同国之义，是以国治也。国君者，国之仁人也，国君发政国之百姓。言曰：闻善而不善，必以告天子。天子之所是，皆是之，天子之所非，皆非之。去若不善言，学天子之善言；去若不

---

① 笔者曾撰有《中国文化的专制主义属性论纲》一文，对此问题进行了简略而全面的论述，见《史学新论》，河南大学出版社，2005。

② 请参考拙作《中国文化的专制主义属性论纲》中的论述。关于"酋邦"的研究，近年来学术界有很多成果，王和先生《从邦国到帝国的先秦政治》一书中的论述简明扼要，可为参考。

③ 李宪堂：《先秦儒家的专制主义精神》，中国人民大学出版社，2003。

善行，学天子之善行。则天下何说以乱哉！察天下之所以治者何也？天子唯能一同天下之义，是以天下以治也。"① 一国之是非，上同于国君；天下之是非，上同于天子。普天下都以天子之是非为是非，"一同天下之义"，做到思想的绝对统一，才可能达致天下太平。这种天下只能有一种思想、只能有一个人去思想的理论，就是极端的文化专制主义。对于百家争鸣中的专制主义文化倾向，已经有学者指出："从表面上看，战国时期的思想领域是诸子并存，百家争鸣。但是，如果仔细考察一下各种学说的政治思想脉络，就会发现，争鸣的每一家都不把对方的存在当作自己存在的条件，从而给予应有的尊重，每一家几乎都要求独尊己见，禁绝他说。由于争鸣与争霸是一个过程的两个方面，因此争鸣形成的合力是朝着文化专制主义方向迈进。"② 在雷戈的书中，也把百家争鸣看作是皇权主义意识形态、皇权专制主义的理论启蒙。③ 但是，春秋战国时期百家争鸣中的文化专制主义，还只是一种文化倾向和散在的理论表述，还没有形成为专制主义的意识形态。

秦汉专制皇权的确立，把文化专制主义的理论变成了带有强制性的意识形态，变成了一种人们不能抗拒的文化专制。文化专制的确立，根源于皇帝制度的确立，是皇帝制度的产物。雷戈的书中曾经论道："皇帝制度的正式确立，使得一系列政治观念成为不证自明的基本公理。第一，皇帝等于国家；第二，皇帝和皇权几无可分；第三，尽管皇帝不等于天下，但天下属于皇帝；第四，皇帝绝对拥有一切可能拥有的权力；第五，皇帝手中的权力过大和过多的问题，即皇帝的权力从制度、法律和理论上皆不存在有任何限度的问题。任何人皆不可能从制度、法律和理论上找到限制皇帝权力的合法依据。"④ 这些观念几乎是天理，不证自明，无可置疑，是一种天下人都能认可的政治－思想共识。雷戈书中分析了一个人们熟悉但却不太去注意的现象：汉初君臣总结秦亡的历史经验的时候，对秦王的暴政

① 《墨子·尚同上》，诸子集成本，上海书店，1986。
② 刘泽华、葛荃主编《中国古代政治思想史》，南开大学出版社，2001，第108页。
③ 详细论证见雷戈《秦汉之际的政治思想与皇权主义》，第301～304页。
④ 雷戈：《秦汉之际的政治思想与皇权主义》，第148～149页。

提出了种种批评，贾谊的《过秦论》是最著名的篇章，但是，包括像萧何和张良、陆贾和贾谊这些优秀的政治家、思想家在内，都没有一个人涉及秦始皇的皇帝制度本身。这实际上是对皇帝专制权力的普遍认同，它构成了中华专制主义的政治－思想共识。当皇权专制政体确立之后，围绕皇权绝对权威而设计的专制主义理论，就自然提升为一种同样具有绝对权威的国家意识形态。

在这种意识形态的控制之下，任何对皇权（皇帝及其体现皇帝意志的各级官吏）以及皇权所提出或推行的法令、政策、文化思想的思考和质疑，都失去了合理性和正当性的法理依据；凡是政府所推行的一切，都是必须执行的东西；人们对皇帝、对政府、对各级官吏，除了任其役使、歌功颂德，再没有任何思考的权利。这就是彻底的思想文化专制。当然，这应该说还是一种理性分析，对于皇权专制主义如何实现自己绝对的思想专制目标，我们还应该有所评述。

从秦汉以后的中国历史看，皇权专制主义的实现，主要有两条途径。一是社会运作机制中的"以吏为师"，通过这一途径进行强制性教化；一是具有明确导向性的官吏选拔制度，特别是科举制度，通过这一制度，把普天下的百姓都纳入皇权意识形态的牢笼之中。

"以吏为师"是雷戈书中分析的一个重点，前边已有介绍。现在要强调的是，"以吏为师"这种教化方式的特殊意义。"吏"的教化作用，主要是三个方面：一是由是官吏直接实施的教化活动，如宣讲诏令和圣谕，发布政令，兴学讲经等；二是官吏通过处理政务、断讼理狱而彰显出一种价值取向；三是身教，为人师表，用官吏本身形象起到一种示范作用。教化的这三个方面，都是体现一个皇权至上的专制理念。教化的最终目标，是教会人们如何去思想，按照什么去思想，以什么样的方式去思想。在中国古代，就是要按照历代帝王所提倡的、被皇权意识形态改造过的、完全体现皇权意愿的儒家思想去思想，遵循儒家所规定的思维路线，思考儒家所提出的人生命题，确立儒家提倡的为国尽忠（实际是为君尽忠）的人生目标。这种教化就是实现国民思维的规范化和思想的可控性，使本性活跃的思想不越出皇权意识形态所构筑的藩篱。

皇权专制主义的政治秩序设计，是造成"天高皇帝远"的制度现实；而对国民的掌控又必须依赖皇帝的权威，需要实现皇权对国民思想的直接性支配，于是，"吏"这个从皇帝到国民的政治中介就成为必须，也使"吏"在实现皇权专制主义的过程中具有了特殊的意义，即由"吏"来充当皇帝的化身。每个官吏在他所管辖的范围内都俨然是一个皇帝，都可以显示其"一把手"的绝对权威。当官吏面对他的子民进行教化的时候，他代表的就是皇帝的意志、皇帝的威严、皇帝的声音，子民们没有任何选择和思考的权利。而且，专制政体的残酷和严密，使子民们几乎每日每时都要直面"皇帝"。皇帝的化身就在他的身边，皇帝的思想已渗透到他的心中，那这个真实的皇帝离他们还有多远呢？皇帝的专制已经"深入人心"！

"以吏为师"的奥妙不仅仅在于把皇帝的威严直接送到子民的身边，更在于这个"师"的神圣性。"师"就是表率，就是典范，就是不容置疑的真理的化身。在中国古代的帝王观念中，有一个不证自明的天理，那就是皇帝的圣明。君主不仅至尊，而且至圣。这一观念似乎也来自战国诸子。在先秦时期的思想理论中，天子君主不仅位尊，而且本身就是当然的圣人。他们论及君主产生问题时，要么将其归之于上天的选择，要么归之于君主的非凡和圣明。法家认为君主的权势不是上帝恩赐的，而是在智力与力量的争斗中集中起来的。《商君书·开塞》说："民愚，则知可以王；世知，则力可以王。"《画策》说："不胜而王，不败而亡者，自古及今，未尝有也。"君主是由于知或力而涌现出来的优秀者。墨家的君主论更是把君主看作是人间推选出来的至圣至贤之人。《墨子·尚同上》说："天下之所以乱者，生于无政长，是故选天下之贤可者，立以为天子。"荀子的君主论是"天之立君"。《荀子·大略》篇："天之生民，非为君也；天之立君，以为民也。""天之立君"就更增加了国君的神圣性。可见，不论是哪一种君主论，君主都是圣明和智慧、力量的化身。所以，在战国诸子的思想或理论中，君和圣基本上是合二而一的东西。有些文献中则直接用圣人来指称国君或天子。如《易传》中所言："圣人南面而听天下，向明而治"；"天地养万物，圣人养贤以及万民。"这里的圣人无疑也同时就是天子或国君。正是由于"圣"，所以国君是无所不能，无所不通。在中国古代社会，"天子圣明"成了各级官吏遵命领旨的口头语。在皇权主义政治秩序中，天子的圣明自然也延伸到代表天子以治民的各级官吏身上。这大概也就是"以吏为师"的法理依据。既然天子是圣明的，代表皇帝的各级官吏也是圣明的，那么，天下百姓怎么能不在面对他们的时候交出自己独立思考的权利呢？以皇帝的是非为是非，这是封建时代唯一的真理。这样的文化专制窒息了人们心中的任何萌动，皇帝时刻就在你的心中。"天高皇帝近"，是矣！

造成"天高皇帝近"的观念现实、实现对国民思想控制的另一条途径是科举制度。科举入仕，不仅是隋唐以后普通士人走上仕途、改变人生处境的唯一途径，而且也对全体社会成员产生了巨大的诱惑力。读书做官的欲望和需求，使专制皇权获得了一条控制全民族思想的最佳通道。官位出自皇权，要想获取官位，就必须屈尊于皇权的意志，按照朝廷规定的书目去读书、备考，从而把自己的思想完全彻底地纳入皇权意识形态规定的思想轨道。读书人从来就是社会的精英，是思想文化的创造者，控制了读书人的思想，实际上也就控制了全社会的思想。宋元以后，科举取士中考试科目和考试内容的日益经学化、意识形态化，使科举制度成为达到思想控制的最佳途径。

平心而论，是科举制度把中国古代的文化事业最大限度地推向了普及，推动并提升了中国古代社会的文明程度。根据宋以后的科举资料，中国古代读书人的比例是比较高的，几乎每一个乡村都会涌现出几个读书人来。他们被读书做官的欲望激励起来，而最后的实际结果则是将自己纳入了官方规定的思想轨道。在那些"天高皇帝远"的地方，甚至是官吏的足迹也难以踏到的地方，凤毛麟角的读书人无疑是知书达理的精神权威，他们在穷乡僻壤之中具有特殊的优越地位，自觉不自觉地充当着调停纠纷、宣布教化的历史重任。这些读书而不能入仕的士人，充当了皇权与村民的桥梁，是他们把书中所传达的皇权意识形态灌输到村民百姓之中。在中国古代社会，有一个很普遍的现象，就是那些一字不识的山夫野老，也有可能念出几句子曰诗云的话来。

科举制度造就的读书的广泛性，带来了皇权意识形态对社会的全方位渗透，使它取得了支配国民精神的独断地位。在这样的一个思想的世界里，哪个人的心里没有一个皇帝的影子呢？你要说什么、想什么、做什么，视听言动，都必须想一想圣人的教诲和万岁爷的诏令，都必须和皇权意识形态保持一致。如果有什么怪异的想法，甚至并不怪异但却有违于圣教，就必须立刻、即时、干净彻底地消灭于腹中；否则，你就有可能招致悲惨的命运。皇帝不仅时刻在你的身边，而且简直就侵入你的心中。"天高皇帝近"对于概括或揭示这样一种思想的真实，是再贴切不过了。

秦汉以后的中国思想史，是没有个性化思想的思想史。因为，在皇权主义意识形态的掌控之下，整个民族只能有一种思想，只能用一种方式去思想，只能沿着官方规定的思维路径去思想，只能围绕着维护皇权的绝对权威去思想。任凭再聪颖、再智慧的思想家，也必须牺牲自己的思维个性，牺牲自己思想的权利。在思想家的"思想"之前，就已经为你规定好了思维的路向，思维的内容，就连思维的最后结果也是在思维开始之前就已经给予。这是世界思想史上的怪事或奇迹，也是人类思想史上的壮丽风景：上亿乃至几亿人口的大国，竟然在最活跃的思维领域，保持着高度的整齐划一，出奇的平静沉默。所以能够如此，就在于专制皇权的过于强大，在于皇权体制的刻意设计，用雷戈的话说，就是它用"天高皇帝远"的制度现实造就了"天高皇帝近"的观念实存。只要抓住文化专制主义这个本质属性，中国思想史的核心问题就基本解决了。"天高皇帝近"实在是一个理解中国思想史的核心命题，它值得玩味，并能赋予人们广阔的思维空间。

笔者很久没有给人写过评论了，而且也很鄙夷那种软广告性的书评，但是，就雷戈的书来说，这篇评论则没有在批评方面着力。原因是我认为对这本书思想价值的挖掘，在当下还是其最主要的方面；至于书中的诸多不足或问题，那是留待日后的事情。比如，作为一种新的研究方法的尝试，在许多方面也还比较粗疏，如何较为完整地反映一段思想的历史，如何处理这种从历史进程中挖掘的思想史与"一般知识、思想与信仰"的思想史、用文字书写出来的思想的思想史等等的关系，就是一个很值得探讨的问题。这些，大概是一篇评论所难以胜任的。所以，本文也就此打住。

最后想说的话是，思想史著作一定要写得有思想，这是我读雷戈的书所获得的一点非学术感受。而要写得有思想，我们的历史学家就必须要有热切的现实关怀。雷戈《后记》中说："以学术为人生，只是一种人生境界。以学术关照人生，才是学术的至高境界。"雷戈所云，能否成为我们学界的共识呢？

（原载《史学月刊》2007 年第 10 期）

论刘知幾史学的批判精神

——纪念刘知幾诞辰 1350 周年

今年是唐代著名史学家刘知幾诞辰 1350 周年。对于这样一位历史学家，如《史学月刊》这样的史学专业刊物，是需要有篇文字以资纪念的。而且，对于刘知幾的史学思想，虽然出版的论文和论著已经很多，但也还不是无话可说，或者强为之说。他的即是在当代也需要继承或发扬的史学精神，的确还有进一步深入挖掘的必要。比如刘知幾史学的批判精神，就是一个值得做深度开掘的亮点。

当然，关于刘知幾史学的批判精神，几乎是人人都关注到的东西，①但是，仔细盘点前人的研究成果，也可能是由于时代的原因，人们对刘知幾批判精神的研究和认识，存在着一定的局限性。在前人的研究中，刘知幾的批判精神多是作为其史学思想的一个侧面去认识，而不是作为其史学的核心或灵魂而放置到应有的地位，没有也不可能作为一个中心论题去关

① 关于刘知幾史学的批判精神，20 世纪 60 年代的几位史学大家，所发表的关于刘知幾史学的著名论文都有所涉及。这些论文是侯外庐《论刘知幾的学术思想》（《历史研究》1961 年第 2 期）、翦伯赞《论刘知幾的史学》（《中国史论集》第 2 辑，国际文化服务社出版）、白寿彝《刘知幾的史学》（北京师范大学 1959 年第 5 期）、任继愈《刘知幾的进步的历史观》（《文史哲》1964 年第 1 期）、杨翼骧《刘知幾与〈史通〉》（《历史教学》1963 年第 7、8 期）等。〔这几篇宏论都已收入吴泽主编的《中国史学史论集》（二），上海人民出版社，1980〕在一般的中国史学史著作中，谈到刘知幾史学的章节，也几乎都会提到他的学术批判精神。特别是白寿彝先生的文章，第一部分的标题即是"刘知幾史学的批判精神和对优良传统的发扬"。

注。纵观前人的研究，对刘知幾史学批判精神的关注，最集中最明确的表述，要数翦伯赞先生的一段话。翦伯赞在《论刘知幾的史学》一文的结尾处，模仿历史上班固评司马迁、傅玄评班固、刘知幾评孙盛的语气和句法，对刘知幾史学做了一个正反两面的定评，语曰：

> 论大道，则先《论衡》而后《六经》；述史观，则反天命而正人事；疑古史，则黜尧舜而宽桀纣；辨是非，则贬周公而恕管蔡；评文献，则疑《春秋》而申《左传》；叙体裁，则耻模拟而倡创造；此其所以为长也。但其论"本纪"，则贬项羽而尊吴蜀；评"世家"，则退陈涉而进刘玄；此又其所以为短也。①

翦伯赞这段话，酣畅淋漓，极中肯而精辟。"先《论衡》而后《六经》"，"反天命而正人事"，"黜尧舜而宽桀纣"，"贬周公而恕管蔡"，鲜明地突出了刘知幾史学反传统的叛逆性格，也是刘知幾批判精神的具体反映；但这些总结，总归是落实在具体的事象上，而不是抽象到精神形态的挖掘，还没把刘知幾史学上升到社会批判的高度，以此去评判刘知幾史学的学术个性尚嫌不足。对于刘知幾史学的批判精神，需要从学术的本质出发，有一个旗帜鲜明的判断。毋宁说，刘知幾史学的本质不是是否具有批判精神的问题，而就是在执行批判的使命。从社会批判的角度去认识刘知幾史学的学术本质，是本文的核心论点，也是今天纪念刘知幾诞辰1350周年应该挖掘的思想主题。

一　疑古惑经而鞭挞圣人

"疑古"、"惑经"是《史通》本书的两个篇名，刘知幾史学的批判属性即是如此之旗帜鲜明！

刘知幾所处的时代，儒家经学具有不可置疑的神圣地位。唐初统治者

---

① 翦伯赞：《论刘知幾的史学》，吴泽主编《中国史学史论集》（二），第57页。

为了垄断对经学的解释权，组织人力编写并颁定了《五经正义》，作为天下士人的必读教本，更加突出了经学的神圣性。就是在这样的历史条件下，刘知幾的《史通》发出了对经学的强烈批判，表现出无所畏惧的批判精神。《疑古》篇中，刘知幾说："夫《五经》立言，千载犹仰，而求其前后，理甚相乖。"① 仅此"理甚相乖"四字，便击碎了经学圣典的神圣光环，这传诵千载之《五经》不仅不再神圣，而且于常理也不通了。

我们先来看他对《尚书》的批判。他说："上起唐尧，下终秦穆，其《书》所录，唯有百篇。而《书》之所载，以言为主。至于废兴行事，万不记一。语其缺略，可胜道哉！故令后人有言，唐、虞以下帝王之事，未易明也。"② 这是从史学角度的批判，谓其记事缺略，帝王兴亡之事万不及一，重言轻事，影响了史事的流传。更严重的问题是，《尚书》中还存在不少言之不实之处，有违实录之原则。譬如，刘知幾指出，《尚书》中对夏桀和商纣王一类所谓暴君的丑化和指责就是不实之词。他说：

> 夫《五经》……称周之盛也，则云三分有二，商纣为独夫；语殷之败也，又云纣有臣亿万人，其亡流血漂杵。斯则是非无准，向背不同者焉。又案武王为《泰誓》，数纣过失，亦犹近代之有吕相为晋绝秦，陈琳为袁檄魏，欲加之罪，能无辞乎？而后来诸子，承其伪说，竞列纣罪，有倍《五经》。故子贡曰：桀、纣之恶不至是，君子恶居下流。班生亦云：安有据妇人临朝！刘向又曰：世人有弑父害君，桀、纣不至是，而天下恶者必以桀、纣为先。此其自古言辛、癸之罪，将非厚诬者乎？③

《尚书·泰誓》是武王伐殷的誓词，文中历数了殷纣王的种种罪恶，宣称伐纣是顺从天意民心的正义之举。在这样的伐纣檄文中，对殷纣王的

---

① 刘知幾著，浦起龙释《史通通释·疑古》下，上海古籍出版社，1978，第388页。
② 刘知幾著，浦起龙释《史通通释·疑古》下，第380页。
③ 刘知幾著，浦起龙释《史通通释·疑古》下，第388页。

罪恶当然是要尽量夸大，以便最大限度地激起民愤，砥砺军心。所以，刘知幾说《泰誓》历数纣王之过失，就像春秋时期晋厉公派卿士吕相去秦国断绝邦交，吕相赴秦后历数秦国背信弃义的事实；汉魏之际何进替袁绍写讨伐曹操的檄文，把曹操的父祖辈都牵连进去一样，欲加之罪，何患无辞。他们实际上是对他人的罪过作了过分地夸大。因此，刘知幾断言："自古言辛、癸之罪，将非厚诬者乎？"

刘知幾在《疑古》篇对《尚书》提出了十个方面的质疑，可谓十批《尚书》。该篇最后说：

> 夫远古之书，与近古之史，非唯繁约不类，固亦向背皆殊。何者？近古之史也，言唯详备，事罕甄择。使夫学者睹一邦之政，则善恶相参；观一主之才，而贤愚殆半。至于远古则不然。夫其所录也，略举纲维，务存褒讳，寻其终始，隐没者多。尝试言之，向使汉、魏、晋、宋之君生于上代，尧、舜、禹、汤之主出于中叶，俾史官易地而书，各叙时事，校其得失，固未可量……推此而言，则远古之书，其妄甚矣。岂比夫王沈之不实，沈约之多诈，若斯而已矣。

刘知幾指出，"务存褒讳"的现实目的，使《尚书》失去了真实性的追求，成了和王沈之《魏书》、沈约之《宋书》一样的不实之作。王沈和沈约，历史上是有评论的。《晋书·王沈传》说："（王沈）与荀颛、阮籍共撰《魏书》，多为时讳，未若陈寿之实录也。"[1] 刘知幾《史通·直书》篇说："王沈《魏书》，假回邪以窃位。"《曲笔》篇说："《宋书》多妄。"现在，在他的笔下，《尚书》也被贬到了和王沈《魏书》、沈约《宋书》一样的地位。至此，《尚书》这本经孔夫子编定的千古圣典，不唯在记事上"万不记一"、"未易明也"，而且就简直是不实之作，"其妄甚矣"！

我们再来看他对《春秋》经的批判：

① 《晋书·王沈传》，中华书局，1974，第1143页。

　　盖明镜之照物也，妍媸必露，不以毛嫱之面或有疵瑕，而寝其鉴也；虚空之传响也，清浊必闻，不以绵驹之歌时有误曲，而辍其应也。夫史官执简，宜类于斯。苟爱而知其丑，憎而知其善，善恶必书，斯为实录。观夫子修《春秋》也，多为贤者讳。狄实灭卫，因桓耻而不书；河阳召王，成文美而称狩。斯则情兼向背，志怀彼我。①

　　刘知幾认为，《春秋》最重大的问题在于，它违背了"爱而知其丑，憎而知其善，善恶必书，斯为实录"的撰述原则，为贤者讳成了它败笔的根源。他举例说，鲁闵公二年，狄人入侵并灭亡卫国，齐桓公没有尽到攘夷的责任，本着为贤者讳的原则，《春秋》便将此事记作"狄入卫"，而回避了狄人灭亡卫国的事实；僖公二十八年，晋侯召周天子到河阳参加诸侯国盟会，以臣召君违背礼法，《春秋》为晋侯讳，则记曰："天王狩于河阳。"把周天子屈尊参加诸侯国盟会，说成是到河阳巡察或打猎，扭曲了事实的真相。

　　由于隐晦过多，刘知幾认为，《春秋》在记事方面，甚至还不如同时代的其他诸侯国史记：

　　且案汲冢竹书《晋春秋》及《纪年》之载事也，如重耳出奔，惠公见获，书其本国，皆无所隐。唯《鲁春秋》之记其国也，则不然。何者？国家事无大小，苟涉嫌疑，动称耻讳，厚诬来世，奚独多乎！②

　　诸侯国史记，如《晋春秋》、《竹书纪年》等，他们的记事"书其本国，皆无所隐"，善恶必书，而《春秋》"动称耻讳"，外国的为贤者讳，本国的凡丑皆讳，历史的本来面目完全被模糊了。

　　除了隐讳的问题，刘知幾还批评《春秋》记事的诸多弊端。如他说：

---

①　刘知幾著，浦起龙释《史通通释·惑经》下，第402页。
②　刘知幾著，浦起龙释《史通通释·惑经》下，第405页。

"夫子之修《春秋》，皆遵彼乖僻，习其讹谬，凡所编次，不加刊改者矣。"① 说《春秋》对所依据的资料不加甄别，"习其讹谬"。"用使巨细不均，繁省失中，比夫诸国史记，奚事独为疏阔？寻兹例之作也，盖因周礼旧法，鲁策成文。夫子既撰不刊之书，为后王之则，岂可仍其过失，而不中规矩者乎？"② 《春秋》之作，一味地依循周礼旧法、鲁史策文，仍其过失，"不中规矩"，并记事"巨细不均，繁省失中"。"《春秋》记它国之事，必凭来者之辞；而来者所言，多非其实。或兵败而不以败告，君弑而不以弑称，或宜以名而不以名，或应以氏而不以氏，或春崩而以夏闻，或秋葬而以冬赴。皆承其所说而书，遂使真伪莫分，是非相乱。"③ 记他国史事，简单地依据他国来者的一面之辞，不加甄别，"遂使真伪莫分，是非相乱"。刘知幾一下子对《春秋》提出了十二条质疑。

在刘知幾看来，无论是《尚书》还是《春秋》，最大的问题就是其真实性之可疑。史书也好，经书也罢，如果违背了"实录"的原则，还何言其价值！面对刘知幾的批判，这些神圣不可侵犯的千古圣典，全都失去了虚幻的光环。这些对《尚书》和《春秋》的批判，实际上矛头已经直指孔子，但他还是对孔子进行了更直接和更集中的批评：

> 故观夫子之刊书也，夏桀让汤，武王斩纣，其事甚著，而芟夷不存。观夫子之定礼也，隐、闵非命，恶、视不终，而奋笔昌言，云"鲁无篡弑"。观夫子之删《诗》也，凡诸《国风》，皆有怨刺，在于鲁国，独无其章。观夫子之《论语》也，君娶于吴，是谓同姓，而司败发问，对以"知礼"。斯验世人之饰智矜愚，爱憎由己者多矣。④

他说，孔子删定《尚书》，删去了商汤驱除夏桀、武王斩纣等类似于弑君的事情；孔子之定《礼经》，对于鲁隐公、鲁闵公被杀之事，对鲁文

---

① 刘知幾著，浦起龙释《史通通释·惑经》下，第407页。
② 刘知幾著，浦起龙释《史通通释·惑经》下，第408页。
③ 刘知幾著，浦起龙释《史通通释·惑经》下，第409页。
④ 刘知幾著，浦起龙释《史通通释·疑古》下，第380~381页。

公太子恶和其弟弟视被鲁大夫襄仲所杀而不得终年之事，都不予正视，硬说是"鲁无篡弑"；孔子之删定《诗经》，《国风》中保留了许多刺怨之诗，用《国风》来表达刺怨，而《国风》中唯独没有鲁国的诗章，鲁国真的就政治清明到没有刺怨之诗？《论语》中孔子答陈司败问，说鲁昭公知礼，这明明是对鲁昭公的偏袒。鲁昭公娶吴国女子为夫人，而吴和鲁是同姓国家，不便通婚的，这样的人还叫懂礼吗？由此而言，孔子其人的删定"六经"，也是"爱憎由己"，不实者多矣！

刘知幾的批判由孔子又上溯到周公。《疑古》篇说：

> 《尚书·金滕》篇云："管、蔡流言，公将不利于孺子。"《左传》云："周公杀管叔而放蔡叔，夫岂不爱，王室故也。"案《尚书·君奭》篇《序》云："召公为保，周公为师，相成王，为左右。召公不说。"斯则旦行不臣之礼，挟震主之威，迹居疑似，坐招讪谤。虽奭以亚圣之德，负明允之才，目睹其事，犹怀愤懑。况彼二叔者，才处中人，地居下国，侧闻异议，能不怀猜？原其推戈反噬，事由误我。而周公自以不諴（浦注：当作"咸"），遽加显戮，与夫汉代之赦淮南，宽阜陵，一何远哉！斯则周公于友于之义薄矣。

周公历来是贤相的代表，是列于尧、舜、禹、汤、文、武、周、孔系列的大圣人；周公诛放管叔、蔡叔之事，也被千古谈称。而刘知幾则提出了自己的看法。他认为，周公处在一个很特殊的地位，挟震主之威，处疑似之地，被人怀疑和诽谤是很正常的事情，连召公奭这样"以亚圣之德，负明允之才"的人都对其"犹怀愤懑"，管叔、蔡叔对他有所怀疑或不满是可以理解的。加之他们"才处中人，地居下国，侧闻异议，能不怀猜"？信息不畅通，加重了他们的疑心。他们举戈作乱，或是出于自己的误会，而周公就何至于要对他们如此镇压呢？西汉文帝时，淮南厉王刘长骄傲自恃，后以谋反判死刑，文帝赦免其死罪，废为庶民；东汉光武帝之子淮阳王刘延，造作图谶祝诅上，死罪，明帝特加宽宥，徙为阜陵王。后来又有人告他谋反，章帝贬他为侯。后章帝巡游至九江，知道他已悔悟，又恢复了他的王位。周公和后世的汉帝相比，"一何远哉"！在刘知幾看来，周公自己招揽权力而遭质疑，不去自责，反倒对自己的兄弟大开杀戒，这样的人非但不是圣人，而且也不具备友于兄弟的一般道德。

由"疑古"、"惑经"，到直指周、孔圣人，刘知幾的学术批判令人振聋发聩。在他这里，已经没有什么使人值得完全尊崇的可以顶礼膜拜的东西。任何经典学说、任何精神权威，都应该放在理性的天枰上，从历史出发，从事实出发，经过自己的独立思考做出判断。以他人的是非为是非，以传统的是非为是非，以圣人权威的是非为是非，已经完全不符合他的思维品格。

二 由学术思想批判而剑指君王

以往学界谈到刘知幾的批判精神，几乎都会关注到他对历史上符瑞征兆、谶纬迷信的批判，并由此肯定他的无神论思想，赞扬他的科学意识。这样的认识当然不错。然而，仅止于此，就似乎没有去深究他批判谶纬迷信背后更深刻、更尖锐的东西。实际上，他对符瑞征兆、谶纬迷信的批判，极其鲜明地体现了他挑战政治权威的政治立场，他是在旗帜鲜明地执行政治批判。

从纯粹的学术观点说，刘知幾的历史观是重人事而忽天命。从这样的历史观出发，对符瑞征兆、谶纬迷信的批判是极其正常的。《史通·杂说上》中，刘知幾批评司马迁以天命论成败，有一段很精彩的话：

> 《魏世家》太史公曰："说者皆曰'魏以不用信陵君，故国削弱至于亡。'余以为不然。天方令秦平海内，其业未成，魏虽得阿衡之徒，曷益乎？"夫论成败者，固当以人事为主，必推命而言，则其理悖矣。盖晋之获也，由夷吾之愎谏；秦之灭也，由胡亥之无道；周之季也，由幽王之惑褒姒；鲁之逐也，由稠父之违子家。然则败晋于韩，狐突已志其兆；亡秦者胡，始皇久铭其说；麛裘箕服，彰于宣、历之年；征褰与襦，显自文、武之世。恶名早著，天孽难逃。假使彼四君才若

　　桓、文，德同汤、武，其若之何？苟推此理而言，则亡国之君，他皆仿此，安得于魏无讥者哉？

在刘知幾看来，国家的兴亡成败，是与人事相关而非取决于天命，"必推命而言，则其理悖矣"。他举出了四个实际例子，晋惠公夷吾拒绝忠言以至于失国，秦国的速亡是由于胡亥的无道，西周走上末世是由于幽王惑于褒姒，鲁昭公败逃齐国是由于不听大夫子家的劝告。假使这几位国君都"才若桓、文，德同汤、武"，都是像齐桓晋文、商汤周武那样的贤德之君，何至于会做亡国之君！如此看来，一切都是人的原因，并非像《左传》和《史记》记载中所说的那样，是由于预先有了什么征兆。

《史通·杂说上》也举出许多例子来证明符瑞神学的荒谬：

　　盖妫后之为公子也，其筮曰：八世莫之与京。毕氏之为大夫也，其占曰：万名其后必大。姬宗之在水浒也，鸑鷟鸣于岐山；刘姓之在中阳也，蛟龙降于丰泽。斯皆瑞表于先，而福居其后。向若四君德不半古，才不逮人，终能坐登大宝，自致宸极矣乎？必如史公之议也，则亦当以其命有必至，理无可辞，不复嗟其智能，颂其神武者矣。

有妫氏的后人，指陈国之后，陈公子完。《左传·庄公二十二年》载，陈国公子完逃亡到齐国，齐桓公任命为卿。初，懿氏占卜替完娶妻，"其妻占之，曰："吉，是谓'凤皇于飞，和鸣锵锵，有妫之后，将育于姜。五世其昌，并于正卿。八世之后，莫之与京'。"① 说陈公子完被任命为上卿，是有占卜在前的。万名其后必大，见于《左传·闵公元年》的记载：晋献公任毕万为大夫，赐给魏邑。大夫卜偃说："毕万之后必大。万，盈数也；魏，大名也；以是始赏，天启之矣。天子曰兆民，诸侯曰万民。今名之大，以从盈数，其必有众。"② 鸑鷟鸣于岐山，是说周的兴起。鸑鷟，

---

① 刘知幾著，浦起龙释《史通通释·疑古》下，第380~381页。
② 刘知幾著，浦起龙释《史通通释·疑古》下，第380~381页。

水鸟名，古代以为神鸟。《国语·周语》："周之兴也，鸑鷟鸣于岐山。"①
汉高祖刘邦，其母梦与蛟龙相媾而生，事见《史记·高祖本纪》："高
祖……母曰刘媪。其先刘媪尝息大泽之陂，梦与神遇。是时雷电晦冥，太
公往视，则见蛟龙于其上。已而有身，遂产高祖。"② 此说证明刘邦之称
帝，就因为他是龙种。刘知幾根本不相信这些神学说教。他说，如果一定
要像太史公所说的那样，古代伟人的成功都是由于有符瑞先兆，那么就没
有必要去赞扬他们的聪慧才智和谋略神勇了。

刘知幾对班固的《汉书》评价很高，但对《汉书·五行志》所记载的
那些灾异征兆、天人相应的杂乱事例，则持严格的批判态度。他在《书
志》篇写道：

> 若乃采前文而改易其说，谓王札子之作乱，在彼成年；夏徵舒之
> 构逆，当夫昭代；楚严作霸，荆国始僭称王；高宗谅阴，亳都实生桑
> 穀。晋悼临国，六卿专政，以君事臣；鲁僖末年，三桓世官，杀嫡立
> 庶。斯皆不凭章句，直取胸怀，或以前为后，以虚为实。移的就箭，
> 曲取相谐；掩耳盗钟，自云无觉。讵知后生可畏，来者难诬者邪……
> 如斯诡妄，不可殚论。而班固就加纂次，曾靡铨择，因以五行编而为
> 志，不亦惑乎？

对于文中提到的这些灾异征兆，刘知幾自己做注，一一揭示其荒谬不
经③，说明它毫无根据，几乎都是"移的就箭，曲取相谐"的结果，完全
是人为地编造出来的。的确，从"以人事为主"的历史观出发，刘知幾对
历代史书中关于五行灾异、祥瑞符命、谶纬迷信的记载，深表愤慨，进行
了严肃批判。这样的例子很多，《史通》的《书志》、《杂说》（上、中、

---

① 徐元诰：《国语集解》，中华书局，2002，第 29 页。
② 《史记·高祖本纪》，第 341 页。
③ 对于《书志》篇这段文字中提到的这些灾异征兆之事，《史通》本注中一一驳斥，限于篇
　幅原因不复赘引。参见刘知幾著，浦起龙释《史通通释》上，上海人民出版社，1978，
　第 64~66 页。

下）、《五行志错误》、《五行志杂驳》等篇，大都是讲这方面内容，以往的学者多有评论，兹不赘举。我们关心的是他批判这些符瑞征兆、谶纬迷信的更深刻的目的。

刘知幾经过系统地思考和研究，发现历史上称说符瑞征兆之事有一个规律性的现象。他在《书事》篇说：

> 凡祥瑞之出，非关理乱，盖主上所惑，臣下相欺，故德弥少而瑞弥多，政逾劣而祥逾盛。是以桓、灵受祉，比文、景而为丰；刘、石应符，比曹、马而益倍。而史官征其谬说，录彼邪言，真伪莫分，是非无别。

"德弥少而瑞弥多，政逾劣而祥逾盛"，真是一个极其精辟的见解。德愈衰而祥瑞愈多，政绩越差而祥气越盛，越是政治昏暗之世，符瑞的叫嚣就越是高调。东汉桓、灵二帝时期，在宦官当道、政治黑暗之时，而它所得到的符瑞、接受的福祉，似乎比西汉的文景盛世时还多。十六国时期刘渊、石勒两朝所应验的符瑞，大概也超过曹魏和西晋的司马氏当政时期。为什么会这样呢？因为最黑暗的时期，统治者越需要用符瑞一类谎言来欺骗人民，也同时为自己打气，所谓自欺欺人者也。原来祥瑞之说，意在于此！他一眼洞穿了历代统治者大讲符瑞征兆的根本目的。刘知幾对符瑞灾异迷信的批判，固然是他的科学思想的反映，是其重人事、重历史教化的思想所使然；然而从这段话来看，他批判符瑞征兆、谶纬迷信的目的，则的确有点项庄舞剑意在沛公了。他是要通过对历史上宣扬符瑞征兆、谶纬迷信事例的排列和分析，指出其中的真正奥秘。所以，我们可以认为，刘知幾批判符瑞征兆、谶纬迷信的真正目的，在于对历代统治者"德少"、"政劣"、以谎言欺世行为的政治批判！

刘知幾并不缺乏这样的政治勇气。他的某些学术批判就是将矛头直指历代帝王，甚至已经暗指当朝皇帝。譬如关于《尚书》孔安国注中关于尧舜禅让问题的批判，就实际上是批判古代帝王。他说：

《尧典·序》又云："将逊于位，让于虞舜。"孔氏《注》曰："尧知子丹朱不肖，故有禅位之志。"案《汲冢琐语》云："舜放尧于平阳。"而书云某地有城，以"囚尧"为号。识者凭斯异说，颇为禅授为疑。然则观此二书，已足为证者矣，而犹有所未睹也。何者？据《山海经》，谓放勋之子为帝丹朱，而列君于帝者，得非舜虽废尧，仍立尧子，俄又夺其帝者乎？观近古有奸雄奋发，自号勤王，或废父而立其子，或黜兄而奉其弟，始则示相推戴，终亦成其篡夺。求诸历代，往往而有。必以古方今，千载一揆。斯则尧之授舜，其事难明，谓之让国，徒虚语耳。①

刘知幾认为，根据《汲冢琐语》的记载，不是尧把帝位让于舜，而是舜放逐、囚禁帝尧于平阳。这一说法和《尚书·尧典》所说"将逊于位，让于虞舜"截然相反。刘知幾又举出《山海经》的说法，具体指出舜夺帝位的手段是"舜虽废尧，仍立尧子，俄又夺其帝"。就是说，他不是直接放逐尧而夺其位，而是经过一个过渡，放逐尧后，立尧之子丹朱为帝，然后再废丹朱而自立为帝。在刘知幾看来，这是上古君王惯用的手段。接着他又谈到禹承舜位的情况："舜废尧而立丹朱，禹黜舜而立商均，益手握机权，势同舜、禹，而欲因循故事，坐膺天禄。其事不成，自贻伊咎。"②大禹代替虞舜的情况，和舜取代尧的情况完全相同。按照《史记·夏本纪》的记载，帝舜驾崩之后，禹主动避开舜的儿子商均而居于阳城，而天下诸侯都离开商均而去阳城朝拜禹，禹于是即天子之位。实际上这是一种伪饰，实际的情况是夏禹驱除舜而立舜的儿子商均，然后再夺取商均的帝位，和舜夺尧位没有什么不同。这几乎成了一种帝位嬗替的规律。但此种现象到了大禹之后有了变化，帝位最终落到了禹之子启的手中，而不是被益夺去。按刘知幾的看法，这个益本来是可以"因循故事，坐膺天禄"的，是可以像舜之代尧和禹之代舜那样拿到帝位的，但他却被启所杀，这

---

① 刘知幾著，浦起龙释《史通通释·疑古》下，第384页。
② 刘知幾著，浦起龙释《史通通释·疑古》下，第386页。

是益咎由自取。

刘知幾对尧舜禅让的传统说教表示怀疑，并举出了《汲冢琐语》和《山海经》中的相关记载，是有一定的说服力的。而且他还以近世的帝位嬗替相佐证，更加强了他的质疑和批判的力量："观近古有奸雄奋发，自号勤王，或废父而立其子，或黜兄而奉其弟，始则示相推戴，终亦成其篡夺。"他所处时代的唐朝，其江山大抵就是这样得来的。唐之代隋，几乎和所谓尧舜嬗替是如出一辙。先有隋炀帝被杀，立代王侑为帝，再逼侑退位。唐开国之君李渊就是这样以禅让为名，行篡夺之实，夺取了隋朝江山。即使唐王朝自己修的《隋书》，也无法掩饰名禅让实篡夺的实质。《隋书·恭帝纪》评论曰："恭帝年在幼冲……虽欲不遵尧舜之迹，其庸可得乎！"[1] 唐代隋的历史实情，既是对儒家禅让说的无情嘲讽，也为刘知幾对古代帝王的政治批判提供了有力佐证。

刘知幾的批判指向名曰"近古"，实际上是影射唐代帝王。在刘知幾的时代，直接批判当代君王是要杀头的，所以，他不能指名道姓，而只能暗示或影射。所谓"废父而立其子"，是对李渊代隋的影射；而"黜兄而奉其弟"，则是对唐太宗李世民制造玄武门之变、废太子而自立的影射。"必以古方今，千载一揆"，则明确表明了自己的影射目的。前文所引他对周公的批判，实际上也是利用对周公诛杀、放逐管叔、蔡叔兄弟的批判，影射唐太宗杀兄自立的事实。他所言"斯则周公于友于之义薄矣"，也正是对李世民的指责。刘知幾将批判的矛头指向当朝开国皇帝李渊、李世民父子，至今读来，也令人咋舌！在那极端专制的帝制时代，这样的批判已经不仅仅是一个学识的问题，更是需要一种大无畏的献身精神了。

三　当代史学及史馆制度批判

学术批判是《史通》的基本任务，全书都是在执行史学批判的使命，可以毫不夸张地说，刘知幾以前的所有史学著作都被他一一评论和批判，

---

[1] 《隋书·恭帝纪》，中华书局，1973，第102页。

几乎无一漏过。所以，关于刘知幾对以往史学的批判已无需再进行具体讨论；而从批判精神的角度谈论问题，则需要对其关于当代史学的批判做以分析，这是体现他批判精神的一个重要方面。当代史学，离自身很近，有些是刚刚过去的事情，有些则是身边正在发生的事情，对之批判需要勇气和胆略。

我们首先看他对唐初新修的《五代史》① 的批判。在《杂说中》，他对唐初新修的《五代史》表示过总的不满，说"皇家修《五代史》，馆中坠稿仍存，皆因彼旧事，定为新史"。五代史志的修撰，基本是依据南北朝后期和隋代史家所撰修的当代史，甚至是原来被抛弃的稿子，"不能别求他述，用广异闻，唯凭本书，重加润色"，② 没有依据更广泛的资料，没有增加多少新的内容，也没有新的眼光和学识。这样，原来各王朝修的当代史，所有对当朝史事隐讳和曲加粉饰的内容也就保留了下来，无法达到实录的要求。像《周书》，刘知幾就说他"遂使周氏一代之史，多非实录者焉"。③ 还有，在新修五代史志的时候，为了避当今君王之讳，将前代帝王的庙号随意改变，造成了许多混乱。如北齐国史，原来诸帝皆称庙号，遇到犯时讳的地方，就用谥号。而结果，此谥号又与其他皇帝的庙号相冲突，出现了同是"襄帝"而非一人、同是"成帝"也非一朝的记事混乱局面。刘知幾说："其北齐国史，皆称诸帝庙号，及李氏撰《齐书》，其庙号有犯时讳者，即称谥焉。至如变世宗为文襄，改世祖为武成。苟除兹'世'字，而不悟'襄'、'成'有别。诸如此谬，不可胜纪。"④ 使后世学者"真伪难寻"。他对《隋书》大量保留"诡辞妄说"、不经之谈尤为不满，痛加诋呵：

> 《隋书》《王劭》、《袁充》两传，唯录其诡辞妄说，遂盈一篇。寻又中以诋诃，尤其诡惑。夫载言示后者，贵于辞理可观。既以无益

---

① 唐修五代史，谓南朝的梁、陈和北朝的北齐、北周、隋，凡五朝。
② 刘知幾著，浦起龙释《史通通释·杂说中》下，第 501 页。
③ 刘知幾著，浦起龙释《史通通释·杂说中》下，第 501 页。
④ 刘知幾著，浦起龙释《史通通释·杂说中》下，第 499 页。

而书，岂若遗而不载。盖学者神识有限，而述者注记无涯。以有限之神识，观无涯之注记，必如是，则阅之心目，视听告劳；书之简编，缮写不给。呜呼！苟自古著述其皆若此也，则知李斯之设坑阱，董卓之成帷盖，虽其所行多滥，终亦有可取焉。①

《隋书》卷六十九王劭、袁充合传。王劭笃信阴阳谶纬，《隋书》王劭传全文收录了他的《上变火表》、《言符命表》。袁充信奉道教，好谈阴阳占候，隋文帝欲废太子杨勇，袁充便附会天象以赞成文帝之意，上书谬称文帝本命于阴阳律吕相合者六十余条，并上表谬称祥瑞，《隋书》袁充传详细著录袁充上书的虚妄之言。在收录这些"诡辞妄说"之后，卷后的史臣评论中又来谴责他们的虚妄和诡惑。刘知幾对此种做法极其不满。他认为，著述收录前人的言辞，在于其"辞理可观"，如果无益则"遗而不载"，《隋书》这种做法，徒费读者心神之劳。这样的著述，即使被李斯、董卓之流焚烧殆尽也不可惜。

我们再来看他对《晋书》的批判。《晋书》是唐太宗的命题作文。晋史在唐以前已有24家，至唐还存留18家，唐太宗对这些晋史之作都不满意，下诏要求重修，并亲撰了《宣帝纪论》。可以说，《晋书》是唐太宗参与撰修的史书，也的确有"御撰"的美名。但刘知幾并没有因此放弃对它的批判。他写道：

> 晋世杂书，谅非一族，若《语林》、《世说》、《幽明录》、《搜神记》之徒，其所载或恢谐小辩，或神鬼怪物。其事非圣，扬雄所不观；其言乱神，宣尼所不语。皇朝新撰《晋史》，多采以为书。夫以干、邓之所粪除，王、虞之所糠秕，持为逸史，用补前传，此何异魏朝之撰《皇览》，梁世之修《遍略》，务多为美，聚博为功，虽取说于小人，终见嗤于君子矣。②

---

① 刘知幾著，浦起龙释《史通通释·杂说中》下，第502页。
② 刘知幾著，浦起龙释《史通通释·采撰》上，第116～117页。

近见皇家所撰《晋史》，其所采亦多是短部小书，省功易阅者，若《语林》、《世说》、《搜神记》、《幽明录》之类是也。如曹、干两氏《纪》，孙、檀二《阳秋》，则皆不之取。故其中所载美事，遗略甚多。①

以上是批评《晋书》之取材，多以《语林》、《世说》、《搜神记》、《幽明录》之类的短部小书为素材，而这些书所载或诙谐小辩，或神鬼怪物，是不能作为正史之资料来源的。这些短书小说为历代史家所不齿，晋代史家干宝、邓粲所撰的《晋纪》，王隐、虞预所撰的《晋书》等，都将其视为糠秕，弃之不用，而今之《晋书》则多所采纳。以短书小说为据，"虽取说于小人，终见嗤于君子矣"。在《论赞》篇中，他还从文人修史、编纂义例等方面对《晋书》多加指责，兹不赘述。《晋书》既挂名"御撰"，就加上了神圣性的特征，刘知幾全然不顾这些，直言不讳地加以批评。

刘知幾对当代史学的批判，最鲜明也最集中地体现在他对史馆修史制度的批判中。

中国的史官制度由来已久，从历史文献中看，这是自三代以来就有的历史传统。但隋唐以前的史官修史和其后的史馆修史还是有所不同。以前的史官修史，史官是其官职和执掌，而其修史活动则基本上是独立的，可以看作是个人的学术活动，基本上是个人意志和学术信念的反映。如在史学史上传为美谈的晋国史官董狐和齐国的太史、南史氏等，都是身为史官而可以独立作史表达个人学术个性的例子。而到了隋唐之后的史馆修史则大不相同了。史馆修史，一方面是集体编书，另一方面则是由朝廷重臣宰相监修史书。史馆修史，要想反映著作者个人的意志和学术思想，就几乎是不可能的了。

刘知幾一生几次出入史馆，在史馆度过了二十多年，而自己的史学主张则无从实现，对史馆之弊有着酸甜苦辣的亲身感受。他在《自叙》中

---

① 刘知幾著，浦起龙释《史通通释·杂说上》下，第456～457页。

说："虽任当其职，而吾道不行；见用于时，而美志不遂。郁怏孤愤，无以寄怀。"为什么史馆里无法实现他的修史宏愿，无法贯彻他的修史主张，刘知幾认为，这是由于史馆制度本身所造成的。他把史馆修史的弊端归结为五不可：

> 古之国史，皆出自一家，如鲁、汉之丘明、子长，晋、齐之董狐、南史，咸能立言不朽，藏诸名山。未闻借以众功，方云绝笔。唯后汉东观，大集群儒，著述无主，条章靡立……今者史司取士，有倍东京。人自以为荀、袁，家自称为政、骏。每欲记一事，载一言，皆搁笔相视，含毫不断。故头白可期，而汗青无日。其不可一也。
>
> 前汉郡国计书，先上太史，副上丞相。后汉公卿所撰，始集公府，乃上兰台。由是史官所修，载事为博。爰自近古，此道不行。史官编录，唯自询采……求风俗于州郡，视听不该；讨沿革于台阁，簿籍难见。虽使尼父再出，犹且成于管窥；况仆限以中才，安能遂其博物！其不可二也。
>
> ……近代史局，皆通籍禁门，深居九重，欲人不见。寻其义者，盖由杜彼颜面，防诸请谒故也。然今馆中作者，多士如林，皆愿长喙……傥有五始初成，一字加贬，言未绝口而朝野具知，笔未栖毫而搢绅咸诵……人之情也，能无畏乎？其不可三也。
>
> 古者刊定一史，纂成一家，体统各殊，指归咸别……顷史官注记，多取禀监修，杨令公则云"必须直词，"宗尚书则云"宜多隐恶。"十羊九牧，其令难行；一国三公，适从何在？其不可四也。
>
> 窃以史置监修，虽古无式，寻其名号，可得而言。夫言监者，盖总领之义耳。如创纪编年，则年有断限；草传叙事，则事有丰约。或可略而不略，或应书而不书……斯并宜明立科条，审定区域。傥人思自勉，则书可立成。今监之者既不指授，修之者又无遵奉，用使争学苟且，务相推避，坐变炎凉，徒延岁月。其不可五也。①

---

① 刘知幾著，浦起龙释《史通通释·忤时》下，第590~592页。

以上五条，除了第二条稍似牵强外，① 其他几条大概都是切中要害的，的确是集体著述之弊。

刘知幾指出的史馆修史之弊，第一条就是非出自一家之言。这一批判抓住了学术创造的规律，是一个本质性的问题。刘知幾的这一批评，是和他的另一项重要的史学主张相联系的，那就是他主张"独断"之学。刘知幾在《辨职》篇分析了史馆之弊后，提出了他的"独断"主张：

> 昔丘明之修《传》也，以避时难；子长之立记也，藏于名山；班固之成书也，出自家庭；陈寿之草志也，创于私室。然则古来贤俊，立言垂后，何必身居廨宇，迹参僚属，而后成其事乎？是以深识之士，知其若斯，退居清静，杜门不出，成其一家，独断而已。

刘知幾自己对"独断"二字并没有做出具体解释，其思想内涵可以从他的上下文和有关的论述中分析出来。我们体会，刘知幾的"独断"说，即是强调史家个体独立思考、不受外界约束、不受政治控制的史学研究形式，是历史学家个人的修史事业，他举到的例子左丘明、司马迁、班固、陈寿等无不如是。在他看来，只有私家撰史，个人修史，才可能有真正的真知灼见，才可能创造出自成一家之言的不朽之作。这里，"出自一家"是非常重要的。凡是"借以众功"的作品，是难以"立言不朽"的。

集体编书所以不可能产生"立言不朽"的传世名作，关键的问题是它不符合学术创造的规律。学术活动，特别是人文社会科学的研究活动，实际上是非常个性化的活动，是学者个体的心灵体验。每个人都有一个特殊的头脑，每个人对历史对社会的体认和感受都是非常不同的。个人的著述和研究，无论他的学识如何，总会有着内在的逻辑体系；而集体编书，无

---

① 这一条对史馆修史在资料问题上所谓弊端的指责，是不准确的。应该说，史馆修史，动用国家的力量，在资料的搜集占有方面是具有其特别优势的。如唐代有专门的史料征集制度，唐太宗曾颁布"诸司应送史馆事例"的诏书，规定了从中央到地方各级机构应定期向史馆报送各种重要文牍的具体条例，内容极其宽泛，由此保证了史馆修史的资料优势。详见《唐会要》卷六三《史馆》上，文渊阁四库全书本。

论确立多么明确的指导思想，制定多么详细的写作体例，甚至无论研究者的风格有多么类同或接近，都无法保证学术成果的内在一致性。再不要说那些监修大员们意见不一，政出多门，根本无法保证有统一的指导思想。古往今来，任何学术名作，都有着作者对历史的独到见解，有着对历史内在精神的天才感悟，这是集体编书无论如何都无法达到的。刘知幾对史馆修史制度弊端的揭露，无疑是一个天才的批判！这一批判，抓住了集体编书不能成功的根本要害，即使对今天的学术发展也具有重要的参考意义。

刘知幾指出的第三条弊端，是古代编书中常碰到的问题，无需过多分析。

第四、第五条，是对史馆管理制度的批判。首先是史馆监修制度，监修非一，十羊九牧，一国三公，政出多门，不仅是没有统一的编纂指导思想，也还使编修人员无所适从，只好虚与应付，敷衍故事。其次是史馆人员的组成官僚化，而不是专业化；并由官僚化将史馆变成"素餐之窟宅，尸禄之渊薮"。《史通·辨职》篇更清晰地揭示了这一问题：

> 今之从政则不然，凡居斯职者，必恩幸贵臣，凡庸贱品，饱食安步，坐啸画诺，若斯而已矣。夫人既不知善之为善，则亦不知恶之为恶。故凡所引进，皆非其才，或以势利见升，或以干祈取擢。遂使当官效用，江左以不落为谣；拜职辨名，洛中以职闲为说。言之可为大噱，可为长叹也……唯夫修史者则不然。或当官卒岁，竟无刊述，而人莫之省也；或辄不自揆，轻弄笔端，而人莫之见也。由斯而言，彼史曹者，崇扃峻宇，深附九重，虽地处禁中，而人同方外。可以养拙，可以藏愚，绣衣直指所不能绳，强项申威所不能及。斯固素餐之窟宅，尸禄之渊薮也。凡有国有家者，何事于斯职哉！

大概这是在专制官僚制度下，史馆修史无法避免的问题，非唐代所独有，而是制度使然。可以说，刘知幾对史馆制度的批判，入木三分。

四　学术批判中的冷静分析态度

《史通》全书无处不贯彻或渗透批判精神。但刘知幾不是当今之愤青，不是无原则地发泄怨气，也不是像我们今天某些人理解的那样，把批判看成是一种简单的否定，从而对批判这个词讳莫如深。他的批判从某种程度上说，是具有科学态度和辩证精神的。或者说，他所执行的批判实际上就是一种分析的态度。他对待自己的评论对象，能够保持一份清醒的头脑，既看到他们的问题之所在，也看到他们的长处或优点，对之采取有分析地对待的态度。他在《杂说下》中说："夫自古学者，谈称多矣。精于《公羊》者，尤憎《左氏》；习于《太史》者，偏嫉孟坚。夫能以彼所长而攻此所短，持此之是而述彼之非，兼善者鲜矣。"他不满于前人过于偏袒一方而不能全面看问题的偏执做法，提出"兼善"的要求。在另一个地方，他又明确提出"苟爱而知其丑，憎而知其善"①　的著述原则，并在自己的史学批评中实践了这一原则。

譬如对待孔子的态度，刘知幾在不少地方表现出对孔子的尊重和敬仰，他曾写道：

昔仲尼以睿圣明哲，天纵多能，睹史籍之繁文，惧览者之不一，删《诗》为三百篇，约史记以修《春秋》，赞《易》道以黜八索，述《职方》以除九丘，讨论坟、典，断自唐、虞，以迄于周。其文不刊，为后王法。②

昔孔宣父以大圣之德，应运而生，生人已来，未之有也……古今世殊，师授路隔，恨不得亲膺洒扫，陪五尺之童；躬奉德音，抚四科之友。③

---

① 刘知幾著，浦起龙释《史通通释·惑经》下，第402页。
② 刘知幾著，浦起龙释《史通通释·自叙》上，第289～290页。
③ 刘知幾著，浦起龙释《史通通释·惑经》下，第397页。

第一段话肯定孔子关于"六经"的删定和编纂，为后世提供了不刊之文，为后代帝王确立了可以遵循的基本法典。第二段话真诚表达对孔子的敬仰之情，愿意做孔子的及门弟子，为其"亲膺洒扫"，服弟子之役；并称颂孔子之大圣之德，是"生人已来，未之有也"。即便是对孔子如此崇敬，但对于孔子所删定的《六经》中存在的问题，他也是丝毫不予袒护，一一给予无情地抨击。在《惑经》篇，他对孔子的《春秋》，一下子提出了十二条"未喻"、五条"虚美"，实际上就是十七条质疑或批判。他还集中批判孔子"夫子之刊书也……饰智矜愚，爱憎由己者多矣"；"夫子之修《春秋》，皆遵彼乖僻，习其讹谬，凡所编次，不加刊改者矣"。这些都已见前述，不复赘言。

在前代史书中，刘知幾最推崇的是《左传》，但又评之曰："《左氏》录夫子一时戏言，以为千载笃论。成微婉之深累，玷良直之高范，不其惜乎！"[1]

刘知幾赞赏班固的《汉书》，以至于有抑马扬班之说，但刘知幾对班固也始终是一种是其所是、非其所非的科学态度，真正体现了"爱而知其丑，憎而知其善"的实录原则。他赞扬班固及其《汉书》曰：

> 如《汉书》者，究西都之首末，穷刘氏之废兴，包举一代，撰成一书。言皆精练，事甚该密，故学者寻讨，易为其功。自尔迄今，无改斯道。
>
> 于是考兹六家，商榷千载，盖史之流品，亦穷之于此矣。而朴散淳销，时移世异，《尚书》等四家，其体久废，所可祖述者，唯《左氏》及《汉书》二家而已。[2]
>
> 必寻其得失，考其异同，子长淡泊无味，承祚懦缓不切，贤才间出，隔世同科。孟坚辞惟温雅，理多惬当。其尤美者，有典诰之风，

---

① 刘知幾著，浦起龙释《史通通释·杂说上》下，第452页。
② 刘知幾著，浦起龙释《史通通释·六家》上，第23页。

翩翩奕奕，良可咏也。①

而其《汉书五行志错误》篇则是论班固之非的专论。他在该篇批评说：

> 班氏著志，牴牾者多。在于《五行》，芜累尤甚。今辄条其错缪，定为四科：一曰引书失宜，二曰叙事乖理，三曰释灾多滥，四曰古学不精。
>
> 而班《志》尚舍长用短，捐旧习新，苟出异同，自矜魁博，多见其无识者矣。此所谓不循经典，自任胸怀也。

《曲笔》篇中他根据班固受金而书的传闻，对班固更是痛加斥责：

> 若王沈《魏录》滥述贬甄之诏，陆机《晋史》虚张拒葛之锋，班固受金而始书，陈寿借米而方传。此又记言之奸贼，载笔之凶人，虽肆诸市朝，投畀豺虎可也。

有褒有贬，"爱而知其丑，憎而知其善"，保持一种客观公允的科学态度，是刘知幾史学批评的显著风格。我们今天需要提倡刘知幾史学的批判精神，但这种批判也必须是清醒的而不是盲目的，科学的而不是随意的，分析的而不是轻率的，辩证的而不是偏执的。在这方面，刘知幾的做法仍然有一定的示范意义。

五　刘知幾史学的当代启示：让学术执行批判的使命

《史通》是中国历史上唯一一部以批判为职志的史学批评著作。刘知幾之前的所有著作，都被他以批判的眼光审查过，大到撰述志向、历史

---

① 刘知幾著，浦起龙释《史通通释·论赞》上，第82页。

观念，小如遣词用语、材料取舍，史著之篇章布局，体例之是是非非，他都无一例外地予以批判性评论。可以说，贯彻于十万言《史通》的一以贯之之精神，就是"批判"二字；飞扬于《史通》酣畅淋漓、激情涤荡的行文之中的，就是批判性思维。批判精神即是刘知幾史学的核心和灵魂。今天，纪念刘知幾诞辰1350周年，其真正的意义，就在于从刘知幾身上汲取宝贵的思想营养，从他那里体会学术的真谛，学习其批判性思维。

今天的人们需要思考，我们所从事的人文社会科学研究有什么价值和意义？它为什么能够存在？人类为什么需要人文社会科学？需要它解决什么样的问题？这些关于人文社会科学的本质、使命和职能的提问，可以从不同的角度去理解，可以做出许多不同的解释或回答。而以笔者之见，人文社会科学的本质就是执行社会批判。只有通过清醒的、健康的、积极的社会批判，人文社会科学才可能充当引导社会发展的向导，才可能推动人们去认识社会、发现问题、创造未来。马克思在《〈资本论〉第一卷第二版跋》中讲他的哲学、他的辩证法，说"按其本质来说，它是批判的和革命的"；[①] 而真正的人文社会科学，就其本质来说，也是批判的和革命的。不仅它的性质是批判的，它的内容也是批判的，它执行的就是社会批判的使命。

社会需要批判，任何社会的任何时代都需要批判。因为，任何时代的社会发展，都是一种前无古人的创造，人类永远需要为自己开辟新的前景。正因为这样，不断对自己的创造活动进行反思和批判，以利于进一步的发展，就成为历史向人类自身提出的一个庄严的要求。人文社会科学就是应这种要求而产生的。

当然，人文社会科学工作者所执行的社会批判，并不是直接的社会改造，而是从对现实社会的冷静分析中发现社会的弊端，通过对其揭示、分析和批判，引起社会的警觉，引起政治家的关注，从而为社会政治、社会政策和社会行为的调整提供借鉴。从这一点上说，多年来，我们的人文社

---

① 《马克思恩格斯选集》第2卷，人民出版社，1995，第112页。

会科学没有执行这一使命，我们在很大程度上是为一种社会体制寻找合理性，为当下社会寻找它存在的根据。特别是在改革开放以前的"左"的时代，过分强调学术研究为无产阶级政治服务，使学术变成了为现实政治论证其合理性的御用工具，成了政治的奴仆和应声虫，丧失了学术本身应有的批判功能。长此以往，我们的学人已经不习惯于批判性思考，而养成了一种防御性思维。一切以现实政治为旨归，历史研究的结论来自于政治的指示或暗示，而不是研究者从历史出发的独立思考的结果。这就完全颠倒了学术与政治的关系。其实，社会存在的根据不需要论证，因为它已经存在，它需要的是发展，需要的是寻找新的发展的起点，而冷静的、积极的社会批判，则是寻找社会发展新起点的基本路径。

人文社会科学家（当然也包括历史学家）需要承担起社会批判的使命，需要有执行社会批判的勇气，需要批判性思维，这是当代学者改善自身修养必须面对的问题。而这又是很不容易做到的事情。我们知道，传统中国实行的是文化专制主义，不允许人们有自己的思想，不允许自由思想，人们的思想被完全的统一于儒家思想，一切观点、思想、言论，都只能以儒家学说为指归，以孔子的是非为是非，不允许对这种思想有任何的怀疑和批判，否则就是离经叛道、大逆不道。有位学者在批判中国传统的专制主义思想时有一段很深刻的揭示："有一个事实是我们始终无法回避的，即中国有着两千年的皇权教化主义传统。这个传统在决定性的程度上已经深刻塑造了中国人的思想品质。而我们现在所要试图理解的就是这种传统。它把思想弄成一种规范式的东西，要求人们只能进行一种规范主义的思考。它把统一思想作为思想本身的目的。围绕这个目的，它建构和制定出一整套体制和标准，从而使得人们的正常思想成为专制制度可以强力控制的东西，即使思想成为一种可控的过程。"① 正是这样的思想专制，塑造了中国学人的天生弱点——极端地缺乏怀疑精神和批判意识，对什么都习惯于接受而不习惯于思考，更遑论批判！

---

① 雷戈：《秦汉之际的政治思想与皇权主义》，上海古籍出版社，2006，第 64～65 页。

现代中国学人，改善学术修养最大的问题就是要培养批判性思维，而这又是一个既迫切又不容易做到的事情。除了推进政治民主化的进程之外，就学者自身来说，强烈的事业心、责任心和使命感的培养是个极为突出的问题，独立思考的素质、品格、勇气和胆略的培养也不容忽视！在这方面，刘知幾也是值得今人效法的对象。刘知幾从青年时代以至晚年，献身于事业的热情，他的事业心、责任感和政治使命意识从来都是那么强烈。他19岁未及弱冠而中进士，说明了他的天赋和才气，但他却不被社会所看重，仅被委任一个县主簿职任，并且一坐就是19年。但这并没有消磨他的事业心和责任感，始终都对社会抱着强烈的理想和关怀。武则天证圣元年（695年）春，"令内外文武九品已上各上封事，极言正谏"。[①] 武则天此举并非真的想听取天下文武官员的政事谏言，仅是"收人望"的作秀而已，而刘知幾则以积极的态度响应诏诰，连上两封奏章。第一次上表，主要是针对当时赦宥无度的弊端，提出一个"节赦"的主张，第二次又针对当时滥赐阶勋的弊端，提出赐阶勋应依据德才标准。《资治通鉴》卷二〇五载其事曰：

> 获嘉主簿彭城刘知幾表陈四事：其一，以为："皇业权舆，天地开辟，嗣君即位，黎元更始，时则藉非常之庆以申再造之恩。今六合清晏而赦令不息，近则一年再降，远则每岁无遗，至于违法悖礼之徒，无赖不仁之辈，编户则宼攘为业，当官则赃贿是求。而元日之朝，指期天泽，重阳之节，伫降皇恩，如其忖度，咸果释免。或有名垂结正，罪将断决，窃行货贿，方便规求，故致稽延，毕沾宽宥。用使俗多顽悖，时罕廉隅，为善者不预恩光，作恶者独承徼幸。古语曰：'小人之幸，君子之不幸。'斯之谓也。望陛下而今而后，颇节于赦，使黎氓知禁，奸宄肃清。"其二，以为："海内具僚九品以上，每岁逢赦，必赐阶勋，至于朝野宴集，公私聚会，绯服众于青衣，象板多于木笏；皆荣非德举，位罕才升，不知何者为妍蚩，何者为美恶。

臣望自今以后，稍息私恩，使有善者逾效忠勤，无才者咸知勉励。"其三，以为："陛下临朝践极，取士太广，六品以下职事清官，遂乃方之土芥，比之沙砾，若遂不加沙汰，臣恐有秽皇风。"其四，以为："今之牧伯迁代太速，倏来忽往，蓬转萍流，既怀苟且之谋，何暇循良之政！望自今刺史非三岁以上不可迁官，仍明察功过，尤甄赏罚。"①

从以上言辞之激切，分析之透彻，我们既可以感受到刘知幾忠于当今女皇朝廷的拳拳之心，也可以看到他富有强烈的政治责任感和敏锐的洞察力。不过，笔者感叹的是刘知幾的政治责任感和历史使命感，使他对当今女皇的指陈，敢于那样的毫无避讳。"是时官爵僭滥而法网严密，士类竞为趋进而多陷刑戮"，② 这是时人都目睹的严酷现实。但刘知幾指斥武则天宽赦佑护了"违法悖礼之徒，无赖不仁之辈"，他要求女皇"稍息私恩"。刘知幾不是一个明哲保身的人，而是为了国家事业不畏强御、敢于献身的人。撇开他的识见不说，单单是在武则天的淫威之下所表示出来的胆略和勇气，就足以使今之学人汗颜！

实际上，从思想学说的角度说，没有任何一种学说是绝对的终极真理，不应该接受分析、质疑和批判；从社会或政治上说，没有任何社会或政治的现实状态，是最完美的理想状态，不应该接受来自社会成员的思考和批判。而正是人们持续不断的分析思考、质疑批判，才可能促使一种学说或政治逐渐地臻于完善。思想的和社会的批判，是社会历史进步的动力和活力。一个没有批判意识的民族，是无法创造充满活力、生机勃勃的社会政治局面的。我们提倡今天的人们要重视培养自觉的怀疑精神和批判意识，提高自己批判思维的智慧和能力，能对我们身边的现实保持清醒的头脑，有独立判断的勇气、信心和能力，用批判性思维看待我们周围的一切。古往今来，在中国思想文化的发展史上，真正能进行批判思维的人并

---

① 《资治通鉴》卷二〇五，中华书局，1956，第 6500～6501 页。
② 《旧唐书·刘子玄传》，第 3168 页。

不多，汉代的王充，唐代的刘知幾，明代的李贽，实属凤毛麟角，我们真诚地希望，他们的批判精神能够在今天的时代得到发扬和光大，所以，在纪念刘知幾诞辰 1350 周年的时候，我们对刘知幾史学遗产的挖掘，应该在他的批判精神方面下功夫、做文章，让我们新时代的学术，也能像刘知幾史学那样，肩负起批判的使命，成为当代社会发展的推动力量。

（原载《史学月刊》2011 年第 1 期）

20世纪中国的史学方法论研究

20世纪的中国历史学，发生了三次带有根本意义的重大变革，即由传统史学向近代新史学的转变，由近代新史学向马克思主义史学的转变，马克思主义史学由机械式照搬向创造性运用的转变。20世纪中国史学的这三大变革，使得20世纪中国史学方法论思想的发展显得极其辉煌和丰富，成为一笔极为宝贵的史学遗产，很值得进行梳理和总结。

一 新史学派的史学方法论思想

我们说的新史学派，是指它对于中国传统史学来说揭起了革命的旗帜，对传统史学实行了革命性变革，完全以一个新的历史观为指导的新的历史学派。在这个意义上说，马克思主义史学才是真正的新史学。但由于中国马克思主义史学形成较后，而20世纪初以梁启超、王国维、胡适等人为代表的、以进化论为武器改造传统史学的史学思潮，又是以梁启超的《新史学》发起端的，所以，我们就以"新史学派"来特指20世纪初在进化论影响下所形成的中国史学。而对于后来形成的中国马克思主义史学，我们则单独予以总结。

20世纪初到20世纪20年代，倡言用历史进化思想改造传统史学，尝试用新的历史观点和方法重新研究过往的历史，并用新的历史编纂形式编写历史，形成了一种风气、一种时尚，可以说是一个强大的史学思潮。综述这一时期的史学方法论研究状况，可采集的样本很多，我们只能就其在方法论研究上最具代表性的几个人物，加以评说。

梁启超的史学方法论思想，主要体现在他的《新史学》中。梁启超在《新史学》中批评传统史学有四病二弊，即：知有朝廷而不知有国家，知有个人而不知有群体，知有陈迹而不知有今务，知有事实而不知有理想；能铺叙而不能别裁，能因袭而不能创作。为革除此四病二弊，梁启超倡言"史界革命"，创立"新史学"。于是，他重新界定史学之定义。就是在他的"史学之界说"中，阐发了一种崭新的史学方法论思想。他界定史学有三层含义：第一，历史者，叙述进化之现象也；第二，历史者，叙述人群进化之现象也；第三，历史者，叙述人群进化之现象而求得公理公例者也。是故善为史者，必研究人群进化之现象，而求其公理公例之所在，于是有所谓历史哲学者出焉。虽然，求史学之公理公例，固非易易。但其事虽难，而治此学者不可不勉。大抵前者史家不能有得于是者，其蔽二端：一曰知有一局部之史，而不知自有人类以来全体之史也。夫欲求人群进化之真相，必当合人类全体而比较之，通古今文野之界而观察之。二曰徒知有史学，而不知史学与他学之关系也。夫地理学也，地质学也，人种学也，言语学也，群学也，政治学也，宗教学也，法律学也，平准学也（即日本所谓经济学），皆与史学有直接之关系。其他如哲学范围所属之伦理学、心理学、论理学、文章学及天然科学范围所属之天文学、物质学、化学、生理学，其理论亦常与史学有间接关系，何一而非主观所当凭藉者。取诸学之公理公例，而参伍钩距之，虽未尽适用，而所得有必多矣。梁启超的史学界说，不仅提出了历史学研究什么，也解决了如何研究的问题。一方面，他针对传统史学"知有朝廷而不知有国家"，"知有个人而不知有群体"的弊端，提出了历史学要研究人类群体进化之公理公例，大大拓宽了新史学的研究范围；另一方面，他又丰富了历史学的方法论手段，要求借鉴多学科的方法，"取诸学之公理公例，而参伍钩距之"，以达到"叙述人群进化之现象而求得公理公例"之目的。这一宏伟的思想，对于新史学发展和建设无疑具有重要的方法论意义。

在 20 世纪初中国史学界的史学方法论研究中，王国维的"二重证据法"无疑是最具影响力的方法论思想之一。王国维治学深受西方近代哲学和社会科学的影响，具有"凡事物必尽其真，而道理必求其是"① 的科学态度。他在史学研究中特别重视史料问题，并提出了"以事实决事实"② 的名言。这样的治史态度，加上 20 世纪初叶殷墟甲骨文字、敦煌和西域各地的汉晋简牍、敦煌莫高窟之六朝唐人所书卷轴、内阁大库之书籍档案、古代汉族以外的各族文字等大量新资料的发掘和整理，使得王国维得以取地下之实物与传世之文献互相释证，取异族之故书与汉文之典籍相互补正，在古代史、古文字、古器物、汉魏碑刻、敦煌文献以及西北史地和民族史等众多研究领域获得了巨大的成就，并最终催生了著名的"二重证据法"："然惜于古史材料，未尝为充分之处理也。吾辈生于今日，幸于纸上之材料外，更得地下之新材料。由此种材料，我辈固得据以补正纸上之材料，亦得证明古书之某部分全为实录，即百家不雅驯之言亦不无表示一面之事实。此二重证据法，惟在今日始得为之。虽古书之未得证明者，不能加以否定，而其已得证明者，不能不加以肯定，可断言也。"③

王国维的二重证据法，不仅仅是以地下之实物与纸上之材料的互证，后来陈寅恪先生曾把王国维的二重证据法归纳为三句话：一曰取地下之实物与纸上之遗文互相释证，二曰取异族之故书与吾国之旧籍互相补正，三曰取外来之观念与固有之材料互相参证。④ 可以说，王国维一生治学，都是在实践这一方法论思想，并给后来中国史学的发展以深深的影响。

胡适可以说是中国近代第一个有着方法论自觉的学者，他把传授科学方法作为自己的庄严使命。1922 年他在《我的歧路》一文中说："我这几年的言论文字，只是一种实验主义的态度在各方面的应用。我的惟一目的是要提倡一种新的思想方法，要提倡一种注重事实、服从证验的思想方

---

① 王国维：《国学丛刊序》，《王国维遗书》（三），上海古籍书店，1983 年影印本，第 204 页。

② 《王国维全集·书信》，中华书局，1984，第 46 页。

③ 《古史新证·总论》，《王国维先生全集·初编》，台湾大通书局，1976 年影印本，第 11 册，第 4794 页。

④ 参见陈寅恪《王静安先生遗书序》，《王国维遗书》（一）。

法。古文学的推翻，白话文学的提倡，哲学史的研究，《水浒》、《红楼梦》的考证，一个'了'字或'们'字的历史，都只是这一目的。"① 胡适晚年又在《自传》中说："我治中国思想与中国历史的各种著作，都是围绕着'方法'这一观念打转的。'方法'实在主宰了我四十多年来所有的著述。"② 胡适所提倡和力行的方法，主要是：

实验的方法 所谓实验的方法，就是实验室的方法，是科学家在实验室里所用的方法，说到底就是从事实出发的方法。胡适在《杜威先生与中国》一文中，完整地表述了这一方法的内容："实验的方法至少注重三件事：（一）从具体的事实与境地下手；（二）一切学说理想，一切知识，都只是特征的假设，并非天经地义；（三）一切学说与理想都须用实行来实验过，实验是真理的惟一试金石。"③ 这就是说，在胡适看来，实验的方法主要是三个要素，一是重视事实，科学研究应从事实入手；二是要把一切思想观点都看作是一个特定的假设，是需要通过大量史料来验证的东西；三是重视验证，一切假设只有在经过事实的验证之后，才能判断其真假。实验、验证或实证，是科学研究中唯一重要的东西。实验的方法，就是实证的方法。在《治学的方法与材料》一文中，胡适把他的实验的方法，简化为"大胆的假设，细心的求证"十个大字。假设是在对事实进行归纳、演绎的基础上提出的，求证则是用更丰富的事实验证所提出的假设。于是，在胡适的这种实验的方法中就包含了归纳、演绎、假设、实证等系统的近代科学方法。

胡适实验方法的哲学基础是他对进化论的特殊理解。胡适说："进化论的主要性质在于用天然的、物理的理论来说明万物原始变迁的问题，一切无稽之谈，不根之说，须全行抛弃。"④ 在胡适看来，既然一切都是变化的，而进化或变化都是"实在的，具体的，是特别的，是有凭据的，是可

① 《我的歧路》，《胡适哲学思想资料选》（上），华东师范大学出版社，1981，第 217 页。
② 《实证思维术》，《胡适哲学思想资料选》（下），华东师范大学出版社，1981，第 106 页。
③ 《杜威先生与中国》，《胡适哲学思想资料选》（上），第 182 页。
④ 《先秦诸子进化论》，《胡适哲学思想资料选》（上），第 1 页。

以证实的"，① 所以，一切知识或真理，也就必须能够经得起实证的检验。沿着一切都是进化的或变化的思维路径出发，胡适又强调了另一种重要的方法论思想，那就是"历史的方法"。

历史的方法　在《杜威先生与中国》一文中，胡适对历史的方法做了较为详细的解释。他认为，历史上的任何一种制度或学说，都不是孤立存在的。任何事物都有其两头，一头是事物发生的原因，一头是事物发展的结果。历史的方法就是捉住两头的方法，一方面指出制度或学说发生的原因，了解它在历史上的地位，另一方面用这个制度或学说的结果来评判它本身的价值。胡适在《〈国学季刊〉发刊宣言》中说："整理国故，必须以汉还汉，以魏晋还魏晋，以唐还唐，以宋还宋……各还他一个本来面目。"可见，在胡适的历史方法中，是包含着历史主义的精神的。

胡适植根于进化论的史学方法论思想，奠定了我国 20 世纪实证主义史学的方法论基础，许多后辈史家是在这面旗帜下成长起来的。

顾颉刚是以提出"层累地造成的中国古史"说闻名于世的。"层累地造成的中国古史"说直观地看是个史学观点，其实是个很重要的史学方法论思想，因为这一观点的确作为一种方法论影响了当时的中国史坛，并造就了一个显赫一时的疑古学派。"层累地造成的中国古史"说，是顾颉刚在《与钱玄同先生论古史书》中提出来的："我很想做一篇《层累地造成的中国古史》，把传说中的古史的经历详细一说。这有三个意思。第一，可以说明'时代愈后，传说的古史期愈长'。如这封信里说的，周代人心目中的人是禹，到孔子时有尧、舜，到战国时有黄帝、神农，到秦有三皇，到汉以后有盘古等。第二，可以说明'时代愈后，传说中的中心人物愈放愈大'。如舜，在孔子时只是一个'无为而治'的圣君，到了《尧典》就成了一个'家齐而后国治'的圣人，到孟子时就成了一个孝子的模范了。第三，我们在这上，即不能知道某一件事的真确的状况，但可以知道某一件事在传说中的最早的状况。我们即不能知道东周时的东周史，也至少能知道战国时的东周史；我们即不能知道夏、商时的夏、商史，也至少

---

① 　《实验主义》，《胡适哲学思想资料选》（上），第 49 页。

能知道东周时的夏、商史。"①

在这个方法论思想的指引下，顾颉刚学派做了大量的甄别古史古书的工作，其成果就是七大册的《古史辨》。疑古辨伪，顾颉刚还有着一些具体的方法论原则和具体的研究方法。如他在《答刘胡两先生书》提出的推翻非信史方面的四项标准：（一）打破民族出于一元的观念；（二）打破地域向来一统的观念；（三）打破古史人化的观念；（四）打破古代为黄金世界的观念。② 这四项标准即是可供遵循的方法论原则。至于顾颉刚研究古史、疑古辨伪的具体方法，却是由胡适给他做了具体总结："他的方法可以总括成下列方式：（1）把每一件史事的种种传说，依先后出现的次序排列起来。（2）研究这件史事在每一个时代有什么样子的传说。（3）研究这件史事的渐渐演进由简单变为复杂，由陋野变为雅驯，由地方的（局部的）变为全国的，由神变为人，由神话变为史事，由寓言变为事实。（4）遇可能时，解释每一次演变的原因。"③

该时期在史学方法论研究上有所建树的另一位学者是傅斯年，他以提出"史料即史学"的史学观而闻名史坛。从方法论的角度说，傅斯年追求史学研究的纯客观性，反对在史学研究中有任何主观意识的渗透。他说："我们反对疏通，我们只是要把材料整理好，则事实自然显明了。一分材料出一分货，十分材料出十分货，没有材料便不出货。两件事实之间，隔着一大段，把他们联络起来的一切设想，自然有些也是多多少少可以容许的，但推论是危险的事，以假设可能为当然是不诚信的事。所以我们存而不补，这是我们对于材料的态度；我们证而不疏，这是我们处置材料的手段。"④ 所以，在傅斯年看来，所谓史学研究就是史料研究；"史学便是史料学"；⑤ 史学方法也就是研究史料的方法。

傅斯年的史学方法论，主要是强调两种方法论手段。一是史料比较

---

① 顾颉刚：《与钱玄同先生论古史书》，《古史辨》第 1 册，上海古籍出版社，1982 年影印本，第 60 页。

② 顾颉刚：《答刘胡两先生书》，《古史辨》第 1 册，第 99~101 页。

③ 胡适：《古史讨论读后感》，《古史辨》第 1 册，第 192~193 页。

④ 《傅斯年选集》，天津人民出版社，1996，第 180~181 页。

⑤ 《傅斯年选集》，第 193 页。

法。傅斯年说："假如有人问我们整理史料的方法，我们要回答说：第一是比较不同的史料，第二是比较不同的史料，第三还是比较不同的史料。"[1] 二是自然科学的方法。他说："近代的历史学只是史料学，利用自然科学供给我们的一切工具，整理一切可逢着的史料，所以近代史学所达到范域，自地质学以至目下新闻纸，而史学外的达尔文，正是历史方法之大成。"[2] "现代的历史学研究，已经成了一个各种科学的方法之汇集。地质，地理，考古，生物，气象，天文等学，无一不供给研究历史问题者之工具……若干历史学的问题非有自然科学之资助无从下手，无从解决。"[3]

综观 20 世纪初至 20 年代以前的史学方法论研究，显示出如下特点：（1）不同的方法论思想，都依托了新的历史观，即以历史进化论作为方法论思想的本体论基础；（2）新的方法论思想，将更广阔的研究内容纳入了历史学家的视野，拓宽了历史研究的领域；（3）对传统的乾嘉考据学进行了科学改造，在历史考据学中注入了近代科学意识和科学精神；（4）将多学科的方法引入历史研究，丰富了历史研究的方法论手段。

二 新史学派史学方法论思想的理论形态
（20 世纪 20 ~ 40 年代）

20 世纪 20 ~ 40 年代，是新史学派史学方法论思想系统化和理论化的重要时期。其具体表现，就是反映新史学思想的理论方法论著作大量涌现。根据《七十六年史学书目（1900 ~ 1975）》的著录，该时期出版的与历史研究法有关的著作有二三十种。如李泰棻著《史学研究法大纲》（北京武学书馆，1920），梁启超著《中国历史研究法》（商务印书馆，1925）、《中国历史研究法补编》（商务印书馆，1930），何炳松著《历史研究法》（商务印书馆，1927），吴贯因著《史之梯》（上海联合书店，1930），赵吟

---

[1] 《傅斯年选集》，第 192 页。
[2] 《傅斯年选集》，第 174 页。
[3] 《傅斯年选集》，第 178 页。

秋著《史学通论》（上海大中书局，1931），李璜著《历史学与社会科学》（上海大陆书局，1932），周容著《史学通论》（开明书店，1933），卫聚贤著《历史统计法》（商务印书馆，1934），李则刚著《史学通论》（商务印书馆，1935），杨鸿烈著《史学通论》（长沙商务印书馆，1939）、《历史研究法》（长沙商务印书馆，1939），卢绍稷著《史学概要》（商务印书馆，1930），罗元鲲著《史学概要》（武昌亚新地学社，1931），胡哲敷著《史学概论》（中华书局，1935），蒋祖怡著《史学纂要》（正中书局，1944），吕思勉著《历史研究法》（永祥印书馆，1945），陆懋德著《历史方法大纲》（独立出版社，1945），等等。这一时期的史学方法论研究，主要有以下特点。

1. 新史学派的史学方法论研究，形成了稳定的系统的理论化的方法体系

梁启超在《新史学》中提出历史学的任务是"叙述人群进化之现象而求得公理公例"，特别重视历史因果关系的探讨。到了 1920 年代出版的《中国历史研究法》中，他就将如何研究历史的因果关系问题，"治史者研究因果之态度及其程序"做了系统化的表述：第一，当画出一"史迹集团"为研究范围；第二，集团分子之整理与集团实体之把握；第三，常注意集团之关系；第四，认取各该史迹集团之"人格者"；第五，精研一史迹之心的基件；第六，精研一史迹之物的基件；第七，量度心物两方面可能性之极限；第八，观察所缘（缘即因缘，意即历史的偶然性与必然性）。① 关于考证鉴别伪书的方法，梁启超也总结出了 12 条公例，其系统、周密、规范，至今仍为不移之定说。梁启超的《中国历史研究法》、《中国历史研究法（补编）》以及后来的《古书真伪及其年代》，其内容涉及历史研究及史书编纂的各个方面，而无不作了系统规范的论证。

杨鸿烈的史学方法论研究，也是该时期比较有代表性的一个。杨鸿烈基本上是接受了傅斯年"史料即史学"的史学观，所以，他的《历史研究法》基本是就是史料研究法，但是他却比较完整地论述了史料研究的各个

---

① 参见梁启超《中国历史研究法》，《饮冰室合集》专集之七十三，第 117～123 页。

方面。是书分为十章，各章的标题是：历史研究法的意义；历史研究法的重要；初步工作——研究题目的选择；史料的认识；史料的种类（上、下）；史料的搜集；史料的伪误；史料的审订；史料的整理和批判。

陆懋德的《史学方法大纲》是一本不到八万字的书，但却也勾画了一个完整的体系，分论历史、论史料、论考证、论解释、论著作五编，简要地论述了史学研究的各方面的问题。是书不仅布局完整系统，而且具体研究方法的解说也比较周密。如关于内考证的解释，作者写道：吾人对于作者，须先作考问如下：（一）作者是否为某事之同时人？（二）作者是否为某事之亲见人？（三）作者对某事是否能得其详细？（四）作者对某事是否能知其真相？（五）作者之说明是否处于诚意？（六）作者之人格是否可以信任？如果作者能通过以上之考问，则作者固可自信其说，而吾人亦可相信其说。此为内考证之第一步工作。在此六种条件之外，仍须考证外界势力影响作者记载的真实性问题。此又分为普通情形者和特别情形者两种情况。关于普通情形者：（一）为自己利益而不便实说。（二）受他人逼迫而不敢实说。（三）受他人利诱而不肯实说。（四）为表同情或恶感于某人某事。（五）为迎合或避免公众之情感。（六）为表现文学的或美术的粉饰。关于特别情形者：（一）先有幻想或偏见而不能观察。（二）缺乏智识经验及注意而不能观察。（三）虽能观察而远在事后。（四）虽能观察而不肯费力。（五）地位不适而不能观察。（六）事情隐秘而不易观察。凡记载者，如能脱去上列各种情形之支配，则其所记载才真有可信之价值。①

2. 该时期新史学派的史学方法论研究，除了在史料研究的具体技术性方法上形成体系之外，也多了一些思辨的色彩，有些论述确已具备了方法论的性质

梁启超《历史研究法》的第六章"史迹之论次"，就是讲史学研究的思想方法问题。该章一开头便说："吾尝言之矣：事实之偶发的孤立的断灭的，皆非史的范围。然则凡属史的范围之事实，必于其横的方面，最少亦与他事实有若干之联带关系；于纵的方面，最少亦为前事实一部分之

---

① 陆懋德：《历史方法大纲》，第50~52页。

果，或为后事实一部分之因。是故善治史者，不徒致力于各个之事实，而最要着眼于事实与事实之间，此则论次之功也。"这里的"论次"即是研究之意。正是在这一章，他次第讲述了四条研究历史的重要的思想方法：（1）以整体的眼光看待历史。"当以数百年或数千年间此部分之总史迹为一个体，而以各时代所发生此部分之分史迹为其细胞。""不独一国之历史为'整个的'，即全人类之历史亦为'整个的'。"（2）研究历史应观察时代之背景。"论世者何？以今语释之，则观察时代之背景是已。"（3）研究历史宜用比较方法。"读史者于同中观异异中观同，则往往得新理解焉。"（4）治史要重视历史的因果联系。"不谈因果则无以为鉴往知来之资，而史学之目的消灭。故吾侪常须以炯眼观察因果关系。"①

周容对"历史事实"的特性的阐述，也具有思想方法的性质。他说："历史的事实不是孤立的，是和历史的全类有关系的，而且是整个的历史的一部分，换言之，历史的事实自有它的来源和背景。我们对于历史的事实时常只注意到特别变化的事实，例如法兰西大革命与拿破仑是我们所特别注意的，至于所以发生法兰西大革命与拿破仑的背景的无数的普遍的事实，却被我们忽略了。这正好像我们到钱塘江观潮一样，激动我们的趣味、鼓舞我们的豪兴的只是忽然陡起的潮头，至于那涌起潮头的汪洋大海，倒是不能引起我们的注意。不过，潮头是大海的一部分，潮头的激起是和整个的大海有关系的，决不是孤立的，正和历史事实一样的不是孤立的。"②

罗元鲲的《史学概要》中讲"史事记述之方法"，也不是单纯地讲一些技术性方法，而是带有思想方法的性质。如他讲"鸟瞰法"："譬如鸟腾空中，俯视下面人民城郭。又似乘飞机上升，用照相镜照取山川形势。此种方法在学问上极为重要。前人有诗云：'不识庐山真面目，只缘身在此山中。'若仅有部分的精细观察，结果难免显微镜的生活。镜内情形，虽极清晰，镜外却是茫然。如此则部分与部分之间相互之关系不明，甚至本

---

① 梁启超：《中国历史研究法》，《饮冰室合集》专集之七十三，第 100 ~ 111 页。
② 周容：《史学通论》，第 6 ~ 7 页。

部分之位置亦不清晰，决不能说明了该事物真相。"①

这一时期学者重视辩正的思维方法，是与他们对史学的性质的认识相联系的。不少学者并不简单地认为"史料即史学"，而是竭力要在历史的发展中发现它的联系性，致力于探讨历史的因果联系和内在联系。梁启超《中国历史研究法》曰："史者何，记述人类社会赓续活动之体相，校其总成绩，求得其因果关系，以为现代一般人活动之资鉴者也。"李泰棻《中国史纲绪论》引外国学者之言曰："史也者，一秩序整然之人类重要事实录，尤必须阐明其因果关系者也。"萧一山《清代通史导言》曰："史学者，钩稽史实之真相，为有系统有组织之研究，以阐明其承变演进之迹，并推求其因果互相之关系者也。"陈训慈《史学蠡测》所下定义曰："历史学者，人类因保生乐生之心理的需要，循时间之进行，托空间之迹象，所发生各方面绵续的活动之系统的记载与阐释，冀以实揭过去，供后人之资鉴，而促成人道之幸福与进展之学也。"② 在这样的史学观的指导下，其方法论思想自然要重视历史研究的辩正思维。

3. 该时期的方法论研究，普遍重视历史学与其他学科的关系，注意其他学科方法的借鉴问题

多数史学理论读本，都有阐述历史学与其他学科关系的章节。李则刚的《史学通论》讨论了历史学与文字学、文学、地理学、经济学、古物学、心理学、社会学、统计学、哲学等学科的关系；周容的《史学通论》讨论了历史学与文学、政治学、生物学、考古学、地质学、心理学、经济学、社会学、地理学等学科的关系；吴贯因的《史之梯》讲述了史学与统计学、考证学、年代学、天文学、语言文字学、考古学、生理学、社会学、医学等学科的关系；杨鸿烈的《史学通论》阐述了历史学与言语文字学、年代学、考古学、人类学、民俗学、社会学、政治学、经济学、地理学、心理学、文学、哲学等学科的关系。卫聚贤还出版了《历史统计法》的专门著作。

---

① 罗元鲲：《史学概要》第 19 章。
② 此四家之史学定义，转引自罗元鲲《史学概要》第 2 章。

总之，该时期新史学派的史学方法论研究，已经注意到了对历史的辩正思考问题，已经有了一些真正属于方法论性质的思想方法。但是，他们更多更普遍的还是讲形式逻辑的历史考据方法，多数人对历史研究法的理解还停留在技术性的层面，用史料研究法来代替历史研究法，方法论意识还不够突出和普遍。这是与新史学派所遵循的历史观相联系的。从整体上看，新史学派所遵循的是进化论的历史观，运用的是形式逻辑的方法论，所以，它是长于考史而疏于论史，讲进步而不明历史发展之大势，不能弄清历史发展的规律。在急需解决中国革命出路问题的那个时代，就显得无能为力了，新史学不能承担引导中国历史发展的向导作用。所以，中国历史科学的发展，仍然要求在历史观上和方法论上实现一场根本的革命。

三 20 世纪 50 ~ 90 年代台湾地区的史学方法论研究

20 世纪 50 ~ 90 年代，在台湾地区出版的史学方法论著作有二三十种至多，我们不可能做全面的介绍，只是采集几本颇具代表性的样本，以了解其大体面貌。该时期台湾地区的史学方法论研究，从总体上说，基本上是延续了新史学派的宗旨和风格，但也有一些值得注意的变化。这些发展和变化，主要表现在以下两个方面。

1. 拓宽了史学方法论研究的范围，一切关于历史研究的指导思想、致思路径以及对历史学发展带有全局性影响的问题，都进入了史学方法论研究的视野，被当作重大的方法论问题来看待。史学方法论研究已不再局限于史料的考证、辨伪和整理，突破了"史料即史学"所规范的方法论界限。

在这方面，杜维运的《史学方法论》① 一书可谓代表。现在我们从它各章的标题中来认识其方法论研究之范围：第一章"绪论"；第二章"历史与史学家"；第三章"历史科学与艺术"；第四章"史学方法、科学方法与艺术方法"；第五章"归纳方法"；第六章"比较方法"；第七章"综合

① 杜维运：《史学方法论》，台湾华世出版社，1981。

方法";第八章"分析方法";第九章"史料析论";第十章"史料的考证";第十一章"历史辅助科学";第十二章"历史想象与历史真理";第十三章"历史叙事与历史解释";第十四章"历史文章的特性及其撰写";第十五章"引书的理论与方法";第十六章"史学上的纯真精神";第十七章"史学上的美与善";第十八章"史德与史学家";第十九章"历史的功用与弊害";第二十章"比较历史与世界史";第二十一章"比较史学与世界史学";第二十二章"史学家的乐观、悲观与迷惑"。杜维运的这个史学方法论纲目,已远远超出史料研究法的范围,大凡一切史学观范畴的东西都被纳入了史学方法论研究的范畴,许多章节都带有史学方法的性质。其实,这才是真正的史学方法论体系。

王尔敏的《史学方法》① 也突破了史料学方法的藩篱。全书分五章,基本内容为三章,而重要的"原论"一章,讲的五节"史字"、"史职"、"史籍"、"口传史"、"史学"和"史家",就是属于史学史和史学观的范畴。张玉法讲历史研究的方法,也非传统的史料方法。他说:"历史的研究,在基本上要解决六个问题,这六个问题,可以用六个英文字来代表。第一个是 WHO(什么人),即一个历史事件的关系人,包括主角和配角,主体和客体;第二个字是 WHEN(什么时候),即一个历史事件在什么时候发生,在什么时候开始转变,在什么时候终止;第三个字是 WHERE(什么地方),即一个历史事件所发生的地点、所涉及的地点;第四个字是 WHRT(什么事),即它是一个什么样的历史事件;第五个字是 HOW(如何进行),指一个历史事件的进行方式和演变状况;第六个字是 WHY(为什么),找出前述五大问题的原因。故历史研究,实际是要解决五个问题,在解决五个问题时,每个问题都要探讨各方面的因素,即随时提出'为什么'这个问题,并加以解决。"②

许冠三的《史学与史学方法》③ 全书共分七编二十六章,第一编五章

---

① 王尔敏:《史学方法》,台湾东华书局,1988。
② 张玉法:《历史学的新领域》,台湾联经出版事业公司,1978。
③ 许冠三:《史学与史学方法》(上、下册),上册自由出版社,1959;下册寰宇出版社,1971。

讲史学，第二至第七编共二十一章讲史学方法，各章的标题依次为："假设"、"通则"、"学说与概念"、"资料的类别"、"资料的搜集与考证"、"外在考证"、"内在考证"、"文献考证实例的分析"、"史实史事的推断"、"有供证建立史实史事"、"实例分析"、"连贯与综合"、"史学致知中的因果关联（上）"、"史学致知中的因果关联（下）"、"有关史著撰述的几个问题"、"材料的选择"、"表达方式"、"史家与'史家四长'"、"史学批评及其标准"、"史学研究与历史教育"等。许冠三的史学方法内容也明显地跳出了史料研究法的框框。

2. 由于上边的史学方法论思想的改变，于是，在方法论研究中，人们普遍开始关注历史研究的"解释"问题，不再局限于所谓科学史学纯客观性描述，傅斯年为历史语言研究所制定的《历史语言研究所工作之旨趣》中提出的"我们反对疏通"，完全用材料说话，排斥任何历史解释的治史原则，被多数方法论学者所否定。人们普遍赞成、肯定并强调对历史的"解释"。

张玉法的《历史学的新领域》中，总结了现代中国史研究的方法和过程："其一，在史料的运用上，不以一种语文和一种类别的资料为满足，必须运用各种语文的有关档案、报刊、书籍、手稿、日记等资料，作客观研究。其二，注重利用前人研究的成果，进一步搜集新资料，借用新方法，从事研究。研究任何题目，必须从了解前人的研究成果着手，而不是第一步就从原始资料着手。其三，研究性的撰述通常注重论文形式，在结构上分为前言、正文、结论三部分，引用的资料以注释和参考书目表明之。其四，充分利用社会科学的理论与方法，在理论方面，如心理学上的'环境决定人格'、社会学上的'社会变动'观念等，都用来处理现代中国史的问题；在方法上，除比较研究法已被广泛应用外，统计学的方法亦广被应用。其五，着重于历史意义的推定，而不再像已往只作史料的堆积……其六，研究的过程常采用'个别研究——集体讨论——个别撰写'的方式，此可以利用许多学者专家的力量，辅助研究者能力所不及。"[1] 这

---

[1] 张玉法：《历史学的新领域》，第50~51页。

是对现代台湾学者研究过程的全息描述，其中明言抛弃"史料堆积"的方法，而代之以"历史意义的推定"，那就要"解释"历史，判断历史，强调"疏通"的意义。

王尔敏说："处理史料以了解史实，须通过解释始能达成。历史如果没有解释就不成为历史，而只是史料。了解史料、批判史料、运用史料，是历史的，却需要解释。严格说来即使是极细微的考证也要透过解释。""研究历史，宗旨在考求人们生活行为之种种动机，种种原因，以至种种影响之后果，凡此均须经过考察、说明与分析，并且非用解释不能达成。"①

张致远说："解释意指史料内容的诠释……学者不应以肤浅的文字知识为满足，务须深入时代、地域，与作者的专门学问、表现能力、用字习惯、特殊变化、术语与标记等。自然为求正确了解史料作者的文字起见，我们不仅应该知道这件史料的文字与特质，作者的观念与见解，并且亦得认识史料产生的时代与环境。"②

余鹤清说："真实固然是历史的重要条件，要知道知识求实还不是史学的最终目的，如史料和史迹都是真实的，这也不过是第一步工作，下面还需要第二步工作，那就是要解释史事的原因、变化与结果，和过去、现在跟未来的关系。而且死的史料，必须经过这样的解释，对现代人才有用，跟现代人有关，然后才能变为活的历史。"③

杜维运认为，研究历史最重要的就是历史的叙事与解释。他说："所谓历史解释，从表面上看，大致如上文所言，是阐明历史发展的轨迹及其意义所在，究其实际，则是对历史事实之间的关系所作的疏通陈述……史学家就某一时间与某一空间里纷纭的历史事实，将其相互的关系，疏通比较，一旦发现其呈现某种现象或某种意义，而予以指出，则所谓历史解释，就幡然出现了。而进一步就较悠长的时间与较广阔的空间，指出其间

---

① 王尔敏：《史学方法》，第 189 页。
② 张致远：《史学讲话》，中国文化大学出版部，1984，第 66 页。
③ 余鹤清：《史学方法》，第 124 页。转引自王尔敏《史学方法》，第 190 页。

历史事实的关系出来，则极富通观性的历史解释，悠然而出。"①

王尔敏还探讨了历史解释的具体方法程序：其一，假设；其二，推断；其三，想象；其四，比较；其五，量化。②

此一时期，台湾地区的史学方法论研究，还有不少新的东西，如对于多学科方法的借鉴问题，也比较受到重视，张玉法的《历史学的新领域》就是代表。此书系统地讲述了"心理学在历史研究上的应用"、关于"比较历史"、"历史研究的量化问题"等。但总的来说，相对于世纪之初产生的新史学派来说，台湾地区的史学没有发生历史观上的重大变化，因此其史学方法论研究也没有本质性的发展。

四　中国马克思主义史学方法论的
产生与发展（1919～1949）

1919～1949 年间，是中国马克思主义史学方法论产生和发展的重要时期。这一时期也可分作两个阶段。在整个 20 年代，是马克思主义史学方法论的产生阶段，侧重点在于引进、介绍和阐释，一方面带有理论宣传的性质，一方面也显得比较初步、粗浅和带有学理化的倾向；30～40 年代，是马克思主义史学方法论见之于研究实践，并在史学研究实践中检验、培育、修正和发展的阶段。这一阶段仍然处在马克思主义史学方法论发展的早期阶段，在取得突出的方法论效应的同时，也难免摆脱生硬和稚气。它一方面预示了一个新的方法论思想的远大的前程，一方面也埋下了日后教条化倾向的伏笔，积累了中国马克思主义史学发展史上一些宝贵的经验和教训。

李大钊是中国马克思主义史学方法论的奠基者。他在 1920 年前后发表的《我的马克思主义观》、《马克思的历史哲学》、《由经济上解释中国近代思想变动的原因》、《唯物史观在现代史学上的价值》等文章，系统地介绍

---

① 杜维运：《史学方法论》，第 215 页。
② 王尔敏：《史学方法》，第 200～205 页。

了马克思主义历史唯物主义的基本观点，第一次为国人阐释了一个研究中国历史的新的史学方法论体系。他解释马克思主义关于研究思想意识形态发展的方法说："凡一时代，经济上若发生了变动，思想上也必发生变动。换句话说，就是经济的变动是思想变动的重要原因。"① 中国以农业立国，所以大家族制度在中国特别发达。一切政治、法度、伦理、道德、学术、思想、风俗、习惯，都建筑在大家族制度上作它的表层构造。② 孔子学说所以能在中国行了二千余年，全是因为中国的农业经济没有很大的变动，他的学说适宜于那样经济状况的缘故。③ 他解释唯物史观方法论不同于以往所有方法的基本点在于："这种历史的解释方法不求其原因于心的势力，而求之于物的势力，因为心的变动常是为物的环境所支配。"④ 他认为马克思的唯物史观是认识历史的唯一正确的方法论："喻之建筑，社会亦有基础与上层。基础是经济的构造，即经济关系，马氏称之为物质的或人类的社会存在。上层是法制、政治、宗教、艺术、哲学等，马氏称之为观念的形态，或人类的意识。从来的历史家欲单从上层上说明社会的变革即历史，而不顾基础，那样的方法不能真正理解历史。上层的变革，全靠经济基础的变动，故历史非从经济关系上说明不可。"⑤

蔡和森 1924 年出版的《社会进化史》一书，在马克思主义史学方法论的创立上也有重要的贡献。他阐述人类历史的统一性、规律性，为人们研究历史提供了总的方法论指导。他说："每一时代或每一等级的进化，具有普遍世界一切民族之通性；只在时间上有演进迟早之距离，决不因为各民族所在地之不同而发生根本异趣之特殊途径。"⑥ 他揭示了认识国家本质和起源的思想方法："照普遍的定律说，国家乃是在经济地位上极占优势的阶级的机械，这个阶级借着国家的设立又成为政治上的支配

---

① 《李大钊选集》，人民出版社，1959，第 295 页。

② 《李大钊选集》，第 296 页。

③ 《李大钊选集》，第 301～302 页。

④ 《李大钊选集》，第 337 页。

⑤ 《李大钊选集》，第 293 页。

⑥ 《蔡和森文集》，人民出版社，1980，第 442 页。

阶级，并且由此又造成一些掠夺被压迫阶级的新工具。"① "国家不是永远存在的。在他所从出的远古的氏族社会里面并没有国家和政权的意义。经济发达的程度到了自然惹起社会阶级分裂的时候，才由这种分裂形成国家的必要。"②

瞿秋白的《社会科学概论》也是出版于 1924 年的一本马克思主义理论著作，书中关于唯物史观基本原理的阐述，对史学研究具有重要的方法论意义。他说："人类社会的发展每时期每地域总只能从现有的生产力之状态着手。""生产力是人类从事于经济行为之物质基础，所以生产力的状态变，经济关系也就变。社会制度是表现经济关系的形式，所以经济关系变更，社会制度也就变更。"③ 他提供了从阶级和阶级斗争的角度看待以往政治史的思想方法："一切阶级斗争，无有不反映到政治上来的……阶级斗争是争政权之斗争，目的总在于取得政权以改造经济关系；因经济发展到一定的程度，新阶级便非取得政权不能往下发展。因此，一切部分的日常生活里的小斗争，直接的间接的都是阶级斗争。"④ 他还强调了从经济基础去说明上层建筑和意识形态的"合科学的方法"。⑤

李达的《现代社会学》也是早期的马克思主义理论著作，书中所阐述的社会进化之原理，即是认识历史之方法论："盖生产力发达，则社会物质的基础势必发生变化，旧生产关系不能增进生产之利益，而成为生产力发达之障碍。政治法制等上层构造，已不适合于经济的基础，于是生产力与生产关系遂至互相冲突，同时经济上被压迫之阶级亦与经济上占势力之阶级，发生阶级的利害之争斗。此时生产关系苟不改造，则生产力不能继续发达，社会即无进化。而改造此生产关系之人工的发动力则为阶级斗争。阶级斗争之结果，社会之物质的基础改造，因而政治法制等上层建筑亦适应此基础而改造，如此产生之新社会遂超出旧社会之上，是谓社

---

① 《蔡和森文集》，第 614 页。
② 《蔡和森文集》，第 616 页。
③ 《瞿秋白文集》，人民出版社，1988，第 556 页。
④ 《瞿秋白文集》，第 562 页。
⑤ 《瞿秋白文集》，第 596 页。

会之进化。是故社会进化之原动力实为生产力，生产力继续发达，则经济组织继续进化，政治法制及其他意识形态亦随而继续进化，此社会进化之原理也。"①

20世纪20年代中国的马克思主义史学方法论研究大抵如此。一方面，这些马克思主义史学的先驱们，比较系统地阐述了唯物史观的方法论体系，指出了一条完全不同于其他历史学派的思维路径，在中国现代史学发展史上树起了一面崭新的旗帜；另一方面，他们对唯物史观的解释，也确实有生吞活剥的痕迹，还基本上处在理论宣传的阶段。

从20年代末开始，中国的马克思主义史学方法论研究，进入了史学研究的实践之中。以郭沫若、吕振羽、翦伯赞、侯外庐、范文澜等史学大师为代表的马克思主义史学家，把唯物史观的方法论贯彻于自己的史学研究实践之中，检验并丰富了马克思主义史学的方法论研究。

郭沫若的《中国古代社会研究》，是运用马克思主义史学方法论研究中国历史的第一个范本。该书的方法论取向十分鲜明。该书《自序》中说："本书的性质可以说就是恩格斯的《家庭、私有制和国家的起源》的续篇。研究的方法便是以他为向导……"② 该书研究中国古代社会的目的取向也十分明确："我们把中国实际的社会清算出来，把中国的文化，中国的思想，加以严密的批判，让你们看看中国的国情，中国的传统，究竟是否两样。"③ 该书的结论，为当时的中国共产党人坚持以马克思主义理论分析中国国情，指导中国人民的反帝反封建革命实践，提供了重要的历史依据。因此，郭沫若的《中国古代社会研究》第一次显示了唯物主义历史观强大的方法论效应。

在郭沫若之后，吕振羽将唯物史观的方法论原则贯彻到了他的史前期中国社会研究和中国古代政治思想史研究之中，相继出版了《史前期中国社会研究》和《中国政治思想史》两部重要著作。关于前者的写作目的，

---

① 《李达文集》第1卷，人民出版社，1980，第344页。
② 《郭沫若全集·历史编》第1卷，人民出版社，1982，第9页。
③ 《郭沫若全集·历史编》第1卷，第9~10页。

他说："我的目的，第一，只在给无人过问的史前期整理出一个粗略的系统，引起大家来研究；第二，只在说明中国社会的发展过程，和世界史的其他部分比较，自始就没有什么本质的特殊，而是完全有同一的过程。"①他要证明中国历史的合规律性发展，其研究的方法自然是完全按照唯物史观指示的路径。关于《中国政治思想史》一书，他明确讲述了自己的方法论取向。该书《导言·研究的方法》中说："我们对于历史上某一时代思想的研究，要想能得出一个正确的结论，第一重要的，须要正确地掌握这一时代的经济情况和政治情况，正确地明了这一时代的生产方式，以及其矛盾之发展根本形式，——在其内部之矛盾的对立性，对立物的统一性——人类的思想便建立在这种基础之上，顺应着、发展着。"这几乎是在刻意照搬社会存在决定社会意识的基本原理。

刻意模仿马克思主义经典作家的史学方法甚至编撰方法，是早期马克思主义史学家的基本特点。蔡和森的《社会进化史》是模仿恩格斯《家庭、私有制和国家的起源》的编纂方法，甚至在许多方面都是对后者的编译；郭沫若的《中国古代社会研究》有意以《家庭、私有制和国家的起源》为"向导"；而吕振羽的《中国政治思想史》一书，则是对马克思《剩余价值学说史》的"东施效颦"。②

在 20 世纪 30 ~ 40 年代，翦伯赞的中国史研究、侯外庐的中国古代思想史研究，范文澜的中国通史研究，都自觉地贯彻了唯物史观所提供的方法论思想。特别是范文澜的《中国通史简编》，以五种社会形态理论为指导划分中国历史阶段，在方法上以阶级斗争为历史主线，在内容上突出人民群众创造历史的思想，树立了后来马克思主义通史研究的重要范式。其历史研究的方法论意识是非常突出的。

早期马克思主义史学方法论的最高成就是翦伯赞的《历史哲学教程》一书。翦伯赞特别重视方法论问题。他说："我所以特别提出历史哲学的问题，因为无论何种研究，除去必须从实践的基础上，还必须要依从于正

---

① 吕振羽：《史前期中国社会研究·自序》，北平人文书店，1934。
② 吕振羽：《中国政治思想史·初版序》，三联书店，1956。

确的方法论，然后才能把握和理解其正确性。历史哲学的任务，便是在从一切错综复杂的历史事变中去认识人类社会之各个历史阶段的发生发展与转化的规律性，没有正确的哲学做研究的工具，便无从下手。"① 他的《历史哲学教程》一书，就是要为信仰唯物史观的历史学家们提供一个历史研究的科学方法论。

《历史哲学教程》写于 1938 年，虽然这时的唯物史观学派还处在创立时期，但翦伯赞已经敏锐地觉察到了中国历史学家在应用唯物史观方面的种种偏差，人们对这种科学的方法论缺乏准确的理解。譬如，关于唯物史观对经济问题的重视，被人们理解成了只有经济才起作用的经济决定论，忽视历史运动中各种复杂因素的相互作用。李大钊的《我的马克思主义观》一文，就表现出了这样的认识倾向。马克思主义重视规律性的探讨，而我们的历史学家为了强调中国历史的合规律发展，就忽视对中国历史特殊性的研究，表现出重一般轻特殊的倾向。例如郭沫若的《中国古代社会研究》就是遵循的"中国人不是神，也不是猴子，中国人所组成的社会不应该有甚么不同"② 的思想方法。他在该书第四篇的《序说》中说："周代的社会历来以为是封建制度，然与社会进展的程序不合，因在氏族制崩溃以后，如无外来的影响，必尚有一个奴隶制度的阶段。"③ 这样的思想方法，使其研究严重忽视中国历史的特殊性问题，生搬硬套地将中国历史塞进预先规定好的"程序"之中。对这样一些方法论实践中的问题，翦伯赞在《历史哲学教程》中给予了批评和纠正。他写道："历史科学的研究，固然要以一般的发展法则为前提，但只是理解一般的法则性或世界史的一般发展途径是不够的，因为世界史发展的一般法则，并不能把特殊性屏除；反之，必须从历史发展的一般性和其特殊性的统一的探究中，才能复现各民族与各时代的历史之具体的内容。"④ "这种作为历史发展之辩证的法则的个别与全体的统一的历史的关联性，自然为过去的那些观念论机械

---

① 翦伯赞：《历史哲学教程·序》，北京大学出版社，1990。
② 郭沫若：《中国古代社会研究·自序》。
③ 《郭沫若全集·历史编》第 1 卷，第 250 页。
④ 翦伯赞：《历史哲学教程》，第 24～25 页。

论的历史家所不能理解。然而不幸一直到现在，仍然被我们所谓唯物历史家所疏忽，至少没有充分地应用。这在历史科学的研究上，不仅是一个普通的疏忽，而且是方法论上的一个严重错误。"①

翦伯赞在《历史哲学教程》中为人们提供的最重要的方法论是"历史的关联性"思想，这是一个系统的史学方法论思想，对一切历史研究都有重要的方法论意义。所谓"历史的关联性"，主要有三个方面的思想："第一，历史从其总的过程上说，在时间上不是'一瞬间的断面'，而是向着一个继起发展的总的前程进行"；"第二，在空间上，各个民族的历史，决不是孤立地存在于世界史的全体系之外；反之，只是作为世界史构成之一部或一环而存在着"；"第三，历史的客观条件与人类之主观创造作用是统一而不容分离的。""史的唯物论的历史观，是要求对于整个世界史从其联系上、运动上、错综上、生灭过程上去理解，即从其无限的关联性上去理解。而且只有从其关联性上，才能理解历史之一贯的发展及其部分与全体之统一性。"②

在这一时期的马克思主义史学方法论研究中，史学大师们对史料问题也给予了相当的重视，并探索了一些具体的研究方法。譬如郭沫若的古代社会研究，就把古代史的研究与古文字研究结合起来，创造出古文字学与古代史研究相结合的研究方法。吕振羽的《史前期中国社会研究》，充分利用考古发掘的成果，创造出考古发掘与神话传说相结合的研究方法。③吕振羽的考古发掘和神话传说相结合的研究方法，包括四个方面的内容：（一）凡史前社会缺乏发掘的考古材料的阶段，尽量以经过科学分析的古籍所载神话传说予以解释；（二）凡无法用考古学证实的有关远古社会的家庭婚姻形态和社会制度状况，尽量以神话传说中的材料证实；（三）凡已发掘的确凿的考古资料，务必引用，作为对某个历史阶段或社会生产力和经济结构的论证；（四）注意考察神话传说和考古材料两者的联系。④ 这

①　翦伯赞：《历史哲学教程》，第48页。
②　翦伯赞：《历史哲学教程》，第48～52页。
③　吕振羽：《史前期中国社会研究·自序》。
④　参见朱政惠《吕振羽和他的历史学研究》，湖南教育出版社，1992，第50～52页。

一方法使他获得了成功，也在学界赢得了赞誉。

该时期的马克思主义史学方法论研究，从理论形态上说，除了翦伯赞的《历史哲学教程》之外，所应关注的还有两本历史研究法方面的专门性著作。一本是蔡尚思的《中国历史新研究法》（昆明中华书局，1940）。该书分十二章，其中第四章"科学的新史观"、第五章"新史观的应用与中国史的分期"、第六章"归纳比较两种鉴别方法"、第八章"选择分配与社会眼光"、第九章"批评叙述与客观态度"等，都属于方法论的性质，其他章节多是具体的研究方法或属于史学知识的范畴；另一本是吴泽的"中国历史研究法"（峨嵋出版社，1942）。该书共分五章，各章的标题依次为："引论（中国史学动向）"、"几种主要错误中国历史观的批判"、"中国历史研究法的基本原理及具体方法"、"中国历史史料运用法的基本原理及具体方法"、"中国历史研究纲要及历史上诸问题"。

总起来说，这一时期的马克思主义史学方法论研究，开辟了中国史学研究的新途径，在中国史坛上形成了最具生命力的历史学派。但是，也应看到，由于是它的初期的发展，对马克思主义的理解，在某种程度上说还处于比较幼稚的水平。特别是过分强调历史规律性、必然性而忽视历史道路的特殊性的倾向；把阶级斗争看作是人类阶级社会历史实践的全部内容的思想；① 历史评价片面强调以"人民为本位"② 的思想，等等，都为后来"左倾"时代历史研究偏离马克思主义轨道的极端化发展，埋下了伏笔。

五　马克思主义史学方法论的广泛普及与
曲折发展（1949 ~ 1976）

新中国成立之后，随着唯物史观的广泛普及，马克思主义的史学方法论思想，也在历史领域确立了它的指导地位和一统局面。也应该指出的是，从新中国成立到1978年的改革开放之前，在史学界，人们普遍认为，

---

① 翦伯赞：《历史哲学教程》，第 80 页。
② 郭沫若：《十批判书·后记》，群益出版社，1948。

所谓史学方法论，就是唯物史观所提供的一些理论原则。在唯物史观的理论体系之外，不存在也不应该存在一个独立的历史科学的理论方法论体系。在这样的认识基础之上，史学方法论的研究自然就被忽视了，一切有关历史理论和史学理论的讨论，实际上都是围绕唯物史观的阐述。尽管如此，由于史学方法论与唯物史观在理论内涵上的某种联系性，使运用唯物史观指导历史研究的过程中，也确实提出了一些属于史学方法论范畴的问题。在整个五六十年代的史学理论研究中，人们讨论的史学方法论问题，主要有历史人物评价的标准问题、史论关系问题、历史主义与阶级观点的关系问题等。

关于历史人物评价的标准问题。20 世纪 50 年代有代表性的观点是，嵇文甫提出的"人民性与进步性——历史评价的基本尺度"。嵇文甫认为，历史评价必须"一面倒"，坚决站在人民立场上。人民利益就是历史评价的最基本的尺度。历史是广大人民的历史，推动历史进步就是广大人民的最高利益，因此，进步性也是历史评价的基本尺度。[①] 后来，嵇文甫又将他的人民性与进步性两条标准发展为三条，在原来基础上增加了一条道德标准。[②] 瑞云等人提出的也是以推动还是阻碍历史发展、对人民有利还是有害两个标准来评价历史人物。[③]

20 世纪 50 年代末，万发运提出评价历史人物应坚持四条原则：第一，历史人物是阶级利益的代表，其活动充满阶级烙印，所以评价历史人物必须运用阶级分析方法；第二，要在肯定人民群众是历史发展的动力和承认历史必然性的前提下，承认个别历史人物的作用；第三，要从具体的历史条件出发评价历史人物；第四，判断一个历史人物的正面或反面，应根据他在历史上的功与过哪一方面是主流来决定。[④]

20 世纪 60 年代初，吴晗提出评价历史人物的六条标准：第一，评价历史人物应该从当时当地人民利益出发，看他所作所为是好是坏，对当时

---

①　嵇文甫：《关于历史评价问题》，人民出版社，1956。
②　嵇文甫：《关于历史评价及其他》，河南人民出版社，1957。
③　瑞云：《对评价历史人物的几点意见》，《光明日报》1954 年 12 月 23 日。
④　万发运：《关于评价历史人物的几个原则问题》，《光明日报》1959 年 7 月 7 日。

生产是起促进作用还是破坏作用，对文化艺术是起提高作用还是摧毁作用；第二评价历史人物要从生产斗争和阶级斗争出发，归结为阶级的活动；第三，评价历史人物要从整个历史发展出发，从几千年来多民族国家的具体事实出发；第四，评价历史人物应从政治措施、政治作用出发，而不应该从私人生活方面出发，以政治为衡量历史人物的尺度；第五，要注意阶级关系，运用阶级分析的方法来研究历史人物，但不可以绝对化，不能把阶级成分作为评价历史人物的唯一尺度；第六，评价历史人物决不可以拿今天的意识强加于古人，不能把古人现代化。①

吴晗提出了一个"从当时当地人民利益出发"评价历史人物的问题，其实郭沫若在 1959 为曹操翻案的文章中也提出了类似观点。他认为，历史是发展的，评价历史人物应以这个历史人物所处的时代为背景，以这个历史人物在历史发展中所起的作用为标准。② 但是，也有不少人不赞成"从当时当地人民利益出发"的标准或评价原则。如宁可、戴逸等人，都表示了不同的看法。宁可指出，评价历史人物以"当时当地为原则"而不以"今时今地为原则"，是一个相当含混的提法。历史条件是评价历史事物的出发点，评价标准则是人们衡量客观事物的尺度，它反映不同地区不同阶级的人们对历史事物的认识或观点。条件是那些与被评价历史事物及其作用相关的东西，它保证着评价的客观性；而标准则只能是今天的最高的马克思主义观点。不从这个观点出发，就会削弱研究的科学性，甚至模糊阶级界限，同样也会违反历史的真实，失掉客观性。③

20 世纪 60 年代初，还有人提出了非常政治化的评价标准。如权海川提出，评价历史人物应以毛泽东关于在现实政治生活中"辨别香花和毒草"的六条标准为标准。他的理由是，评价历史人物必须从今天出发；从今天出发就必须从无产阶级立场观点出发，就必须有统一的标准；毛泽东的"六条标准"是站在今天社会主义立场上用马克思主义的观点概括出来

---

① 吴晗：《论历史人物评价》，《人民日报》1962 年 3 月 23 日。
② 郭沫若：《替曹操翻案》，《人民日报》1959 年 3 月 23 日。
③ 宁可：《论历史主义和阶级观点》，《历史研究》1963 年第 4 期。

的，因此，毛泽东关于"辨别香花和毒草"的六条标准就应该用为评价历史人物的标准。① 但是，权海川的观点，没有得到学界的承认，有不少学者都撰文提出了反对意见。

在历史研究中如何处理史料与理论的关系，也是一个带有方法论意义的问题。新中国之初，在普及唯物史观的过程中，出现了过分强调理论的指导作用而忽视史料的倾向，由此产生了史与论的关系问题。在当时的政治气候下，有人认为两者的关系应该是"以论带史"，坚持理论对史料的主导作用，这种倾向的过分发展，将"以论带史"变成了"以论代史"，使历史研究完全背离了从历史实际出发的唯物论原则。关于史论关系的讨论，实际上是与纠正这种倾向相联系的。

"以论带史"是一种治史倾向，但在 20 世纪 50 年代末这种倾向最严重的时候，也很少见到有人从理论上明确提出这样的主张。公开地明确地提出这一口号，只是在 1966 年"文化大革命"即将开始的时候才见诸报端。尹达在《必须把史学革命进行到底》一文中说："我们提倡'以论带史'。就是说，我们必须以马克思列宁主义、毛泽东思想为指导研究历史，对于大量史实给予科学的分析，反对'为史实而史实'、'史料即史学'的资产阶级史学观点。"②

在 20 世纪五六十年代，多数论者是主张史论结合，主张观点和材料的统一的。彭明认为，不应该把史料和观点割裂开来，历史研究应从二者必须统一的角度去进行。史与论的关系在于：在研究的过程上，材料形成观点；从论文的表现看，观点统帅材料；在材料形成观点的过程中，马克思主义的一般原理起着主导作用，而马克思主义的一般原理又是历史材料实际形成的。③ 白寿彝认为，只讲理论，不管历史事实；讲中国历史不管中国历史事实，讲世界史不管世界历史事实，而只讲马克思列宁主义经典著作的个别词句，便是"以论带史"。运用马克思列宁主义理论，对具体史

① 权海川：《评价历史人物标准是毛主席"关于正确处理人民内部矛盾的问题"一文中所指示的六条政治标准》，《史学月刊》1960 年第 7 期。
② 尹达：《必须把史学革命进行到底》，《红旗》1966 年第 3 期。
③ 彭明：《谈观点和史料的统一》，《人民日报》1961 年 5 月 31 日。

实进行具体分析，才是正确方法。① 吕振羽提出，学习和研究历史，必须坚持和贯彻理论和实际相结合的方针。他说，"论"就是观点，马克思主义理论、毛泽东思想的基本原理；"史"就是史料。史和论的统一，就是运用马克思主义的理论和方法，通过对具体历史进行具体分析，揭示出历史发展的规律。② 翦伯赞则明确提出史论结合的问题。他说，在历史研究中，必须把史和论结合起来。在史料的问题上，我们和资产阶级的区别，不是要不要史料的问题，而是用什么立场、观点和方法对待史料的问题。"以论带史"的提法必须废除，正确的提法应该是"观点与史料的统一"。③

在批评"以论带史"的倾向时，有学者提出了"论从史出"的观点。吴晗说："史和论应该是统一的，论不能代替史，论在史中，不是在史之外。因此，就要运用正确的方法，掌握大量的、充分的、可信的史料，加以合理的安排，通过对史实的掌握，把观点体现出来。""只要把真正的史实摆清楚了，观点自然就出来了，所以我们说：'论从史出。'"④

针对吴晗的"论从史出"说，林甘泉提出了反对意见。他说，研究应该从材料出发，观点是从材料得出来的，这些都没有问题。但是我们还应当注意到，对一个问题的正确的理解，不仅依赖于有足够的确实的材料，而且依赖于有正确的理论指导。如果按照"论从史出"这个公式的逻辑，就没有办法表达出理论的指导意义来，它在实践中很容易导致削弱马克思主义历史科学。我们应当抛弃"以论带史"和"论从史出"这些不确切的提法，应当根据毛泽东同志所说的"详细地占有材料，在马克思列宁主义一般原理的指导下，从这些材料中引出正确的结论"，来表述史与论的关系。⑤

这一时期史学方法论研究中最引人注目的话题，是关于历史主义与阶

---

① 白寿彝：《关于历史学习的三个问题》，《光明日报》1962 年 1 月 3 日。
② 吕振羽：《怎样学习历史》，《历史教学》1961 年第 10 期。
③ 翦伯赞：《关于史与论的结合问题》，《文汇报》1962 年 1 月 21 日。
④ 吴晗：《如何学习历史》，《光明日报》1962 年 1 月 4 日。
⑤ 林甘泉：《关于史论结合问题》，《人民日报》1962 年 6 月 14 日。

级观点的讨论。20 世纪 50 年代初期，马克思主义的阶级观点和历史主义都曾被当作有效的史学方法论思想而提倡，在史学界没有引起太多的争议。1958 年的大跃进运动中，史学界也掀起了一阵狂热的"史学革命"，什么"厚今薄古"，什么"打破王朝体系"，等等，极"左"思潮所支配的非历史主义喧嚣可谓甚嚣尘上。历史上的一切事事物物，都被提到了阶级斗争的舞台上接受审判；几千年文明史中的一切成果，都被套进现代人阶级分析的思维模式之中接受检验。历史研究遭遇了前所未有的灾难。这种状况逐渐引起了相当一批史学家的沉思。从 1959 年起，先后有翦伯赞、郭沫若、吴晗、范文澜、郭晓棠等一批老一辈史学家相继对所谓"史学革命"提出质疑，倡导以马克思主义的历史主义态度研究历史，抵制历史研究中的反历史主义倾向。1960 年第 7、第 9 期的《史学月刊》也率先组织了关于历史主义问题的专题讨论。从 1959 年到 1962 年，一场针对所谓"史学革命"的历史主义思潮像地火运行，悄悄地孕育着一个新的史学论战的高潮。

1962 年，翦伯赞在《江海学刊》第 6 期发表《目前史学研究中存在的几个问题》一文，以鲜明的态度向"史学革命"的反历史主义倾向开炮。他写道："公开地站在无产阶级的立场，用无产阶级的观点来对待任何历史问题，这是对于一个马克思主义历史学家的基本要求。但是除了阶级观点以外，还要有历史主义。""如果只有阶级观点而忘记了历史主义，就容易片面地否定一切；只有历史主义而忘记了阶级观点，就容易片面地肯定一切。只有把二者结合起来，才能对历史事实作出全面的公平的论断。""作为一个历史过程来说，相继出现于历史的每一个生产方式或社会制度，都是历史向前发展的一个步骤，都是生产力向上发展的结果，不能因为它们是剥削制度就一律骂倒。""如果历史的中国只是一些罪恶的堆积，而没有任何值得继承的东西，那么今天的中国是根据什么东西建立起来的？难道我们要再来一次盘古所作的开天辟地的工作吗？应该历史主义地对待自己的历史，不应该对自己的历史采取虚无主义的态度。"

以翦伯赞的地位和影响，把历史主义和阶级观点的关系这个在当时来说关系到中国史学发展命运的重大理论问题，如此尖锐明确地提出来，自然引起了整个史学界的关注。最早对他做出反应的是林甘泉。林甘泉撰文指出："马克思主义的阶级观点的一个重要特点，就是它彻底摆脱了以往旧的历史理论的形而上学的观点，深深地浸透了历史主义的精神。在马克思主义的理论中，阶级观点和历史主义是完全一致的，统一的。""马克思主义的阶级观点和历史主义虽然是两个不同的概念和术语，但这并不意味着它们是不同的或是互相排斥的两种观点。相反，正如我们前面已经说到的，它们的关系是统一的，对马克思主义来说，不存在没有历史主义的阶级观点，也不存在没有阶级观点的历史主义。"① 林甘泉用他理解的马克思主义的阶级观点和历史主义的"一致"和"统一"，泯灭了这两个概念的理论分野，于是使翦伯赞等对历史主义的强调变得无足轻重。

宁可立即撰文对林甘泉的文章提出批评："阶级观点是唯物主义历史观的核心，历史主义是辩证法对历史过程的理解。历史主义和阶级观点的统一，也就是辩证法和唯物主义历史观的统一的内容之一……把阶级观点同历史主义之间的联系看作是必然的，只要有了阶级观点，自然就有了历史主义，也不免是一种机械的、简单化的理解，不可能把历史主义和阶级观点的统一的内容解说清楚。""历史主义和阶级观点是统一的，但是对于每个研究者来说，做到这点并不容易。唯物主义者并不一定都具有辩证法，具有辩证思想的人也可能是唯心主义者，理解了生产力和生产关系是历史的现实基础，认识到应当用阶级观点来看待历史事物，并不意味着就有了辩证的思想方法，就有了历史主义……在一定的时期，根据已经出现的倾向，从历史主义和阶级观点统一的角度着重指出应当重视被忽视了的那个方面也是需要的。"②

由此，一场关于历史主义和阶级观点问题的论战就正式拉开了序幕。从 1962 年到 1966 年上半年，全国重要报刊上发表有关的论文数十篇，围绕历史主义与阶级观点的关系、历史主义的基本内涵、阶级观点的内容及方法论性质等问题展开了热烈的讨论，直至"文化大革命"而被扼杀。

---

① 林甘泉：《历史主义与阶级观点》，《新建设》1963 年第 5 期。
② 宁可：《论历史主义和阶级观点》，《历史研究》1963 年第 4 期。

关于历史主义与阶级观点的关系，除了上边的基本观点外，还有以下论断：李文海认为，阶级观点和历史主义是统一的，是具有内在的有机的联系的，同时，它们又各有自己的特定的内容，各有自己的特定的含义。阶级观点是分析和说明阶级社会历史的科学理论，而历史主义的适用范围，则包括了自从世界上有了人，因而也就有了历史的一切时代。[1] 莫仲一认为，阶级观点和历史主义是两个不同的概念，两者的含义是不同的。历史主义着重是指人和事的时代条件和时代界限，阶级观点着重是指人和事的社会关系和阶级界限。评论某一个历史人物，常常分别指出他的时代局限性和阶级局限性，就是从这两个不同的方面来说明问题的。[2] 裴汝诚等人认为，马克思主义的历史主义与阶级观点是两个不同的概念。从史学研究的方法来看，它们的区别是：马克思主义的历史主义是根据辩证唯物主义的经常变化发展的观点看待历史上的各种问题；阶级观点则是对待历史上复杂变化的任何事物都要以阶级划分、阶级矛盾和阶级斗争的规律作为基本线索。[3] 宁可认为，彻底的历史主义必然是和阶级观点统一的。对马克思主义的历史研究者来说，在分析事物的发展过程与各种复杂的历史条件时，应当始终以阶级观点和阶级分析方法作为基本的指导线索；而运用阶级观点和阶级分析方法时，又始终应当以对事物的历史发展及其各种条件的具体分析为基础。对马克思主义的历史研究者来说，科学的客观的研究态度和研究方法与鲜明的阶级立场和革命精神是统一的。[4] 林杰认为，没有阶级观点的历史主义，绝不是马克思主义的历史主义；没有历史主义的阶级观点，也绝不是马克思主义的阶级观点。用马克思主义的阶级观点来看待历史事物，即用阶级斗争的观点来考察人类的文明史，就必然有了历史主义，否则，就是把阶级观点与历史主义割裂开来。[5] 关锋、林聿时认为，马克思主义的阶级斗争学说贯穿着或者说包含着历史主义；马克思

① 李文海：《论阶级观点和历史主义的统一》，《光明日报》1964 年 3 月 12 日。
② 莫仲一：《对历史主义和阶级观点关系问题的理解》，《广西日报》1964 年 6 月 24 日。
③ 裴汝诚、项立岭、郭豫明：《论马克思主义的历史主义和阶级观点》，《光明日报》1964年 9 月 23 日。
④ 宁可：《论历史主义和阶级观点》，《历史研究》1963 年第 4 期。
⑤ 林杰：《阶级观点与历史主义没有必然联系么》，《文汇报》1963 年 10 月 24 日。

主义的历史主义又是以阶级斗争学说为基础的。如果把两者割裂开来，对两者就都不能有正确的理解。脱离历史主义的阶级观点，不是马克思主义的正确的阶级观点；脱离阶级观点的历史主义，不是马克思主义的正确的历史主义，甚至就是资产阶级的客观主义。① 从这些论断看，不管是否赞成对历史主义问题的强调，都在对待阶级观点的问题上保持着惊人的一致性。即都认为历史主义不能离开阶级观点，阶级观点是唯物史观的核心。这样，在社会政治环境中大力强调阶级斗争的年代，历史主义方法就注定了被阶级观点所包容所淹没的不可避免性，注定了它的悲剧性命运。

关于阶级观点或阶级分析方法的地位和作用问题。20 世纪五六十年代的中国，是个神话个人和迷信权威的时代，由于毛泽东讲过这样一段话："阶级斗争，一些阶级胜利了，一些阶级消灭了，这就是历史，这就是几千年的文明史。拿这个观点解释历史的就叫做历史的唯物主义，站在这个观点反面的是历史的唯心主义。"② 根据这一领袖教导，所有学者都无例外地认为，马克思主义的阶级观点是唯物史观的核心，是看待人类社会历史的基本的甚至是唯一科学的方法论。郑天挺说，在原始社会以后，任何时候都有阶级存在，任何人、任何事、任何议论、政策，都有其阶级烙印，直到人类社会阶级消灭为止。因此，在历史上，对于一个人、一件事、一种议论、政策，我们都要看看它属于哪一阶级，它对哪一阶级有利。③ 翦伯赞提出，用阶级观点分析历史问题是一个历史学家的党性在历史学上的表现。用辩证唯物论来研究中国历史，就要学会从阶级矛盾中去寻找历史的变革。④ 姚学敏、祝瑞开认为，作为唯物史观的核心的阶级斗争理论，对阶级的产生、发展和消亡作了科学的论述。研究过去的原始社会以及未来的共产主义社会，都不能离开阶级观点。那种认为研究原始社会可以不要阶级观点，而只要历史主义的观点，实际上是走向

---

① 关锋、林聿时：《关于马克思主义的阶级观点和历史主义》，《光明日报》1963 年 12 月 10 日。

② 《毛泽东选集》合订本，第 1378 页。

③ 郑天挺：《必须用阶级观点分析历史》，《天津日报》1963 年 8 月 3 日。

④ 翦伯赞：《怎样研究中国历史》，《新建设》1950 年第 2 期。

了唯心史观。① 王鸿江、汤纲认为，对原始社会史的研究与对阶级社会历史的研究一样，是存在着激烈的阶级斗争的。对原始社会史的研究必须站在无产阶级的立场上，用马克思主义的阶级观点来分析阐释，驳斥资产阶级的谬论，为无产阶级的政治服务。同时，也只有用马克思主义的阶级观点去研究原始社会史，才能得出科学的结论。②

关于马克思主义历史主义的基本内涵。唐弢认为，所谓历史主义，无非是一种发展观点，一种正确地掌握了昨天、今天和明天之间关系的观点。这种观点要求我们懂得对立和统一的法则，对古代和今天进行既有区别又有联系的分析。在新旧事物之间，一面要看到它们的区别和矛盾，另一面又看到他们的联系和承续，忽略了任何一面，都将是对历史的背离和歪曲。③ 李文海说，马克思主义历史主义是与机械的、形而上学的历史观点根本对立的。它的根本要求是尊重历史的辩证法的发展。它认为一切社会现象都要从它的历史形态去观察，一切都以条件、地点和时间为转移。在分析任何一个社会问题时，必须把问题提到一定的历史范围之内，放在与历史的一定联系中去考察。同时，在注意到某一社会现象的横的联系时，还要注意到这一现象的纵的联系，而不应当割断历史。④ 陈旭麓、李道齐认为，马克思主义的历史主义是历史唯物主义的内容之一，是辩证地考察历史事物的方法。它的具体意义是：（一）历史的延续性，即不能割断历史看问题；（二）历史的阶段性，即把一切事物都要放在一定的历史范围内去考察。⑤ 吕振羽认为，马克思主义历史主义所注视的，是在历史唯物主义基础上意味着：（一）把历史看作由低级阶段到高级阶段的不断发展的长河；（二）紧紧掌握历史各个时代所独有的历史特点，亦即其特殊性；（三）正确深入、具体地通过斗争掌握和解决历史的继承

---

① 姚学敏、祝瑞开：《怎样理解阶级观点和历史主义的统一》，《光明日报》1964 年 11 月 4 日。
② 王鸿江、汤纲：《评关于阶级观点与历史主义问题讨论中的几种看法》，《光明日报》1965 年 5 月 5 日。
③ 唐弢：《略谈历史主义》，《光明日报》1960 年 9 月 18 日。
④ 李文海：《论阶级观点和历史主义的统一》，《光明日报》1964 年 3 月 12 日。
⑤ 陈旭麓、李道齐：《对什么是历史主义的一点看法》，《光明日报》1964 年 4 月 8 日。

性问题。① 宁可认为，历史主义包括三个方面的基本内容：首先，历史主义认为一切事物都是有历史的，都处在永恒的发展的长河之中。世界的一切皆动、皆变、皆生、皆灭，构成了一幅无边无际、丰富多彩的活动画面。发展的承续形成了历史的联系。不要割断历史，不要忘记基本的历史联系，是马克思主义历史主义的第一个要求；第二，事物之所以有发展变化，之所以有历史，是由于事物内部的矛盾性以及事物和他事物的相互联系和相互影响。事物内部以及外部矛盾的发展、斗争及其转化，使得任何事物都呈现出暂时性、阶段性和前进性。注意不同时代的历史事物的限制性，把问题提到一定的历史范围之内，具体问题具体分析，这是马克思主义历史主义的第二个要求；第三，事物的发展既然是以一个否定另一个的方式彼此联系着，那么，事物的历史就必然呈现为一种上升的、前进的运动。马克思主义历史主义的第三个要求，就是要从这种上升的、前进的运动的角度来看待和评价一切历史事物，并肯定和支持一切推动历史上升和前进的力量。② 宁可对历史主义内涵的揭示，在当时以及后来的中国史学界，产生了巨大的方法论效应。

六　改革开放时期的史学方法论研究

1978 年中国共产党的十一届三中全会之后，人们在总结"文化大革命"中"四人帮"践踏史学，将历史科学变成"阴谋史学"、"影射史学"的历史教训的时候，逐渐开始在三个方向上思考问题。一是我们长期以来所奉行的唯物史观，有没有重新检讨的必要；二是在以唯物史观为指导的同时，是否应提出建立历史学科自身的方法论体系；三是在唯物史观为我们提供的研究方法之外，是否还需要探讨新的方法论途径。事实上，在这三条思维路径上，人们很快有了统一的肯定性的认识，并由此推动史学方

---

① 吕振羽：《关于历史主义和阶级观点问题的争论》。该文是作者于 1964 年 10 月在狱中写成，发表于《吉林大学社会科学学报》1981 年第 2 期。
② 宁可：《论马克思主义的历史主义》，《历史研究》1964 年第 3 期。

法论研究步入了一个新的发展阶段。

关于对唯物史观的正本清源，在新时期里取得了突出的理论成果。由于这一点不是我们本文概述的范围，又与本文的论题有关，所以我们略作简述。对唯物史观的新的检讨，使人们看到以往我们所奉行的唯物史观，实际上原本并不是那个样子：五种社会形态理论，它既不是人类历史的发展规律，更不是唯物史观所必含的基本内容；阶级斗争理论，仅只是马克思主义理论体系的一个组成部分，而并不是唯物史观的基本原理，更不是所谓唯物史观的核心；人民群众是历史的创造者命题，既不是唯物史观的基本原理，也不是马克思主义所首创的思想。仅此几点，就使我们对唯物史观的认识有了根本性的改变。历史观方面的任何变更，都必然带来方法论上的巨大飞跃。于是，新时期的史学方法论研究，虽然仍是坚持以唯物史观为指导，从性质上说仍然是马克思主义的史学方法论体系，但其面貌已经与前大有不同。

1. 与唯物史观相关的史学方法论研究

关于唯物史观本身所提供的方法论问题　蒋大椿在 1986 年撰文《马克思恩格斯著作中所见之历史研究方法》，① 提出了八条马克思主义著作中提供的史学研究方法：（一）社会历史研究必须从最顽强的事实出发；（二）假说是科学发展的形式；（三）在社会历史诸因素的相互作用中，归根到底用社会存在揭示社会意识的科学途径；（四）立足于研究对象整体，"系统地研究问题"；（五）用历史的观点考察问题；（六）逆向考察法；（七）历史比较法；（八）阶级分析方法。李振宏将唯物史观为历史研究提供的方法论原则归结为三条：（一）承认历史过程的客观实在性，一切研究都仅仅从客观历史事实出发；（二）归根到底用社会存在去说明社会意识；（三）把人类历史作为一个以生产发展为基础，各种历史因素相互作用形成的统一的有规律的过程去研究。②

关于阶级分析方法的研究　由于在历史观研究方面的突破，人们不再

---

① 原文载《历史研究方法论集》，河南人民出版社，1987。
② 李振宏：《历史学的理论与方法》，河南大学出版社，1989，第 147~151 页。

将阶级斗争理论作为唯物史观的核心，于是对阶级分析方法的性质和地位，看法也发生了根本性的改变。陈高华、李祖德较早提出，应当全面地理解史学方法论，不能说阐明阶级社会的任何历史问题，唯一的方法只能是阶级分析。① 他石、孔立也认为，阶级分析方法有一定的适用范围。即使在它的适用范围内，也不是唯一的研究方法。马克思主义史学方法是由多种方法组成的方法论系统。② 稍后李祖德又撰文指出，阶级分析法是根据阶级和阶级斗争的理论来研究和分析阶级社会历史现象的一种科学的方法，但任何一种史学方法都有它一定的适用范围，并是在一定的条件或前提下进行的。作为体现马克思主义阶级斗争理论的阶级分析法，也同样不能摆脱条件或前提的约束，也存在着一定的局限性。长期以来，阶级分析方法被作为研究历史的唯一方法，排斥其他研究方法的使用，研究历史的手段和方法，既狭小又单调，影响了历史科学的发展。③ 蒋大椿也认为，阶级分析是文明历史研究的科学方法之一，但不是历史研究的唯一科学方法。在非阶级社会中，阶级分析就无法运用；在阶级存在的历史时期内，也并非一切现象都具有阶级性；就是与阶级斗争相关的历史现象，如果不从更广泛的范围内，结合各种社会的、文化的、心理的以至自然的条件去进行具体分析，也很难对历史事实得出符合其本来面目的科学结论。④ 李振宏认为，马克思主义的阶级分析方法，是研究阶级社会历史问题的行之有效的科学方法。研究对象本身的性质，要求我们在研究阶级社会的历史时，仍然要把阶级分析当作重要的方法论手段去坚持；但是，在阶级社会中，阶级关系也并非人们全部的社会关系，研究阶级社会的历史，也不能把所有的问题都当作阶级问题来处理，都使用阶级分析。任何一种科学方法，都有它正确而合理的应用的界限，都有它特定的应用范围，这同时也就是它的局限性。阶级分析也是这样。它不能被奉为研究阶级社会历史的

---

① 陈高华、李祖德：《加强史学理论、历史学方法论的研究》，《光明日报》1995 年 2 月 6 日。

② 他石：《阶级分析不是唯一的历史研究方法》，《世界历史》1985 年第 1 期；孔立：《历史现象的阶级分析》，《福建论坛》1985 年第 5 期。

③ 李祖德：《论历史研究中的阶级分析法》，《历史研究方法论集》。

④ 蒋大椿：《马克思恩格斯著作中所见之历史研究方法》，《历史研究方法论集》。

唯一方法。①

关于阶级分析方法的具体内涵，也有所探讨。戚其章认为，所谓阶级分析法，就是以马克思主义阶级斗争理论作为一条指导性线索，并运用辩证的方法来分析阶级社会纷纭复杂的历史现象及各种问题。② 葛懋春指出，阶级分析法，首先，必须重视研究历史上阶级和阶级斗争赖以存在的经济关系，揭露隐藏在政治思想斗争背后的物质利益，把经济研究摆在重要地位；其次，必须对历史上的阶级斗争进行具体分析，估计到阶级斗争现象的复杂性，防止公式化、简单化；最后，应对剥削阶级的作用进行全面估计，不能以阶级义愤代替科学研究。③ 杨国宜则提出，要重视阶层分析，以对各个阶级内部进行更加深入细微的分析。④ 李振宏说，马克思主义阶级分析方法的精髓，就在于从对经济关系的分析中去认识阶级的历史运动。⑤

关于历史主义方法的研究 在阶级观点失去了昔日的灵光之后，历史主义研究就获得了解放，人们就再也不需要去纠缠强加于它的那种与阶级观点说不清的关系，而对之作纯科学的探讨了。许永璋认为，马克思主义历史主义的内容包括四个方面：首先，历史主义要求把历史看成是一个永恒的运动、变化、发展的过程；其次，历史主义要求把历史事件和历史人物放到一定的历史范围去考察；再次，历史主义要求通过历史发展的内在联系，发现它的客观规律；最后，历史主义要求对待历史遗产采取批判继承的态度。⑥ 蒋大椿认为，马克思主义历史主义是唯物辩证的方法在社会历史领域的发挥。它要求从客观存在的历史事物出发，从相互联系和发展中来研究具体的历史现象。其基本内容包括：第一，历史主义要求从客观历史现象的具体历史条件出发进行研究；第二，历史主义要求将产生历史现象的各种历史条件联系起来进行研究；第三，历史主义要求从历史现象

---

① 李振宏：《历史学的理论与方法》，河南大学出版社，1999，第 378～392 页。
② 戚其章：《改进史学方法之我见》，《安徽史学》1986 年第 3 期。
③ 葛懋春：《史学理论研究中的阶级分析问题》，《东岳论丛》1980 年第 2 期。
④ 杨国宜：《也要重视阶层分析》，《光明日报》1984 年 3 月 7 日。
⑤ 李振宏：《历史学的理论与方法》，第 379 页。
⑥ 许永璋：《试论历史主义》，《社会科学辑刊》1979 年第 1 期。

的辩证发展中进行研究。① 谢本书认为，实事求是，尊重历史的辩证发展，是马克思主义历史主义的基本要求。② 戚其章认为，历史主义属于唯物辩证法的范畴。历史主义和辩证法都是关于联系的科学，都是反形而上学的，这是它们的共同点；辩证法是关于普遍联系的科学，历史主义则是关于历史联系的科学，这是它们的不同点。因此，历史主义就是把唯物辩证法的原理应用于事物的历史联系，是关于历史联系的科学。③ 李振宏则认为，历史主义的基本内容是：（1）人类历史过程的总趋势是上升的，前进的。因而对于任何历史事物，都必须站在历史进步的立场上，去认识其本质属性；（2）一切历史事物都处在某一具体的历史发展阶段上，都是特定的历史环境的产物。因而对于具体历史事物，只有从它的时代条件出发，才能理解或认识；（3）历史中的每一个发展阶段及其任一具体的历史事物，都要经历一个发生、发展和消亡的历史过程。因而对于某一历史阶段及其具体历史事物的全面性认识，只有从它们的过程性研究中才能引申出来；（4）人类社会历史发展的连续性，确证了历史发展的继承性，每一时代的人们都是在直接碰到的、既定的、从过去继承下来的条件下，进行自己的历史创造活动。因而必须批判地继承一切优秀的历史遗产，反对历史虚无主义。④

关于与唯物史观相联系的方法论问题的研究，主要集中于 20 世纪 80 年代，内容也绝不限于上面介绍的这些，但多是对"文革"前讨论过的一些问题的继续或延伸，并且是伴随着对"左"倾思潮的清理来进行的。

2. 关于多学科方法引入历史研究的探讨

在 20 世纪 80 年代中期，史学理论研究领域兴起了一场方法论热潮。其主要内容就是讨论多学科方法的引入问题。

系统方法 系统方法被引入历史研究，是从 80 年代初金观涛和刘青峰

---

① 蒋大椿：《关于历史主义的几个问题》，《安徽大学学报》1979 年第 3 期。
② 谢本书：《历史主义的范畴》，《教学与研究》（浙江）1980 年第 1 期。
③ 戚其章：《马克思主义的历史主义是关于历史联系的科学》，《东岳论丛》1983 年第 3 期。
④ 李振宏：《论历史主义问题》，《史学理论研究》1992 年第 3 期。

发表《中国历史上封建社会的结构：一个超稳定系统》① 一文开始的。他们根据系统论、控制论原理，抓住中国封建社会停滞性和周期性这两个基本事实，从分析中国封建社会中经济结构、政治结构、文化结构三个子系统之间相互作用的方式和机制着手，提出了中国封建社会的结构——一个超稳定系统的模型。他们的研究结论，在学术的意义上说，似乎不具有太大的价值，然而在方法论上，却带给学界太多的期许。他们写道："历史研究的困难常常在于：对于一些重大历史现象，我们不难从经济上、政治上、意识形态上分别找出许许多多原因来。但这些原因常常互为因果，使得寻找终极原因的方法变得无能为力……它需要我们在方法论上有所建树，需要我们从经济、政治、意识形态方面分别寻找终极原因的传统方法中摆脱出来，而从三者相互作用相互关联的角度、也即从社会结构的特点来理解历史的进展，这就是我们研究的独特之处。"在当时中国的政治文化土壤上，这篇文章引起的最初反映是可以想见的。在第二年的《贵阳师院学报》上就有人撰文指出："《超稳定》一文正是认为恩格斯一再阐述的唯物史观的根本方法——寻找历史过程'终极原因'的'传统方法''变得无能为力'了……而作者的'独特之处'就是用'现代科学的崭新思想和有力方法'，尤其是用控制论的理论'来摆脱'历史唯物主义的'传统方法'。这完全是把历史唯物主义的基本方法和自然科学对立起来。"所幸的是，对金观涛、刘青峰的带有政治色彩的批评没有得到普遍认同，人们还是把它作为一个学术性的方法论问题，展开了讨论。

从讨论的情况看，完全反对在历史研究中引入系统方法的人很少见，大部分都肯定在历史研究中引入系统方法和现代自然科学方法的必要性，问题只是在于如何引入，如何辩证地看待系统科学方法的方法论效应。蒋大椿撰文考察自然科学发展对唯物史观形成所产生的影响，并从中总结出马克思恩格斯的历史经验：（1）社会历史研究应当而且可以吸取自然科学发展的成果；（2）马克思恩格斯不赞成将自然科学理论直接用于社会历史领域，主张对自然科学理论成果进行哲学概括，从个别、特殊上升到一般，再用这些抽

---

① 《贵阳师院学报》1980 年第 1 期。

象出来的一般原理，运用于社会历史研究的实践中；（3）自然界和人类社会的实际条件不同，用同一种科学方法进行研究，却可以得出不同的理论结论，不能用自然科学领域的规律来抹杀社会历史领域的特有规律。① 庞卓恒撰文指出，自然科学和社会历史科学都是研究客观事物及其规律性的，这本身就决定了社会历史科学引入一般自然科学方法的可能性和必要性。但应注意，社会历史科学的研究对象是人们的实践活动，具有原子、分子、细胞等自然物体运动所不可比拟的高度能动性和低度的重复性，所以，系统论和一般自然科学方法在引进到历史科学领域的时候，必须经过哲学的提炼和升华，而不能直接袭用。② 肖剑也认为，自然科学的方法可能而且必须引入历史科学的研究，但要有一个从自然科学方法论转化为史学方法论的过程。要解决如何用新的自然科学方法论来丰富和发展马克思主义史学方法论的问题。③ 刘修明认为，史学方法论的引进要慎重。自然科学的方法论和社会科学的方法论有质的区别，它不可能代替对人的作用、阶级斗争和偶然因素的分析。我们应当建立中国自己的史学方法论体系，以马克思主义唯物史观为灵魂，继承和发扬中国史学传统的优秀部分，有选择地摄取国外社会科学和自然科学中合理、有益和有效的方法。④ 李振宏认为，当把控制论方法应用到人类社会历史的研究时，不能超越人类社会历史的基本特点。控制论方法的特性是只重视系统的行为而不重视行为的原因，但这并不说明系统的行为没有原因。如果离开社会历史运动的基础而单纯地去研究什么"相互作用"，是不能认识历史运动的本质和规律的。现代科学方法引入历史研究时，要摆在一个适当的位置上。它只能作为史学方法论中的具体方法、手段，而不能取代唯物史观占据史学方法论的最高层次。⑤

---

① 蒋大椿：《自然科学的发展与历史唯物主义的形成》，《历史研究》1986 年第 2 期。

② 庞卓恒：《社会历史科学引进自然科学的客观必然性和现实可能性》，《系统论与历史科学》，中州古籍出版社，1987。

③ 肖剑：《试论史学方法论在史学理论中的地位及其自身的发展》，《南京大学学报》1986 年第 2 期。

④ 刘修明：《史学方法论的"引进"要慎重》，《光明日报》1982 年 12 月 15 日。

⑤ 李振宏：《"终极原因"与"相互作用"》，《历史研究》1986 年第 3 期。

也有人撰文讨论系统方法的具体内容。吴廷嘉指出，系统方法为历史研究增添了如下一些研究手段：第一是系统网络分析法；第二是结构功能分析法；第三是层次分析法；第四是中介分析法；第五是无序有序过程分析法与开放式多元研究法；第六是规模分析法。①

历史比较研究法　1981 年，丁伟志在《人民日报》上撰文指出，运用历史比较方法，通过对不同时期或不同地域的历史进行求常求变或求同求异的比较研究，才可以从宏观上认识历史发展的一般规律和特殊规律。如果不从不同时期不同地域的历史间求常求同，发现和把握历史的一般规律，那么人类历史便成为无共同规律可循的这样或那样一些偶然事件的堆积，马克思主义历史观的普遍真理性便不能成立；如果不从不同时期不同地域的历史间求变求异，发现和把握历史的特殊规律，那么人类历史便成为没有血肉没有丰富内容的干瘪的哲学教科书。从这个意义上说，不进行历史比较研究这样的宏观考察，历史科学便失去了对象。② 这就强调了历史比较研究的理论意义。

关于历史比较研究法的功能，孟庆顺的文章中有比较全面的论证。他提出，历史比较研究有六个方面的功能：第一，可以从历史现象的同一性，探求人类社会发展的共性；第二，从历史现象的差异性，揭示人类历史发展的个性；第三，为历史现象的评价提供了尺度；第四，可以近似地再现某些无法直接认识的对象；第五，可以从历史现象的个性中，寻找其独特的内在原因；第六，可以用它来验证某种历史认识或解释某种历史现象。③ 范达人认为历史比较研究的功能在于，第一，可以克服历史研究中的狭隘性，把所研究的个别事物，纳入广阔的历史背景之中，从而为更好地综合创造前提；第二，有助于揭示历史现象的异同，为深入探索历史现象的本质及其规律创造条件；第三，它能够在历史研究中起到一种验证假说的作用；第四，它是一种"间接实验法"。如果历史学者选择最典型的

---

① 吴廷嘉：《要重视和加强史学方法论研究》，《历史研究》1986 年第 1 期。
② 丁伟志：《马克思主义与历史宏观研究》，《人民日报》1981 年 8 月 25 日。
③ 孟庆顺：《历史比较方法的功能》，《史学史研究》1986 年第 3 期。

材料，把所研究的事物放到能够阐明历史活动的理论体系之中，采用多方比较的方法，可以比较近似地反映历史的本来面目，起到自然科学中通过实验所发挥的作用。①

关于历史比较研究的程序，范达人指出，第一，明确比较研究的主题；第二，对被比较的双方或几方，分别加以研究；第三，提出规律性的假设，即在唯物辩证法的指导下，提出比较研究某一问题的初步设想；第四，在比较中找出异同，探求规律性认识；第五，验证假说的结论。②

关于历史比较研究的条件和要求，朱寰指出：（1）要注意历史上事物的可比性，不能把那些毫不相干的事物，生拉硬扯到一起作比较。两个以上事物的可比性，必须是同类，没有相似性就不可能比较；（2）要注意历史上可比事物的内在的本质的联系；（3）只有先对个别事物进行深入全面的研究，才能做到正确的比较。没有分别研究，就不会有综合比较。分别研究是综合比较的基础；（4）对历史的比较不能只采取单一的比较方法，而要与其他方法相互并行或交叉使用。但必须以比较为主，其他方法都是为说明比较的内容的。③ 范达人认为，进行历史比较研究必须以马克思列宁主义毛泽东思想为指导。他说，首先因为马克思主义是唯一科学的世界观和方法论，只有在这个正确的理论指导下，才可能获得科学的成果；第二，在历史的比较研究中存在着标准问题、划分类型问题以及如何透过现象看清本质的问题，这些问题也只有靠马克思主义才能正确地解决；第三，在历史的比较研究中，得出什么样的结论，往往与人们的世界观和立场相联系。④

关于历史比较研究方法的局限性，也有不少探讨。绍云、李振宏认为，历史比较研究的局限性在于：（1）它只是一种历史研究的具体方法，其成败取决于指导它的历史观是否正确；（2）这种方法只适用于一定范

---

① 葛懋春主编《历史科学概论》，山东教育出版社，1985，第444~445页。
② 范达人：《历史比较研究刍议》，《历史教学问题》1984年第6期。
③ 见远方《对历史比较研究的基本理论和方法的探讨》，《世界史研究动态》1984年第1期。
④ 葛懋春：《历史科学概论》，第453页。

围。无论是历史类型性的比较，还是历史渊源上的比较、国家之间历史上相互影响的比较，都有一定的条件限制。没有可比性的事物，是不能比较的；（3）比较研究都有特定的思维角度，是从事物的某些侧面进行比较考察，而暂时有条件地撇开其他方面，这就决定了比较研究结论的非全面性和相对性；（4）历史比较结论的相对性，使他不能作为对历史现象的完整解释，而只能作为完整解释历史现象的必要补充或者充当一种历史观点的有力论据；（5）历史比较方法不能孤立地进行，它还需要与其他科学研究的方法相结合。[①]

数学方法　1983 年，霍俊江撰文指出，用有严格逻辑的数学方法研究同样具有严格逻辑的历史，不仅是必要的、可能的，而且是可靠的。由于数学的高度抽象性，它作为历史研究的一种工具和手段，就必然舍去一些支离破碎的表面现象，精确地把握历史研究的基本脉络，因而使过去描述性的定性说明变成严格的、定量的精确证明，从而使历史研究大大严格化、科学化和精确化。[②]　此后又有不少学者论述历史研究引入数学方法的可能性、必要性及其意义。项观奇指出，人类社会历史中存在着一系列复杂的数量关系。人类社会历史的物质性则是这种数量关系的唯物主义依据。这就决定了在历史研究中运用数量方法是可行的、必要的。从这个意义上说，整个人类社会历史都能够，而且非常需要从量的角度去研究，这是把握历史事物的质的限度，使之对于质的认识深刻化、精确化的必要条件。没有足够的量和量的关系的史料，无法深刻说明历史的本质。对于量和量关系的研究层次越高，对历史本质的认识也越深刻。[③]　续建宜、王继光认为，计量史学的实质就在于对历史事件进行因果式的解释，用推测统计等一系列数学方法来理解、透视历史事件，把历史研究的重点从个人行为转移到状况的逻辑上，从叙述事件转移到解释事件的结构上。这种方法的最大优点是有助于我们把握史学中多层次的（即主体的）研究法，又完

---

①　绍云：《历史比较研究的理论依据与局限性》，《光明日报》1983 年 12 月 28 日；李振宏：《历史学的理论与方法》，河南大学出版社，1989，第 429～431 页。

②　霍俊江：《数学方法在历史研究中的作用和地位》，《学习与探索》1983 年第 3 期。

③　项观奇：《试论历史数量研究法》，《学术研究》1987 年第 4 期。

善了传统的统计法，提高了研究水平。①

关于数学方法的方法论优势，霍俊江分析了四个方面：第一，有助于定性研究和定量研究相结合；第二，有助于明确地提出问题；第三，有助于论证的严格性；第四，有助于结论的可靠性和科学性。在定性研究的基础上，对历史现象和历史过程进行量的分析和研究，所得出的结论可以在定性和定量两个方面都得到保证。②

关于数学方法在历史研究中适用的范围，霍俊江认为，第一，它适用于有"量"或"数量"概念的历史分析。对数量的研究，在历史的研究中是经常的，不可避免的，并且，这种通过数量分析而得出的研究结果更具说服力和可靠性；第二，它适用于对存在某种依赖关系的历史现象的研究。历史上存在着大量的关系，如生产关系、经济关系、民族关系、阶级关系等等。研究这些关系，首先要弄清它们之间是什么关系，是因果关系、从属关系还是互相作用的交叉关系，并找出它们之间的关系系数。往往抽象研究更具一般性现代科学技术的高度发展，数学模型的模拟工作为研究这些关系提供了强有力的工具；第三，它适用于对某些历史结构的分析；第四，它适用于对历史变化、发展及运动规律的分析和研究。③

关于数量方法的内容，续建宜、王继光讲了三个方面：一是利用电子计算机系统地搜集、积累、整理和储存史料；二是利用数量统计方法对数据资料进行数量分析；三是制作各种数据模型。④ 霍俊江在他的专著中，则分章讲述了计量史学的十一种方法：简单统计方法、抽样推断方法、回归分析方法、相关分析方法、判别分析和聚类分析方法、决策分析方法、模糊数学方法、灰色系统方法、计算机仿真方法、系统动力学方法、数据库方法等。⑤

关于运用数学方法的基本步骤，黄德兴归纳为五步：第一，收集数据资

---

① 续建宜、王继光：《历史研究中的数学方法》，《史学史研究》1985 年第 4 期。

② 霍俊江：《计量史学基础——理论与方法》，中国社会科学出版社，1990，第 16～18 页。

③ 霍俊江：《数学方法在历史研究中的作用和地位》。

④ 续建宜、王继光：《历史研究中的数学方法》。

⑤ 霍俊江：《计量史学基础——理论与方法》。

料；第二，整理数据资料，运用归纳、分析、演绎和抽象等方法，对收集到的数据资料进行研究，计算出各种社会历史现象的变量和各种参数值，找出带规律性的东西；第三，建立数学模型，即根据一定的社会历史科学理论，运用一组彼此独立、不相矛盾和完整有解的联立方程式，来表示被研究的社会历史现象中有关变量；第四，验证理论；第五，预测未来和制订政策。这一步骤在历史研究中的运用，必须考虑到历史科学的特点。①

石潭提出，在运用计量方法时，应注意几个方面的问题：第一，要根据每个专业的特点，把握各自专业中运用计量方法的最佳量；第二，计量方法只是进行研究时采用的一种方法，不仅不要把它与历史唯物论对立起来，而且也不应把它与引入历史学的其他学科的方法割裂开来；第三，运用计量方法研究历史，也不是对传统史学方法的全盘否定，计量方法不可能取代历史学的一些固有方法，而是在探寻问题时集中了计量学的科学之光；第四，恰当地把握住计量方法应用的限度；第五，由于西方史坛运用计量方法时间长、范围广，有许多可贵的经验，所以应当密切注意来自这些地区的信息。②

心理学方法　20 世纪 80 年代以后，随着心理学研究的恢复，借鉴西方史学的发展道路，运用心理学方法研究历史逐渐受到越来越多的学者的关注。已发表的有关的论文数十篇，出版的专门性著作有彭卫的《历史的心境——心态史学》、③ 胡波的《历史心理学》、④ 郑先兴的《史家心理研究》⑤ 等。1999 年，邹兆辰撰文指出，80 年代以来的心理史学研究，大体上说涉及以下问题：（1）历史研究中重视人的心理状况的研究以及借助心理学方法研究历史问题是符合唯物史观的要求的，也是深化史学研究所需要的；（2）心理学原理可以在历史研究中审慎地加以利用；（3）史学研究中应重视研究社会心理对人们创造历史活动的影响；（4）史学研究也应重视对个别历

---

① 黄德兴：《计量方法》，《社会科学》1986 年第 6 期。
② 石潭：《计量史学研究方法评析》，《西北大学学报》（哲学社会科学版）1985 年第 4 期。
③ 河南人民出版社，1992。
④ 广东高等教育出版社，1993。
⑤ 河南大学出版社，1997。

史人物个性心理的分析；（5）在重视社会心理对历史创造者的影响的同时，也要看到社会心理，特别是社会认知心理对认知主体即历史研究者的影响，这种影响也会对历史研究和历史编撰的结果产生一定的作用。①

关于运用心理学方法研究历史应遵循的理论原则，彭卫做了七点归纳：原则之一，历史社会性原则。这一原则强调在运用心理方法分析历史人物或群体时，要把研究对象作为一定社会的产物加以考察。原则之二，历史客观性原则。这一原则强调尊重客观事实，从社会历史实际出发，切忌任何主观臆测。原则之三，历史系统性原则。这一原则强调用系统的观点去清理和分析各种心理现象。原则之四，历史复杂性原则。强调对隐藏在某种行为之后的意欲的复杂性予以应有的重视。原则之五，差异性原则。不同国家、不同民族以及同一民族居住的不同地区，都有与他人迥然有别的独特的心理倾向。差异性原则强调对这些独特的精神面貌的分析。原则之六，历时性原则。这一原则强调从动态观察人心理的变化。原则之七，时代性原则。这一原则要求研究者要注意到历史的特殊性，充分考虑不同时代的各个侧面，以避免把现代人们或史学家本人的某种情感渗入到研究中去。这七条原则，应作为一个整体贯彻到具体历史问题的研究中去。②

关于心理史学的具体方法，彭卫的归纳是：个案分析法（对历史人物进行心理分析），问卷分析法（用于观察社会集团，适合于纵横比较），作品分析法、语义分析法（通过作品及其用词分析了解个体的态度倾向和心理特征），投射分析法（通过观察历史人物对各种确定事物的爱憎或中性反应，来推断个体性格情趣特征），释梦分析法（通过梦境探索历史人物的情绪和潜意识），笔迹鉴定法（通过历史人物的笔迹形态以推导其性格特征和兴趣倾向），语音分析法（主要是通过语音探讨现代历史人物的性格特征），外相分析法（通过人物外在体型、相貌和动作的分析以探测历史人物性格特征和特定环境下的情绪状态），能力测量法（通过量表以考

---

① 邹兆辰：《当代中国史学对心理史学的回应》，《史学理论研究》1999 年第 1 期。

② 彭卫：《试论心理历史学的主体原则与理论层次》，《史学理论》1987 年第 2 期。

测人的智力水平和某种能力，主要用于现代历史人物研究），社会测量法
（用于分析个人或团体间的交往程度，以寻求个人或团体成员间的情感模式），原因汇总法（在对收集的历史资料分析的基础上，对造成个体或群体精神状况原因的归纳分析）。诸种方法间存在互补性，应综合运用以求更全面地观察研究对象。①

李振宏提出了心理史学的局限性问题。（1）由于历史记载中包含心理方面的材料极少，进行心理分析受到限制，应用的资料不乏猜测和想象的成分，并由此影响到研究结论的可靠性；（2）心理分析理论与史实之间存在不可逾越的时空距离，使得心理分析面临以理论模式去套史实的危险；（3）心理史学方法只是一种具体的研究方法，而且它只能适用于历史人物、群体和部分历史现象的研究，它不能全面解释历史事件或人物的性质。在运用心理分析时，一定要给予这些局限性以足够的重视。②

3. 实证方法重新受到重视

这表现在两个方面。一是关于史料搜集、鉴别及考证方法的论文和专著较"文化大革命"前有了明显增加，发表的有关论文有四五十篇之多，专著有赵光贤的《中国历史研究法》、③ 荣孟源的《史料和历史科学》④等。这些论著多是讲的具体的考证方法，不复赘述。二是对以胡适、傅斯年、顾颉刚为代表的近代实证学派及其所倡导的科学史学、实证方法重新评价，倡导他们的科学史学方法。这在 20 世纪八九十年代几乎成为一种思潮和时尚。

20 世纪 50 年代批判胡适时，以胡适为代表的实证主义史学方法论思想也遭到了批判与否定。历史进入 80 年代，人们又开始用客观的眼光重新评价中国近代以来的实证主义史学方法。赵俪生率先对胡适的历史考证方法进行重新评判。他说，"小心求证"这句话没有错，"大胆假设"这句话原则上也没有错。不大胆，怎么能出创造性的成果？但结合胡适的具体的

---

① 彭卫：《历史的心境——心态史学》，第 295 ~ 397 页。
② 李振宏：《历史学的理论与方法》，第 535 ~ 539 页。
③ 中国青年出版社，1988。
④ 人民出版社，1987。

世界观和立场，这"大胆"二字就容易出毛病了。他分析了胡适的五个具体研究实例之后说，这个"大胆假设，小心求证"的方法有时灵，有时不灵，这是什么缘故呢？这说明，一个人的哲学世界观对他的研究起着决定的作用。在形式逻辑范畴内的排比、对照、校正、考求，都是些普通意义范围内的工作，但在更多的情况下，它要受世界观、观点、立场的制约。① 耿云志说，胡适关于假设与求证的说法，揭示了科学研究中一部分必要的思维过程。在他之前，我国学术史上还没有人明白地说过这一点。其次，胡适提倡这一方法，在实质上鼓吹了探讨的精神。再次，这一方法明显地包含了反对武断的态度，体现了一种"尊重事实，尊重证据"的精神。最后，胡适还曾提出了证据的条件问题。这是做学问应有的谨慎态度。另一方面，胡适的治学方法存在着严重的缺点。第一，它忽视了提出假设的前提条件；第二，把小心的求证简单地归结为寻求例证；第三，最重要的是，"大胆的假设，小心的求证"，决不能概括整个的治学方法。② 张书学指出，胡适所倡导的实验主义科学方法，核心内容有二：一是实验的方法："大胆的假设，小心的求证"，二是历史的方法："各还他一个本来面目"。胡适强调"大胆的假设，小心的求证"的实验方法，在现代中国文化意识觉醒的"五四"时代，起到了一箭双雕的作用，一方面迎合了时代对新思想新文化的召唤，另一方面则为传统考据学注入了现代科学实证的方法。胡适倡导的"历史的方法"，在中国史学界起到了更新观念、奠定范式的作用。胡适挟"科学方法"来推动中国学术思想的发展，对于中国史学界思想观念的改变和现代学术结构的建立，都具有相当积极的意义。③

除了重评胡适之外，对以顾颉刚为代表的古史辨派的方法论思想，以傅斯年为代表的科学史学派的方法论思想，王国维古史新证的二重证据法，陈寅恪的以事证为主和以诗文证史的方法等，学术界都有了新的评价。这个重评近代实证主义方法的思潮，反映着这一时期史学方法论研究

---

① 赵俪生：《胡适历史考证方法的分析》，《学术月刊》1979 年第 11 期。
② 耿云志：《评胡适的历史学成就及其理论和方法》，《历史研究》1983 年第 4 期。
③ 张书学：《胡适史学方法论再认识》，《齐鲁学刊》1995 年第 4 期。

的一个带倾向性的问题。

4. 关于史学方法论体系的初步探讨

由于认识到不能用唯物史观来代替史学方法论的建设，于是人们开始思考，独立的历史学科的方法论应该是个什么样子。在 20 世纪 80 年代中期，史学方法论研究一度形成热潮的时候，人们提出了不少看法。

程洪提出，当代史学方法论总的原则就是整体化，它要求从宏观去把握历史，而不再沉湎于微观研究；它要求从运动去考察历史，而不再满足于静态分析；它要求从联系去解剖历史，而不再迷恋于孤立考据。在探寻历史真实的道路上，当代史学方法论的主要特点就是综合、立体、系统、比较、运动。①

霍俊江认为，史学方法论体系应该是一种有序的动态结构。它包括三个层次，即抽象思维方法、各领域中的具体方法和考证性方法。考证法，包括校勘和辨伪等是史学方法论体系的基础，也是一切研究工作的出发点；各个具体领域的研究方法，是这一体系结构的中间层次；在最高层次上，就是一般的抽象思维方法，如系统性方法、数学方法、比较方法等等。②

赵轶峰认为，史学方法论的基本内容由四个部分组成：第一，历史哲学；第二，历史研究思维规律和方法理论；第三，历史研究工作方法理论；第四，史学人才学。历史哲学居于最高层次，为史学工作者提供根本的指导观念和理论，提供统摄全部史学研究过程的思想原则方法；历史研究思维规律和方法理论是历史哲学指导下的史学研究思维方法论，它依据历史哲学关于历史、历史学本质特征的原则，对人类一般思维科学知识理论作历史学的具体的重述，指导历史研究的科学思维过程；历史研究工作方法理论是历史哲学与历史研究思维规律和方法论同历史研究工作实践以及社会技术条件结合，形成的具体技术方法理论；史学人才学是史学研究

---

① 程洪：《历史是什么——由此产生的方法论问题》，《历史研究方法论集》，河南人民出版社，1987。

② 霍俊江：《现代史学方法论体系初探》，《历史研究方法论集》。

长程控制的宏观方法理论。[①]

赵吉惠构造的史学方法论体系，包括普遍方法、一般方法、特殊方法三个层次。普遍方法指辩证唯物主义和历史唯物主义的哲学方法；一般方法指适用于一切历史学科的研究方法，包括分析方法（如阶级分析、历史分析、逻辑分析、历史比较分析、历史系统分析、历史计量分析、历史心理分析、宏观与微观分析等）、实证方法（包括考证方法、辨伪方法、校勘方法、辑佚方法、训诂方法、假设与证明方法等）、叙述方法；特殊方法指适用于各专门史的个别方法（如研究思想史的逻辑与历史统一的方法、研究历史地理的测量方法、研究经济史的统计方法等等）。[②]

蒋大椿认为，史学方法论建设，应当循着三条途径去作出努力，一是吸取国内外传统史学有关方法论和方法的研究成果；二是吸取现代自然科学和现代社会人文科学有关方法论和方法的一切有价值的成果；三是吸取马克思主义著作已经提供给我们的有关史学方法论和方法的成果。他提出，应建立以唯物史观基本原则为指导的，由多角度、多层次、相互联系并互为补充的多样化统一的史学方法体系。[③]

综观 20 世纪中国的史学方法论研究，我们可以得到几点启示：（1）历史观的进步推动着史学方法论的发展。百年间，进化论、唯物史观以及对唯物史观的重新认识，都曾带来史学方法论研究的进步和繁荣。新世纪的史学方法论研究，仍然期待着在历史观研究领域获得新的突破或进展，史学方法论学科的前途和命运，有赖于此；（2）历史学科应该有自己独立的方法论体系。尽管史学方法论与历史观有着强烈的依存关系，但在历史观的指导下，方法论建设的意义不可忽视。方法论体系内容的丰富性，远非历史观的原则可以代替或涵盖。在以历史观取代方法论的情况下，历史学研究的教条化和公式化趋向是不可避免的；（3）历史研究对象的整体性和丰富性，要求史学方法论体系应该是动态的、开放的，应该根据史学研究

---

① 赵轶峰：《关于史学方法论对象及其结构关系的假说》，《历史研究方法论集》。
② 赵吉惠：《历史学方法论》，四川人民出版社，1987，第 12 页。
③ 蒋大椿：《马克思恩格斯著作中所见之历史研究方法》。

对象的性质和学科发展的需要，广泛借鉴多学科的方法论手段。而任何学科方法的引进或介入，又都必须考虑历史学科的特有性质，将多学科方法融入史学方法论体系的内在联系之中，而不是简单孤立地套用；（4）方法论与具体研究方法的科学性质及方法论效应，有待于接受历史研究实践的检验，因此，方法论研究不能脱离历史研究实践而孤立发展。应提倡方法论研究与历史实际研究的结合，特别是从事史学方法论研究的学者，应做一些具体的历史研究工作，以至于不使自己的方法论研究变得空疏。这几点粗浅的认识，来源于对 20 世纪中国史学方法论发展史的思考，也是笔者对新世纪史学方法论研究进展的期待。

（原载《史学月刊》2002 年第 11、12 期）

新中国成立60年来的民族定义研究

如何确认"民族"概念的基本内涵，明确民族的定义，是研究中国历史上民族和民族关系最基本的理论问题之一，而且也确实是新中国成立以来民族关系史研究中讨论的热门话题。从建国初期以至于今，已经大体经历了几次高潮，很值得梳理和总结。当然，关于民族定义问题研究的总结和综述，学术界已经有过不少成果，可供我们参阅或借鉴。[①] 我们就在前人总结的基础上，对这六十年的学术论争，再次做出新的梳理和反思。

一 斯大林的民族定义及其在中国的传播

1. 斯大林的民族定义及最初影响

斯大林的民族定义，一般说包括两个方面的内容：

一是他关于民族定义的直接表述。斯大林1913年在《马克思主义与民族问题》一文中，给民族下了这样的定义："民族是人们在历史上形成

---

① 在这方面，主要的几篇综述性文献是：周传斌《论中国特色的民族概念》，《广西民族研究》2003年第4期；龚永辉《论和谐而有中国特色的民族概念》，《广西民族研究》2005年第3期；王东明《关于"民族"与"族群"之争的综述》，《广西民族学院学报》2005年第2期；黄仲盈《中国特色民族定义的历史演化》，《广西民族研究》2006年第4期。这些文献是笔者写作本专题的主要参考。

的一个有共同语言、共同地域、共同经济生活以及表现在共同文化上的共同心理素质的稳定的共同体。""必须着重指出，把上述任何一个特征单独拿来作为民族的定义都是不够的。不仅如此，这些特征只要缺少一个，民族就不成其为民族。"① 1929 年，斯大林对民族定义又作了修正："民族是人们在历史上形成的有共同语言、共同地域、共同经济生活以及表现于共同的民族文化特点上的共同心理素质这四个基本特征的稳定的共同体。"②

二是他关于民族形成的时代性的判断："民族不是普通的历史范畴，而是一定时代即资本主义上升时代的历史范畴。封建制度消灭和资本主义发展的过程同时就是人们形成为民族的过程。"③ "在资本主义以前的时期是没有而且不可能有民族的，因为当时还没有民族市场，还没有民族的经济中心和文化中心，因而还没有那些消灭各该族人民经济的分散状态和把各该族人民历来彼此隔绝的各个部分结合为一个民族整体的因素。"④ 民族是资本主义时代可能形成的人类共同体。

根据现在可以看到的材料，斯大林的民族定义早在 20 世纪 20 年代就传到了中国。1929 年李达出版的《民族问题》一书，就比较详细地介绍了 1913 年斯大林提出的著名的民族定义：所谓的民族，是历史上形成的常住的人们共同体，并且是因共同的语言、共同居住地域、共同的经济生活及表现于共同的心理而结合的人们的共同体。⑤

不仅如此，斯大林的民族定义也开始在民族学理论研究中产生影响。

中国近代的民族学理论研究，特别是民族定义问题的研究，是从梁启超开始的。在斯大林民族定义传入中国以前，比较有影响的民族定义，主要有：

梁启超 1903 年介绍瑞士—德国法学家、政治理论家伯伦智理（即布伦奇理）的民族概念："民族者，民俗沿革所生之结果也。民族最要之特

---

① 斯大林：《马克思主义和民族问题》，《斯大林全集》第 2 卷，人民出版社，1979，第 294～295 页。
② 斯大林：《马克思主义与民族殖民地问题》，人民出版社，1954，第 338 页。
③ 斯大林：《马克思主义与民族殖民地问题》，第 33 页。
④ 斯大林：《马克思主义与民族殖民地问题》，第 341 页。
⑤ 参见《李达文集》第 10 卷，人民出版社，1980，第 564 页。

质有八：（一）其始也同居于一地。（二）其始也同一血统。（三）同其肢体形状。（四）同其语言。（五）同其文字。（六）同其宗教。（七）同其风俗。（八）同其生计。有此八者，则不识不知之间，自与他族日相阂隔，造成一特别之团体固有之性质，以传诸其子孙。是之谓民族。"① 1905 年王兆铭《民族的国民》一文提出的民族概念："民族云者，人种学上之用语也……其条件有六：一同血系（此最要者，然因移住婚姻，略减其例）；二同语言文字；三同住所（自然之地域）；四同习惯；五同宗教（近世宗教信仰自由，略减其例）；六同精神体质。此六者皆民族之要素也。"② 吕思勉《中国民族演进史》认为："民族的重要条件如下：一是种族纯一，上溯至相当年代不感到种族上的差异；此等纯一的种族，占民族中大多数。"二是"语言"。三是风俗："惟风俗统一，然后有民族统一。"四是宗教："宗教是规定道德、伦理的趋向及其规范……在民族团结上，仍有相当力量。"五是文学，"是民族的灵魂"。六是"国土"。七是"历史"。八是"外力"："民族的团结因外力而促成；团结即成，也因外力的压迫而更坚固。有外争时，内争因之消；经一失败，更振奋恢复的精神。""民族成因总说起来可源于文化，一民族即代表一种文化。"③ 孙中山的民族定义："我们研究许多不同的人种，所以能结合成种种相同民族的道理，自然不能不归功于血统、生活、语言、宗教和风俗习惯这五种力。这五种力，是天然进化而成的，不是用武力征服得来的。"他进一步阐释说："造成这种种民族的原因，概括的来说是自然力，分析起来很复杂。当中最大的力是'血统'……祖先是什么血统，便永远遗传成一族的人民。""次大的力是'生活'。谋生的方法不同，所结成的民族也不同。""第三大的力是'语言'……如果人民的血统相同，语言也相同，那么同化的效力便更容易。""第四大的力是'宗教'。大凡人类奉拜相同的神，或信仰相同的祖宗，也可结合成一个民族。""第五大的力是'风俗'。如果人类中有一种特别相

① 梁启超：《饮冰室合集》第五集，中华书局，1989，第 72~72 页。
② 精卫（王兆铭）：《民族的国民》，《民报》1905 年第 1、2 期。
③ 转引自周泓《我国对民族概念的使用、认识和确定》，《新疆师范大学学报》1996 年第 1 期。

同的风俗习惯，久而久之，也可自行结合成一个民族。"①

从梁启超到孙中山，他们所给出的民族定义，实际上都是当时时代的学术反映。这些定义中都无例外地强调了血统、血缘或种族的因素，强调民族差别中纯粹自然的客观的无法改变的因素，这是培养民族独立意识的需要，也是在中华民族面临亡国灭种危险的时代条件下，希望借民族主义以自保自强的心理反应。这些定义都无例外地强调文化因素，强调语言文字、精神信仰、风俗习惯，等等，是想以五千年古老文化的辉煌来激励民族自信心、自豪感，从而激发国人为维护本民族的文化传统而斗争。很显然，这些民族定义带有很顽强的时代特征，其科学性的成分还有待于分析。斯大林的民族定义传入之后，在学术上产生的第一个影响，就是人们用斯大林的定义为参照，去审视从梁启超到孙中山的民族定义的科学性，对之做出检讨和批判。

这种检讨和批判，主要表现在两个方面：

一方面，学者们开始批评以往的民族定义强调血统、血缘和种族而忽视了种族与民族的差别。如齐思和的《民族和种族》中写道："现在看来，中山先生民族主义最重要的欠缺是他对……民族与种族区别的忽略……种族基于遗传，而各种族间经历几万年的相互混和，世界上已经没有纯血统了。"岑家梧的《论民族与宗族》中写道："种族一词，完全是动物分类学上的专用术语，不能与人工化形成的文化、语言或甚至意识混为一谈。"②对强调血缘、血统的种族性表达的批判，显然是以斯大林的民族定义为参照的。斯大林所强调的民族的四个特征，是不包含有血统的因素的。

另一方面，受斯大林的影响，人们对民族的定义，开始强调经济因素，而不是单单强调文化因素。如陈端志的《现代社会科学讲话》中说："民族是历史的发展过程上形成的常住的人类共同体，是由共通的语言、居住地域、共同的经济生活，以及表现于共通文化之中的共通心理能力而

---

① 转引自周泓《我国对民族概念的使用、认识和确定》，《新疆师范大学学报》1996 年第 1 期。

② 齐思和和岑家梧的话，转引自周泓《我国对民族概念的使用、认识和确定》一文。

结合起来的人类共同体。"① 沈志远的《大众社会科学讲话》中说："民族不是偶然结合在一起的不固定的人群集团，也不是某一时代集合在一起的不固定的集团。""同一民族的人们，必定有相互的经济联系和生活。""民族就是在历史上形成起来的，结合为一个共同语言、居住地、共同经济生活和共同精神生活的一个固定的人群。"② 这些民族定义，显然是受了斯大林民族定义的影响，或者说他们已经完全接受了斯大林的民族定义。

以上表明，斯大林的民族定义在新中国成立以前，就已经为学界所熟知，并已经产生了学术影响，成为人们考察民族定义的重要参照。新中国成立之后，由于政治的意识形态的原因，斯大林的民族定义更是取得了垄断性地位，所有讲民族定义的人，都必须以此为根据。

2. 新中国之初的民族定义讨论

就目前看到的材料说，新中国之初，最早谈到民族产生或民族定义问题，是 1950 年 3 月《新建设》杂志发表的刘桂五的问题答疑。提问者鲁中南区团校张志仁提问说：斯大林说，民族是"在资本主义上升时代的历史范畴"，据此，是不是说汉民族是在近百年才形成的呢？在这以前，能不能成为民族呢？刘桂五解答说：斯大林所说的民族特征是资本主义时代的民族特征，在资本主义时代以前的各民族虽然没有完全具备这些特征，但仍可称之为民族。③ 大概也是回答同类问题，同年的《新建设》，又发表了荣孟源先生的问题解答，他认为，中国在资本主义以前形成的汉族及回、蒙、藏、苗、彝等各民族都可以称为民族。④

这是刘桂五和荣孟源他们在回答汉族形成问题上，涉及一般的民族生成或民族定义问题。正面讨论民族定义和民族生成问题，是 1951 年围绕华岗先生一本有关民族问题著作中的观点而展开的一次小小的交锋。1951 年9 月，华岗的《中国民族解放运动史》修订本由三联书店出版，作者在《绪论》中增加了"中华民族的形成和演进过程"、"中国近代史以前的种

---

① 转引自周泓《我国对民族概念的使用、认识和确定》一文。
② 转引自周泓《我国对民族概念的使用、认识和确定》一文。
③ 《新建设》1950 年第 2 卷第 1 期。
④ 《新建设》1950 年第 2 卷第 20 期。

族斗争与民主运动"，表达了一种和斯大林民族形成于资本主义时代的论断相背离的思想。第二年的《新建设》就发表了陈郊的批评文章以及华岗先生的《答陈郊先生》。陈郊说：在中国，民族的因素，只能形成或出现在外国资本主义的侵入使封建社会解体并刺激了中国资本主义成长的时期。在此之前，民族的因素是处在未发达的状态中，至多也不过是潜力，即将来在一定的适当的条件下形成为民族的可能性。华岗先生不惮其烦地叙述中国历史上的种族斗争的全过程，也没有指出这个演进和斗争过程不过是逐渐创造了语言、领土、文化的共同性等民族的因素，是处在未发达的状态中，所以就不能使读者分辨出这些种族斗争和近代中国民族运动之间的根本性质的区别，著者在书中表现出对于这两个范畴含糊不清，这样就不能使读者对中国民族运动获得正确的认识。① 对于陈郊的批评，华岗反击说，斯大林大量论述说明，斯大林是从历史观点来考察民族问题，把民族问题的理解跟社会阶级结构的变更联系起来，只说资产阶级民族是兴盛的资本主义时代的产物，并没有说在封建社会内就没有形成民族的可能。事实上，中国自秦汉以后，由于国防的利益，即抵御外族侵略的必要，便已出现过中央集权，有了国内市场，有了经济、领土、语言、文化的共同性，因而也就出现了以汉族为主的中华民族，有什么根据说中国民族形成和出现，是在"鸦片战争时代，而不能在它以前"呢？②

　　紧接着的一期《新建设》杂志，又同时发表了陈柏容、陈郊、华岗三人的讨论文章。陈柏容站在陈郊一边，他说：斯大林不但说过，而且反复地明白地说过，"在资本主义以前时期没有也不能有民族存在"，这和华岗同志的结论相反。如果不错误地把民族和国家混为一谈的话，我们就可知道，斯大林说的"封建制度消灭和资本主义发展的过程，同时就是人们形成为民族的过程"，不仅是指西欧，而且也同样适用于东方。③ 同期发表的陈郊的文章题目是"再谈民族问题"，华岗的文章题目是"再答陈郊先

---

① 陈郊：《关于〈中国民族解放运动史〉中一个基本问题的讨论》，《新建设》1952 年 5 月号。
② 华岗：《答陈郊先生》，《新建设》1952 年 5 月号。
③ 徐伯容：《关于"民族的产生"问题》，《新建设》1952 年 6 月号。

生"。这大概就是新中国关于民族定义问题讨论的第一次交锋。

1954 年，白寿彝在《新建设》发表文章，系统阐述斯大林的民族形成理论。他说，从氏族到部落，从部落到部族，从部族到民族，这是人们共同体发展的不同阶段，是民族形成以前存在过三种不同的共同体。民族的四个特征也不是一下子形成起来的，在一定的情况下，氏族、部落和部族有的已具有语言、地域和文化等要素。后来民族所具有的这些要素按它的具体情况说，是经过氏族、部落、部族等阶段长期的发展才形成起来的。在民族形成以前，这些要素当时是处在萌芽状态中，至多也不过是将来在某些有利条件下可以形成为民族的一种潜力。这种潜力只有在资本主义上升并具备民族市场、经济中心和文化中心的时期才变成了现实。部族和民族的区别，首先是分散的经济状态和集中的经济状态的区别，与之密切联系的是地区分割和地区关系密切的区别。部族有个别领土，有侯国，各自割据，不能有经济中心，也不能有密切联系的统一的地域。民族则有经济中心，并通过经济中心将本民族历来彼此隔绝的各个部分集合为一个民族整体。因而，在文化上，部族虽在一定程度上有自己的共同文化，但没有自己的文化中心，民族则是有自己的文化中心的。从语言上说，部族有共同语言，但同时存在着方言、土语；而民族语言则是统一的语言。对于氏族、部落、部族和民族之阶段的发展的指出，斯大林天才地揭示了自远古到近代人们共同体之全部行程，丰富了马克思主义的民族理论，开辟了历史科学的宽广的园地。[①]

20 世纪 50 年代的民族定义研究，最广泛的讨论，是围绕范文澜关于汉民族形成问题的文章展开的，[②] 因为汉民族形成问题并非是纯粹的民族

[①] 白寿彝：《学习马克思主义关于民族共同体的理论，改进我们的历史研究工作》，《新建设》1954 年 1 月号。

[②] 1952 年，苏联学者格·叶菲莫夫访华，与中国的专家学者谈了民族理论问题，回国后在《历史问题》杂志 1953 年第 10 期发表了《论中国民族的形成》一文，论证中国民族形成于封建制度消灭与资本主义形成发展的过程中，将封建社会时期的中国民族称为部族。言外之意，在中华人民共和国建立以前，中国尚没有完全形成民族。范文澜在 1954 年《历史研究》第 3 期发表题为《试论中国自秦汉时期成为统一国家的原因》一文，对叶菲莫夫的观点旗帜鲜明地提出质疑，认为汉民族的形成是在两千多年之前的秦汉时期。范文澜的观点不符合典型的斯大林民族定义，于是国内学术界围绕范文澜的文章展开了一场关于汉民族形成问题的大讨论。这场讨论不可避免地涉及民族定义问题。

定义讨论，此处不宜展开，仅介绍魏明经的观点，因为他几乎是在纯粹地讨论民族定义问题。他说，解决民族形成困难的推动力量乃是经济生活的发展。在民族的不可分的四个特征中，经济生活这一个条件要起着重要的作用。只是由于经济生活的发展，才促进了每一阶段的语言、地域、心理状态等条件的发展。但是具体的历史表明，截止到封建社会，经济生活还一直不能获得较高的发展。只有资本主义在封建社会的母胎内产生以后，才使这种部族共同体内部开始发生剧烈的经济变化，开始产生真正的经济中心和统一市场，开始加强全体成员之间的联系。这才逐渐使部族转变为民族。在此转变途中，一般说来部族的语言一向还只是统治部落统治阶级所使用的"官话"，分立对峙的地方性语言还占有强大的势力，现在才有可能逐渐成为全体成员共同使用的语言。封建的割据消灭，也逐渐真正形成了共同的地域。共同心理状态也逐渐形成了，只有紧密的经济联系才能形成共同的文化和风俗习惯。所以，民族随资本主义的产生而产生，随资本主义的发展和资产阶级的胜利而真正形成。魏明经是斯大林民族定义的最坚定的维护者，他甚至对范文澜把斯大林民族的四个特征套用到中国秦汉以后的汉民族身上，表现出极端的愤怒，并发出了严厉警告："这便有着严重的危险性！概念不能反映客观实际，认识就变成虚假不实的东西，就无法识别民族这一新的历史现象，就没有历史科学，马克思列宁主义在处理中国民族问题上就要被解除武装。"①

我们之所以要引证这些很有火药味的东西，是想让读者感受那样一个时代。可以说，20 世纪 50 年代关于民族定义的讨论，理论依据的清一色是非常明显的，实际上这已无所谓讨论，无论什么人，也都是对斯大林定义的复述而已。即使是不同意见的辩论，也完全是依据斯大林的论断，只不过是不同时期、不同论著中的斯大林论断。斯大林的民族定义取得了绝对的话语权。

应该说，斯大林的民族定义是有一定的科学性的，但也的确存在一些形而上学的问题。在定义问题上，他所指出民族的四个基本特征，也的确

---

① 魏明经：《论民族定义及民族的实质》，《历史研究》1956 年第 4 期。

是民族所以为民族所应具备的基本要素（当然不是全部要素），但问题是，第一，民族是不是只有这四个基本要素；第二，他把这四个要素绝对化，并特别强调这四条标准缺一不可，"只有一切特征都具备才算是一个民族"，这就忽视了不同民族千差万别的具体情况。另一方面，他关于民族的时代性的判断，断言"在资本主义以前的时期是没有而其也不可能有民族的"，也不符合世界民族发展史的历史实际。以此理论来进行民族史研究，或指导民族工作实践，势必会造成一系列的困难或失误。而不幸的是，斯大林的民族理论在新中国成立之后的一段时期内，由于种种复杂的政治原因，则成了唯一权威的民族理论。

其实，在马克思主义著作家中，关于民族问题有所论说的并不是只有一个斯大林，从马克思、恩格斯到列宁，都有一些思想可供借鉴。在民族定义或民族的时代性方面，如马克思、恩格斯共同写作的《德意志意识形态》一书中，就很明确地讲过："物质劳动和精神劳动的最大的一次分工，就是城市和乡村的分离。城乡之间的对立是随着野蛮向文明的过渡、部落制度向国家的过渡、地方局限性向民族的过渡而开始的，它贯穿着文明的历史并一致延续到现在。"① 1995 重新翻译出版的《马克思恩格斯选集》中，这段话译为："物质劳动和精神劳动的最大的一次分工，就是城市和乡村的分离。城乡之间的对立是随着野蛮向文明的过渡、部落制度向国家的过渡、地域局限性向民族的过渡而开始的，它贯穿着文明的全部历史直至现在。"② 前后译文有个别文字的差异，但"民族"概念则没有变化。他们明确主张民族是由部族发展而来，而且是在野蛮向文明过渡的远古时代。又如恩格斯的一系列论述：

从部落发展成了民族和国家。③

---

① 《马克思恩格斯全集》第3卷，人民出版社，1960，第56~57页。这段引文见该书第1章第1节"费尔巴哈"，而"费尔巴哈"这一部分最早的中文译者是郭沫若，上海言行出版社，1938。

② 《马克思恩格斯选集》第1卷，人民出版社，1995，第104页。

③ 恩格斯：《自然辩证法》，《马克思恩格斯选集》第3卷，人民出版社，1972，第515页。

长期的远征，不仅把各个部落和氏族，而且把整个整个的民族混合起来了。而各个农村公社的血统联盟，也是费了很大力气才保存下来。因此，这些农村公社便成为构成民族的世纪政治单位了。①

在个别地方，最初本是亲属部落的一些部落从分散状态中又重新团结为永久的联盟，这样就朝民族［Nation］的形成跨出了第一步。②

事实足以说明，马克思恩格斯他们关于民族由部落发展而来的思想，绝不是偶尔提及的，是一贯的、成熟的；而斯大林的民族定义和他们是相矛盾的。

新中国成立之后，我们国家政治、经济、社会和文化生活的一切领域的指导思想都是马克思主义，民族问题的研究也不例外。我们首先应该以马克思恩格斯的论断为据，但在民族定义的问题上，我们反倒对马克思恩格斯的论述熟视无睹，而仅仅抓住斯大林的几句话作为最直接的理论依据，这到底是为什么呢？

仔细想来，这一方面可能是马克思、恩格斯他们没有提供关于民族问题的更系统的论述，另一方面，更主要的，大概主要是当时我们在国际政治格局中向苏联一边倒的结果，斯大林的著作或言论，是最直接、最现实、最鲜活的马克思主义。学苏联是我们的政治选择，在学术领域也不能不如此。所以，尽管马克思、恩格斯他们也有关于民族问题的论述，并且与斯大林的观点并不一致，而我们还是毫不犹豫地选择了斯大林。在那个时代，政治才是左右学术的最现实、最主要的力量！

3. 理论与实践的冲突

然而，斯大林的民族定义，在实践中却无可避免地遇到了矛盾。

新中国成立之初，民族地区的复杂情况，需要进行一场大规模的民族识别工作。根据现在可以看到的材料，进行民族识别的现实需要是：

---

① 恩格斯：《法兰克时代》，《马克思恩格斯全集》第 19 卷，人民出版社，1963，第 540 页。
② 恩格斯：《家庭、私有制和国家的起源》，《马克思恩格斯选集》第 4 卷，人民出版社，1972，第 89 页。

一是贯彻民族平等原则的需要。新中国成立后，如何实现各民族间事实上的平等，是党和国家要解决的首要问题之一。要实现民族平等，首先就要使各个民族在国家权力机构（人民代表大会）和参政机构（政治协商会议）都有自己的代表，其次要划定民族的自治区域。这样就必须首先确定中国民族的数目和名称，这就必须进行民族识别工作。

二是新中国成立后我国实行户籍制度，每个居民必须申报、填写自己的民族成分，每个人的民族成分必须十分明确。而当时的状况是，民族成分非常复杂。截至1953年，自行申报的各民族的族称就达400多个，仅云南省就有260多个，很多人连自己是哪个民族都说不清楚。如果不能对各个民族族群进行详细识别和确认，就无法建立民族地区的户籍制度，政府关于民族平等的各项政策也无法具体落实。

三是一些边疆地区的民族族群特别复杂，对他们的族群长期以来都没有做过系统和深入的科学调查，对他们现时代所处的社会组织状况及社会发展形态都缺乏认识，这非常不利于制定民族地区的社会发展规划。对之进行了解和识别，有助于有针对性地制定发展规划，使之逐步整合于现代社会的进程之中。

正是基于以上在民族地区落实民族平等政策、进行社会管理以及提高民族地区社会发展水平等三个方面的需要，20世纪50年代初期，在民族地区开展了系统的民族识别工作。而这个民族识别，就正是以斯大林的民族理论为指导来进行，斯大林所讲的民族的四个基本特征，是当时判断一个族群是不是民族的基本依据。而这样的民族识别实践，则无可避免地和斯大林的民族定义发生了激烈冲突。

首先，中国各少数民族地区的社会状况，基本上都处在封建社会及其以前的发展阶段，甚至有些民族还处在原始社会末期，如果按照斯大林民族是资本主义时代的产物去判断，则就无"民族"可言。其次，斯大林提出的民族四个基本特征缺一不可，也无法执行，很多民族都不具备共同语言、共同地域、共同经济生活等条件，若坚持这样的民族定义或某种判断标准，则都不能称之为"民族"。而若不能将其认同为民族的话，则将造成严重的政治问题。民族工作实践，要求必须打破斯大林民族定义所设定的框框。

针对这一状况，1953 年，中共中央在讨论《关于过去几年内党在少数民族中进行工作的主要经验总结》时，毛泽东对于"民族"的含义做出明确指示："科学的分析是可以的，但政治上不要去区别哪个是民族，哪个是部族或部落。"毛泽东还特别提出了"名从主人"和"尊重民族意愿"的原则。这样一来，"理论归理论，实践归实践"，理论上依然举着斯大林的旗帜，不公开批评这种民族定义的不科学、不可行，而在实际的操作中则完全从中国的国情出发了。这是一种绕开理论、面向实践的聪明做法。但据费孝通《谈民族》一文所讲，毛泽东在强调面向实际的同时，也还直接要求有关专家搞清楚什么是民族的问题。①

当实践与理论发生冲突的时候，实践是不可能永远沉默的，它一定要向理论发出冲击。1956 年 8 月 10 日，《人民日报》发表了费孝通、林耀华合写的《关于少数民族族别问题的研究》一文，公然提出了如何摆脱斯大林民族定义的干扰问题。他们写道：进行族别问题的研究时，我们必须注意到这样一个事实，就是我国少数民族，还没有发展成为近代民族。我们因此不能简单地用近代民族的特征来作为族别的标志。我们在族别问题研究上的工作做得还不够深入，但是已接触到前资本主义时期和资本主义萌芽时期人们共同体的特征问题。我们体会到不可能在语言、地域、经济联系和心理素质等方面之外去找到一个简单的标志来解决族别问题，同时也不应用近代民族的标准来要求前资本主义时期和资本主义萌芽时期的人们共同体。我们只有就具体问题进行具体分析，就是就具体的人，按他们社会经济已经发展到的阶段，从语言、地域、经济联系和心理素质发展的情况，去看他们所形成的共同体和这个共同体在历史上的变化。根据我们初步的认识，在人们共同体的发展过程中，各个特征的发展是不平衡的，而且由于复杂的历史条件，有时若干特征

---

① 参见费孝通《谈民族》，《费孝通文集》第 10 卷，群言出版社，1999，第 392 页。费孝通说："在我国，'民族'这个概念似乎一直没有搞得很清楚。50 年代，我听毛主席说过：'这个问题要搞搞清楚。'可惜未能展开讨论，涉及民族的一系列问题也就无法深入探讨。"

的萌芽被遏制而得不到发展机会，因此任何一个或几个特征上表现了显著的共同性就值得我们重视。

费孝通、林耀华他们正面触及了斯大林的民族定义，公然提出一个或几个特征所显示的共同性，都可以看作是民族形成的标志。这实际上是从理论层面对斯大林民族定义某种程度的否定。费孝通、林耀华的观点符合民族识别的具体实际，因此很快获得广泛的支持。南川在 1956 年 8 月 24 日《光明日报》发表《也谈族别问题》一文，原则上赞同费孝通、林耀华提出的看法，并做了具体补充。1957 年 2 月 15 日的《光明日报》，同时登载了思明的《识别民族成分应该根据主要的原则》和缪鸾和、马曜、王叔武三人合写的《不能用近代民族的特征去衡量前资本主义时期的民族》两篇文章，他们都强调近代民族和前资本主义民族的显著差别，强调民族识别工作要注重民族社会的实际效果，尊重民族意愿，并呼吁公开承认我国少数民族实际和斯大林民族定义之间的明显差异。如思明写道：我国现在通常所说的民族，实际上是现代民族、部族、部落及民族集团的一个通称，这就是我国少数民族现阶段发展的主要特点。根据这一特点，在民族识别工作中就不能完全采用构成现代民族的四个特征来衡量我的少数民族。但是各种不同性质的共同体的特征虽然不尽相同，却又具有某一方面的共同性，如近代民族的某些特征——语言、共同心理素质及共同地域等，就是在资本主义以前的诸共同体的基础上逐步形成的。所以在识别工作中，既不能简单地用近代民族的四个特征来衡量我的少数民族，同时也不应抛开这些特征去研究我国的族别问题，必须将这些特征结合我国的具体情况灵活运用。

这些讨论突破了毛泽东绕开理论的做法，把斯大林定义的理论缺陷公开化了。1957 年 3 月 25 日，周恩来在中国人民政治协商会议第二届全国委员会召开的关于建立广西壮族自治区问题座谈会上做总结发言时，明确否定了斯大林民族定义的普遍性意义，指出斯大林所讲的民族仅仅是资本主义上升时期的民族，不适宜于我国民族问题的具体实践。他说："在我国，不能死套斯大林提出的民族定义。那个定义指的是资本主义上升时代的民族，不能用它解释前资本主义时代各个社会阶段中发生的有关的复杂问题。"① 一个政治领袖，对一个学术性的问题，做了一个极其精辟和完美的总结。

二 20 世纪 60 年代的"民族"译名讨论及其影响

与民族识别相联系的另一件实践性的工作，把民族定义讨论推向了第二阶段。

1. "民族"译名问题讨论

1959 年，中国社会科学院民族研究所承担编写我国少数民族《简史》的任务，无法回避的一个突出问题，就是少数民族的起源和形成问题。据说，少数民族群众强烈反对把新中国成立前的本民族称为"部族"，学者们不得不下决心寻找解决这一问题的办法。关于这个情况，牙含章在 20 世纪 80 年代写的《建国以来民族理论战线的一场论战》一文中，有一段详细的描述：

> 一九五八年，中国科学院成立了民族研究所。根据上级的指示，民族研究所一上马就承担了为我国五十多个少数民族编写《简史》的任务。而在编写过程中，每一个少数民族都碰上了民族的起源和形成问题。如果按照斯大林在《马克思主义和民族问题》与《马克思主义和语言学问题》两本著作中提出的基本原理，应用到中国各少数民族的历史上去，那就只能得出如下结论：我国的少数民族没有一个够得上成为"民族"，全部都是"部族"……对于上面讲的这种论点，在我国少数民族广大群众中，特别是在少数民族出身的干部和知识分子中，引起了强烈的反感。有人认为不承认历史上的少数民族是"民族"，而名之为"部族"，这是对少数民族的歧视。由此可见，如果把解放前的少数民族称为"部族"，这就可能要影响汉族与少数民族的

---

① 周恩来：《民族区域自治有利于民族团结和共同进步》，《周恩来统一战线文选》，人民出版社，1984，第 339 页。

关系，影响国内的民族团结，这就不单纯是一个学术问题，而是政治问题，不能不慎重考虑。①

当理论与政治发生冲突的时候，政治无疑更具有冷峻的尊严。

政治问题的严峻性，还真的使他们找到了解决问题的出路。民族研究所的学者们发现，在列宁和斯大林的后期的著作中，使用 Нация 和 Народность 这两个民族概念时，赋予了比较严格的特定的含义，Нация 这个词只代表现代民族，而 Народность 这个词只代表资本主义以前的民族。这种用法在斯大林的《马克思主义和语言学》一书中最为典型。在这本著作中，斯大林就用 Народность 这个词代表资本主义以前的民族，而用 Нация 这个词代表现代民族。② 原来问题出在这里，人们将斯大林关于资本主义时代的民族，译成了一个一般意义的"民族"，而斯大林本人也是承认资本主义以前的民族的存在的，只是这两种民族有性质的差异不容混淆。这样一来，问题就好办了。于是，1962 年春，中国科学院哲学社会科学部和中央编译局召开了"民族"一词的译名统一问题讨论会，建议今后只用"民族"，不再用"部族"。而在翻译碰到困难时，就加注说明。如在原来译为"部族"的地方，改为"〔资本主义以前的〕民族（Народность）"；近代民族的地方，改为"〔资本主义时期的〕民族（Нация）"。1962 年的译名统一问题讨论会之后，重新出版的斯大林著作已不再出现"部族"一词。

从译名入手来解决问题，在当时来说不失为一个巧妙的办法，既解决了我们的民族认同问题，又避开了和精神权威的冲突。当然，任何问题要达成完全的一致是不可能的，也有人对这样解决民族译名提出异议，围绕民族译名问题也展开了一场讨论。根据乌尔希也夫《民族形成问题讨论综述》一文的总结，围绕"民族"译名问题的讨论，大体上有几种

---

① 牙含章：《民族问题与宗教问题》，中国社会科学出版社、四川民族出版社，1984，第 5 ~ 6 页。

② 参考牙含章《民族问题与宗教问题》，第 9 ~ 10 页。

观点：

第一种观点是章鲁、浩帆、牙含章、孙青等同志的观点，主张应该取消"部族"的译名，把俄文中的 Народность 和 Нация 统一译成"民族"；或将 Народность 译成"资本主义以前的民族"，而把 Нация 译成"现代民族"。他们的理由是：（1）恩格斯在《劳动在从猿到人转变过程中的作用》一文中，讲到"部落发展成了民族（Nation）和国家"一段论述可为依据。（2）根据马列主义关于民族形成问题的理论，认为古代民族和现代民族都是民族。所以，马恩列斯是把古代到现代的一切不同性质的民族都统一称之为"民族"。（3）认为把 Народность 译为"部族"，是从翻译斯大林的《马克思主义和语言学问题》这一著作开始的，这就容易与汉语中部落与氏族的简称"部族"一词相混淆，造成概念的混乱。（4）认为如果把 Народность 译为"部族"，我国少数民族只能称"部族"，就不能叫"民族"了，这含有对少数民族歧视的意思，不利于汉民族和少数民族的团结。

第二种意见是杨堃、林耀华、岑家梧、蔡仲淑、王明甫、马寅、何宏江等同志的观点，他们主张保留"部族"这一译名，以此表示"民族共同体"发展的不同历史阶段。他们的理由是：（1）古代民族与现代民族虽然有联系，但也有区别。如要在翻译上简单地统一起来，就不能体现它们之间联系与区别的关系。（2）由于创造了"部族"这样一个新术语来译"Народность"，对于确切的表示不同发展阶段上的"民族共同体"有实际意义，是符合斯大林原意的，"部族"这个词并没有贬义，只是表明它和"民族"是两个不同的发展阶段。（3）"部族"这个词是有生命力的，这是斯大林根据对欧洲各民族发展史的材料进行研究后得出的结论，是对马克思主义民族理论的发展和贡献。（4）民族有狭义和广义之分，民族共同体这个概念是广义的民族，包括氏族、部落、部族、民族（包括资产阶级民族和社会主义民族）这几个发展阶段。

第三种意见是方德昭、丁明国等同志的观点。为了译名统一并考虑到习惯语起见，他们主张把经典著作所使用的有关"民族"的词都译为民族，而在"民族"译名前面加上形容词、修饰词或并附原文加上编者注释，以示区别，免得引起争论和概念上的混乱。①

民族译名问题的提出，是当时摆脱斯大林定义的巧妙做法，并带来了某种解放；而这却是治标不治本的做法，根本的问题是解放思想。民族理论问题研究应该对民族的实际、民族的历史负责，而不应该是对某个人、某种理论负责，这才是问题的根本。只有这样，理论与实践的冲突才可能得到根本的解决。如果我们能面对民族历史的具体实际进行民族定义，斯大林的用语译作什么，又与我们有何相关呢！

2. 民族译名问题提出后的民族定义研究

民族译名问题讨论之后，学术界出现了些微变化，人们不再特别固守斯大林关于民族形成于资本主义兴起之后的看法，对前资本主义时代民族问题讨论开始热烈起来，大部分都主张民族是由部落发展而来，把民族形成的时间问题，上溯到原始社会之后的文明时代。

从 1963 年到 1965 年间，云南的《学术研究》集中发表了一批关于民族形成和民族定义方面的讨论文章，推进了该问题研究的深入。这些讨论，也集中反映了该时期国内关于民族定义问题研究的基本情况。下边就主要介绍《学术研究》的有关讨论情况。

方德昭认为，民族产生于原始社会之后的文明时代，与阶级社会的形成有直接联系。他说，民族是一个社会现象，是历史上形成的稳定的人们

① 乌尔希也夫：《民族形成问题讨论综述》，《内蒙古社会科学》（汉文版）1984 年第 6 期。乌尔希也夫的总结，已经跨入了 20 世纪 80 年代，所以他所介绍的这些观点，有少部分是 20 世纪 80 年代初的思想。以上各种观点，分别见章鲁《关于"民族"一词的使用和翻译情况》，《人民日报》1962 年 6 月 14 日；《关于民族的起源与形成问题》，《人民日报》1962 年 9 月 4 日；牙含章、孙青《建国以来民族理论战线的一场论战》，《民族研究》1979 年第 2 期；杨堃《关于民族和民族共同体的几个问题》，《学术研究》（云南）1964 年第 1 期；《略论有关民族的几个问题》，《云南社会科学》1982 年第 2 期；林耀华《关于"民族"一词的使用和译名情况》，《历史研究》1963 年第 2 期；岑家梧、蔡仲椒《关于民族形成问题的一些意见》，《学术研究》1964 年第 2 期；王明甫《"民族"辩》，《民族研究》1983 年第 6 期；马寅《关于民族定义的几个问题——民族的译名、形成特征和对我国少数民族的称呼》，《中央民族学院学报》1983 年第 3 期；何宏江《关于"Народность"一词和它的译法》，《民族研究》1963 年第 3 期；方德昭《关于民族和民族形成问题的一些意见》，《学术研究》（云南）1963 年第 7 期；丁明国《"民族"一词译名统一问题讨论述评》，《中南民族学院学报》1983 年第 3 期。

共同体，是一个历史范畴，它不同于氏族部落组织以及其他类型的人们共同体。部落联盟是民族的最初核心。以这个核心为主体并联合了其他部落的一个部落集团的进一步发展，形成了具有共同语言、共同地域、共同经济生活以及表现在共同的民族文化上的共同心理素质等四个特征的稳定的人们共同体，这便是民族。民族是由部落发展而形成的。代替部落组织而出现的民族，是一种新的人们共同体。这种人们共同体和阶级社会形成之间有着直接的关系。它正是许多部落在共同发展中达到一定的阶级关系发展水平时才形成的。按照民族形成的一般历史过程，民族应该开始出现于原始社会末期和阶级社会初期。它们因各自历史发展的情况不同，或则处于奴隶社会时期，或则处于封建社会时期。否定古代民族说的一个重要理由是，只有资本主义时代全民族市场的形成才可能造成共同的经济生活，民族才能由此而成。但是，共同经济生活在古代的民族中就产生了，它也如其他民族特征一样在不断地发展着。当然，到了资本主义时期，它的内容在广度和深度方面都不是以前所能比拟的，因而它也就表现得极其明显。因此，把资产阶级民族认作是第一个民族类型是不妥当的。资本主义制度的建立只能使民族的本质起变化，使前资本主义民族发展成为资产阶级民族，使民族从一种类型发展到另一种类型。[①]

施正一不赞成方德昭关于民族形成于阶级社会时代的说法，更认为民族形成于原始社会的发展阶段之内。他说，"原始民族"是历史上最早的民族，这种民族是由部落经过部落联盟发展成的，它是在原始社会发展阶段内形成的，而不是在阶级社会产生和确立以后才出现的。方同志认为历史上最早出现的民族是在奴隶社会产生与发展时期的论断，是与民族起源与形成的一般规律不相符合的。[②]

岑家梧、蔡仲淑大体赞同方德昭的观点。他们的基本看法是：前资本主义社会的人们共同体，叫作"古代民族"是可以的；"古代民族"和现代资产阶级民族的四个特征的特点有所不同，但四个特征都已具备；"古

---

① 方德昭：《关于民族和民族形成问题的一些意见》，《学术研究》1963 年第 7 期。

② 施正一：《论原始民族》，《学术研究》1964 年第 1 期。

代民族"的形成是社会生产力发展到一定水平的结果，它形成于阶级和国家的出现以后。古代民族具备的四个特征，既包括一定的经济关系，又包括一定的思想关系。而在它的形成过程中，物质生活和经济关系则起了决定性的作用，如果不是社会生产力发展到一定的水平是绝对不能形成的。而同时，阶级对立和阶级斗争，对古代民族的形成，也具有重要的影响作用。奴隶主贵族和封建地主阶级，为了对其他民族进行压迫剥削，总是企图抹杀民族内部的阶级对立，利用民族间的差别，夸大民族特点，制造民族压迫和歧视，从而使民族间的差异性更加显著起来。①

　　文传洋也发表了类似方德昭和岑家梧、蔡仲淑相类似的观点。他说，古代民族是人类经过了漫长的原始社会以后，随着社会分裂为阶级而形成的。现代民族则是资本主义上升时代的产物。只承认现代民族不承认古代民族是片面的。马克思主义经典作家早就对古代民族形成的一般过程和具体道路做过了原则的指示和明确的说明。马克思和恩格斯不但论证了古代民族形成的原因，而且还提出了古代民族形成的基本原理：氏族——部落——部落联盟——民族，这就是古代民族形成的具体过程。列宁和斯大林不仅没有否定古代民族，而且还对现代民族与古代民族的区别和联系，作了非常中国化的说明。资产阶级民族的最大特点，是民族内部和民族与民族之间政治、经济、文化上的联系性和世界性；古代民族的最大特点是民族内部和民族与民族之间政治、经济、文化上的闭塞性和孤立性。人类在进入阶级社会的时候就形成了古代民族，这就是民族发展的客观事实。②

　　杨堃发表的似乎是一个中性的观点，他从民族共同体的角度出发讨论问题，将现代民族和古代民族都纳入同一个讨论范畴，承认过去所谓部族可以看作是民族。他说，民族一词具有广狭二义。广义的民族或民族共同体，包括氏族、部落、部族和民族四种类型。这也就是说，无论氏族、部落或部族，也一概可以称为民族。但狭义的民族，却仅指资产阶级民族和

---

① 岑家梧、蔡仲淑：《关于民族形成问题的一些意见》，《学术研究》1964 年第 4 期。
② 文传洋：《不能否定古代民族》，《学术研究》1964 年第 5 期。

社会主义民族两种类型而言。而一般的通俗用法，则是采用广义的用法。①
可以看出，他原则上坚持的是斯大林观点，认为所谓古代民族实质上说只
是部族，但从民族共同体的角度，则承认他们都属于同一个社会学范畴，
说部族即是民族，符合人们的一般观念。

但也还有完全坚持不承认资本主义以前存在民族的斯大林观点的。如
熊锡元认为，在封建分割状态下，人们还没有形成民族，只有当原先各自
独立的各个地区在经济上和政治上结成一个整体时，才产生了"民族"。
它是资本主义兴起后的产物，是资本主义把生产资料集中后所带来的政治
集中。资本主义开始出现的时期，封建分割状态才告消失，民族才开始形
成。② 杨毓才说：应当看到民族和其他社会现象一样，也有它发生、发展、
成熟和消亡的过程，但是更应该看到民族不是什么种族或部落的结合体，
也不是氏族的联系和综合，而是一定历史时期即资本主义上升时期所形成
的稳定的人们共同体。③

但是，和先前相比，这种完全坚持资本主义时代以前不可能形成民族
看法的人的确是大大减少了。人们开始用马克思、恩格斯关于民族的论
述，或者斯大林的另外一些论述，来否定或改变原来所理解的斯大林。但
是，在这一时期，还几乎看不到对斯大林观点的直接批评。而且，整个的
20 世纪五六十年代，人们关于民族定义问题的讨论，几乎全部是在阐述马
克思、恩格斯、列宁、斯大林的看法，也间或谈到一些毛泽东的看法，这
些所谓马克思主义经典作家的民族观点，是所有相同或不同观点的唯一依
据。正像我们上文引证过的说法，"马克思主义经典作家早就对古代民族
形成的一般过程和具体道路做过了原则的指示和明确的说明"，这些经典
作家的论断根本不是学术观点，更不是学者们可以讨论的对象，而是对中
国学术界的明确"指示"，必须遵循而丝毫不容怀疑和讨论。无休止地引
证和解释经典作家的相关论述，是那个时代整个人文社科学界文风最显著

---

① 杨堃：《关于民族和民族共同体的几个问题》，《学术研究》1964 年第 1 期。
② 熊锡元：《民族形成问题探讨》，《学术研究》1962 年第 2 期。
③ 杨毓才：《向牙含章、方德昭二同志请教》，《学术研究》1964 年第 1 期。

的标志，几乎所有的所谓"学术讨论"都是如此，但似乎民族问题的讨论表现更甚。

三 20世纪80年代的民族定义讨论

经过20世纪七八十年代之交"实践是检验真理的唯一标准"讨论之后，学术界也获得了某种程度的思想解放，关于民族定义问题的讨论，相比前一时期也出现了较为明显的变化。坚持斯大林定义的，修正斯大林定义的，反对或否定斯大林定义的，各种学术观点精彩呈现，出现了复苏和繁荣的局面，也在向学术复归的道路上迈出了可喜的一步。

1. 继续论证斯大林定义的科学性

坚持斯大林定义的学者，讨论也有一定程度的深入，对斯大林定义的科学性、斯大林定义的特征，从学术的角度进行了论证。孙青说，斯大林的民族定义，是对马克思恩格斯思想的继承和发展，他所提出的民族的四项基本特征，马克思恩格斯也都分别做过论述。民族四项基本特征的共同性、时代性、稳定性、一般性，就是斯大林民族定义所含有的普遍原理。这种普遍原理既可运用于资产阶级民族，也能适用于资本主义以前发展阶段的民族和社会主义时期的民族。① 斯大林的民族定义，主要由三组内容组成：一是人们稳定的共同体，二是构成人们共同体的四项基本特征，三是它是历史上形成的。三者又有内在的有机联系，不能分割。这一定义的普遍原理适用于各种类型的民族，因为它是民族发展到现时代的概括。② 金炳镐认为，斯大林的民族定义有三个明显的特征：一是继承性和发展性，二是科学性和完整性，三是针对性和批判性。关于继承性和发展性，他说：斯大林的民族定义是以马克思、恩格斯、列宁关于民族特征、民族特点的论述为基础的。马克思和恩格斯曾经提到语言、地域、共同历史、风俗习惯、生活方式、共同感情、民族意识、民族性格、工业条件等民族

---

① 孙青：《对斯大林民族定义的再认识》，《民族研究》1986年第2期。
② 孙青：《关于斯大林民族定义的科学性问题》，《民族研究》1986年第5期。

特征、民族特点；列宁也曾提到语言、地域、心理、生活条件、共同市场及频繁的交换等民族特征、民族特点。但他们是在不同的文章中零散地提到这些的，斯大林对他们的观点作了综合概括。因此，他断言，斯大林在1913 年提出的民族定义，是马克思主义民族理论发展史上第一个完整的科学的民族定义，是对马克思主义民族理论发展的一大贡献。①邬剑说，斯大林关于民族基本特征的著名论断，（对于原始民族）我认为还是同样适用的。问题只在于应该指出这样两点：一是必须全面地理解斯大林这一论断的实质，对不同的民族要做具体分析，不能机械地运用。二是应该把斯大林关于四项特征的基本概括同他对这些特征的具体阐述加以适当的区别……就高度概括的民族定义来说，用以考察民族的形成，应该说是普遍适用的、正确的。我们不能拘泥于某些具体阐述中的个别命题，例如从"共同地域"这一点，引申出地缘联系是形成民族的根本标志；从民族只能产生于资本主义时代的论断中，得出否定原始民族的结论。而应当全面地理解马克思主义关于民族形成与发展规律性的全部基本思想和基本理论。②

1989 年代笔者曾出版《历史学的理论与方法》一书，书中有"民族关系史研究的理论与方法"一章，由于自己不做民族史研究，有关的观点就主要是吸收当时学术界的看法。对于民族定义，就主要是采用了肯定斯大林定义的观点："近代民族是民族发展史上的最典型形态，斯大林的民族定义就是以这种近代民族为对象做出的。但也正因为斯大林的定义是从民族的典型形态出发，所以才具备了更普遍的意义。"③1999 年的第二版也仍然保留了这一看法，只是在 2008 年的第三次修订版中才删除了该章。

2. 主张部分修正斯大林的民族定义

多数学者主张，肯定斯大林民族定义的科学价值，但强调根据民族历史的实际情况，对之做出必要的补充或修正，并提出了补充或修正的具体

---

① 金炳镐：《试论斯大林民族定义的特点》，《广西民族研究》1987 年第 1 期。
② 邬剑：《民族形成上限问题之再探讨》，《内蒙古社会科学》（汉文版）1983 年第 3 期。
③ 李振宏：《历史学的理论与方法》，河南大学出版社，1989，第 370 页。

建议。

彭英明说，对斯大林的民族定义要作全面的辩证的理解。一方面，肯定这一定义的正确性和科学价值，应当遵循这一普遍原理。但另一方面也应看到，我国国情不同于西欧。我国历史悠久、地域辽阔、民族众多，社会经济发展不平衡，且各民族长期以来交错杂居、互相影响，与斯大林所说的完全具备"四大特征"的民族不完全一样。所以，在研究民族概念的时候必须从实际出发，把斯大林的民族定义同中国的历史和现实情况结合起来。[①] 熊锡元认为，斯大林的民族定义迄今为止，还是一个比较完整、科学的概念，它包含这样三层意思：民族是社会发展到一定阶段的产物；具有共同语言、地域、经济生活及心理素质等四个基本特征，而且一旦形成就具有非常的稳定性。斯大林很强调稳定性，这是他的独到见解。但斯大林的民族定义，不能说就是尽善尽美、十分完备。我个人认为，除斯大林所提四个特征外，可以考虑增加"共同风俗习惯"这个要素。我的理由是，对于欧美各个工业文明较为发达的民族来说，风俗习惯的共同性可能并不那么显著而重要，但就许多经济、文化发展较为落后，处于农业文明社会的民族来说，把风俗习惯列为一个构成要素，作为一个共同特征就显得十分必要了。[②] 李振锡说，如何进一步修改和明确斯大林的民族定义，是一个有必要继续深入研究的问题。他的修改建议是：民族是随着统一地域、统一经济联系、统一文学语言及文化、心理和自我意识的某些统一特点的产生而形成的一种特殊形式的稳定的社会集团。[③] 吴金认为，关于民族定义的问题，可以在斯大林所提论断的基础上，进一步引申为不同民族的一般特征，在个别内容上做一些必要的补充。主要是应当更充分地考虑到民族特征的变动性、民族自我意识的相对独立性和稳定性，以及民族文化传统的重要性。初步想到的意见是：民族是人们在历史上由共同地域、共同语言、共同经济生活等要求所组成的具有共同的文化传统和民族自我

① 彭英明：《关于我国民族概念历史的初步考察——兼谈对斯大林民族定义的辩证理解》，《民族研究》1985 年第 2 期。
② 熊锡元：《对斯大林民族定义的一点看法》，《民族研究》1986 年第 4 期。
③ 李振锡：《论斯大林民族定义的重新认识和修订》，《民族研究》1986 年第 5 期。

意识的比较稳定的共同体。① 杨荆楚认为，斯大林的民族定义是迄今为止的马克思主义的科学民族定义。这个民族定义是指资本主义上升时期形成的资产阶级民族，但这并不排除它原则上也适用于不同类型的民族，因此，民族四个要素是进行民族识别的主要理论依据。但是，我国解放后民族识别时，多数民族都处在次生形态，而非原生形态上。因此，不能照搬斯大林民族定义四要素缺一不可的论断，而着重根据民族语言和民族心理素质，参照民族的历史和文化渊源以及风俗习惯等条件，综合加以识别。根据斯大林的民族定义，结合我国的民族情况，是否可以概括为民族是具有共同语言、共同地域、共同心理素质、共同的历史文化渊源、共同的经济生活和共同的风俗习惯的稳定的人们共同体。② 杨堃认为，如仍抓住斯大林的定义不放，实在不符合我们的具体情况。我认为四个要素还应增加一个，或说还有第五个要素，即民族的共同名称。各民族都有共同名称，没有共同名称就不成其为一个民族了。这五个特征中的共同地域、共同经济、共同语言在某种特殊情况下可能丧失，但民族意识，即民族自我意识和民族名称这两个要素总是不能丧失的。否则，这一民族就不存在了。③

3. 主张否定和抛弃斯大林民族定义

主张否定和抛弃斯大林定义，是 20 世纪 80 年代新出现的学术观点。可贵的是这种否定并非是出于义愤和偏执，而是具有充分学理性的探讨。

蔡富有 1986 年发表文章，着重分析了斯大林 напия 定义的政治背景和目的，以及这一定义的局限性等问题。他说，为了批判以崩得和高加索取消派为代表的民族主义思潮，制定社会民主党正确的民族纲领，斯大林在《马克思主义和民族问题》中指出，现代民族 напия 形成于资本主义上升阶段，民族问题产生于资本主义时代，民族运动就其实质来说是资产阶级的运动。崩得分子所认为可以实行民族文化自治的犹太民族，在俄国没有

---

① 吴金：《我对民族概念问题的一些理解和意见》，《民族研究》1986 年第 5 期。
② 杨荆楚：《关于民族概念的几点意见》，《民族研究》1986 年第 5 期。
③ 杨堃：《关于民族和民族问题的几点意见》，《民族研究》1986 年第 4 期。

共同的地域，没有共同的经济生活，也没有共同的语言，斯大林概括现代民族 нация 的四个特征，并且强调缺一不可，在批判崩得分子的斗争中起到了很好的作用，因而受到列宁的赞扬："那篇文章写得很好。这是当前的重要问题，我们丝毫也不放弃反对崩得混蛋们的原则立场。"斯大林在《马克思主义和民族问题》一文中也曾明确表示，自己定义的 нация 这一概念，不属于民族学范畴。① 蔡富有说，斯大林当时这样做，只是为了对现代民族的基本特征作一科学概括以使其区别于其他时代的民族，以便澄清革命队伍中的混乱思想，为党制定正确的民族纲领提供理论依据。也就是说，他的这个定义主要是服务于当时革命斗争的需要，而不是出于民族学研究的需要，因此，нация 并不是一个可以纳入民族学范畴的概念。蔡富有接着就分析了 нация 作为民族学概念来使用时所存在的重要缺陷。首先，这一定义未能对现代民族的本质特征做出严密的规定，以致难以把它和广义的民族相区别。其次，斯大林 нация 定义的不足还在于对 нация 的另一特征"共同经济生活"的规定，其表述极不确切。"共同经济生活"是一种比较抽象的语言表达，氏族社会中也可以说存在着生产力水平极为低下的共同经济生活，以后各社会阶段的民族也可以说都存在着不同的经济发展水平上的"共同经济生活"。这一定义本身就存在着被人误解、产生歧义的可能性。最后，由于时代的局限，使得 нация 定义还不够完备。斯大林定义尚无法解释类似现代属于同一个德意志民族的东德人和西德人这类现象。东德人和西德人已经没有共同的地域，也没有共同的经济生活，但他们同操德语，都认为自己是德意志民族。斯大林对现代民族的概念所下的定义未能概括这一民族现象，是不完备的。蔡富有文章的结语说：

（一）对斯大林有关民族问题的著述，应客观地、历史地和辩证地看待。与其把斯大林有关民族问题的论著看作是民族学经典，不如

① 斯大林说："鲍威尔显然把民族（нация）这一历史范畴和部落（племя）这一民族学范畴混淆起来了。"见《斯大林选集》上卷，人民出版社，1979，第 68 页。这说明，斯大林并不认为自己的 нация 定义属于民族学的范畴。

看作是关于无产阶级革命理论和斗争策略的著作，这样也许更为实事求是。

（二）斯大林 1913 年的 напия 定义不是民族学范畴中民族定义。长期以来，我国和苏联学术界不少人把它奉为民族学理论的经典民族定义，这是值得讨论的。

（三）斯大林的 напия 定义既有理论的局限性，也有时代的局限性。因此，我们在民族学研究中不应再拘守这一定义模式，而需要探讨新的科学的民族定义模式。

（四）汉语"民族"一词的语义概念相当模糊，可以用来泛指一切民族，而不问其历史时代（原始民族、阶级社会民族），不分其类型（资本主义民族、社会主义民族），不管其构成形式（单一民族统一体、多民族共同体），不论其大小和地位（大民族、小民族、主体民族、少数民族）。它和 народ，этнос 在语义概念上是对等的，是民族学研究对象意义上的"民族"。用它对译 народ，этнос 是合适的，而用以对译 напия 显然是不合适的。①

蔡富有的否定，首先使用了一种釜底抽薪的做法，不需要讨论你的定义正确与否，你连民族学的范畴都不是，遑论正确与错误！然后，再从这一概念引入民族学研究中看，它有着严重的局限性。这样，他就得出结论："在民族学研究中不应再拘守这一定义模式，而需要探讨新的科学的民族定义模式。"蔡富有的斯大林定义批判，无疑是有说服力的。

和蔡富有的做法不同，贺国安对斯大林民族定义的否定，是从民族学和民族史的角度来讨论问题的。他在 1988 年的一篇文章中，批评斯大林的民族理论把民族与国家或社会画等号，造成了理论混乱。他说，长期以来，民族与社会的关系被人们简单化了，以至于在二者之间画上了等号。斯大林 1913 年把民族解释成"资本主义上升时代的历史范畴"，规定要有"民族市场、经济中心和文化中心"等条件才能算民族，便是其开端，当

---

① 蔡富有：《斯大林的 напия 定义评析》，《中国社会科学》1986 年第 1 期。

他 1929 年进而把民族分成"资产阶级民族"和"社会主义民族"这"两种民族类型"时，则把民族现象与社会经济制度完全混为一谈了。半个多世纪以来，这种理论不仅给马克思主义民族研究造成了无数争论和混乱，也给民族实际工作带来了难以克服的障碍。① 1989 年，他又发表文章对斯大林民族定义做出系统批判。他说，斯大林的定义触及到了民族的一些现象，如语言和地域，却没有抓住民族的本质。斯大林列举的几条"特征"，有的只是民族赖以形成的前提而不是真正的特征。比如共同地域，没有它民族不可能形成，而一旦形成，这个条件就不一定再具备；有的"特征"，其实与民族并没有必然的联系，比如共同经济生活，除了极个别单一民族国家外，经济生活根本不是以民族划界的。如果说的是经济联系，那只是民族形成的前提。在我看来，共同地域、共同经济生活，都不是民族的特征，而恰恰是国家的特征——甚至是一无例外的特征。在这里，斯大林把民族跟国家弄混了。这是一。第二，斯大林的定义根本没有触及民族的一个必不可少的本质特点：民族自我意识，以及作为其对外表现的自我称谓。有了这个要素，其他特征即使丧失掉也仍不失为一个民族。斯大林不仅看不到这一点，反而一再强调四个特征缺一不可，"只要缺少一个，民族就不成其为民族"。这就离真理更远了。用他的逻辑去套，恐怕世界上多数民族都"不成其为民族"。不但无法解释我国的回族、满族、壮族等等，就连斯大林身属的格鲁吉亚人也要被肢解成几个民族了，因为除了格鲁吉亚以外，还有不少人住在阿塞拜疆以及国外——土耳其、伊朗，他们的共同地域和共同经济生活又在哪里？难怪我国在进行民族识别时没有套用斯大林的民族定义，因为它解决不了实际问题！如果实践和理论的发展证明，斯大林的民族理论模式并不像人们赞扬的那样"科学"和"正确"，那么，是否应该把它抛弃，而去探索更能经得起实践检验的新模式呢？②

4. 20 世纪 80 年代民族定义讨论的理论反思

如何评价 20 世纪 80 年代的民族定义问题研究状况，总结其得失呢？

---

① 贺国安：《关于人们共同体与民族共同体的思考》，《民族研究》1988 年第 5 期。
② 贺国安：《斯大林民族理论模式驳议》，《民族研究》1989 年第 4 期。

20 世纪 90 年代的民族定义研究中，已经有学者开始进行反思和总结。在这方面，何叔涛 1993 年发表的《略论民族定义及民族共同体的性质》一文，是很有见地的。他总结说：20 世纪 80 年代的民族定义讨论，不少文章都对斯大林的民族定义做了有益的补充和修正，其中亦不乏持较多的否定意见者。然而事隔几年之后再来回顾，感到遗憾的是，当时很少有人能够从与民族问题相联系的角度来分析民族现象。包括那些对斯大林定义持较多的否定意见在内的文章，亦未能改换认识角度，从根本上实现方法论的突破。这场学术讨论的不足之处在于没有明确提出民族与其他人们共同体的本质区别，因为共同地域、共同语言、共同经济生活乃至于自我意识与共同称谓等特征不仅为民族共同体所具有，其他一些与民族有密切联系的人们共同体亦不同程度地具备，因而单纯从特征和要素出发所下的民族定义，很少有助于人们进一步对民族问题的理解和认识，对探讨民族共同体自身产生、发展、消亡的规律，即对民族过程的客观规律和民族问题的由来与发展趋向的科学研究，亦难以达到人们的目的。而在民族主义思潮蔓延、民族问题普遍困扰着人们的今天，使人们从认识什么是民族入手，合乎逻辑地去理解什么是民族问题，从而达到进一步去研究民族过程与民族问题产生发展规律的目的。这种客观要求对于体现民族定义的科学性和完整性，充分展现民族定义与整个民族理论体系其他内容的有机联系，是非常重要的。①

何叔涛的总结很具有启发价值，他指出了以往的讨论无论是修正还是否定，都是在斯大林定义的框架内打转转，没有从方法论上另辟蹊径，没有转换思维角度，如此这般，民族定义研究要有实质性进展是不可能的。

应该说，20 世纪 80 年代的民族定义讨论也是很有价值和意义的，它展示的是学术发展的正常图景。经过了"实践是检验真理的唯一标准"的大讨论之后，思想解放有了一定的成效，学者们的思想禁锢有所松动。一方面，人们敢于对斯大林的民族定义提出修正；另一方面，民族定义的讨论，开始面对民族历史的实际问题，不像在 20 世纪五六十年代时那样，明

① 何叔涛：《略论民族定义及民族共同体的性质》，《民族研究》1993 年第 1 期。

明斯大林的定义不符合中国的民族实际，也只能在实践上绕开走，而在理论上不能批评，造成民族定义研究和民族识别的实践"理论归理论，实践归实践"两张皮状况。20 世纪 80 年代的人们，可以公开地修正并否定斯大林的民族定义了。这是经过十年"文化大革命"、整个民族付出了沉重代价之后，学术思想领域的一个来之不易的转折。

但是，这的确还不是一个多么令人满意的进步。除了上边何叔涛指出的问题之外，讨论中的教条主义、本本主义和权威崇拜的痕迹依然浓重。我们看到，还有不少学者在论证斯大林民族定义的科学性时，其思想方法不是面对民族历史的客观实际，让斯大林的定义接受民族实践的检验，而是用马克思、恩格斯、列宁的相关思想来证明斯大林的正确或科学。言外之意，既然马克思、恩格斯、列宁也是这样说的，那就肯定是正确的、科学的。就如我们前边谈到的孙青的《对斯大林民族定义的再认识》一文，下了很大功夫来论证斯大林民族定义的四个特征，每一个都可以在马克思、恩格斯的著作中找到相关的论述，以此证明斯大林是对马克思恩格斯民族思想的继承，于是也就找到了科学性的根据。金炳镐的《试论斯大林民族定义的特点》一文，也用很大的篇幅来论证说明斯大林的民族定义，是以马克思、恩格斯、列宁关于民族特征、民族特点的论述为基础的这样一个事实，其思想方法何其简单！我们判断一种思想或理论的正确和科学，是以它与历史实际的契合为根据，还是以某种理论为根据呢？斯大林的民族定义，究竟应该接受民族历史的事实检验，还是应该接受某种理论的检验呢？20 世纪 80 年代的民族定义讨论，还没有彻底摆脱理论的束缚，没有从本本主义的枷锁中解脱出来！

学术的进步与发展，期待学术思想的彻底解放。

四 20 世纪 90 年代以来民族定义讨论的广泛展开

20 世纪 90 年代以来的民族定义讨论，进入了一个新的发展时期，也出现了诸多亮点。一是对斯大林民族概念的批判达到新的高度，开始从认识论的角度思考问题；二是"族群"概念的引入并广泛讨论，开辟了新的学术视野，丰富和深化了民族概念问题的研究；三是在抛弃斯大林定义之后，学者们进入独立思考、重新定义民族概念的新阶段，并最后形成以党中央、国务院名义发布的最新民族概念，展示了学术研究的强大力量。

1. 围绕斯大林民族定义话题之继续

20 世纪 90 年代以前的民族定义研究，基本上都是围绕斯大林的民族定义来展开的，并且讨论也基本上限定在斯大林定义框架之内。学术研究或思想发展的惰性、惯性决定，围绕斯大林定义的讨论，在 90 年代之后也不会绝迹，还将得到某种程度的延续；所变化的是，在 90 年代之后的民族定义讨论中，围绕斯大林定义的讨论已经不是民族定义讨论的唯一线索，甚至已经不是学者们最主要的关注点。不过，我们还是不应回避对相关内容的介绍。在所发表的相关文章中，我们看到，80 年代的几种观点，也都还可以找到他们的知音。

先来看全盘坚持斯大林民族定义的观点。周泓 1996 年的文章中认为，斯大林民族概念是以资本主义上升时期形成的资产阶级民族为对象概括得出的，但体现了这一事物的本质，具有普遍意义。资产阶级民族是在资本主义市场扩大的条件下形成的，以市场为中心的共同地域较以前集中而稳定，民族内部的经济联系、语言文化的交流比以前密切得多，因此资产阶级民族的特征在发展程度上比以前更为成熟和典型。它是在古代民族的基础上形成的，古代民族并非没有这些特征，只不过发展的程度较弱些罢了。因此，斯大林民族概念不仅适用于资产阶级民族，也适用于其他各类型的民族。[①]

这些看法，一直到 21 世纪初甚至今天也还有人坚持。郝时远 2003 年连续发表了两篇重读斯大林民族学理论的文章，表达了对斯大林民族定义完全肯定的思想观点。[②] 陈玉屏在 2008 年的文章中写道：我赞同郝时远先生的下述意见："斯大林民族定义可能有不尽完善之处，但是斯大林提炼

① 周泓：《我国对民族概念的使用、认识和确定》，《新疆师范大学学报》1996 年第 1 期。
② 郝时远：《重读斯大林民族（нация）定义——读书笔记之一：斯大林民族定义及其理论来源》，《世界民族》2003 年第 4 期；《重读斯大林民族（нация）定义——读书笔记之二：苏联民族国家体系的构建与斯大林对民族定义的再阐发》，《世界民族》2003 年第 5 期。

出来的四大要素（或特征）是具有普遍性的，对认识民族国家层面的民族（nation）具有科学价值。"不仅如此，我认为用斯大林归纳的四特征观察前资本主义的民族，也具有一定程度的合理性。太史公司马迁并不懂得近代的民族理论，但其在《史记·匈奴列传》中对匈奴作了具体的描述。这段描述正好涵盖地域、经济生活、语言、社会俗尚（大体反映共同的心理素质）四特征。如果考虑到世界不同地区、不同语言、不同历史文化传统的人们共同体的千差万别，的确难以为"民族"下一个十分准确的定义，那么斯大林将"民族"提炼归结到这样的程度，应当说其科学性已达到相当的程度。①

主张肯定斯大林民族定义的科学性，并进行部分修正或改造的观点。陈克进认为，是马克思、恩格斯、列宁对民族这个特殊的社会历史产物所做的不同程度的考察，为斯大林完整地表述民族的定义奠定了基础。但斯大林的定义只看到民族是历史上形成的稳定的人们共同体，而没有充分顾及民族在社会历史进程中始终处于动态，即自其雏形之时起至近现代，总是离不开分化、融合，甚至更高一级的熔铸。世上没有古今面貌如一的民族，当代的民族也不可能都具备斯大林所指出的四个基本特征。斯大林关于民族的"四个特征"说，对于原初民族来说具有理论上的指导意义。但是，四个特征莫不跟随社会历史的变迁而发生程度不一的演化，似乎唯有表现在共同文化特点上的共同心理素质最具"惰性"。斯大林对民族内涵的界说，只能绳之于一定的历史时代和一定的国度。现存的民族共同体应一律称作民族，根据不同的历史时期或时代，迄今出现的人们共同体，可以大体划分为原始民族、古代民族、现代民族。②

张达明说，斯大林的民族定义起过积极的历史作用，但定义中没包括民族意识，是重大缺陷。斯大林的民族四特征缺一不可说和资本主义上升时期才能形成民族说不符合许多民族的历史事实。因此，斯大林民族定义应予

---

① 陈玉屏：《文化与民族》，《思想战线》2008 年第 2 期。文中所引郝时远的话，见郝时远《重读斯大林民族定义》，《世界民族》2003 年第 4 期。

② 陈克进：《关于"民族"定义的新思考》，《云南社会科学》1992 年第 6 期。

修改。他试修改如下："民族是历史上在共同地域、共同语言、共同经济生活基础上形成的具有共同文化和共同民族意识的稳定的人们共同体。"①

何润说，斯大林的民族定义是对马克思主义民族理论的一大贡献。迄今为止，还没有见到一个比它更完整、更科学的民族定义，但它也不是一件无缝的"天衣"，完美无缺。有些提法至少可以使它更合理些、科学些，以使读者更容易理解、容易操作些，应当说这是我们后来人努力争取做的事情。何润也提出了自己对民族定义的表述："民族是人们在历史发展到一定阶段形成有共同地域、共同经济生活、共同语言和文化、共同族体性格和族属意识的稳定的社会共同体。"②

熊坤新认为，斯大林的民族定义是在一定时期内具有包含一定效力适应范围的价值判断，因其在特定历史条件下具有一定的系统性、科学性和合理性，故它在较长的时间内得到了人们的广泛认同。但是，如果用严格的逻辑思维去推敲，斯大林的民族定义也不是没有破绽或无懈可击的。第一，完整的民族定义应该涵盖世界上不同时期和不同类型的所有民族，对一切民族应该是适用的。斯大林的民族定义仅适用于资本主义上升时期的民族，适用范围过于偏狭。第二，斯大林民族定义所提到的四个特征，从排列顺序看也缺乏逻辑性。它首先强调的是共同语言，其次是共同地域，再次是共同经济生活，最终表现于共同文化上的共同心理素质。合乎逻辑的排列顺序应该是先有共同地域，这是民族赖以生存的空间条件，紧接着应该是共同经济生活，民族语言的形成和发展，仍然是以经济生活为前提的。因此，共同经济生活应排列于共同语言之前，共同语言当是在共同经济生活的基础上形成和发展起来的，才更符合于客观生活实际。在共同经济生活之后依次是共同语言和共同心理素质。第三，斯大林认为民族定义中所强调的四大特征是互相关联、密不可分的整体。他特别指出，把任何一个特征单独拿出来作为民族的定义都是不够的，只要缺少一个，就不成

---

① 张达明：《论斯大林民族定义的历史地位、局限性及其修改问题》，《东北师大学报》1996年第 5 期。

② 何润：《论斯大林的民族定义》，《民族研究》1998 年第 6 期。

其为民族。这种观点未免太绝对化。如果按照斯大林民族定义中四个特征缺一不可的理论，我国的许多民族如满、回、苗、畲等就很可能不会被判定为民族。第四，刘克甫（苏联学者）提出斯大林的民族特征只是民族形成的条件，这一思想是值得重视的。鉴于以上情况，第一，斯大林民族定义绝不是普遍适用和完美无缺的。第二，对斯大林民族定义是完全可以进行探讨和争论的。熊新坤也表述了自己的民族定义：民族是人们在一定历史阶段上形成的以共同地域为基础、以共同经济生活为条件、以共同语言为纽带、以共同心理素质为内在要素，并具有共同历史、共同文化、共同习俗、共同族称和共同族体意识以及共同血统因素为特征和特点的既稳定又逐渐发生变动的人们共同体。[①]

这些大体上都还是对 20 世纪 80 年代同类观点的继承和复述。

斯大林民族定义批判，是 20 世纪 90 年代民族定义研究的亮点之一，虽然 80 年代这种批判已经开始，但 90 年代的批判却不是旧话重提，而是有了深度的开掘。

华辛芝写道，斯大林 1929 年写的《民族问题和列宁主义》一文，称他提出的民族定义是"党内公认"的"俄国马克思主义者自己的"民族理论。他对提出异议的人严加斥责，斥之为"大错特错"，"替民族压迫、帝国主义做辩护"，"替资产阶级民族主义者做辩护"。他向那些对该定义加以"补充"、"修正"的人们严正声明："只有一个出路：承认俄国马克思主义民族理论是唯一正确的理论。"而事实是，斯大林 1913 年初的文章完成之后，列宁曾经援引过或者作为自己的论点重复过文章中的许多思想和观点，而单单没有引用或重复过斯大林提出的民族定义。在列宁的著作中，民族是作为一种性质复杂的社会现象出现的，列宁并没有简单地下过定义。仅从这一点来看，斯大林的民族定义就不能说是"党内所公认"的。斯大林的定义没有顾及民族产生和发展过程的复杂性，没有给多种类型的民族的历史过程留有余地，远没有充分反映民族的社会内容和社会结构。但斯大林把自己提出的民族定义看成是绝对正确的真理，听不得任何

---

① 熊坤新：《斯大林民族定义之我见》，《世界民族》1998 年第 2 期。

不同意见。他将行政干预引入了学术领域，本来极为正常的学术讨论便被纳入了政治斗争的轨道，持不同意见者成了持不同政见者，甚至被镇压（后来的肃反悲剧便是事实）。这样，斯大林便垄断了民族理论的阐述权和发展权，成了马克思主义民族理论的"绝对权威"。[①]

马戎说，斯大林坚持民族定义的四条标准缺一不可，"只有一切特征都具备才算是一个民族"，这样他就把"北美利坚人"算为一个民族，而不承认犹太人是一个民族，同时"波罗的海沿岸地区的日尔曼人和拉脱维亚人"也不是民族。从这里我们可以看出，斯大林作为一般规律来定义现时历史时期的"民族"时，带有与当时俄国政治形势有关的政治性的考虑。20 世纪初的俄国，布尔什维克面临"民族文化自治"和以民族划分来分裂无产阶级政党的民族主义思潮，斯大林当时提出的"民族"定义是当时政治形势的需要。苏联建立之后，这些问题依然存在，德国的日尔曼人是一个民族，在苏联境内的日尔曼人算不算一个民族？否则是不是也要在"东普鲁士"（即加里宁格勒市所在的地区，俄罗斯联邦的一块飞地）成立"日尔曼自治（加盟）共和国"呢？这种政治上的考虑使得斯大林特别强调"共同地域"。而且用"四条特征缺一不可"这条原则，在强调语言因素和地域因素的时候，实际上淡化了文化因素（包括语言、宗教）和心理意识因素在民族形成和延续中的重要作用。斯大林强调"共同地域"，也反映了沙皇俄国在短短 200 年中从一个单一民族的内陆小公国扩张成为横跨欧亚大陆的多民族政治实体这一过程的特点：沙皇俄国的对外移民拓展了俄罗斯的政治疆土，但各主要少数民族仍然居住在各自传统的地域上，其他各民族进入俄罗斯地区的移民数量十分有限。强调"共同地域"对俄罗斯是有利的，对于其他在传统居住地域内人数较多的少数民族（如其他建立加盟共和同的族群）也没有太大伤害，可以保持政治稳定。同时对于境内的"跨境族群"和小族群如日尔曼人、犹太人、拉脱维亚人，可以通过不承认他们为"民族"而剥夺其争取自治方面的各种权利。[②]

---

① 华辛芝：《斯大林民族理论评析》，《世界民族》1996 年第 4 期。
② 马戎：《关于"民族"定义》，《云南民族学院学报》2000 年第 1 期。

陈育宁说：在斯大林的民族定义中，"共同语言"、"共同地域"、"共同经济生活"和"表现于共同文化上的共同心理素质"等四个所谓特征是并列的并且是"缺一不可"的。而实际上它们有的只是民族形成的条件，例如共同经济生活和共同地域等，本身并不是民族共同体得以区别于其他人们共同体的必须具备的本质特征，不具有民族的特定属性。把民族形成的条件和形成后的民族所具有的本质特征混淆起来，就会造成一系列的误解。一个民族在自己的发展过程中，不可能总是住在一个地域、讲一种语言和总是过着不同于其他民族的"共同经济生活"，这是不言而喻的。既然是可以变动的条件，就谈不到是民族这一人们共同体的独有的"特征"，更不能得出"只要缺少一个，民族就不成其为民族"的结论。民族作为一种稳定的人们共同体，其特征必须具备相应的稳定性。在这个方面，民族的文化共同性和自我认同的归属感，具有十分重要的意义，"四特征"模式的民族定义，恰恰没有着重于这一点。①

陈育宁对斯大林民族定义的批评是温和的，但其否定的倾向则是鲜明的。

20世纪90年代以后，直接使用斯大林民族定义的人越来越少了，但对斯大林民族定义做出科学的分析批判的文章却也并不多见；相比之下，上边几篇文章的批判是很有见地的。特别是马戎的《关于民族定义》一文，从斯大林民族定义的现实政治诉求做出的分析，很可以给人以启发。斯大林作为一个铁腕政治家，绝没有发思古之幽情的闲情逸致，他所以要关心起民族理论问题，并像一个学者一样对民族概念做出界定，毫无疑问是从一定的现实政治需要出发的；这对一个政治家来说是正常的、正当的，毋宁说也是他的历史责任，无可厚非。而我们做学术研究的人，为什么会拿一个政治家的言辞作为自己的科学戒律呢？我们的学术研究中渗入了太多太多的政治因素，也与我们几千年来的权威崇拜的思想传统有关，在这方面，我们是需要做出深刻反思的。

对斯大林民族概念提出的时代背景、政治意图等方面的分析，实际上

---

① 陈育宁：《民族史学概论》（增订本），宁夏人民出版社，2006，第3~4页。

是把批判提升到了历史认识论的层面,是从主体认知条件的角度做出的分析,而这是我们中国学者以往很少具备的思维角度。我们以前顽强地坚持这个并不符合民族历史实际的概念的时候,从来也没有想过这个概念是如何产生的,怎样提出的,充其量只是考虑它与客观历史情况是否符合,而不从更根本的角度去考虑这个概念是如何形成的,斯大林的主体条件在他的认识中怎样顽强地发挥着作用。事实上,在斯大林的民族定义中,渗透着强烈的政治因素,甚至还有着"沙皇俄国"的影子。这样一个有着强烈政治倾向的人物,怎么可能去做出一个科学性的判断呢? 对主体因素的重视和分析,是我们批判地科学地对待一种历史认识的基本要求。几十年来,我们面对斯大林的民族定义,完全放弃了认识论角度的分析和批判;而 20 世纪 90 年代的斯大林批判,正是在这一点上达到了新的高度。

2. "族群" 概念的介入

"族群 (ethnic group)" 概念在 20 世纪 90 年代以后的国内学术界被引起广泛关注,并大有取代 "民族" 概念的势头,这可以看作是民族定义问题研究的一个新气象、新问题,当然也引发了一场新的争论。

"ethnic group" 一词是 20 世纪 60 年代以后,在美国和西欧国家的社会学、人类学和政治学等学科流行起来的新词汇,20 世纪 80 年代以后在世界范围流行开来。"ethnic group" 译入国内也比较早,大概在 20 世纪 70 年代,90 年代以后在中国人类学、民族学界受到关注,中文翻译为 "民族"、"民族集团"、"种族"、"族裔群体" 和 "族群" 等,其中以 "族群" 最为通行。不过,也因为这是一个新的概念,当它被引入时,也对它的定义给出了不同的见解。乌小花的《论 "民族" 与 "族群" 的界定》一文,汇集了该时期学人关于族群定义的观点,摘引如下:

> 中山大学人类学系的周大鸣主张:"族群" 是指一个较大的文化和社会体系中具有自身文化特质的一种群体。其中最显著的特质就是这一群体的宗教的、语言的特征,以及其成员或祖先所具有的体质的、民族的、地理的起源。北京大学的马戎认为 "民族族群 (ethnic group) 不仅指亚群体和少数民族,而且泛指所有的被不同文化和血统

所造成的被打上烙印的社会群体"。"族群是人类社会群组层次划分之一种"。"族群意识是后天形成的"。"族群以生物性和文化性为代表"。广西民族学院民族学人类学研究所李远龙认为，有关族群的界定至为重要的五条是：1. 共同的族群起源；2. 属于同一文化或具有相同的习俗；3. 共同的宗教；4. 同一种族或体质特征；5. 使用相同的语言。广西民族学院民族学人类学研究所张有隽认为，族群指称那些在文化上因具备一定特性实现内部认同和外部区分的人类群体，大者指种族、民族，小者指某一民族的某一分支—民系，还可以指比民族更大的人们共同体。①

重要的观点还有：庞中英认为，ethnic group（ethnie）中有中文的"人种"的因素（如在生理和生物特性上的差异），但它所表达的主要是由于人们在宗教信仰、语言习惯等文化上的差别而形成的人类集团，这种集团还不能说是 nation（民族）。它可能尚未形成民族，也可能正在上升为民族，也可能是永远也不会变成民族的人们。② 徐杰舜认为，所谓族群，是对某些社会文化要素认同，而自觉为我的一种社会实体。这个概念有三层含义：一是对某些社会文化要素的认同；二是要对他"自觉为我"；三是一个社会实体。③

总括以上各种对族群的定义，共同性的东西大概有三个要素：一是强调客观上的共同渊源，即共同的血缘或种族；二是共同的文化认同，即共同的语言、宗教和风俗习惯；三是有强烈的同族自我认同感，即与其他群体相区分的自我群体意识。具有这三个要素的稳定的人类群体，便是族群。如此看来，族群便在许多方面，和民族有着鲜明的自相似性和概念内涵上的交叉与重叠。正因为如此，人们在族群范围内讨论的问题，也大都是民族的问题，如龚永辉所说，族群概念实际上具有中国民族概念的天然

① 乌小花：《论"民族"与"族群"的界定》，《广西民族研究》2003 年第 1 期。乌小花介绍的更多，征引时有删节。
② 庞中英：《族群、种族和民族》，《欧洲》1996 年第 6 期。
③ 徐杰舜：《论族群与民族》，《民族研究》2002 年第 1 期。

属性。龚永辉《论和谐而有中国特色的民族概念》一文中谈到过这样一个统计：2005 年 4 月 10 日查询中国期刊数据库，哲学、人文科学、社会科学 3 类期刊，发现篇名含"族群"一词的论文 291 篇。刨除非民族性的 31 篇，真正研究民族性"族群"现象的有 260 篇。其中，直接研究中国历史和现实各种民族性的族群状况的论文就有 167 篇，占了总数的 63% 左右。从微观角度具体研究或介绍国外族群的 46 篇。标题上没有地名限制或者重点从理论角度研究族群的论文 47 篇。从所争论或者研究的内容看，无不与中国民族社会或者中国民族类学术界关心的重大问题直接相关。据此统计，龚永辉说："可见，运用族群概念的学者绝大多数着眼于中国民族社会的实际问题。我国学者围绕族群概念的一切学术活动，或多或少或浓或淡总是具有中国民族概念系统的天然属性。"[1]

于是，在族群和民族概念的使用上也出现了分歧。关于这方面的讨论，黄仲盈的《中国特色民族定义的历史演化》一文有很好的总结可供参考，摘引如下：

1. 主张用"族群"概念取代我国现行的"民族"概念。一些学者认为，族群强调的是文化的因素，从学术的角度上考虑，更加符合国际的研究和我国的实际；民族具有强烈的政治色彩，当今民族主义盛行，从政治战略的角度出发，必须要淡化民族概念的政治化因素，从而避免我国民族问题的政治化。

2. 反对以"族群"概念取代"民族"概念。一些学者认为，现代意义上的民族概念的探索与研究在我国进行了近百年，由最初的"舶来"发展成为后来的"中国化"，在我国具有了深厚的现实基础和历史意义，符合我国多民族国家的团结统一和和谐发展，无论是学术层面、政治层面，还是现实的建设层面，民族一词都已经成为了一种约定俗成的概念，因此，如果用"族群"取代"民族"来统称我国的各民族，在现实中会引起混乱，不利于国家的稳定和我国社会主义政

---

① 龚永辉：《论和谐而有中国特色的民族概念》，《广西民族研究》2005 年第 3 期。

权的巩固。

3. 主张两者可以并行通用，相互补充。一些学者认为，族群作为一个国际学术用语，具有深厚的学术渊源和研究价值，而我国的民族概念也是经历一系列的民族调查和民族研究形成的，特别是新中国成立后的民族识别和少数民族社会历史调查工作，更是为其形成积累了丰厚的历史资料和现实基础。两者在各自的研究领域中具有不同的学术价值，可以取长补短，互为补充。这里，"族群"与"民族"之争的焦点是概念的界定与使用，也就是学术性的识别和国家确认两个层面上的争论。许多学者认为，"族群"侧重于学术层面，而"民族"侧重于政治层面。①

关于族群与民族问题的争论已经有将近 20 年了，也发展到了进行总结和反思的时候。这方面我们主要介绍王东明的《关于"民族"与"族群"概念之争的综述》一文。王东明指出，学界争论的焦点较多如英文"ethnic group"的翻译问题，"族群"概念的适用范围以及在学术对话中用"族群"来指称我国的少数民族是否合适，等等。其主要观点可以归纳为：第一类观点：否定论——反对使用族群概念或认为 ethnic group 指的就是"民族"；第二类观点：折衷论——承认"族群"概念的特定学术价值，但反对"泛族群化"，反对"拿来主义"；第三类观点：支持论——认为族群这一概念更适合于我国民族问题研究实际的观点；第四类观点：反思论——认为"族群"概念的背后是弥漫在全球范围内的西方话语霸权，是一场从一开始就注定不平等的全球对话。王东明对这场讨论的反思是：

1. 虽然关于两个概念的学术之争历十余年而未了，这场学术论战对我国民族学、人类学的发展却起到了巨大的推动作用，虽然其中夹杂着许多无意义的、纯粹的就概念而概念的讨论，但也不乏真知灼见。我们回首过去，就可发现在过去的十几年中，我国民族学的研究

① 黄仲盈：《中国特色民族定义的历史演化》，《广西民族研究》2006 年第 4 期。

视角、研究方法已取得了长足的进步，民族理论架构得到了进一步充实与发展，因此这种学术探讨十分有意义。

2. 在学习、借鉴西方先进的学术理论、研究方法时，应侧重对其理论背景、发展源流及其内在含义进行剖析，而不能简单地采取"拿来主义"的方式；另外，借鉴的目的是为了更好地完善发展我们的学科理论体系，而不是仅仅为了否定；同时，也应注意，学术沟通应该是双向的。

3. 学术从来不是与其他领域毫无关联的自闭系统，学术争论总会以这样或那样的方式发展成为学术思潮，甚至演变成为一种社会思潮，进而去影响现实，这是理论与实践的互动规律。同样，"民族"与"族群"的概念之争尽管目前还仅停留在学术层面，但最终影响或冲击社会现实势之必然。因此，我们对此必须加以重视……①

族群概念的介入，丰富和推进了民族定义的研究，也丰富活跃了民族史研究。在实际的民族问题研究中，使用族群概念可能更灵活更方便，更有利于民族文化多样性的研究。因为，族群概念的外延比起民族概念来说，更广阔更宽泛，它既具有某种民族的属性，可以在特定情况下指称某一民族；又在更多的场合，指称民族内部某一具有较小范围的有共同文化认同的族系或支系。因此，族群概念的引入，可以在研究大民族内部丰富的文化支系、文化的多样性方面大有作为。反对使用族群概念的人，多是担心它对民族概念的取代，担心它冲击民族概念的科学性和严肃性，这种顾虑是多余的。两种概念完全可以并行不悖，互相补充。民族研究提升族群研究的宏观性、归属性；族群研究可以丰富民族研究的多样性，把民族研究推向更具体深入的地步，更深入地挖掘民族文化的具体内涵，两者相得益彰。族群研究的介入，对传统的民族研究将起到深化和推进的作用。于是可以说，20 世纪 90 年代以来的族群概念研究，是民族定义研究史上一个值得肯定的有重要意义的文化现象。

---

① 王东明：《关于"民族"与"族群"概念之争的综述》，《广西民族学院学报》2005 年第 2 期。

3. "民族"的重新定义

经过了 40 年的曲折探索，中国学者终于获得了独立思考的权力和能力，他们要尝试着通过自己的思考来给"民族"做出定义了。学术本该如此，但对于中国学人来说，独立思考的权力来得却如此不易。所以，重新定义民族，用自己的思想和语言解释"民族"，是 20 世纪 90 年代以来民族定义研究的新起点，是一个重大的颇具意义的开端。

纳日碧力戈说，民族是在特定历史的人文和地理条件下形成，以共同的血统意识和先祖意识为基础，以共同的语言、风俗或其他精神和物质要素组成系统特征的人们共同体。① 五年之后，他又把民族定义为："民族是在家族符号结构和家族符号资本的基础上形成的超族群政治—文化体。"② 杨庆镇说，民族是人类发展到智人阶段，由于生活地域、自然环境、社会环境的差异而产生的，具有不同人种特点或有相同人种特点、文化传统与心理特点、语言特点、生产方式特点、生活方式特点、风俗习惯特点的，稳定发展的或急剧变化的、正在同化或者异化过程中发展或消亡的人类群体。③ 何叔涛认为，民族是从文化的角度来区分的人们共同体，同时又是具有凝聚力的利益集团。最初的民族是在原始社会氏族部落崩溃的基础上形成，但却丧失了氏族部落制度的社会职能。随着社会的发展，在原有民族分化瓦解重新聚合的情况下，不断有新的民族产生和发展。只有到共产主义的高级阶段，民族才能通过融合走向消亡。构成民族的要素和进行民族识别的标志，是共同的历史渊源和语言文化，一定程度的经济联系性和大致相同的经济模式，以及建立在共同体经济文化生活基础上并受到族际关系所制约而强调共同起源、反映共同利益的民族感情和自我意识。④ 金炳镐提出，民族是历史上形成的具有三维基本属性、四个基本特征和基本结构、基本素质的客观实体，作为一种历史现象、社会现象和种的繁衍现象，它有自然属性（表现为与其他人们共同体的自然分界特征）、社会属

---

① 纳日碧力戈：《民族与民族概念辨证》，《民族研究》1990 年第 5 期。
② 纳日碧力戈：《民族与民族概念再辨证》，《民族研究》1995 年第 3 期。
③ 杨庆镇：《民族的概念和定义》，《民族研究》1990 年第 6 期。
④ 何叔涛：《略论民族定义及民族共同体的性质》，《民族研究》1993 年第 1 期。

性（民族与社会紧密相连，即民族的社会、社会的民族）、人种属性（部分纯种族共同体，但也带有生物基因遗传上的特点）等多维属性，是与这些属性相对应的民族自然体、社会体、人种体的统一。[①] 龚永辉从满足国家语境、民间习惯、历史传统三个条件的角度表述民族概念：民族是人们在社会复杂作用下通过历史渊源或现实利益等多元认同而形成的有特定的族称和相应的文化模式的自组织系统。[②]

这些意见，加上 20 世纪 80 年代人们修正斯大林定义而补充的民族要素内容，中国学界关于民族定义提供的新思想，已经比较丰富了。在广大学者研究的基础上，2005 年 5 月，在中央民族工作会议上，党中央和国务院对民族概念做出了新的阐释："民族是在一定的历史发展阶段形成的稳定的人们共同体。一般来说，民族在历史渊源、生产方式、语言、文化、风俗习惯以及心理认同等方面具有共同特征。有的民族在形成和发展过程中，宗教起着重要作用。"[③]

黄仲盈评论这一阐释具有以下特点和意义：

> 一是在结构表述上，与斯大林的民族定义截然不同。斯大林的民族定义要求"四要素统一"，缺一不可，是一个封闭的系统。相比之下，此次民族定义的阐释是一个开放的系统，只是强调了民族是历史发展的产物，具有相对的稳定性，作为一种社会现象，又具有复杂性，不强调要素的统一，只强调特质的相似，这就为今后的民族研究和民族工作提供了更加广泛的空间和领域。
>
> 二是强调了我国对民族概念的话语权。党中央和国务院首次公开对民族概念进行阐释，充分表明了我国一直坚持的实事求是的原则……坚持对民族概念的话语权，在学术层面上，有力地促进了具有中国特色的民族理论体系的发展和完善，在政治层面上，也有利于民

① 金炳镐：《民族理论通论》，中央民族大学出版社，1994，第 78～80 页。转引自黄仲盈《中国特色民族定义的历史演化》，《广西民族研究》2006 年第 4 期。
② 龚永辉：《论和谐而有中国特色的民族概念》，《广西民族研究》2005 年第 3 期。
③ 参见本书编写组《中央民族工作会议精神学习辅导读本》，民族出版社，2005，第 29 页。

族的团结和国家的安全。

三是针对国内国际的情况，突出国家安全的理念，使我国的民族研究和民族工作更具有实际的操作性……党中央和国务院在对民族概念进行阐释时，将历史渊源、生产方式、语言、文化、风俗习惯以及心理认同等因素加以强调，就是为了说明长期以来，中华民族是"多元一体"的格局，各民族荣辱共存，休戚与共。

四是更加注重于当前的国际形势。目前，国际形势变化莫测，政治格局动荡不安，民族纷争不断，这和一些大国推行霸权政策、进行经济文化资源掠夺有关，与地区经济发展差距拉大等有关，有时宗教因素也在其中起到重要作用。一直以来，党中央和国务院就强调"宗教无小事"，所以，将宗教的因素在民族定义中加以强调，是为了说明在民族研究与民族工作的过程中，不能忽视宗教的影响和作用。①

金炳镐评论说，六要素理论，表现出几个方面的独特性：（1）与针对资本主义上升时期形成的资本主义民族或现代民族的马克思主义民族定义的四特征理论相比，视野更加宽阔，更侧重于人类社会发展中从部落发展而来的民族，可涵盖现今的绝大多数民族。（2）与中国传统文化中强调血统、宗教等要素的民族定义相比，更加注重民族的地缘条件、生产方式、文化等诸要素，更加合理地确认族源和宗教的作用。（3）与国外民族理论中强调文化、心理等要素的民族定义相比，更加注重历史渊源（地缘、族源）、生产方式，更加合理地确认诸要素的整体性和诸要素之间的关系。构成民族六要素的理论，具有内容宽泛丰富，涵盖面广，适用性大；表述通俗，易于理解，便于运用；归纳科学，符合实际，简明扼要等特点。②

龚永辉说，中共中央、国务院联名概括的民族概念，与斯大林民族定义之间有本质差异。这种表述既有效行使民族概念的中国话语权，又充分显示了马克思主义民族理论的科学性。斯大林民族定义基本上是建构在工

---

① 黄仲盈：《中国特色民族定义的历史演化》，《广西民族研究》2006 年第 4 期。
② 金炳镐：《"民族"新证》，《西南民族大学学报》2007 年第 1 期。

业时代的机械主义框架之中的。我们在相信这个定义大体正确的前提下使用了几十年，习惯了定义的简洁、明了以及它的线性逻辑。思维定势或许让人难于辞旧迎新"，但事实上，民族和一切社会现象乃至自然现象一样具有复杂性。在多元素、多层次、多变量、多方向、多规则的复杂世界，往往比貌似简洁、明快却有许多"例外"的定义更切合实际。①

以中共中央、国务院公布的民族问题理论政策的面貌出现的民族定义，从形式上说是一个政治化的意识形态化的产物，但却是一个富有学术属性的概念表述，这是一个学术涌向政治、政治以学术为前导的极好典型。因为，党中央的这个民族概念表述，完全是以多少年来特别是改革开放以来民族概念研究的成果为基础的，是学术智慧的一个总结。这个概念中的每一个要素，都被学者们充分地讨论过，论证过。说它是"带有一定混沌、模糊性质的客观陈述"，其实并不确切，与其说此概念中"一定的历史阶段"、"一般来说"、"等方面"、"有的民族"等提法是模糊表达，倒不如说它是真正的学术用语，它为民族概念的进一步研究预留了广阔的空间；而特别值得赞许的是，这个概念表述，是政治介入学术性事务时，第一次放弃了表述者的身份尊严。它作为一个政治理论性产物，对有关的民族问题处理带有神圣的政治尊严，而在和学术接轨时，又因具有学术属性而显得朴实和亲切。这个民族概念，体现了我们这个时代的特性，是中国社会进步的表现。

五　60 年民族概念学术史的内在线索

回首这 60 年民族定义研究的学术史，它走出了一条什么样的发展轨迹，而这样的学术史道路会给我们以哪些启迪？

新中国成立 60 年来的民族定义学术史，是围绕着斯大林的民族定义展开的。对于以学术为职业的自由思想者来说，60 年围绕着一个人打转，数

---

① 龚永辉：《民族概念：话语权与学理性——中央"12 条"与马克思主义民族理论中国化研究之一》，《广西社会主义学院学报》2006 年第 1 期。

以百计的学者被一个人牵着走，无疑是中国学术界的耻辱，然而事实就是如此。这是我们无法回避也不应该回避的问题。

新中国成立之初，我们确立以马克思主义为国家政治生活、经济生活和精神生活等一切领域的指导思想，树立了马克思主义理论的绝对权威，而斯大林又赫然列入马恩列斯毛五大革命导师之中；再加上斯大林是活着的马克思主义经典作家的代表，又有中国在国际关系中"一边倒"的政治选择，这一切都决定了在民族理论研究中，将斯大林民族定义奉为金科玉律的必然性选择，并由此奠定了该研究领域此后发展的宿命式道路，即民族定义研究一开始就决定了不能不和斯大林打交道、并被他死死困住的必然性归宿。

如果斯大林的定义具有较强的科学性和真理性，这条道路还未必那么曲折；但使中国学者一时还无法认识的是，斯大林的民族定义从其产生就由于其强烈的政治倾向而太过固执和偏执，这一点决定了它的具体运用，必然要和民族历史的实际处处冲突。从学术发展的正常性出发，当理论与实际相冲突的时候，也就是理论本身面临了发展的机遇，然而，政治的和意识形态的强大，关闭了这种理论发展的可能性。新中国成立之初的民族识别实践所可能引发的民族定义讨论，就是这样被扼杀了。无论斯大林定义与中国民族的历史和实际多么的不相符合，我们也不能对之提出质疑，只能选择绕开理论走的犬儒主义。

20 世纪 60 年代的"民族"译名讨论，实际上是摆脱斯大林定义的一种尝试。老实说，从当时的情况出发，译名讨论的确是一个巧妙地选择，既然斯大林定义本身不容置疑，那我们就来讨论一个属于我们自己的问题：斯大林没有错，我们自己译错了，这当然就可以轻易地避开原来意义上的斯大林定义。思维的逻辑就是如此，而表现出来的却是一个冠冕堂皇的学术真伪问题。而这种把问题引向自身而不是面对理论本身的做法，至多是为解决实践中的问题找到出路，而无法把理论的研究向前推进。译名讨论的结果，一方面的确使人们可以讨论资本主义以前的民族问题，不再把民族是资本主义时代的产物的结论看作圣典；而另一方面，却也再次宣告斯大林这样的理论权威是不能违背的，权威依然是权威！20 世纪 60 年代以前的中国学术界也只能如此！

本来，当 20 世纪五六十年代之际中苏关系出现问题，中国改变了"一边倒"的国际政治策略的时候，质疑和改造与中国民族历史实际严重冲突的斯大林定义是完全可能的，而不幸的是，赫鲁晓夫大反斯大林使中共再次举起捍卫斯大林的旗帜，于是质疑和改造斯大林民族定义的机遇再次丧失。政治再次显示出对学术的影响和干预！应该说，对于学术理论的发展来说，实践的推动力是无比强大的，正常的学术发展道路无不如此。然而，20 世纪五六十年代是个不正常的年代，中国的学术又是没有独立性的非正常学术，于是，当民族工作和民族研究的实践一再向理论发起冲击的时候，理论则由于有政治做后盾，一再显示出凛然不可侵犯的尊严。如果学术没有宽松、自由的环境，如果学者没有独立思考的自由和权力，学术的任何进步都无从谈起。

20 世纪五六十年代的学术实践证明，不跳出斯大林迷信的思维泥淖，民族定义研究就不可能有实质性的进展。

在经过了"实践是检验真理的唯一标准"大讨论之后，20 世纪 80 年代的民族定义研究应该开创一个全新的局面，然而，事实是比较令人遗憾的，该时期的民族定义讨论，仍然是围绕着斯大林定义进行的。虽然也有稀疏的希望摆脱或废弃斯大林定义的声音，但整个局面，则依然是以斯大林定义为中心，并且多无突破。大部分人的观点是仅仅满足于些微的改造，在斯大林的定义框架中增加一两个要素；甚至全盘坚持者有之，完全采取一种无分析的态度。所以，20 世纪 80 年代民族定义研究的基本格调是，斯大林定义的科学性不容怀疑，所要做的仅仅是局部的修正。即便是对斯大林的批判，也没有在认识论和方法论上实现突破，没有能够转换思维的角度。所以如此，大概是有几方面的原因：一是学术思想的惰性因素，一些人总是要在过去的认识中延续自己的思想，这也属正常；二是粉碎"四人帮"之后，一些人将学术的义愤都洒向四人帮身上，在获得了一定的自由之后，急急忙忙重操旧业，走上过去的学术征途，来不及对过去依赖的理论本身进行思考。对"四人帮"的义愤，正本清源的需要，也召唤着向斯大林回归；三是该时期中国史学理论界的历史认识论研究才刚刚兴起，历史认识论研究的成果还没有传导到具体的研究领域，民族史或民族理论研究中还缺乏认识论自觉，人们还不能发起对大林民族定义形成的知识论批判，无法去判断这一认识的根本属性，所以，只能简单地将所谓的四个特征和民族历史的实际作对照，于是只能面对四个特征做些加法或减法的工作，而这已经是思想解放的成果了。

当然，20世纪80年代也是一个进步的年代，斯大林定义的神圣性已经开始动摇，能对其进行加减法的运算，对其说三道四，就已经是思想解放的表现了。只不过是这种解放的力度和深度都还有待于更大的进展。我们民族定义研究的方向，应该是面对民族历史的实际，而不是斯大林或什么人说过什么；他们说过什么，可能也可以和我们并不相干。

20世纪90年代以来，中国的民族定义研究才进入了一个真正学术化的阶段。一方面是斯大林定义批判的深度有了进展，延伸到了认识论范畴，开始从斯大林民族定义形成的角度思考问题，从斯大林的主体性分析入手认识其无可避免地局限性，前边已有分析；另一方面，人们开始从各个方面考虑如何摆脱斯大林定义的思维模式，从新的角度认识民族的属性或本质。我们看到的笔墨颇多的"族群"研究，实际上也是摆脱或冲淡斯大林模式的一种努力。一旦"族群"范畴被学界所承认、所认可，民族定义的斯大林模式将被抛弃，"族群"向人们展示的完全是一个外延广阔的开放性义域，它可以涵盖民族而又比民族概念的运用具有高得多的灵活性。尽管根据中国的历史文化传统，族群不可能代替民族，但族群研究毕竟冲击或丰富了人们的认识，对于人们从斯大林模式中摆脱出来，起了催化剂的作用——它极大地丰富了人们对民族类问题的认识，开阔了人们的视野，斯大林民族定义由此不再具有任何威严。

20世纪90年代以来的最大进步，是学者开始了真正的独立思考，开始对民族问题做出自己个性化的解释，由此才有了真正意义上的学术研究，而不再是进行毫无意义的鹦鹉学舌。这是民族定义研究真正的向学术化的复归。学术永远是创新的、变化的，如果日复一日、年复一年，整个学术界都在重复一种声音，哪里还谈得上学术？如果一定要叫作学术的话，它也只能是"经学"。正是有了个性化研究，学术思想才变得丰富起来，才可能有真知灼见的涌现，才可能有对客观事物的无比多样性的描述，也才可能最大限度地挖掘认识对象的最深刻的本质。2005 年由中共中央、国务院所做出的对"民族"定义的政治性表述，所以能迅速被学界广泛认同，实际上就是因为它建立在学术界丰富多彩的研究的基础上。这个政治性表述，实际上是对学术见解的总结或归纳，凭借着深厚学术基础。20 世纪 90 年代摆脱斯大林定义之后的民族定义研究，终于由这个新的权威性定义的公布而结出硕果。它来之不易，是六十年间民族定义研究曲折发展的最终成果。

从斯大林民族定义的思想垄断开始，中经民族工作实践和研究实践与斯大林定义的一次次碰撞，再从思想解放导致的人们一步步摆脱斯大林定义的束缚和垄断，以艰苦的探索对斯大林定义进行批判和否定，到最后彻底抛弃斯大林模式而做出新的判断，这就是 60 年民族定义研究的基本线索。

在将要结束本文的时候，笔者想声明一点：本文的主旨不是斯大林批判，不管他需要不需要批判；我们要做的是立足于中国学术的自我批判。所谓斯大林的束缚云云，不是斯大林所给予我们的束缚，是我们自己的自我束缚。在总结 60 年学术史的时候，要向自己追问，我们为什么会走出这样一条学术史道路？一个和中国毫不相干的人，为什么会主宰了他身后几十年的中国的学术？这条学术史道路的形成，有哪些历史的、现实的、政治的、文化的原因可以总结？我们今后的学术研究，应该如何避免重蹈这样的覆辙？这些都是在做学术总结时应该认真思考的问题。民族定义研究 60 年走过的道路不是孤立的，同时期的其他社会科学研究也大抵如此，只是民族定义研究似乎更为典型一些，更具有中国学术缩影的意义，也因此更具有总结的价值。

说明：本文原是《民族历史与现代观念——中国古代民族问题研究》（河南大学出版社 2010 年 4 月出版）书稿中的一章，曾在《民族研究》2009 年第 5 期先期发表。由于期刊篇幅有限，发表时有严重删节，此次收入本书恢复了原稿面貌，字数比《民族研究》刊用稿多出一倍，而文章结构和基本观点没有变化。

改革开放以来的史学方法论研究

改革开放 30 年来，中国大陆史学界的史学方法论研究，取得了重大进展。这期间，既有丰硕的成果可以引为自豪，也有波澜壮阔的场面可以回味；既有经验可以总结发扬，也有教训可以引以为戒。总结这 30 年的史学方法论研究，对新世纪史学的健康发展，无疑具有极为重要的意义。笔者不揣浅陋，对 30 年来史学方法论研究的历史，做整体而粗疏的考察，不当之处，希望得到学界同仁的指正。

一 八十年代史学方法论研究热情的空前高涨

20 世纪 80 年代，是中国大陆史学方法论研究激动人心的年代。这个时代对于史学方法论的极端重视，源于对"文化大革命"的沉痛反思。人们在总结"文化大革命"中"四人帮"践踏史学，将历史科学变成"阴谋史学"、"影射史学"的历史教训的时候，逐渐开始在三个方向上思考问题。一是我们长期以来所奉行的唯物史观，有没有重新检讨的必要；二是在以唯物史观为指导的同时，是否应提出建立历史学科自身的方法论体系；三是在唯物史观为我们提供的研究方法之外，是否还需要探讨新的方法论途径。在这三条思维路径上，人们很快有了统一的肯定性的认识，并由此推动史学方法论研究步入了一个新的发展阶段。本着以上思考，从改革开放之初到 80 年代末，史学方法论研究循着四条线索得到了发展。这四条线索是：与唯物史观相关的史学方法论研究；多学科方法引入历史研究；近代实证方法的重新评价；西方现代史学方法的借鉴和引进。

（一） 与唯物史观相关的史学方法论研究

与唯物史观相关的方法论研究，是伴随着理论界的拨乱反正进行的。从"文革"前开始，史学界就一直存在一个顽固的偏见：唯物史观是历史学最高的也是唯一的方法论原则，而阶级分析方法则是唯物史观为历史科学所指出的唯一的方法论途径，如果在唯物史观和阶级分析之外再来探讨历史科学的方法论问题，就是对唯物史观的摆脱或背离。"文革"过后，这一传统的方法论思想首先受到了质疑。

人们首先判定唯物史观是一切社会科学的方法论原则，而历史科学作为一门具体的实证性学科，还应该有属于本学科的特殊的方法论体系。这是仅仅依靠逻辑推理就可以弄清楚的问题，只要有了比较宽松的政治环境，允许人们按照事物的本来逻辑去思考问题，这个问题并不难解决。于是，在唯物史观之外还应该进行独立的方法论研究的问题，也就没有费太多的笔墨。在与唯物史观相关的方法论研究方面，人们第一个提出的是关于阶级分析方法的认识，它能不能占据历史科学方法论体系的核心地位。

首先在这个问题上发表意见的是陈高华和李祖德先生。他们指出，应当全面地理解史学方法论，不能说阐明阶级社会的任何历史问题，唯一的方法只能是阶级分析。[①] 他石、孔立也认为，阶级分析方法有一定的适用范围。即使在它的适用范围内，也不是唯一的研究方法。马克思主义史学方法是由多种方法组成的方法论系统。[②] 稍后李祖德又撰文指出，阶级分析法是根据阶级和阶级斗争的理论来研究和分析阶级社会历史现象的一种

---

① 陈高华、李祖德：《加强史学理论、历史学方法论的研究》，《光明日报》1985 年 2 月 6 日。

② 他石：《阶级分析不是唯一的历史研究方法》，《世界历史》1985 年第 1 期；孔立：《历史现象的阶级分析》，《福建论坛》1985 年第 5 期。

科学的方法，但任何一种史学方法，都有它一定的适用范围，并是在一定的条件或前提下进行的。作为体现马克思主义阶级斗争理论的阶级分析法，也同样不能摆脱条件或前提的约束，也存在着一定的局限性。① 蒋大椿也认为，阶级分析是文明历史研究的科学方法之一，但不是历史研究的唯一科学方法。在非阶级社会中，阶级分析就无法运用；在阶级存在的历史时期内，也并非一切现象都具有阶级性；就是与阶级斗争相关的历史现象，如果不从更广泛的范围内，结合各种社会的、文化的、心理的以至自然的条件去进行具体分析，也很难对历史事实得出符合其本来面目的科学结论。② 王学典发表在《史学理论》杂志1988年第2期上的《再论阶级观点》一文，更是从根本上动摇了阶级分析方法的神圣地位。显然，这些讨论都是带有拨乱反正和正本清源的性质，重要的目的是破而不是立。当然，随着讨论的深入，关于阶级分析方法内涵的探讨也随之展开。在有关唯物史观方法论问题的研究中，关于阶级分析方法的研究，首先得到了一致性解决。

"文化大革命"后第一阶段的史学方法论研究，存在一个旧话重提的问题。20世纪60年的史学界曾经有过一场历史主义与阶级观点的大讨论，后来由于不正常的政治气候未能进行下去。现在，在阶级观点失去了昔日的灵光之后，历史主义研究就获得了解放，人们就再也不需要去纠缠强加于它的那种与阶级观点说不清的关系，而可以对之作纯科学的探讨了。在这个问题上发表文章的相继有张芝联、许永璋、蒋大椿、戚其章、谢本书等人。人们对马克思主义历史主义重新解释，并特别强调它对于历史科学研究的方法论意义。但是，令人遗憾的是，60年代关于历史主义与阶级观点论战中的那种豪气和激情不再重现，讨论未能形成集中的热点。

关于唯物史观方法的正面探讨，也有一些成果。最突出的是前引蒋大椿的《马克思恩格斯著作中所见之历史研究方法》一文，提出了八条马克

① 李祖德：《论历史研究中的阶级分析法》，载《历史研究方法论集》，河南人民出版社，1987。
② 蒋大椿：《马克思恩格斯著作中所见之历史研究方法》，载《历史研究方法论集》。

思主义著作中提供的史学研究方法：（一）社会历史研究必须从最顽强的事实出发；（二）假说是科学发展的形式；（三）在社会历史诸因素的相互作用中，归根到底用社会存在揭示社会意识的科学途径；（四）立足于研究对象整体，"系统地研究问题"；（五）用历史的观点考察问题；（六）逆向考察法；（七）历史比较法；（八）阶级分析方法。这是至今为止，对马克思主义史学方法论系统的唯一全面的考察。稍后，笔者在拙著《历史学的理论与方法》中，将唯物史观为历史研究提供的方法论原则归结为三条：（一）承认历史过程的客观实在性，一切研究都仅仅从客观历史事实出发；（二）归根到底用社会存在去说明社会意识；（三）把人类历史作为一个以生产发展为基础，各种历史因素相互作用形成的统一的有规律的过程去研究。①

（二）多学科方法引入历史研究

多学科方法引入历史研究，是 20 世纪 80 年代史学方法论研究的最大亮点，而其中尤以系统方法的引入，引起的反响最大。系统方法的引入，是从 80 年代初金观涛和刘青峰发表《中国历史上封建社会的结构：一个超稳定系统》② 一文开始的。他们根据系统论、控制论原理，抓住中国封建社会停滞性和周期性这两个基本事实，从分析中国封建社会中经济结构、政治结构、文化结构三个子系统之间相互作用的方式和机制着手，提出了中国封建社会的结构——一个超稳定系统的模型。他们的研究结论，在学术的意义上说似乎不具有太大的价值，然而在方法论上却带给学界太多的期许。他们写道："历史研究的困难常常在于：对于一些重大历史现象，我们不难从经济上、政治上、意识形态上分别找出许许多多原因来。但这些原因常常互为因果，使得找终极原因的方法变得无能为力……它需要我们在方法论上有所建树，需要我们从经济、政治、意识形态方面分别

① 李振宏：《历史学的理论与方法》，河南大学出版社，1989，第 147 ~ 151 页。
② 《贵阳师院学报》1980 年第 1 期。此后，金观涛、刘青峰又把他们的论文扩展为两本专著：金观涛著《在历史的表象背后》，四川人民出版社，1983；金观涛、刘青峰著《兴盛与危机——论中国封建社会的超稳定结构》，湖南人民出版社，1984。

寻找终极原因的传统方法中摆脱出来，而从三者相互作用相互关联的角度、也即从社会结构的特点来理解历史的进展，这就是我们研究的独特之处。"在当时中国的政治文化土壤上，这篇文章在史学界引起震动是可以想象的。在第二年的《贵阳师院学报》上就有人撰文指出："《超稳定》一文正是认为恩格斯一再阐述的唯物史观的根本方法——寻找历史过程'终极原因'的'传统方法''变得无能为力'了……而作者的'独特之处'就是用'现代科学的崭新思想和有力方法'，尤其是用控制论的理论'来摆脱'历史唯物主义的'传统方法'。这完全是把历史唯物主义的基本方法和自然科学对立起来。"所幸的是，对金观涛、刘青峰的带有政治色彩的批评没有得到普遍认同，人们还是把它作为一个学术性的方法论问题，展开了讨论。就这样，1986 年和 1988 年的史学理论年会，都是以自然科学方法引入历史研究为主题，方法论研究成了史学理论研究的中心话题。面对新方法的大举进入，传统的唯物史观方法论面临了严重的挑战。于是，反对者有之，赞成者有之，分析其利弊者有之，这三者的合力，促成了史学方法论研究的空前高涨。

从讨论的情况看，完全反对在历史研究中引入系统方法的人为数极少，问题只在于如何引入，如何辩证地看待系统科学方法的方法论效应。蒋大椿撰文考察自然科学发展对唯物史观形成所产生的影响，并从中总结出马克思、恩格斯的历史经验：（1）社会历史研究应当而且可以吸取自然科学发展的成果；（2）不赞成将自然科学理论直接用于社会历史领域，主张对自然科学理论成果进行哲学概括，从个别、特殊上升到一般，再用这些抽象出来的一般原理，运用于社会历史研究的实践中；（3）自然界和人类社会的实际条件不同，不能用自然科学领域的规律来抹杀社会历史领域的特有规律。[①] 庞卓恒撰文指出，自然科学和社会历史科学都是研究客观事物及其规律性的，这本身就决定了社会历史科学引入一般自然科学方法的可能性和必要性。但应注意，社会历史科学的研究对象是人们的实践活动……系统论和一般自然科学方法在引进到历史科学领域的时候，必须经

---

① 蒋大椿：《自然科学的发展与历史唯物主义的形成》，《历史研究》1986 年第 2 期。

过哲学的提炼和升华，而不能直接袭用。① 刘修明认为，史学方法论的引进要慎重。自然科学的方法论和社会科学的方法论有质的区别，它不可能代替对人的作用、阶级斗争和偶然因素的分析。② 笔者也曾撰文指出，当把控制论方法应用到人类社会历史的研究时，不能超越人类社会历史的基本特点。控制论方法的特性是只重视系统的行为而不重视行为的原因，但这并不说明系统的行为没有原因。现代科学方法引入历史研究时，要摆在一个适当的位置上。它只能作为史学方法论中的具体方法、手段，而不能取代唯物史观占据史学方法论的最高层次。③

系统方法的引入造成了盛况空前的方法论研究热潮，带动了学界其他学科方法的探讨。人们关注较多的多学科方法，还有历史比较研究法、数学方法、心理学方法等等。在多学科方法引入历史研究的探讨中，用力较多的，如探讨历史比较研究法的有丁伟志、范达人、朱寰、孟庆顺、远方、庞卓恒等；探讨数学方法的有霍俊江、项观奇、石潭、续建宜、黄德兴等；探讨心理学方法的有彭卫、邹兆辰等。

（三）近代实证方法的重新评价

对以胡适、傅斯年、顾颉刚、王国维、陈寅恪等近代实证学派及其所倡导的科学史学、实证方法重新评价，构成 20 世纪 80 年代史学方法论研究又一亮点。20 世纪 50 年代批判胡适时，以胡适为代表的实证主义史学方法论思想也遭到了批判与否定。在拨乱反正的时代，人们终于可以平心静气地坐下来对他们的学术思想进行较为公正的评价了。赵俪生率先对胡适的历史考证方法进行重新评判。他说，"小心求证"这句话没有错，"大胆假设"这句话原则上也没有错。不大胆，怎么能出创造性的成果？但结合胡适的具体的世界观和立场，这"大胆"二字就容易出毛病了。他分析了胡适的五个具体研究实例之后说，这个"大胆假设，小心求证"的方法

---

① 庞卓恒：《社会历史科学引进自然科学的客观必然性和现实可能性》，《系统论与历史科学》，中州古籍出版社，1987。
② 刘修明：《史学方法论的"引进"要慎重》，《光明日报》1982 年 12 月 15 日。
③ 李振宏：《"终极原因"与"相互作用"》，《历史研究》1986 年第 3 期。

有时灵，有时不灵，这是什么缘故呢？这说明，一个人的哲学世界观对他
的研究起着决定的作用。在形式逻辑范畴内的排比、对照、校正、考求，
都是些普通意义范围内的工作，但在更多的情况下，它要受世界观、观
点、立场的制约。① 耿云志说，胡适关于假设与求证的说法，揭示了科学
研究中一部分必要的思维过程。在他之前，我国学术史上还没有人明白地
说过这一点。其次，胡适提倡这一方法，在实质上鼓吹了探讨的精神。第
三，这一方法明显地包含了反对武断的态度，体现了一种"尊重事实，尊
重证据"的精神。第四，胡适还曾提出了证据的条件问题。这是做学问应
有的谨慎态度。另一方面，胡适的治学方法存在着严重的缺点。第一，它
忽视了提出假设的前提条件；第二，把小心的求证简单地归结为寻求例
证；第三，最重要的是，"大胆的假设，小心的求证"，决不能概括整个的
治学方法。② 除了重评胡适之外，对以顾颉刚为代表的古史辨派的方法论
思想，以傅斯年为代表的科学史学派的方法论思想，王国维古史新证的二
重证据法，陈寅恪的以事证为主和以诗文证史的方法等，学术界都有了新
的评价。这个重评近代实证主义方法的思潮，反映着这一时期史学方法论
研究的一个带倾向性的问题。而且，对于实证史学方法论的研究，一直延
续到 20 世纪 90 年代以后，并且呼应着该时期国学研究的渐趋升温，不断
出现新的高潮。

（四）西方现代史学方法的借鉴和引进

借鉴和引进西方近现代史学方法，是 20 世纪 80 年代史学方法论研究
进程中的另一条线索，也是改革开放在学术方面的体现或反映。在这方
面，张芝联的《资产阶级历史主义的形成及其特征》（《世界历史》1979
年第 1 期）一文开了先河，其后朱本源的《近两个世纪以来西方史学发展
的两大趋势》（《世界历史》1986 年第 10 期）、朱孝远的《西方现代史学
流派的特征与方法》（《历史研究》1987 年第 2 期）、张广智的《处于变革

① 赵俪生：《胡适历史考证方法的分析》，《学术月刊》1979 年第 11 期。
② 耿云志：《评胡适的历史学成就及其理论和方法》，《历史研究》1983 年第 4 期。

中的当代西方史学》（《复旦学报》1989 年第 6 期）等论文，都在当时的史学界产生了较大影响。总括这一时期关于西方史学方法论的介绍或研究，主要集中在三个方面。一是关于兰克史学，王晴佳的《简论兰克与兰克史学》（《历史研究》1986 年第 4 期）、张广智的《试论兰克对近代西方史学的贡献》（《历史教学》1986 年第 10 期）、许洁明的《略论兰克客观主义史学的观点和方法》（《史学史研究》1986 年第 3 期）等可为代表。二是关于法国年鉴学派的介绍和研究，主要的代表性论文有：李幼蒸的《法国当代的历史思想》（《世界历史》1980 年第 5 期）、姚蒙的《法国当代史学主流的内涵与变迁》、①《法国当代史学主流及其演进》（《世界历史》1986 年第 5、6 期），张芝联的《费尔南·布罗代尔的史学方法》（《历史研究》1986 年第 2 期）等。三是关于马克斯·韦伯的跨学科方法的介绍和研究，主要的论文有：丁学良的《韦伯的世界文明比较研究导论》（《中国社会科学》1987 年第 1 期）、肖朗的《韦伯的社会历史科学方法论初探》（《史学理论》1988 年第 2 期）、林璧属的《马克斯·韦伯历史方法论批评》（《史学理论》1988 年第 2 期）、郭方的《马克斯·韦伯的社会、历史学理论与方法论》（《社会科学》1986 年第 6 期）、李小方的《试论马克斯·韦伯的社会科学方法论》（《文史哲》1988 年第 1 期）、张广智的《"理想类型"：马克斯·韦伯的方法论》②等。以上这些对西方近现代史学方法的介绍和研究，极大地开阔了中国历史学家的视野，对本土史学的方法论建设起到了巨大的推动作用。

80 年代史学方法论研究中，人们关注较多的还有一个史学方法论学科体系的建设问题，限于篇幅，不再论及。

80 年代是近代以来史学方法论研究空前高涨的时期，也是思想最为活跃的时期，不论研究的深度，还是涉猎的广度，都是其他时代所无法比拟的。然而，这一时期也存在一些值得认真反思的问题，在那个被激情所左

---

① 载雅克·勒高夫等主编《史学研究的新问题新方法新对象》中译本序言，社会科学文献出版社，1988。
② 载上海世界史学会编《世界史论文集》，复旦大学出版社，1990。

右的时代，人们难免以充溢的激情代替科学的思考。特别是在引入多学科方法和介绍西方史学方面，一味地忙于求新，忙于引进，甚至来不及消化，来不及思考，恨不得把在西方话语系统中看到的一切，都一股脑儿地倾泻到中国史坛。这样的史学氛围，使那些在传统思维中习惯了的人们，难免有一种头晕目眩的感觉，理解尚难，遑论接受！于是 20 世纪 80 年代的史学方法论研究，除了在史学理论界留下了思想的足迹之外，并没有引导中国史学产生一个实质性的改变。但那毕竟是一个辉煌的时代，是一个令人心向神往的时代，就连它的诸多不足，也都成了今人思考和总结的财富。

二 九十年代以来史学方法论研究的沉寂与转向

在经过了 20 世纪 80 年代末的政治变故之后，学术风气也发生了较大改变，过去曾经讨论火热的问题，人们一下子失去了兴趣，整个史学理论研究突然冷却下来。1999 年笔者再版《历史学的理论与方法》一书的时候，曾检索 1989 年以后十年间史学理论研究的成果，感到十分苍凉，于是在该书的《修订版跋》中写下了这样一段话："十年来，史学研究特别是史学理论研究，确实没有什么长足的进步，没有什么大的发展，没有提出过激动人心的课题，没有过激烈的交锋和讨论，没有多少值得我们从事这项研究的人引为自豪的东西。80 年代那种火热争鸣、论战的气氛，已成为人们乐于沉浸其中的美好回忆。"这是笔者对 1989 年之后十年史学理论与方法论研究的一个消极评价，却也是一种非常真实的感受。现在细想起来，这十年，史学方法论研究尽管有些沉寂，但也不能说没有进步，可能更恰当的说法是，这个时期的方法论研究，相对于 80 年代来说发生了较大的改变，有了新的转向。谓其沉寂，是反映了 80 年代的学术眼光。

80 年代的史学方法论研究，都是关注宏观层面上的问题。90 年代的人们对这些问题失去兴趣，这一方面有政治上的原因，如关于自然科学方法的引入，被批判为对唯物史观的背离，惹出了政治是非；另一方面，方法论研究本身也存在一些问题（本文后边将具体分析），使得它难以为继。

由于这两方面的原因，方法论研究的沉寂就是不可避免的。然而，史学研究总是要发展的，只要有史学研究实践的发展和深入，就永远有方法论的问题凸显出来。只不过是这些方法论问题与以往的研究相比有了某些转向，有了新的思维向度。也就是说，新的方法论研究，已经不再关心宏观层面的方法论，而把目光投向了具体研究领域的方法论问题。

社会史研究是从 80 年代起就兴起的一个新的史学研究领域，到九十年代后逐渐蕴为大观，异军突起，于是，社会史研究的方法论问题也凸显出来，成为史学方法论研究新的亮点。

尽管新时期以来的社会史研究已有 20 多年的历史，但关于社会史的学科性质，人们还是存有很大的争议，有专史说、通史说、方法说、范式说和交义学科说等等，其中尤以方法说和范式说更加突出了社会史研究的方法论意义。方法说以常宗虎的表述最为明确，他的《社会史浅论》第四部分的标题即是"作为方法的'社会史'"，认为社会史即是一种审视历史的新视角、新态度和新方法。常宗虎提出的社会史方法，主要是全面审视法、跨学科研究法、结构分析法以及新史料、新手段和新技术，"社会史方法具有整体性、全面性和开放性三大特点"。① 范式说以赵世瑜为代表，他认为，社会史不是一门专史，不是历史学的一个分支学科，而是史学研究的一种新的研究范式。他说："到此为止，我们已经试图把社会史与'新史学'，或者与年鉴学派追求的'总体史'划上等号，从而论证社会史绝不仅仅是历史学的一个分支学科，绝不能把社会史当作这样一个分支来理解，而是一个史学新范式，一个取代传统史学的政治史范式的新范式。只有这样，我们才能充分认识倡导社会史研究的意义：它并不只是重新发现一个以往被遗忘了的角落，它是一场革命，它是使史学家的眼界、方法、材料统统发生变化了的一场革命。"② 按照社会史学科性质的方法说和范式说，社会史研究实际上是为传统史学研究提供了一种全新的方法论，

① 常宗虎：《社会史浅论》，《历史研究》1995 年第 1 期。
② 赵世瑜：《社会史的概念》，载周积明、宋德金主编《中国社会史论》上册，湖北教育出版社，2000，第 17 页。

是方法论上的一场革命。

对社会史学科性质持不同看法的学者，也都对社会史研究的方法论问题有所探讨。朱汉国提出，社会史研究要合理地借鉴社会学的理论与方法。他说："在社会史的研究中，在构建社会史的科学研究体系中，运用社会学的知识，借鉴社会学的理论与方法，是必要的，也是不可避免的。但问题是借鉴社会学的理论与方法，一定要适度。要从史学的意义上对社会学的理论和方法进行重新锻造……切忌出现两种倾向：一是滥用社会学的概念与词语；二是用社会学的理论架构来套社会史框架。"① 常建华强调人类学方法对社会史研究的意义。他认为，社会学的理论与方法不是社会史研究的唯一理论基础和方法，"最适合该类研究的方法，则是社会或文化人类学……如果说倡导社会史之初，因为借鉴社会学有利于建立社会史大的研究框架和圈占学术领地，而对其有所强调的话，那么，现在更应该多借鉴以社会学或文化人类学为主的多学科研究方法，才有利于研究的深入"。②

张佩国的《社会史学整合论》是讨论社会史学方法论问题的专题论文。他提出了两点方法论思考：一是要从狭隘的学科意识走向开放的问题意识，二是要彻底抛弃社会四位一体的实体定位，即抛弃传统的从政治、经济、文化、社会四要素去认识社会历史的方法论陷阱，实现对社会历史的整体性研究。他借用年鉴学派第三代史学家的提法，"把一块历史当成一个标本，将其视为洞察整体历史的微型景观，以如此的方法进行全面的研究"。由此，他提出一个历史信息的全息性概念。他说："社会发展具有全方位性，历史本来就是一个社会有机体的系统演化过程，即使是某一社会历史现象或某一历史事件，也都蕴涵了社会整体的信息资源。以文化全息论的方法看，社会历史发展具有全息特征。因此，带有'人为切割'色彩的历史学分支学科，都只能反映历史发展的部分侧面，即使像年鉴学派

---

① 朱汉国：《关于社会史研究的若干问题》，《史学月刊》1998 年第 3 期。
② 常建华：《社会生活的历史学——中国社会史研究新探》，北京师范大学出版社，2004，第 138～139 页。

构建'总体史'的学术努力，也未能全面解释历史发展的内在趋势。社会史学作为一种学理层面而非学科层面的方法论，其意义也就在于分析视角的多维性和全方位性而并不在于与史学各分支学科的研究领域不同。因此，需以高度自觉的辩证思维来把握社会历史发展的全息特征与社会史学的性质之关系。"① 张佩国的方法论观念，无疑是对社会史学方法的一个很好的诠释。

新时期社会史研究的发起人冯尔康、乔志强等人，都对社会史方法论问题有过集中的阐述。乔志强关于方法论问题发表过《中国社会史研究的对象和方法》（《光明日报》1986 年 8 月 13 日）、《社会史研究的方法问题》（《山西大学学报》1990 年第 3 期）、《近代华北农村社会变迁刍论——兼论地域社会史研究的理论与方法》《史学理论研究》1995 年第 2 期）等论文。冯尔康关于社会史研究发表的一系列理论性文章都谈到方法论问题，并在他的著作《中国社会史概论》一书中，专门有两个节目来系统地讨论社会史研究的方法问题。②

周积明、宋德金主编的《中国社会史论》一书，代表着新时期社会史研究的最高成就。它聚集了社会史学界的一批精英学者，分别对中国社会史研究中的一些基本问题进行了深入探讨。该书第一编"社会史的理论和方法"共分六章，篇名及作者依次为赵世瑜《社会史的概念》，乔志强、陈亚平《社会史的研究对象、知识体系及其学科地位》，冯尔康《社会史研究的探索精神与开放的研究领域》，刘志琴《社会文化史的视野》，王先明《马克思主义与社会史理论》，常建华《20 世纪中国社会史研究》等。这是对社会史理论与方法的集中探讨，反映了社会史学界的方法论自觉。

口述史学的发展及相应的口述史学方法探讨，是 90 年代以来史学方法论研究的又一亮点。

口述历史在各民族的史学发展史上，都有悠久的传统，而口述史学作为一门学科或一个学术流派、一种自觉运用的独立的史学研究方法，则是

---

① 张佩国：《社会史学整合论》，《史学月刊》2001 年第 1 期。
② 冯尔康：《中国社会史概论》，高等教育出版社，2004，第 101~109 页。

发源于 20 世纪的美国史学界。①　我国史学界从 80 年代开始介绍引入口述史学，并在 90 年代获得了长足发展，与之相应的是关于口述史学的方法论研究也有了一定的成果。

口述史学从最初引进开始，人们就判定它是研究历史的一种方法。孟庆顺说口述史学"是借助现代化手段，运用人们口头流传的历史资料来研究历史的一种方法"。②　杨雁斌说："从某种意义上讲，口述史学与其说是一门日趋成熟的历史学科，不如说是一种别具一格的治史方法。"③　口述史学本身是当作一种新的史学方法论引入的，而这种史学方法在实践的过程中，又有一些方法论的问题需要探讨和总结，需要探索这种方法如何运用的问题，需要讨论这种"方法的方法"，于是，关于口述史学方法的探讨，就形成了一个新的方法论研究领域。

最初人们只是认为口述史学就是一种简单的调查方法，如杨立文说："口述历史最基本的含义，是相对于文字资料而言，就是收集当事人或知情人的口头资料，它的基本方法就是调查访问，采用口述手记的方式收集资料，经与文字档案核实，整理成为文字稿。"④　但调查访问如何进行，口述资料如何采信，却也需要有一整套方法需要讨论和规范。杨雁斌系统地探讨了这个问题。他认为，口述史学有三种最基本的方法：（1）口述凭证的搜集。在访谈之前，口述史学家往往要根据自己的研究项目和选题，制订出较为详尽的调研计划，以保证口述史料的系统性和完整性。（2）口述史料的整理和利用。第一步是对口述凭证进行分类。第二步是对口述史料进行比较分析。口述史学家为了澄清某一历史事件，必须进行多方面的考证，验证许多当事人所提供的有关口述凭证。与此同时，口述史料的查证工作也必须同文字史料的考证工作结合起来，以保证口述史料的客观性和完整性。（3）口述史料的估价问题及方法。首先，必须保证口述史料的完

① 参见张广智《"把历史交还给人民"——口述史学的复兴及其现代回响》，《学术研究》2003 年第 9 期。
② 孟庆顺：《口碑史学略述》，《国外社会科学》1987 年第 1 期。
③ 杨雁斌：《百年透视》上，《国外社会科学》1998 年第 2 期。
④ 杨立文：《论口述史学在历史学的功用和地位》，《北大史学》第 1 辑，北京大学出版社，1993。

整性。其次，必须对林林总总的口述凭证进行比较分析，以筛选出有价值的口述史料。再者，口述史料的综合分析也是必不可少的。口述史料所反映的内容必须符合当时的经济环境和政治环境等特定的历史条件，也就是说，应当从宏观上来检验口述研究的客观性。[①] 杨雁斌提出的是从口述史料搜集、整理到估价验证的一整套方法，对于口述史学的研究实践来说，既有思想性的方法论意义，又具有很具体的可操作性。

有的学者在研究口述史学家的主体意识和口述史学的主观性、客观性问题时，也提示出了一些方法论问题。如邬情在强调口述史家的主体意识问题时说：在采访过程中，口述史学家具有较大的主动性，主要体现在口述史学家可以根据选题与研究项目，在访谈之前制定出极为详尽的调研计划，包括访谈对象的选择、访谈内容的限定、问题的设计等；口述史学家在访谈过程中还可以根据具体需要而不断变更计划，诸如扩大访谈对象范围、修改问题以获得更多信息；根据具体研究需要还可以对同一受访者或不同受访者围绕同一主题展开多次调研，从各个方面取证；口述史学家有机会向当事者、受访者就他们研究中的存疑之处，进行追踪访谈和反复交叉查证，以此厘清、解决访谈中的前后矛盾记忆有争议之处。与以文献为史料来源的历史学家相比，口述史学家在史料收集过程中，可以有目的地选择受访者、提出有的放矢的问题；在必要时主动引导受访者的回忆，使之朝着有利于采访者的方向展开，通过访谈就可以获得关于某一问题的更多、更完整、更系统的史料。[②] 王艳勤在讨论访谈者的客观性问题时说："口述史的成果并不是口述资料的简单汇编，它是访谈者与口述者共同参与完成的双向互动过程，至于其中所渗透的访谈者的主观意识则是不可避免的，但这并不妨碍口述史的真实性，犹如书写文献资料中史家的主观意识并不威胁史料的客观性一样。"[③] 这些论述，都提示出来一些方法论思想。

以上我们以社会史和口述史学为例，说明了 90 年代以来方法论研究的

---

① 杨雁斌：《口述史学的综合性质及研究方法管窥》，《国外社会科学》1993 年第 8 期。
② 邬情：《口述历史与历史的重建》，《学术月刊》2003 年第 6 期。
③ 王艳勤：《中国的口述史学研究》，《湖北大学学报》2004 年第 5 期。

转向，说明方法论研究深入到了一些具体的研究领域。其实，具体研究领域的方法论研究还有不少，譬如 80 年代以来兴起的文化史研究、现代化研究，由社会史研究拓展出来的区域史研究、历史人类学研究等等，都提出了一些方法论问题。应该说，任何一个较具宏观性的研究领域，都有它的方法论问题需要研究，只有建立了完善的理论方法论体系，才能保证具体历史研究健康规范的发展，才能将研究引向深入。我们期待着史学方法论研究在史学研究的其他领域，也能获得长足的发展。

三 改善史学方法论研究的几点思考

20 世纪 80 年代的史学方法论研究热潮为什么没有延续下来，除了政治的原因之外，方法论研究本身也存在一些值得思考的问题。总结改革开放以来史学方法论研究的经验教训，我们可以提出创新史学方法论的几条途径。

（一）方法论研究与具体实证研究相结合，将方法论创新寓于具体的实证研究成果之中。80 年代以来史学方法论研究的教训之一，是方法论研究与具体实证研究相脱节。从事方法论研究的人不做具体研究，自己的方法论思想无法得到实践的验证，缺乏说服力，无法取得示范性效应。与之相应的是，从事具体研究的学者，也丝毫不关心理论方法论研究的成果与现状，对理论方法论研究的任何进展都不理不睬。改革开放以来的史学理方法论研究多引自西方，而西方各色各样的史学流派，无不是和一定的代表性著作联系在一起，很少有我们 80 年代那种脱离具体研究实践的纯理论方法论研究。

最近一些年来，在中国思想史研究领域，出现了一些可喜的现象，一些学者把方法论的创新和具体的研究实践结合起来。一个成功的例子是葛兆光的中国思想史研究，提出了一个"一般知识、思想与信仰世界的历史"的思想史理念。他说："过去的思想史只是思想家的思想史或经典的思想史，可是我们应当注意到在人们生活的实际世界中，还有一种近乎平均值的知识、思想与信仰，作为底色或基石而存在，这种一般的知识、思想与信仰真正地在人们判断、解释、处理面前世界中起着作用，因此，似乎在精英和经典的思想与普通的社会和生活之间，还有一个'一般知识、思想和信仰的世界'，而这个知识、思想与信仰世界的延续，也构成一个思想的历史过程，因此它也应当在思想史的视野中。"① 根据这样的理念，思想史研究的方法论就要做出创造性地改变，就必须走出从子书到子书、从思想到思想或从社会到思想的研究套路，就必然极大地拓展思想史的研究范围和资料范围。因此，葛兆光的"一般知识、思想和信仰的世界"就成为一个思想史研究的方法论。葛兆光的方法论不是一个纯理论的研究成果，而是体现在他的100多万字的《中国思想史》著作中，也就是说葛兆光对思想史方法论的探讨，是和他的中国思想史研究结合在一起的，学界可以用他的研究性著作来检验他的方法论，他的著作也对他的方法论思想起到了示范性作用。

另一个值得称道的例子是雷戈的新著《秦汉之际的政治思想与皇权主义》② 一书，也提出了一个政治思想史研究的方法论问题。雷戈提出的是一个"历史-思想研究法"，即从历史中发现思想。雷戈研究的是秦汉之际的政治思想，所以，他就侧重于从秦朝到汉初的政治制度和权力游戏、官场规则中探讨该时期所形成的普遍的政治-思想共识，把该时期的政治思想从当时的政权体制、政治运作机制和各级官僚的政治生活中抽绎出来。雷戈全书贯彻的都是这样的研究方法，用他几十万字的研究成果为他的方法论做了诠释。

葛兆光和雷戈的例子说明，方法论研究与具体的研究实践相结合，是一条创新史学方法论的基本途径，离开具体研究实践的方法论空谈，不会带来方法论研究的真正进步。

（二）要培养自觉的方法论意识，从较为成熟的研究中总结、概括、抽象、升华出一些具有普遍指导意义的方法论思想。笔者曾在一篇文章中讲过："方法论观念淡薄，是中国史学界致命的弱点之一。在不少学者那

---

① 葛兆光:《中国思想史》第1卷，复旦大学出版社，1998，第13页。
② 雷戈:《秦汉之际的政治思想与皇权主义》，上海古籍出版社，2006。

里，似乎方法或方法论的研究，新方法的尝试和探索，都应该是史学理论学者的事情。可以说，缺乏方法意识，是中国史学长期沉闷、缺乏重大创新性成果的主要根源之一。具体到思想史研究领域，方法的问题就更为严重，甚至缺乏新的研究方法，已成为制约学术发展的瓶颈。"① 这里有几个问题需要讨论。

一是一些学者意识不到方法论问题的重要，不懂得任何实证性研究也都存在方法论的创新问题，没有研究方法的创新，要取得重大的史学研究成果是不可能的。事实上，一个重大的研究成果的提出，一个新的史学流派的产生，往往都是由于方法论的改变。法国的年鉴学派，如果不是"总体史"方法论思想的提出，不是多学科方法论的运用，他就不可能成为一个有特色的学派。中国近代学术史上古史辨派的产生，也根源于顾颉刚先生"层累地造成的中国古史"说的方法论思想。因此，在任何具体的研究实践中要取得重大成果，也都是需要考虑方法论问题的。

二是一些学者不知道提炼自己的方法论思想。任何从事具体研究的人，在实际的研究实践中也都是有他自己的方法或方法论思想的，都在自觉不自觉地运用着一些研究方法，而将这种不自觉的状态改变为方法论自觉，不断地总结自己的史学研究方法将其上升到方法论的层面，使其具有更强的普适度，就正是发展或改善我们的史学方法论研究的重要途径。事实上，从某种意义上说，史学方法论就是史学研究经验的升华。如果我们不去把历史研究实践中积累的大量经验性材料总结起来，从中发现一些具有普遍意义的规律性知识，那么，一些好的经验则可能需要许多人无数次地将它们重复创造出来，而那些弯路和教训也势必在史学研究实践中无数次地重演。历史科学的发展要求我们要把历史科学研究中的经验教训加以理论的总结，上升为规律性的认识，以指导历史研究的实践活动。而发展史学方法论的这一任务，是要靠所有的史学研究工作者来共同完成的。

三是就整个史学界来说，要重视方法论研究。不研究方法论，我们的

① 李振宏：《天高皇帝近：一个重要的中国思想史命题——评雷戈〈秦汉之际的政治思想与皇权主义〉》，《史学月刊》2007 年第 10 期。

具体研究就处在一种盲目的状态中。前边谈到20世纪90年代以来方法论研究较集中的社会史研究，虽然有一些亮点可以称道，但距离一个方法论研究自觉或成熟的阶段还相去较远。新时期以来的社会史研究已有20多年了，但现在还没有一本关于社会史研究方法论的专门性著作出版，而它对于指导方兴未艾的社会史研究是非常必要的。现在社会史研究中存在的一些比较突出的问题，实际上是与方法论研究的薄弱相联系的。赵世瑜曾经著文指出："社会史研究的理论贫困现象，不仅表现在缺乏社会史理论方面，而且在于那些专题研究一缺历史哲学层面的宏观关照，二缺具体的概括模式，于是许多研究类似于换了新题目的'传统史学'。"① 赵世瑜批评的这种现象，至今还没有大的改观，而这种状况是与社会史研究方法的不成熟和不普及相联系的。像社会史这样发展相对成熟的学科，我们完全可以根据具体的研究实践，抽象出一套系统的方法论。恩格斯在谈到经验自然科学向理论自然科学转化问题时说："经验自然科学积累了如此庞大数量的实证的知识材料，以致在每一个研究领域中有系统地和依据材料的内在联系把这些材料加以整理的必要，就简直成为不可避免的……因此，自然科学便走进了理论的领域，而在这里经验的方法就不中用了，在这里只有理论思维才能有所帮助。"② 社会史方法论的研究，是不是已经到了这样"不可避免的"程度呢？

（三）多学科方法与西方史学的引入，要与中国历史学家的史学实践相结合。20世纪80年代多学科方法与西方史学方法引入的最大弊病，就是脱离了中国历史学家的史学研究实践。方法论学者一味地为引进而引进，自己不去实践，也不顾及从事实证研究的学者们的实际感受，到处都是新方法新概念的空洞名词，是新术语的狂轰滥炸，搞得人一头雾水、莫衷一是，引起了人们的强烈反感。这样的史学方法论研究，对实际的历史研究没有任何补益。张广智在评论80年代西方理论与方法引进而出现的问题时说："近年来，曾经出现过少数探索性的作品，但由于未能吃透或未

① 赵世瑜：《社会史研究呼唤理论》，《历史研究》1993年第2期。
② 恩格斯：《自然辩证法》，人民出版社，1971，第27页。

完全弄懂某种域外的理论与方法的精神实质（如曾经流行一时的所谓'老三论'、'新三论'），以致这些作品至今未能取得满意效果和学术界的普遍认可；这就使得人们有理由怀疑这种理论与方法的正确性与可行性……今后在继续介绍西方各种新理论与新方法的同时，似应留意把它们正确地运用到中国历史学家的史学实践中去，从而写出体现这些理论或方法之用于分析具体历史问题或实例的著作，这样才能使这些外来的理论获得生机与充满活力。中国的西方史学理论研究的深入，在某种意义上，取决于其在中国历史学家实践中所得到体现的程度。人们在这一实践过程中检验这些理论与方法的优劣，从而决定它们在中国的前途与命运。"① 张先生的这段话，值得我们深刻反省。

（四）多学科方法的引入，要考虑历史本身的性质，要在历史主义原则的指导下纳入史学方法论的理论体系。改造传统的史学方法论体系，以适应新时期史学的发展，引入多学科的方法是一个必然的趋势，20 世纪 80 年代引入多学科方法没有得到强劲的延续，甚至受到一些非议，实际上是有引入不当的原因的。特别是自然科学方法的引入，我们多是强调一种方法的有用性，而忽视它的具体针对性和局限性，没有很好地考虑历史科学研究对象本身的性质，没有把它纳入史学方法论的整体体系之中，这样就造成了科学方法而没有科学地运用的尴尬。历史本身的性质，决定了历史主义原则是历史学方法论的核心和灵魂，引入的其他学科方法，一定要在历史主义原则的指导下去使用。譬如历史主义强调历史的联系性，强调事物原因的分析，这是历史思维的一个基本原则。80 年代引入的控制论方法，恰恰是不考虑原因的，而仅仅重视事物内部各个部分之间的相互作用。这样的方法论思想引入历史研究的时候，就一定要在历史主义原则的指导下去运用，而不幸的是当时主张引进这种方法的学者不仅不考虑如何与历史主义思想相结合，反倒旗帜鲜明地排斥历史主义方法，结果不仅没有取得预期的方法论效果，反而败坏了这种方法论的声誉。在这个问题

---

① 张广智：《当代中国对西方史学理论的研究》，何兆武、陈启能主编《当代西方史学理论》，中国社会科学出版社，1996，第803页。

上，笔者认为，历史科学的方法论包含着许多种科学方法，历史认识为其中的每一种方法都找到了在分析社会历史现象时所应占的地位。每一种方法都有其正确而合理地应用的界限，而这也同时就是这种方法的局限性。如果把某一种方法的效用过于夸大，就必然造成对客观历史的不正确的反映。相反，详细地研究每一种方法，找到这种方法在历史科学方法论体系中的合理位置，并相应地研究正确运用这些方法在认识论上的程序，则这种方法就能够发挥出强大的方法论效应。

（原载《社会科学战线》2008 年第 2 期）

改革开放以来的历史认识论研究

  历史认识论研究的兴起，是30年来中国史学发展中的最大亮点。在此之前几十年的中国史学界，人们已经十分习惯于一个"认识就是反映"的概念式解读。有了这样一个普遍而强大的哲学认识论原理的理论预设，历史认识的问题就被扼杀在了强大的集体无意识之中，人们似乎根本没有必要再提出一个历史认识论的问题。所以，自从有了"认识就是反映"的辩证唯物主义认识论，历史认识论就再也没有被人提起了。但是，改革开放的春风，无可避免地也吹拂到古老而沉闷的史学领域；早在百年之前就已经开始发生了哲学转向的西方史学，也无例外地传导到神圣而略带陈腐的中国史学殿堂。于是人们惊讶地看到，从19世纪下半叶开始到20世纪，西方历史哲学经历了一场重大变革，即从思辨的历史哲学发展到分析的、批判的历史哲学。历史思想家们越来越多地把智慧和精力，从对历史本身的思考转移到对历史知识性质的分析。诸如"历史是怎样被认识的"、"历史科学怎样成为可能"、"历史认识主体的能力及范围"等一系列与史学研究实践中主体认识能力相关的问题，都严肃地提到了历史思想家面前。西方历史哲学话语系统的这一根本性转向，对历史学家的判断力、进而历史知识的可靠性，不啻是一场颠覆性的批判。西方历史哲学的转向，理所当然地引起了中国学人的深思，一个被称作"历史认识论"的研究领域，也就在 20 世纪的 80 年代中期，随着西方史学的引入和传播，而蓬勃兴起。①

一　关于历史认识主体研究

揆之于改革开放以前的史学界，当人们都全力贯注于研究历史的客体而不去探讨主体的认识能力及其力量范围的时候，我们遵奉的"从客观历史实际出发"这个正确的唯物主义原则，实际上是在发挥着一个哲学偏见的作用：它似乎在说，只要我们在主观上坚持从客观历史实际出发，就可以在研究实践中排除主观因素的渗透，达到完全客观的、符合历史实际的结论；而认识主体的主观条件在历史认识过程中的发挥，则只可能扭曲历史的原貌。所以，以往的史学界，历史学家的主体性存在失去了合法性地位，排斥主体、淹没主体，构成了那个时代历史研究的顽固特征。可以说，这种状况是一定时期内我国史学沉闷、迟滞、缺乏活力的重要原因之一。因此，历史认识论研究一开始，就自然而然地指向了认识主体问题。

1. 关于主体意识结构

历史认识主体研究，首先是要解决历史认识的机制问题。中国历来的历史学家，似乎都还没有认真考虑过历史认识是如何发生、如何形成的问题，没有对自己的认识机制进行过自我追问、自我考量。而这的确是个比较严重的问题。科林伍德在他的《历史的观念》一书中说："人希望认识一切，也希望认识他自己……没有关于他自己的某种知识，他关于其他事物的知识就是不完备的；因为要认识某种事物而并不认识自己在认识，就仅仅是一半认识，而要认识自己在认识也就是要认识自己。自我认识对于

① 本文是一种以综述为基础的评论性文章，谈到的每个问题，不可能把有关的研究全部征引或反映，仅侧重于最早提出的观点、最具代表性的观点、最有深度的观点等几个方面。由于笔者也是 20 世纪 80 年代较早研究历史认识论的学人之一，本着客观性原则也对自己的研究给予一定的反映，而绝不敢借综述之便以自我炫耀。凡是谈到自己观点的地方，仅做客观介绍，不附加任何评论性语言。

人类是可愿望的而又是重要的。这不仅仅是为了他自己的缘故，而且是作为一种条件，没有这个条件就没有其他的知识能批判地被证明是正确的，并且牢固地被建立起来。"① 一个清醒的历史学家，一个希望摆脱认识盲目性的历史学家，必须要反思自己认识的生成过程和生成机制问题。

主体的历史认识不是从白板开始的，而是有一个认识开始之前的大脑准备状态，有一个主体赖以展开认识活动的先验②的结构或图式，每个人的认识，都无例外地是从这个已有的结构或图式出发的。率先探讨主体认识结构的是刘泽华、张国刚先生。他们认为，史家的认知结构，大致包括四个方面的内容：第一，历史观；第二，认知环境；第三，史家的知识构成与思维能力；第四，史家的情感与性格等个性因素。历史观是史家从事认识的指导思想。认知环境形成历史认识的情境条件，它是时代需要、社会知识背景、现实环境等各种因素的总和。史家个人的知识构成与思维能力对历史认识的影响也十分明显。情感、性格等个性因素在历史认识活动中的作用更为微妙，许多人不承认这一点，但它却实实在在是史家认知结构中的重要因素，是造成史家认识千差万别的极为微妙的原因之一。他们还认为，史家的认知结构并不是一成不变的，它除了随着本身每一个构成条件的变化而变化外，史家本人历史认识的深化和发展也会产生反馈作用。史家认知结构的改善与调整是一个相互作用的循环往复的发展过程。③

此后，笔者也撰文讨论主体意识结构问题。笔者认为，史家主体意识结构，主要由哲学观点、政治立场、知识基础、生活经验、情感、性格气质等六个基本的要素所构成。哲学观点包括认识主体的世界观、人生观、伦理观、价值观等，是认识主体对整个世界、社会、人生的全部看法的总和，是主体意识的灵魂。政治立场或政治态度，是历史学家的社会属性，

---

① 科林伍德：《历史的观念》，中国社会科学出版社，1986，第 233 页。

② 这里所谓"先验"，是指在具体的认识活动展开之前就已经具备的大脑准备状态，而并非是说主体先天具有的意思。主体认识结构，是主体在以往长期的社会活动实践、生活阅历以及接受学校或社会教育过程中形成的思维结构。它本身有一个复杂的形成过程，而对于每一次具体的认识活动来说，它又是已经具备的，具有"先验"的性质。

③ 刘泽华、张国刚：《历史认识论纲》，《文史哲》1986 年第 5 期。

历史学家对现实政治的理解，对现实政治所持的立场和态度，是其认识历史的一种重要的中介条件。知识基础是史学家以往接受全部文化教育所获得的知识的总和，它包括知识水平、知识结构以及以此为基础所获得的思维方式、认识能力等。哲学观点、政治立场两种因素，主要是规定着主体认识活动的方向；而知识基础的作用，则决定着主体的认识活动所可能达到的真理性程度。生活经验是史学家特殊的生活阅历的积淀，它使认识主体在看待、理解历史事物时，具有一种特有的体验色彩。情感，是主体意识结构中非理性因素的一个方面。性格气质是主体意识结构中最能显示主体个性差异的心理素质，因而也是造成不同主体意识结构个性特征的最顽强的因素。①

其后，姜义华先生、宁可先生等，也都在他们的史学理论著作中，提出了对主体意识结构问题的基本看法。姜义华先生认为，主体意识结构大体包括社会地位、价值取向、知识结构、思维方法、行为环境、工作方法等几个方面。社会地位和价值取向，经常决定认识主体的认识目的要求、需求方向与强烈程度、价值评判的标准及追求科学结论的基本态度；知识结构和思维方法，是人们接受前代与同时代知识成果的结晶，不同的知识结构和思维方式，将为人们提供不同的参照系统、理论构架、规范程式、观念体系，将为人们提供不同的工作和认识能力；行为环境和工作方法，是历史认识者实际认识历史的操作系统，直接关系历史认识能力能否顺利得到施展和历史认识活动能否健康进行。历史认识者的所有这些主观因素是客观历史发展的结果，一旦形成便不可避免地要对整个历史认识活动产生积极影响。② 宁可先生把主体意识结构称为历史认识的精神性中介系统，他揭示的主体意识结构包括四个方面：属于自然科学性质的部分，如某些概念、符号系统、数理逻辑结构、自然科学知识、理论等；属于社会科学范畴的中介系统，如语言文字系统、形式逻辑、辩证逻辑系统，社会科学知识、理论等；属于个人社会存在方面的部分，如人的民族观

---

① 李振宏：《论史家主体意识》，《历史研究》1988 年第 3 期。
② 姜义华、瞿林东、赵吉惠：《史学导论》，陕西人民出版社，1989，第 93～94 页。

念、国家观念、阶级意识、宗教信仰、伦理道德观念、政治倾向等；属于个人的个性、生理、心理范畴的中介系统，如意志、情感、直觉、潜意识等。①

最近一些年，青年学人王贵仁对主体意识结构问题有新的探索。他说，史家的主体心理是一个复杂的结构系统，是非理性因素与理性因素的有机结合。它既包括史家的历史直觉、历史视野、历史情感、历史态度以及思维的个性品质等非理性因素，也包括史家的知识结构、世界观、道德观、审美观和科学观等理性因素。如果按史家历史思维的各种心理因素的存在形态和思维功能划分，可以将其分成三大层次：内隐动力层、理性智慧层和信息概念层。内隐动力层由需要意识、价值观念、动机、情感、情绪和意志等史家独有的个性特质构成，以非知识性、非理性、非逻辑等方式发生作用，是史家历史思维的动因、动力和调控杠杆，决定史家历史思维的选择性、目的性和方向性。理性智慧层由史家的历史知识水平，包括历史知识网络、历史观念体系等构成，同时还包括以此为基础所形成的史家学科素养和认知能力，反映史家历史思维能力的层次。信息概念层是史家大脑中具有显性化的心理结构层次。史家历史思维的心理结构系统是一个整体，它们在史家历史思维中以各自的特点，汇成对历史思维的整体影响，形成一种独具史家个性特点的思维趋向。② 王贵仁讲的史家历史心理结构，亦即前边学者所讲的史家主体意识结构。

这些关于主体意识结构的讨论，初步揭示了历史认识发生的基本机制。它说明历史认识的发生，绝不仅仅是大脑对历史材料的反映问题。历史学家对材料反映不反映，有什么样的反映，反映到什么程度，都是由他的主体意识结构来决定的。反映不是被动的，千篇一律的，而是主动的，因人而异的。每个史学家的主体意识结构，都是由多种认识因素相互联系、相互浸透、相互作用形成的有机整体。每个史学家不同的知识基础，独特的生活经历，情感意志、性格气质等心理因素方面的特殊素质，以及

① 宁可、汪征鲁：《史学理论与方法》，中国广播电视大学出版社，1991，第79～81页。
② 王贵仁：《史家历史思维结构解析》，《山东社会科学》2007年第8期。

由这诸多特殊的个人因素所渗透其中的哲学观点、政治立场，就使得每个史学家的主体意识结构都显示出鲜明的个性特征。于是，独特的主体意识结构，就是史家个人用以衡量历史的固有尺度。尺度不同，测度历史的结果就必然不同。因此，在具体历史研究实践中所呈现的，就是每个人都有自己特殊的眼光、特殊的角度、特殊的思维方式、特殊的判断尺度，并因而做出了五花八门、千差万别的历史判断。关于历史认识主体的认识结构的研究，使我们第一次看到了史学研究百花齐放的主体性根源。

2. 主体意识渗透的不可避免性与加强主体意识问题

既然主体意识结构是在具体的认识活动开始之前就已经存在的，并且正是由于它的存在，历史认识才成为可能；那么，主体意识在历史研究中的渗透就成为不可避免的，并因而是正当的、合理的、无可厚非的。以往那种把主体意识看作是扭曲历史认识客观性的因素，并竭力在历史研究中排斥主体性的做法，就自然地受到了批判性唾弃；一种以张扬主体性为特征的认识论研究，就自然得到了学理层面的合法性论证。于是，在20世纪80年代中期展开的历史认识论研究中，对于主体的主体性、能动性问题，给予了特别关注，研究者似乎都意识到了主体问题的极端重要性，甚至意识到必须要建立一个以主体为核心的历史认识论体系。因此，张扬历史学家的主体意识，成为该时期历史认识论研究的中心话题。

关于史家主体意识在历史研究中能动而积极的作用，论述最多。刘泽华说，正是由于有史家主体意识的发挥，主体意识的增强，历史认识才可能更接近于历史的真实。他认为，史家主体意识的作用表现在四方面：首先，历史本身是一个整体，但文献资料只反映零散的个体和某个方面，只有经过史家主体意识的选择和架构，才能再现或接近历史的整体；其次，历史是一个有机过程，但史料多半是已凝结的遗迹或只反映过程的一个片断或侧面，只有经过史家的加工、排列、组合、活化，才能使历史过程有声有色；再次，历史现象背后隐藏着本质和必然等方面的内在关系，史料一般只反映现象，只有经过史家的主体意识才能发掘现象背后的本质、必然等关系；最后，历史科学具有人文性，"察古而知今"，只有经过史家的主体意识才能启迪现实人的思想。①

笔者也特别强调了史家主体意识在史学研究中渗透的不可避免性，认为历史学家对历史事物的认识，是一个主体意识结构同化外间刺激的过程，是史家主体意识重建历史过程的运动。当一个历史学家接触一段历史材料后，他就开始调动起主体意识结构中的各种因素对它进行消化和融解。可能是他的政治态度使历史材料显现出某种突出的社会性价值，激起他进一步探讨的兴趣，并因而奠定了他理解历史的一个特定角度；也可能是他的生活阅历沟通了他对历史的会意性理解，为进一步的深入研究铺平了道路；还可能因某种情感上的体验引发了他对历史现象的崇尚与鄙视，同情或反感，并由此影响了他更深邃的理性分析的方向或深度；又可能因为性格气质方面的原因，影响他做出是否对这一历史现象进行深入探讨的裁决。不同的历史认识结果，是不同的主体意识结构的产物。主体意识在历史研究中的渗透是无可奈何的事实。当我们忽视认识的主体性问题的时候，人们天真地以为，只要我们在研究实践中坚持公正无私的探讨，不杂有科学研究以外的其他现实目的，并且尽可能地占有资料，坚持以马克思主义理论为指导，得出的结论就一定吻合历史的客观实际，就可以获得确定不移的客观真理。这是一个顽固的思想偏见，它排斥主体意识的发挥，遏制了史学的繁荣和发展。②

王也扬说，人们正确地认为，历史认识是主体对客体的符合一致的反映，但却往往把这种认识的结果看作是对历史本来面目的绝对恢复，而这个"本来面目"又是客观历史所固有的、未经主体活动改变的自在状态。这实际上是一种误解。客观历史已经一去不复返，今天的历史是今天的人经过主体性活动再现的。历史的内容是主体根据自己的认识结构，从客观历史中选择、截取和加工过的。尽管主体具有逻辑地和多角度、多侧面、多线索、多层次地综合反映客体的功能，但是反映本身就是一种加工，它

① 刘泽华：《增强历史研究的主体意识——刘泽华关于历史认识论的谈话》，《史学情报》1987年第1期。
② 李振宏：《论史家主体意识》，《历史研究》1988年第3期。

所获得的毕竟是一个从无限多维联系着的整体中被分割出来，并被主体所改造（包括套上语言的外壳）了的东西。历史的规律和特点，也是主体通过实践，借助一定的手段，从大量客观历史现象中透析、提取和抽象出来的，如果忘记了这些不同的甚至对立的方面本来是联系在一起的，并且都存在于具体条件下的活生生的历史事物之中，忘记了这些东西只是主体一定认识阶段的产物，那么势必会被它们所捉弄。①

林璧属指出，历史认识是历史认识主体通过运用历史认识工具、历史认知图式和史料、历史遗存物去实现客观历史实在的重构，是主体对客体的重构。历史学家的责任就是把纯粹客观的历史实在转化为具有意义的历史知识，其中也包含历史学家对于历史实在的理解与解释。历史认识主体对认识客体的重构，已经脱离了"纯粹客观"的自然状态，渗入了史家的主观意识和价值评判，成为史家笔下写出的历史。这是一个无可争辩的事实。②

于沛对主体意识在历史研究中的渗透，特别强调是一种创造性作用。他说，历史认识的过程，是历史认识主体依据一定的史学理论方法论进行积极的"创造"的过程，其创造性表现在历史认识的全部过程中。首先，认识社会历史是一个复杂的过程。从"过去"认识"现在"和"未来"，并不是自发完成的，但作为科学的历史研究这又是不可缺少的，这样，历史认识主体的创造性问题便不可避免地突现出来。其次，第二次世界大战后，国际史坛出现了历史研究的理论化趋势，即重视历史过程的理论性描述，不再仅仅是历史过程编年式的排列和史料的堆砌；此外，更重视分析历史文献资料中所蕴含的深刻的历史内涵，分析史料所传达的历史信息背后复杂的历史内容。最后，对历史研究的结论也不再是就事论事，满足于对某一个或某几个问题的孤立的结论，而是将其放在社会历史进程广泛的政治、经济、文化背景之中，从历史的因果关系以及历史与现实、理论与实践的联系中，进行理论的概括，而要真正地做到这一点，没有历史认识

①　王也扬：《略论历史认识的主体性问题》，《社会科学》1988 年第 12 期。
②　林璧属：《历史认识的主体性与客观真理性》，《史学理论研究》1997 年第 3 期。

主体的创造性，是无论如何也难以实现的。从某种意义上说，没有历史认识主体的创造性，就没有现代意义的历史科学。①

在认识主体意识渗透的不可避免性之后，人们很自然地就提出了加强或改善主体意识的问题，这就和传统史学思想形成了更为鲜明的对照。笔者在前引文章中就特别呼吁要加强主体意识问题，其基本途径是：首先，我们的历史学家应该从教条主义、本本主义、学理主义的束缚中解放出来。其次，我们要提出进一步强化自觉的主体意识问题。虽然一切历史认识中都无例外地渗透着主体的能动因素，但有没有自觉的主体意识，是否在历史研究中达到了高度的主体性自觉，则在很大程度上影响着能动性发挥的水平，并最终影响着人们的研究成果。发展、繁荣历史科学的需要，时代赋予历史学家的庄严使命，都要求史学工作者把认识历史的能动作用发挥到最大限度。最后，加强史学研究中的主体意识，还需要提出重视主体修养的问题，这是加强自觉的主体意识的基础。加强主体修养，首先，要加强理论修养，用科学的世界观和方法论改造我们的主观方法，从而获得真正的主体性解放。其次，要改变我们知识结构单一、贫乏，研究手段原始、落后的状况，广泛吸收自然科学和其他学科的知识素养和方法论手段。再次，应该从旧的史学观念的束缚中解放出来，拓宽视野，开阔思路，培养开拓性研究的兴趣和能力，开辟出一批能够标志一个史学时期的新的史学研究领域。最后，要培养高度自觉的责任感、使命感，关心当代社会的发展，增强从时代需要出发去认识历史的自觉意识。②

于沛也强调加强主体意识问题。他说，加强主体意识，首先应该全面、系统地掌握和运用马克思主义基本原理，其次要有强烈的史学理论创新的欲望和行动。近代以来的中外史学发展史使人们认识到，没有史学理论的创新，就没有历史学的进步。史学理论的创新从本质上说是时代的呼唤，反映了社会发展与历史学学术发展的要求，即它要有必要的社会历史条件和学术发展的环境。但是，即使上述条件都具备了，缺少历史学家的

① 于沛：《历史认识：主体意识和主体的创造性》，《历史研究》2003 年第 1 期。
② 李振宏：《论史家主体意识》，《历史研究》1988 年第 3 期。

主体意识，没有历史认识主体积极主动精神的发挥，那也是不可能有史学理论创新的。历史科学的进步以史学理论的创新为前提，史学理论的创新则以主体意识的不断加强为基础。①

3. 历史认识主体的社会性问题

历史认识主体的社会性，也是 20 世纪 80 年代以来历史认识论研究中关注较多的一个问题。不研究主体的社会性，关于主体的认识就是不完整的，也无法解释史家主体意识结构如何形成的问题。

笔者曾经较早地论述过这个问题：研究主体的社会性，主要是探讨社会时代条件对主体的影响。任何历史学家都是他所处时代的产儿。他的知识水平是当代的水平，思维方式具有当代人共同的思维特征，研究课题出自于当代的社会需要，因而得出的结论也打上了当代社会的特有印记。主体意识中社会性的渗透，使一定时期的历史学家在研究实践上具有共同的指向，而且社会性（时代条件）又在客观上规定了史家的认识所能达到的广度和深度，于是，在个体史家的认识活动中就必然有共性的东西存在，使人们的认识在客观上具有可比性、可判断性、可检验性。社会历史性是主体属性的规定，史学认识主体认识历史的广度和深度，在很大程度上取决于他对自身所处的时代的认识和把握。社会历史性和主体意识的独特性，构成一个历史学家自身属性的两个并行不悖的规定性。②

王贵仁在一篇文章中集中论述史家历史思维的外在制约机制，其实谈的就是史家主体的社会历史性问题。他说，每一位历史学家都不是抽象的个体，而是生活在一个确定的时代中，受时代独特的社会需要、价值观念和思维方式等因素的影响，个人的历史观念，历史思维的内容、方式等都表现出时代性、社会性。史家作为特殊的历史思维主体，其历史思维形成于史家生活的现实世界，并反映现实的要求。史家历史思维的心理结构层次、历史思维方式和思维能力，是史家在社会实践（包括学习活动）、社会交往中逐渐获得和形成的。在史家历史思维背后，存在着一个左右历史

---

① 于沛：《历史认识：主体意识和主体的创造性》，《历史研究》2003 年第 1 期。

② 李振宏：《历史学的理论与方法》，河南大学出版社，1989，第 173~180 页。

思维方向的力量，即社会现实的需要。每一个时代的史学家，都被他所处时代的历史条件和历史认识水平所制约。史家历史思维的社会制约性还表现在重大的社会变革必然引起史家历史思维方式的变化。当社会剧变发生时，人们的社会观念受到强烈的冲击，以服务现实为己任的历史学家总会积极反思自身的历史观念，调整和变革历史思维方式以适应时代和社会发展需要，史家历史思维在时代剧变的影响下发生着或深或浅的变革。①

4. 关于群体史家主体的研究

以上关于历史认识主体的讨论，都是以个体史家主体为对象的研究。关于群体史家的研究，也有一些重要的成果需要重视。李林针对西方相对主义史学过分强调史学主体认识差异性的倾向，着重探讨了史学主体认识的一致性问题。他认为，决定史家群体认识一致性的因素，有以下几个方面：（一）客观历史的发展决定着历史认识的连续性和继承性；（二）历史学的自律性规定着史学主体认识之间的经验认同；（三）历史美学的基本原则规定着史学主体认识的目的趋近性；（四）科学研究方法的普及和成熟，以及史料信息的开发和沟通，决定着史家认识趋于一致的可能。②

何晓明也集中讨论过史家群体的主体意识问题。他说：主体的存在形态大致可分为三种：（一）主体的个体形态，或称个人主体；（二）主体的集团形态，或称集团主体，即由一定数量个人构成的具有共同意识和共同实践目标的社会群体；（三）主体的类形态，或称人类主体，即以全部自然界为认识、改造对象的人类全体。因为史学社会功能的发挥有赖于史家集体的创造活动，所以本文所论"主体"，以主体的集团形态为定义域。"史家主体"是区别于其他社会群体，有着共同职业分工、知识结构、社会使命、文化功能的集团主体，其"史家主体意识"，也专指特定社会群体意义上的史家，对于自身社会角色体验的理论升华，对于自身特殊职业道德、职业素质的自我规范，对于自身群体在人类认识、改造世界总体活

---

① 王贵仁：《史家历史思维结构解析》，《山东社会科学》2000 年第 8 期。
② 李林：《论史学主体认识的一致性》，《历史研究》1988 年第 6 期。

动中所处地位、所起作用的自我把握。①

个体史家主体意识的研究使我们在历史研究实践中重视历史学家的主体性问题，在历史认识研究中重视历史认识的相对性问题；而关于群体史家的主体意识问题研究，则可以使我们在历史研究实践中重视史家群体的学术规范问题，在历史认识论研究中重视历史认识的社会性问题。因此，关于史家群体主体意识问题的研究，也同样有着非常重要的作用。不过，这方面的研究，在以往的历史认识研究中不是关于认识主体研究的主要方面，因为中国史学界所面临的主要问题，是个体史家的主体性解放和史家个性的培养问题，关于个体史家的研究自然也就吸引了学者的注意力。

关于历史认识主体的研究，还有许多值得评述的方面。譬如，关于主体与客体的关系问题，主体性与主观性的区别问题、主体间性问题，甚至主体的定义问题等，都有不少研究成果，也都是在改革开放以后提出的新问题。但在主体研究方面，最主要的核心问题，还是如何看待主体在认识中的作用、主体在历史认识中的地位问题，如何发挥主体的主动性和创造性的问题，所以，我们仅就以上几个方面进行了介绍和评述，这些方面表示着认识论研究方面的根本性突破；并且正是这方面的研究，更有助于推进史家的观念更新和思想解放，更有助于推动史学的发展和繁荣。

二　历史认识客体研究

历史认识主体研究在历史认识论研究中具有核心地位，而历史认识的特殊性在很大程度上则是由历史认识客体的特殊性所造成的，因此，在新时期的历史认识论研究中，学者们对历史认识客体问题也给予极大的关注。

1. 关于"双重客体"说的讨论

曹伯言率先提出问题。他指出，历史认识的客体，是指那些在主体活

---

① 何晓明：《史家的主体意识与史学的社会功能》，《江汉论坛》1990 年第 11 期。

动中，同主体一起构成活动结构的两极，并发生相互作用关系的客观历史，如历史人物、历史事件、历史过程等。从和主体的关系上说，历史认识的客体可分为"潜在"的与"现实"的两个部分。潜在的客体是指那些客观上虽然已经发生过，但尚未进入主体认识范围的客观历史，现实的客体是指那些已被纳入主体活动结构，并为主体活动所指向的那些客观历史。历史认识的客体又可分为"原型"的与"遗存"的两个部分。原型客体是指那些在客观上已经发生过的历史人物、历史事件和历史过程等。这种客体与主体在时间上背道而驰，相距愈来愈远；一般说，主体不可能直接的去认识。遗存客体是指原型客体的残骸、遗迹、遗物和各种记载，这些就是我们通常所说的史料，它们同主体直接构成认识活动的两极，是主体认识活动的直接对象。① 这大概是双重客体说的第一次提出。

紧接着，笔者也发表了有关于历史认识客体的专题论文，对历史客体概念、历史认识客体的双重性等问题发表看法。本人认为，历史客体是历史认识论中的范畴，应该从主体方面去理解，它是主体所认识到的历史存在，作为历史存在的一部分，它具有不以主体的意识为转移的客观性；作为主体的研究对象、和主体构成对象性认识活动结构的两极的一极，它不能脱离主体而成立，和主体处在相互依赖、相互联系、相互作用之中。在承认历史客体的客观性的前提下，我们应强调历史客体是被主体所设定、所选择的产物，它是主体本质力量的表现和确证。历史认识的对象是历史客体，但和主体建立直接的对象性关系的，却只能是史料而不是它所反映的历史本身。史料虽是记录者主体意识的产物，不具备物质实体的客观性意义，但这种精神产品一旦产生，和一种物质媒介相结合，便取得了一种固定自身的存在方式，获得一种和一般物质实体相类似的物质存在的属性，即为他人而存在的客观属性。特别是相对于现实的历史认识主体来说，它具有一种需要被认识、被理解而不能随便篡改的客观性。历史学家要认识历史，就必须首先认识史料，首先把史料纳入自己对象性认识活动的结构之中，这便使史料具备了客体的意义。于是，历史认识的客体就是

---

① 曹伯言：《"史学概论"三题》，《学术月刊》1987 年第 6 期。

双重的，是谓历史客体和史料客体。①

戈春源的双重客体提法是"历史原象"和"中介客体"。他说，历史原象与它的表现存在固有的内在矛盾，因此决定了史学认识对象的双重性。第一重是历史原象（也称原本客体或第一客体），它存在于主观认识之外的、内容丰富而具体的客观过程中。原本客体是业已消失的存在，它隐藏在史料之中，是历史认识的深层对象，也是历史认识的极限。我们只能通过一定的中介客体，才能相对地了解它。所谓中介客体（也称第二客体），也就是包括精神形态的文献、口碑和物质形态的文物等史料。②

张耕华接受了曹伯言的观点，赞成历史认识的双重客体说，也将历史研究的客体区分为原型客体和遗存客体。他说，历史研究的客体又有原型的和遗存的区分。客观上已经存在或发生过的历史人物、事件和过程，是我们研究主体所要了解的历史原型，是历史研究的根本对象。但是，原型的历史既不会，也不可能以其纯粹的原貌出现在研究主体面前。一般说来，主体所能直接接触的只是原型历史的遗存物——各种文字的记载、口述传说、遗物和遗迹等，也就是通常所说的史料。史料既然是原型历史的遗存物，它必然留存着一定的历史信息，是有关原型历史的存在及其形式、状态、结构、特征等确定性的标志和表证。原型的历史只能通过史料向我们研究主体证实它的存在、显示它的状况和属性，研究主体也只能借助史料去探索那已经消逝的、无法直接接触的原型历史。这样，史料作为历史信息的载体，充当了历史研究活动中主体和客体间的中介，没有它的中间环节的联结，主体对原型历史的认识关系便无法建立，死的历史永远也无法转变为活的历史，潜在的客体永远也无法转化为现实的客体。③

赵吉惠不赞成二重客体的观点。他说，"二重历史客体"显然是一个历史假设命题。史料，一般充当由主体到达客体的中介作用。从严格的意义上来说，史料并非历史，只是表现历史的材料，我们可以将这种材料称

① 李振宏：《论历史认识中的客体范畴》，《史学月刊》1988 年第 4 期。
② 戈春源：《论历史认识对象的几个特点》，《铁道师范学院学报》1990 年第 1 期。
③ 张耕华：《略论历史研究的客体》，《历史教学问题》1991 年第 3 期。

为"中介质",通过它可以认识历史、表现历史,但是它本身并不是历史学家要认识的对象,历史学家要认识的对象是通过"中介质"所反映出来的历史过程、历史事件、历史人物。所以,准确地说,史料并不是史学客体。历史认识的对象并不是二重的。提倡"二重客体"说,如果从他们重视史学主体,为了有意纠正过去一段时期里忽视史学主体地位的目的来看,是有可取之处的。但是,从科学观点来看,这种理论有导致史学客体二元论的危险。①

赵吉惠对"二重客体"说的批评,并没有得到学术界的响应,所谓导致"史学客体二元论的危险"对时下的学术界,似乎也没有了太大的威胁。学术界此后发表的关于历史认识客体问题的文章,大多仍是坚持客体的二重说或多重说。肖建新提出的历史认识客体系统分为三个层次:原本客体、中介客体和新中介客体。原本客体和中介客体很容易理解,新中介客体是指前代历史学家利用史料写出的史学著作,它本来是历史学家根据中介客体达到的对原本客体的认识,而它对于后代历史学家来说,同时又具备了一种认识中介的性质,是后代历史学家认识原本客体的参考资料之一,所以称为新中介客体。

2. 历史认识客体属性及其对主体的影响。

笔者在前引《论历史认识中的客体范畴》中,较详细地分析了历史客体和史料客体的属性。历史客体一方面有它自身的社会历史属性,另一方面,由于它被历史认识主体选择的结果,则又加上了一层与主体相关联的社会历史属性,即主体把自己的社会历史性规定,投射到历史客体身上。这样,历史客体就具有了双重社会历史性。其次,历史客体处在一种动态的发展过程中。一方面,新的历史资料的不断发现,越来越扩大着主体的历史视野;另一方面,更主要的是时代的变换、社会的发展、主体认识能力的不断提高,推动着主体不断从新的角度去选择历史客体,开辟新的研究领域。这样,历史客体永远处在动态的发展过程中,而历史存在是它的极限。此外,作为历史存在的一部分,历史客体自身还有许多重要属性,

① 赵吉惠:《论历史认识论研究中的几个问题》,《社会科学》1992 年第 2 期。

如客观性、历史性、过去性、复杂性等。这些属性对主体都产生深刻的影响，并规定着主体认识活动的形式、特点和方向，成为历史认识特殊性的客观性根源。史料客体则具有主观性、简约性和模糊性等特点，这些特点也在很大程度上局限着主体的认识活动。①

肖建新的文章，集中讨论了中介客体的性质和特质。他说，一是从本质内容上讲，文献史料是一种人类认识社会及自然的精神产品，被历史认识主体赋予了精神性的成分。二是文献史料在历史的认识过程中，不仅被赋予精神性的内容，而且被不断解构与建构，形成新的整合，也即产生新的史料；随着文献史料形态的变化，文献史料所反映的历史本体的内容也被重构。重构是文献史料在精神性内容基础上的又一特质。三是在历史认识的过程中，文献史料扮演着历史本体和认识主体以外的第三者的角色，也是中介客体。②

苏民着重探讨了历史客体对认识主体的影响：第一，人类社会历史的客观性是历史认识主体自我表现和确证的前提。历史认识主体不但不可能无中生有地创造这些客体，也不可能随意地增删或者改变这些客体。人们正是通过对人类社会历史的认识、把握才使自己的主体地位、本质力量得以表现和确证。离开人类社会历史这个客体，人们自身的主体地位也不可能建立。第二，人类社会历史运动内容和结果的历史存在具有自在性，这就要求历史认识主体具有主观能动性。历史认识客体不会自动地、主动地进入主体的头脑、思维中来，而往往是处于一种受动的、被动的状态之中。这在客观上就要求历史认识主体必须发挥自身的主观能动性，采取一种能动的、主动的、积极的、支配的态势去认识和把握历史认识客体。第三，人类社会运动过程的无限性决定了历史认识主体必须具有选择性。第四，人类社会历史运动的不可逆性决定了主体的历史认识过程必定是一个"溯越"的过程，即历史认识主体通过回溯或追溯的方法使自己的思想观

---

① 李振宏：《论历史认识中的客体范畴》，《史学月刊》1988 年第 4 期。
② 肖建新：《论文献史料的特质》，《史学集刊》2002 年第 1 期。

念超越时空的阻隔去认识和把握特定时空中的社会历史。①

确立二重客体说，并从主体的角度去界定客体的含义，是历史认识论研究的重大进步。以往人们根本不去考虑这个问题，把客体等同于客观存在，完全抹杀客体选择方面的主体性，这严重影响到历史研究中史家主体意识的发挥，使历史学家在所谓的客观历史存在面前显得无能为力。从主体的角度定义客体，就极大地凸显了主体的能动性和创造性。另一方面，当我们把历史客体等同于历史存在，不承认或者不认识历史认识客体的二重性的时候，历史认识客体的特殊性就被严重的忽视了，于是历史认识的特殊性就无法得到解释和说明，并由此导致把历史认识混同于一般认识的错误，造成对历史认识成果的盲目性。事实上，历史认识的特殊性，就来自于这种认识客体的二重性。正是这种认识客体的特殊性为历史认识带来了无穷无尽的麻烦，使得历史认识相对于其他认识来说，具有特别突出的模糊性、相对性、不确定性。就已有的研究成果看，在历史认识客体研究方面，我们已经取得了重要的进展，但相对于主体问题的研究来说，还显得较为薄弱。历史认识客体研究，是今后历史认识论研究中一个仍然需要深入开掘的领域。

三 "历史事实"概念研究

在 20 世纪 80 年代以前的中国史学界，历史事实是个非常明晰但又缺乏质疑的概念。人们似乎根本不需要思考"什么是历史事实"的问题，历史事实就是已经过去的存在，是完全和认识主体没有关系的存在，这个问题没有任何可以思考或者讨论的余地。历史研究的崇高目的就是经过艰苦的努力，去发现这种确定不移的事实性存在。所以，当人们高喊从历史事实出发的时候，其信念是那样地坚信不疑，并且相信，历史研究只要坚持从历史事实出发的唯物主义认识路线，就可以得到确信无疑的历史结论。这是一个人们对历史认识盲目乐观的时代。

---

① 苏民：《历史认识论中的主体》，《福建师范大学学报》2003 年第 1 期。

20世纪80年代以后，西方近代分析的批判的历史哲学传来，历史认识的可靠性受到质疑，甚至连"什么是历史事实"也成了问题。人们开始思考，历史已经过去而不可再现，我们的确有从历史事实出发的坚定信念，而什么东西可以保证我们的信念能够变为现实呢？换句话说，什么东西可以保证我们赖以出发的那个所谓"事实"就真的是"历史事实"呢？的确，我们手中都持有大量的历史资料，但我们又怎么保证所持有的资料真的就反映了历史之真呢？资料本身的可靠性需要不需要得到批判性的甄别呢？我们想从历史事实出发，或者我们所持有的资料也确实具有无可置疑的可信度，但我们的主体因素能保证我们有认识历史、分析历史的充分条件吗？我们的主观因素有没有改铸历史的可能呢？这样一来，过去那个丝毫没有问题的问题，倒真的成了一个问题，它动摇了我们乐观的历史信念，使我们不得不对过去的历史事实观念做一番新的检讨。

传统的历史事实观念一经粉碎，关于历史事实的研究就迅速活跃起来，学者们相继发表了不少论文，提出了各种各样的看法。国内史学界正式提出讨论历史事实问题的，是陈启能先生。他发表《论历史事实》一文，从介绍苏联学者的历史事实概念入手，探讨"科学的历史事实"概念。他介绍苏联历史学家的说法，认为完整的历史事实包括三个环节：（一）客观存在的历史过程；（二）反映这一过程的史料；（三）根据史料再现既往的客观历史过程的科学映像。历史事实就是历史认识过程统一链条中三个环节的辩证统一。陈先生表达自己的看法说，历史科学所运用的历史事实，是这个范畴的完成阶段（即第三环节），也就是"科学的历史事实"或"史学事实"。换句话说，成为历史知识的只是第三环节的"科学的历史事实"，只有它们才构成历史知识体系。因此，我们一般所说的历史研究必须"依靠历史事实"，必须"掌握更多的历史事实"等，指的正是这种"科学的历史事实"或"史学事实"。①

陈启能既赞成苏联历史学家关于历史事实的三个层次的划分，又特别强调了科学的历史事实，强调在史学研究中谈到的历史事实，一般是指认

---

① 陈启能：《论历史事实》，《史学理论》1987年第4期。

识论范畴中的历史事实。陈启能之后，大多数学者都把历史事实分为三个层次，但对三个层次的解释或阐述又有所不同。张耕华提出，历史事实的第一种含义是指一系列曾经发生或存在过的历史事实；第二种含义是指作为认识客体的历史事实；第三种含义是指专科信息中的历史事实，即有关事实的信息。① 两年后，张耕华又发表文章提出两种含义的历史事实概念。他说，将历史事实区分为"科学的历史事实"与"客观的历史事实"，符合实际历史研究的需要，而且也是客观的存在。我们在历史研究中，需要使用"客观的历史事实"和"观念的历史事实"两个概念范畴，才能说明或描述历史认识活动中"事物的概念与它的现实"的差别。② 陈光前认为，从历史认识过程来考察历史事实，可以分为三种形态：客观存在的事实，史料记载的事实，史学著述中重建的事实。③ 万斌认为，在历史认识过程中，历史事实被看作一个"历史认识的逻辑——认识论范畴"，包含着三个环节和层次：（一）作为本体论意义上的历史事实，表征着客观实在的历史过程和事件。（二）作为认识论意义上的历史事实，乃是反映客观存在的历史事件及过程的文献、资料和传说，构成历史认识的直接对象。在这个意义上，历史事实作为一个认识概念已经不是本体论意义上的客观实在，而是历史认识主体通过选择、关联、整合以及解释和评价而提出的构造。（三）知识形态意义上的历史事实，是依据文献、资料、传说重构历史实在的科学映像或科学体系，作为认识对象的或客体的历史事实在历史主体的认知过程中转化为知识形态或历史学的客观内容。④

　　与历史事实概念的三分法或两分法不同，有的学者坚持只能有一种历史事实概念的观点。赵吉惠说，把历史事实区分为"科学的事实"或"史学的事实"，就等于世界上存在两种事实，一个是客观的事实，一个是主观的事实，而且二者是对立的，这是不科学的。实际上，只存在一种事

① 张耕华：《有关"历史事实"及其相关问题——兼与陈启能先生商榷》，《史学理论研究》1993 年第 4 期。
② 张耕华：《关于历史认识论的几点思考》，《历史研究》1995 年第 4 期。
③ 陈光前：《关于历史事实的概念》，《东北师大学报》（哲学社会科学版）1988 年第 4 期。
④ 万斌：《历史·历史事实·历史学》，《浙江大学学报》1992 年第 1 期。

实，我们所能接触到的虽然包含科学重构的性质，但其真实内容都是客观历史事实的部分或片段，是客观实际历史事实的陈述或表现形态。我们所能看到的也只能是这样一种历史事实，所谓"科学的历史事实"或"史学的事实"，不过是从"实际存在的客观历史上"整理、概括的结果罢了。①

以上是一些有代表性的看法。这些看法虽不尽相同，却也有大体相似之处，多数学者赞成将历史事实分为三个层次，并多是从客观历史本身、记录历史的资料信息、史家主体的建构等三个方面来立论。笔者以为，历史资料，特别是文献资料，虽说只是对客观历史的记录，但毕竟包含着记录者的主观因素，它对客观历史事件的表述，与当代历史学家的认识无法从基本属性上做出区分，所以，以上所论三个层次的二三层意义，是可以合成一个问题来谈的。坚持一种历史事实说，并将其限定在历史认识论的范畴，或仅仅限定在历史本体论的范畴，也都有片面之处。如果仅限定在认识论的范畴来谈历史事实概念，似乎不符合一般人的思维常识，一旦离开历史学理论的研究范围，就不可能得到人们的广泛认同；如果仅限定在本体论的范畴，就容易将历史认识事实当作历史存在事实本身，忽略了历史认识中的主体性因素。基于以上考虑，笔者以为，将历史事实概念区别为两种意义上的学术术语，而不看作是三层含义，也不采纳单一历史事实概念的说法，即从本体论范畴的历史事实和认识论范畴的历史事实两个认识层面上，来讨论历史事实概念问题可能更好一些。

历史本体论范畴的历史事实，即客观历史过程中的历史事实，可以叫作"历史存在事实"。历史存在事实，是客观历史过程本身，或历史过程中的历史事件、历史人物、历史现象等。这是历史的客观存在，是在历史学家头脑之外、不以历史学家的主观认识为转移的存在。历史存在事实是不会变化的，它一经在历史上发生过，一旦变成了既成的事实，就以凝固不变的形态存在于历史中。历史存在事实是历史学家的认识对象，客观性是历史存在事实的基本属性。

历史认识论范畴中的历史事实，是史家认识活动中的历史事实，可以

---

① 赵吉惠：《当代历史认识论的反省和重建》，《历史研究》1993 年第 4 期。

叫作历史认识事实。历史认识事实是历史学家对历史存在事实能动性认识的结果，是主体性的产物。它和历史存在事实的根本区别，在于它的主体性，它不等于历史存在事实本身，是史家主体意识结构通过对历史资料的分析、概括、抽象、阐释，对历史进行重新建构的结果。它在一定程度上反映着历史存在事实，而又不尽符合历史存在事实，它已经舍去了历史存在事实本身的许多信息，仅仅从认识主体的角度对历史存在事实的部分信息做出了解读和反映。对于历史存在事实来说，历史认识事实是不完全的不准确的反映，是历史认识主体在新的历史条件下，从对主体有意义有价值的角度，对历史存在事实的解读和认知。它本身包含有客观性的成分，但却是主体认识的成果，它会因认识主体的不同而面貌迥异。在史学理论研究中谈到的历史事实概念，如果没有特别的说明，实际上指的就是历史认识事实。

四　历史认识相对性研究

在对史家主体意识和历史认识客体的特殊性有了集中探讨之后，历史认识的相对性问题就被明显地突出出来，因为这些研究，极大地冲击了自兰克以来，人们对获得客观性历史认识的乐观期待。那种只要我们坚持从历史事实出发的唯物主义路线，就一定能够获致纯客观性历史认识的盲目自信，遭到了毁灭性打击，面对这种无可怀疑的认识论现实，人们不得不冷静下来，用一种冷峻的思辨去看待历史认识的相对性问题。过去，对这个问题，我们只是在学习哲学认识论的时候在理性上知道它，而没有把它转化到史学领域，对于拿着事实说话的历史学家来说，似乎相对性不是问题。现在不行了，历史认识不仅不能逃遁一般认识的相对性，而且似乎比起其他认识，更需要得到特别的关注，它要表现得更突出、更强烈。

赵轶峰对历史认识相对性的问题，做了专题探讨。他指出，历史认识相对性的基本含义是：1. 历史认识就本质而言是相对的。相对性的含义在于：A. 认识对象比较其他科学认识对象具有更突出的自主选择性、非重复性和非直观性；B. 历史认识主体处于历史普遍联系的总过程中，对历史客体的认识活动不能纯客观地超出自己具体的、时代的思想水平、倾向和价值观念的制约；C. 认识结果具有非终极性和非直接实践性。2. 历史认识的相对性是现实的实际历史认识活动的基本性质之一，历史认识的绝对性则只存在于两种情况下：A. 作为人类历史认识无限发展的承继系列的只能逐步接近的方向；B. 某些关于具体史实的单称判断。3. 历史认识的相对性与人类历史的具体的客观性是一致的。4. 历史认识的相对性的命题基于历史认识特异性的角度，在懂得历史认识相对性的基础上才可能深入探讨历史认识与其他科学认识的共性，客观地谋求各门科学的借鉴与结合。①

臧世俊说，史学工作者是客观社会中的人，在其社会化的过程中，他的思想、情感、学识等无不受社会因素的影响。而历史认识的客体，过去发生的历史事实，它是无法再现的，我们只能通过遗留下来的史料去认识它，现存史料的多少和真伪直接关系到历史研究的水平和深度。历史研究的方法和工具更明显地受到人类的认识高度和科学技术发展状况的制约。因此，历史研究不可能纯客观地进行，它必然受到许多因素的限制和干扰。历史学家的研究工作，只能比较客观地逼近历史的真实，而不可能完全真实地再现历史，它表现出某种程度的相对性。②

张耕华批评以上学者关于历史认识相对性的解释存在逻辑上的问题。其一，以相对性的原因的分析来代替对相对性的含义的阐述。其二，以外延的列举来代替内涵的揭示。其三，忽视了在与绝对性的对应关系中来阐述相对性的含义。说历史认识具有绝对性，是从肯定的方面来确定历史认识，肯定它与对象的符合和一致；说历史认识具有相对性，是从否定的方面限定历史认识，指出两者还有不符合、不一致的地方，指出两者的符合、一致的不完满性、条件性。他还考察了历史认识相对性在不同认识形式中的表现。他说，通常将历史认识分为考实性认识、抽象性认识和评价性认识三类。在这三类历史认识中，认识的相对性程度表现出不同的特点。考实性认识的结果是形成一个个有关具体史事的单称判断，这类认识

①　赵轶峰：《历史认识的相对性》，《历史研究》1988 年第 1 期。
②　臧世俊：《论历史知识的相对性》，《历史教学问题》1989 年第 4 期。

的相对性最不明显，各种有关具体史事的单称判断一旦确立，就具有明显的稳定性和有效性。抽象性认识的目的，是发现历史的内在联系，揭示历史的本质和规律等，其结果是形成了由一系列概念、范畴组成的理论体系。相比之下，这类认识的相对性就较为明显、较为突出。评价性认识既涉及历史方面的内容，又涉及主体方面的价值需要，历史本身具有多方面的属性、关系和规定，可以从多方面满足人们的需要；主体的需要又是多样性的、变化的，每一个主体都有其自身的价值坐标体系，每一个主体的价值追求又是多维和流变的。因此，评价性认识的相对性最为明显和突出。①

关于历史认识相对性的讨论中，大部分学者关注的都是历史认识相对性的成因问题。吴士存说，历史认识相对性是由认识主体、认识客体的特性以及主客体关系所决定的。历史认识对象比其他认识对象更具有突出的自主选择性、非重复性和非直观性；历史认识的主体则又受制于其价值观和一定的史学规范，受制于自己所依凭的条件和认知能力。因而历史认识的结果具有相对性。② 郭文佳说，第一，历史学家对历史事件重要性的判断力是造成历史客体性及历史理解不稳定的因素；第二，历史客观性的逻辑性，需由一定的方法形式来表现，而方法本身又是人为的；第三，历史的不可复原性，造成历史与历史学家之间的时空距离，使历史语言同时具有现在性和过去性，从而造成模糊；第四，解释历史最终在解释和理解人，历史是人的过去，却又与今天的人不同。这四个方面使得历史真理只能是为理性所不能完全澄清的相对真理。历史客体的存在形式，史料自身的存在状况，也决定历史认识只能达到一种相对真理的程度，主体是不可能求得绝对的历史真理的。③

关于历史认识相对性的讨论，一般都是以主体意识的渗透和史料客体的特殊性为根据，这些的确是在历史认识的估价上需要特别注意的问题。

---

① 张耕华：《论历史认识的相对性》，《广东社会科学》1993 年第 4 期。
② 吴士存：《论历史认识的相对性》，《南京大学学报》1996 年第 2 期。
③ 郭文佳：《也论历史客体》，《学术研究》1999 年第 11 期。

恩格斯在《反杜林论》中曾直接谈到历史认识的缺陷问题："（一切认识）就其本性而言，或者对漫长的世代系列来说是相对的而且必然是逐步趋于完善的，或者就像在天体演化学、地质学和人类历史中一样，由于历史材料不足，甚至永远是有缺陷的、不完善的。"[①] 恩格斯在这里还仅仅是谈到了"历史材料的不足"，再加上历史材料的性质问题，认识主体的主体条件问题等，历史认识的缺陷和不完善性，就更显得突出而不可忽视。因此，关于历史认识相对性的讨论具有重要的深远意义，它将启发史学工作者谨慎地对待自己的研究成果，对历史认识保持一种科学而冷静的批判态度。

五　西方相对主义史学思潮与后现代主义的引入

改革开放 30 年来，中国史学的发展在很大程度上受到了西方史学的影响；而对于历史认识论研究来说，给予我们影响最大的，主要是分析的历史哲学和后现代主义的史学思想，它们在很大程度上改变了中国学人的史学观念。

1. 关于分析的历史哲学

关于分析派历史哲学的介绍和引入，何兆武先生 1986 年发表的《从思辨的到分析的历史哲学》一文，具有开拓之功。何先生首先对分析的历史哲学的思想内涵给予了准确界定，他说，分析派的出发点是：要理解历史事实，首先就要分析和理解历史知识的性质。历史哲学的任务应该就是对历史的假设、前提、思想方法和性质进行反思。这样，分析派的历史哲学就把研究的重点从解释历史事实的性质转移到解释历史知识的性质上面来，即把重点从对历史的形而上学的研究转移到对历史的知识论的研究上面来。分析派所面对的问题更多的是历史认识是什么，而不再是历史本身是什么，更多的是人们是怎样在认识历史的运动的，而不再是历史自身是怎样运动的。对于分析的历史哲学来说，重要的问题不再是对历史本身的

---

① 《马克思恩格斯选集》第 3 卷，人民出版社，1972，第 130 页。

探讨和解释，而是对历史学的探讨和解释。总的说来，分析派的办法是从历史规律转而研究历史认识的性质和可能性，把它隶属于科学哲学的认识论之下，而重新考察思辨历史哲学的前提和假设。①

何兆武先生准确地说明了分析的历史哲学的思想方向和学说属性，肯定了它在历史哲学思想史上实现了由本体论到认识论的意义转向，这一转向将哲学思考引向了人们的思考本身，具有划时代的意义；同时，何先生也准确地指出了分析派历史哲学的致命缺陷，即它用知识论语境取消或代替了历史哲学本身固有的问题思考，回避了历史哲学最基本最重要的对象和前提，而历史哲学终究是有其不可否定和不可离弃的客观对象及其问题的。这一时期，何兆武先生集中写作了一系列关于分析派历史哲学的论文，除了上文外，还有为科林伍德的《历史的观念》一书中译本写的长篇序言《译序——评科林伍德的史学理论》、②《沃尔什和历史哲学》、③《沃尔什和历史哲学补论》④ 等。何兆武先生对分析派历史哲学的介绍和分析，奠定了此后中国史学界理解和接受西方分析派历史哲学的思想取向。

何先生的论文引起了中国学术界对分析派历史哲学的广泛兴趣，分析哲学的代表性著作纷至沓来，从文德尔班、李凯尔特到克罗齐、科林伍德，一连串分析派历史哲学家的名字也逐渐为人们所熟知，并由此催生了中国史学家关于历史认识论的研究。从某种程度上说，20 世纪 80 年代，中国史学界的历史认识论研究，是由于受到分析派历史哲学的启发而兴起的。因此可以说，对于中国的历史认识论研究来说，何兆武先生其功甚伟！

对分析派历史哲学，人们也有不同评价。王晴佳的《历史哲学的反思——历史哲学在 20 世纪的演变》、⑤ 张文杰的《20 世纪西方分析或批判

---

① 何兆武：《从思辨的到分析的历史哲学》，《世界历史》1986 年第 1 期。
② 科林伍德：《历史的观念》，何兆武、张文杰译，中国社会科学出版社，1986。
③ 何兆武：《沃尔什和历史哲学》，《史学理论研究》1988 年第 2 期。
④ 沃尔什：《历史哲学导论》，何兆武、张文杰译，中国社会科学出版社，1988。
⑤ 上海文艺出版社编辑《超越：挑战与应战》，上海文艺出版社，1988。

的历史哲学》,① 无论在对西方历史哲学由思辨的到分析的发展趋势上,还是在对分析派历史哲学的评价上,和何兆武先生保持了基本一致的看法。田晓文不同意何兆武关于西方历史哲学这种发展趋势的观点,认为当代西方批判的历史哲学家试图以对历史知识的分析来取代乃至取消对历史进程的思辨,而实际上并没有也不可能做到这一点,因而,把思辨的历史哲学转向批判的历史哲学作为对当代西方历史哲学发展趋势的描述,"过于武断和片面"。②

由于分析派历史哲学的主要代表作克罗齐的《历史研究的理论与实际》和科林伍德的《历史的观念》有广泛的影响,因此,史学界对二者的评论也最多。除了对其在认识论方面给予肯定性评价外,也有不少批评,如刘修明的《非"一切真历史都是当代史"——兼评一种现代史学思潮的形成与前途》、③ 张文杰的《现代西方历史哲学中有关历史客观性问题的认识》、④ 张志刚的《科林伍德的历史哲学及其内在矛盾》⑤ 等,都对克罗齐的"一切真历史都是当代史"和科林伍德的"一切历史都是思想史"的命题,提出了批评。不过,这些批评在基本观点和思想深度上,大都没有超越何兆武先生。

2. 关于后现代主义史学

分析的历史哲学对中国史学的积极影响,是它催生了中国史学中历史认识论学科的建立;相比之下,后现代主义史学观念的引入,对中国史学

---

① 《史学月刊》2007 年第 9 期。

② 田晓文:《"批判的历史哲学"的批判》,《历史研究》1990 年第 3 期。田晓文中所说"批判的历史哲学"即分析的历史哲学,国内关于"分析的历史哲学"的表述,通常也使用"批判的历史哲学"概念。如何兆武《从思辨的到分析的历史哲学》一文中曾说,"于是思辨的历史哲学体系也就随之而日益有让位于批判的(或分析的)历史哲学的";张文杰的论文题目即是《20 世纪西方分析的或批判的历史哲学》。唯有张广智、张广勇在《史学:文化中的文化》一书中,对于这两个概念做过区分,认为批判的历史哲学与分析的历史哲学是两个流派,两者的研究倾向虽然相同,但在哲学立场上则有明显区别,前者多为理念论者,而后者一般为新实证主义者。见该书第 235~236 页,上海社会科学院出版社,2003。

③ 《江汉论坛》1987 年第 5 期。

④ 《世界历史》1984 年第 2 期。

⑤ 《社会科学》1990 年第 1 期。

则更多的是一种冲击。

后现代主义史学，早在 20 世纪 80 年代中期的国内期刊上就曾有所介绍，但没有引起人们的关注。1997 年《史学理论研究》第 2、3 期连载的邓元忠《后现代西洋史学发展的反省》一文，是第一次关于后现代主义史学系统而全面的介绍，从此，这个 20 世纪六七十年代兴起的史学思潮，在于它的本土渐趋冷落、逐渐失去其影响力的时候，波及中国史学研究领域，成为近十年来中国史坛上一个最时髦的学术概念。

2004 年《史学理论研究》第 2 期，开辟"后现代主义与历史学"圆桌会议，发表了一组文章，对后现代主义史学给予基本肯定的评价。刘北成说，后现代主义历史观的极端相对主义和认识论的极端怀疑主义难免没有惊世骇俗的策略成分，但它给史学留下的并非是一片破坏的废墟，而是别样的视野，从而为史学实践开拓了更大的可能性。近年来，西方史学扩展到种族、性别、性征、疾病等领域，从宏大叙事转向"地方性知识"，从中心视角转向多元理解。这种转变表明，后现代主义已成为西方历史学的一个建构因素。彭刚认为，以叙事为研究焦点的后现代主义史学理论，给传统的史学理论带来了不少冲击，也带来了新的气象，有不少问题值得我们密切关注。一是对历史叙事功能的强调，在使我们对历史学的艺术层面有了前所未有的重视的同时，似乎在很大程度上想要促使历史学回到"文史不分家"的传统。这进一步使我们认识到，叙事和情节化的重要意义，不仅限于人物史、事件史，而且同样适用于社会史和经济史。另外，我们不能不注意到，要在后现代思潮的挑战下，重建历史知识的客观性，不可能再回到实证主义的立场，而只有在历史叙事和历史实在之间重建有效的关联，才是唯一可能的渠道。赵立行说，长期以来，我们研究历史基于一种进步的发展的历史观，相信历史的发展有着一个预设的终极目标，认为人类历史的发展最终会达到一个理想状态。运用这种观念，我们从纷杂的历史丛林中寻找出一条清晰的路径，区分出了进步的力量和落后状态，把不同国家和民族的历史纳入一个统一的发展轨道。在沉浸于我们所取得的成果的同时，我们无法也不愿自觉地对我们认识和研究历史的前提进行审视，而正是在这一点上遇到了后现代的挑战。在后现代主义的解构下，我们认识历史的基础似乎不存在，在此基础上建造起来的大厦也是虚幻的。我们无法认同后现代主义对我们所认知的基础的解构，但是我们应该承认它找到了解构我们基础的角度，而这些角度也许正是我们的基础所存在的缺陷，正是值得我们反思之处。后现代主义没有给历史研究提供成体系的框架，但是它提供了一种批评的眼光、质疑的态度、开阔的视野以及多角度审视问题的可能性，这也许是我们应当积极关注后现代主义理论的原因所在。

张耕华还从另外的角度对后现代主义做出肯定。他说，后现代主义并不是简单地宣告历史无真实，或者说，他们的意思是历史学不等于真，历史学也不能垄断"真"。与相对主义的史学思想一样，后现代主义对历史认识的复杂性、局限性，对历史之真的相对性以及历史学家自身处境的体认，都要比传统的史学观念更为深刻、更为清醒。在后现代主义看来，任何一种意见或观点，都不可轻易忽视、随意排斥，它们都有同样的地位和价值，都应该受到同样的尊重和重视。从消极的方面看，相对主义、后现代主义的史学观念很容易导致历史的虚无主义。从积极的方面看，强调差异，提倡多元，建立"和而不同"的学术氛围，从而在客观上对统治阶级因垄断历史解释权而滥用、误用历史起到一些遏制的作用。①

关于后现代主义的负面影响，杨共乐曾指出：首先，从政治上讲，这种理论由于否定历史真相的存在，否定人们能够具有认识历史真相的能力，所以，它在客观上为世界上形形色色的政治野心家或军国主义者否认甚至篡改自己的历史提供了极大的方便。其次，对于史学界而言，由于后现代主义者强调一切都是相对的，史学根本不可能达到求真的目的。所以历史学家为求真而付出的所有劳动都是徒劳的，没有任何价值。其结果必然是走向历史相对主义，从而造成史学界的思想混乱。② 在另一个地方，杨共乐又强调，后现代主义对史学的颠覆，主要表现在：第一，否认历史学的客观性和真实性；第二，从否定历史著述的形式入手来动摇现代史学

---

① 张耕华：《后现代主义思潮与遏制历史的滥用》，《档案与争鸣》2004 年第 11 期。
② 杨共乐：《后现代主义与后现代史学》，《史学史研究》2003 年第 3 期。

研究的基础；第三，将史学与文学相提并论；第四，突出和夸大语言学的局限性；第五，反对文本的确定意义，突出读者的重要作用。此外，后现代主义还否定历史发展的逻辑关系，否定历史的时间观念和历史事实与历史事件之间的因果关系。其目的都是为了颠覆西方的现代历史编纂学以及由此建立起来的历史观念，从而否定历史学的客观性和科学性。① 董立河说，后现代主义培育了解构主义的历史学。在它看来，没有哪个事实、哪个事件或哪个历史方面具有某种固定的意义或内容，没有什么真相不可以重新讲述，没有什么事实不可以重新改写，没有什么终极的历史实在。这就为极右历史学家打开了方便之门。在相对主义盛行的美国，一些人公然宣称，从来就没有发生过 600 万犹太人被屠杀这样的事件，奥斯威辛集中营只不过是战后那些反德国、亲犹太分子的伪造。否认大屠杀活动的日益猖獗与后现代主义泛滥之间存在着必然的联系。我们应该对后现代主义的负面影响保持高度的警醒。②

六　加强历史认识论研究的几点建议

1. 建立以认识主体为核心的历史认识论体系

改革开放以来的历史认识论研究，从无到有，并初步解决了一些基本问题，的确是史学理论研究的一个重大进展。但是，无论从学科建设的需要说，还是从历史认识论观念的普及或者说它对一般历史研究工作者的影响方面看，历史认识论研究都还需要有更深入的开掘和拓展。一个最大的问题是，二十几年过去了，我们还没有建立起一套完整的历史认识论体系，甚至还没有一本完整的历史认识论著作问世，这种研究状况不能不说还是十分薄弱的。中国史学的健康发展，呼吁一个完整的历史认识论学科体系的建立。

---

① 杨共乐：《后现代主义史学述评》，《高校理论战线》2003 年第 6 期。
② 董立河：《西方后现代历史哲学对历史编纂的影响及其局限》，《国外社会科学》2008 年第 1 期。

我们应该建立一套什么样的历史认识论体系？笔者对目前中国史学状况的估计是，我们面临的基本问题，仍然是史学家的主体性解放和独立的主体意识的确立问题。过去几十年，我们对历史客观性问题的过分推崇，使历史学家的主体性问题被淹没在对唯物主义认识路线的片面理解之中，我们在历史客观性面前失去了任何的历史主动性，对原本十分正常的主体性自觉问题变得过于麻木，史学研究存在严重的主体缺位现象。改革开放30年来，历史学家的思想解放有了一定成效，主体性问题有了某种程度的加强，但是，一种自觉的主动的张扬主体意识的观念并没有确立起来，科林伍德讲的"要认识某种事物而并不认识自己在认识"的状况并没有得到解决，而这个问题的解决，关系着历史科学的发展和繁荣、前途和未来。

我们研究的历史已经成为过去，它不会自动呈现出来，历史的价值也不会自动凸显，对历史价值的挖掘是靠历史学家来实现的。即使有多么丰富的历史资料摆在我们面前，资料也不会说话，历史要靠历史学家来复活，历史需要由史学家的笔来揭示，来描述，来死而复生。没有历史学家主体性的发挥和张扬，历史本身就不会有任何意义和价值显现出来。历史的价值依赖于历史学家，这是必须确立的一个认识论观念。基于此，笔者主张，历史认识论研究最关键的是要建立起完整的以认识主体为核心的历史认识论体系，并以此来武装我们的历史学家，以求得史家主体思想观念的空前解放。

以主体为核心的历史认识论体系，主题当然是历史认识主体研究。虽然以往关于主体的研究成果最为丰富，但也还是有许多问题没有展开。首先，以往的主体研究，主要是个体认识主体方面的研究，而历史认识主体是个有着多层次内涵的概念。主体包括个体主体、群体主体（史家群体）和社会主体（前引何晓明所谓人类主体）三个层次，第二第三层次的主体问题，实际上都还没有展开性的研究，所以在历史认识主体问题研究方面，也还是有可拓展的空间的。其次，以主体为核心的历史认识论体系，也不能只有关于主体的研究来构成，它应该是一个完整的研究体系。特别是我们前边提到的历史认识客体的研究，目前还十分薄弱。但客体研究，实际上也是围绕着主体去进行的。认识论中的客体已经不是自在的东西，它是主体的建构，是主体认识能力、主体的本质力量的表现和确证。客体主体化，只要不把它理解成一个绝对的东西，就是一个在历史认识论研究中需要得到肯定性重视的问题。历史认识论研究中的价值性问题，也是以前研究较为薄弱的领域。价值性认识，作为一种认识形式已经被人们注意到了，也发表过一些文章，但历史价值，是个非常复杂的问题，还需要有更为深入的研究和探讨。而价值研究，实际上也是一个主体性很强的问题。甚至历史认识的检验，这个历史认识论中十分棘手的问题，也与主体性问题有着密切的关系。如何建立起完整的以认识主体为核心的历史认识论体系，需要展开充分的讨论，我们这里的寥寥数语不可能解决这样宏大的问题，但提出这个历史认识论研究的目标，则是有益的、必要的，它应该成为我们今后历史认识论研究的一个方向或旗帜。

2. 开展历史认识机制的深入研究

历史认识是如何进行的，如何实现的，这是历史认识论研究中一个很基础性的问题。以前所讨论的史家主体意识结构，属于这个问题的范畴，但只是对认识结构的平面研究，并不是认识发生学性质的研究。历史认识如何发生，如何形成，它的背景依托、知识依托、心理依托等方面，是需要有一个体系性的探讨的。在这方面现当代心理学方面的研究可为借鉴。

譬如皮亚杰的发生认识论就很可以给我们以启发。皮亚杰发现了人们以往对思维形式的普遍有效性的理解和探究，存在着两个明显的缺陷。第一个缺陷是哲学家们只从既成或预成的观点，去考察思维的逻辑形式及其普遍有效性，忽略了对早期较具体的逻辑思维形式的形成和发展的研究。第二个缺陷是人们对认识领域中主体活动、认识内容和认识形式三大要素相互关系的研讨，通常只注意到主体活动和认识内容、认识内容和形式之间的关系，却忽视了主体活动对认识思维形式的决定作用，因此无法说明逻辑思维形式普遍有效性的来源。① 克服这两个缺陷的努力，使他创造了发生认识论的原理，沿着人类思维的逻辑形式只发端于主体的活动结构这样的思维方向，揭示了人类认识的生成机制。皮亚杰所发现的以往思维形

---

① 李晓明：《略论皮亚杰发生认识论的方法》，《江汉论坛》1983 年第 11 期。

式的普遍有效性研究的两个缺陷，也在我们的历史认识论研究中存在着，我们也是把已经形成的主体意识结构当成了既成的或预成的存在，并认可而不质疑它的普遍有效性，既不考虑这种主体意识结构的形成问题，也不研究结构的认识功能如何实现的问题。皮亚杰提出的问题也同样值得我们思考。当然，历史认识论研究也不必要将历史认识的发生追溯到像发生认识论那样本源的地步，但是，它的发生机制，也还是需要有所追问的，不是一般的平面的认识结构研究所能够完成的。一方面，史家主体意识结构不是静止的平面，而是动态的，发展的，不是一成不变的，结构的培育不是一劳永逸的；另一方面，主体意识结构的认识功能是如何实现的，历史认识是在什么样的环境系统中进行的，等等，都很值得发掘和研究。历史认识论的发生学研究，可以不进行认识个体的生理心理研究，却不能不进行认识赖以进行的社会群体心理的研究，不能不进行认识的社会历史环境的研究，不能不进行认识的广义知识背景的研究。历史认识不是一个单纯个体的问题，认识的发生和进行是个很复杂的社会问题。所以，关于历史认识的发生机制研究，笔者想提出一个历史认识场论（意即历史认识赖以进行的背景系统）的概念，以此为指导进行历史认识的社会发生学探讨。我们今后一个时期的历史认识论研究，能否在更广阔的思维背景中展开呢？

3. 引进西方历史哲学要有分析批判的科学态度

从大的方面说，改革开放以来西方分析派历史哲学和后现代主义史学的引入，对我国史学理论研究有很大的推进作用，整个历史认识论研究的兴起，实际上是与这些思想的启发有关的。但是，在引入西方史学思想的过程中，我们也发现一些值得注意的问题，主要的是在以分析的批判的眼光看待西方史学方面，还缺乏必要的理性自觉。

譬如分析派历史哲学，他们看到了历史认识中现代观念或主观性因素的渗透问题，这是一个天才的发现；虽然这是一个司空见惯的每日每时都在重演着的认识论事实，但以往的人们却没有发现它，而只是分析派历史哲学家们看到了，揭示了历史认识的现代性和主体性这个顽强的特征。这一发现，有助于人们清醒地看待自己的研究成果，把我们从认识的盲目性中解脱出来，能够以批判的眼光看待自己的历史认识活动。分析派历史哲学的这一贡献，无论如何评价都不过分。但是，人类认识的任何进步都不意味着科学认识的终结，并且也都不具有完美的特征，而必然也有自己的缺陷。正像前引何兆武先生所指出的，这种分析哲学用知识论语境取消或代替了历史哲学本身固有的问题思考，回避了历史哲学最基本、最重要的对象和前提，而历史哲学终究是有其不可否定和不可离弃的客观对象及其问题的。除了这个最致命的问题，仅就知识论语境的范围来说，它也不是最完整的解释。不论是克罗齐的"一切真历史都是当代史"，还是科林伍德的"一切历史都是思想史"，难道还不都是陷入了绝对化的泥潭？既然一切历史都是现代史，都是思想史，人们完全可以从现代或者现实的思想中提取今人所需要的一切，为什么还要求助于历史呢？历史学这种形式的学科的存在还有什么必要性呢？其实，我们既需要正视历史知识中的现代性和主观性，也离不开历史中的客观性因素，还需要从客观的历史中提取必要的有益的解读，这才是历史学的价值之所在。任何认识，即便是它有巨大的认识论价值，也绝不就是一切！抓住一点，就以为抓住了全部真理，是不可能不犯片面性错误的。

就认识论的价值上说，后现代主义史学比起分析派的历史哲学就又逊一筹，它除了提醒人们重视语言分析问题，还提供了什么新的东西呢？而语言分析，永远也代替不了历史分析，不管语言的问题如何搅浑不清，它永远无法彻底遮蔽历史资料所透露的历史信息。就以现实生活中的语言交流来说，尽管语言无法绝对准确地传达人们所要表达的意思，尽管接受者也无例外地是用自己独特的角度或方式来理解他人传递的语言信息，但却无人能够否定语言是人们进行信息交流的最便捷最有力的工具，是任何人都没有想过的要抛弃的东西。语言交流的明晰性，要远远大于它的模糊性；语言意义的稳定性，要远远大于它的变动不拘。后现代主义所提出的语言问题，如何就能实现对历史学的解构呢？

分析派的历史哲学也好，后现代主义也好，他们都是抓住了问题的一个方面，都多少有些走极端的倾向。这些史学思想是走极端的，也可能正因为其走极端，才在它的这个极端的方面达到了深刻，吸引了人们的眼球；但是，也正是由于极端，除了它的闪光之处略有些迷人之外，就其整体上说，其科学性也就大为逊色。西方的许多思想都有这样的特征。他们是真正个性化的人，思想和学说都打上了个性特征，也就都有它的偏颇之处。而我们在引入西方思想的时候，是不是应该多一份思考呢？对待西方史学，只要我们能够以辩证理性的态度去对待，就可以做到既汲取其思想的精华，又避免其负面的冲击，真正将其作为我们史学理论建设的他山之玉。

（原载《史学月刊》2008 年第 7 期）

大陆学界河洛文化研究的现状及问题

　　河洛文化研究是在 20 世纪 80 年代，随着整个学术界地域文化研究的兴起而展开的。最初的河洛文化研究，是学术研讨中的自发现象，但没有形成气候。其大规模勃发，是在 20 世纪 90 年代中期，并且是和地方经济的发展捆绑在一起，带有比较明确的经济诉求。其后又渗入政治因素，肩负唤起中华民族凝聚力的期待而走向高潮。将近 20 年来，河洛文化研究在经济和政治双重因素的推动下，获得蓬勃发展的生机，也取得了颇为繁荣的成就。但经济诉求和政治因素在推动河洛文化研究的同时，也带来了某些不利因素，使得这一地域文化研究表面上轰轰烈烈、繁花似锦，而在其学术性上却难以深入。对河洛文化研究现状进行分析和总结，显得很有必要。

一　河洛文化研究的大体进程

　　关于河洛文化研究的基本状况，李晓燕已经发表过一篇述评文章，[①]对河洛文化研究的大体概况、主要的大型学术活动、研究机构状况、论文论著的发表情况等都有比较详细的梳理，可谓参考。本文这里仅是勾画河

[①]　李晓燕：《二十年来河洛文化研究述评》，《东北史地》2011 年第 6 期。

洛文化研究的大体线索，划分其研究的几个阶段，并对其阶段性特征和主要成果做概括说明。大体上说，河洛文化研究，可以分为三个阶段。

第一阶段是20世纪80年代中期到90年代初，这是学术界关于河洛文化研究的自发性阶段。这一阶段的特征是，河洛文化概念随着一般性地域文化研究的发展而提出，但却限定在区域社会、区域经济和区域文化研究的学术范围。

80年代中期，随着区域社会史、区域经济史和区域文化史研究的兴起，学界开始把历史上的河洛地区作为一个独立的地域单位进行研究，开始关注到河洛地区的经济社会或文化面貌的特殊性问题，但却没有明确提出"河洛文化"概念。最具代表性的是黄以柱发表在《河南师大学报》（自然科学版）1984年第1期上的《河洛地区历史经济地理简论》一文。该文明确划分了河洛地区的地域范围："河洛地区指河南省西部黄河及伊洛河流域，大致相当明清时期河南府与陕州管辖的范围，主要包括今灵宝、陕县、渑池、新安、孟津、卢氏、洛宁、栾川、嵩县、宜阳、伊川、偃师、巩县、登封、洛阳、三门峡、义马等17个县市。"并以该地区的历史经济地理状况为考察对象，系统考察了河洛地区"两汉以前的初步开发"、"汉末至清初的盛衰变化"、"鸦片战争及解放前夕的半殖民地化"这样一个完整的历史发展过程。可以说，黄以柱研究的即是河洛文化区域的社会经济发展史，是河洛文化研究的范畴，但是，在这一时期，人们还普遍没有使用河洛文化这个地域文化概念，黄以柱的文章中也就没有一处提及这一文化术语。可以说，在80年代中期，已经存在事实上的河洛文化研究，但却没有使用"河洛文化"概念。

将河洛文化概念明确提出，并大规模推进其研究的，应归功于处于河洛文化中心区的洛阳市的地方史志工作者，归功于洛阳历史学会。突出的代表性事件，就是从1989年到1991年，连续三年河洛文化国际学术研讨会的召开，扩大了河洛文化的影响。1989年、1990年的会议，由洛阳市历史学会和洛阳海外联谊会联合召开，来自中国大陆、台湾、香港以及日本、美国等海内外学者100余人出席会议，集中讨论中国古代文明的起源、根在河洛、河洛人的南迁、河洛文化在中国古代文化中的地位等问题。

1991 年的会议，由洛阳市文物二队举办。① 1989 年的会议之后，会议论文集《河洛文化论丛》（第 1 辑）于 1990 年在河南大学出版社出版，由此揭开了河洛文化研究大规模展开的序幕。和后来河洛文化研究的发展相比，这一阶段的特点就是它的学术性和民间性，主要是由学者和学术机构发起的学术活动。

第二阶段是从 20 世纪 90 年代中期到 21 世纪的最初几年，该时期的河洛文化研究由于有政府的参与，使其研究具有了明确的经济诉求，在"文化搭台、经济唱戏"的社会氛围中蓬勃展开。当然，也由于有政府的参与和推动，研究显示出博大的气势，在学术上也有了一定的推进。然而，因为是有地方政府发展经济的利益诉求，所以，其研究活动也多局限在以洛阳为代表的地域范围，部分国内著名学者的参与，也是地方政府组织和邀约的结果，发自学术自身的内在驱动性不是特别明显。

这一阶段的主要标志，首先是 1993 年 10 月中华炎黄文化研究会、河南省炎黄文化研究会和巩义市政府联合召开"炎黄文化与河洛文明国际学术研讨会"，就中国古代文明的渊源、河洛文明在中国古代文明发展中的地位、河洛文化外迁的历史与影响、河图洛书等问题进行集中探讨。这是在河洛文化研究中，地方政府介入学术研究活动的开始。地方政府的财力和行政力量，给予学术活动以有力支持。其次，是 1994 年洛阳市政府努力促成的《文史知识》"河洛文化专辑"的出版，这是影响力更大的一次学术活动，也标志着河洛文化第二个发展阶段的基本特征。

1994 年《文史知识》杂志出版关于河洛文化的研究专辑，是一个政府行为，也是一个带有以文化促经济目的的文化事件。此专辑邀请了张岱年、韩国磐、刘家和、罗宗强、陈桥驿、朱绍侯、李学勤、李民等著名学者参与，共发表了 20 多位学者的文章，同时洛阳市市长、市委秘书长也撰文参与讨论，显示出颇为典型的官方色彩。这是在邓小平南方谈话打开改革开放新局面之后，地方政府寻求经济发展新出路的产物，是当时"文化

---

① 关于这些会议的具体情况，可以参考当时的会议报道和李晓燕的《二十年来河洛文化研究述评》一文。

搭台、经济唱戏"社会氛围中的一个文化果实。这个专辑的出现，尽管是政府行为，但毕竟是有众多学术造诣高深的学者参与，还是提出了河洛文化的诸多问题。譬如，关于河洛文化的区域划定、河洛文化的文化属性、河洛文化的历史地位、河洛文化的历史变迁、河洛文化的域外传播等等，这些后来河洛文化研究中反复论及的基本问题，在这本专辑中都提出来了，也可以说，其后河洛文化研究的基本方向，也是由这本专辑奠定的。

河洛文化研究的第三阶段，应该从2004年算起。其标志是当年河南省社会科学院"河南省河洛文化研究中心"的成立，及其2006年国家层面的"中国河洛文化研究会"成立；其特点是，该时期的河洛文化研究，在第二阶段被赋予一定的经济诉求之外，又被赋予了明确的政治属性，成为一项凝聚民族力的文化事业。

这一阶段的展开，发端于2003年全国政协副主席罗豪才的动议。2003年10月，罗豪才在洛阳出席"世界客属第18届恳亲大会"并在洛阳考察之后，对河南省政协提出了要深入研究河洛文化的要求。他说，要深入研究河洛文化，特别是研究河洛生民的历史迁徙情况和河洛语言的传播演变过程，对反对"台独"、推进祖国统一具有很大的现实意义。希望河南尽早组织开展专题研究，召开河洛文化研讨会，邀请海峡两岸和海外的专家学者共同交流研讨。于是，河南省政协以此为契机，从政府和行政的层面进行推进，其直接结果就是于2004年8月在河南省社会科学院成立河南省河洛文化研究中心，并着手组织关于河洛文化的国际研讨会。此项事业的继续扩大和升格，就是2006年由河南省政协牵头组织，成立了国家层面的研究机构"中国河洛文化研究会"，全国政协港澳台侨委员会主任担任会长，河南省政协副主席任常务副会长，研究会扩展为一个全国性的学术团体。于是，从2004年特别是2006年后，河洛文化研究进入一个高潮阶段。2004年10月，接续10多年前的河洛文化国际研讨会，第四届河洛文化国际研讨会在郑州和洛阳召开，并且从本届开始，这个河洛文化国际研讨会，即由全国政协港澳台侨委员会、河南省政协、中国河洛文化研究会共同主办。此后，每年一届的河洛文化国际研讨会召开一次，至今再无间断。每年一个主题，每年都能收到一百多篇论文，并出版论文集，河洛文化研究从此进入一个空前繁盛的阶段。

2004 年以后，由于政府政治主导性文化行为造成了比较大的研究声势，加上政府立项的财力支持，迅速出版了一批研究成果。除了一些学术刊物竞相创办专题研究的栏目之外，研究性专著也相继出版。据笔者考察，其中较有学术价值的著作可以列出如下一批：徐金星、吴少珉主编《河洛文化通论》，光明日报出版社 2006 年版；王永宽著《河图洛书探秘》，河南人民出版社 2006 年版；程有为著《河洛文化概论》，河南人民出版社 2007 年版；薛瑞泽、许智银著《河洛文化研究》，民族出版社 2007年版；杨海中著《图说河洛文化》，河南人民出版社 2007 年版；李绍连著《河洛文明探源》，河南人民出版社 2009 年版；史善刚著《河洛文化源流考》，河南人民出版社 2009 年版；史善刚著《河洛文化与中国易学》，河南人民出版社 2009 年版；杨海中主编《河洛文化与闽台文化》，河南人民出版社 2009 年版；薛瑞泽等著《河洛文化的对外传播与交流》，河南人民出版社 2010 年版；董延寿等著《河洛思想文化研究》，河南人民出版社2010 年版；温玉成等著《河洛文化与宗教》，河南人民出版社 2010 年版；等等。

20 多年来大陆学界河洛文化研究的情况大体如此。由于有明确的经济诉求和政治因素，有政府层面的大力组织和推动，其研究确实出现了比较繁盛的局面，至少从表面看来是比较繁荣的。在国内诸多地域文化研究的比较中，河洛文化算是一个突出的亮点。

二　河洛文化研究所关注的主要问题

通过对研究内容的大致总结，我们感到，学者们所关注的主要问题，大体上集中在以下几个方面，兹略作概述。①

1. 河洛地域及河洛文化圈范围

关于河洛文化所覆盖地域的考察或认定，是该地域文化研究的学理性

---

① 本文关于河洛文化研究状况的介绍和评述，不是一般的学术综述，不求信息的全面性，而是根据本人的判断，将一些有代表性的看法罗列出来。

前提。这方面的认识差异，决定着考察对象的宽泛或狭隘。

朱绍侯先生认为，历史上的河洛地区，"指以洛阳为中心，西至潼关、华阴，东至荥阳、郑州，南至汝颍，北跨黄河而至晋南、济源一带地区"，"河洛文化圈应该涵盖目前河南省全部地区，东与齐鲁文化圈相衔接，南与楚文化圈相衔接，西与秦晋文化圈相衔接，北与燕赵文化圈相衔接"。①

李绍连说："'河洛'是一个地理概念，特指黄河与洛河交汇之地域，就是黄河的'三河'和洛河流域。三河则是《汉书·地理志》中所说的河东郡、河内郡、河南郡。由于文化分布与行政区域并不完全一致，根据文化分布情况，河洛文化区大约相当于东至豫东，西抵陕豫交界一带，南达周口、南阳一线，北涉晋、冀的中南部等地区。"②

许顺湛将河洛划分成三个区域："第一区是黄河与洛河的内夹角洲，包括灵宝、卢氏、三门峡、陕县、渑池、新安、洛宁、栾川、嵩县、宜阳、伊川、孟津、洛阳、偃师、巩义等县市（包括洛汭内夹角洲）。第二区是黄河与洛河交汇的外夹角洲，它至少要包括伏牛山北麓的汝州、郏县、禹州及郑州市所辖的登封、荥阳、密县、新郑、中牟，可以达到开封市辖区。第三区应包括黄河北岸的晋南诸县以及河南省的济源、沁阳、温县、孟州、武陟等市县。从机械的地域观察，河洛文化地域东可到达开封，经郑州、洛阳、三门峡，西达陕西的西安。"③

邢永川认为，河洛在地理学意义上有三层涵义：微观层面是指今天的河南洛阳；中观层面指洛阳地区，以洛水和嵩山为中心，包括汝水、颍水上游地区，北起中条山，南达伏牛山，东至京广铁路，西至潼关，与今河南省的西部和中部地区大体相当；宏观层面指今天的河南省，也可以看作是"中原"的代名词。④

综合各家之说，可以大致判定：河洛地区是以洛阳为中心、以河洛交

① 朱绍侯：《河洛文化与河洛人、客家人》，《文史知识》1994 年第 3 期。
② 李绍连：《略谈河洛文化与中华传统文化》，《黄河科技大学学报》2008 年第 6 期。
③ 许顺湛：《河洛文化与台湾》，河洛文化与台湾研讨会交流论文。
④ 邢永川：《"河洛"初考》，陈义初主编《河洛文化与汉民族散论》，河南人民出版社，2006，第 72～81 页。

汇处为代表的河洛流域。而河洛流域的中心范围是洛阳至河洛交汇的巩义一带；广义的河洛流域，则包括西至潼关，东至开封，南至伏牛山北麓，北跨黄河至晋东南、济源至安阳一带相对广袤的区域。秦汉时期的所谓河东、河内、河南三河之地，可以看作是河洛流域的大致范围。从今天的行政区划看，就是河南的中西部。一般所言河洛文化圈，则是指广义的河洛流域所覆盖的范围。

2. 河洛文化的概念、内涵及发展阶段

关于河洛文化概念，一般认为就是河洛地区的文化。这样，河洛文化定义就有两个重要要素，一是河洛地区的划定，一如前述；二是关于这种文化产生及形成、传承的时间断限。这后一点，程有为的《河洛文化概论》中总结了四种有代表性的观点。

第一种观点认为河洛文化是一种远古文化，其下限是夏朝建立。张振黎说：河洛文化"狭义讲乃是中原腹地伊、洛、河三川平原的远古文化"。

第二种观点是战国末期。孙家洲认为，河洛文化与其他地域文化一样，至秦朝统一后已不复存在。周文顺也认为，河洛文化的"准确定义为，夏商周三代河洛地区的文化现象"。河洛文化即夏商周文化。

第三种观点是鸦片战争前夕或清末，讲河洛文化限于中国古代。李先登说："河洛文化指的是中国古代河洛地区的文化。"韩忠厚也说："河洛文化是产生于河洛地区的中国古代的传统文化。"

第四种观点是现代。"河洛文化的时间跨度很大，其上限可上溯到传说中的五帝时代，其下限则一直到今天。"

程有为自己赞成第三种观点，认为河洛文化应该是一种传统文化，它与现代文化有本质的区别。①

关于河洛文化的内涵，朱绍侯先生认为："河洛文化应是产生于河洛地区的，包括原始社会的彩陶文化（仰韶文化）和河南黑陶文化，以及神秘而代表河洛人智慧的《河图》、《洛书》；应包括夏商周三代的史官文化，

---

① 程有为：《河洛文化概论》，第7页。

及集夏商周文化大成的周公制礼作乐的礼乐制度；还应包括综合儒、道、法、兵、农、阴阳五行各家学说而形成的汉代经学，魏晋玄学、宋明理学，以及与儒道思想互相融合的佛教文化等等，以上各种文化的总合就是河洛文化。"①

戴逸关于河洛文化内涵讲了四个方面：第一个方面，从远古的发掘和传说方面来说，由早期的裴李岗文化起，到仰韶文化，龙山文化，二里头文化，夏、商、周的遗存可以说是星罗棋布。第二个方面，从学术史的角度来讲，中国历史上有两个重要的学派，一个是汉学，一个是宋学。这两个学派都跟河洛地区有很大的关系。第三个方面，从文学和史学的角度来讲，河洛地区也有重大的贡献。中国的一部文学史，如果除开河洛地区，那就黯然失色了。第四个方面，从宗教方面来讲，河洛地区也很丰富，很有特色。中国最早的白马寺，是迦叶摩腾、竺法兰讲经的地方。河洛文化源远流长，内涵丰富多彩，涉及哲学、文学、宗教、艺术、建筑、民风习俗等诸多方面。②

程有为说："河洛文化博大精深，内涵十分丰富。它可以分为物质文化、精神文化及制度文化三个部分，精神文化则包括思想学术、宗教信仰、文学、艺术、科学技术、教育与民风民俗等，而河图洛书与二程洛学则是河洛文化所独有并带有标志性的思想学术，在中国传统文化中具有重要地位。"③ 他认为，河图洛书和二程洛学是河洛文化最具标志性的成果，或者说是其最核心的内涵。

徐心希认为，商周时期的王权文明是河洛文化的核心内涵。"判断早期中国文明的主要标准是宫殿、文字、青铜器和礼制的出现。这四种文明的基本要素均是围绕王权的产生和发展而不断完善的，因而可以统称为王权文明。我们认为，商周文明的核心应当就是日益巩固和加强的王权政治文明。河洛文化的形成和发展与商周时期王权政治的迭兴息息相关。"这

---

① 朱绍侯：《河洛文化与河洛人、客家人》，《文史知识》2003 年第 4 期。
② 戴逸：《关于河洛文化的四个问题》，《寻根》1994 年第 1 期。
③ 程有为：《河洛文化概论》，第 1 页。

使得"商周时期的王权文明成为河洛文化的核心内涵","王权政治文明就是贯串河洛文化始终的核心精髓"。①

关于河洛文化的分期问题，也有不少人发表看法。朱绍侯先生说："夏商周是河洛文化的源头，汉唐是河洛文化的鼎盛期，北宋是河洛文化发展的顶峰，并由此衰落下去。"②

张新斌说："河洛文化划分为以下几个时期：以包括《河图》《洛书》在内的史前文化为河洛文化的初始期，夏商周三代为河洛文化的形成期，秦汉魏晋为河洛文化的发展期，隋唐北宋为河洛文化的鼎盛期，元明清为河洛文化的中衰期，现当代为河洛文化的复兴期。但是考虑到河洛文化超越地域性的文化影响与辐射力主要集中在夏代以来到北宋之间，因此就时间概念而言，狭义的河洛文化可以特指这一时段。"③

徐金星、吴少珉认为："河洛文化起源于史前裴李岗文化时期或更早，形成于夏商周三代，发展于汉魏南北朝，鼎盛于隋唐北宋，宋以后开始衰落，新中国成立后进入复兴期。"④

程有为将之分为五个阶段：（1）史前的原始社会是滥觞期；（2）夏商西周三代是形成期；（3）春秋战国至魏晋南北朝是发展期；（4）隋唐至北宋是兴盛期；（5）金元明清是衰落期。⑤

分期问题牵涉起源或形成期的判断，是史前还是进入文明时代之后，以及下限是至于中古结束还是延续至今。这些问题讨论都还不充分，特别是缺乏一些学理性的论证。各家都是讲自己的分期，而为什么要这样分期，这样分期的逻辑依据何在，等等，则都被忽略不论了。

3. 河洛文化精神及文化特性

河洛文化精神和文化特性，是谈论最多的话题。罗豪才说："河洛文化以'河图'、'洛书'为标志，体现了中华传统文化的根源性；以夏、

---

① 徐心希：《试论殷商文明与河洛文化之关系——兼论商周时期的王权文明是河洛文化的核心内涵》，《河洛文化与殷商文明》，河南人民出版社，2007。
② 朱绍侯：《河洛文化研究之展望》，《洛阳工学院学报》2001年第3期。
③ 张新斌：《河洛文化若干问题的讨论与思考》，《中州学刊》2004年第5期。
④ 徐金星、吴少珉：《河洛文化通论》，第9页。
⑤ 程有为：《河洛文化概论》，第10页。

商、周三代文化为主干，体现了中华传统文化的传承性；以洛阳古都所凝聚的文化精华为核心，体现了中华传统文化的厚重性；以'河洛郎'南迁为途径，把这一优秀文化传播到海内外，体现了中华传统文化的辐射性。"①

李学勤将河洛文化特性归纳为"传统性、开放性、综合性、先导性"。②

程有为的观点是："河洛文化作为中国一种重要的地域文化，既具有其普遍性，也有其特殊性。其特殊性就是：1. 开放性或者说包容性；2. 先进性或者说先导性；3. 正统性；4. 连续性。"③

张新斌也论述过河洛文化的若干特点："一是正统性。河洛文化是国都文化，是正统文化，是一统文化……二是传承性。以国都为主干，形成的连续不断的国都链条，由于政治制度的完善，所表现出的文化的传承性十分明显，无论王朝怎样更替，主导政治的思想体系没有变化，相关的制度设施继续存在，从而有力地保障了文化的传承性。三是融合性。河洛地区特有的条件，造就了地区的吸纳力，天下名士云集河洛，他们带来了地方文化的精华，河洛文化在自身传承的同时，吸纳了这些精华，并融合出更为先进的文化……四是原创性。它表现的是最早、最大、最先进。由于特定的条件，决定了这里成为中国文化的原创地，在文学、艺术、史学、哲学、教育、科技、宗教等方面，表现出了原创性，并形成了对历史发展最有影响的文化之根，中国历史的文化源头是河洛文化正统性的最好体现。"④

廖开顺提出，河洛文化是中华文化的"根性文化"。这种根性文化所以能形成，首先，中原地带的地理环境优势与黄河流域城市的最早兴起为文化的输出、交流、融合提供了条件；其次，在河洛地区建立的中华最早的国家及制度文化对河洛文化的根性文化地位的形成起重要作用。这种根

---

① 罗豪才：《河洛文化与汉民族散论·序一》。
② 李学勤：《河洛的历史地位与河洛文化的性质》，《文史知识》1994 年第 3 期。
③ 程有为：《河洛文化概论》，第 1 页。
④ 张新斌：《河洛文化若干问题的讨论与思考》，《中州学刊》2004 年第 5 期。

性文化特征，主要表现在：（1）河洛文化中的物质文化为中华文化的开创奠定了基础；（2）河洛文化对中华文化原典的产生起先导作用。[①]

徐心希说，河洛文化的第一特征表现在王权政治中心文明经久不衰。第二特征是文化结构严密与博大，有许多文明可以溯源于此。第三特征则表现在河洛文化的精神核心是大一统理念，这本身也成为民族传统的文化基因。[②]

总起来看，以往关于河洛文化性质的研究，过多地关注了它的超越性（主导性、根性、源头性等等），即超越于一般地域文化的属性，而忽视了它的地域性。毕竟，在我们提出河洛这个地域概念的时候，这个文化面貌的特殊性就已经确定了，我们不能不在其地域特性上下功夫。

4. 河图洛书问题

河图洛书一直是河洛文化研究中的一个重要问题，几乎所有研究河洛文化的人，都对这一文化现象给予了特别的重视，将其视为河洛文化的标志性文化成果。但是，所谓河图洛书，则是一个千古之谜，并在目前情况下，还不得不说是一个奇妙的传说。纵观历代对河图洛书的解读，还真是符合顾颉刚先生那句"层累地造成的中国古史"的古史辨名言。

先秦文献中的河图洛书说，主要见之于以下文献。

《易经·系辞上》云："河出图，洛出书，圣人则之。"

《尚书·顾命》谈西周策立康王仪式中堂上的陈列物时提到河图："越玉五重，陈宝，赤刀、大训、弘璧、琬琰，在西序。大玉、夷玉、天球、河图，在东序。"

《管子·小匡》管仲有言曰："昔人之受命者，龙龟假，河出图，雒出书，地出乘黄。今三祥未见有者，虽曰受命，无乃失诸乎？"

《论语·子罕》，孔子云："凤鸟不至，河不出图，吾已矣夫！"

《墨子·非攻下》："赤鸟衔珪，降周之岐社，曰：'天命周文王伐殷有

---

① 廖开顺：《论河洛文化的根性特征及客家文化的根性精神》，《河洛文化与殷商文明》，第114～119页。
② 徐心希：《试论殷商文明与河洛文化之关系——兼论商周时期的王权文明是河洛文化的核心内涵》。

国。'泰颠来宾，河出绿图，地出乘黄。武王践功，梦见三神，曰：'予既沈渍殷纣于酒德矣，往攻之，予必使汝大堪之。'武王乃攻狂夫。"

先秦文献中透露出来的信息，无非是说河图洛书是一种祥瑞或朕兆，如有皇天授命、新君立国之时便有可能出现。至于《尚书》中所说的陈列于东序的河图，则更像是一种宝器或物件。而不管是宝器还是祥瑞之兆，都没有人描述它的状态或样子，甚至也没有人怀疑过它的记载，这是一个美好的谜一样的存在。

而到了汉代，情况就不同了。汉儒似乎比前人更聪明，虽然他们同样也没有见过，但他们却言之凿凿地说，河图就是八卦，而洛书就是《尚书》中的《洪范九畴》。此说最早就出自于有作伪嫌疑的孔安国。孔氏的《尚书传》解释《顾命》篇中的"河图"说："河图，八卦。伏羲氏王天下，龙马出河，遂则其文以画八卦，谓之河图，及典谟皆历代传宝之。"①他又解释《洪范》篇的"天乃赐禹洪范九畴"云："天与禹洛出书，神龟负文而出，列于背，有数至于九。禹遂因而第之，以成九类，常道所以次叙。"②

孔安国之后，刘歆承袭此说："伏羲氏继天而王，受《河图》，则而画之，八卦是也；禹治洪水，赐《洛书》，法而陈之，《洪范》是也。"③

东汉班固在抄录刘歆的话后，又进一步演绎："'初一曰五行；次二曰羞用五事；次三曰农用八政；次四曰叶用五纪；次五曰建用皇极；次六曰艾用三德；次七曰明用稽疑；次八曰念用庶征；次九曰向用五福，畏用六极。'凡此六十五字，皆《雒书》本文，所谓天乃锡禹大法九章常事所次者也。"④ 班固连洛书的具体文字都确认下来。

汉人相对于先秦诸子，讲河图洛书的具体面貌又细化了一步，讲河图与八卦而与《周易》连在了一起，将洛书与《洪范九畴》挂起钩来。而这一步的迈出，却没有讲出任何的根据。

---

① 《尚书正义》，十三经注疏整理本，北京大学出版社，2000，第592页。
② 《尚书正义》，第353页。
③ 《汉书·五行志上》，中华书局，1962，第1315页。
④ 《汉书·五行志上》，第1316页。

相较而言，宋人的想象力则更加丰富和细密了，他们竟然将河图洛书具体化为了两张规范严谨的数字图式，这就是今天人们看到的以黑白圈点表示的河图和洛书：

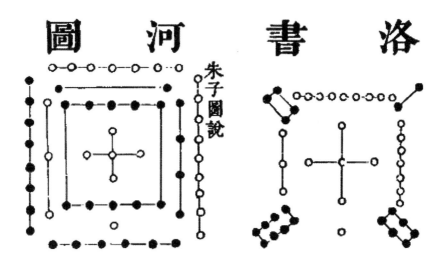

这两张图据说最早是北宋初年著名道士陈抟绘制，以一至九的排列为河图，一至十的排列为洛书。北宋刘牧著《易解》，改变陈抟的说法，以一至十的排列为河图，一至九的排列为洛书。南宋朱熹《周易本义》肯定刘牧的说法，自此河图洛书的具体面貌基本定型，就成了我们现在看到的样子，层累地造成的河图洛书体系最后完成。

当然，关于河图洛书的故事叠加并没有因为儒士的大胆推测和严密构思而终结，故事同样在民间传承和衍生，以至于连河出图、洛出书的具体发生地都有了说法甚至争议。相传河图出于今河南孟津，当地有南北朝时期的龙马负图寺，还有一些以负图、上河图、下河图命名的村庄；有人考证洛出书的地方就是河南洛宁县的西长水乡，此即"洛书赐禹"之地。

河图洛书问题的来历大抵如上所述，而在河洛文化的研究领域，该如何认识这个问题呢？

李民说："从诸多的记载可以肯定'河图洛书'是中国上古文献的源头。""不是说《洪范》的核心内容等同《洛书》，但《洪范》作为载体确实传载了《洛书》的核心内容。特别是《汉书·五行志》根据《洪范五行传》揭示出《洪范》中从'初一曰五行'以下 65 个字是《洛书》的本文，《洛书》遗留的这 65 个字恰恰正是《洪范》的'纲'，可见二者关系是不寻常的。"① 李民是基本采信了汉人关于八卦来自于河图、《洪范》来自于《洛书》的说法。

张正明、董珞说："三代的河洛文化是中华文化的主源。《易系辞上》云'河出图，洛出书。'《河图》与《洛书》只是中华文明抽象化且神秘化的符号，并非实有其物。图自河出，书自洛出，虽为传说，却正是先民对中华文明肇源于河洛的准确记忆。"②

王永宽认为："河图洛书，是河洛文化中具有经典意义的并且是具有标志性的文化成果，也可以说是河洛文化的徽识。"他还论述说："河图洛书的产生，所反映的远古物象崇拜意识表现在三个基本问题。其一是河图洛书的来源，传说认为河图洛书是从黄河、洛河中的河水中来的，这反映了远古时期先民的河流崇拜意识。其二是河图洛书的传送媒介，传说认为河图洛书是由龙、马、龟衔来或驮来的，这反映了远古先民的灵异动物崇拜意识。其三是河图洛书的主要表现形式。传说认为河图洛书的基本符号是数的概念，这反映了远古时期先民的数字崇拜意识。"③

目前研究河洛文化的学者，尽管不能肯定河图洛书传说的真实可信，但都认为这一文化现象包含着宝贵的思想文化内涵，它肯定了先民对中国文化源头"河洛"的认定，对文化生成与来源的追溯，以及中国这一农业民族对河流的依赖与崇拜。河图洛书问题的研究表明，河图洛书本身的真伪虚实并不重要，重要的是如何去分析认识这一文化现象的象征意义和它所蕴含的文化价值。在这方面，王永宽的总结颇具价值。王永宽《河图洛书的文化内涵》一文提出，河洛文化之所以形成一个含义固定的文化概

① 李民：《河洛文化与〈尚书·洪范〉》，陈义初主编《根在河洛——第四届河洛文化国际研讨会论文集》（以下简称《根在河洛》），大象出版社，2004，第 12~13 页。
② 张正明、董珞：《先秦河洛文化族属述略》，《河洛文化与汉民族三论》，河南人民出版社，2006，第 27 页。
③ 王永宽：《河图洛书探秘》，河南人民出版社，2006，第 1、38 页。

念，最主要的标志是河图洛书。虽然它是一种传说，虽然宋人关于河图洛书图式的创设也难得确论，但它仍然可以作为研究河洛文化的重要根据。从文化符号的象征意义方面予以解析，可以由此悟知河图洛书的图式包含着丰富的内容。主要有以下几点。

其一，河图洛书中的黑白两种圈点和八卦中太极图的道理相同，代表着阴与阳，五居中央表示五行居于核心地位，而阴阳五行代表着中华文化的哲学基础。

其二，河图中一至十的排列，洛书中一至九的排列，按照自然数的顺序，无重复数字，也未缺少数列中的某一基本数字，秩序井然。这表现了古代中国人对于客观世界和人类社会的有序性的认识。

其三，河图洛书中的数字概念，反映了中国古代文化中的数学成就。

其四，与洛书相关的《洪范九畴》，其内容为古代政治学中治理国家的根本方略，这更是中国古代文化的重要组成部分。

其五，关于河图洛书产生的传说本身，还反映了中国古代的君权神授思想和天人感应意识。①

5. 河洛文化的历史影响及历史地位

这个问题几乎是所有热衷于河洛文化研究的人都津津乐道的。在一些人看来，所以要研究河洛文化，就是为了充分肯定其影响和地位，以突出这一文化区域在历史上的重要性。

刘乃和说："在我国史前文化和进入文明社会后的文化发展过程中，中原文化，尤其是其中的河洛文化，始终发挥着中心作用和导向作用，因而成为华夏文明的核心，是炎黄文化的发源地和深远而丰富的民族文化的奠基石。"②

戴逸认为："河洛文化不是一般的地域性文化，而是中华民族文化的一个非常重要的组成部分，就是因为它对中华民族文化的形成和发展起着巨大的作用。这样一个地域性文化，对周围既有吸引作用，又有辐射作

---

① 陈义初主编《根在河洛》，第 119～121 页。
② 刘乃和：《中原文化与传统文化序》，高等教育出版社，1996。

用。它既有强大的吸收、包容、凝聚的力量，把周围的文化收纳过来；又有把自己的文化传播出去，渗透出去，影响周围的地区的力量……所以说，河洛地区的文化在中华文明发展中确实起着巨大的带动作用。"①

刘庆柱说："从对夏王朝以后的中国古代历史发展而言，河洛地区的河南龙山文化、夏文化是孕育华夏文明、中华民族文化、汉文化的核心文化。"②

徐金星说："河洛文化，不同于任何一种地域文化，如山东的齐鲁文化、河北的燕赵文化、山西的晋文化、陕西的秦文化、四川的巴蜀文化、两湖的荆楚文化、江浙的吴越文化等等，它是中央文化、国家文化、国都文化、统治文化，长期占据着主导地位，成为中国古文化的源头和核心，构成中国传统文化最重要的组成部分。"③

程有为认为："河洛文化是中原文化和黄河文化流域文化的核心，在中华民族传统文化中具有十分重要的、无可替代的地位。它是中华民族文化的主根和主源，也是中华民族传统文化的主干、主流和核心。"④ 他提出了三点根据：一、在上古时代，"中国"就是河洛地区的代称，华夏部族就在这里生活，因而河洛地区就是最早的中华。二、中华民族文化的核心和主流是礼乐制度和儒家思想，或者再加上道家和佛学思想。中国的礼乐制度起源于河洛地区，延续至夏商两代。西周时周公在洛阳制礼作乐，制定了周代的礼乐制度。孔子在周代礼乐的基础上创立了儒家学派。三、道家、墨家、法家、纵横家都起源于河洛地区，魏晋玄学和宋明理学起源于此，佛教最先传入洛阳，洛阳又长期是全国或北方的佛教中心。

徐心希说："逾时千年的夏商周三代，其统治中心均在河洛地区。可以说，是河洛文化根基成就了商周文明；而商周文明在河洛地区的发展则奠定了河洛文化成为中华民族文化之根的地位。"⑤

---

① 戴逸：《关于河洛文化的四个问题》。
② 刘庆柱：《河洛文化是中华民族的核心文化》，《光明日报》2004 年 8 月 31 日。
③ 徐金星：《河洛地区与河洛文化》，《洛阳大学学报》2003 年第 3 期。
④ 程有为：《河洛文化概论》，第 1 页。
⑤ 徐心希：《试论殷商文明与河洛文化之关系——兼论商周时期的王权文明是河洛文化的核心内涵》。

范毓周强调，河洛文化是中国文明形成与早期发展的主导力量，是中国传统文化的核心内涵。他说："在中国数千年的历史长河中，河洛文化与其他区域性文化相互撞击、融合、补充，共同创造了多元互补的中国传统文化，由于地域优势和政治需求等多种原因，河洛文化一直居于核心地位，是推动中国传统文化不断发展的主导力量。"①

以往的河洛文化研究还涉及许多方面的问题，特别是在讲河洛文化的历史影响的时候，研究的辐射面极其宽泛，提供了大量的研究成果，诸如河洛文化与闽台文化、河洛文化与客家文化、河洛文化与湖湘文化、河洛文化与徽州文化等诸多方面，都有大量的论文产生。关于河洛文化的现代价值、河洛文化衰落的原因等问题，也有一些讨论，但多泛泛而论，从学理层面看不很深入，此处不再介绍。

三　存在的问题

20 多年来的河洛文化研究已经取得了丰硕的成果，在与其他地域文化研究的比较中并不逊色，应该说诸如齐鲁文化、湖湘文化、巴蜀文化等地域文化研究，也还都没有河洛文化研究更多地赢得关注。但是，河洛文化研究的目前状况，是否也存在某些值得重视的问题呢？回答是肯定的。如果完全从学术的角度出发去审视 20 多年来的河洛文化研究，我们感到，存在的最大问题是浮华而不繁荣，热闹而不深入。具体表现在以下几个方面。

1. 学理性的缺失

20 多年来的河洛文化研究，主要是由社会经济发展和凝聚民族向心力两大需要所驱动，而主要不是导源于学术文化发展的内在需要，所以，主流学界的参与不够，学理性方面的探究不够，于是就在一定程度上局限了研究的深度发展，而使其多停留在外在的表皮的层面，陷入泛泛而谈的境况。

---

① 范毓周：《河洛文化的历史地位与现实意义》，《河洛文化与汉民族散论》，第 597~609 页。

社会经济发展之需要，洛阳市政府主导出版《文史知识》"河洛文化专辑"就是最鲜明的例证。1994 年的这个专辑，是洛阳市的政府行为。该专辑出版后，曾有人在《洛阳大学学报》1994 年第 3 期上以"河洛文化研究的丰硕成果"为题发表一篇评论文章，文中说：

> 为了进一步张扬河洛文化的旗帜，确立河洛文化在全国区域文化中的中心地位，洛阳市地方史志编委办公室与中华书局决定联合举办《文史知识》"河洛文化专号"，以宣传、研究传统文化为牵动效应，以促进洛阳经济的振兴，为改革开放和两个文明建设提供服务。此项活动得到了洛阳市委、市政府的高度重视和全国学术界的积极响应。中共洛阳市委副书记、市长张世军、中共洛阳市委常委、秘书长张书田分别撰写了文章，著名学者、北京大学教授张岱年、北师大教授刘家和、厦门大学教授韩国磐、南开大学教授罗宗强、杭州大学教授陈桥驿、河南大学教授朱绍侯、郑州大学教授李民、中国社会科学院历史研究所研究员李学勤、史为乐、哲学研究所研究员衰尔钜分别为专号提供了力作，还有一批长期潜心于洛阳研究的本地学者，以他们各自的研究成果，亦向专号提交了颇有分量的佳作。

这个专号说明，河洛文化研究的早期启动，主要是起因于地方经济发展的驱动，而不是来源于学术自身的内在要求。而正是这一点，导致了将近 20 年来的研究，鲜有真正的学者介入，而为数不多的学者介入，也是为了应付社会之需，而非发自于内在兴趣的学术探讨。这就造成了河洛文化研究的难以深入。

凝聚民众向心力之需，这一点也表现得十分清晰。中国河洛文化研究会的成立受到国家层面的高度重视，张思卿、陈奎元、罗豪才、张克辉等四位全国政协副主席担任研究会顾问，全国政协港澳台侨办公室主任兼任研究会会长。在第八届河洛文化国际研讨会上，出席会议的全国政协副主席白立忱在讲话中曾表示，河洛文化已不仅仅是一般的学术概念，而是成为联结海内外华人的精神纽带、沟通学术研究与社会各界广泛参与的文化桥梁。白立忱所言，道出了问题的实质：国家对这一地域文化研究的重视，实际上是看重其政治层面的价值。

主要由社会经济发展和凝聚民族向心力两大需要所驱动的文化研究，自然难以博得学者的青睐，于是，真正的学者很少有人介入。所以，我们每年看到的"河洛文化国际研讨会"虽然都有数百人与会，热闹非凡，但真正深入思考者几稀。

少有学者的介入，就少有学理性的思考，研究就只能陷入一般化的状况，就表面上的一些问题炒来炒去，所以，我们看到每年的国际年会提交的论文内容雷同度极高。其实，河洛文化作为一个地域文化问题，一个历史文化问题，应该有深入的学术性探讨。文化研究为地方经济建设服务、为一定的社会政治需要服务并不是大错，但问题是这些服务功能的实现，应该是以学术性研究的深入开拓为前提、为基础的，学术研究越深入，越能产生更强大的服务功能。否则，都限于空泛性的议论，其研究是难以持续的。像人们对河洛文化的现实价值，总是那样喊来喊去，要不了多久就疲倦而厌烦了。抛弃急功近利式的浮躁，吸引学者的加入，推进学术性的探讨，是今后河洛文化研究深入发展需要引起关注的问题。

2. 对河洛文化的地域性文化特色研究不足

河洛文化毕竟是一个地域文化概念，应该把它的地域性文化特色研究放在基础性的地位。然而，以往的研究，总是过多关注它的超越性方面，它的中华文化之根的方面，而河洛地区的地理环境面貌给这种文化打上了什么样的地域性特征，则思考很少。在 2006 年的第五届河洛文化国际研讨会上，董玉梅提交的论文《目前研究河洛文化的几点不足》关注到了这个问题。她说：

> 地域文化通常是指在特定的地域范围内长期形成的历史遗存、文化形态、语言、心理特征、社会习俗、生产生活方式等。地域文化的第一个特征是其地域性：本地区与其他地区在自然环境、语言、心理特征、生活习俗、生产生活方式等方面的不同，它们给人的感受就是本地方独具的地域特色。

目前对河洛文化的了解大多集中在华夏文化的起源以及夏商周历史的发展方面，有时候似乎让人觉得这是在研究中国上古时期的通史；似乎对河洛地区进行的文化和历史的描述和解释，也可以用于其他地区，而且有时很容易把河洛地区的历史与陕西、山西或者山东的一些地方历史混淆。①

这一批评很有见地，但董玉梅的批评却并未赢得人们的重视，其后几年的研究仍没有相应的改观。可以说，对河洛文化地域性研究的忽视，仍然是目前河洛文化研究的致命弊端。我们在河洛文化研究中看到的是中国文化，而不是有明显地域特色的河洛地区的文化。譬如最近几年出版的几本河洛文化专著，总是给人一种与讲整个中原文化甚至中国文化、中国历史没有太多区别的感觉，人们所讲的河洛地区的物质文化、制度文化、思想学术、宗教、文学艺术、科学技术等，我们在一般的中国历史和中国文化读本中都可以看到。也就是说，这些所谓河洛文化的具体内容，缺乏"河洛"的地域规定性，只是和整个中国文化相比，显得略微瘦身而已。对河洛文化的内涵揭示、河洛文化所以为"河洛文化"的特殊规定性、地域性特征等问题，如果没有清晰的认识，我们就不能把河洛文化的特殊性和中国文化的一般共相相区分，河洛文化概念就不能成立，河洛文化研究就最终不能确立起来。这个问题，其实也是河洛文化研究缺乏学理性探讨的表现之一。

3. 河洛文化的基本属性和具体内涵仍漫漶不清

虽然以往的研究关于河洛文化的性质、特征等问题讲了很多，但多局限在一些空泛的表象层面，什么根性文化，文化的传承性、正统性、包容性等，这几乎是人人都可以说而又不需要说的问题，其学术含量并不充沛。至今为止，这种文化的农耕文化属性，它所以能较早进入文明社会的原因，这种文化特性和河洛地区地理条件特殊性的联系，这种文化的创造力及惰性因素等，都没有能得到清晰的揭示。文化内涵方面的研究也是如此，河洛文化究竟有哪些基本的文化内涵，具体表现在哪几个方面，以往

---

① 董玉梅：《目前研究河洛文化的几点不足》，《河洛文化与汉民族散论》，第610页。

人们说的也是过于笼统。以往关于河洛文化内涵最明确的说法，大概要数一些人主张的"河图洛书和二程洛学是河洛文化最核心的内涵"和徐心希提出的"商周时期的王权文明是河洛文化的核心内涵"这两个观点。河洛文化内涵研究需要这样的具体和明晰化，但仅有这两点认识是不够的，是不完全的，如果它的内涵仅止于此，还有大张旗鼓地研究之必要吗？它的文化内涵还需要更深入、更具体地去发掘，需要更深入的价值揭示。这些都需要有专业的历史学家和文化学者去参与。

4. 河洛文化的发展与创新问题没有引起应有的重视

河洛文化的发展与创新，应该是河洛文化研究的主题；但就本文的以上介绍看，这个主题在以往的河洛文化研究中还没有得到足够的重视，几乎看不到这方面的专题论文。2007 年的第六届河洛文化国际研讨会上，阳信生、饶怀民提交的《现代河洛文化转型问题刍论》属于这个问题的讨论范畴，文章从三个方面反思河洛文化的消极因素：其一，官本位色彩浓郁，文化的政治化色彩明显；其二，文化的封闭性和保守性较强，文化的惰性较大；其三，一定的尚礼尚虚的特点。这个反思是有价值的，但谈到如何转型的时候，所提出的几点就过于泛泛了。文章认为河洛文化的现代转型应从如下几个方面入手：其一，开放性文化风貌的形成；其二，务实型文化品质的形铸；其三，创新型文化基因的成长；其四，厚德型文化的孕育；其五，豪气、大气型文化品位的张扬。①

以下，笔者就河洛文化的发展与创新问题谈几点不成熟的想法。

第一，发展与创新的途径。要通过冷静的文化批判，去实现河洛文化的发展与创新。目前的河洛文化研究普遍缺乏学术研究应有的批判精神。学术的本质使命是执行社会批判；而我们的河洛文化研究则只讲弘扬，不知批判。像河洛文化这样一种农耕文化，存在诸多落后的惰性文化因素，对于今天的市场经济社会有着很强的不适应性，这一点被严重忽视。

黑格尔在他的《历史哲学》中关于地理环境影响不同的文化面貌问题，有过详细论述。他提出了"历史的地理基础"这个概念，并按照地理

---

① 见《河洛文化与殷商文明》，第 44～50 页。

特征把世界区分为三种类型：一种是干燥的高地同广阔的草原和平原；一种是平原流域，是巨川大江流过的地方；另一种是跟海相连的海岸区域。与这三种不同的地理特点相适应，居住着不同文化情况的人们。河洛文化圈就属于黑格尔讲的平原流域，是巨川大江流过的地方。黑格尔认为，这些大江流域的民族，由于他们的天边永远显出一个不变的形态，因此习于单调，激不起什么变化。平凡的土地、平凡的平原流域把人类束缚在土壤上，把他们卷入无穷的依赖性里边。① 生活在这样自然环境中的人们，文化性格是惰性极强的，这样的文化有许多需要认真审视和思考的东西，特别是当我们面对一个市场经济社会的时候。我们只有对自身的文化传统进行深入的反省、反思和批判，才可能实现对几千年传承的文化传统的现代转换。

第二，发展和创新河洛文化，要尽可能发掘这种文化中的积极因素，将其进行现代转化。虽然这样的农业文化惰性很强，但我们的早期文献中，也保存了不少生机盎然的积极因素，譬如河洛文化经典中关于求新求变的文化思想就值得挖掘、分析与弘扬。《大学》云：

> 汤之盘铭曰："苟日新，日日新，又日新。"《康诰》曰："作新民。"《诗》曰："周虽旧邦，其命惟新。"是故君子无所不用其极。

译成现代的话说，就是商汤的铭盘说，假如一天自新，就能天天自新，每天自新。《康诰》说，鼓舞人们自新。《诗》说，周虽然是个旧邦国，国运则是新的。因此，君子无处不竭力自新。虽然这里所讲的"新"，主要是讲人的修养问题，但我们也还是可以将其转化到思想与事业的创新方面，弘扬一种普遍的创新精神。

《周易》的经与传，被公认为中国文化的源头，也是河洛文化的代表性文献。它也强调要创新、要改变、要革命。六十四卦的第四十九卦是"革卦"，经文曰："革：巳日乃孚，元亨，利贞，悔亡。"意思是说：革卦

---

① 参见黑格尔《历史哲学》，三联书店，1956，第134页。

象征变革，在亟须转变的"巳日"推行变革并取信于民众，前景就至为亨通，利于守持正固，悔恨必将消亡。

革卦的《象传》曰："天地革而四时成；汤武革命，顺乎天而应乎人：革之时大矣哉！"

《周易》革卦隐喻着变革的激烈意义。求新求变是河洛文化中积极的思想因素，类似这样的思想文化因素，就需要挖掘、总结，分析评判而后弘扬。

第三，对古代价值观体系中公认的思想精华，可以作为抽象价值形态进行批判继承，舍弃原有的具体内涵，赋予其新时代的意义。譬如如下一些思想命题或思想要素：

> 刚健有为，自强不息，艰苦奋斗，锲而不舍。
>
> 舍生取义，见利思义，见危授命。
>
> 富贵不能淫，贫贱不能移，威武不能屈。
>
> 民为邦本。民为贵，社稷次之，君为轻。
>
> 利民，爱民，恤民，富民。
>
> 先天下之忧而忧，后天下之乐而乐。天下兴亡，匹夫有责。
>
> 天人和谐，和为贵，和而不同。
>
> 不偏不倚，无过无不及。己所不欲，勿施于人。己欲立而立人，己欲达而达人。
>
> 天下为公，敬业乐群，廉洁奉公。
>
> 经世致用，安邦定国……

以上这些方面，如果借鉴冯友兰先生的抽象继承法，[①] 充实以新时代的内

---

① 冯友兰在 1957 年 1 月 8 日《光明日报》上发表的《中国哲学遗产的继承问题》，提出了全面了解中国古代哲学遗产和继承中国哲学遗产的方法。文章说："在中国哲学史中有些哲学命题，如果作全面了解，应该注意到这些命题的两方面的意义：一是抽象的意义，一是具体的意义……我们应该把它的具体意义放在第一位，因为这是跟作这些命题的哲学家所处的具体社会情况有直接关系的。但是它的抽象意义也应该注意，忽略了这一方面，也是不够全面。"

容，赋之以更积极向上的精神风貌，完全可以转化为新时代河洛文化的宝贵精神财富。所以，我想，我们不妨下功夫做一做这个工作，从河洛文化的元典性著作中，寻找积极的思想命题进行批判性的分析研究工作，分析这一命题原有的思想内涵，摒弃其过时的思想要素，赋予其当代的思想意义。这样的工作应该是有意义的，是发展河洛文化的一条途径。

第四，文化的发展最终会平行于经济的发展。河洛文化的当代发展，也必须考虑其与现代市场经济的契合度问题，要善于从现代经济中去挖掘有益的文化因素，赋予河洛文化以现代性。譬如，与现代市场经济相适应的公民意识、法制意识、竞争意识、科技意识、平等意识等思想观念，如何与传统的河洛文化因子相融合，如何将这些现代文化因子楔入河洛文化之中，都是需要研究的问题。

（原载《中原文化研究》2013 年第 2 期）

历史学家也是历史的创造者

一 史学工作者的身份认定

历史学家需要有一个身份定位。历史学究竟是一门什么样的学科，历史学家是做什么事的人，这个看似平常的问题，却是一个关系着整个历史学科发展方向的大问题。试想，如果我们连自己是干什么的都不明白，那我们整天地读书、思考和写作还会有一个明确的方向吗？我们是在做什么？是对谁负责？为谁服务？要达到什么目的？不搞清楚我们的身份定位，在这些最基本的问题上分辨不清，似是而非，历史学家也就只能成为浑浑噩噩的一帮。这个问题可能有点危言耸听，很多人可能不以为然，或许有人会说，这是个需要讨论的问题吗？历史学家就是做历史的，是弄清历史是非，恢复历史真相，说明真实的历史就是我们的职责和责任，难道连这一点还需要讨论吗？

是的。历史上有那么多的人和事，我们需要去弄清哪些历史的真相？历史都已经过去了，我们为什么还要去弄清它的真相？其实，我们所以需要去弄清一些历史的真相，恰恰是因为这些所谓的真相与今天有着关联，不弄清它的真相，就会影响现实的发展。过去了的历史所以还有研究的必要，也是因为这些过去了的人和事，仍然活在现实中，仍然像马克思说的"一切已死的先辈们的传统，像梦魇一样纠缠着活人的头脑"。① 也就是说，这些历史还没有真正地"过去"，它在某种程度上说，也还是现实。无论怎么说，历史学家在选择研究对象的时候，总是有一个现实的影子无法摆脱，没有一个历史学家是在单纯地恢复历史真相。这就无例外地证明，所谓历史研究实际上也是一种关乎现实的学问，或者干脆说也是出于现实目的的研究。

多少年来，凡是讨论历史研究的目的或功用问题，总有人会去强调历史研究的非功利性、现实性，好像不离开当下的现实，不去喊所谓纯粹的客观的历史研究，我们就不可能有纯正的学术，就会在研究中夹杂非学术的目的，就会扭曲了研究结论的客观和公正。这些学人忽略了一个最基本的事实，即历史学家也是现实中的人，也是现实社会的一分子，我们所做的事情，也是现实社会发展进步的一个组成部分。我们研究的对象是历史，是过去发生的事情，但研究对象的过去属性，并不能去除我们这些活生生的人的现实性。我们没有必要为历史而历史，没有义务去为死人做事，研究历史的目的就是为了活人，我们为什么要那么害怕或者忌讳这一点呢？我们生活在现实中，吃的是现实的饭，穿的是现实的衣，为什么要满足于充当历史的看客，满足于描述与我们毫不相干的东西？我们应该警醒，应该明白自己的身份，我们和其他所有人群一样，也是现实历史的创造者。我们和其他所有历史创造者的差别，仅仅是分工的不同，而在创造历史、推动历史的进步和发展方面，所有的人群都没有什么不同，历史学家不能外在于这个现实的世界！

所以，我们可以理直气壮地说：历史学界也是历史的创造者！这就是历史学家的身份。由此可以明白，历史学家的社会责任，即是参与现实的历史创造活动！

二　史学工作者如何创造历史

现实中的人群都在创造历史，而不同的社会群体，参与历史创造的途

---

① 马克思：《路易·波拿巴的雾月十八日》，《马克思恩格斯选集》第 1 卷，人民出版社，1995，第 585 页。

径或方式则并不相同。而历史学家是如何或者说是通过何种方式创造历史呢？在 2000 年哈尔滨的全国史学理论讨论会上，笔者提出过一个观点，就是社会科学的本质是执行社会批判，此后的十多年来，我们不断谈到这个问题。2009 年，上海的《学术月刊》给笔者做了一个学术访谈，这个访谈的题目就是"让学术执行批判的使命"。2011 年，笔者发表了《论刘知幾史学的批判精神》一文，文章最后又专门论述了这个问题。笔者认为，只有通过清醒的、健康的、积极的社会批判，社会科学才可能充当引导社会发展的向导，而实现它推动人们去认识社会、发现问题、创造未来的使命。马克思在《〈资本论〉第一卷第二版跋》中讲他的哲学，他的辩证法，说"按其本质来说，它是批判的和革命的"；① 而真正的人文社会科学，就其本质来说，也是批判的和革命的。

社会需要批判，任何社会的任何时代都需要批判。因为，任何时代的社会发展，都是一种前无古人的创造，人类永远需要为自己开辟新的前景。正因为这样，不断对自己的创造活动进行反思和批判，以利于进一步的发展，就成为历史进步向人类理性提出的一个庄严要求。人文社会科学就是为此而产生的。所有人文社会科学最本质的使命即是执行社会批判，历史学家所肩负的使命也是如此，我们所要发挥的历史创造作用，最根本的就是通过我们所做的清醒的社会批判来实现的。这一点，我已经在前述多次场合谈过，此处不再赘述。

在本文，我想把这一问题具体化。因为，参与历史创造也好，执行社会批判也好，都不是空洞的东西，都要具体地落实在我们的研究中。而落实到具体的研究中，历史学家的责任和使命，则是通过开掘与现实社会息息相关的研究课题来实现的。在近期的一篇关于如何发展当下的中国史学科的短文中，笔者强调要研究中国历史的特殊性问题，说："中国历史发展的特殊性，涉及的问题很多，诸如中国文明起源模式问题、上古三代的社会性质问题、中古社会形态问题、中国古代社会特点问题、中国古代社

---

① 《马克思恩格斯选集》第 2 卷，人民出版社，1995，第 112 页。

会矛盾问题等等，都属于本问题的范围。"① 这里所提到的几个问题，既是构建中国史学科体系的基本理论问题，也是认识当代中国社会的大问题，无一不和中国的现实社会息息相关。因为，现实的中国是历史的中国的延续和发展，中国古代社会历史的诸多特点，还仍然深埋在当代中国的政治生活、社会生活中，研究这些问题，可以给现实中的人们提供自我社会认识的历史依据。选择这样一些重大的学术课题进行探讨，无疑会起到推动社会发展和进步的积极作用。

当然，这些选题都是带有理论性的大问题。除此之外，与现实紧密相关的课题还有很多。现实实践的无限丰富性，决定了历史研究课题的多样性，问题在于我们有没有参与现实实践、服务社会发展的明确的学术宗旨和治学理念，有没有强烈的现实关怀，有没有执行社会批判的使命意识，有没有思辨的睿智和敏锐的眼光，甚至也取决于我们有没有献身社会的勇气和担当。一旦我们的历史学家具备了这些主体条件，一部部鲜活的历史就会在我们的笔下延伸，甚至是过去被我们抛弃的课题，都可以焕发出新的生命力，都可以解当代社会之急需。举例来说吧，就像在一切以阶级斗争为纲的"左倾"年代历史学界趋之若鹜的农民战争史研究，在改革开放以来成了被冷落被抛弃的话题，甚至都有点禁区的味道。而一旦我们转换了思维，变一个角度，农战史研究就可以重新成为一个可以为当代社会提供重要历史借鉴、值得深入开掘的新课题。

在"左"的时代，由于政治和意识形态对史学研究的蛮横掌控，由于阶级斗争思维的泛滥肆虐，历史学家的农民起义和农民战争史研究，确实是误入歧途。我们把农民作为与封建地主阶级和封建政府相对立的政治势力去看待，把农民起义和农民战争作为一种革命形态去看待，并且认为农民已经形成了自己的社会思想体系，严重地扭曲了历史上的农民和农民战争史研究。在改革开放的新的历史条件下，传统的农民战争史研究受到了冷落，几乎到了无人问津的程度，这自然有它的必然性。但是，农民问题、农民起义和农民战争，毕竟是贯穿于中国古代历史两千年的一个重大

① 李振宏：《关于中国史学科的发展问题》，《社会科学战线》2012 年第 2 期。

历史现象，是个不容回避的大问题。问题在于，如何从新的角度去认识这种历史现象，如何从当代社会出发去重新考量。

在大约将近十年前，笔者在一篇小文中，曾提出农战史研究应该实现由革命史向社会史转化的设想："中国历史上那些大大小小的农民起义和农民战争，只是农民在由于各种社会因素如吏治腐败、社会黑暗、负担过重、自然灾害等原因而失去基本生存条件的时候，一种出于求生本能的自发反抗，是在特定的历史条件下所出现的大规模的社会冲突或社会动乱。这种社会冲突或动乱，对于它所发生的社会条件来说，自有其正当性和合理性；但对于正常的社会秩序来说，对于社会的正常发展来说，则是一种极端的无序状态。在中国长达两千多年的封建社会历史中，这种社会的无序状态、社会冲突或动乱，曾经周期性地出现，几乎成为一种社会的常态，所以，它应该被作为一种极其重要的社会现象来进行研究，把它纳入社会史的研究范畴。笔者以为，在今天的历史条件下，以反映历史上农民问题为核心的农民战争史研究，不应该受到蔑视或冷漠，反倒因为现实社会中三农问题的严重性而应得到特别的重视，关键的问题是，我们应该转换一下研究的角度，重新确定我们的价值目标，使我们的农战史研究实现由革命史研究到社会史研究的转变。"[1] 从社会史的角度去重新认识历史上这种周期性爆发的社会动乱或曰社会危机，将会给今天提供诸多思考。

叶文宪最近发表的论文也提出："出现土匪强盗也好，反政府武装也好，都不是一个正常的、理性的、健康的社会应该有的，都是社会失序与病态的表现，所以，我们没有任何理由去歌颂与赞美'农民起义'和'农民战争'，而应该反思为什么一个好端端的社会每每会失去正常的秩序？每每会出现这样的病态？我们重新研究这个问题，不只是为了颠覆阶级斗争理论，在思想认识上拨乱反正、以正视听，还为了进一步思考怎样建立有效的社会管理机制与社会管理体系？怎样使管理者真正成为社会的公仆而使人民真正成为国家的主人？怎样建立一种健全的、理性的政治秩序？

---

[1] 李振宏：《中国历史上农民问题研究的思想方法问题》，《农村发展的历史与未来》，山东人民出版社，2004。

虽然这些问题并不需要历史学家去解决，但是历史学家应该去思考，以便给政治家和人民大众提供一个咨询。"①

叶文宪认为，中国古代没有真正的农民，所以，过去所谓农民起义或农民战争的说法也不能成立，那些所谓的农民起义或农民战争大抵都是民变、民乱，是反社会武装或反政府武装。这些说法我们不去辨别，而它所反映的社会动乱和社会危机则是无可置疑的。如果我们从社会动乱或社会危机的角度去研究这一历史现象，是不是对于今天的社会有重要的认识价值呢？历史上那些大规模的全国性的反政府的社会动荡，毕竟是威胁到了正常的社会秩序，造成了严重的社会危机。这种社会危机历史上不间断地重复发生，而在现实社会中，局部的地方性的社会危机或突发事件也时有发生，历史上的社会危机问题研究以及危机应对研究，对今天来说具有毋庸置疑的参考价值。当我们的思路做了这样的转换，而不再去强调什么农民战争、农民革命，不再去把它们当作论证阶级斗争理论的历史注脚的时候，是可以为今天的现实问题解决提供富有启发性的思考的。譬如，具体到某一次严重的社会危机事件来说，我们认真考察如下问题：

它是如何发生的？促成它的因素有哪些？

社会危机时期官民关系的情景如何？是否存在严重的官民对立？官民对立是如何产生的？官民矛盾是一种什么样的矛盾？它为什么会激化？

社会危机时期国家的赋税劳役状况如何？赋税劳役强度与民众的承受能力处在什么样的比值状态？

社会危机时期贫富分化达到什么程度？财富的积聚沿着什么样的途径发生？财富垄断者与多数人的利益发生了什么冲突？

社会危机时期的政府公信力如何？国家在调控社会分配方面起到了什么作用？它是不是发生了严重倾斜？社会公平和公正是否受到严重损伤？

社会危机时期是否伴随严重的自然灾害？如果有天灾因素，那么，在不可抗拒的天灾面前，政府是否履行了自身的职能？是否进行了有效的社

① 叶文宪：《魏晋南北朝时期"农民起义"的甄别与研究——兼论反社会武装和反政府武装》，《史学月刊》2013年第1期。

会救助？

诸如此类的问题，都应该是我们考察历史上社会危机问题的思考角度。而从这些角度出发的历史考察，无疑可以提供我们思考现实社会问题的历史参照。这样的研究，就实际上表示着历史学家强烈的社会参与意识。中国历史的研究是这样，从事世界历史研究又何尝不是如此，何尝不能调动历史学家对当代中国社会的参与意识？关键的问题，仍然在于我们的历史学家，有没有参与当代社会建设的主体性自觉。2011年《史学月刊》创刊60周年的纪念论文中，阎照祥教授对该刊提出的选题建议，就很发人深省。他说：

一盼"月刊"能通过学术宣传，弘扬政治宽容理念。这是因为，比起他国史学期刊来，国内刊物登载的论文，涉关政治对抗和斗争的内容较多，这或许是以往政治宣传所遗留的负面影响。其实有些国家能够长期发展而少有政治颠簸，是它们的政治躯体中，潜移默化地植入了一种政治宽容的因子，善于运用及时的政治改革达到超越暴力手段所获取的结果，在平稳的法治轨道上，实现社会和谐。以后，"月刊"若能有意选登一些倡导社会不同群体互相沟通、社会多元共存的文章，定会有助于我国和谐社会的构建。

与此相关的一点，是盼"月刊"能在我国公民社会建设方面发挥积极作用。改革开放以来，我国取得了世人瞩目的进步。一方面，社会领域广泛而深刻的历史性变革正在进行，一个新颖的公民社会正在崛起，公民社会建设正在成为社会领域变革的公共目标。但在另一方面，在建设现代公民社会方面，我们还有一些路子要走。真正的公民社会，是要处处展现一种社会主义的公民主权精神，其中包括对大众劳动者权利的全面认可和维护，对政党、政府和官员的切实监督。换言之，真正符合公民社会理念的国家是实现了经济高度繁荣和文化上均质的社会，并能通过对官场腐败的有效惩治和对贫富差别的有效限制，达成社会的稳定和谐。实现这一点，需要社会上下的共同努力。这也能为"月刊"通过学术研究，总结他国历史经验，促进我国公民社会建设提供广阔的工作空间。①

　　阎照祥教授提出的两个课题，研究他国历史中的政治宽容经验和公民社会建设经验，即是对中国当代社会政治改革的直接参与。这方面的研究，我们以前的确是做得太少，或者说几乎没有去做，去重视。只要我们转化了思维，确立了对当代社会的参与意识，与当代社会息息相关的历史课题就会扑面而来，历史学家参与历史创造的路子是极其广阔的。

　　从执行社会批判和参与历史创造的角度说，笔者还认为，应该特别强调对现当代中国史的研究，即对中华人民共和国成立以来 60 多年历史的研究。记得刘泽华先生曾经专门撰文倡导开展当代史研究，他说："开展当代史的研究，是牵动整个史学界步入新阶段的火车头。"② 当代史研究什么，为什么要研究，刘泽华先生有着详尽的论述，时过 20 多年，读起来仍然使人热血澎湃。在当代史研究的重要性上，笔者深有同感。新中国成立以来的历史，是几千年历史上变革最深刻、道路最曲折、教训最丰富，最能为当代社会变革提供历史借鉴的历史，也是最为惊心动魄的历史。当下社会的一切问题，无疑都直接由之脱胎而来。这段历史，对于今天甚至对于其后几十年或上百年的历史学家来说，都可能是最具诱惑力的历史。对这段历史的研究和批判，无疑具有最丰富、最巨大也最深刻的学术价值。当然，研究这段历史，我们可能面临许多困难，除了政治的意识形态方面的敏感性之外，还有资料方面的问题，我们难以看到最真实、最隐秘的档案材料，等等，这一切都使不少人望而却步。但是，我们坚信，随着社会的逐渐进步，政治的逐渐开明，获取资料的途径逐渐丰富，加之还有这些历史的诸多面相还活在当下的现实中而有直接观察之利等有利因素，现当代史的研究并非不可以波澜壮阔地进行。可以说这段历史的研究，才是历史学家执行社会批判和参与历史创造的最为广阔的舞台，是历史学家真正的用武之地！只要历史学家不肯放弃自己的历史责任，不泯灭学术道德的

① 阎照祥：《〈史学月刊〉60 年诞辰的感想》，《史学月刊》2011 年第 9 期。
② 刘泽华：《历史学要关注民族与人类的命运》，《求是》1989 年第 2 期。

良知，在历史创造的舞台上，是有我们的一席之地的。

在前引刘泽华先生的文章中有一段很有见地的话。当时正值 20 世纪80 年代的方法论热，而刘先生则指出："现在史学界有一种重方法、轻选题的倾向。过多地强调方法上突破，而在很大程度上忽视了选题的更新。这是一种本末倒置的现象。"在服务于社会、参与社会的问题上，选题的重要性更需要得到强调。通过开掘重大而具有现实意义的历史选题去参与社会，是历史学家实现历史使命、创造历史的根本途径。这是我们本文所着力强调的东西。这当然不是否定历史学科内部，从事基础研究的重要性。历史学是一个整体，是一个庞大的学术体系，是有着复杂的内部结构的学术系统。服务于社会，参与历史创造，是对整个历史学科提出的要求，而不是对这个学术体系内部一切具体研究的刻板规定。这个学科要完成或肩负自己的使命，是需要有许多基础性的工作来铺垫和支撑的。文献整理工作、史料考证工作、历史描述系统化的工作等，都是基础性的工作，而这些工作不可能都具有明确的"服务"属性和社会参与属性，我们不能要求一切历史学家都去做同一件事情，所以，本文强调历史学家的参与意识、使命意识，也并不排斥历史学的基础性研究工作。

三　是什么遮蔽了历史学家的历史创造者身份

历史学家是历史的创造者，不是一个新鲜的话题，更不是一个学术上的创见，民主革命时期的马克思主义史学家们，就是这样看待历史学及历史学家的历史使命的。翦伯赞在他的《历史哲学教程》中说："我们研究历史，不是为了宣扬我们的祖先，而是为了启示我们正在被压抑中的活的人类，不是为了说明历史而研究历史，反之，是为了改变历史而研究历史。"[1] 翦伯赞已经非常明确地表达了这样的思想。王学典为翦伯赞写的评论文章，标题即是《为创造历史而研究历史》，[2] 也已经强调了历史学家即

---

① 翦伯赞：《历史哲学教程》，新知书店，1946，第 3 页。
② 载《历史教学问题》1991 年第 1 期。

是历史创造者的思想。前引刘泽华的论文，这一思想也非常突出和鲜明。而为什么我们今天还需要再来谈论这个话题呢？几十年的中国当代史学史中，为什么又缺乏这样明确的主体性自觉呢？细究起来，原因应该是多方面的，本文只想指出一点，当以往我们过于强调历史研究的客观性的时候，在如何看待历史研究的求真问题上，存在着一些明显的误区，正是这些误区遮蔽了历史学家对自身身份属性的认识。

近代以来，历史学家总是强调历史学的求真功能。这有没有问题呢？求真是没有问题的，离开了真实的历史本身，史学研究就失去了任何意义。历史学就是要把真实的历史告诉人民。从这一点上说，求真不仅没有问题，而且我们始终都没有能够真正地做到，求真是历史学永不过时的目标。

但问题是，求什么之真？求真处在历史认识过程的哪一个环节上？求真和历史学家发挥主体性创造是否必然矛盾？

首先，求真不是没有目的的莽撞，而是有着明确目的性的选择性活动。这个选择性，在历史学家这里，就是选题的目的性。这一点已经为上所述。

其次，求真是在历史学家选择了历史研究的课题之后，在进入研究过程的时候所需要秉承的科学态度，是我们需要确立的尊重历史的唯物主义的认识路线。我们强调选题的主动性、现实性，通过选题表达历史学家的现实关切，选题问题上体现了历史学家强烈的主体意识，而这并不是要加强历史研究的主观性，更不是要改变对历史研究的客观态度。相反，当我们以现实为支点开掘了选题之后，进入研究过程的时候，尊重历史、从历史实际出发、紧紧围绕历史资料去阐述历史、认识历史的科学态度，就显得尤为重要。历史研究是从历史中追溯现实的起源，挖掘历史的启示和借鉴；而真正的有益的历史借鉴，不可能从虚假的历史中引申出来；抛弃科学的历史态度，刻意地从历史中寻找与自己主观认识相一致的历史结论，是不可能提供真实可靠的历史借鉴的。所以，历史研究达成服务社会的历史使命，是需要有科学态度和科学精神去支撑的。正是在这样的意义上，我们强调历史学的生命在于求真。而由此也说明，社会参与意识并不与历史学的求真相矛盾，反过来说，求真的学术志趣也不排斥研究的价值目的性，不排斥以现实为出发点的课题选择。那些将二者对立起来，以求真来反对历史学家参与社会、关注现实的说法，是站不住脚的。如果说以往我们不敢大胆地直面现实，是为"求真"的误区所遮蔽的话，那么现在，这层蔽障则是完全可以解除了。

历史学家研究的是过去，是历史，但我们不是历史的看客，也不是超脱红尘的一帮，我们就坚定地站在蓬勃发展的现实之中。国家要崛起、民族要复兴、历史要进步、社会要发展，当今时代已经向历史学家发出了庄严的呼唤，我们要把睿哲的目光投向现实、投向未来，肩负起当代历史创造者的神圣责任！

（原载《史学月刊》2013 年第 5 期）

从国家政体的角度判断社会形态属性

　　长期以来，在谈到某一历史阶段的社会性质，或曰需要对某一社会历史阶段进行抽象表述的时候，人们很自然地就使用上了"社会形态"概念，进入了社会形态思维的惯性路径，从经济形态、生产方式的特点去做出判断。这在中国学者来说已经成为一种思维定式。但是，从经验的历史来说，在资本主义以前的历史时期，社会政治方面的特征与经济基础的关联度，的确没有人们想象得那么紧密。社会形态思维的合理性，至今仍然是一个需要由经验历史来进行证实、需要历史论证来说明的问题，尚不具备不需质疑的天然属性。

　　自从人类进入文明时代以来，国家政权的组织形式无非有两种：民主政体或专制政体。这两种政体的根本区别是：民主政体是多数人掌握国家权力，通过各种形式（公民大会、议会等）表达多数人的意志，国家最高权力的产生采取选举制，最高任职有明确的任期限制；专制政体是少数人、往往是集中到一个人掌握国家权力，国家最高权力的产生采取世袭制或选择制，最高任职的终身制。揆之于世界历史，同样的国家政体，在不同的历史时期和不同的社会经济形态中都有表现，政体的选择和所谓的经济形态没有关系。实际上，政治体制对经济形态的依存度，原非像人们想象得那么强烈。在整个人类历史上，除了资本主义社会，我们基本上还找不到经济基础决定政权组织形式或曰国家政体的例子。

公元前 6 世纪到公元前 5 世纪的雅典和斯巴达，有着大体相同的社会经济基础，而从政治体制上说，斯巴达是君主制、世袭制，而雅典则创造了典型的民主政体。

就雅典而言，我们所知道的古代的雅典是奴隶制，而在这个奴隶制之上，树立着一个极端的民主政体，不存在个人权力对公民社会的支配。

公元前 1 世纪罗马的政治变革，从城邦共和制一变而为帝国君主制（元首制–君主制），但却不能从社会经济关系中得到支持，因为经济本身没有变化。

甚至，西欧封建社会的产生与形成，也难以从经济基础的变化中去寻找原因。就现在我们所能接受或理解的范围说，西欧封建社会的产生，始于一个西罗马帝国灭亡于日耳曼人入侵的标志性事件。公元 476 年，日耳曼雇佣军首领奥多亚克废黜了西罗马帝国最后一个皇帝罗慕路斯，标志着西罗马帝国的最后灭亡，从此以后，西欧奴隶制社会历史宣告结束，开始进入封建社会的历史阶段。这大概是在世界范围内被认同的历史观念。不仅中国的历史教科书这样描述，法国年鉴学派的创始人马克·布洛赫的名著《封建社会》也持这样的观点。他说："如果没有日耳曼入侵的大变动，欧洲的封建主义将是不可思议的。日耳曼人的入侵将两个处于不同发展阶段的社会强行结合在一起，打断了它们原有的进程，使许多极为原始的思想模式和社会习惯显现出来。封建主义在最后的蛮族入侵的氛围中最终发展起来。"[1] 这样一个社会的重大转折，都无法从经济基础的变革中寻找原因，封建社会的得名，显然不是从奴隶制经济向封建农奴制经济转变的结果。就我们看到的中外学者的论著中，几乎没有人是从经济的变革中去寻找封建主义的起源，像人们所熟知的解释资本主义的起源那样。譬如中国学者朱孝远说：

> 日耳曼人没有采用罗马的政治体制，而采用了贵族领主制度，是同他们特定的传统和国土的狭小分不开的。日耳曼人建立各个蛮族国

---

[1] 马克·布洛赫：《封建社会》，张绪山译，商务印书馆，2004，第 700 页。

家后，国王和他的随从处理各种随时发生的事情，没有什么行政部门、专业化的官吏和完善的中央地方政府。这样松散的政治在国家尚小的时候还可以对付，但当国家强大后就明显显示出弱点。如果按照罗马的帝国形式来建立国家，蛮族国王对此经验不足，也缺乏金钱和受过训练的官吏来辅助他们建立这样的政府。因此，一种不同于罗马帝国的简单的政体建立起来了，这就是把全国分割为若干区域，国王派自己的代表去管理这些地区。这些国王的代表被称为伯爵……伯爵们对地区的统治与国王对全国的统治非常类似，他们具有完整的军事权、司法权和财政大权。他们通过自己的家族和地区上的地主来进行管理。这样行政上的难题就这么解决：把全国分割为许多小的领地，这样可以用原来的办法来管理。只要伯爵忠于国王，国家就不至于分裂。①

朱孝远将封建制度的选择归结为管理上的需要，而不是用经济的原因来解释。

法国年鉴学派的创始人马克·布洛赫认为，封建主义不是一种社会经济制度，而是一种统治方法，其中最重要的内容是封建君臣关系。封建主义像官僚、专制一样，只是一个高度抽象的概念。于是，布洛赫对封建主义及其起源的研究，并没有去追溯其经济上的原因，没有从中国人所习惯的社会形态思维的角度去认识封建主义。其实，布洛赫的封建主义研究，是很重视为这种制度寻找原因的。他说："这几代人为时所迫而结成新的关系时，既没有创造新的社会形式的清醒愿望，也没有意识到正在创造新的社会形式。每个人都本能地极力利用现实社会组织提供的资源，如果新事物最终被无意识地创造出来了，那么它也是在适应旧事物的过程中创造出来的。此外，这个从入侵中出现的社会已经继承了一套特别庞杂的制度和习惯。在这个混合体中，日耳曼传统中混杂着罗马遗产，也掺杂着被罗

---

① 马克垚主编《世界文明史》（上），第 9 章第 2 节"封建制度"，朱孝远执笔，北京大学出版社，2004，第 353 页。

马征服但其民族习惯未被完全泯灭的人民所留下的遗产……这种社会制度本身深深地烙有复杂的历史印记，但它首先是当时社会状况的产物。"那么，布洛赫为封建制度从而封建社会的产生，寻找到了什么样的历史印记和社会状况呢？他写道：

> 加洛林人的政策既受到既定习惯的支配，也受到各种原则的支配……君主政体只有为数不多的官员，但这些人并不是非常可靠，而且除少数教会人员外，他们缺乏职业传统，也缺乏教养。更何况，经济状况不允许建立规模庞大的薪俸官员体系，交通联络迟滞、笨拙且不稳定，所以中央政府面临的主要困难是如何与个体臣民保持联系，以便征索役务，实施必要的惩罚。为达到这一统治目的，便产生了利用根深蒂固的保护关系网的想法。在这个等级社会中，每个等级的领主都要为他的"人"负责，都有敦促他履行义务。这种想法不独加洛林人有，在西哥特人统治的西班牙这种思想早已是立法的主题；阿拉伯人入侵西班牙后，逃亡法兰克宫廷中的许多西班牙难民可能向法兰克人传播了这种原则……在这一政策实施过程中，最需要采取的措施，显然是使附庸制适应这种法律制度，同时使之具有稳定性，只有这种稳定性才能使附庸制成为王权的坚固堡垒。①

在布洛赫的分析中，我们看到的封建主义的依附关系的确是一种统治方法的产物。如果说依附关系即是一种经济关系的话，则布洛赫认为，不是这种经济关系创造了封建主义的政治组织形式，而是政治本身创造了经济关系。

同布洛赫一样具有重大影响的年鉴派学者费尔南·布罗代尔，认为真正的封建主义是公元 8 世纪以后形成的，是加洛林帝国崩溃以后的事情。但无例外的是，他也认为封建关系的形成是根源于一种政治行为。他说：

---

① 马克·布洛赫：《封建社会》，第 266～267 页。

封建主义是加洛林帝国分裂所产生的自然而然的结果……它是一种建立在人与人之间的关系，是一种建立在一种依附链上的社会；它是这么一种经济，其中土地不是惟一的但却是最常见的靠服役得到的酬报。领主从国王（他的封君）那里，或者从一个地位比他本人要高的领主那里得到采邑（feodum）或领地。作为封臣，他反过来要向其领主提供一系列服务……领主反过来要保卫他们，为他们提供保护。这一带有其义务、其规定、其忠诚，动员起经济、政治和军事力量的社会金字塔，使西方能够继续存在下去，并卫护着古老的基督教遗产和罗马遗产。在这上面它还添加了领主统治的思想、价值和意识形态（它自己的文明）。①

连奴隶制到封建制的转变这样巨大的历史变迁都不能用经济基础的变更来解释，而我们还为什么要固守这一理论观念呢？其实，我们辩论以上问题，出发点并不在于肯定或否定传统社会形态理论，而只在于强调，这个理论就目前而言，仍然是个哲学层面的结论，如果回到历史学的层面上来关照具体的历史进程，则仍是一个需要被证实的东西。究竟历史上不同时期的国家政治、上层建筑与经济形态是一种什么关系，至今仍然是一个需要做出具体历史论证的问题。我们想强调的是：

1. 特定时期的国家政治的确具有很大的独立性。政治体制，或曰国家政体，并不直接地被经济所决定，甚至不能从经济中得到解释和说明。相反，政治却决定着、支配着、选择着经济的发展方式，选择或规定着人们的生活方式。在君主政体下可以运行奴隶制经济，可以运行农奴制经济，也可以运行小农经济。在民主政体下，可以运行雅典式的公民社会和奴隶制度，可以运行近代以来西方的资本主义社会模式，也可以运行像中国正在创造的社会主义市场经济社会。古代雅典社会、近现代西方社会、近代以来的中国社会，尽管主导这些不同社会的政治体制有明显差异，但就其

① 费尔南·布罗代尔：《文明史纲》，肖昶、冯棠、张文英、王明毅译，广西师范大学出版社，2003，第295页。

大的类别上说却都是民主政体。国家政体，国家组织形式，是一切社会运转的核心机制，创造着千差万别的社会生活形态，正是这个国家政体，一定时期的国家政治，给一定时期的社会打上最鲜明的烙印、最顽强的特征，必须对政体问题给予足够的关注。

2. 不论上层建筑与经济基础在本源意义上是什么关系，在探讨某一时期的社会属性或社会特点问题时，都没有必要一定回溯到社会的本源或基础层面。因为，对于一个社会的发展来说，所谓本源的或基础的东西，只是一个发展的平台或舞台，而在舞台上演出的剧种、剧目或剧情，则不是由舞台来决定的。没有舞台无法演出任何剧目或剧情，而演出什么剧目，演绎什么剧情，或者如何去展开这些剧目或剧情，则是人的能动选择。同一个平台或舞台上，可以上演面貌迥异的各种剧种，可以展示千差万别的丰富剧情，而如果一定要寻找一场戏剧与舞台的关系，则真是幼稚可笑的。恩格斯晚年在回答对唯物史观的挑战时，曾发展他和马克思共同创造的唯物史观理论，把他们一再强调的经济的决定作用，补充表述为"归根到底"的决定性作用。如他说："一种历史因素一旦被其他的、归根到底是经济的原因造成了，它也就起作用，就能够对它的环境，甚至对产生它的原因发生反作用。""根据唯物史观，历史过程中的决定性因素归根到底是现实生活的生产和再生产……经济状况是基础，但是对历史斗争的进程发生影响并且在许多情况下主要是决定着这一斗争的形式的，还有上层建筑的各种因素……这里表现出这一切因素间的相互作用，而在这种相互作用中归根到底是经济运动作为必然的东西通过无穷无尽的偶然事件……向前发展。"① "归根到底"是就其本源意义来讲的，而这一说法本身就意味着，恩格斯认为，从经济到政治和上层建筑之间，的确存在着非常复杂的不容忽视的中间因素。我们在进行具体的历史考察时，如果省略掉了二者之间的具体因素的分析，经济对于政治或上层建筑来说，就真的变成了舞台与剧目的关系。所以，笔者以为，即使真的社会经济对上层建筑有着最终意义上的决定作用，在考察特定时期的社会属性时，也没有必要一定从

---

① 《马克思恩格斯选集》第4卷，人民出版社，1995，第728、695~696页。

经济基础上找特征，社会历史阶段的属性抽象，完全可以跳出社会形态思维的思维模式。

在跳出社会形态思维的泥淖之后，我们会很自然地发现，某一时期国家政体的属性，将会是判断社会性质的最佳节点；这是因为政治是社会运转的灵魂，国家政体的属性将会影响或传导到社会生活的各个方面。可以说，人类的文明史运行了几千年，政治是社会的灵魂这一标志性现象，这一人类历史的铁的规律，从来都没有被打破过，古今中外，概莫能外。我们考虑社会阶段的命名问题，应该主要的依据一定时期国家政体的情况，来作为基本的观察点。更具体的理由如下：

第一，任何时代的社会运行机制，都是以国家政体为中枢，由政治来控制的。社会的基本政治体制，决定着社会的组织形式和构成方式。譬如秦以后的郡县制，就是服务于专制主义的中央集权制政体需要，并由此派生出来的。整个社会由郡县来控制，郡县的权力由皇权来授予，皇权通过郡县实现对全社会的控制，这就是郡县制的本质。如果沿袭以往的分封制，受封的诸侯同时获得封地上的政治、军事、经济等全部权力，并世袭其权力，这就势必分割了皇权，架空了皇权，郡县制的根本目的就是围着皇权的集中和强化，最终实现皇权对社会的绝对控制。而就郡县制的最初选择说，它也的确不是出于经济方面的考虑，而是社会控制的产物。我们且看当初的那场辩论：

> （秦始皇三十三年，前214）始皇置酒咸阳宫，博士七十人前为寿。仆射周青臣进颂曰："他时秦地不过千里，赖陛下神灵明圣，平定海内，放逐蛮夷，日月所照，莫不宾服。以诸侯为郡县，人人自安乐，无战争之患，传之万世。自上古不及陛下威德。"始皇悦。博士齐人淳于越进曰："臣闻殷周之王千余岁，封子弟功臣，自为枝辅。今陛下有海内，而子弟为匹夫，卒有田常、六卿之臣，无辅拂，何以相救哉？事不师古而能长久者，非所闻也。今青臣又面谀以重陛下之过，非忠臣。"[①]

---

① 《史记·秦始皇本纪》，中华书局，1959，第254页。

"无战争之患"是仆射周青臣提出的行郡县制的核心观点，"无辅拂，何以相救"是淳于越坚持实行分封制的根本缘由，双方观点对立，而其出发点都是社会控制、政权稳固的问题。秦统一后选择郡县制这样一种以绝对君权为中心的社会管理模式，是出于政治的需要。政治问题支配社会模式建塑是显而易见的。因此，考察一定时期的社会特点，抓住政治的核心问题"国家政体"去认识，是符合历史本身的特点的。

第二，不同时期有不同的经济问题，也会有不同的经济关系、经济状况。比如西周至春秋的井田制、秦汉时期的名田制、魏晋时期的屯田制、隋唐时期的均田制、唐中期以后中国社会普遍的土地个体所有制等，这些不同的土地所有制关系，都会滋生一定的社会问题，甚至造成一定历史时期特有的社会历史特点，这可被人们拿来作为证明经济基础决定上层建筑理论的根据。但是，任何时期的社会经济问题都最终反映到政治上，因为政治是社会问题、经济问题、思想观念问题等所有社会历史问题的集中表现，经济问题的政治表现是一个完全正常的现象。既然经济问题也要反映到社会的政治方面，那我们考察某一历史时期的时代特点或时代属性的时候，抓住政治问题去认识，就当然不失为一个绝佳的认识角度。只要抓住了政治中的核心问题即政体问题，社会的一切问题都迎刃而解了。

第三，人类社会历史生活的另一个重要方面，是人们的社会思想领域。思想领域是一个最为空灵、最为自由、最无法控制的天地，任何时期人们的思想之花都是丰富多彩的。然而，打开一部人类思想史，所有内容几乎都是对于社会政治问题的思考，无不是关乎社会的治乱兴衰，无不是如何治理社会的设计或思考。而这种对于社会的设计或思考，又都是以现实政治为参照物或标的物，所以，历史上不同时期的社会思想也都会集中或聚焦到现实的社会政治层面。观察某一特定社会阶段思想史的特点，政治也是一个特有的或曰最典型的观察角度。

总之，就以上人类社会最基本最重大的社会生活领域看，某一历史时段的特点或属性，都会在政治问题上反映出来，而政治层面上最大最核心的问题就是国家政体；国家政体的属性或形式，在任何历史时代都无例外的是该时代最突出的标志或旗帜。国家政体即是我们进行社会历史时段命名的最佳切入点或观测点，是时代属性判断的重要根据。

  如果能够确认从国家政体的角度观察社会属性问题这样的一个方法论思想，那么，中国从秦至清这一历史时段的社会属性，则就十分明了而不至于分歧纷纭了。在这个历史时段中，中国国家政体一直是高度集权的皇权专制，而我们也就确实可以看到，这个皇权专制的特点，几乎渗透到了社会的各个层面、各个方面和各个领域。举凡政治、经济、法律、思想文化，甚至人们的精神领域，也无不打上了专制的印记。如果要用一个最简单的术语来概括这一时期社会的历史特点，就只能用"专制"二字，谓之"专制社会"简明而传神。当然，具体论证这个问题，就需要另文详述了。

    （原载《史学月刊》2011 年第 3 期）

关于中国史学科的发展问题

最近的学科调整中，中国史学科被列为一级学科，一时成为史学界的一个热点话题，不少地方都在以各种形式讨论该学科的发展问题。其实，不管它是否列为一级学科，中国史研究如何发展、向何处发展，始终都是值得深入思考的大课题。学科的性质、学科的发展方向、学科的研究规范、学科的学术风气、学科的理论体系等等，都大有讨论的必要。而这些问题中，最具根本意义的是学科的理论体系问题。

中国史所以为中国史，是有它的特殊规定性的，它的命名本身就说明了它有自身的学科体系；而它的学科体系，则是由它自身历史的特殊性所决定的。从理论上来说，有什么样的历史，就应该有什么样的历史建构体系；历史的建构，是由历史本身的内容来决定的。而当我们认为中国史是一个可以成立的独立学科的时候，也就是以承认中国历史发展道路的特殊性为前提的，而这个特殊性自然要求在学科建构从而学科的理论体系建构上得到体现。

确认中国历史发展道路的特殊性这个问题本身，表示新时期以来的中国史学取得了重大进步，表示人们已经冲破了带有明显斯大林印记的教条主义束缚；人们已经普遍认识到，所谓五种社会形态并不是人类历史发展的普遍规律。正是在这样的认识基础上，我们才可以来讨论中国历史发展道路的特殊性问题。而只有充分肯定并认识中国历史发展道路的特殊性，才可能建设具有内在理论体系的中国史学科。中国历史发展的特殊性，涉及的问题很多，诸如中国文明起源模式问题、上古三代的社会性质问题、中古社会形态问题、中国古代社会特点问题、中国古代社会矛盾问题等，都属于本问题的范围。这些问题的解决，对于确立中国史学科的理论体系具有重大理论意义。本文不是来解决这些问题，而仅是以其中的某些问题为例，来谈谈解决这些问题对于建设中国史学科的重要性，以期引起学界的关注和重视。

一　中国文明起源模式问题

中国早期文明是如何展开的，我们的远古先民如何迈进了文明的门槛，这段看似遥远的历史，实际上在很大程度上铺垫了后世几千年中国历史的发展道路。因此，中国文明起源模式是研究中国历史特殊性首先要面对的问题。

长期以来，我国学术界一直根据摩尔根与恩格斯的观点，认定部落联盟是原始社会发展出来的最高组织形态，文明起源的模式定格为部落联盟—军事民主制—国家起源。欧洲如此，中国也是如此。例如白寿彝主编的《中国通史》第三卷写道："尧舜之时，我国正处于氏族制下的部落联盟时代。""在部落联盟中，实行着一种民主制度。有酋长会议，管理民政；军事首长管理军事、司法和宗教等事。这便是所谓'军事的民主制度'。""部落联盟中的军事首长，都是由酋长议事会经过全体酋长一致选举出来的。""我国古代尧舜禅让的传说，实际就是部落联盟中的民主选举制。"[①] 这是 20 世纪 80 年代之前中国史学界的普遍认识。80 年代以后，史学界又引入了塞维斯的酋邦理论，认为部落联盟并不是人类走入文明时代的普遍形态，更具普遍性的文明演进模式是"游团—部落—酋邦—国家"，其核心是用"酋邦"代替"部落联盟"。谢维扬的《中国早期国家》一书

---

① 白寿彝主编《中国通史》第三卷上册，上海人民出版社，1994，第 202 页。

详细介绍了酋邦理论，并以此解读中国文明起源问题。① 与这些引入西方
理论来解读中国文明起源的做法不同，从 20 世纪 90 年代以来，也有不少
学者从中国历史自身的特殊性出发，探索中国的文明起源道路，如苏秉琦
先生提出的"古文化、古城、古国"模式；② 王震中提出的中国文明起源
"三阶段说"，即从农耕聚落发展至中心聚落，再由中心聚落发展到都邑国
家等。③ 中国学者关于文明起源模式的说法很多，朱乃诚的《中国文明起
源研究》一书中有详细介绍。④ 本文无意也无力探讨这个问题，但想说明
的一点是，中国学者的诸多中国文明起源说多重视现象的描述，而缺乏像
恩格斯部落联盟说或塞维斯酋邦说那样的理论抽象，难以将之上升到"模
式"的高度，而理论化的模式研究却非常重要，特别是对于解读后世中国
历史道路更具意义。比如，用部落联盟说还是用酋邦说解读中国的文明起
源道路，就直接影响对后世中国历史特殊性的认识。

　　酋邦对应与部落联盟阶段，是一个部落联合体，但却与部落联盟的面
貌截然不同。王和的《从邦国到帝国的先秦政治》一书中，对酋邦与部落
联盟之不同有过明确的总结。他说，就产生的过程而言，部落联盟具有这
样三个特点：第一，部落联盟的产生完全是和平和自愿的，联盟形成的具
体方式是举行一次会议而非通过征服；第二，联盟的产生起因于有关部落
间的长期相互保护的关系；第三，参加联盟的部落是有亲属关系的部落，
相互间有共同的血缘渊源。从人类政治权力形成的角度看，部落联盟在权
力机制上也有三个特点：第一，部落联盟没有最高首脑，其最高权力属于
集体的，而非属于任何个人的权力；第二，部落联盟会议的议事原则是全
体一致通过，任何形式的个人专有权力是不可想象的；第三，参加联盟的
各部落保持各自的独立，相互间地位平等。在部落联盟的发生和结构上的
特征中，贯彻了两个最基本的原则，即部落间的平等和个人性质的权力的
微弱。与部落联盟不同，酋邦产生的途径主要是通过征服，组成这种部落

---

① 参见谢维扬《中国早期国家》，浙江人民出版社，1995。
② 参见苏秉琦《中国文明起源新探》，三联出版社，1999。
③ 参见王震中《中国文明起源的比较研究》，陕西人民出版社，1994。
④ 参见王和《从邦国到帝国的先秦政治》，福建人民出版社，2006，第 238～275 页。

联合体的部落之间不一定有血缘关系。其次，由于征服在酋邦自身的形成中是一个起重要作用的因素，而征服的结果往往导致部落间的臣属关系，所以，各部落间的地位是不平等的。第三，正因为酋邦是通过征服形成的，所以，与部落联盟相比，酋邦是具有明确的个人性质的政治权力色彩的社会。在有些个案中，酋长的权力甚至已发展到接近绝对的程度，对于一般的部落成员乃至下属首领们都具有生杀予夺之权。这与部落联盟模式对于个人权力的高度制约显然是大相径庭的。部落间的不平等与个人权力的强大，是酋邦模式的两条最基本的特征。①

酋邦模式与部落联盟模式截然不同。如果中国文明起源模式真的类同于酋邦的话，那么，酋邦模式的研究，对于如何认识中国早期国家，以及如何解释中国历史发展道路的特殊性和文化个性，就具有了理论上的重大意义。由于酋邦是具有明确的个人性质的政治权力色彩的社会，所以当它们向国家转化后，在政治上便继承了个人统治这一遗产，并从中发展出集权主义的政治形式，形成专制主义的君主制度。这样，中国所以较早形成君主专制政治模式的原因就得到了历史的说明。

中国文明起源是酋邦模式吗？弄清中国文明起源模式，对于中国历史学科的体系化建设，实在是一个重要而又迫切的重大问题。

二　中国古代社会历史的特点问题

中国古代社会的历史特点，是相对于我们习惯所讲的经济决定论而言的。在马克思的历史理论体系中，经济因素被看作是历史运动中最具根本性的决定性因素，即马克思所言："物质生活的生产方式制约着整个社会生活、政治生活和精神生活的过程。"② 或如恩格斯所说："历史过程中的决定性因素归根到底是现实生活的生产和再生产。"③ 但是，中国古代社会

---

① 参见王和《从邦国到帝国的先秦政治》，泰山出版社，2003，第10～13页。
② 《马克思恩格斯选集》第2卷，第82～83页。
③ 《马克思恩格斯选集》第4卷，第477页。

的情景究竟如何，仅仅从经济的角度看问题是否能够说明中国古代社会的主要症结？用这样的眼光去观察中国古代社会是否有益或可行？抑或说，中国古代的社会历史是否可以有不同的理论表达？这也是建构中国古代社会历史理论体系所需要考虑的大问题。如果这个问题不解决，中国史学科独特的理论体系也是难以确立起来的。

事实上，最近一些年来，这个问题已经引起了一些学者的关注，并发表一些初步的看法。刘泽华较早关注此一问题，并将中国古代社会历史的特征归结为"王权主义"。他说："这种靠武力为基础形成的王权统治的社会，就总体而言，不是经济力量决定着权力分配，而是权力分配决定着社会经济分配，社会经济关系的主体是权力分配的产物；在社会结构诸多因素中，王权体系同时又是一种社会结构，并在社会的诸种结构中居于主导地位……过去我们通常用经济关系去解释社会现象，这无疑是有意义的；然而从更直接的意义上说，我认为从王权去解释传统社会更为具体，更为恰当。"①

从 20 世纪 90 年代以来，像刘泽华这样从政治权力或国家权力支配社会的角度看问题的人越来越多。王家范就认为，中国历史中的一切内容，都是以政治为转移的，整个社会是一个"政治一体化"的特殊类型。他说，社会三大系统：政治、经济和文化，政治又是居高临下，包容并支配着经济和文化，造成了所谓"政治一体化"的特殊结构类型。经济是大国政治的经济，即着眼于大国专制集权体制的经济，私人经济没有独立的地位；文化是高度政治伦理化的文化，着眼于大国专制一统为主旨的意识形态整合的功能，异端思想和形式化的思辨不是没有，而却总被遮蔽，了无光彩。一切都被政治化，一切都以政治为转移。②

2010 年 5 月，在《文史哲》编辑部举办的"秦至清末：中国社会形态问题"研讨会上，这种观点已经相当普遍。有关的会议报道中说："与会专家对秦至清末的社会形态基本形成了如下重要共识：在秦至清这一漫长

---

① 刘泽华：《王权主义：中国文化的历史定位》，《天津社会科学》1998 年第 3 期。
② 王家范：《中国历史通论》，华东师范大学出版社，2000，第 11 ~ 12 页。

的历史时期，与现代社会不同，权力因素和文化因素的作用要大于经济因素；并着重把'国家权力'和'文化'的概念，引入到社会形态的研究和命名中，认为自秦商鞅变法之后，国家权力就成为中国古代的决定性因素，不是社会塑造国家权力，而是国家权力塑造了整个社会。"①

在《史学月刊》最近发表的一组笔谈中，不少学者在谈秦至清社会性质研究的方法论问题时，都强调了从政治权力角度分析中国社会的重要性。李若晖说："我们一直认为经济是历史发展的杠杆，这是马克思有鉴于欧洲资本主义兴起，大工业生产几乎在一夜之间改变了整个社会而得出的结论。实则近代欧洲经济的迅猛发展冲决了传统社会的旧有外壳，从而使得整个社会都被经济大潮裹挟而前。但是在古代，在古代中国，当经济力量相对弱小时，能否基于近代欧洲的经验，给予经济这样高的地位？"②张金光认为中国古代社会历史的根本特点是"国家权力塑造社会"。他说："传统的方法略去了国家权力这个维度——在中国社会历史中一个最重要的、决定性的维度。在中国历史上，国家权力这一维度是维中之维，纲中之纲，国家权力决定一切，支配一切。在中国不是民间社会决定国家，而是国家权力塑造社会，国家权力、意志、体制支配、决定社会面貌。"③黄敏兰说，"国家权力决定中国古代社会的性质"这一认识，突破了以往的单纯经济决定论，的确抓住了中国古代社会的基本特征。④

李若晖指出，马克思重视经济的决定作用，是从欧洲近代的历史特点出发的。如果这个看法是有道理的，那么，中国古代历史和欧洲的近代历史断然不同，在看待中国古代社会时套用经济决定论也断然是行不通的。中国古代社会的历史特征，是不是政治权力决定一切，政治是不是看待中国古代社会最重要的、最具决定性的维度，的确是个值得深入讨论的问题。虽然有不少学者对这一问题发表了肯定性的看法，但这远没有形成共

① 《〈文史哲〉杂志举办"秦至清末：中国社会形态问题"高端学术论坛》，《文史哲》2010年第4期。
② 李若晖：《关于秦至清社会性质的方法论省思》，《史学月刊》2011年第3期。
③ 张金光：《中国古代社会形态研究的方法论问题》，《史学月刊》2011年第3期。
④ 黄敏兰：《全面认识中国古代社会的政治权力经济》，《史学月刊》2011年第3期。

识。这一认识，既是中国史研究中的一个本体论问题，也是一个方法论问题；如果这个观点得到确认，那么我们看待中国古代历史的基本角度、方法论思想都将发生一个重大的变化。这的确是建立中国史研究理论体系，进而建立独立的中国史学科体系所不容忽视的大问题。

三　中国古代社会矛盾的判断问题

按照传统的阶级理论，中国古代社会（秦至清）的主要矛盾是地主阶级和农民阶级的矛盾，而这是否符合中国古代历史的实际情况是需要研究的。就笔者所及，黄敏兰写于1995年的文章就提出了这一问题。她说："中国古代社会有自己独特的发展规律，与欧洲中世纪社会的性质和特点完全不相同。社会的基本矛盾并不是能从政治经济学的角度来解释的，不能用单纯的剥削与被剥削关系来解释具体的社会现象。中国古代的社会基本结构，是以权力为核心的等级制，与财产占有、经济行为和阶级属性都没有直接的关系。法律明确规定了等级间的不平等……在中国古代社会里，社会的基本矛盾不能简单地归结为地主阶级和农民阶级的矛盾，而是皇帝官僚集团与该集团以外的全体社会成员的矛盾。"[①] 所谓"皇帝官僚集团与该集团以外的全体社会成员的矛盾"，实际上是一个官民矛盾的表述。

1996年迟汗青发文指出："官民关系是传统政治的基本问题，是推动政治发展的基本动力，对政治生活的各个方面都有根本的规定和影响作用。"作者从政权性质、经济结构、政治运行、官僚资本等四个方面进行论证，得出结论说："传统社会的经济结构从根本上决定了官民之间利益关系的对立性，而私有性质的政权又维护并强化了这种对立性。"[②]

1998年，又有两篇论证"官民对立"的文章发表。一篇是孟祥才接续黄敏兰文章对"官民对立"问题做深入的阐发和补充，他说："中国古代留下的大量史料表明，中国封建社会的主要矛盾是封建国家同它的赋税和

① 黄敏兰：《评农战史专题中的严重失实现象》，《史学理论研究》1995年第4期。
② 迟汗青：《传统社会官民对立及其调整》，《学习与探索》1996年第4期。

徭役的征课对象之间的矛盾。这个征课对象的主体应是自耕农与半自耕农，其中当然也包括不享有免赋免役特权的一般地主……这说明，地主阶级与农民阶级，特别是与他们的剥削对象之间的矛盾虽然是封建社会的重要矛盾之一，但与农民阶级同封建国家的矛盾相比，在大多数情况下，只能居次要地位。"[1] 孟祥才认为，即使存在地主阶级与农民阶级的矛盾，它也是次要的矛盾，而"封建国家同它的赋税和徭役的征课对象之间的矛盾"才是封建社会的主要矛盾。另一篇文章，是顾震发表在《东方文化》上的论文《审视"定论"与等级分析——以关于封建时代农民、地主的理论为例》，明确提出封建社会的主要矛盾为"税民"与国家的矛盾。税民中包括为数众多的庶民地主。文章认为，"地主阶级即封建统治阶级"之说，忽略了地主构成里包含庶民地主。[2]

到目前为止，将"官民对立"视为中国古代社会基本矛盾的观点，还没有得到更多人的响应，要在一个基本的重大的理论问题上取得普遍的共识，就中国的情况说，需要上升到国家意识形态的层面，而显然现在还很难做到。但尽管如此，关于"官民对立"的认识，也已经达到了相当深刻的程度，张金光近期发表的论文可为代表。他说："官民二元对立是中国古代社会阶级结构的基本格局……官民之间，不仅是统治与被统治的关系，而且是一种经济关系，是剥削与被剥削的关系，也就是说，它是以土地国有制、国家权力、政治统治为基础建立起来的社会生产关系。这种生产关系是国家体制式社会生产关系或叫权力型社会生产关系。这种生产关系比之民间社会的任何经济关系都具有无可与之伦比的稳定性、凝固性、恶劣性、暴力性。这一对生产关系，在时、空两个维度上比之民间的任何生产关系都具有无可伦比的广泛性和普遍意义，此乃是中国社会的历史基因。三千年间，这一生产关系总是以不同形式重塑着中国社会历史，万变

---

① 孟祥才：《如何认识中国农战史研究中的"失实"问题》，《泰安师专学报》1998 年第 1 期。
② 转引自黄敏兰《近年来学术界对"封建"及"封建社会"问题的反思》，《史学月刊》2002 年第 2 期。

而不离其宗。舍此便不得中国古代社会历史面貌之本。"①

从学术史的角度说，王亚楠在 20 世纪 40 年代所写的《中国官僚政治研究》一书中曾提出"官民对立"是中国古代社会基本阶级分野的观点，认为"官僚的封建社会就是官僚与农民构成的社会，或官民对立的社会"。② 但是，王亚楠并没有对这个问题做深入的学理性分析；20 世纪 90 年代人们重新提出这个问题，也不是向王亚楠问题的简单回归，而是在经历了阶级斗争理论形而上学猖獗之后，对中国古代社会基本问题的新思考。坦率地说，地主阶级与农民阶级的矛盾，是可以作为认识古代社会的一个视角（尽管这个地主阶级的概念极其含混）的，但却无法说明中国古代政治的特点，无法对秦汉以后两千多年间以专制主义官僚制为其基本政治特色的社会进行政治解读，无法面对历史上几乎每日每时都在重演的"官逼民反"、"官民对立"的基本事实。因此，废弃地主阶级与农民阶级根本对立的基本矛盾说，从官民对立的角度去理解古代社会是有其本体论依据，并因而有其合理性的。

如何认识中国古代社会的基本矛盾，是理解古代社会的一个重大理论问题，这一问题的解决，对于建设中国史学科的理论体系有着重大意义。但是，官民对立是中国古代社会基本矛盾的说法，还需要更深入更广泛地展开，还有不少学理性问题需要探讨。譬如：

官民对立是不是阶级对立？

如果是，官僚阶级、庶民阶级的说法如何成立？界定官僚阶级或庶民阶级，在阶级概念研究上自然会突破马克思列宁从生产资料所有制、生产关系角度定义阶级的思想理路，而判定阶级的出发点或基本依据又是什么？

如果不是，应该如何看待官民对立的矛盾性质？官民矛盾在社会属性上如何定性？在认定官民对立为基本社会矛盾的前提下，还存在不存在阶

---

① 张金光：《中国古代社会形态研究的方法论问题》，《史学月刊》2011 年第 3 期。
② 参见王亚楠《中国官僚政治研究》第 11 篇 "农民在官僚政治下的社会经济生活"，时代文化出版社，1948。

级矛盾？

诸如此类的问题都需要通过艰难的研究去解决，而只有解决了这些理论难题，官民对立的基本矛盾说才能真正确立。看来，中国古代社会基本矛盾问题的研究还有很长的路要走，而这又是建立中国史学科必须面对的基本问题。

以上是我们举例性地提出了几个中国史学科理论体系建设中需要关注的基本问题。笔者认为，中国史学科的建设或发展，首先要关注的就应该是这些宏观性的大问题，这是认识中国历史的基本问题。如果这样的问题不解决，任何具体问题的研究都无所依傍。而如果这些问题解决了，中国历史的特殊性，从而中国史学科在国际史学中的独特地位，自然也就确立起来了。

（原载《社会科学战线》2012 年第 2 期）

中国古代思想史研究中的
学派、话语与话域

　　曾几何时，在中国思想史的研究圈子里，"学派"这个词也渐渐流行起来，诸如"侯外庐学派"、"刘泽华学派"等，已有不绝于耳之感，使人真切地感受到了学术的进步。回首 1949 年以来的学术史，一个最顽强的特征，就是学术思想与国家意识形态的高度统一，无论哲学、史学或一切社会科学，都不可能有所谓独立学派的产生。我们只有一个学派，那就是马克思主义学派。而只有一个学派，就等于是没有学派，因为理论方法论及论学宗旨上没有"异于是"的存在。现在"侯外庐学派"、"刘泽华学派"的出现，使我们看到了那种被政治统得过死的局面开始被打破，中国思想史研究也将步入一个新的阶段。

　　不过，仔细想来，所谓"侯外庐学派"的称谓，却有讨论的必要。国内学界较早提出"侯外庐学派"的，是龚杰发表于 1989 年的《论侯外庐学派的代表作〈中国思想通史〉》一文。他说："《中国思想通史》集中体现了侯外庐学派的特色和成就，其中对学术界影响最大的，就是注重思想史与社会史的关联。"① 该文没有对"侯外庐学派"作完整的论述，他为什么是一个学派？他的学术宗旨是什么？有什么样的方法论体系？有什么样的学术个性？诸如此类学派所以为学派的基本问题，龚杰都没有给予回

---

① 龚杰：《论侯外庐学派的代表作〈中国思想通史〉》，《西北大学学报》1989 年第 1 期。

答，只是指出了他的"注重思想史与社会史的关联"这一学术风格。最近几年，言说"侯外庐学派"颇具代表性的是方克立、陆新礼的论说："'侯外庐学派'是由马克思主义历史学家侯外庐先生开创的学术派别，其基本主张是用以唯物史观为核心的马克思主义世界观和方法论来研究中国思想的发展，强调思想史研究与社会史研究相结合，可以说是中国思想史研究中的唯物史观派。该学派已有三代人薪火相传，具体说就是：第一代是以该学派创始人侯外庐为代表的老一辈马克思主义学者，包括赵纪彬、杜国庠、邱汉生等人，代表作是他们共同编撰的多卷本《中国思想通史》；第二代是解放后随侯外老一起编著《中国思想通史》第4卷的'诸青'，以及侯外老在'文革'前培养的研究生和助手，如张岂之、李学勤、黄宣民、卢钟锋等人，代表作是《宋明理学史》和《中国近代哲学史》；第三代是……"① 在这段表述中，"侯外庐学派"有治学宗旨，有学术风格，有代表人物和代表作，等等。但是，侯外庐本人似乎并不承认自己创造了一个独立的学派，如他说："要建立一个比较完整的马克思主义的中国思想史体系殊非易事。尽管有同志说我们的思想通史是自成体系的著作，而我们却不敢以此自诩。我很想说明一下，我们在史学研究中所注重的不是自己的'体系'，而是如何运用马克思主义历史科学的理论和方法，总结中国悠久而丰富的历史遗产。"② 显然，他并不认为在马克思主义的理论方法论之外，自己有什么独立的学术体系。侯外庐所致力于建立的只是"一个比较完整的马克思主义的中国思想史体系"，他仅仅是"马克思主义学派"的一员。前引方克立、陆新礼的文章中也已明言其为"唯物史观派"。既然这是一个地地道道的马克思主义学派，又如何能以侯氏的名字命名呢？在新中国几十年的学术史上，有什么人不是属于马克思主义学派吗？虽然侯外庐及其同仁或传人比其他人做得要好一些，成果也集中一些，但他们的理论方法论体系和其他学者并没有明显的差异。大家都是唯物史观派，

---

① 方克立、陆新礼：《"侯外庐学派"的最新代表作——读〈中国儒学发展史〉》，《中国社会科学院研究生院学报》2010 年第 2 期。

② 转引自湛风、郑熊的《在人文学术园地不懈耕耘——张岂之先生访谈录》一文，载《中国文化研究》2009 年夏之卷。

用的是同一套话语体系，同一个思维模式，同一个理论准则，同一个价值标准。尽管如此，笔者还是愿意使用"侯外庐学派"这个概念，将其作为马克思主义中国思想史学派的代名词，作为用唯物史观解读中国思想史的一个典型。

以往人们解读侯外庐学派，最为关注的是他重视社会史研究与思想史研究的结合，其实，这只是这个学派方法论的一个方面，是他所坚持的"社会存在决定社会意识"的思想方法。这个学派在学理层面还有更为重要的东西，即对于思想的评价或判断，以"唯物"或"唯心"为最根本的分野，把一部思想发展史解读为唯物论和唯心论斗争的历史，"唯物"和"唯心"构成这个学派最基本的话语元素。关于这一点，只要读一读侯外庐主编的《中国思想史纲·绪论》就非常清楚了。

除了唯物和唯心，社会和阶级、进步与反动，也是这一学派的基本话语元素。社会和阶级是其分析工具，一切思想的源头都归之于社会和阶级的运动，一切思想的实质都可以从阶级利益的角度去分析和解说。进步与反动是其价值判断标准，是其思想属性的标签，对一切思想都可以做出进步与反动的价值判断。而且在这样的学术体系中，唯物和唯心、社会和阶级、进步和反动，这些事实判断、属性判断和价值判断之间有着确定的对应关系：唯物→革命阶级或国民阶级→进步；反之，唯心→统治阶级→反动。①

还需要指出的是，由于唯物史观学派在基本理论体系上和现实社会的政治意识形态保持着高度的一致性，因此也使其丧失了现实批判功能。一方面，这一学派对自己引为指导的理论缺乏反思和批判，如在其代表作《中国思想通史》第 1 卷中，引述了马恩列的论述 29 处，都是作为论证依据而引述，而没有一处是批判性征引；另一方面，从这样的思想史研究中，也看不到学术针砭现实的批判作用。新中国在承接几千年封建专制社会的遗产时，对思想文化专制主义的批判是最紧迫的现实需要，而他们多

---

① 可参考侯外庐、赵纪彬、杜国庠著《中国思想通史》第 1 卷，人民出版社，1957，第 44 ~ 45、49、180、128、191、253、305、326、532、645 等页的有关论述。

卷本的思想史巨著中，则没有对封建专制主义作系统清理，没有表现出应有的现实关怀。现实批判功能的丧失，窒息了学派的生命活力。

我们无意对侯外庐学派做出全面的分析和评价，更不是要来批评这个学派，以上所论，实际上是几十年间整个中国马克思主义史学中存在的普遍性问题。这样的史学，已经形成了一个固定的研究范式和话语体系，从理论到方法，从思路到话题，都已经标准化、程式化了。就中国思想史研究来说，侯外庐及其研究群体是这个史学范式中做得最好的典范，他们已经尽力将"左"的影响降到了最低的程度，其学术成就也已攀登到了这个理论体系所可能达到的最高极限，在这样的话语体系中，已经没有什么新路可走。中国思想史研究的新局面，需要有新学派的产生。只有"异于是"的新学派的产生，才可能带来新方法、新视野，创造新的言说方式和新的话语体系，从而使中国思想史研究别开生面。

20 世纪 80 年代，"刘泽华学派"诞生了。据说，在海外早已有人在谈论"刘泽华学派"，而在中国大陆正式使用这个术语，则是最近几年的事情，① 并且至今还没有人对之做出整体性描述。但就笔者的考察，这个学派是成立的，他相对于唯物史观派的中国思想史研究来说，已经使人有了"异于是"的感觉。

刘泽华学派所以成立，在于这个研究群体有自己的学术个性，有区别于他人的治学宗旨和方法论体系，有独特的言说方式，并由此形成了一套新的话语体系。

首先，从方法论上说，第一，在看待中国思想史演进的基本路径上，他们提出了区别于传统唯物史观的特有角度。这一方法论突破，主要是根源于刘泽华著名的"王权主义"理论。刘泽华认为，中国古代社会的基本特点是"王权支配社会"。"这种王权是基于社会经济又超乎社会经济的一

---

① 公开使用"刘泽华学派"这一概念的文章有方克立《甲申之年的文化反思——评大陆新儒学"浮出水面"和保守主义"儒化"论》，《中山大学学报》2005 年第 6 期；方克立《关于当前大陆新儒学问题的三封信》，《学术探索》2006 年第 2 期；秦进才《形式主义史料与政治文化的存在方式》，《中国图书评论》2008 年第 9 期；李冬君《真理之辨——读毕来德〈驳于连〉》，《中国图书评论》2008 年第 5 期等。

种特殊存在……这种靠武力为基础形成的王权统治的社会，就总体而言，不是经济力量决定着权力分配，而是权力分配决定着社会经济分配，社会经济关系的主体是权力分配的产物；在社会结构诸多因素中，王权体系同时又是一种社会结构，并在社会的诸种结构中居于主导地位。"[①] 很显然，这样一种中国史观，是有别于传统唯物史观从经济角度看问题的思想方法的。而从这样的历史观出发，就产生了看待中国思想史进程的新的思维路径。刘泽华说："在观念上，王权主义是整个思想文化的核心。各种思想，如果说不是全部，至少是大部，其归宿基本都是王权主义。"[②] 于是，王权主义就成为中国政治思想史研究的一个重要的分析工具，中国思想史研究就有了区别于"精神生产随着物质生产的改造而改造"（《共产党宣言》）的新的方法论。

第二，这个群体基本上废弃了传统唯物史观解释历史的最核心的方法论工具——阶级分析方法。刘泽华说："在阶级社会，政治思想的核心部分具有明显的阶级性质。但从政治思想的总体看，又不能全部归入阶级范畴……不能把每一种思想命题统统还原为阶级的命题，因为政治思想对象本身并不都是阶级的。"[③] 刘泽华从他的防御性思维（刘泽华语）出发，解释自己的理论时不得不遮遮掩掩、闪烁其词，要声明"在阶级社会，政治思想的核心部分具有明显的阶级性质"，而在做了"不能把每一种思想命题统统还原为阶级的命题"的委婉的表达之后，在他们的实际研究中，就基本上把阶级的痕迹全部抹去了。

第三，这个群体的思想史研究，摒弃了传统的唯物与唯心、社会与阶级、进步与反动的概念体系，甚至抛弃了近代以来来自西方的最为强大的话语体系和分析工具，如专制与民主等，而从中国政治思想史内部、从中国古代固有的概念体系出发，提炼出言说思想史的概念和范畴，形成独特的适合中国思想史研究的话语体系。刘泽华在《中国政治思想史集》第一

---

① 刘泽华、张分田等：《思想的门径——中国政治思想史研究方法论》，天津古籍出版社，2006，第5页。
② 刘泽华、张分田：《思想的门径——中国政治思想史研究方法论》，第6页。
③ 刘泽华：《先秦诸子思想史》"前言"，南开大学出版社，1984。

卷"再版弁言"中说："本书的立论基本上是来自归纳法，所有的材料都是从'母本'中梳理出来的，而且在解释和运用时也都以'母本'的整体性为前提。"① 张分田在《中国帝王观念》一书的"导论"中说，他研究中国政治思想史基本问题的"途径和方式之一就是深入剖析各种思想体系的理论结构。这是本书所使用的主要分析方法"。② 也就是说，刘泽华他们研究中国政治思想史所使用的基本概念，都来自于中国政治思想史这个"母本"，是深入中国自身各种思想体系之中提炼的结果，而不是沿袭用西方概念解读本土思想的近代路径。正是从中国思想史的母体出发，刘泽华他们提炼出了观察中国古代思想史的概念体系，如君尊、臣卑，尊君、抑民，尊君、罪君，帝王观念、臣民意识，君道、臣道，兼听、独断，进谏、纳谏，等等。这些概念在他们大量的中国政治思想史著作中，被证明是有效的分析工具。

其次，这个群体有着强烈的现实关怀，有着明确的目的追求，这是他们的治学宗旨。刘泽华研究中国政治思想史的目的"就是为解析中国的'国情'，并说明我们现实中封建主义的由来"。③ 当被问到"这是否是'理念'先行，违背了学术独立的原则，是否有实用主义的毛病"时，刘泽华答曰："我不排除'我'的因素和目的，也不排除'理念'先行，不贯彻某种'理念'的历史认识几乎是不存在的。我所写的东西表达的是我的一种认识。'文革'以及前后那么多的封建主义，不全是新冒出来的，很多是中国历史的延续，对此不应袖手旁观和熟视无睹……有人说，从我著述中看到了某些现在的东西，能有这种感受，可谓得吾心矣！"④ 可以说，刘泽华这个学术群体的所有相关著作，都体现了这个鲜明的学术目标。

最后，刘泽华学派所以成立，还在于他们已经有了足以体现其论学宗

① 转引自林存光《思想、社会与历史——刘泽华先生的"王权主义"说评析》，《天津社会科学》2009年第3期。
② 刘泽华、张分田：《思想的门径——中国政治思想史研究方法论》，第196页。
③ 刘泽华：《中国政治思想史集·总序》，人民出版社，2008，第1页。
④ 刘泽华、范思：《治史观念与方法经验琐谈——刘泽华教授访谈录》，《历史教学问题》2006年第2期。

旨和学术风格的研究成果。这个学派的主要代表作有刘泽华《先秦政治思想史》（南开大学出版社，1984），刘泽华《中国的王权主义》（上海人民出版社，2000），刘泽华主编《中国政治思想史》（三卷本，浙江人民出版社，1996），刘泽华、葛荃主编《中国古代政治思想史（修订本）》（南开大学出版社，2001），张分田《中国帝王观念》（中国人民大学出版社，2003）等。

刘泽华学派的出现，产生了关于思想史的新的言说方式、新的话语体系，同时也意味着扩大了思想史研究的视域，人们开始跳出唯物和唯心、社会和阶级的视野去展望古代思想的多彩世界。最近十几年来，除了刘泽华学派，也还有一些新的话语涌现，虽说没有形成气候，形成学派，但在思想史研究领域的影响力却也不能低估。

这里我们要谈到葛兆光的中国思想史研究。1998 年，葛兆光的《七世纪前中国的知识、思想与信仰世界》出版问世，提出了一个"一般知识、思想与信仰世界的历史"的思想史理念，用一套全新的话语体系来言说中国古代的思想史。他说："过去的思想史只是思想家的思想史或经典的思想史，可是我们应当注意到在人们生活的实际世界中，还有一种近乎平均值的知识、思想与信仰，作为底色或基石而存在，这种一般的知识、思想与信仰真正地在人们判断、解释、处理面前世界中起着作用，因此，似乎在精英和经典的思想与普通的社会和生活之间，还有一个'一般知识、思想和信仰的世界'，而这个知识、思想与信仰世界的延续，也构成一个思想的历史过程，因此它也应当在思想史的视野中。"[1] 根据这样的学术理念，思想史研究的方法论就要做出创造性地改变，就要走出从子书到子书、从思想到思想或从社会到思想的研究套路，也就必然极大地拓展思想史的研究范围和资料范围。于是，葛兆光的思想史研究，将资料范围扩大到了传统的经书、子书之外，诸如非文字类的图像资料，如画像石、铜镜、宗教图像、雕塑、建筑等；普遍适用的印刷品，如寺庙中的签文、一些格式化的祝祷词、皇历一类通用手册等；一般历史学家不大注意的文学

---

[1] 葛兆光：《中国思想史》第 1 卷，复旦大学出版社，1998，第 13 页。

性资料，如早期的讲经、变文以及后来的善书、可供艺人阅读的唱词、有固定场所的说书、家族祭祀或村社聚会时的演出，等等。① 正是这样一种新的研究方法，给他的研究带来了巨大的成功，使他超越了传统的思想史研究，为学界提供了无论从内容到方法都可以使人耳目一新的思想史著作。在这样的思想史研究中，言说的话语变了，话域也变得空前广阔。

雷戈的《秦汉之际的政治思想与皇权主义》，是继葛兆光之后又一项在方法论上别开生面的研究成果。雷戈创立了一种"历史－思想"研究法，其方法论手段是制度分析和技术分析。"所谓制度分析，就是从制度与思想的互动建构来展示政治思想的复杂脉络。""所谓技术分析，就是从权力游戏和官场规则中描绘出某种普遍性的政治－思想共识"，侧重从政治仪式、官场规则、官僚行为、权术阴谋中考察一个时期的政治思想。这样的考察，使得原来的经书、子书无力支撑，主要的资料依据变为一般历史研究所依赖的正史。于是雷戈提出"正史和诸子具有相同的思想史价值"的论断，为思想史研究开辟出新的史料领域。② 实际上雷戈的"历史－思想"研究法，就是从人们的实际历史活动中分析思想发展轨迹的方法。他强调一切历史记录，都和通常人们所依据的"诸子"一样具有思想史资料的价值；而以往的思想史研究，几乎忽略了"诸子"书以外的一切历史记录。的确，我们需要拓宽思想史的研究视野，从人类全部的历史活动中去考察思想的轨迹。

葛兆光、雷戈等人新的研究方法问世之后，由于种种原因还没有学者效法和跟进，于是也就没有发展为学术派别，但他们的方法论都是以代表性论著来标示的；而且这些新的方法论也的确造成了新的话语系统，拓展了思想史研究的话域范围、对象范围和资料范围。他们在思想史研究中所产生的影响，是具有学派效应或范式效应的。如果说个性化的学派涌现才可能带来方法论的创新、话语体系的流转和话域的拓展的话，那么，中国

---

① 葛兆光：《中国思想史》第 1 卷，第 23~24 页。
② 雷戈对自己方法论的描述，参见《秦汉之际的政治思想与皇权主义》，上海古籍出版社，2006，第 22~25 页。

思想史研究的蓬勃春天也正待于此。我们期望刘泽华学派有新的发展，期待葛兆光、雷戈式的个性化研究也能继续光大而成为独树一帜、蔚然成风之学派。即使整个史学界都坚持一个唯物史观，也应该在这个史观的关照下，滋生出同一平台上的不同学派，孔子死后，"《春秋》分为五，《诗》分为四，《易》有数家之传"，马克思的后人也需要翩翩起舞，张扬其思维的个性力量，唯此，中国思想史研究才可能装扮得斑斓多彩、光怪陆离！

（原载《学术月刊》2010 年第 11 期）

关于创新思想史研究方法论的思考

　　中国近代以来的史学发展史告诉我们，史学研究方法论的根本突破，在很大程度上依赖于历史观的改变。从民国到新中国，再到改革开放，百年史学在历史观上，经历了历史进化论、唯物史观和对唯物史观的重新认识、正本清源三个阶段，而相应的都带来了史学方法论的飞跃性发展。所以如此，根本的原因还在于方法的属性。从基本属性上说，内容是方法的灵魂。认识对象本身的性质和状况，决定着我们认识它的方法或途径。解读什么样的历史，就需要什么样的方法。所以，方法的创新和选择最终取决于我们对历史本身的理解和认识；而对于历史本身的理解和认识，在抽象的较高层次上，就是历史观或本体论。很简单，本体论决定着方法论。

　　近代史学上的第一次变革是新史学，这个变革的旗手梁启超的历史观是进化史观，是历史进化论。梁启超阐述的史学定义有三层含义：第一，历史者，叙述进化之现象也；第二，历史者，叙述人群进化之现象也；第三，历史者，叙述人群进化之现象而求得公理公例者也。"叙述人群进化之现象而求得公理公例"，就特别重视历史因果关系的探讨，于是他的史学方法论就是重视因果关系之探讨。他在《中国历史研究法》的第 6 章"史迹之论次"中说："吾尝言之矣：事实之偶发的孤立的断灭的，皆非史的范围。然则凡属史的范围之事实，必于其横的方面，最少亦与他事实有若干之联带关系；于纵的方面，最少亦为前事实一部分之果，或为后事实一部分之因。是故善治史者，不徒致力于各个之事实，而最要着眼于事实与事实之间，此则论次之功也。"就是在这一章，他次第讲述了四条研究历史的重要的思想方法：（1）以整体的眼光看待历史。"当以数百年或数千年间此部分之总史迹为一个体，而以各时代所发生此部分之分史迹为其细胞。""不独一国之历史为'整个的'，即全人类之历史亦为'整个的'。"（2）研究历史应观察时代之背景。"论世者何？以今语释之，则观察时代之背景是已。"（3）研究历史宜用比较方法。"读史者于同中观异异中观同，则往往得新理解焉。"（4）治史要重视历史的因果联系。"不谈因果则无以为鉴往知来之资，而史学之目的消灭。故吾侪常须以炯眼观察因果关系。"① 由是可知，梁启超的历史研究方法论就是他的历史进化论的产物。

我们再来看一个由史学观念变革导致研究方法变革的例子。近代史学史上，顾颉刚提出的"层累地造成的中国古史"说，是一个影响深远的古史观，而这个古史观也同时成为一种方法论，是一个史观决定方法的经典案例。"层累地造成的中国古史"说的核心观点可以概括为三句话：第一，时代愈后，传说的古史期愈长；第二，时代愈后，传说中的中心人物愈放愈大；第三，对于古史，即使不能知道某一件事的真确的状况，但也可以知道某一件事在传说中的最早的状况。② 这样一种古史观，在方法论上提出了非常明确的要求，就是一层层剥去后人给古史披上的包裹和外衣，以显示出古史的本真面貌。胡适对顾颉刚疑古辨伪的古史研究方法的总结是："（1）把每一件史事的种种传说，依先后出现的次序排列起来。（2）研究这件史事在每一个时代有什么样子的传说。（3）研究这件史事的渐渐演进由简单变为复杂，由陋野变为雅驯，由地方的（局部的）变为全国的，由神变为人，由神话变为史事，由寓言变为事实。（4）遇可能时，解释每一次演变的原因。"③ 很显然，这种古史研究的方法论，就是"层累地造成的中

---

① 梁启超：《中国历史研究法》，第100~111页，《饮冰室合集》专集之七十三。
② 顾颉刚：《与钱玄同先生论古史书》，《古史辨》第1册，上海古籍出版社，1982年影印本。
③ 胡适：《古史讨论读后感》，《古史辨》第1册，第192~193页。

国古史”说的直接推演。

回到思想史的层面上来，我们看到的也是这样的境况。最近一些年来，学术界在评论新中国成立以来的思想史研究的时候，经常提到“侯外庐学派”，认为这个学派在方法论上有其独到之处。譬如，龚杰发表于1989 年的《论侯外庐学派的代表作〈中国思想通史〉》一文说：“《中国思想通史》集中体现了侯外庐学派的特色和成就，其中对学术界影响最大的，就是注重思想史与社会史的关联。”① 方克立、陆新礼的文章也说：“‘侯外庐学派’是由马克思主义历史学家侯外庐先生开创的学术派别，其基本主张是用以唯物史观为核心的马克思主义世界观和方法论来研究中国思想的发展，强调思想史研究与社会史研究相结合，可以说是中国思想史研究中的唯物史观派。”② 人们解读侯外庐学派，都关注到思想史研究与社会史研究这一方法论上的特别之处；而这一点，其实就是贯彻“社会存在决定社会意识”这一唯物主义历史观，而并非侯外庐先生的特别创造。侯外庐学派把思想史研究和社会史研究相结合的方法论，是唯物史观在思想史研究中的基本要求。

由此说明，思想史研究方法论的创新，最根本的途径是历史观的创新，或者是低一层次的思想史观的创新。就历史观的创新说，新时期以来的一个突出案例，是刘泽华提出的王权主义历史观对中国古代政治思想史研究的影响。刘泽华在 20 世纪 80 年代提出了一个区别于传统唯物史观的中国历史观，具体表述如下：

> 这种王权是基于社会经济又超乎社会经济的一种特殊存在。它是社会经济运动中非经济方式吞噬经济的产物，是武力争夺的结果，所谓“马上得天下”是也；这种靠武力为基础形成的王权统治的社会，就总体而言，不是经济力量决定着权力分配，而是权力分配决定着社

① 载《西北大学学报》1989 年第 1 期。
② 方克立、陆新礼：《“侯外庐学派”的最新代表作——读〈中国儒学发展史〉》，《中国社会科学院研究生院学报》2010 年第 2 期。

会经济分配，社会经济关系的主体是权力分配的产物；在社会结构诸
多因素中，王权体系同时又是一种社会结构，并在社会的诸种结构中
居于主导地位；在社会诸种权力中，王权是最高的权力；在日常的社
会运转中，王权起着枢纽作用；社会与政治动荡的结局，最终还是回
复到王权秩序；王权崇拜是思想文化的核心，而"王道"则是社会理
性、道德、正义、公正的体现，等等。过去我们通常用经济关系去解
释社会现象，这无疑是有意义的；然而从更直接的意义上说，我认为
从王权去解释传统社会更为具体，更为恰当。

我所说的王权主义既不是指社会形态，也不限于通常所说的权力
系统，而是指社会的一种控制和运行机制。大致说来又可分为三个层
次：一是以王权为中心的权力系统；二是以这种权力系统为骨架形成
的社会结构；三是与上述状况相应的观念体系。①

刘泽华自己不敢以新的历史观自恃，仅仅把自己的"王权主义"理论
说成是关于中国历史社会控制和运行机制的认识，而实际上，当这种理论
可以用来解释社会历史的权力系统、社会结构、观念系统等各个方面，几
乎可以用来解释社会历史的一切重大问题的时候，它不是历史观又是什么
呢？它是关于中国历史的最本质的看法，是地地道道的中国史观。我们不
去辩解这个问题，现在要说的是，这样一个历史观给中国古代思想史研
究，带来了怎样的变化。

王权主义历史观的最大特征，就是强调中国古代历史中的政治因素，
强调王权支配社会，强调"国家权力支配一切"。王权、政治、国家权力，
是这个历史观的中心词。这一历史观对于政治思想史研究乃至整个的中国
思想文化史研究来说，无疑提供了一个强大的方法论思想。这一历史观运
用于思想史研究中的最大特点是，在整体文化的关照上，以政治为核心；
在政治思想史的关照上，以王权专制为中枢。抓住了政治问题，抓住了王
权专制这个基本特点，中国文化中的一切问题都可以迎刃而解了；而离开

---

① 刘泽华：《王权主义：中国文化的历史定位》，《天津社会科学》1998 年第 3 期。

"政治"、"王权"这个基点，一切思想文化现象则都无法得到解释和说明。这个方法论思想的基本表述，就是刘泽华下边这段文字：

> 在传统中，政治的幽灵无处不在，而且举足轻重，决定一切。从历史上看，几乎所有的思想家都以其独特的方式与政治紧密地纠葛在一起。政治问题成为全部社会问题的核心，甚至一切社会问题最终都被归结为政治问题……政治思想也就成了中国古代思想文化的重心。而且在某种意义上，我们可以说，正是这种鲜明的政治色彩和强烈的政治化倾向，构成中国传统文化的一个基本特征。因此，要准确而深刻地剖析传统，就必须以政治为楔入点。[①]

以政治为楔入点，注重思想史中的政治因素，就是王权主义历史观给予思想史研究最鲜明的昭示和最明确的指引。而它也的确成为一个时期、一个学术群体从事中国古代政治思想史研究的方法论。刘泽华三卷本百余万言的《中国政治思想史集》，他所主编的《中国政治文化丛书》、《中国社会史研究丛书》第二辑《政治理念与中国社会》，三卷本的《中国古代政治思想史》等书，都是这一新的方法论思想的产物。还有，刘泽华以带学生方式培养出来的以中国古代政治思想史为主攻方向的学术群体，也都是以王权主义历史观作为他们的方法论思想的，以至于在中国古代政治思想史研究领域，形成了一个具有鲜明学术特色的"刘泽华学派"。[②] 可以说，王权主义历史观的提出，为中国古代思想史研究开创了一个崭新局面。

就思想史观的层面说，对思想史特质的独到性理解，也可以化作独特的方法论思想。这里我们想谈到葛兆光和雷戈的思想史研究。笔者在《中国思想史研究中的学派、话语与话域》中，曾经谈到这两个人的情况，但此次的角度不同。

---

① 刘泽华：《中国传统政治思维》"前言"，吉林教育出版社，1991。
② 关于"刘泽华学派"的简要论证，可参考拙文《中国思想史研究中的话语与话域》，《学术月刊》2010 年第 11 期。

1998 年，葛兆光出版《七世纪前中国的知识、思想与信仰世界》一书，在学界引起轰动。葛兆光提出了一个"一般知识、思想与信仰世界的历史"的思想史理念，认为过去的思想史只是思想家的思想史或经典的思想史，可是我们应当注意到在人们生活的实际世界中，"还有一种近乎平均值的知识、思想与信仰，作为底色或基石而存在"。这种一般的知识、思想与信仰真正地在人们判断、解释、处理面前世界中起着作用，并且呈现为一个绵延不断的历史过程，也具有思想的历史属性，也应当纳入思想史研究的视野中。① 这一思想史理念，可以看作是一种新的思想史观，改变了我们过去仅仅把精英思想家的思想成果作为思想史研究对象的思想史观念。于是，这样的思想史观，就要求在思想史研究方法论上做出相应的改变，其研究就要走出从子书到子书、从思想到思想或从社会到思想的研究套路，也就必然极大地拓展思想史的研究范围和资料范围。于是，葛兆光的思想史研究，将资料范围扩大到了传统的经书、子书之外，诸如非文字类的图像资料，如画像石、铜镜、宗教图像、雕塑、建筑等；普遍适用的印刷品，如寺庙中的签文、一些格式化的祝祷词、皇历一类通用手册等；一般历史学家不大注意的文学性资料，如早期的讲经、变文以及后来的善书、可供艺人阅读的唱词、有固定场所的说书、家族祭祀或村社聚会时的演出等等。② 正是这样一种新的研究方法，使葛兆光超越传统的思想史研究，为学界提供了无论从内容到方法都可以使人耳目一新的思想史著作。

雷戈 2006 年出版了《秦汉之际的政治思想与皇权主义》一书，也提出了一种新的思想史理念。雷戈说："我们的思想史视野将有一个新的界面，即思想共识。""简单来说，它是指政治实践和政治事务中所遵循、恪守、依托、体现、包含的种种自觉或不自觉的观念意识和价值准则。""从时间线性角度看，思想共识是一种以连续性普遍性的方式承传传统的过程；从表现形态看，思想共识是一种通过政治制度、政治实践与政治思

---

① 葛兆光：《中国思想史》第 1 卷，复旦大学出版社，1998，第 13 页。
② 参见葛兆光《中国思想史》第 1 卷，第 23 ~ 24 页。

维、政治意识交叠互动的方式而呈现的过程。所以思想共识本质上也就是政治－思想共识。思想共识常常表现为一种没有边界的蔓延、扩展、渗透和变异状态。在思想共识中，一般知识、经典理论、超验信仰重合交织，并无明显区分。但它又非某种观念的'平均值'。因为其观念内核始终存在。更重要的是，思想共识是历史缝隙中流淌出来的思想脉络。这需要我们细致勘查。实际上它是最贴近历史流程的一种观念状态……一般通过政治事务的日常实践呈现出来。"① 这又是一种全新的思想史理念，它意味着人们的政治实践活动将被纳入思想史的研究范畴。正是在人们的政治实践活动中，埋藏着一种通行的政治见解、政治观念，它不被人们所意识，但却反映着人们的政治共识，支配着人们的行为实践。将这种"思想共识"从人们的政治实践、政治事务中挖掘出来，无疑是思想史研究的一项重大任务。这样的思想史研究理念，就必然促成一种从历史中发现思想的研究方法。

之前，人们研究政治思想史，多是从思想家或政治家的著作和言论中去发掘，即从直接的思想资料中去考察思想的状况。而提出"政治共识"概念之后，特别是表明政治共识实际上是存在于政治家们的政治活动和日常行为实践中的时候，思想史研究的资料就不再单单是他们的言论和著作所能够包含的了，对他们的思想的考察，更多的要从他们的实践行为出发，这就要求研究者从人们的历史行为中去发现思想，描述思想的历程。于是，雷戈实际上就是提出了一个新的思想史方法论，即从历史中发现思想，或曰"历史－思想研究法"。

雷戈从新的思想史理念出发所创立的"历史－思想研究法"，其方法论手段是制度分析和技术分析。"所谓制度分析，就是从制度与思想的互动建构来展示政治思想的复杂脉络。""所谓技术分析，就是从权力游戏和官场规则中描绘出某种普遍性的政治－思想共识"，侧重从政治仪式、官场规则、官僚行为、权术阴谋中考察一个时期的政治思想。这样的考察，使得原来的经书、子书无力支撑，主要的资料依据变为一般历史研究所依

---

① 雷戈：《秦汉之际的政治思想与皇权主义》，上海古籍出版社，2006，第26～27页。

赖的正史,于是,由于这个思想史理念的变化,而导致了思想史研究方法论和资料范围的巨大改变,正史和诸子一样成了思想史研究宝贵的主要的资料来源。实际上雷戈的"历史 - 思想研究法",就是从人们的实际历史活动中分析思想发展轨迹的方法。而这种方法论,就正是导源于他的思想史理念的变化。

以上学术案例说明,思想史研究方法论的创新,最根本的问题在于历史观和思想史观的改变。无论是具体的研究方法,还是抽象层次较高的方法论,都是认识事物的方法或途径,是认识的工具;而认识工具的有效性,永远取决于认识对象的性质。方枘而圆凿,钮铻难入,这个道理是显而易见的。因此,创新思想史研究方法论,最根本的问题是要回到历史观和思想史观的本源问题上来。而对于中国学者来说,历史观的创新不仅困难,而且令人忌惮。这个形而上的领域,从来都是圣人、精神权威或政治领袖的领地,一般学者岂能染指!这种笼罩国人精神世界的圣人观念、权威主义、思想文化的专制主义,对中国学术的侵害由来已久,且深入骨髓。这是中国学人最大的悲哀!笔者时常想这样的道理,古人尚有"人皆可以为尧舜"的通达,而我们今天的学者为什么就不能有"人皆可以为马克思"的自恃?当然,古人的"人皆可以为尧舜"说的是尧舜的品德,而"人皆可以为马克思"为什么就不能理解为马克思的思想权利?难道"天不生仲尼万古长如夜"的愚昧,还要在 21 世纪的今天继续弥漫?每个人都有思想创造的权利,包括创新历史观的权利;特别是历史学家,创新历史观更是自己建树独特学术业绩的前提。今天讨论中国思想史研究的方法论,最根本的问题就是要鼓励人们大胆创新我们的历史观,在对历史、思想史本质过程的洞察中,提出具有学术个性的一家之言。刘泽华王权主义历史观的提出及其在政治思想史研究领域所造就的辉煌,已经为学界树立了榜样。

(原载《史学月刊》2012 年第 10 期)

文化史研究需要提倡整体性思维

　　改革开放以来的中国文化史研究，已经走过了 30 多年的历程，取得了堪称辉煌的学术成就：在一个原本荒漠的学术领域，掀起了文化史、社会文化史研究的学术热潮，与社会史研究一起成为新时期史学研究中两颗最为耀眼的明珠。无论是以文化通史形式出现的文化史著作，还是以专题形式进行的文化史研究，都有许多面目各异的文化史巨著值得称道；三十多年的文化史学术史，积累了丰富的学术遗产。但是，认真反思新时期以来的文化史研究道路，分析目前的文化史研究状况，还是有一些问题值得讨论的。譬如以罗列文化现象代替深入的文化精神思考而类似社会史研究中的碎片化倾向，亦即整体性思维的缺失；譬如文化史研究对"国学热"倾向的无批判态度甚至盲目追从，就是一些值得重视的大问题。这篇笔谈短文，仅就文化史研究中整体性思维的缺失问题，发表一点粗浅的看法。

　　整体性思维，不仅仅是对文化史研究的要求，也是历史研究的重要思维形式之一。人类社会的历史，是一个由各种复杂因素相互作用、密切交织而形成的有着内在联系的统一的运动过程。任何历史事物、历史现象都处在与其他各种事物、各种现象复杂的历史联系之中。像一位西方史学家所说，人类这样东西，绝不是科学的分门别类的总和，水是由氢和氧组成的，但水既不是氢，又不是氧。单独研究氢和氧，并不能理解水。研究历史也是这样，任何一个历史事物，一种历史现象，如果割断它和其他历史现象的联系单独加以研究，都不可能达到认识它的目的。因此，研究历史，就要求有整体性的眼光，把每一种历史现象都放到历史的整体联系中去认识、去考察。因此，整体性，就成为历史学家观察问题时区别于其他社会科学家的特殊角度；整体性思维，就成为历史思维的一个明显特征。文化史研究当然也不能例外。

缺乏整体性思维，而把具体的文化史现象加以罗列，是在文化史研究开始初期就已经出现的普遍现象。记得在 20 世纪 80 年代初，文化史研究刚刚兴起时，学界就出现了两种极端倾向：一种是长时间陷入文化定义讨论，把智慧和精力集中在没有绝对是非之分的抽象命题上，打一场没有尽头的笔墨官司；另一种倾向则是陷入无限广阔的现象世界中，抓住五颜六色的文化事实、文化现象中那些支离破碎的东西加以描述或梳理。而文化史研究最应该关注的基本问题，诸如中国文化的内在结构、文化发展的基本道路和内在逻辑、中国文化的基本特质、各种文化形式的内在联系、文化发展与整体历史发展的关系等等，这些文化史研究中重要的核心理论问题则被无情地放逐了。

20 世纪 80 年代文化热刚刚兴起的时候，笔者就开始思考这个问题。当时，上海人民出版社在策划出版一套"中国文化史丛书"，计划五年出五十本，十年出一百本。这的确是一个宏伟的规划，它将涵盖中国文化的各个方面，将会对中国文化史研究产生强大的推动作用。但是，我们同时也在忧虑，即使这些书都能按计划出版，就能够反映中国文化的真实面貌，揭示中国文化的发展道路了吗？笔者当时就有所怀疑。因为，诸如这套书的那些选题——"中国彩陶艺术"、"中国甲骨学史"、"中国染织史"、"方言与中国文化"、"中国小学史"、"中国杂技史"、"中国古代火炮史"等等，如何全息性地反映中国文化的基本精神，体现中国文化的基本特质，是不能靠这些一个个文化现象的状态描述所可以展示的。这些东西出版再多，也不能代表我们所追求的中国文化史研究。因为很简单，中国文化史并不是这些文化史现象的简单叠加，不是它们的排列组合。所以，我们在 20 世纪 80 年代就提出了文化史研究究竟应该研究什么的问题。笔者在 1989 年出版的小书《历史学的理论与方法》中写道：

文化史研究应该有明确的目标取向。不少学者都是就一种具体的文化现象进行探讨，比如研究一个人的思想，一种艺术的特色，某一地方的风俗，某种典籍的流传，某一文化区域的变迁，某个学派的兴衰，很少把具体文化现象和文化整体联系起来。这虽然都是研究历史上的文化现象，但并不能使人明了文化的整体发展。这样的研究，即使没有文化史这个学科，它也有所归属。也就是说，这些研究都不是文化史研究的特殊要求。这种盲目的零乱的研究状况，说明我们对文化史研究的对象和任务，还缺乏明确的自觉意识。现在，我们提出几点粗疏的看法。文化史研究的对象和任务：

（1）研究文化作为一种具体的而又是一个整体的社会现象，它的发展规律；

（2）研究文化整体内部诸形式的特点，相互关系及其在不同历史时期的表现；

（3）研究文化特征形成、发展的历史、地理因素及其历史过程；

（4）研究文化整体在人类文明中的地位及其历史实践过程。①

文化史研究应该去关注文化的整体发展，以说明文化发展的历史道路。笔者关于文化史研究目标和方向、对象和任务的这四点归纳，未必确当，但提出它来，对于克服文化史研究中的盲目、混乱状况是有好处的。如果我们能把它埋在心中，我们的研究就有了自觉的理性目标，文化史研究将会逐渐形成一门有内在逻辑体系的专门性学科。遗憾的是，拙著20多年前提出的问题，至今也没有得到学界的呼应。

文化史研究的这种碎化现象，即使在文化通史一类著作中也有反映。文化通史应该有通的眼光，应该有整体而贯通的思考，应该注重文化发展规律的探讨，这些都是通史编纂的内在要求，本不需要特别强调的，但我们看到的一些目为"文化史"的著作，也没有去关注这个必不可少的"通"的问题，也陷入了个别文化现象的胪列。20世纪80年代出版的此类

---

① 李振宏：《历史学的理论与方法》，河南大学出版社，1989，第397~398页。

著作，没有在这方面有一个好的示范性开头。1984 年出版的柳诒徵的《中国文化史》是这样的类型，这是不能求全责备的，因为这是 30 年代旧作的再版，我们不能要求 30 年代的人做出适合 80 年代的理论思考。而令人遗憾的是，成书于 80 年代及其以后的文化史著作，也没有幸免这样著述风格。北京大学出版社在 1989 ~ 1991 年间出版的《中国古代文化史》，大概就是这方面的代表。该书分 1、2、3 卷，110 万字，多次重印，影响甚巨。该书胪列了"中华文化的起源与中华民族的形成"、"历史上一些少数民族的形成和对中国文化的贡献"、"中国古代的宗法制度和家族制度"、"汉字的起源和演变"、"中国古代书籍制度的发展"、"儒家的经书和经学"、"中国古代地理学的发展"、"中国古代的行政区划沿革"、"中国古代的交通工具"、"中国古代兵器的发展"、"中国古代的礼仪制度"、"中国古代婚姻制度的发展"、"中国古代丧葬制度的发展"、"中国古代的礼器和日用器物"、"中国古代的音乐文化"、"中国古代的绘画艺术"、"中国古代的书法艺术"、"中国古代的建筑艺术"、"中国古代的陶瓷工艺成就"、"中国古代的髹漆工艺成就"、"中国古代货币制度和货币形态的演变"、"中国古代度量衡制度的演变"、"中国古代天文历法的演变"、"中国古代农业生产成就"、"中国古代科学技术成就"、"中国古代职官制度沿革"、"中国古代的选举和科举制度"、"中国古代的神道观念和主要宗教"、"中国古代民间鬼神信仰"、"中国古代的禁忌习俗"、"中国古代的重要节日"等31 个专题，包罗可谓全矣。然而，这样包罗宏富的著作，并不能实现文化史研究的目标和任务，它对于中国文化发展道路和发展规律、中国文化的思想内涵和文化精神、中国的民族性格或者说是国民性等这些文化研究中的基本问题，并不能给予任何的说明，并不能给予人们认识当代文化精神、文化国情以思想启迪。这种状况，在 2002 年山东人民出版社出版的大部头《中国文化史》（四卷本，175 万字）著作中，依然没有得到根本的改变。应该说，这样的文化史著作，完成的是传播文化知识的使命，而没有承担文化史研究的职责和任务。这种状况的确应该引起文化史研究者重视。

20 世纪 90 年代以来，区域文化研究受到学界重视，山东的齐鲁文化研究，湖北的荆楚文化研究，湖南的湖湘文化研究，四川的巴蜀文化研究，河南的中原文化研究、河洛文化研究，更大更综合的区域文化研究如黄河文化研究、长江文化研究、江南文化研究等等，也都取得了惊人的成就，一套书就是十多卷，就是几百上千万字。但是，与这种区域文化研究繁盛局面不相适应的是，关于这些区域文化研究的整体性思考，依然是稀疏难寻，这些本来应该写出地方文化特色的文化史著作（没有地方区域特色，这些区域文化概念就不能成立），也依然没有摆脱文化现象累积而疏于整体性理论探讨的弊端。笔者也多次参加过区域文化研究的学术讨论会，每次会议几乎都可以收到上百篇论文，而大都是关于这个文化区域圈内历史文化现象的支离破碎的研究，很少看到讨论这些文化现象之间的内在联系的论文，看不到这些文化现象如何被嵌置于该区域文化的内在联系之中。似乎他写的只要是这个区域中的人和事，他就是在进行区域文化研究，至于他的研究对象是否反映、如何反映这个区域文化的基本精神，是否或者如何内在地构成了这一特定文化的组成部分，他就不去思考也不予理睬了。这难免使人产生忧虑：这些论文真的是在进行区域文化研究吗？这些区域文化研究中存在的问题和一般文化史研究中的问题一样，也是整体性思维缺失，缺乏对文化整体的宏观思考。整体性缺失，可以说是多少年来文化史研究的通病。

整体性思维落实在不同形态的文化史研究中，应该有不同的要求。

首先说文化史理论形态诸问题的研究。20 世纪 80 年代初期文化史研究刚刚兴起的时候，人们一度曾特别重视文化理论研究，但主要是集中在文化定义、文化与文明的关系、文化的民族性等几个方面，并没有完全展开；而到了 90 年代，人们对理论问题失去了兴趣，留下了许多理论问题没有解决，有些问题直至今日都没有人去触碰。粗略说来，对于中国文化史研究来说，除了已经提出的某些文化理论问题仍有深入讨论的必要之外，诸如人类精神文化发展的规律问题、文化在人类文明史中的地位和作用问题、中国文化的基本精神、中国文化的民族性品格、中国文化特性形成的历史、地理因素，中国文化发展过程的历史分期、中国文化内部不同文化形态之间的相互作用，中国文化内部各种民族文化的特性及其相互作用，等等，都有深入研究的必要。正是这些理论问题的解决，才能将中国文化构造为一个有逻辑的体系，使之真正成为一个密不可分的整体。有这样的理论体系作为指导，才可能出现既有思想深度又有内在逻辑的文化史写作。因此，诸如上述这些文化和文化史理论的研究，对于整体文化史研究提升理论水平、强化理论思维和整体性思维，具有重要的基础性作用。整体性思维首先要在文化史理论研究中落实下来。

其次，整体性思维要落实在文化史的通史性研究中。从事文化史研究，描述中国文化的发展道路，是最需要有整体性思维的，需要有对中国文化整体状况的深刻洞察和深厚的文化史理论修养。从事文化史研究并立志撰述通史性文化史著作的学者，要么本身就从事文化史理论研究，要么是善于借鉴文化史理论研究的既有成果，并能将文化史理论寓于文化史道路的描述中。唯有如此，所撰写的文化史著作才可能体现文化发展的内在逻辑，客观而真实地反映中国文化发展的历史道路。一般说，整体性、系统性、内在逻辑性、民族文化道路的特殊性、民族文化个性的鲜明性等几个方面，是一部好的通史性文化史著作的基本要求；而要达到这一点，离开文化理论研究提供的整体性思维基础，是无论如何也不可能的。

最后，整体性思维应该最广泛地落实在从事具体文化现象的研究中。其实，本文提倡文化史研究中的整体性思维，并不是要我们的每一位文化及文化史学者都去研究文化史上的宏观性问题，都去从事文化理论研究，而是倡导培养善于从整体出发去看待文化史现象的思维习惯。客观地讲，从事宏观文化问题和文化理论研究的人总是少数，而从事具体文化问题研究的才是文化史研究的主体，但只要是从事文化史研究，则都应该对中国文化的基本问题有自己的一己之见，对文化的宏观理论问题有一定的思考和认识，都应该培养自己的理论思维素质，以俟在从事具体文化问题研究时，有宏观性思维的学识和眼光，有从整体出发去认识微观的习惯和能力。这样，从事具体的文化现象研究时，我们就会将自己的研究对象看作是文化整体的一个有机组成部分，自觉地从中国文化的整体出发去把握具体的文化现象，并将我们的整体文化观渗透在具体的研究成果中，使我们对具体文化现象的解读折射出整体中国文化的内在精神和基本信息，从而使我们的具体研究成为整体研究的不可或缺的组成部分。这样，不仅我们的整体文化道路和文化精神得到了充分的解释和说明，而且也能切切实实地提升中国文化史研究的理论水平。

（原载《史学理论研究》2013 年第 1 期）

汉代文化研究需要引起新的重视

　　两汉文化研究，一直是仅次于先秦诸子研究的一个传统热门板块。但是，从近几年的研究情况看却少有起色。徐复观的《两汉思想史》和金春峰的《汉代思想史》，代表了学界对汉代思想文化属性的基本看法；但以笔者之见，汉代文化研究还需要有突破性的进展。

一　两汉文化的历史地位需要重新认识

　　中国传统文化的源头在先秦时期，是那段长达300年的百家争鸣，奠定了中国传统文化的基本方向和文化特性，这是近代以来中国文化史和中国思想史研究中一种最普遍的历史观念。20世纪90年代以来所风行的"轴心时代"说，更加强了人们的这一认识。然而，人们却忽略了一个最基本的事实，中国人大一统的历史观念，对皇帝、圣人和权威的盲目崇拜，认同同一反对差别的心理趋向、以统一思想为最高目标的价值追求，以皇权主义为核心的意识形态，等等，这些以专制主义为特征的文化属性，却都是奠基于两汉时期。两汉是中国传统思想文化生成的时代，是中国文化的一个重要的奠基期。

　　两汉文化，或者说秦汉文化，和先秦文化相比有着质的差异。对于这种差异，近代以来的学者中，不少人都给予了一定的关注。胡适在《中国中古思想史长编》中，很明确地用自由与专制对秦朝前后的思想界做了区分；徐复观的《两汉思想史》中也有类似的判断；当代青年学人雷戈的新著《秦汉之际的政治思想与皇权主义》一书中，提出用"后战国时代"来命名秦汉时期这样一个思想史时代，也在于强调先秦与秦汉前后两个思想史时代的根本性差异，强调秦汉对于先秦的思想史断裂。尽管有不少甚至大多数学者都意识到秦朝前后是两个大不相同的思想史时代，但是，对于秦汉时期思想史变革的深刻性，两个不同时代的本质性差异，秦汉思想对于中国文化的奠基性意义，人们还是缺乏足够的理解，更少有人把中国传统文化的根系直接溯源于汉代，而仅仅固守着一个中国文化根在先秦的古老观念。

当然，对于秦汉文化、思想的特殊意义，也曾经受到一些学者的关注。老一代学者如冯友兰，就认为战国末期到秦汉之际，中国思想界有一种"思想统一的运动"。他认为，由于政治一统的原因，也由于思想发展的逻辑，"经过一百家争鸣之时代，随后亦常有一综合整理之时代"，战国之后秦汉之际的思想史也因之而有其特殊的意义。[1] 在当代学者中，葛兆光也特别看重战国末期到西汉初期的思想史，他在《中国思想史》第一卷第三编《引言》中认为，秦汉思想是"中国思想世界的生成"阶段。[2] 讲得最明确的是熊铁基先生，他说："虽然战国秦汉有很强的连续性，但秦汉——主要是汉代在对原有学术的继承和发展中发生了很大的变化，在长达数百年相对统一的社会、政治条件下，对原有学术的审定、认同、改造和重新整合等等，形成了新的学术体系。似应肯定地说，以后延续二千年之久，影响极大的中国传统学术是在汉代形成的。"[3] 这是一个很明确、很坚定的判断，有待充分论证而成立，需要通过讨论争鸣而达到学界的普遍认同。

---

① 冯友兰：《中国哲学史》下册《原杂家》，三联书店，2009。
② 参见葛兆光《中国思想史》第一卷，复旦大学出版社，1998。
③ 熊铁基：《汉代学术的历史地位》，熊铁基、赵国华主编《秦汉思想文化研究》，希望出版社，2005。

中国传统文化的核心体系是皇权主义意识形态，这一点大概没有太多的疑义；而这个文化的核心体系，就正是汉代历史的产物，而并不产生或形成于先秦时期。战国诸子中普遍流行着"汤武革命"说，《周易》革卦《象传》曰："天地革而四时成，汤武革命，顺乎天而应乎人。"汤武革命的对象是代表着神圣王权的夏王桀和殷王纣，肯定汤武革命，无疑是对王权神圣性、至上权威性的挑战。

这一思想在战国时期的广泛流传和深入人心，孟子在与齐宣王的对话时曾说："贼仁者谓之'贼'，贼义者谓之'残'。残贼之人谓之'一夫'。闻诛一夫纣矣，未闻弑君也。"[①] 孟子这段对话反映的基本信息是对王权神圣性的蔑视，在他看来，一切权威都必须执行世俗的约定，都必须接受"仁"和"义"的裁判。孟子面对君王而否定王权，不仅没有受到王权的打压，反而受到优厚的礼遇。这就是思想自由的战国时期。到了西汉景帝时期，关于汤武革命的话题再次在君王面前谈起时，境遇则大异于此前，汉代一个新的历史时代的思想史特征便凸显出来。《史记·儒林列传》记载了一场在汉景帝面前，由辕固生与黄生进行的关于汤武革命的争论。黄生否定汤武革命，而辕固生则肯定之。黄生的否定是立足于景帝这个眼前的皇权，辕固生的肯定是立足于先帝刘邦的皇权，各不相让。两人截然对立的观点，其实质都根据于皇权的合理性，都是在维护皇权的权威。在这个新的后战国时代，评价是非的唯一根据，是它和皇权的关系，是它是否有利于维护皇帝的权威，皇权主义已是一切言论的意识形态标准。孟子所用的"仁"或"义"的评判标准，已不再适合于用来作为评判帝王的准则。而这一点不就正是后世中国文化的核心要义之所在吗？

两汉文化是中国传统文化的基石，如果这一论断能够获得认同，那么，汉文化研究就显示出了它突出的历史价值。关于汉代文化性质研究、汉代文化要素研究、汉代文化范畴研究、汉代文化结构研究等等，就将成为认识中国文化国情的重要课题。两汉文化研究虽然有过了不少重大的研究成果，而它所面临的仍然属于一次新的开发。

---

① 《孟子·梁惠王下》，金良年：《孟子译注》，上海古籍出版社，2004，第41页。

二 汉代划分的先秦学术体系需要重新认识

熊铁基先生说："后世流传至今的群经诸子，都是汉代的东西，是汉人传授、整理过，甚至重新编定的东西。"① 熊先生这话很有见地，他提出了一个长期以来被人们忽视的问题。

两千年来，关于先秦学术，我们已经有了一个固定的理解模式，儒、道、墨、法、名、阴阳是其基本图景，而且，学派之间有着那么明确的学术分野，思想主张，泾渭分明，以至于对于每一个有名姓的人都可以明确地划归于某一学派。但是，人们很少考虑，这个模式是汉代人给予我们的，它不一定符合先秦学术的历史实际。先秦时代的诸子学究竟是什么样子，是一个什么样的学术体系，学术派别的分布究竟如何，是一个需要重新认识、重新研究的问题。

在先秦时代，人们并没有这样去认识当时代的学术。《庄子·天下》篇是迄今我们可以看到的最早的先秦学术史著作，作者评论天下学术，先后讲到了墨翟、禽滑釐、宋钘、尹文、彭蒙、田骈、慎到、关尹、老聃、庄周、惠施等十多位学者，从行文中看，《天下》篇的作者已经有了一定的学派意识，但却没有提出学派观念，没有使用道家、儒家、墨家一类概念，特别是没有把庄周和关尹、老聃分为一类，像后世那样作为一个统一的道家学派去看待。《荀子·非十二子》中分别批评了它嚣和魏牟、陈仲和史鳝、墨翟和宋钘、慎到和田骈、惠施和邓析、子思和孟轲等六说十二位代表人物，对于六说的区分，显然有划分学派的倾向，但与后世所理解的先秦学派又截然不同。荀子把子思和孟轲排斥出孔子和子弓所代表的学派之外，更没有把孟轲看作和自己一样是同出于孔门的后学。《吕氏春秋·不二》篇评论天下学术，曰："老聃贵柔，孔子贵仁，墨翟贵廉，关尹贵清，子列子贵虚，陈（田）骈贵齐，阳生（杨朱）贵己，孙膑贵势，

---

① 熊铁基：《汉代学术的历史地位》。

王廖贵先，兒良贵后。"① 这篇成书于战国晚期的文字，也没有明确的学派意识，也没有像后世那样把孙膑、王廖、兒良等都看作是兵家而归入一类，也没有把关尹、老聃、列子等都归入道家。《韩非子·显学》篇首次提出学派的划分："世之显学，儒、墨也。"韩非关于儒墨两家的论述，其学派观念已很明确，各自描述出一个详细的系统。但这只是一个显学的格局，至于天下学术的整体面貌，作者并没有论及。事实证明，先秦时代人论学术，大多是因人设论，学派意识并不十分明确。他们并没有给后人指示出当时学术分野的大体图景。

西汉初期的《淮南子·要略》中，谈及先秦学术，分别论述了儒者之学、墨家之学、管子之学、刑名之学、商鞅之学和纵横之学，作者的本意在于探讨诸子学说的背景条件，而不是讨论他们的学术分野。所以，这本出自汉初的作品，仍然没有给后人划定一个先秦学术的基本图景。我们现在所接受的先秦学术的学派体系，首见于司马迁《史记·太史公自序》中的《论六家要旨》。这篇学术史论划分了我们今天所知的先秦学术的基本框架，不仅六家之说明确，而且各家学说的要旨与短长也都跃然纸上。所缺乏的只是对各家代表人物的确定，以及所有先秦学人的归类排队。而这个任务是由后来的刘向、歆父子来完成的。

《汉书·艺文志》保留了刘向、歆父子整理典籍的理论成果。他们把司马谈、司马迁父子提出的六家之说，发展为"十家九流"，更重要的是对先秦诸子进行排队归位，按照他们的逻辑，一个一个对号入座，塞入某一个确定的学派序列。从他们这里，先秦诸子开始有了一个"某家""某家"的固定称谓。在《汉书·艺文志》中，我们第一次看到，孟轲和荀子被一齐归入儒家，尽管荀子在《非十二子》中对孟轲有过极为严厉的批评；老子、庄子、列子、文子、公子牟等一齐被归入道家，尽管庄子和老子在思想属性上是如此之不同；李悝、商鞅、申不害、慎到等一齐被归入法家，尽管他们的学术也是那样的千差万别。这种"六家"或"十家九流"的学派划分，是否符合先秦学术的历史实际，后人很少去质疑，就这

---

① 《吕氏春秋·不二》篇，许维遹：《吕氏春秋集释》，中华书局，2009。

么传延下来。这种人为的学派划分，一方面是出于整理图书的需要，另一方面也是对先秦学术进行整体性概括的需要，原本无可厚非；问题在于，后人应该明了在这种整理、划分或概括中，则贯穿着一种立意或意图，而正是这种立意或意图，有意无意地改变了先秦学术的本来面貌。

以上我们只是提出了一个先秦学术体系的汉代生成说，现在还需要进一步提出，汉人对先秦诸子学的解释和改造，已经先在地给予了我们一个理解先秦诸子的思想文化平台，使我们只能在他们给定的思想的牢笼之内来理解诸子思想。可以说，我们现在对先秦诸子的诸多看法，实际上是汉人所设定的。

此说的历史根据是，我们所能见到的先秦诸子，大都是由汉人整理或由他们重新写定而流传下来的。在先秦战乱及秦火之后，汉代大规模地搜求、整理文化典籍，是值得称道的文化盛事，但这里却隐含着一个不容忽视的问题，这个重新整理与写定先秦典籍的过程，实际上也是按照汉代观念重新改造先秦学术思想的过程。而后人则把汉人改造过的先秦诸子当成了先秦诸子本身，忽略了它们被改造的事实。所以，在今天提出重新认识先秦诸子学，通过剔除汉人在先秦诸子学说上附加的思想文化要素，也是汉代文化研究中一个不容忽视的大课题。而且，随着越来越多的战国简牍材料的发现，这种恢复先秦诸子真实面目的理想追求也将逐步成为现实。

三 汉代经学研究需要有新的思路

汉代产生的经学学术思想体系，是中国思想文化的核心体系，不论经学思想是积极还是消极，对未来文化的发展是有益还是有害，我们都无法回避这样一个由历史所决定的思想史事实。一套五经四书教材，在中国使用了两千多年，它已经在价值观念、思维方式等一些根本方面，塑造了我们这个民族。为着深刻地而不是肤浅地、本质地而不是表面地认识我们的民族文化面貌，我们任何时候都没有理由放弃对传统经学的研究。这是汉代文化研究，也是整个中国文化研究始终如一的目标和任务。

但是，研究汉代经学应该研究什么，应该关注经学的哪些方面，却是一个需要讨论的问题。近代以前的经学史上，人们认六经为载道之书，并抱着"训诂明而后义理明"的信念，所以经学的研究方法，就主要是训诂或考据，经学研究也就是名物训诂、制度考据、字义辨析等等。即是今文经学的微言大义，也不离解经释经的窠臼。近代以来，由章学诚首倡的"六经皆史"说化作普遍性的认识，于是，人们把六经作为史书对待，成为历史研究的宝贵资料。经学研究，除了文献整理仍然作为一个重要方面之外，人们更多的是从这些经学资料中发掘历史信息，研究经学发展中产生的各种思想，梳理经学发展的历史线索，评价经学大家的学术得失，等等。最近半个世纪以来的经学研究，更是变成了意识形态研究。近代以来的经学研究取得了丰硕的成果，然而，这样的经学研究模式，在今天这个社会大变革时代，已经显示出某种疲态或不足。经学研究也像任何其他学术一样，需要吻合时代的脉搏，才能得到新的发展。

今日之中国，处在一个社会的转型期，一个由传统社会向社会主义市场经济过渡的时代，遇到的最大的困难与障碍，则是来自于人的观念，来自于思维的惯性和惰性。研究、认识我们这个民族的观念、思维和心理素质，并改造它使之适合市场经济的新时代，是一个重大的历史任务。这样的历史任务，昭示了经学研究的新方向：经学研究要从意识形态研究和单纯的历史研究转而为真正的文化研究，承担起国民性改造的神圣使命。

从文化的角度研究经学，就要着重研究传统经学中所蕴含的文化心理，经学发展中所培育起的人的思维方式，由经学所塑造的我们的民族性格，经学典籍中所深埋着的价值观念，等等。这些方面的研究，以往的经学研究中都有所涉及，但都没有做集中的自觉的研究，也还没有专门的系列的著作，更谈不上向社会大众的宣传和普及。对于一个被五经四书所掌握了的民族，这些方面的研究显得是多么重要！譬如经学思维问题。两千多年来，经所以为经，就在于经典文献的神圣性、权威性，就在于先验地规定了这些文献的不可置疑、不可批判，因此经学史上最强大的传统就是尊经重师，一成不变，绝对盲从，崇奉权威。两千多年的经学发展，就培育了我们这个民族思维的非批判性。盲目的服从意识，思维的共向性、无差别性等等，成为我们民族思维的最大痼疾，严重阻碍着民族成员的个性解放。经学思维的批判性研究，将能够为我们的民族成员的思想解放做出巨大的历史贡献。经学研究，经学产生阶段的汉代经学研究，应该肩负起这样的历史任务。

汉代文化研究还有许多值得关注的问题，譬如社会文化方面，汉文化源头的探讨也很有意义。刘邦集团起家的丰沛、永城、芒砀山一带的文化风俗，都对这个大汉文化有直接而重要的影响；而这一地区又属于楚文化的区域范围，进而楚文化与汉文化的关系也值得研究。像这些问题，在以往的汉文化研究中都有所忽视。总之，两汉文化研究还有着广阔的思维空间，的确值得引起新的重视。

（原载《光明日报》2007 年 1 月 7 日第 9 版）

开辟中国史学史研究新局面的思考

自从 20 世纪 20 年代梁启超首倡史学史之专史研究以来，中国史学史这门学科，经过历代学术大家如金毓黻、刘节、傅振伦、白寿彝、杨翼骧、吴泽、尹达、仓修良、施丁、瞿林东等近一个世纪的艰难耕耘，已经成为一门相当成熟的学科。特别是最近十多年来，中国史学史学科的发展更是繁荣，仅是以"中国史学史"命名的史学通史之作，就不下十多部。以笔者之见，白寿彝先生主编的《中国史学通史》（六卷本）、瞿林东著《中国史学史纲》、谢保成主编的《中国史学史》、乔治忠著《中国史学史教程》等史学史读本的出版，基本上是把中国史学史研究推向了一个难以逾越的高峰。再沿着这条由近代以来所形成的史学史研究路子走下去，几乎很难有继续开拓的学术空间，人们只能在已经形成的思维框架中做些塞漏补缺的工作，难有大的学术建树，中国史学史研究的前途期待着有新的思路、新的发现，有新的研究范式的建立，在史学史研究的理论和方法论方面实现重大突破。

开辟史学史研究的新局面，笔者以为需要在以下几个方面引起注意。

一 新研究领域的开辟

这条道路已经走通。20 世纪 90 年代初，瞿林东先生在《文史知识》开辟学术专栏，系统探讨中国古代史学中的史学批评问题，开创了一个史学史研究的新领域，后来把专栏文章结集出版为《中国古代史学批评纵横》一书，在学术界引起好评，也使比较沉闷的史学史研究出现了一个闪光的亮点。

几乎在同时，吴怀祺先生也深入到了一个新的重大学术领域。吴先生1992 年出版《宋代史学思想史》，1996 年出版《中国史学思想史》，其后又主编出版了 10 卷本的《中国史学思想通史》，不仅开辟了一个新的研究领域，而且对这个领域做出了里程碑式的贡献，丰富了中国史学史研究的内容和思路。

瞿林东先生在完成了中国古代史学批评史的研究之后，开始思考中国古代的历史理论问题，由此打开中国古代史学研究又一片新的天地。他先是完成了一系列的学术论文，提出了基本的研究思路和一些古代历史理论研究的重大范畴，接着就组织队伍集中公关，终于在今年完成了古代历史理论研究的重大成果，出版了 130 多万字的巨著《中国古代历史理论研究》（安徽人民出版社，2012）。

每一个新的重大研究领域的开辟，都带来史学史研究的一个新发展、新阶段。瞿林东先生、吴怀祺先生的史学史研究道路充分证明，新研究领域的开辟对于拓展史学史研究的重大意义。当然，不光是史学史研究，所有学科的发展，开辟新的研究领域，都是推进学术进步的基本途径。

如何开辟新的研究领域，是个可以讨论的问题。新领域从哪里来？从客体的角度说，任何新的研究领域都是客体自身属性的产物；而从主体的角度说，任何新的研究领域都来自于主体的发掘，是主体从现实出发对客体进行深度开掘的结果。新的研究领域是与新的现实发展密切相关的。因此，随着现实社会的发展，随着人的活动实践的深入，总会有新的研究领域被开辟出来，舍此，学术的发展就会停止其脚步，窒息其生命。这就要求历史学家永远以高度的历史责任感和历史使命感，时刻关注现实社会的发展，从现实中获得灵感或启迪，进而从历史中发现新的生长点。

二　加强重大理论问题的探讨

任何一个学科的发展，都必须在学科领域中的重大理论研究方面取得进展，用深度理论思考提升学科的科学化水平。近代以来的中国史学史学科，也走过了一个世纪的历史，但这个学科的大部分著作从历史编纂的角度说，都没有逃脱以年代为经、以史家名著为纬的谱牒式编纂方法，多数史学史著作都是按自然年代编织出来的，而没有体现出中国史学史发展的内在逻辑。造成这种状况的根本问题，就是缺乏对中国史学史发展的内在逻辑、发展规律这样重大理论问题的探讨。这些关乎学科整体发展的重大理论问题，被人们有意无意地忽略了。

说来也奇怪，我们从事中国史学史研究的学人，长期以来都是笃信马克思主义的，都是以马克思主义为指导的，而众所周知，马克思主义认为人类社会的历史发展是一个自然历史进程，因此，一切历史都是有其发展的内在逻辑，亦即是有规律可循的发展过程。史学的发展当然也不例外。而我们以往的中国史学史研究却似乎有些例外，史学史研究成果、鸿篇巨著那么多，其中关于中国史学发展规律的探讨却论之者寥寥。中国史学是如何发展的，它的规律是什么，至今还是个没有很好解决的问题。

当然，在这方面，也不是没有任何研究。从20世纪60年代起，白寿彝先生就曾多次倡导研究历史学的发展规律问题，但却没有得到学界的回应。那时候由于受教条主义的影响，也有人套用哲学史研究中的教条说法，把历史学的发展规律归结为是唯物主义和唯心主义的斗争支配着史学的发展，这显然不能说明问题。在这方面，做过一些研究或说明的是白寿彝先生和瞿林东先生。白寿彝在《谈史学遗产》一文中说："中国史学史上还出现这样一个传统：在中国历史上遇到一定显著变化以后，总有带总结性的历史名著出现。春秋战国之际，《春秋》这部书写成了，总结了春秋时期二百四十二年的历史。汉在武帝时完成了史无前例的统一，司马迁写出了一百三十卷的《史记》，总结了自传说中的黄帝以至武帝时的历史。唐代中叶是中国封建社会内部有了较多变动的时期，刘知幾写了《史通》，总结了前人编写历史的经验，而杜佑写了《通典》，总结了唐中叶以前的典章制度。北宋结束了五代的纷争，司马光主编了到五代为止的《资治通鉴》。宋元之际和明清之际都是中国政治史上很大的变局，马端临编撰了《文献通考》，王夫之写了《读封建论》、《宋论》，顾炎武编撰了《日知录》和《天下郡国利病书》，黄宗羲写了《明夷待访录》。这样的传统也不能单从形式上来考察，它也必然有跟中国史学发展规律相结合的具体规律。"① 历史本身的重大变革，催生史学的发展，这的确可以看作是一个规律性的史学现象，带有规律的性质。但这是不是就是史学发展的根本规律，或者说史学发展规律的总结是否因这段话的概括就算是完成，大概不行。"在中国历史上遇到一定显著变化以后，总有带总结性的历史名著出现"，这只是对一种规律性现象的描述，而不是抽象的理论总结。

后来，瞿林东先生把历史学的发展规律归结为三个方面："首先是历史的发展与历史认识的发展相关联的规律"；"其次是史书的内容与形式之间的辩证关系和辩证发展的规律"；"再次是随着史学的发展、进步而不断走向社会深入大众的规律"。② 但瞿先生并没有对这三个规律进行展开性阐述，只是用几百字的篇幅作了简略说明。

中国史学发展的规律究竟是什么，的确是需要有艰苦的研究工作来完成的，不是一个轻而易举就能够解决的问题。笔者20世纪80年代末出版的《历史学的理论与方法》一书，上编是"史学本体论"，按说在这个范畴里是必须讲到史学发展规律问题的，而且还应该是个核心问题。但在当时，笔者无力解决这个问题，只好暂时阙如。直到将近20年后，该书要出第三次修订版，实在不好意思再来回避对它的正面回答，只好硬着头皮写作了"历史学发展的基本规律"一章，总结了三条规律："时代发展推进历史进步"；"历史观变革推动史学的发展和进步"；"个人修史创造传世名作"，并用了将近两万字的篇幅来论证这三个规律。该章最后说："我们从三个方面探讨历史学发展的基本规律问题，仅是一个初步的尝试，所论未必恰当；而且这些探讨主要是根据于中国史学的发展道路，它是否符合西方史学的历史实际，也不敢妄下断语。但无论如何，聊胜于无，总结出这样一些略带规律性的认识，对于我们理解一般的史学现象，尤其是对于发

---

① 白寿彝：《中国史学史论集》，中华书局，1999，第437页。
② 瞿林东：《中国史学的理论遗产》，北京师范大学出版社，2005，第22页。

展中国当代史学的繁荣局面，应该是有益的。"① 实际上，我对自己的总结也是非常的不自信。总感到这是一个没有解决的重大理论问题。而这个问题不解决，我们就不能清醒地认识中国史学发展的内在规律，也就无法驾驭它的发展，写出的中国史学史著作，只能从现象层面进行描述或介绍，而无法摆脱谱牒式的编纂模式。

其实，在史学史研究领域，还存在不少重大的理论问题，诸如史学发展与社会发展的关系问题，史学观念及其与历史观念的关系问题，史学观念与史学思想的关系问题，史学观念与一代史学发展状况的关系问题，等等，都是需要深入研究的。这些理论问题的研究，将会从整体上提升中国史学史学科的科学水平和学术品位，改善学科的基本状况。

三 研究思路的改变

中国史学史研究在传统路子上走了近百年，人们是否想到过在研究思路或研究角度、研究对象上做出些改变呢？这可能是个比较突兀的问题，中国史学史的研究对象还可以改变吗？其实，这里是有思考的余地的。我们研究的是"中国史学史"，而中国史学史就一定是中国史学家的历史吗？中国的其他社会阶层、社会民众，他们就没有历史观念、历史思想甚至史学思想吗？他们有关的思想和观念是否也可以纳入史学史的考察范畴呢？

纵观目前的史学史读本，基本是单纯地就史学家的思想或著作来作为考察对象的。即使先秦时期纯正的历史学著作极少，人们也很少去涉猎其他文献。20世纪80年代以来，在逐渐考虑到史学家的史学观念、史学思想纳入史学研究的必要性之后，人们才开始把某些子书中的相关内容，有选择地吸收到史学史的著作中。如1985年出版的尹达主编《中国史学发展史》中有一节"诸子的历史观及其影响"，提到了墨子、荀子、韩非、邹衍等人的历史观点，并在本节最后说："这些理论，主要的任务是政治使命，所以给予当时政治以巨大影响；而加以改造使它们更能为封建统治

① 李振宏、刘克辉：《历史学的理论与方法》，河南大学出版社，2008，第122页。

服务，并反映于史学著作，需得统一的封建国家建立之后，才能成为事实。"① 这说明，作者虽是把诸子历史观写入了史学史著作，也仍然没有将其作为正当的史学思想来看待。1999 年出版的瞿林东著《中国史学史纲》第一章"史学的兴起"中谈"历史观念的丰富"，提到了《老子》、《商君书》、《论语》、《孟子》、《周易》、《礼记》、《墨子》、《荀子》等非史学文献，但似乎也是不得已而为之，而并没有提出这些文献的历史学价值问题。② 直到最近，乔治忠出版的《中国史学史》第二章中"战国时期史学观念上的新拓展"一节，才正式将诸子文献直接作为历史学思想的考察对象，作者所谈该时期史学观念和史学理论所表现的五个方面，基本上都是以诸子书来立论的。譬如谈会通古今的史学观念时，作者写道：

> 战国诸子著述如《墨子》、《孟子》、《荀子》、《管子》等也无不引古论今，《韩非子·五蠹》讲历史分为上古、中古、近古，得出历史进化观点，邹衍则宏观地用"五德终始"描述历史的演变程序，凡此皆对历史事物作出会通古今的思考。而在史学理论和原则上，《礼记经解》借孔子之语称"疏通知远，《书》教也"，《周易·系辞下》提出"彰往而察来"的命题。③

乔治忠还谈道，诸子已经"形成了对史事考信征实的观念"。凡此，虽然论述很简单，文字也不丰富，但直接认定诸子思想史学价值的倾向则是十分明显的，他已经将诸子的相关论述直接称之为"很有核定史料的理论价值"、"史学理论和原则"。这说明，人们开始感到，诸子思想或诸子文献，有必要纳入史学史研究的范围，是一个拓展史学史研究对象或范围的开端。但就是乔治忠对诸子史学思想的考察，也还是非常简单，甚至还缺乏改变史学史研究思路的理性自觉。

---

① 尹达主编《中国史学发展史》，中州古籍出版社，1985，第 61 页。
② 参见瞿林东《中国史学史纲》，北京出版社，1999，第 154~163 页。
③ 乔治忠：《中国史学史》，中国人民大学出版社，2011，第 61 页。

先秦诸子都被忽视，汉代诸子及两汉以降的思想家就更不用说了，像董仲舒、王充这样有着深刻历史思想的人，也都没有纳入到史学史的考察范围。而从实际出发，无论是先秦诸子还是汉代诸子，他们对史学都是有着相当的思考或贡献的，尽管他们留下的不是历史学的著作。

不光是历代的子书值得做历史学的考察，史学史研究的资料还应扩大到所有的历史文献和社会资料。人们都承认中国是一个历史意识极其浓厚的国度，国人的历史观念渗透在日常生活的各个方面。从历史观念的角度说，恐怕没有任何一种历史观点，能比得上"三十年河东三十年河西"这句话的影响，而它就并不出自历史学家之口，却深深地笼罩在国民的普遍意识之中。如果历史学研究不能正视这样的历史观念，我们写出的史学史或史学思想史不是要大打折扣吗？民族的历史观念和历史意识，而不仅仅是历史学家的历史意识，才是中国史学史应该面对的真正对象。如果这也可以看作是正当的史学史思路的话，史学史研究的天地就真的可以说是要广阔无垠了。

有了这样的思路的转变，史学史研究的资料范围就会循着这样一个脉络大大扩展：史书——经书——子书——集部——社会资料，一切文字的、耳口相传的民族文化资源，都会变成历史学研究的有效资源。以前诸多与历史学家无关的东西，便成了我们丝毫不敢忽视的宝贵财富，未来的史学史研究，真的还有许多许多的宝藏需要挖掘呢！

这样的史学研究道路走得通吗？这样的研究是史学史研究吗？这的确很另类，不符合我们传统的学科观念，但为什么不能尝试一下呢？任何学科的研究都不应该有固定的模式，任何学科的新发展都是对陈陈相因的传统模式的改造和反叛，否则就不会有学科的突破性发展。近十几年来的中国古代思想史研究，就出现过这样的改造和发展。我们一定不会忘记葛兆光的《中国思想史》在20世纪90年代末问世时引起的轰动，他就是循着这样的思路冲击或改造了传统的思想史研究。葛兆光提出了一个"一般知识、思想与信仰世界的历史"的思想史理念，用一套全新的话语体系来言说中国古代的思想史。他说："过去的思想史只是思想家的思想史或经典的思想史，可是我们应当注意到在人们生活的实际世界中，还有一种近乎平均值的知识、思想与信仰，作为底色或基石而存在，这种一般的知识、思想与信仰真正地在人们判断、解释、处理面前世界中起着作用，因此，似乎在精英和经典的思想与普通的社会和生活之间，还有一个'一般知识、思想和信仰的世界'，而这个知识、思想与信仰世界的延续，也构成一个思想的历史过程，因此它也应当在思想史的视野中。"① 根据这样的学术理念，思想史研究的方法论就要做出创造性的改变，就要走出从子书到子书、从思想到思想或从社会到思想的研究套路，极大地拓展思想史的研究范围和资料范围。于是，葛兆光的思想史研究，将资料范围扩大到了传统的经书、子书之外，诸如非文字类的图像资料，如画像石、铜镜、宗教图像、雕塑、建筑等；普遍适用的印刷品，如寺庙中的签文、一些格式化的祝祷词、皇历一类通用手册等；一般历史学家不大注意的文学性资料，如早期的讲经、变文以及后来的善书、可供艺人阅读的唱词、有固定场所的说书、家族祭祀或村社聚会时的演出等等。② 葛兆光所做的是一种研究思路的改变，也是一种新的研究方法的尝试，而这一改变或尝试给他的研究带来了巨大的成功，使他超越了传统的思想史研究，为学界提供了无论从内容到方法都可以使人耳目一新的思想史著作。他山之石可以攻玉，中国史学史研究能不能从中获得启发呢？

四　改善研究主体的学术修养

以上几点，特别是研究思路的改变，对史学史研究主体的学术修养提出了新的更高的要求。如果将研究对象和研究资料扩大到如上所说的范围，则就使得我们现今的史学史从业者不可能再像以前那样抱着一部"二十四史"讨饭吃了，读书的范围要无限地拓宽了。而且还不仅仅是一个拓宽读书范围的问题，更重要的还有一个加强或改善我们的思想力、观察力和分析能力的问题。如何在浩渺无限的历史资料中发现问题，如何将最有

① 葛兆光：《中国思想史》第 1 卷，复旦大学出版社，1998，第 13 页。
② 葛兆光：《中国思想史》第 1 卷，第 23～24 页。

价值的东西从渺渺无垠的资料海洋中抽绎出来，非有强大的分析能力而不能胜任。史学史研究要做的就不是史学素材的爬梳整理，同样是一个理论分析、思辨抉择的判断和研究，提高研究主体的理论修养和思维能力比以往显得更为重要。同样，新研究领域的开辟，重大理论问题的提出并解决，都需要提高研究者的理论素质和思维能力。从事史学史研究的人，理论素质无疑是第一位的要求，从现阶段的情况看，这个问题似乎还没有引起足够的重视。在历史学的二级学科设置上，"史学理论与史学史"是一个独立而完整的学科，不可将二者割裂开来，而实际上在这个学科内部却是两个似乎并不相涉的群体。从史学史的角度说，我们应该强调的是加强自身的理论修养，这是这个学科未来能否取得突破性发展的关键所在。

笔者不是一个史学史研究的从业者，对史学史研究既不涉足，也缺乏常识，参与这组笔谈或为充数而已，所言可能很不着边际。好在笔谈意在务虚，并不苛求缜密周延，一得之见，聊供一哂耳。

(原载《史学月刊》2012 年第 8 期)

体系严谨　多获创见

——评吴泽先生主编的《史学概论》

在史学理论研究日益深入开展的时候，吴泽先生主编的《史学概论》由安徽教育出版社出版了。该书在体系、内容安排上的特色以及在许多具体问题上的独到论证，都证明它是一本开创性的著作。

目前，虽然史学界对该门学科的对象、任务、体系结构等基本问题进行了不少研究，已经出版了不少教材和知识性读物，但是，如何科学地结构史学概论的体系，无论在理论上还是在实践上，都还是一个没有很好解决的问题。吴著《史学概论》的出版，比较科学地解决了这个问题，呈现在我们面前的就是由严谨的逻辑结构而建构起来的史学理论知识体系。

该书从认识论的角度对史学现象进行理论反思，把揭示历史研究中认识主体与历史客体之间的矛盾作为主要逻辑线索，来建立史学概论的学科体系。同任何科学一样，历史学也是人类的一种认识活动。在这种认识活动中，认识主体无法与研究对象取得直接的一致性，认识主体除了要受到时代的局限、阶级的局限之外，还要受到史料的局限。因此，在历史研究中，认识主体与历史客体之间的矛盾，较之一般科学认识中的主客体矛盾表现得更加突出，二者之间存在着明显的对立。作者说："这种对立，构成了历史研究的基本矛盾。这一矛盾贯穿在历史研究的一切领域之中，它导致了其他各种矛盾的产生，并且规定和制约了其他各种矛盾的形式和特点。"① 因此，"以马克思主义唯物史观为指导，开展对史学本身的探讨，揭示历史研究中的主观认识与客观历史之间的矛盾，从理论上概括和总结这一矛盾不断产生又不断解决的基本经验，用以指导当前的历史研究，这就是史学概论的基本任务"。② 吴著《史学概论》的基本章节，就是按照揭示与解决历史认识中的主、客体矛盾的需要而编排起来的。我们知道，认识主体与历史客体之间的矛盾，必须靠不断地改造认识主体的主观条件来解决，而最重要的就是要有科学的历史观和思维方法。因此，作者把历史研究中如何应用唯物史观和辩证的思维方法问题，作为史学概论论述的中心，安排了"马克思主义对史学的伟大变革"、"历史科学的基础理论"和"历史研究的基本方法"三个章节，并做了精辟的论证。

作者认为，历史研究中主观认识和客观历史之间的差距，首先在史料上表现出来。一是史料与历史客体之间的矛盾，一是研究者与史料的矛盾，这使主体所获致的历史认识具有了双重的相对性，也是历史认识的特殊性之所在。因此，该书认为，"解决这些矛盾，是历史研究的根本下手处，是整个历史研究工作的基础"。③ 作者在第六章"历史编纂学"中指出：认识主体要准确完美地表现历史客体的错综复杂现象及其运动规律，还必须解决表达形式问题。在第八章"史学评论"中指出：主体所获得的历史认识，是否是对历史客体的正确反映，必须回到实践中去，接受实践的检验，在实践中修正、补充、丰富和发展。而历史研究的特殊性，使得"实践对历史认识的检验，它对各种历史学说的取舍、修正、补充、丰富和发展，经常要通过史学评论反映出来。"④ 史学评论在历史科学（包括史学理论）的形成和发展过程中起着杠杆和推进器的作用。同时，还在第七章"史学与其他学科的关系"中，从认识论的角度出发，围绕历史研究中的基本矛盾（即认识主体与历史客体之间的矛盾），概括了史学理论研究的一系列重大问题。但是，作者认为，这些只是对史学内部关系的探讨，

---

① 吴泽主编《史学概论》，安徽教育出版社，1985，第3页。
② 吴泽主编《史学概论》，第4页。
③ 吴泽主编《史学概论》"前言"，第3页。
④ 吴泽主编《史学概论》"前言"，第4页。

而史学有三种关系，除了它的内部学科的关系外，还有史学与其他社会科学的关系以及史学作为社会科学与自然科学的关系。这两种关系的研究，对于促进历史研究中基本矛盾的解决有重大的影响作用。因此，作者把对史学与其他学科关系的研究作为史学概论的基本内容之一。

史学概论作为一门独立的学科，应该有一个科学的严谨的逻辑结构体系，吴著《史学概论》以解决历史认识中的基本矛盾为线索建立起它的严整体系，标志着这个学科的建设已经开始进入它的成熟阶段。

重视史学概论学科建设中的批判继承问题，是吴著《史学概论》的一个重要特点。

从 1930 年日本浮田和民的《史学通论》译入中国，到近年台湾出版的一些《史学导论》、《史学方法论》著作，中国自 20 世纪以来的 80 年间，出版的史学概论一类读本有四十余种。这些读本的名称不一，有《史学概论》、《史学通论》、《史学要论》、《史学原论》、《史之梯》、《史学导论》、《史学纂要》等等。还有一类以史学方法命名的书，如《中国历史研究法》、《历史方法概论》、《史学方法论》等等，其中多数也都是史学概论体系。这四十余种书中，除李大钊的《史学要论》、翦伯赞的《历史哲学教程》、吴泽的《中国历史研究法》、蔡尚思的《中国历史新研究法》等书是用马克思主义观点写成之外，其余大部分都是资产阶级学者的著作。但是，尽管大多数史学概论读本的观点陈旧、错误，我们要能从方法论的角度去考察他们构造史学概论体系的思想方法，分析他们在设计这门课程体系时所提出的诸方面问题，那么，在建设史学概论体系的方法论上，我们还是会受到不少有益的启示。笔者考察过三十余种属于史学概论体系的史学理论方法论读本，其中有 24 种读本把历史观、方法论作为他们论述的主要内容，有 14 种读本重视阐述史学的功能和社会作用，有 12 种读本论述了史学与其他学科的关系问题。史学概论发展史上对史学的这些基本问题的重视，是值得我们在建设马克思主义史学概论体系时认真借鉴的。现在我们看到，吴著《史学概论》就认真进行了对先前思想资料的考察、整理、批判与继承的工作。该书"绪论"的第三节，专门讲了"史学概论的历史和现状"，而重要的是对前人史学概论中精华部分的批判改造，贯彻于该书的全部论述中。

该书把关于如何运用唯物史观和辩证思维方法的问题，作为史学概论论述的中心，就是对前人著作中普遍重视史学理论方法论思想的批判继承。但必须指出，在资产阶级学者的史学概论著作中，所谓方法论，主要是形式逻辑的东西，多是搜集、考订史料的方法。譬如杨鸿烈，他给"历史研究法"下的定义是："凡人对于现状和过去社会上种种事物的沿革变化有了解的必要而即搜集一切有关的资料，更很精细致密的去决定其所代表或记载的事实的真伪、残缺、完全与否，然后再用极客观的态度加以系统的整理，使能解释事物间的相互关系以透彻明白其演进的真实情形即所经历的过程，这便是所谓历史研究法。"[①] 根据这个定义，杨氏的《历史研究法》讲了如下诸章：历史研究法的意义；历史研究法的重要；初步工作——研究题目的选择；史料的认识；史料的种类（上、下）；史料的搜集；史料的伪误；史料的审订；史料的整理和批判等十章内容。显然，这样的历史研究法，没有跳出史料学的框框，叫"史料研究法"则可，谓"历史研究法"则非。吴著《史学概论》在吸收前人重视方法论研究的思想之后，对他们的方法论内容进行了马克思主义改造，着重论述"辩证思维方法在历史研究中的具体运用及其特点"。

可以说，吴著《史学概论》对历史观、方法论的重视以及着力研究史学与其他学科的关系问题，都曾从前人的思想资料中汲取了营养，就是在他们的独创性研究"史学评论"一章中，我们也可以看到许多对先前史学概论的分析、批判、借鉴或吸收。人类认识史上的每一进步，都"必须首先从已有的思想材料出发"，[②] 大概正是遵循了马克思主义的这一教导，科学地总结了史学概论发展史上有益的经验，吴著《史学概论》才取得了超越前人的成就，把马克思主义史学概论的研究推进到初步成熟的阶段。

吴著《史学概论》在史学方法论研究上也提出了深刻的见解，强调

---

① 杨鸿烈：《历史研究法》，商务印书馆，1939，第 15~16 页。
② 《马克思恩格斯选集》第 3 卷，人民出版社，1972，第 404 页。

"必须坚持历史方法与逻辑方法相统一的原则"。①

　　按照列宁的说法，任何科学都要以辩证的思维方式来把握自己的对象，因此，"任何科学都是应用逻辑"。但是，一方面，历史科学作为一门具体的实证科学，它需要向人们展示历史发展的具体过程，一切重要的曲折过程和偶然现象，对于再现历史发展的完整情景都是必不可少的，不能忽视的；另一方面，客观历史过程的连续性、历史性及其在历史科学研究方法上的规定性等，都要求在历史科学研究中必须贯彻历史主义的原则，亦即采用历史的方法，历史地看待一切历史事物。所以，史学方法论研究中的一个根本问题，就是要研究历史方法与逻辑方法如何在历史研究的实践中实现统一。吴著《史学概论》对这个问题作了理论的研究，书中写道："这两种方法中的任何一种都不可能以纯粹的形态，单独存在于认识过程中。它们是相互渗透的。既没有不包含历史方法因素的纯逻辑方法；也没有不包含逻辑方法因素的纯历史方法。逻辑方法同样是历史的方法，只不过是摆脱了历史的形式和起扰乱作用的偶然性而已。历史方法也同样是逻辑的方法，只不过是把理论体系体现于历史形式之中罢了。"②

　　当然，作者在这个问题研究中提出的某些看法，还是可以进一步讨论的。譬如把史学研究中的阶级分析方法作为一种逻辑方法来看待，安排到"分析和综合"一节中来阐述，就有可以商讨的余地。阶级分析固然是一种分析方法，但历史方法又何尝能离开"分析"呢？这就是作者讲的"没有不包含逻辑方法因素的纯历史方法"。阶级分析，是包含着逻辑方法因素，但从基本点上看，它应是历史方法的一种。因为，它是用历史主义原则去考察阶级社会的历史所必然要求采用的基本方法，是马克思主义历史主义观点的派生物。

　　作者强调研究历史方法与逻辑方法的统一，可以说是抓住了当前史学方法论研究中一个根本性、方向性的问题。现在，我们都在研究现代科学方法引进史学研究的问题，而这个问题的实质，就在于如何把现代科学方

---

① 吴泽主编《史学概论》，第 154 页。
② 吴泽主编《史学概论》，第 153 页。

法与传统的历史方法在历史研究的实践中科学地统一起来。譬如，现代系统科学的方法论，它的一个重要特征是整体性原则。它始终把研究对象作为一个整体来对待，认为世界上各种事物、过程都是一个合乎规律的、由各种要素组成的有机整体，这些整体的性质与规律只存在于组成系统的各要素的相互联系、相互作用之中，而单独研究其中任何一部分都不能揭示出系统的规律性。因此，它要求人们把对象作为有机整体来考察，从整体与部分之间、部分与部分之间、整体与外部环境之间相互依赖、相互结合、相互制约等相互作用的关系中去揭示系统的特征与运动规律。可以说这种方法论思想是辩证逻辑中综合方法的更深入的发展，它在本质上就是一种逻辑方法。研究这些方法在史学研究中的运用，也就是研究它如何能与历史研究中的历史方法统一起来的问题。因此，笔者认为，在当前或今后的一段时间内，史学方法论研究的一个重要方向，就是要研究解决历史方法与逻辑方法的统一问题，把它在理论方面和在史学实践中更深入、更具体、更细密地展开。

"史学评论"一章，是作者独创性的研究，我国史学界一直忽视这个问题。虽然近几年来，间或有人提到这个问题，抒发一些议论，甚至还有人提出应建立史学评论学科，但它一直没有引起史学工作者的普遍重视，更没有对它展开认真地研究。而吴著《史学概论》在这个问题上则着力开掘，写成长达四万言的全书分量最重的一章，对史学评论的对象、性质、标准、作用诸问题进行了系统深入地研究。作者指出：史学评论，"它集中一定社会对历史知识的需要，调节历史研究与社会需要之间的关系；又总结史学实践的经验教训，给予理论的概括和分析，这两方面都对历史研究和史学编纂具有指导和规范作用"。[①] 历史学发展的内在动力，在于认识主体与历史客体之间的矛盾运动，主体对客体的认识，有正确与错误之分，也有进步与反动之别，史学内部的正确与错误、进步与反动的斗争推动着史学的发展。而这种斗争的表现形式，就是史学评论。所以，作者认

① 吴泽主编《史学概论》，第322页。

为，史学评论"就成为史学发展的直接推动力，成为史学发展的杠杆"。①
认真开展对史学评论的理论研究，以此指导史学评论工作的健康发展，是
繁荣历史科学研究、建设有中国特色的马克思主义历史学，所必须进行的
理论工作。而吴著《史学概论》在史学评论的研究方面，正是为我们做了
奠基工作。

最后，我还想谈一点不成熟的意见，即该书还缺少一章关于历史认识
论的专门研究。虽然全书是以揭示、解决历史研究中认识主体与历史客体
之间的矛盾为主要线索而结构起来的，在"绪论"中也已分析了历史认识
论的一些基本问题，但缺少关于历史认识论的专门、具体的研究，似乎还
应算是一个缺憾。如果能像讲"历史研究的基本方法"一样，专门写一章
历史认识论诸问题，探讨一下历史认识的对象和任务、历史认识的特殊
性、历史认识主体、史家在历史认识中的地位和作用、历史认识的构成、
历史认识的诸形式、历史认识的相对性、历史认识的发展及其规律、历史
认识的检验等问题，就可以造成历史认识论的系统知识。这些知识不论对
于历史专业的学生，还是从事历史研究的专业工作者，都是必要的基本的
历史学理论知识。任何一门学科如果缺乏该学科的认识论研究，它就很难
达到自觉、成熟的阶段。我们应该把历史认识论作为历史科学的一个专门
的理论学科加以研究，并把它作为史学理论的基本内容之一在史学概论中
得到反映。"认识论问题取得进展，我们的思想就可以大大提高一步，我
们的实践就可以更有成效，就可以少犯错误。"② 这是我对吴著《史学概
论》的一点建议，也是对当前史学理论研究中忽视历史认识论研究的一点
意见。不妥之处，望多批评。

（原载《社会科学评论》1987 年第 4 期）

---

① 吴泽主编《史学概论》，第 326 页。
② 周扬：《关于马克思主义的几个理论问题的探讨》，《人民日报》1983 年 3 月 16 日。

朱绍侯先生与中国古代史教材建设

一

研究改革开放以来的中国当代史学，研究朱绍侯先生的史学贡献和史学思想，人们都会注意到在高校历史系盛行 30 余年的十院校本《中国古代史》。这是中国当代高校教材建设史上一颗耀眼的明珠，也是一个学科建设的奇迹。

十院校本《中国古代史》教材的编写，最初的动议并不是朱先生，他甚至并不是发起人之一，而他最终则成为教材的主编，成为十院校编写组的核心，并且不负众望、团结十院校的教师们成功地创造出独享盛名的教材杰作，这是值得研究的一个史学现象。

根据韩养民先生的回忆，十院校本《中国古代史》编写的最初动议，是 1978 年 3 月杭州大学历史系教师魏得良等先生在访问西北大学期间，和西北大学的林剑鸣、韩养民几位先生聊天时提出来的，后来在同年秋天辽宁大学召开的首届全国古代史学术研讨会上，联合河南师范大学（今河南大学）、安徽师范大学、山东大学、陕西师范大学等院校，做出集体编写教材的决定。① 1978 年底，在杭州西子湖畔召开第一次编写会议。最初的

---

① 韩养民：《美好的回忆——记十院校合编〈中国古代史〉》，河南大学历史文化学院编《史学新论》，河南大学出版社，2005。

参加者并没有十个院校，河南大学的朱绍侯先生到会时，已经是第七个与会学校的代表，后来到会的学校达到象征圆满的十院校。当十院校的老师们集聚在一起，兴奋地谈论一部新教材的诞生，对之充满向往的时候，一个令今天学者不可思议的问题却严峻地摆在人们的面前——谁来当这个教材的主编？

理解这个问题是需要有点历史感的。一个即将诞生的十院校本教材，是一个可能会行之久远的教本；这样一个教本的主编，在今天是个炙手可热的位置；然而，在刚刚粉碎"四人帮"、"左"的威胁显然还没有结束的时代，当这个教材的主编，则是需要一些魄力、智慧和勇气的。或许那时候的人们还不像今天的学界这样看重名利或功利，也或许那时的人们对刚刚过去的大批判时代还心有余悸，当时对于这个主编的位置，多数人都采取回避的态度，几乎没有人愿意来担当这个重任，甚至还有先生说，宁可退出编写组也不能当这个主编。教材的主要参与人之一、西北大学教授韩养民先生回忆说：

> 当此之时，群龙无首。我向我们系党总支书记李怀真、古代史教研室主任林剑鸣先生建议：河南师大朱绍侯先生毕业于东北师大研究生班，学术造诣很深，是宽以待人、严于律己的学者，可当主编。林剑鸣先生当时忙于撰写《秦史稿》，无暇顾及教材，他们当即表态支持我的建议，让我会下游说。有了尚方宝剑，我便到陕西师大牛致功、何清谷、杨育坤，安徽师大夏至贤、陈怀荃，广西师大何应忠、卢启勋等先生处游说，他们纷纷表示同意。之后杭州大学历史系总支杨书记（后任杭州市委副书记），山东大学历史系主任陈之安（山大党委书记）、郑培欣，福建师大刘学沛、唐文基，山西大学师道刚，南充师院刘静夫先生等纷纷支持我们的建议。于是，在大家支持下，朱绍侯先生当了十院校《中国古代史》教材的主编。①

---

① 韩养民：《美好的回忆——记十院校合编〈中国古代史〉》。

十院校本《中国古代史》的主编就是这样产生的。朱先生当这个主编，其实也可以用临危受命这个词来形容，因为在当时是有些风险的。在主编的问题解决之后，对于编教材来说，第一个要解决的问题就是编写大纲的确定，根据一个什么样的指导思想制定一个教材大纲，这也是最困难的一步。当时，到会的十院校老师们，几乎都带去了他们各自学校使用的自编教材，都有自己对新教材的一些设想，而这些不同的教材设想是五花八门、很难统一的。最初是在大纲问题上争执激烈，各不相让。朱先生在会上讲了"文革"前他参加郭老主编《中国史纲》会议的情况，当时也是在教材大纲问题上争执不休，最后范老一句话一锤定音，谁当主编就按谁的意见办。集体编书要集思广益，但也必须体现主编的思想，没有统一的思想是无法成稿的。这是一个明确的也是合乎情理的唯一可行的解决办法，于是大家统一了思想，按朱先生的意见办，以朱先生带去的河南大学中国古代史教研室集体编写的曾经试用过的教材大纲为基础，讨论确定新的教材大纲。

据朱先生回忆，他当时在编写会议上讲了几点编写原则，以统一大家的思想。

第一点，不联系现实。

这在当时是一个极其大胆而充满智慧的提法。当时的现实是什么？"文化大革命"中，"四人帮"出于自身的阴谋和野心，大讲儒法斗争，将一部中国古代史篡改成一部儒法斗争的历史，所有历史书都必须贯穿儒法斗争的主线，严重地扭曲了中国古代历史的真实面貌。粉碎"四人帮"之后，批评"儒法斗争"论，是中国史学界的一项重大的历史任务。这就是现实。于是，当时有些学校编写中国古代史教材，就是贯彻批判儒法斗争的指导思想。朱先生提出我们的教材不联系现实，就是不要贯彻这样的指导思想，不要紧紧跟着政治的需要走。所谓历史上的儒法斗争是"四人帮"伪造出来的，批判儒法斗争的问题，本身就不是一个历史上的问题，我们写历史为什么要把这个不是历史问题的问题写进去呢？况且我们编写的是教材，就是要交给学生纯粹的历史知识，告诉学生真实的历史面貌。不联系现实无疑是正确的，而在仍然坚持学术为无产阶级政治服务的时代，这是需要胆识和勇气的。后来的事实证明，正是"不联系现实"这个指导思想，是十院校本《中国古代史》能够行之久远的秘诀。有些坚持贯彻批判儒法斗争思想的教材，虽然也下了很大功夫，但在短暂的几年批判结束之后，教材本身也失去了生命力，无法在学界推广开来。

第二点，抛弃农民战争推动历史发展的历史观，尽可能真实地展现历史发展的基本线索。

从1958年"大跃进"中的"史学革命"开始，中国历史都被写成了一部农民战争的历史。毛泽东说，"阶级斗争，一些阶级胜利了，一些阶级消灭了，这就是历史，这就是几千年来的文明史。用这个观点解释历史的，就是历史的唯物主义，站在这个观点反面的，就是历史的唯心主义"，这就是"文革"前十七年中国历史研究的基本指导思想。而在中国古代，最能反映阶级斗争，或者说阶级斗争的最高表现就是农民战争。于是，在相当长的历史时期内，农民战争被看作是中国古代历史的最重大最直接的推动力量。反映在中国古代史教科书中，就是农民战争开道，把农民战争放在每一章的开头去写，是一场农民战争开辟了一个新的王朝、新的时代。这样的处理，非常不符合历史的逻辑。在十院校本开始编写的时候，学术界刚刚有人提出历史动力问题的讨论，要求打破阶级斗争动力论，提出生产力动力说，但讨论远没有展开。① 动力说的讨论刚刚露头，朱先生就敏锐地抓住这个问题，在教材编写中排除阶级斗争动力说的干扰，以经济的发展为历史主线，充分体现唯物史观的历史观点。这在当时，无疑是需要勇气和魄力的。

第三点，重视少数民族的历史，要写出一个多民族共同创造历史的中国史进程。这是学术界已经形成的历史观念，是从中国历史实际出发而又

---

① 1979 年初，开始有人对阶级斗争动力说提出质疑。该时期发表的相关文章有：林章《生产力发展是社会前进的根本动力》，《解放日报》1979 年 2 月 13 日；邢贲思《生产斗争比阶级斗争更根本——兼谈夸大社会主义时期阶级斗争的教训》，《中国青年》1979 年第2 期；刘泽华、王连升《关于历史发展的动力问题》，《教学与研究》1979 年第 2 期；戴逸《关于历史研究中阶级斗争理论问题的几点看法》，《社会科学研究》1979 年第 2 期；戎笙《只有农民战争才是封建社会发展的真正动力吗?》，《历史研究》1979 年第 4 期；董楚平《生产力是历史发展的根本动力》，《光明日报》1979 年 10 月 23 日。

具有现实感的一个指导思想，当然不是朱先生的创见，但却是一个在编写教材时需要强调的问题。因为，这样的认识，摒弃传习千年的大汉族主义恶习，把多民族共同创造历史的思想真正贯彻到教材的行文中去，并不是一个很容易做到或者说能够做得很好的问题，强调这一点是非常必要的。

第四点，要充分反映考古学发展的最新成果。

这是一个在当时来说非常聪明的主张。新中国的考古并没有因为"文化大革命"而中断，相对于其他学科来说，考古学是受破坏相对较小的学科，即使在"文化大革命"中，重大的考古发现依然在进行，并举世瞩目。"文化大革命"前的教材对考古学成就的利用比较薄弱，又加上"文化大革命"期间新的考古发现，为中国历史进程的阐述提供了许多可资利用的新资料。对考古学成就或资料的自觉利用、充分吸纳，一方面会增强历史学知识的科学性，另一方面可以改变传统古代史教材的呆板面貌，使历史知识显得真实生动，增强其可感知性。后来的事实证明，这一点成了十院校本《中国古代史》的一个鲜明特征。

第五点，吸收史学研究的先进成果。

教材要反映学术研究的新成果、新进展，这是朱先生提出来的一个重要的编纂思想。教材编写之初，虽然是刚刚粉碎"四人帮"、"文化大革命"结束不久，但学术界已经迎来了科学的春天，在中国古代史研究的不少领域，都提出了一些新的学术思想，史学理论方面的研究也非常活跃。吸收新成果，是教材科学性和先进性的重要保障。

朱先生提出的这些编纂思想，在教材编写中得到了很好的贯彻。教材的试用本于1979年出版，1982年被作为教育部推荐教材正式出版，立即风靡了高校的历史学科，被多数学校所采用，并有不少报刊作了报道和评论。对教材基本内容的评述和它的主要建树，早在20世纪80年代，就有人系统评述。本文不愿赘述，仅将当时学界的一篇评论转述如下。

李瑞良先生在80年代末发文指出，十院校本《中国古代史》有三条主线和三个特点。其三条主线，一是社会经济的发展情况。全书根据生产力决定生产关系、经济基础决定上层建筑的原理，充分重视社会生产力状况及其与生产关系的交互作用，并作为历史发展的基本线索，贯串全书。

书中对中国古代社会经济的发展状况作了比较系统的描述，对各个历史时期的经济发展水平作了比较明确的概括。二是政治斗争和政治制度的演变。作者注意清除"左"的思想影响，纠正长期以来在高校历史教学中忽视政治制度的倾向，比较重视典章制度的演化和统治阶级内部的矛盾斗争及其影响。三是科学文化的发展。从全书来看，科学文化部分的叙述比较详细，比同类教材占的篇幅较大，比较系统地向读者提供了中国古代科学文化发展史的基本知识。其三大特点，一是体现地区平衡原则。内地和边疆并重，特别注意历代边疆的开发。二是体现民族平等原则，全面反映我国境内各族人民的斗争，对少数民族的历史给予充分注意。从西汉以下，中央王朝和周边民族的政治经济文化联系均有一定的反映。在论述民族关系时，既介绍了少数民族的反压迫斗争，又强调了民族大融合的历史趋势；既说明汉族文化的先进作用，又重视少数民族的重要贡献。书中用大量事实说明，中国历史是各族人民共同创造的。三是体现内外联系原则，重视中外往来，注意介绍中外经济文化交流的历史，真实反映中国历史各重要发展时期对外开放的规模和程度。①

应该说，李瑞良先生总结的三条主线和三大特点，基本上反映了朱先生关于中国古代史教材编写的基本思路和教材的基本状况。正是这三条主线和三大特点，奠定了教材的科学性和系统性，为当时中国古代史教材建设搭起了基本框架，并由此奠定了该教材在当时高校中国古代史教材中的主导地位。教材发行至今，已经有30余年了，期间重大的修订四次，发行量达到一百多万册，创造了新中国成立以来高校文科教材的奇迹，教材在框架体系方面的开拓，也为诸多同类教材所仿效。可以说，朱绍侯先生在中国古代史学科建设方面，其功甚伟！

二

2005 年底，河南大学出版社提出了一个编写一套新的高校中国史教材

---

① 李瑞良：《十院校合编的〈中国古代史〉简评》，《河南大学学报》1988 年第 1 期。

的设想。关于中国近现代史，委托著名历史学家章开沅先生主持其事；中国古代史教材的主编，他们自然想到了本社创办人、老总编而又有十院校本成功经验的朱绍侯先生。先生接手此事，最初十分犹豫，因为他主编的十院校本发行正盛，誉满天下，如果另起炉灶，势必引起不少误解。社里的恳请不好推脱，十院校本的出版方也需要沟通，能不能写出超越十院校本的更好的教材体系一时也没有把握，此事真的使先生颇费思索。经过一段时间的思考，先生还是决定接手此事，想以 80 岁高龄，再来尝试一下学科建设方面的重大突破。

虽然有本社恳请这个人情的因素存在，而促使朱先生接手此事的，首先还是出于学术方面的考虑，是先生考虑到经过改革开放 30 年来古代史研究的发展，有必要对古代史教材体例做出重大改造的尝试。

2005 年 12 月，命名为《中国古代史教程》的新教材编写会议在广州华南师大召开，参与教材编写的有吉林大学、东北师范大学、武汉大学、华中师范大学、湖北大学、华南师范大学、暨南大学、河南大学等八所高校的教师。时代真的是发展了。十院校本编写时，由于中国 20 年没有评职称的缘故，参与编写者多是讲师和助教，主编朱先生也还是个讲师职称；而现在，参与编写的教师多数都已经是博士生导师，是享誉学界的知名学者。由于朱先生的亲自挂帅，这支教材编写队伍可谓豪华和奢侈，与闻其事者都对这本新的教材寄予厚望。

既然是教材，在系统性上无论如何是无法摆脱的，基本的历史线条、历史过程是必须描述的，所以，中国古代史教材在基本内容方面是无法突破的。教材建设的突破只能在两方面做文章。一是指导思想的突破，用什么样的历史观点去观察中国的历史进程，用什么样的语言体系去表述这个进程，同样的历史内容，用以解读的理论体系不同，教材会呈现出不同的面貌；二是编写体例方面的突破，即表现形式上的突破，同样的内容，如何组织更适合于大学生的历史教学，更能激发或调动学生学习的主动性，更能反映历史进程的主要内容以体现教科书的科学性，不同的编写体例会有截然不同的效果，如同传统历史典籍中的体例问题一样，编年体与纪传体，对历史的反映与表述是大异其趣的。

朱先生主持的广州会议，在这两个问题上做了认真讨论，确立了基本的框架体系，统一了编纂思想和编写体例，进行了明确的责任分工。

当时，在基本的指导思想上，面对的主要问题是是否继续沿用五种社会形态理论作为描述中国历史的理论框架。这在当代中国仍然是一根理论红线，是一般人不愿意去冒险踩踏的。但是，史学理论界已经讨论有年了，编写新的历史教科书不能不面对，不管怎么处理，毕竟需要有一个回答。

朱先生是思想敏锐的人，尽管年事已高，还仍然对史学理论界的热点保持着兴趣和敏感。早在20世纪70年代末那个阶级斗争观念仍然统治森严的时代，先生就提出了对汉代田庄经济、魏晋时期的士族门阀的积极评价问题，在当时的学术圈子中引起哗然。20世纪90年代末，在修订十院校本的《中国古代史》教材时，他就认真了解了史学理论界讨论五种社会形态的情况，考虑是否将其反映到教材的修订中。笔者当时致力于史学理论研究，至今清晰地记得先生就此问题和自己讨论的情景。后来考虑到十院校本是教育部推荐的教材，需要特别慎重，最后仍然沿袭了五种社会形态的解释框架。而这一次情况不同了，是编写一本新的教材，如何在理论上有所突破，如何使教材反映史学理论研究的最新成果，如何使教材体系真正地更加沉稳和科学，先生反复考虑如何对待五种社会形态理论的问题，并就此在广州会议上征询大家的意见。

当时，朱先生在这个问题上的基本态度是，不赞成继续贯彻五种社会形态这个解释框架，但也不想去纠缠这个问题，教材中可以在绕不过去的地方，一般地使用诸如"奴隶制"和"封建制"的提法，而不在这些概念上多做文章，就全书来说对之做淡化处理。朱先生的态度引起了与会者的兴趣。在会议讨论中，笔者简单介绍了在史学理论界五种社会形态理论被多数学者所抛弃、并提出了五花八门的中国社会形态的解读体系的基本事实。诸如田昌五先生将中国历史的发展进程划分为三个大的时段，即洪荒时代、族邦时代、封建帝制时代或帝国时代。[①] 何兹全先生把中国古代社

---

① 田昌五：《破除长期封建社会说建立中华帝国史发展体系》，《史学理论研究》2001 年第 1 期。

会形态的演变分为五个阶段：先秦时代——君权、贵族权、平民权三权鼎立时代；秦汉时代——君权渐强，贵族、平民权衰而力图挣扎的时代；魏晋南北朝时代——君权、贵族权保持平衡时代；隋唐宋时代——君权恢复、贵族权削弱的时代；明清时代——专制主义时代。[①] 曹大为将中国古代社会形态划分为：夏商至战国，宗法集耕型家国同构农耕社会；秦汉至清，专制个体型家国同构农耕社会。[②] 这样的中国社会形态划分五花八门，不一而足，都没有在学术界得到认可，甚至每个人的理论体系都没有得到第二个人的认可，呈现出理论解放之初百花争奇、莫衷一是的局面。鉴于这种状况，笔者建议这本新教材应该按照历史的真实发展进程进行描述，既不采用五种社会形态概念，也不采用学术界已经提出的那些五花八门的新的概念体系，尽可能用中国人的本土概念来叙述中国古代的历史进程。华中师大的赵国华教授也发表意见说，五种社会形态理论造成了一些历史误解，用一朝一代式的写法较为妥当，原原本本地反映历史，那种打破王朝体系的做法不会有生命力。在经过一番讨论之后，朱先生对这个问题定了调子，不再采用五种社会形态的解释框架，也不在教材中讨论这个问题的是与非，采取回避的办法，尽量使用中国历史中已有的词汇来叙述中国的历史发展。这样简单的一种办法，实际上则意味着中国古代历史叙述体系的一个重大突破。

在关于中国社会形态问题的讨论中，有些人担心如果不使用五种形态的概念体系，古代中国的历史就会无法叙述，中国历史的叙述已经对之形成了严重的概念依赖。譬如，如果不把秦至清两千多年的中国历史称作"封建社会"，那么如何称呼它呢？回避这个概念，历史能说清楚吗？朱先生主编的《中国古代史教程》面临着这样一个理论转折的考验。

现在，这本教材已经出版了。通读全书，的确是没有再使用"奴隶社会"、"封建社会"等传统的一套意识形态极浓的概念，而是使用本土语

---

① 何兹全：《中国社会形态演变——从三权鼎立走向专制》，《中国文化研究》1999 年冬之卷。

② 曹大为：《关于新编〈中国大通史〉的几点理论思考》，《史学理论研究》1998 年第 3 期。

言，平实地叙述了中国历史的发展进程。这是一个创造新的中国历史体系的极好尝试，对没有社会形态问题的中国历史叙述，达到了令人满意的效果。我们看到，不出现"奴隶社会"和"封建社会"概念的中国历史进程叙述，显得更流畅更平实，更能反映中国历史进程的真实面貌。譬如，在一般的中国古代史教材中，关于秦统一后巩固统一的措施，在全国确认土地私有制度，多是使用"封建土地私有制是地主阶级统治的经济基础"，秦统一六国后，"令黔首自实田"，这就意味着私有土地受到统一的封建政权的保护，意味着"封建土地所有制在全国范围内正式得到确认"，"这也使地主阶级利用土地剥削人民成为合法，压在农民身上的地租、赋税以及各种徭役也愈来愈重"等一类语言、概念来表述。

同样的内容，在《中国古代史教程》中则叙述为：

> 秦始皇三十一年（前216），下令"使黔首自实田"，即命令土地拥有者向官府呈报占有土地的情况，然后官府根据其呈报的数额征收租税。这意味着秦在全国范围内承认土地私有权，中国古代的土地私有制正式确立。为了征收租税的便利，秦颁布了统一货币、度量衡的法规……这些措施，对建立新的经济秩序、促进社会经济发展以及帝国赋税职能的实现，都起到了积极的作用。[①]

和一般教材中的说法相对照，教程在科学性方面的进展是极其鲜明的。"封建土地私有制"变成了"土地私有制"；"地主阶级利用土地剥削人民"的表述不再出现，代之以"官府……征收租税"；"剥削人民成为合法，压在农民身上的地租、赋税以及各种徭役也愈来愈重"，代之以"对建立新的经济秩序、促进社会经济发展以及帝国赋税职能的实现，都起到了积极的作用"。

关于清中期以后社会矛盾和社会危机的叙述，也是很好的例证。一般

---

① 朱绍侯主编，龚留柱执行主编《中国古代史教程》（上），河南大学出版社，2010，第207页。

教材在谈到清中期以后的社会危机时，大体是强调这样几个因素：土地高度集中，清代封建地主阶级对农民剥削的加强，他们对土地的大量掠夺；高额地租的残酷剥削，农民一旦沦为佃户，就要承受地主阶级高额地租的剥削；繁重的赋役，清朝封建政府对农民进行的赋役剥削也越来越重；吏治的腐败，清代封建官僚统治机构日益腐朽，大小官僚结党营私，互相倾轧，贪污腐化，贿赂公行，等等。这样的形势下，清中期，川楚陕甘豫五省土地兼并、封建剥削都比较严重，大批农民失去土地，到处流浪，过着贫困不堪的生活。他们在白莲教的组织领导下，掀起了轰轰烈烈的反抗斗争，给了满、汉地主阶级以沉重打击，使得清朝开始了由盛到衰的转折。

而同样的历史内容和问题诠释，在《中国古代史教程》中是这样叙述的：

"尽管除掉了乾隆时代腐败的象征和珅集团，但嘉庆并没有摆脱政治困境，也无法从根本上改变乾隆以来国运衰退、社会危机不时爆发的趋势。""嘉庆帝的政治困境首先是其本人的保守性格所造成。乾隆帝虽然通过传位、训政顺利地实现了权力交接，但却塑造了嘉庆帝墨守成规、不思变革的性格，使得嘉庆年间的社会更趋于停滞后退。嘉庆表面上反对官场效率低下，但他自己也助长了这种风气。""其次是乾隆以降形成官场因循守旧、官吏饱食终日、相互推诿的风气积重难返。""再次是官场贪污腐败成风。曾有直隶官吏，上下串通，共同贪污，不仅州县司书、银匠私下侵吞，而且幕友、长随也参与分赃。""政治困境难以摆脱，社会危机便接踵而至。就在颙琰即位的当年，即嘉庆元年（1796），震惊全国的川、楚、陕三省白莲教大起义爆发了……他们对以前所赖以生存的组织机构已经失去信心，清朝官方的社会组织机构正趋于涣散和瓦解……虽然嘉庆朝镇压了几次大规模的农民起义，但社会危机并没有从根本上缓解……到咸丰朝发展为大规模的捻军，与太平军北南呼应，极大地动摇了清朝的统治基础。"①

① 朱绍侯主编，龚留柱执行主编《中国古代史教程》（下），河南大学出版社，2010，第832~836页。

关于清中期以后社会矛盾的叙述，是一个很重大的理论转变。以往的教科书一般都将其归于阶级矛盾的激化而造成农民阶级反抗地主阶级的阶级斗争，阶级斗争理论是解释这一重大社会现象的唯一理论。现在不同了，在《中国古代史教程》中，阶级斗争理论不见了，社会矛盾作为一种常见的社会危机问题去处理。造成这一社会危机的主要因素，教材分析有嘉庆帝本人的保守性格，乾隆以降形成的官场之上因循守旧、相互推诿之风气以及官场贪污腐败成风等方面，几乎可以视为带有普遍性的社会政治问题。将农民战争归入社会危机的社会问题范畴，分析造成社会危机的原因，寻找解决社会危机的途径和方法，在任何时代都是必要的、有意义的。这样的历史解读，比起把一切社会问题都归之于两大阶级的对抗和斗争，不仅更符合历史的实际，更平实可信，也更具有普遍的历史借鉴意义。我们相信，由这样的教材培育成长起来的新一代青年，就不会再形成可怕的阶级斗争思维。

《中国古代史教程》抛弃社会形态概念体系，摒弃阶级斗争思维，用本土语言叙述中国历史的发展进程，是一个可喜的尝试，对今后的中国古代史教材编写将会产生重要的示范性效应。

现在我们来看看《中国古代史教程》在编写体例上的突破。

传统的中国古代史教材，都是按照一般的章节体，按王朝分章，按政治、经济、文化、民族等几大块分节，构造一个平面的叙述结构。虽然人们也是尽可能地将该时期的重大历史面相作全面的铺叙，但因为是一个平面的叙述结构，也就很难挖掘历史的深度。在《中国古代史教程》中，这样的叙述结构发生了根本的改变。在朱先生的指导下，创造出一个立体的教材结构，一个带有研究性的非叙述性的结构。譬如《教程》关于明代历史的叙述结构如下：

第九章　明王朝

导读

第一节　明朝的建立与明初制度的建构

第二节　明中期内外交困与国力趋势

《教程》各章的基本结构是分为三部分：导读、基本历史过程、专题分析。如上边的目录所示，第一至三节即是基本历史过程的描述，第四至八节是专题分析。编者的意图是：

"导读"是全章的点睛之笔，又分三个部分。一是"××时期的历史特点"，通过揭示一个时代的特点及其历史地位，展现历史发展的线索或路径，使学生能用宏观的整体的眼光来关照本章内容。二是"传统文献与参考资料"，是给学生介绍必要的史料，使他们在学习中重视原始材料，知道历史研究的基本方法是实证基础上的史论结合。三是"对××史的研究"，是对某一断代史的学术史、特点、研究趋向和前景的一般揭示、评述，这不仅对准备报考研究生的学生，也为准备到中学任教者将来进行研究性教学，提供必要的基础和准备。

"历史演变过程"的叙述，是每章重要的有机组成部分，要以简洁准确的语言，给学生提供本历史时期完整、系统、连贯的事实过程。它的篇幅不是很大，既不能对历史细节进行非常具体的描述，也不能面面俱到。它主要是以不断的历史事件来做粗线条连接，以平实的讲述为主，基本上不做深度分析。但它也不是枯燥乏味的历史骨架，还要丰富多彩，有一定的可读性。

"专题分析"部分是各章的重心所在，主要是对某一历史时期从政治、经济、思想文化等方面以专题的形式进行较有深度的分析。其意义除使学生对一个时代的社会风貌有较深刻的认识和把握外，还要引导学生进行研究性学习，并带有示范作用。①

"导读"解决学生对某一历史时期历史认知的总体把握，既有对该时期历史特点的简要介绍，又概述学习该时期历史应该注意和利用的历史文献，并概述学术界的研究状况，将学生的学习直接连接到学术前沿，引导学生的学习活动于学术研究的氛围之中。"历史演变过程"解决的是历史发展线索问题，使学生对该时期的基本历史过程有一个完整的清晰的把握，这无疑是历史学习的基础性知识，是学生认知历史的基石。"专题分析"就是对历史时期重大历史断面的深度开掘，引导学生深入思考一个历史时期应该关注的重大问题。这样通过"导读"——整体的历史、"历史演变过程"——纵向的历史、"专题分析"——断面的历史这三个面相的揭示或描述，一个时期的历史面貌就在学生的头脑中鲜活地站立起来了。

导读、历史演变过程、专题分析这个"三结合教材结构"，是《中国古代史教程》在编写体例方面的重大突破，可以为将来的中国古代史教材建设提供示范。

三

编教材不同于学术研究的著书立说。学术研究是个性化的活动，研究成果的深刻性，在很大程度上依赖于学术研究的个性化。而教材要传播最稳妥的学术研究成果，要把学术研究中比较成熟的部分化作知识性的东西，那就需要尽可能地避免个性化。诚然，个性化的教材也是有的，也不应该完全拒绝，但作为要行之久远而广泛普及、力求具有最大限度的普适性的教材，避免个性化则是一个重要的要求。于是，教材的集体编写则是一种最普遍的形式。集体编写就增加了一个组织问题，一个如何凝聚众人智慧而成一书的问题。在这方面，朱绍侯先生前后两次主编中国古代史教材，为我们创造了宝贵的经验。

---

① 朱绍侯主编，龚留柱执行主编《中国古代史教程》（上），"前言"，第2页。

集体编书，把众人的智慧凝聚起来，不是一件容易的事情。十院校本编写之初之所以没有人愿意当主编，除了政治上人们还心有余悸之外，另一方面的原因也在于统一思想的难度。有先生说，一个教研室的老师思想都统一不起来，编一本讲义异常困难，现在要统一十个院校老师的思想谈何容易！朱先生接受主编也不是不担心这个问题，但由于他有虚怀若谷的品格，平等待人的作风，以及善于听取不同意见的学术操守，使得他的组织工作取得了良好的效果，不仅成功地完成了教材的编写任务，而且通过教材编写，还造就了一个在长达30余年的时间里团结合作的学术群体。十院校合作单位之一广西师范大学的钱宗范先生，在这方面有很深刻的感受，他在几年前写道：

> 这部教材历经十几年、二十几年，常用常新，长盛不衰，发行量数十万册，创作了改革开放以来多院校合编教材历史上的一个奇迹；而当时戏称为"第三世界"的十院校的教师，原来互不认识，思想、学术、习惯、观点各不相同，在长达二十多年的时间内，能够求同存异，平等相待，互相学习，取长补短，团结合作，非但编好了教材，而且结下了深情厚谊，同样创造了改革开放以来我国高等院校历史系关系史上的奇迹。朱绍侯先生作为十院校公认的深孚众望的主编，他不仅以自己的品德和学术，影响和教育了他人；而且他一贯善于听取不同意见，尊重他人，谦虚谨慎，发扬每一位编者的长处，调解编写中的不同矛盾和意见，做出正确的公正的决断，因而取得大家一致的拥护。朱绍侯先生对十院校合编《中国古代史》教材所取得的成功，对十院校友谊的建立和发展，起了核心的作用。①

第一点，朱先生自己体会，对于主编教材这样大的集体项目，主编自

---

① 钱宗范：《我所认识的朱绍侯先生——浅谈朱绍侯先生对〈中国古代史〉教材和广西人才培养的贡献》，河南大学历史文化学院编《史学新论：祝贺朱绍侯先生八十华诞》，河南大学出版社，2005，第639页。

己的胸怀是非常重要的。就教材的框架体系说，自己要有主见，要善于用经过充分酝酿讨论而确立的编纂思想去统一大家的认识；而在一些具体的学术观点上，则不能一味地按自己的观点去要求编者，某些时候要学会妥协和让步。集体合作，主编与编者之间也需要有相互尊重、互谅互让的精神。朱先生在回忆十院校本的编写过程时谈到了这方面的问题：

> 令人欣慰的是，"十院校"同志间的关系非常好，包括几位老先生都欣然接受我的修改意见，这就有了很好的合作基础。但是，等到在桂林开全书定稿会时，与会者还是提出很多不同意见，主要是对我肯定田庄经济、门阀士族也有积极的历史作用的表述不同意。安徽师范大学的张海鹏先生，在编书过程中我们两人的意见经常是一致的，但对这一问题他绝不让步，他说主要是怕犯原则性、阶级性的立场错误。我对他说，"文革"后学术界开放许多，肯定统治阶级及其制度也有一定的历史积极性，这种观点是会被接受的。他说，不，门阀士族的反动性腐朽性太明显了，田庄是豪强、门阀的经济基础，剥削太残酷，不能肯定。我说，东晋的王导、谢安都是高级门阀的代表人物，他们不都是很有作为的宰相吗？田庄和坞壁在战乱时对社会生产不也很有保护作用吗？海鹏先生还是不肯接受我的意见，没办法我也只好把门阀和田庄的积极作用改得模糊一些。

> 在编写教材的过程中，并不是一切都由我主编说了算，有些问题我也要向执笔人让步，妥协是必要的。如我认为名田制是土地长期占有制，而多数人都主张是土地私有制，我也就只好按大家的意见办。既然是合作就要有互谅互让的精神。①

从以上文字，我们看到的是作为一个主编，朱先生的胸怀和气度。大胸怀和大气度，是一个主编首先所需要的。

---

① 龚留柱：《治学不为媚时语 为寻真知启后人——朱绍侯先生访谈录》，《史学月刊》2005年第10期。

第二点，根据朱先生两次主编教材的经验，统一思想是编写高质量教材、保障教材具有内在思想逻辑的首要环节。

一部中国古代史教材，反映几千年文明史的发展，要写出统一的思想逻辑，反映历史发展的内在线索，在大的历史观点方面前后贯通，必须靠各个编写人员拥有共同的指导思想来保障，所以，前后两次教材编写，朱先生都重视召集教材编写会议，在统一思想上下功夫。十院校本编写之初，朱先生提出的四个方面的指导思想，就是在编写会议上经过大家讨论认同，贯彻到具体的编写中去的。教材出版至今，已经修订了四版，出到了第五版，每一次修订都召开专门的编写会议以统一思想。最近几年，为编写出版《中国古代史教程》，就召开了一次策划会议，一次编写讨论会，两次小范围的通稿座谈会。时下有些集体编书，主编只提出写作要求和负责分工，作者之间并不见面和沟通，要想写出观点一致、逻辑统一、风格一致的作品是不可能的。

第三点，关于书稿修改中如何发挥主编的作用和处理主编与作者的关系问题，朱先生也有不少好的做法和体会。

大型教材的编写，参加者众多，尽管有统一思想在前，写出的初稿仍会是五花八门。十院校本最初定的规模是 80 万字，而初稿字数有 160 万字之多；《教程》初稿也出现类似情况，有一章规定的字数是 10 万字，而作者提交的初稿是 22 万字，压缩修改的任务是相当繁重的。主编修改是保障教材质量的最终环节。朱先生从来不做那种空头主编，所有稿子都经他逐字逐句地改过。他的做法是，第一次修改是提修改建议，由作者根据主编的意见自己处理；第二次修改，是在作者竭尽所能之后还不尽如人意，这就需要主编亲自操刀。十院校本教材初稿修改中，有些部分就是他重新写过的。

朱先生说，主编修改稿子是天经地义的，修改稿子要注意尊重作者的劳动和声誉。尊重作者的劳动，就是尽可能地多就少改，不是必需的改动就不要改动。尊重作者的声誉，就是在修改了稿子之后，不要对他人乱说你改了谁的稿子，谁的稿子如何不好。无论如何，参编者都是尽心尽力的。改动大的部分要征得原作者的同意，还要保守秘密。朱先生回忆，十院校本的初稿中，有一位老先生写西周部分，自己持西周封建说，而教材的基本历史观点是春秋战国封建说，这位先生主观上想按西周奴隶社会说去写，用的也是奴隶社会的概念，而写出来的稿子无论如何都摆脱不了西周封建说的痕迹，最后受原作者委托，朱先生将这一部分又重新写过。这件事朱先生至今都未对外人说过，只是为成全笔者的此次写作才在 30 年后第一次谈起。主编要改稿，还要注意处理与编写者的关系，这对于集体编书是非常重要的。

第四点，追随学术发展不断提出教材的修订问题。

教材要有稳定性，又要有可持续性。编写一部教材不容易，要尽量能使其行之久远，具有尽可能长的生命力。但是，学术研究永远是鲜活的、发展的；教材要保持其科学性、先进性，就必须不断从发展的学术中汲取新的学术思想和学术成果，不断对教材的内容和材料做出修订和调整。

在十院校本的《中国古代史》出版之后，为了能不断依据新的学术成果修订教材，朱先生发起、组织以十院校教师为基础的中国古代史研究学术讨论会，十院校轮流做东，每年召开一次。每一次会议都安排一个关于教材讨论的专题，认真研究教师们在教学中提出的问题，以备下一次修订教材时参考。这样的学术讨论会一直坚持了十年。

从 1978 年底讨论十院校本《中国古代史》的编写至今，三十多年来，朱绍侯先生把他的大部分精力都用到了中国古代史学科的建设方面，两部教材的成功编写、广泛发行，已经使他誉满天下。回顾总结先生在教材编写方面的历史经历和编纂经验，已经成为研究中国当代史学的一个重要课题，以本文之粗疏，也只能是在这个课题的研究中起到一个抛砖引玉的作用，谨望后续之探讨能从中发掘更加夺目的瑰宝！

（原载《邯郸学院学报》2010 年第 4 期）

汉代学术史研究的新探索

——读熊铁基先生著《汉代学术史论》

在熊铁基先生80华诞之年，我们欣喜地读到了先生的新作《汉代学术史论》，一种"老骥伏枥，志在千里"的感触油然而生。这本大著不仅仅是一位耄耋老人的新作，更因其实现了学术史研究的新探索，提供了诸多启人心智的学术见解而令人肃然起敬。作为后学，评论先生的大作实在是力有不逮，但确有不少感想欲一吐为快。所以，笔者不揣浅陋，把初步的阅读感受连缀成篇，以求教于熊铁基先生及学界同仁。

一　探索学术史研究的新模式

熊先生在"前言"中说："开始碰到的问题是：写一个老题目，如何能不一般化？能否与已有的学术史有所不同？"在课题研究之初，他就抓住了学术史的创新问题，要写出与众不同的学术史。经过一段时间的思考，熊先生把汉代学术史研究的创新，定格在三个方面：一是提出"学术载体"的研究，这是以前的学术史所不曾关注的；二是研究学术发展问题，要重视影响甚至决定其发展的诸多因素，譬如要研究整个社会历史、文化背景等；三是注意汉代学术发展的综合性特征。[①] 有这三个方面，熊

---

① 熊铁基：《汉代学术史论》"前言"，高等教育出版社，2013。

先生的汉代学术史研究就基本上与前人的研究区别开了，就可以成就一本别样的学术史，不再蹈前人之辙。这是作者在写作之初为自己提出的研究路径，而其最后的成书如何实现了这些设想呢？我们试做简单分析。

首先，关于"学术载体"的研究。这的确是作者提出的一个新问题，前人的学术史著作中基本不涉及这一范畴。作者对自己提出的这个新问题给予了高度关注，用了两章几近10万字的篇幅来进行讨论。作者开宗明义写道：

> 学术有载体才能流传，什么是学术载体呢？主要是两个：一是人，人的头脑；一是物，有文字图形的物，又主要是书籍，故书籍又称"载籍"……研究汉代学术史，从这最基本的载体——人和书问题谈起，也许更加牢靠一些。①

于是，循着这样的思路，作者就对汉代创造与传播学术的学术传人以及学术思想赖以展示和保存的载籍做了系统考察。考察分为两章，即第二章"汉初的学术载体"和第三章"两汉学术载体的演变"。其中，最重要的是关于载籍的考察。从载籍的角度考察学术史，以往的汉代学术史研究中，只有民国时期出版的顾颉刚的《汉代学术史略》②中有所提及。该著有一个专章"经书的编定与增加"，但仅有几千字的篇幅，并没有深入或展开。其他的汉代学术史著作，则几乎都不涉及这个问题。学术史不同于学术思想史，要全面展示学术发展的盛况、全貌，对载籍的研究是题中应有之义，载籍研究应该纳入到学术史研究的范畴中来。而且，熊先生对载籍的研究也的确收获颇丰。他在第三章第一节"图书的集散与传世本的初定"中得出结论："不可否认，先秦典籍在汉代大多已非原貌，有汉人以己意所作的各种改变，甚至参入一些原书所无的内容……传世先秦古籍，

① 熊铁基：《汉代学术史论》，第15页。
② 顾颉刚：《汉代学术史略》，上海亚细亚书局，1935。

是经过汉人改定的，这一点完全可以肯定。"① 这就是一个非常值得关注的结论，蕴含极为重要的学术思想价值，本文后边还要重点分析。如果不是通过对载籍的系统考察，就无法对汉代学术的这一特点给予明显的揭示。所以，熊先生在学术史著作中提出学术载体的考察问题，是他的一个贡献或建树。

但是，熊先生对于"学术载体"的理解，笔者并不完全苟同。先生把学术创造的主体——学人，也作为学术载体来看待，似乎不符合一般的思维逻辑。如果可以这样看待的话，那岂不是说，人是学术的对象物，学术借助于人获得存续和发展？学术是脱离人而独立自存的客观存在，而人的头脑只是学术存续的寓所？而事实是，人是创造学术的主体，离开人就没有所谓的学术。把学人当作学术载体，在逻辑上是讲不通的。当然，这只是一个概念的使用问题，笔者并不反对在学术史的范畴内，来考察人的问题，考察特定时期学人的状况，学术的传承。如果不把人的研究划入"学术载体"的范畴，而提出"汉代学人群体研究"这样一个命题，是不是就可以完成熊先生提出的使命呢？

其次，关于从整个社会历史和文化发展的广阔视域来研究学术的发展问题。这实际上是一个为人们所熟知的方法论思想，即传统唯物史观所揭示的社会存在决定社会意识的方法论，是中国学界普遍遵循的方法论思想，本没有什么特别的地方，但就笔者看来，在这一方法论思想的应用方面，熊先生的大著达到了前人所不及的水平。

自从唯物史观传入中国学界，社会存在决定社会意识，就是一个人们共同遵循的方法论原则，所有的文化史、思想史、学术史研究概莫能外。在传统的思想史研究中，最引人注目也最有成就的就是所谓的侯外庐学派。所以有人提出侯外庐学派的概念，就在于这个学术群体有他们突出的方法论特色。比如国内学界较早提出"侯外庐学派"的龚杰先生就说："《中国思想通史》集中体现了侯外庐学派的特色和成就，其中对学术界影响最大的，就是注重思想史与社会史的关联。在侯外庐学派看来，思想史

---

① 熊铁基：《汉代学术史论》，第67页。

应以社会史为基础，即把思想家及其思想放在一定的历史范围内进行分析
研究，把思想家及其思想看成是生根于社会土壤之中的有血有肉的东
西。"① 龚杰所强调的就是侯外庐的思想史研究所具有的鲜明的"注重思想
史与社会史的关联"的学术风格。方克立、陆新礼的论文，谈到侯外庐学
派时，也如是说："'侯外庐学派'……其基本主张是用以唯物史观为核心
的马克思主义世界观和方法论来研究中国思想的发展，强调思想史研究与
社会史研究相结合，可以说是中国思想史研究中的唯物史观派。"② 其实，
所谓侯外庐学派就是严格遵循社会存在决定社会意识的方法论原则而形成
的有共同学术风格的一个学术群体，其最为明显的学派特征就是重视社会
史研究与思想史研究的结合，侧重于从社会出发去认识思想的发展，是坚
持和贯彻了"社会存在决定社会意识"的思想方法。

但是，弄懂唯物史观的基本原理是一回事，恰当地运用这一原理去解
决问题、揭示思想发展的历程又是一回事；所以，我们看到，在这一原理
的实际运用中，取得的实际效果并不理想，很多思想著作中，社会历史环
境的描述和思想发展的阐述并不融洽，或者干脆就是两张皮，历史背景、
社会环境即社会存在的描述在思想史著作中多是生硬地贴上去的，人们并
不能从中看到思想进程与历史进程的必然联系，即使在侯外庐先生主编的
多卷本《中国思想通史》中，这一问题也没有得到很好的解决。这是在过
往思想史、文化史、学术史研究中普遍存在的教条主义倾向。

即使一些非马克思主义的学者，也懂得思想发展与社会历史环境的关
系，也努力在为思想的发展寻找社会历史环境的因素，重视思想发展的历
史平台问题。如徐复观先生就有这样的认识。他曾写道：

> 我研究中国思想史所得的结论是：中国思想，虽有时带有形上学
> 的意味，但归根到底，它是安住于现实世界，对现实世界负责；而不

---

① 龚杰：《论侯外庐学派的代表作〈中国思想通史〉》，《西北大学学报》1989 年第 1 期。
② 方克立、陆新礼：《"侯外庐学派"的最新代表作——读〈中国儒学发展史〉》，《中国社
会科学院研究生院学报》2010 年第 2 期。

是安住于观念世界，在观念世界中观想。所以，我开始写《两汉思想史》时，先想把握汉代政治社会结构的大纲维，将形成两汉思想的大背景弄清楚。而两汉政治社会结构的特色，需要安放在历史的发展中始易著明；因材料及我研究所及的限制，便从周代的政治社会结构开始。①

在这样的认识基础上，他的两汉思想史研究，就从思想史赖以发展的历史基础的研究开始，先完成了一本题为《周秦汉政治社会结构之研究》的著作。但是，他认为，这本著作实际上就是他的《两汉思想史》研究的一部分，所以，在后来完成两汉思想史研究，出版《两汉思想史》著作的时候，则把《周秦汉政治社会结构之研究》一书，改名为《两汉思想史》的第一卷，纳入其三卷本的《两汉思想史》之中。② 但是，作为一部完整的思想史著作，这个第一卷和后边的第二卷、第三卷在著述逻辑上有什么意义关联呢？后边所描述的思想发展，如何从这个第一卷所描述的历史背景中引申出来呢？就全书的结构说，后边的两卷和前边的第一卷则是脱节的。从历史的逻辑出发，思想的发展没有蕴含在历史的发展之中；从写作的著述的逻辑出发，第一卷和后两卷之间则没有内在的逻辑联系；二者是生硬地强拉在一起的。

要写一本历史与思想交融发展，将思想、文化、学术的发展，真正置于历史的舞台上展示出来的思想史或学术史著作，不是一件容易的事情，弄不好就会有教条之嫌，出现历史与思想两张皮现象。大概正因为如此，在改革开放的新时期，冲决了教条主义的牢笼之后，有人就干脆舍弃了为思想或学术寻找历史基础的麻烦，直接采取弃之不顾的简单化做法。例如20世纪90年代出版的王铁的《汉代学术史》，就没有安排这样的章节，不再去为思想或学术的发展，贴上一个并不融洽的标签。③ 2004年出版的

① 徐复观：《两汉思想史》第一卷"三版改名自序"，华东师范大学出版社，2001。
② 参见徐复观《两汉思想史》第一卷"三版改名自序"。
③ 参见王铁《汉代学术史》，华东师范大学出版社，1995。该书共八章，分别讲述了天文与历法、数术、医学、养生与神仙方术、经学、谶纬、诸子学、史学等方面，而并没有专章探讨汉代学术发展的社会历史环境，而像以往人们所做的那样，一定显示其将学术发展置于社会存在的基础之上。

《中国学术通史（秦汉卷）》，基本上也是回避了这个问题，仅在其第一章中用千余字的篇幅交代了一个时代背景。[①] 但是，熊铁基先生的著作在这方面有了较好的探索。

《汉代学术史论》为学术的发展寻求社会历史、文化及政治基础的努力，主要是通过第一章"汉代学术的历史和文化背景"和第四章"影响学术发展的重大举措"这两章来完成的。在第一章中，作者安排了"春秋战国时期社会急剧变化与发展大势"、"百家争鸣的学术文化及其实质"和"汉代政治历史的主要特点"三节；而在第四章中，则写了"博士制度的形成、演变及其影响"、"'贤良对策'及其意义和影响"、"石渠阁'会议'的意义"、"刘向父子校书"、"东汉初年的文化政策"、"君臣讲经与白虎观'会议'"、"兴学与校书的制度化"等七节。从这两章的节目标题中可以看出，熊先生为汉代学术所寻找的社会历史基础，主要的不是传统的以生产力与生产关系所表征的社会存在，而是时代的历史特点和政治制度；对于思想的或学术的发展来说，政治制度的影响可能更为直接。以往的思想史或学术史著作中所以会有教条主义，呈现存在与思想两张皮的状况，则是我们机械地把存在仅仅理解为经济方面的因素，因为认定生产力是一切历史发展的终极原因，就直接从生产力的发展来解释思想的发展。而我们忘记了，从生产力这个终极原因到思想的发展之间，存在着多么复杂的中介因素，思想的发展是不容易直接从生产力的发展中引申出来的。经济基础更多的是直接地决定着政治的变化，而政治则规范和制约着人们的社会行为和思想活动，思想更多的是和政治发生联系。如果从政治制度的角度去看待思想和学术，就可能发现其中的直接联系，在解读社会存在决定思想和学术的发展的时候，就不会显得那么教条和生硬了。于是，在熊先生的书中，他所研究的博士制度问题，石渠阁会议、白虎观会议，以及东汉初期的文化政策等，这些虽然属于政治方面的问题，是汉代学术所依托的政治因素，而同时也可以看作是学术发展不可须臾离开的要素，从

---

① 参见张立文主编，周桂钿、李祥俊著《中国学术通史（秦汉卷）》，人民出版社，2004，第1~3页。

而学术的发展就和当时的社会，当时的政治历史文化背景等社会存在的诸方面紧紧地联系在一起了。可以说，熊先生在解决思想史和学术史研究如何实践社会存在决定社会意识的方法论问题上，做出了有益的探索。

最后，作者提出的重视汉代学术发展综合性特征研究之目标，也基本上实现了，但这不属于学术史内容体例方面的探索，而是具体的学术见解，我们放在下一部分再来探讨。

二 启人心智的新见解

《汉代学术史论》这本凝结着熊先生多年心血的著作，除了在学术史的写法上有新的探索之外，在具体的内容上也的确充满新颖的学术见解，在诸多方面都具有启人心智的力量。以我个人的心得，这些新见解，主要表现在以下三个问题上。

第一，熊先生明确提出了汉人对先秦学术的改造问题。

现在我们所能看到的先秦文献都是经过汉人整理而流传下来的，而汉人在整理先秦文献的过程中，对其进行某种程度的改造，是从事传统学术研究的人都可以想见的问题，但是这个问题的极端重要性，则是被人们所忽视了。并且久而久之，渐渐失去了对这一问题的警惕性，在人们的潜在意识中，似乎我们所接触到的先秦文献本来就是这个样子。这是研究先秦文献时一个不容忽视的大问题。熊先生的《汉代学术史论》对这一问题给予了明确揭示和反复强调，为学界准确把握先秦文献的性质敲响了警钟。熊先生的书中写道：

> 汉人对先秦典籍的改造，必然打上汉人的时代烙印，也就是打上汉人的思想烙印。他们校对、整理、编辑都有自己的指导思想，而且是受时代影响的指导思想。西汉中后期以后，儒家思想在思想领域占支配地位，因此如前所述，刘向等人校书注重书籍中的忠谏、义理思想，贾逵中的《左氏》是讲君臣关系、强干弱枝的道理……因而汉代对经籍的改造和诠释是有汉人的"我"在其中的，这是不可避免的，

也是必然的。①

熊先生的这一思想最初以论文的形式发表的时候，就对笔者产生了重大影响，促使笔者对这一问题进行了长时间的思考和研究，并发表了《论"先秦学术体系"的汉代生成》② 一文。的确，当我们不能以历史分析的眼光去看待我们所传承的先秦典籍的时候，我们是要被它所打上的汉代烙印所蒙蔽的。由于，笔者已经有《论"先秦学术体系"的汉代生成》一文的发表，所以，这个问题就不再展开，有兴趣的读者自可找来参考。而在这里，笔者要强调的是，在认识先秦文献的汉代属性的问题上，熊铁基先生是有重要的开拓之功的。这体现了熊先生敏锐的思想和犀利的目光，体现了先生对待历史文献的历史批判精神。

不仅如此，在如何看待先秦文献的历史属性的问题上，熊先生一方面敏锐地指出它被汉人改造的事实，另一方面，也对这一问题给予辩证地历史地分析，并不因为汉人的改造而对之采取虚无主义的态度。他强调说：

> 汉代流传的先秦典籍没有也不可能脱离先秦原来的基础。说某一种书完全是汉人伪造的恐怕很难，特别是早已流传的群经、诸子，若有人伪造当即会被揭穿……汉代生成的各种经籍文本及汉人对它们的诠释，仍然是我们了解先秦文化、社会的基本材料，也是我们研究中国传统文化源头的主要依据。③

这样一种对待历史文献的科学态度，是值得学界借鉴或学习的。

第二，熊先生关于中国传统学术特点的总结，对学界富有启发意义。

《汉代学术史论》专门有一章讨论中国传统学术的特点及其形成问题，这是关于传统学术史研究很有特色也很有价值的一章。以前，几乎很少有

---

① 熊铁基：《汉代学术史论》，第 245~246 页。
② 李振宏：《论"先秦学术体系"的汉代生成》，《河南大学学报》2008 年第 2 期。
③ 熊铁基：《汉代学术史论》，第 246~247 页。

人来综合性整体性地思考中国学术问题，当然也就对中国传统学术的整体性特点缺乏归纳和总结。在这一章中，熊先生把中国传统学术的特点归纳为"道不离器的综合性"、"经世致用的政治性"和"解读诠释的连续性"三个方面，是谓创造性之学术贡献。

2004 年张立文主编的《中国学术通史（秦汉卷）》中，曾设有一个小目，用千余字的篇幅简单地谈及"秦汉学术的特色"："秦汉时期的学术形成了自己的特色，大致说来，秦汉学术与现实社会政治联系紧密，在学术形态上具有综合性，在学术发展的形式上注重以述为作，在学术思想上以天人、古今问题为关注中心。"① 这里表述的综合性和熊先生的总结似乎是重合的，并且出版在先，但可以明确地说，《中国学术通史》所言"综合性"除了没有具体的展开性阐述之外，就其具体含义，似乎也并不是真正谈的综合性问题，是讲的汉代学术思想上的大一统问题。如该书写道："与秦汉时期社会政治上的大一统格局相适应，秦汉学术从总体上也呈现出统一的形态，它结束了先秦诸子百家争鸣的局面，但却没有简单抛弃诸子百家学说，而是依据时代需要融会贯通为一个综合的体系。"这里所讲的综合，是大一统思想的贯通，既不是作者讲的学术形态的综合，也不是学术内涵上的"道不离器"和"道通为一"。而熊铁基先生则对中国传统学术的综合性有明确的定义和具体的分析。熊先生认为，中国传统学术的综合性，主要表现在三个方面：首先，我国古代学术有一系列不同于西方学术分科的范畴和术语，明显地反映学术的综合性，如六艺、群经、诸子、九流、百家之学等，都是学术，不同于现在（沿自西方）的任何一种分科之学。其次，无论六艺、诸子、经、史、子、集，其内容都是百科全书式的，这一点也比较明显。再次，从我国古代学术研究的指导思想、原则和方法看，也能体现其综合性。熊先生讲的综合性，是相较于西方学术的专业分科而言的真正的学术形态的综合性。和西方学术相比，这的确是中国学术一个顽强的特征。一切学术都只是道的载体，都源于道，归于道，所有的图书典籍都是载道之书。正是一切统一于道的特性，造成了学

---

① 张立文主编，周桂钿、李祥俊著《中国学术通史》（秦汉卷），第 6 页。

术的综合性特点。①

笔者以为，熊先生所讲的传统学术的三个特点中，最重要的还是学术的政治性问题，这是中国学术的一个顽强特征，也是至今学术界还没有给予足够重视的问题。"'天下一致而百虑，同归而殊涂。'夫阴阳、儒、墨、名、法、道德，此务为治者也，直所从言之异路，有省不省耳。"② 天下学术殊途而同归，都只是一个本质，并都是围绕着一个"治"字，即政治治理，所谓各家各派只是对"治"的不同言说，就其本质说并没有区别。这就导致了中国学术的政治性特征。这个早已为太史公道明的问题，在近代以来的中国学术界则没有引起应有的重视。熊先生重新把它发明出来，意义重大。熊先生认为政治性是中国传统学术的特点，并且是奠基于汉代，贯穿于中国古代学术的整个脉络。政治性不光是中国传统学术的特性，也是整个中国古代文化乃至中国古代历史的特性。中国民族是一个特别看重政治、政治性特别强的民族，正是由于此，中国人所受到的政治的羁绊和束缚要远甚于其他民族，中国人的解放的任务也特别艰巨。认识这一学术的文化的属性，对中国文化和中国历史的未来发展极其重要！

在熊先生之前，刘泽华的中国政治思想史研究中，就特别重视古代文化中的政治因素。他说：

> 在传统中，政治的幽灵无处不在，而且举足轻重，决定一切。从历史上看，几乎所有的思想家都以其独特的方式与政治紧密地纠葛在一起。政治问题成为全部社会问题的核心，甚至一切社会问题最终都被归结为政治问题……政治思想也就成了中国古代思想文化的重心。而且在某种意义上，我们可以说，正是这种鲜明的政治色彩和强烈的政治化倾向，构成中国传统文化的一个基本特征。因此，要准确而深刻地剖析传统，就必须以政治为楔入点。③

---

① 具体论述参见熊铁基《汉代学术史论》，第247～253页。
② 《史记·太史公自序》。
③ 刘泽华：《中国传统政治思维》"前言"，吉林教育出版社，1991。

刘泽华的这一思想，是和他的王权主义理论相联系的，是王权主义理论对中国政治思想史的解读，无疑是深刻而犀利的。现在，熊铁基先生从学术史的角度提出中国传统学术的政治性问题，和刘泽华的王权主义理论相呼应，更加深了我们对传统学术和中国历史的理解。这个问题还需要深入探讨，并进一步引起国人的重视。中国的历史发展和民族复兴，最关键的有赖于人的解放；而人的解放，就中国历史的特点说，就是如何摆脱政治性的束缚而获得真正的个性或人格的独立；所以，对中国历史、思想文化的政治性特征的认识，是关乎着中华民族复兴或崛起的大问题。

第三，熊先生所提出的"中国解释学"，是汉代学术史研究需要认真对待的大问题。

《汉代学术史论》第七章"辉煌的学术成果"中，有一个标目"注疏之学的发展——中国解释学的形成"，将中国传统的注疏之学、训诂之学、传注之学，命名为"中国解释学"，并进行了具体探讨。这是熊先生的一个重要提法，也是一个学术创造。就中国学术发展的主流说，两汉之后的中国学术几乎就是一部解经注经的历史，这是汉代儒学经学化之后所奠定的中国学术发展道路。如何解读经典，发展出了章句训诂、传记疏注、音义释微等丰富而繁杂的注释学理论，这的确是中国传统学术的一个重要特色。提出一个"中国解释学"概念，并对之认真探讨，批判分析，是有助于对中国学术之本质的理解的。当然，也不可把熊先生的这个概念与西方近代以来的哲学解释学相混淆，它们属于截然不同的两个范畴。熊先生在书中提到了西方的解释学，可能是有一点误解。西方的现代解释学，特别是以海德格尔、伽达默尔为代表的解释学，是关于人的解释现象的本体论解读，他的研究对象是解释现象本身。而熊先生提出的"中国解释学"，是中国人如何进行经典解读的理论与方法。

笔者以为，熊先生提出"中国解释学"，其意义是把中国的这种传统学术做了强调性的突出。这样一门传统学问，在今天的意义，最重要的不在于这门学问本身。就今天的文化发展来说，经学已经历史地衰落了，传统的解读经典的理论方法也随着丧失其意义。那么，强调这个"中国解释学"的意义何在呢？其意义不在于这门学问本身，而在于我们对这种学术现象的反思和认识。中国为什么在两汉之后会形成这样一种以解释经典为基本使命的学术形态？为什么传统学术以对经典的解读代替了自己的学术创造？这样一种学问的形成，与两汉之后的中国历史和中国政治有什么关系？在这样的学问之中隐含的是什么样的价值观念和思维方式？中国所走出的传注之学学术道路，对我们的民族精神产生了什么样的历史影响？当代中国的思想和学术，在何种程度上还受制于这种学术传统的羁绊和束缚？如何以分析和批判的眼光对待或研究这个"中国解释学"，是两汉学术史研究需要关注的一个新问题。

三　有待进一步探讨的几个问题

1. 中国学术史的对象和任务，仍是一个需要弄清的学理性问题

什么是学术史？这是学术史研究的一个基本的学理性问题，是任何学术史著述所不能回避的。因为，正是这个问题，决定着学术史写什么和如何写的问题。熊铁基先生的《汉代学术史论》重在创新，着重于问题的探讨，不关注史的系统性，但是对"什么是学术史"这样的基本问题，也还是不宜回避的。这是一个当前学术史研究中一直没有很好解决的问题。

张立文先生在主编《中国学术通史》的时候，是认真思考过这个问题的，并且在该书的"总序"中着力予以界说。张先生将学术史与哲学史、思想史相区别，明确地界定了学术史研究范畴：

> 学术在传统意义上是指学说和方法，在现代意义上一般是指人文社会科学领域内诸多知识系统和方法系统，以及自然科学领域中科学学说和方法论。中国学术史面对的不是人对宇宙、社会、人生之道的道的体贴和名字体系或人对宇宙、社会、人生的事件、生活、行为所思所想的解释体系，而是直面已有（已存在）的哲学家、思想家、学问家、科学家、宗教家、文学家、史学家、经学家等的已有的学说和方法系统，并藉其文本和成果，通过考镜源流、分源别派，历史地呈

现其学术延续的血脉和趋势。这便是中国学术史。①

这是我们至今看到的对"中国学术史"最明晰的界定。但遗憾的是，在张先生对中国学术史做了这样明确的界定之后，以此为指导写出的六卷本《中国学术通史》，在基本内容上和我们看到的其他中国思想史著作（例如张岂之主编的多卷本《中国思想学说史》），并没有多么明显的区别，确实有很多人就是将其作为思想史著作来阅读和学习的。是具体的撰述人没有很好地实践张先生的指导思想，还是这个指导思想、这个"中国学术史"界定本身仍有讨论的余地？笔者还难以做出明确的判断。但有一点是明确的，即何谓学术史，中国学术史写什么和如何写的问题，并没有因为张先生的界定而得到解决，仍是一个需要继续讨论的学术史理论问题。只有弄清了学术史的含义和学科属性，它的研究对象和任务，它的范畴和范围，它和哲学史、思想史学科的区别，这些关于学术史学科的基本问题才能说得清楚，这个学科才有健康发展的可能。就目前来看，这个问题并没有得到解决，本文借评论《汉代学术史论》的机会提出它来，以期引起学术界的关注。

2. 关于汉代学术本质属性的认识

汉代学术的本质属性是什么？这个问题，熊先生的著作中也没有涉及，然而这也确实是个值得重视的问题。对于这个问题，不同的学者会有不同的认识角度。而笔者认为，从一般的思维逻辑出发，总结学术的本质，应该从学术何以为学术的角度加以探讨。以近代科学的观点来看，学术的本质应该是批判性思维，强调对传统认识的批判与质疑。缺失了批判的精神，离开了怀疑的眼光，是无所谓学术可言的。学术的本质就是批判！从这样的角度去判断，汉代是无所谓真正的学术的，因为，汉代学术是意识形态的载体，是围绕专制主义中央集权制政体的确立，来规定自己的历史使命的。它的使命是围绕皇权主义的思想建设，而不是执行现实的社会批判。正是这样，儒学才最终走向了不允许人们质疑和批判，而只能

---

① 张立文主编，周桂钿、李祥俊著《中国学术通史（秦汉卷）》"总序"，第5~6页。

对之学习、传承、章句训诂的经学。如果采用"学术"这种一般性的说法，那么，汉代学术的本质，相对于真正的学术来说，就是其非批判性。

如果不从这样的角度看问题，不从批判性的角度看待汉代学术的本质属性，与此相联系的就是它的意识形态属性。汉代学术作为意识形态的载体，其属性当然就是意识形态。并且自从有了汉代这个学术奠基，两汉以后的中国学术，都打上了这样的印记。甚至可以说，在传统中国，学术不仅是有意识形态的属性，而其本身就是意识形态的组成部分。离开政治，离开国家意识形态，就无所谓学术。这是中国学术和中国历史的一个重要特征。

3. 关于汉代学术与先秦学术的继承与断裂

两汉学术与先秦学术相比的确有明显的差异，近代以来的学者对此多有关注，许多思想史著作中都曾谈及。但是，高度重视、深入研究者却不多，多是浮光掠影式的讲几句，似乎这是一个常识性的问题。但就笔者看来，这个问题却大有深入探讨的必要。

问题不在于两个时期有没有差异，而在于如何认识其差异，最根本的差异在什么地方。胡适看到的差异是"学术思想的自由"的丧失;① 徐复观看到是"西汉知识分子对由大一统的一人专制政治而来的压力感也特为强烈",② 和胡适的看法基本一致。这些都是显而易见的。当代学者雷戈把战国之后秦汉之际的思想阶段称为后战国时代，强调这一思想史时期对前一时期（即战国时期）的断裂，因此，他对该思想史阶段与前一阶段对比的差异性总结得较为细密:

（1）战国之际，诸子皆致力于"霸天下"之策，故有水火不容之势。后战国之时，诸子皆致力于"安天下"之术，故有水乳交融之态。（2）战国诸子重分，后战国诸子在合。战国诸子是各守门户，壁垒森严，后战国诸子是有门户而无高墙。（3）后战国时代诸子还在，

---

① 参见欧阳哲生编《胡适选集》，吉林人民出版社，2005，第302~303页。
② 参见徐复观《两汉思想史》第1卷，华东师范大学出版社，2001，第166~167页。

但已不复为家，即诸子仍在，家不复存。（4）战国是思想创造的时代，后战国是思想实验的时代。思想实验的结果是：法家的暴戾和道家的清静，虽都有一时之效，但均无长久之功。（5）对于后战国来说，它所面临着的是一个刚刚消逝的在整个中国历史上都是空前绝后的"有思想"的战国时代，这使得后战国时代的"无思想性"显得更为醒目和突出……（6）战国时代的人们都不知道天下将来会是什么样子，后战国时代的人们都已知道天下现在是什么样子了。所以诸子之间便没有根本的利害冲突，思想融合渐成共识，甚至思想共识压倒理论分歧。①

雷戈的总结看到了不少新的东西，是富有启发性的；但是，似乎还没有真正挖掘出这两个时代的根本差异。根源于不同的时代条件，先秦学术是真正的学术，几乎任何一家都具有鲜明的批判性，没有真正保守的东西；而汉代学术，在确立了学术的明确目标——维护专制主义国家意识形态需要——之后，学术的批判性就几乎丧失殆尽，完全变换了属性，变成了特定政治需要的维护者，成为一种政治的附庸。对于先秦学术来说，汉代是名副其实的断裂。这个断裂，失去的是学术的精髓，存留的是学术的躯壳。

当然，这是一种笼统的说法，汉代学术相对于先秦从内容上说究竟丢失了什么，是需要花工夫、下力气去研究的。这里，我们也只能是提出问题，具体的研究不可能在这里展开。至于继承的方面，那就是对先秦典籍的整理。汉代的学术思想都是在整理先秦学术的基础上展开的，先秦学术仍然是汉代学术的平台，虽然在这个平台上，已经屏蔽了先秦学术思想中不利于专制皇权的诸多内容（而这些多是精华），已经丢掉了先秦学术的那种独立品格和自由精神，但毕竟两汉士人凭借的思想资料，仍然是秦火之后的灰烬，是散落于民间的典籍，是保存于旧宅夹墙中的竹片，他们几乎没有任何完全别出心裁的独立创造。两汉之后的学术史，完全告别了生

---

① 雷戈：《秦汉之际的政治思想与皇权主义》，上海古籍出版社，2006，第8页。

机勃勃的思想创造年代。百家争鸣，诸子蜂起；在君王的眼皮下自由自在地"不治而议论"；"万乘之主，千乘之君，见夫子未尝不分庭伉礼，夫子犹有倨傲之容"，① 这些学术自由发展、学人傲骨挺立的盛景，对于两汉之后的学人来说只能去向往和缅怀了。研究汉代学术史，对这些问题不值得去思考吗？

总之，近代以来的两汉学术史研究，虽然已有过 80 年的历史，虽然新近熊先生的大著又有了诸多新的探索，而就其大的方面说，仍然是一块有待于开垦的原野，在这片广阔的原野上还大有事情可做。笔者相信，熊先生的新作，一定会激起秦汉史学人对这段学术史新的兴趣和热忱，并激励人们踵武前贤，深入探索。

（原载《史学月刊》2015 年第 5 期）

---

① 陈鼓应：《庄子今注今译》，中华书局，1983，第 824 页。

一部长于宏观思考的史学史著作

——评瞿林东著《中国史学散论》

自 20 世纪 30 年代以来，国内出版的中国史学史著作不下 20 种之多。这些著作，有的材料详实、论述细密，显示出深厚的治学功底；有的侧重于用马克思主义对我国丰富的史学遗产进行批判总结，并力求把总结的重点放在史学理论和史学思想方面，等等。总观以往这些中国史学史撰述，总觉有些不尽如人意之处。一个比较明显的问题是，著作家们过多地是对每一时期主要史家和史著的分析、总结，而对各个时期史学发展整体的宏观把握似嫌不足，因而也难得阐明不同时期史学发展、嬗替的内在联系。湖南教育出版社新近推出的瞿林东所著《中国史学散论》一书，[①] 则是一部长于宏观思考的史学史著作。尽管这是作者的论文结集，但由于作者研究问题的宏观性、整体性、贯通性思维特点，加之论题从先秦一直延伸至当代，使得这本《散论》又可看作是一部自成系统的中国史学史著作。

一　《散论》不散，贯通古今

因为是论文结集，所以作者以"散论"名之。然通读过后，对于了解中国史学史的整体过程来说，却并不给人以"散"的感觉，而明显感受到

---

① 瞿林东：《中国史学散论》（以下简称《散论》），湖南教育出版社，1992。

的则是中国史学从古至今发展之大势，贯通古今。

从论题的涵盖面上说，它涉及先秦史学至当代史学，并在每篇具体论述某一时期史学时，多是探讨特定时期史学发展中的基本问题。这方面的论文有《司马迁怎样总结秦汉之际的历史经验》、《魏晋南北朝隋唐时期史学的发展》、《史学家和政治——关于唐代史学与政治关系的考察》、《辽金宋三史略论》、《明代史学特点二题》、《阮元和历史文献学》、《毛泽东对马克思主义历史理论的杰出贡献》等。这些专题研究论文汇集一起，在一定程度上揭示出两千年间中国史学发展的大体脉络。谓其贯通古今，还表现在作者的不少论文都是选择史学史上的某一重大问题，进行从古至今的系统考察。如《中国古代史学理论发展大势》一文，就是系统考察了中国古代史学理论从先秦到明清的发展历程。这是一篇具有开创性研究的长篇论文。中国古代的史学理论，本是一笔丰厚的史学遗产，以往人们研究甚少，似乎古代中国除了《史通》、《文史通义》之外，便没有什么史学理论可言。有人甚至认为中国古代史学本来就没有理论。瞿林东先生不赞成这种轻视中国古代史学理论的倾向，着力在中国古代史学理论的发掘上下功夫，著成此文。作者将中国古代史学理论的发展划分为四个阶段：（1）中国古代史学理论的产生：从史学意识到自觉的史学发展意识，即先秦秦汉时期；（2）中国古代史学理论的形成：系统的史学批判理论的提出，即魏晋南北朝隋唐时期；（3）中国古代史学理论的发展：史学批评的繁荣和理论形式的丰富，即五代辽宋西夏金元时期；（4）中国古代史学理论的终结：批判·总结·嬗变，即明清时期。这四个阶段，极简练概括地反映了中国古代史学理论发展的历程及其成就。这篇两万字的论文，可以看作是一部中国史学理论通史纲要。《散论》中的不少论文，都是对某一问题从古到今的系统考察，谓其贯通古今，并非溢美。专题论文的深度，系列论文的广度及系统性，使这本《散论》具有中国史学通史的某些特征。

二　宏观思考，整体把握

《散论》的另一特色，是显示了作者长于从宏观角度观察问题，善于从整体出发去把握历史学现象的特点和能力，论集中的许多文章都是对中国古代史学的整体性研究，且极见功力。如《说中国古代史学的优良传统》、《中国传统史学的多样性、社会性和时代性》、《古代史家怎样对待史书体裁》、《略说中国古代的史学评论》、《传统史学的现代价值》等文章，所提出和解决的问题都是对中国古代史学的整体性总结，其中得出的不少理论性认识，对整体历史科学的发展具有借鉴意义。即使作者作为"关于中国古代史学的一些具体问题的专题研究论文"而收入的那些文章，也都不是研究史学现象中的细枝末节，而大多是对某一特定时代史学状况的整体性考察。通观编入的全部论文，可以明显看出作者的研究旨趣：力求抓住史学发展中的那些带有根本性、整体性、主导性的重大问题去分析和开掘，通过对中国史学发展史的总结，为今天历史科学的发展提供经验和启迪。作者在《自序》中说："对于源远流长、博大精深、史籍浩繁的中国史学来说，本世纪在批判总结方面所取得的成绩，是远远不够的。其中，关于中国史学发展的整体性和内在规律性，关于它在理论发展上的形态和成就，关于史学发展同社会生活、历史进程的关系，我们的研究和认识所得，还只是初步的。从历史的观点和现实的需要来看，这种批判总结、继承、发扬中国史学优秀遗产的工作，需要几代人运用马克思主义的理论和方法潜心研究，庶可达到辉煌的境界。"这段话表明了作者进行史学史研究的目标，而《散论》就是朝着这一目标而努力的一项成果。

作者对中国史学进行整体性研究所取得的成果，以笔者拙见，主要在于以下几个方面：

——关于中国古代史学优良传统的总结；

——关于中国史学社会性和时代性的论述；

——关于中国古代史学理论发展史的考察；

——关于古代史书编纂理论的总结；

——关于古代史学与政治的关系的研究；

——关于传统史学的现代价值的揭示等。

在以上这几个方面，作者都有独到的建树，值得史学界同仁所重视。

三 厚积薄发，宏达卓识

作者的主要研究旨趣在中国史学史领域，但他对中国历史的研究和了解，决不仅仅限于史学史这一个领域，而对于中国通史有着比较全面的把握。所以，作者的史学史研究显示出深厚的功底，一方面能把重大史学现象的产生与发展放到当时的整个社会历史背景中去考察，另一方面也确能在不少方面都提出真知灼见，发前人所未发。

《散论》中透出这样的信息，作者治学厚积而薄发，文章短小洗练，却有丰富的内涵。如《传统史学和史学传统》一文，在总结中国史学传统时，仅用了几百字的篇幅，就把中国史学的优良传统概括得简洁而确当。作者归纳史学传统为六点：（一）史学家对于历史记载真实性的责任感；（二）研究和总结历史上的成败得失，作为当前做人、处世、参加社会实践活动等等的借鉴；（三）注重于察往观来；（四）史学家要具备渊博的知识，并对这些知识领域有相当深度的理解；（五）重视语言修养，讲求对于历史的文字表达的艺术性；（六）把撰述历史著作作为不朽之业来看待。这些简短而精当的归纳、概括，如果没有深厚的积累和通识的眼光，是提炼不出来的。

作者的宏达卓识既表现在对重大问题的看法上，也表现在对具体问题的开掘上。如《中国古代史学理论发展大势》一文对中国古代史学理论发展阶段的划分及对每一阶段特点的总结，确实是宏论卓见；而该文对司马迁"成一家之言"这一具体思想的阐释，也发之于一种通博宏达的眼光。作者写道："从广泛的意义上看，司马迁的'成一家之言'，不仅仅是指《史记》说的，而且也是指'史家'说的。战国时期有诸子百家而'史记放绝'，司马迁是要改变这种状况，他要使历史撰述也成为一'家'。这在史学发展上，是一件具有划时代意义的事情。"① "成一家之言"，司马迁的这一名句被人们传颂二千余年，是《散论》的作者又给它一个新的然而确

---

① 瞿林东：《散论》，第 64~65 页。

亦合情合理并且是更高层次的理解。没有对整个史学发展史的深刻把握，没有一种宏达通识的眼光，是难以发掘出"成一家之言"意在争史学作为独立学科之地位这一深层蕴含的。像这样精辟而独到的见解，《散论》中可以举出很多。

四　总结过去，着眼当代

通读《散论》，可以强烈地感受到作者的史学史研究，负有一种深沉的历史责任感。他的学术研究的落脚点，在于发展当代历史科学，并从而推动当代历史运动的发展。在《论史学的时代精神》一文中，作者写道："史学有这样一个特点：它以研究人类过往的社会为起点，而以服务于当今的时代为归宿。""史学家的时代精神还有更重要的一种表现，这就是从历史看时代，即以历史的眼光来说明时代，并从历史的宝库中提取那些为时代所需要的财富以服务于时代，推动时代的前进。这是史学工作的最终目的和最后归宿。"① 正是由于对史学家历史使命的深刻理解，作者的史学史研究，用了很多篇幅来总结历史上史学家紧紧结合现实发展需要从事历史研究的优良传统，以期对今天的史学研究有所借鉴。

在《论中国古代史学的优良传统》一文中，作者把中国古代史学具有鲜明的时代精神作为重要的优良传统加以总结："史家对历史的观察和思考，往往都是出于时代的启迪、激励和需要，从而使这种观察、思考、撰述在不同程度上反映了时代的要求。""优秀的史家大多是站在历史潮流的前头提出那个时代人们所关心的问题，或是反映那个时代人们所达到的认识水平对于重大历史问题的理解。"② 并用许多例证来阐述这一优良传统。在《司马迁怎样总结秦汉之际的历史经验》一文中，作者认为"《史记》最重要的价值在于它详尽地、深刻地而且也是生动地总结了秦汉之际的历史经验"。《史记》总结了战国中期以来以及西汉前期大约270多年间诸如

---

① 瞿林东：《散论》，第296、301页。
② 瞿林东：《散论》，第13页。

"秦国为什么能完成统一大业而又招致速亡"、"楚汉战争中为什么力量强大的项羽终于失败而力量弱小的刘邦反而成功"、"极盛时期的汉武帝统治面临着什么新的问题"等等一系列重大历史问题，亦即司马迁所处时代的近现代史上的重大问题，作者赞扬司马迁"真不愧是一个伟大的历史学家，他非但没有回避这些重大问题，而是以严肃的态度、深邃的思想、卓越的见识和神奇的史笔回答了这些问题"。《散论》中的许多篇章都涉及古代史家的历史责任感、史学与时代的关系问题。我们从作者对司马迁"述往事，思来者"的历史使命感的称颂，从他对唐代史学与政治关系的考察等一系列论述中，深深感受到作者鼓动当代史学奔向现实历史运动的强烈愿望。

（原载《史学月刊》1993 年第 3 期，署笔名 "田夫"）

建设当代史学评论学科的奠基作

——读《中国古代史学批评纵横》

《中国古代史学批评纵横》,① 是瞿林东先生关于中国古代史学理论研究的一部力作。记得将近四年前,从《文史知识》上初读瞿林东先生的专栏文章《中国古代史学批评纵横》时,就曾生发过许多感受和联想。现在作者将专栏文章汇集成书,当笔者重读这部力作时,更感受到它的分量,愿将一些不成熟的看法发表出来,与学界同仁切磋。

一 奠定了史学评论学科体系的基本框架

20 世纪 80 年代初,史学界便有人提出建设史学评论学科的问题,并不断有一些文章出现。然而,多数文章都是一般地谈论史学评论的重要性,很少有人对史学评论的范畴、体系,如何建立这一学科等问题做深入细致地探讨。1985 年,吴泽先生主编的《史学概论》出版,该书辟专章讲述"史学评论",用几万字的篇幅讨论了"史学评论的性质"、"史学评论的标准"、"史学评论的作用"等问题。吴著《史学概论》第一次系统讨论了史学评论的基本问题,但要把史学评论作为一个学科去建设,这些研究是远远不够的。瞿林东先生的《纵横》一书,虽然不是正面讨论现代史学

---

① 瞿林东:《中国古代史学批评纵横》(以下简称《纵横》),中华书局,1994。

评论学科的建设问题，但他对古代史学批评的全面研究，无疑为现代史学评论学科体系的建设提供了有益的借鉴。

《纵横》系列论文 18 篇，所涉及的问题有：

> 史学批评的历史和理论；
>
> 史学批评的标准问题；
>
> 史学批评的方法论；
>
> 史学批评的道德标准和礼法原则；
>
> 史家的作史态度；
>
> 如何对待历史事实；
>
> 史书的体裁、体例和文字表述；
>
> 史学批评中的比较方法；
>
> 史学批评的不同视角和层次；
>
> 关于历史评论的评论；
>
> 走出史学批评的误区；
>
> 史学批评家的历史命运；
>
> 史学批评的社会意义等。

关于以上诸问题的探讨，对于今天的史学评论研究无疑具有启迪意义，这些问题完全可以看作是史学评论学科的基本研究范畴。所以，《纵横》一书，实际上是搭起了一个史学评论学科体系的基本框架；《纵横》的系列研究成果，也为史学评论中诸多问题的解决，提供了可资借鉴的成果基础。从这个意义上说，《纵横》一书应看作是史学评论学科的奠基作。

二　从现代意义上挖掘古代史学批评的理论价值

说到中国古代的史学批评，一般人都知道唐代刘知幾的《史通》和清人章学诚的《文史通义》；然而，这不过是集中反映古代史学批评理论的两本史学理论专著，而我国古代关于史学批评方面的思想和理论，要远比这两本书中的思想更丰富、更充实、更深刻。不过，古代的史学批评思想，大多是散见于各种历史典籍之中，需要人们披沙拣金、扒梳整理，作大量的研究工作。所以，研究古代的史学批评理论，一方面需要深厚的史料功底，另一方面也需要敏锐的思想能力，要善于把散落在各种历史典籍中的有价值的理论见解发掘出来，从当代人的认识水平出发，将其整理成一个理论的系统。《纵横》中对这一艰苦的研究工作，有一个很好的解释："这种探索工作，不是以现代思想去装扮古代史学批评，而是力图使古代史学批评得到现代意义上的科学说明。"① 瞿林东先生正是从这一立场出发，以他敏锐的洞察力，从各种历史典籍中，发掘出了一系列宝贵的史学批评思想。

如他对中国史学史上直笔传统的分析，就是一个很好的例子。"书法无隐"，最早见于《左传》，是孔子对晋国良史董狐的赞词，后来成为人们进行史学批评的一个标准，也是先秦时期所有正直的历史学家所追求的一种精神境界。后来到了南北朝和隋唐时期，人们评论"书法无隐"的史学精神，又提出了"直"、"直笔"、"直书"等概念。从"书法无隐"到"直笔"、"直书"，对于史学批评史上的这一细微变化，一般人很少注意区分。而瞿林东先生则在其中发掘出了很有价值的思想。他写道：

> 从"书法无隐"到"直笔"，不止是提法的变化，而且包含着人们在史学批评之认识上的发展。"书法无隐"，这是从被动的方面提出来的；"直笔"而书，这是从主动的方面提出来的，这里就反映出来史家在主体意识方面的增强。"书法无隐"，在孔子的时候是对于个别史家的称赞而提出来的；在南北朝的时候人们谈论"直笔"，是把它作为一种史学传统或史家作风来看待的，这反映出从个别到一般的认识过程。②

---

① 瞿林东：《纵横》，第 31 页。
② 瞿林东：《纵横》，第 34～35 页。

这样的分析、挖掘无疑是深刻的。从事古代史学批评的研究，用瞿林东先生的话说，其目的就是要"用古代史学批评的果实，来滋养当代史学批评的成长"。① 要达到这一目的，自然就必须站在今天的历史高度，发掘古代思想的现代意义。只有这样，才能一方面正确揭示古代史学理论发展的真实进程；另一方面也为今天的史学理论研究提供有益的历史借鉴。

当然，要做到这一点是不容易的，它需要有敏锐的洞察力、深刻的思想力和深厚的理论修养，并要对当代史学理论的发展水平、最新成果有相当全面而深刻的把握。这一点，在《纵横》中我们也深刻地感受到了。在《采撰的得失》一文中，作者对古人如何对待历史事实问题的分析，就非常深刻并具有现代意义。

近年来，史学理论界对以往人们习惯使用的"历史事实"概念进行新的界定，从历史认识论的角度赋予它新的含义，认为所谓"历史事实"，应该是历史认识论中的一个范畴，不能离开人们的历史认识过程来理解历史事实的含义。也就是说，历史事实并不是指独立于人的意识而存在的历史事件，而是指以这种或那种方式反映在人的意识中的历史事件。任何一个历史事件，只有当它进入人们的认识领域时，才可能成为历史事实。在历史事实之中，包含着人们的解释因素，不存在没有解释的历史事实。因此，所谓历史事实，实际上是历史认识中主体和客体相统一的产物。《纵横》的作者显然是接受了这个"历史事实"概念，并从这一新的认识出发，去发掘古人关于"历史事实"的理论。

宋代学者吴缜在《新唐书纠谬·序》中说："夫为史之要有三：一曰事实，二曰褒贬，三曰文采。有是事而如是书，斯谓事实。"对这样一段话，瞿林东先生解释说："吴缜给'事实'作出了明确的定义：'有是事而如是书，斯为事实。'意思是说，客观发生的事情，被人们'如是'地即按其本身的面貌记载下来，这就是'事实'，或者说这就是历史事实。他说的事实或历史事实，不是单指客观发生的事情，也不是单指人们主观的记载，

---

① 瞿林东：《纵横》，第 32 页。

而是指的客观过程和主观记载的统一。这是很有特色的见解。"① 显然，如此发掘古代史学理论的内在价值，既符合古代思想的真实内涵，揭示了我国古代史学思想的深刻性，又显示了古代史学思想的现代价值。

可以说，重视从现代意义上挖掘古代史学批评的理论价值，是《纵横》一书的一个重要特色。

三　言简意赅，文省事丰，颇多新颖独到之处

《纵横·后记》中说："中国古代史家讲求'言简意赅'、'文省事丰'，虽心中仰慕，可是学习起来谈何容易！"这句话道出了作者在文风上的追求。其实，凡读过《纵横》的人，大概都会感受到，言简意赅、文省事丰正是该书的一个优长之处。《纵横》所讨论的所有问题，都是新的研究领域，而在表述方法上，都尽可能考察了该问题在几千年史学史上的历史发展。所以，该书中的每一个单篇都有丰富的内涵。然而，每篇文章的篇幅都压缩在五六千字之内。这样的著述追求，时下已不多见。

当然，简短的篇幅、洗练的语言、精当的归纳、准确的概括，作者为文的功力，主要是来自自身深厚的积累和通识的眼光。也正是由于有通识的眼光，在全书的不少篇章中，都提出了新颖独到的见解，给人颇多启发。如《鉴识和探赜》一文中，作者对刘知幾关于"物有恒准，而鉴无定识"思想的阐述，就是新颖独到而深刻的。刘知幾在《史通·鉴识》篇说："物有恒准，而鉴无定识，欲求铨核得中，其唯千载一遇乎。况史传为文，渊浩广博，学者苟不能探赜索隐，致远钩深，乌足以辨其利害，明其善恶！"对这段话，《纵横》评论说：

> 这里，刘知幾提出了"物有恒准，而鉴无定识"的命题。意思是说，事物自身本有一定的尺度，而人们对它的审察、评论往往是不一样的。他认为，这种情况是因为人们的学识、思想的差异造成的，所

---

① 瞿林东：《纵横》，第45页。

以才会出现对于同一事物的"毁誉以之不同，爱憎由其各异"的现象。因此，他提出了"探赜索隐，致远钩深"的重要，认为这是"辨其利害，明其善恶"的关键。

刘知幾把"鉴识"同"探赜"联系起来，从认识论上阐述了史学批评是一件严肃而又艰难的事情。这就是说，在史学批评上，人们只有通过"探赜"，才能达到"鉴识"。从今天的认识来看，这是涉及到史学批评中之主体修养与正确认识客体之间的关系了。①

"物有恒准，而鉴无定识。"大凡研究《史通》的人，没有不知道这句话的。然而，却很少有人提出这样新颖而深刻的见解。作者的独创性见解随处可见，如《史法和史意》篇中，作者评论叶适："叶适的'史法'论，大致涉及史学的几个主要问题。一是史家的史笔或曰书法，二是史书的内容之真伪，三是史书的体裁，四是史家褒贬的尺度，五是史家是否应有独立的见解……他对'史法'这个范畴给予突出的重视，并作了比较充分的阐述。在这个问题上，叶适是从刘知幾到章学诚之间架设了理论上的桥梁。"②

《读史当观大治乱得失》篇中，作者认为朱熹关于"读史当观大伦理、大机会、大治乱得失"的见解，是提出了一条重要的史学批评标准等。

读书展卷有益，每读必有启发，是读书人的一种享受和乐趣。遗憾的是，这样的书时下已不多见。在瞿林东先生的书中，笔者获得了这种精神享受，感受到莫大的快慰，因有是篇之作。

（原载《史学月刊》1995 年第 5 期，署笔名"田夫"）

---

① 瞿林东：《纵横》，第 154～155 页。
② 瞿林东：《纵横》，第 55～56 页。

专题学术史研究的新成果

——读蒋大椿著《历史主义与阶级观点研究》

历史主义与阶级观点，是马克思主义历史理论体系中两个极其重要的理论观点，由二者派生出的历史主义方法与阶级分析方法，又构成马克思主义史学方法论体系的两个基本范畴。但是，这两种理论观点及其所派生的两种史学方法论思想的关系如何，在具体历史研究实践中二者应如何结合运用，二者在马克思主义史学方法论中的地位等问题，人们历来看法不一。20 世纪 60 年代，我国史学界曾围绕这些问题展开过一场规模宏大的学术论战，但由于时代的原因，论战从一开始就带上了政治色彩，没能按科学方式对这一系列理论问题进行深入探讨。后来随着"文化大革命"的发生，那场本来就不是纯学术性的论战，更变成了一场完全政治化的口诛笔伐，使主张以独立的学术范畴看待历史主义观点的学者，受到蛮横压制和迫害。"文化大革命"以后，政治、学术环境趋向正常，有了进一步讨论问题的社会文化环境，有人曾想再度发起关于历史主义与阶级观点问题的讨论，但由于当年那场论战所留下的重重伤痕，使一些人对这一讨论视为畏途，或者对之反感和厌倦，然而，科学研究毕竟应该不断向前推进，历史主义与阶级观点这两个历史理论与史学理论研究中的基本问题，仍在一定程度上困扰着史学研究的健康发展——它也应该有新的研究和解决。巴蜀书社新近出版的蒋大椿著《历史主义与阶级观点研究》一书，① 正是

---

① 蒋大椿：《历史主义与阶级观点研究》（以下简称《研究》），巴蜀书社，1992。

为这一学术课题的深入研究提供了一个新的起点。通读全书，受益良多，谨以此文谈几点感受和看法，并就教于学界同仁和蒋大椿同志。

一 四十年学术史亟待总结

《研究》是一本专题学术史著作，对我国学术界、史学界四十多年来围绕历史主义和阶级观点问题所进行的探索和讨论，进行了系统而全面的总结。这一总结，不仅为历史主义与阶级观点问题的深入研究提供了新的起点，提示了进一步探索的方向，而且，《研究》本身也证明了对我国四十多年来学术发展道路进行认真总结的迫切性、必要性，并为新中国学术史的总结，提供了示范和经验。因此，《研究》一书，显示出重大的科学价值和理论意义。

自从 20 世纪初马克思主义传入我国，二三十年代开始有人用马克思主义观点指导进行社会科学研究，马克思主义这一科学的思想体系，便越来越发挥出推动我国社会科学研究走向进步和繁荣的重大作用，带来了我国社会科学领域的根本性变革。特别是随着中国共产党领导的新民主主义革命的胜利及新中国的成立，马克思主义在我国意识形态领域及学术研究领域更是取得了主导地位。马克思主义传入及在我国学术研究中取得支配地位，是我国近代社会科学研究的一场革命，也可以说，中国由此才有了真正的社会科学研究。没有马克思主义，就没有新中国社会科学的繁荣和进步，这是没有什么人能够否认的铁的事实。但是，几十年运用马克思主义进行社会科学研究的实践过程，也是一条曲折的不平坦的历程，留下了丰富的经验和教训，需要加以认真总结，而且这一总结工作，在苏联、东欧剧变，中国社会也面临重大历史转折的今天，显得尤其必要和迫切。从这一点上说，《研究》所做的工作，正是当前历史科学乃至整个社会科学领域亟待完成的一项重要任务。

社会科学的主要使命之一是执行社会批判，即通过对重大社会现象、社会问题的分析批判，去推动当代社会历史的发展和进步。历史科学也不例外，只不过它不是直接通过对现实社会问题的分析去指示历史运动的方向，而是通过对以往社会进程的研究去揭示历史发展的趋势，以充当社会活动的向导。从这一点上说，任何社会科学研究乃至历史科学研究，都应当贴近社会，贴近现实，贴近人们最为关注的社会实践领域，以实现其推动社会进步的功能和作用。然而，任何社会科学发展的最重要的前提，都在于研究家们独立思考的学识、品质和勇敢精神。科学所以是科学，就在于它没有框框，没有权威，不尊奉一成不变的原则，不迷信任何既成的结论，不苟合于直接的现实的眼前功利，也不听命于任何强权政治的指挥，科学研究最神圣的信条，是尊重客观对象本身的性质。社会科学的任何结论，都应该是对研究对象本身的内在联系的抽象和概括。然而，几十年来，我们的社会科学却负载累累，承担了过多的使命和任务，在"为无产阶级政治服务"的口号下，失去了独立性的品格，过多地受到政治的干扰和扭曲。《研究》一书所描述的历史主义与阶级观点研究的历史，正是一条科学研究在政治形势左右下艰难爬行的历程。

苏联的解体，给人们留下了许多值得思考的东西，留下许多值得认真总结的沉重的历史教训。毫无疑义，他们的哲学社会科学研究的经验教训，也值得我国学者进行总结和借鉴。仔细想来，在哲学社会科学研究方面，他们最大的教训莫过于搞教条主义。一切从本本出发，从已有的原则出发，而不是面对当代世界历史进步的伟大趋势去思考问题和认识问题，那么，所谓社会科学，不仅不能起到引导社会进步的向导作用，反而变成束缚人们从事伟大创造活动的镣铐和桎梏。这样，教条主义一方面把学术本身推到失去任何发展活力的濒死的境地；另一方面，这种毫无创造性的注经式的"科学研究"，也把整个民族文化引入了死胡同。那么，这个民族的任何寻找出路的企图，都必然以这种文化的彻底崩溃作为代价。恪守教条主义、本本主义的研究方式，已经使苏联学术界以至整个民族自食其果，这不仅给中国的社会科学研究以前车之鉴，也提醒我们有必要认真地清理一下我们以前走过的道路。《研究》一书的专题学术史总结，已使我们清楚地看到中国几十年来社会科学研究中严重的本本主义和教条主义痕迹。就拿史学研究来说，在以往相当长的时期内，我们的历史科学研究，实在称不上是"科学"的研究。我们的史学家的主要精力，关注的不是历史问题本身，而是经典作家的著作和言论；我们对于具体历史认识的真理性判断，不是根据于历史，根据于我们对历史内在联系性的深入开掘，而是在马克思、恩格斯的著作中翻箱倒柜，看他们对这个问题是否说过什么，直至"文化大革命"十年，教条主义、本本主义更发展到登峰造极的地步，人们标榜的马克思主义，完全走到了它的反面。随着十几年来改革开放的发展，我们的社会科学研究也有了长足的进步，实践是检验真理的唯一标准的确立以及学风的转变，人们在逐渐清理着教条主义、本本主义、学理主义的影响。然而，总观当代的社会科学研究，教条主义并没有完全成为历史的陈迹，报纸、书刊、广播、电视，在社会科学成果赖以表现的各种形式中，在社会科学涉及的各个领域中，都可以看到教条主义的踪影。可以说，在当代中国，教条主义仍然是"左倾"思想束缚人们的特有方式。彻底清除教条主义的影响，最大限度地解放社会科学工作者的学术创造能力，并由此造成更深刻更广泛的全社会性思想解放，其最重要最有效的途径之一，就是要下功夫，扎扎实实地做好对四十年社会科学发展道路的总结工作。所有的学科门类，所有重大的学术领域，都应该有一番认真地总结和清理。这种深入细致的学术史总结，可以使我们真正认清学术发展的规律，也可以使我们在更深的理性层次上对教条主义感受到一种切肤之痛。只有科学的总结过去，才能真正地告别过去、迎接未来。蒋著《研究》一书，使我们感受到在社会科学领域进行这种学术史总结的重大意义，同时也给我们提供了一个科学总结新中国学术发展史的良好示范。

二 从历史的考察中清理出推进学术发展的方向

《研究》一书的科学价值，在于它通过对历史主义与阶级观点问题研究历史的分析与总结，进一步指明了这一学术领域的研究方向，为发展这一研究提供了新的起点。《研究》的这一科学价值，表现在两个方面：一是作者通过对研究状况的评点，通过对人们争论的焦点、分歧的根源、思想方法及社会政治文化背景的分析，指出了问题症结之所在，给人们以新的学术启迪；二是作者在"结束语"部分，通过精心梳理，清晰地理出了深化历史主义与阶级观点问题研究尚需解决的一些基本问题，亦即提示了进一步研究的思路与方向。

譬如关于马克思主义阶级观点的内容问题，针对 20 世纪五六十年代的研究状况，作者写道："解放以后，我们对阶级观点一直非常重视，但对马克思主义阶级观点究竟包括些什么内容，却很少认真去考察。五十年代初，为着配合土改等政治运动需要，阶级观点的研究和宣传，侧重在如何划分阶级成分。1958 年的'史学革命'，阶级观点成为'拔资产阶级思想白旗'的主要理论武器，但我们却见不到一篇探讨阶级观点内容的像样的文章。六十年代初的有关阶级观点的局部范围的讨论中，开始提出过一些问题，涉及到'阶级'范畴的理解，个别文章也提到过阶级观点的内涵，一则较浅，再则也没有受到应有的广泛重视。比如，争论相当激烈的阶级观点与历史主义的论战中，就很少有文章对阶级观点本身的内容进行探索。直到十一届三中全会以后，史学界在清理阶级观点的理解和运用中走过的弯路时，才深深感到为着正确运用这一理论武器，首先必须对于阶级观点究竟包括些什么内容，具有比较准确的认识。"① 在介绍了新时期该问题的研究状况之后，作者又评论说："看来对马克思主义阶级斗争观点的内容，确实还需要认真下一番功夫，来进行更加深入准确的探索。"作者对以前这一问题研究状况的评点与批评，确实抓住了以往史学研究中的一个通病。在"左"倾思潮泛滥的年代，学术界确实盛行浮躁、空泛的学风，人们都在那里高喊政治口号，趋炎附势、追风逐浪、唯上为是、人云亦云，很少有人坐下来研究具体而实在的问题。在把阶级观点抬到至高无上的地位的时候，却没有人想到要问问这个"阶级观点"到底有些什么具体内容。作者的评点，既指出了发展这一研究应该用力的方向，又启发了人们对以往研究弊病的反省。

又如历史主义与阶级观点的关系，这个以笔者拙见完全是子虚乌有的问题，在 20 世纪 60 年代的论战中争论最为激烈。而且特别有趣的是，尽管争论激烈，但在有一点上，论战的双方却存在着惊人的一致性，即都认为这两个概念之间存在着"内在的、有机的联系"，似乎离开这一个概念，

---

① 蒋大椿：《研究》，第 66～67 页。

另一个概念就不能成立。正因为这样,强调阶级观点的一派就似乎显得特别有力,而强调历史主义为一独立理论范畴的人,反倒越发说不清道理。既要强调历史主义的独立性,又不敢说它可以离开阶级观点而成立,这个鬼问题,不知症结出在哪里,使手握真理的学者们,绞尽了脑汁也无法为历史主义应有的独立性自圆其说。总结历史主义与阶级观点的研究历史,并把此一问题的研究推向前进,必须解开二者关系之谜,否则,人们就无法逾越这个无关宏旨的问题,在这个认识误区中循环着一个又一个圆圈。《研究》一书对这一现象做出了很精辟的评点。作者写道:"六十年代诸家关于历史主义和阶级观点关系的提法虽有歧义,但却有一个共同的认识前提,即都认为人类文明史就是阶级斗争的发展史,文明史的内容便是阶级和阶级斗争。正是因为采取了这样共同的认识前提,加上当时政治因素的影响,因此,那种认为历史主义和阶级观点相互包含,融为一体的观点,在当时便得到了大多数论者的赞同。因为在前述的认识前提下,这种见解反而显得在逻辑上是更加前后一致的。既然文明史的内容就是阶级和阶级斗争,文明史就是阶级斗争的发展史,那么,说阶级观点也包含从发展的角度观察历史,因而已经内在地包含了历史主义,似乎确也是颇合逻辑的。而像宁可等学者,力求分辨历史主义和阶级观点的区别,以及论述二者的关系是一种有条件的统一,以求防止阶级观点理解和运用中的片面化和简单化,应当说,这种看法实际上是更接近真理的。但由于宁可等学者也接受了文明史便是阶级斗争发展这个认识前提,遂不能不同样也承认:'马克思主义的阶级观点必然贯穿着历史主义精神,马克思主义的历史主义是建立在阶级斗争学说的基础上。''彻底的历史主义必然是和阶级观点统一的。''马克思主义的历史主义的基本要求在于贯穿了阶级的内容。'……既然历史主义'必然和阶级观点统一','在于贯穿了阶级的内容',那么,历史主义和阶级观点又如何能区别得清楚呢?二者的关系又如何能得到准确的认识和阐发呢?因此,对历史主义与阶级观点关系认识的真正前进一步,就首先须对认识问题的前提,即人类文明史内容的看法有所前进。"[①] 作者认为,对

① 蒋大椿:《研究》,第 277~278 页。

二者关系的认识真正前进一步，就首先要对人类文明史内容的看法有前进，真可谓一语破的。现在大多数学者对文明史的看法已经有了大体一致的共识，多数人已认识到文明史的内容并非只有阶级和阶级斗争，进而"阶级观点"也没有根据占据唯物史观的核心地位，于是，当年人们纠缠的那种历史主义与阶级观点的关系，就已不成其为问题。《研究》为人们解开了当年这个迷人的疑团，也为今天的研究指示了路径。

作为一本学术史的总结，书中大量篇幅是用来概括、介绍学术界的研究状况，引述他人的观点、成果，但从着笔不多的分析评点之中，可以看出作者对这一学术专题用功之深，每有用笔之处，都能一下抓住问题的要害，给人们提示进一步研究的方向。最为可贵的是，作者通过大量的分析梳理工作，总结出一系列需要深入研究的基本问题，在"结束语"中提示出来，从而为对这一课题进行更加广泛深入的研究提供了一个新的起点。作者提出的问题有如下数端：

——马克思主义阶级观点是指导我们进行文明历史研究以及观察现实社会问题的一个非常重要的理论武器。那么，马克思主义的阶级观点究竟包括了些什么内容？

——对于历史上剥削阶级的作用，过去曾经流行的一笔抹煞的简单化的观点已为多数论者所否定，而对于剥削阶级的剥削行为的历史作用，究竟应如何看待？

——对阶级分析在史学方法论中的地位人们看法不一，究竟孰是孰非，必须首先弄清一个前提，即我们经常讲的"阶级分析"，到底具有什么内容，运用这一方法的程序和步骤是什么？

——"阶级观点是唯物史观的核心"的观点，已为多数论者所否定，但阶级观点是观察社会、研究历史的重要理论武器之一。那么，阶级观点在马克思主义理论体系中究竟占有什么地位，它同唯物史观究竟是什么关系？

——马克思主义历史主义具有什么内涵，学界同仁有着共同的认识，也有不少分歧，既然肯定它是一个独立的史学理论范畴，那么，对它的确定内涵能不能形成一个大体一致的界说？

——马克思主义历史主义应归属于辩证唯物主义范畴还是应归属于历史唯物主义范畴，人们有不同的看法，既然人们都承认历史主义是一个重要的马克思主义理论命题，那么，它在马克思主义理论体系中究竟占有什么地位？

——既然"阶级观点是唯物史观的核心"的观点已被否定，那么，按照新的历史视野和研究思路，马克思主义的历史主义和阶级观点究竟具有什么样的关系？

只要是对历史主义与阶级观点有过深入思考的人，都会感到以上这七个问题，确实是深化这一专题研究需要解决的重大的基本的问题。回答这些问题，不是《研究》一书应负的使命，是学界同仁共同的责任。我们相信，有了如此明确的研究目标，历史主义与阶级观点问题的研究，在不久的将来，一定会有更加深入的发展。《研究》一书对这一问题研究的新推进，无疑是一本当之无愧的奠基作。

三　学术史著作的优秀品质

作为一本专题学术史著作，《研究》具有许多优秀的品质，可供同类著作借鉴。

首先，作者坚持用历史主义观点，从特定的历史环境出发去解释一定历史时期的学术现象，其分析评价做到了中肯、稳妥，既符合历史的真实，又讲明了问题的性质。如关于阶级观点在唯物史观中的地位问题，在以往相当长的时期内，人们都把阶级观点错误地当作是唯物史观的核心，史学研究中过分夸大阶级观点的指导作用而出现的一切问题都根源于此。但这个可以说是错误的理论观点，实际上滥觞于毛泽东的一段话。毛泽东在《丢掉幻想，准备斗争》一文中说："阶级斗争，一些阶级胜利了，一些阶级消灭了，这就是历史，这就是几千年的文明史。拿这个观点解释历史的就叫做历史的唯物主义，站在这个观点反面的是历史的唯心主义。"对这段话及其所产生的影响，《研究》中做了这样的评论和分析：这段话"将阶级斗争观点提高成为历史唯物主义与历史唯心主义的根本标志，本来，阶级观点是马克思主义历史理论体系的有机构成部分，在它所适用的历史范围内，它是行之有效的科学的真理，然而，将它拔高成为历史唯物主义的根本理论要点，便失之片面，而且潜藏着导致谬误的认识种因了。这种认识的产生，是有其充分的历史理由的，即它是同无产阶级及其领导的人民大众当时所处的历史地位，以及阶级斗争以至革命战争成为共产党工作任务的重心这种状况密切相连的。这种认识并且在历史上曾经起过重要的积极作用。但在历史上曾经表现为正确的东西，却未必在理论上经得住认真的推敲。能够作这种推敲而发现这种理论认识之不足，则是需要一个相当长的历史过程的。只有在现实历史已经向前迈出一大步之后，在不断的反复中，它的消极作用才逐渐为人们所察觉"。① 作者既批评了毛泽东同志这段话"失之片面"，"潜藏着导致谬误的认识种因"，又指出这种认识的产生有其充分的历史理由，是与当时的阶级斗争状况相联系的，并肯定这种认识在历史上曾经起过重要的积极作用。这样，作者的分析既说明了关于阶级观点研究中所出现的错误的根源，又没有对这种错误的产生过多地谴责、批评，而是把它归于一种历史的原因。《研究》一书对学术史上出现的不少问题，都采取了这种历史分析的态度。

其次，《研究》一书勾稽索隐、搜罗宏富，在占有材料及处理材料上，做到了全面、客观、真实。可以说，通读全书，给人的第一印象，就是作者在搜集材料上是下到了工夫，全书征引书刊 70 余种，各种观点搜罗毕至，几乎无一遗漏。笔者掩卷深思，不觉想起拉法格关于马克思的一段话："《资本论》里引证了那么多无名作家的话，人们也许会以为这是要炫耀自己的学识渊博。但马克思却决不是出于这种动机，他说：'我执行历史的裁判，给每个人以应得的奖励。'他觉得指出第一个发表某一种思想或把这种思想阐述得比任何一个人都更为精确的作家的名字（不管这个作家是多么不重要和多么不知名）是他的责任。"《研究》一书就是继承了马克思写作《资本论》的科学品质，任何一个问题的讨论，作者都竭力找到最早提出某种观点的人，不管这个人怎样的不知名，不引人注意，也给他

① 蒋大椿：《研究》，第3页。

以应有的地位。例如漆侠先生在 1953 年第 7 期《新建设》上发表的《正确认识历史上的封建统治阶级和封建王朝》一文，对当时史学研究中的非历史主义观点进行批评。针对当时流行的中国"三千年来的封建统治阶级中，没有一个好家伙，一句话，朝朝代代都是坏蛋坐江山"的说法，漆侠批评"这种论调是违反马克思主义的非历史主义的观点"。他认为，"不能一笔抹煞三千年来的封建统治阶级"，应根据当时的历史条件，进行具体分析，"在社会发展的全部过程中，推动历史前进的真正动力，乃是千百万的劳动群众，但是各个不同的统治阶级……也曾起过一定的推动作用"。当时的漆侠还是青年人，此文并不多被人们所注意，特别是现在研究历史主义问题的人，对这篇文章多不关心，而都是注目于范文澜、翦伯赞等大家的论文论著。《研究》一书则对漆侠此文的学术地位给予了应有的重视，评论"漆侠此文，当是解放后运用马克思主义历史主义原则批评不正确地运用阶级观点而产生的非历史主义倾向的最早的文章之一"。

以往人们认为，关于历史主义与阶级观点的关系问题，最早将二者相提并论是翦伯赞，他在 1962 年 6 月发表的《目前史学研究中存在的几个问题》一文中提出："除了阶级观点以外，还要有历史主义"，并强调"必须把阶级观点与历史主义结合起来"。有人据此断言，翦伯赞将历史主义与阶级观点相提并论，在"马克思主义史学史上还没有先例"。《研究》一书则根据详尽的资料证明，这种说法有失准确。作者写道："实际上，在此以前三年，即 1959 年夏，河南历史学界便已有学者提出这一问题，并且在《史学月刊》上就历史主义问题展开过讨论了"。"郭晓棠在《中州评论》1959 年的第 13、14、15 期连载《历史主义，还是反历史主义》一文，严厉批评了当时史学研究中片面运用阶级观点而产生的反历史主义倾向，提倡马克思主义历史主义，并主张运用阶级观点必须同正确的历史观点结合起来。""就我所读到的材料而言，应当说，河南历史学家郭晓棠是解放后我国第一位从理论上明确将马克思主义历史主义和阶级观点相提并论而且主张二者应该结合的历史学家。""五十年代末和六十年代初，河南历史学界最先提出了马克思主义历史主义和阶级观点相结合，并且组织了关于历史主义问题的专栏讨论，对马克思主义历史主义和阶级观点的研究作出了贡献。"① 由于作者详尽地占有了材料，并坚持客观、公允、求真的科学态度，所以，《研究》一书具有很高的科学价值，弄清了历史主义与阶级观点研究中的许多具体问题。

《研究》还有许多值得称道的优秀品质，比如作者不以自己的学术观点作为取舍材料的标准，对各种观点的征引都采取尊重和忠实的态度，客观、准确地反映各家各派的基本观点；对在今天看来似乎是错误的观点，也不简单地批评指责，而是认真分析错误的性质及致错的原因，并力求指出某些错误观点中尚包含着的真理性成分，等等。因为篇幅原因，这些就不再展开评述了。

当然，《研究》也还是有可以进一步充实、深化的余地。笔者感到，作为一本专题学术史，它已经完成了自身的任务，但要充分地实现作者"为更深入地研究这些理论问题提供一个新的认识起点"的夙愿，该书还有做得不够的地方。比如最后的结束语，作者提出了需要进一步研究的七个问题，提示了今后这一专题领域研究的方向，但这些问题都是从"历史主义与阶级观点"问题的理论研究中梳理出来的，作者的精力还没有能顾及具体历史研究实践中遇到的问题。如能把视野投向具体的历史研究，当可看到，在实际的历史研究、历史评价中，人们经常碰到历史主义与客观主义、历史主义与相对主义、历史主义与伦理主义（即历史评价与伦理评价的关系）等一系列重大而又棘手的问题，这些都应当从理论上作深入探讨，是从事史学理论研究而又关心历史主义问题的同志，应该去努力回答的问题。

（原载《史学理论研究》1994 年第 1 期）

---

① 蒋大椿：《研究》，第 22、23、25 页。

后　记

　　在一个集子编好之后，应该有个"后记"，交代一下它的结集缘起。

　　自1980年发表第一篇史学论文（《中国封建社会的农民是革命民主主义者吗》，载《文史哲》1980年第1期，和漆侠先生商榷农民思想的属性问题）以来，30多年的史学研究生涯中，从没有萌发过做一个评论家的愿望。但历史研究在很大程度上就是评论，不是对历史本身的评论，就是对历史研究的评论，从这个角度说，那充满年轻人激情的第一篇论文，实际也就是一篇史学评论文章了。和一个名家商榷历史上农民的思想属性问题，并且是以批评为主的商榷，不是评论又是什么呢？但尽管如此，却一直没有出一本评论集的念头。

　　出一本史学评论集子的想法，源于近年一篇评论文章的尴尬。

　　大概在2009年的暑期前后，主编《中国史研究》的彭卫兄，约我写一篇评论六十年来中国古代史研究方法论问题的文章，我接了这个差事，但写作提纲几易其稿，也始终激不起写作的欲望。后来，大概是2010年的7月，我突然想到把这个题目换一个角度，不写方法论方面的问题，而是去揭示历史学家的思想层面，从研究主体的角度去剖析一下六十年来中国古代史研究的思想进程，看看我们的历史学家的思想轨迹，是一个如何演变的过程。我想，总结六十年是一个反思的过程，而自改革开放以来，凡总结新中国史学的曲折道路，几乎无例外地都将其归结于政治和意识形态诸因素对史学的干扰，从政治与学术关系的角度反思六十年史学的发展道路。这当然是没有疑问的，也的确是抓住了中国史学的一个最顽强的特征，但是，史学研究毕竟是主体能动的认识活动，我们为什么不能从历史学家自身出发去总结一下呢？固然政治的意识形态的强大，是任何一个历史学家都无力抗衡的，但这能够完全地为历史学家开脱吗？我突然感到，我有了一个明确的问题意识，而且也是以往的评论所很少涉及的问题，于是很快被这个想法激动起来。但是，历史学家的思想世界，是和他们所因袭的传统文化息息相关的，也是和现实的政治、意识形态紧密地联系在一起的，甚至在很大程度上是由它们所塑造的，对历史学家思想世界的分析，势必要涉及甚至抨击到这些问题，而这又难以为当下的主流意识形态所宽容。将来的发表一定是会有问题的，这是我在没有动笔之前就有的预感。但是，无论如何，我已经被这样一个题目激动起来，能否发表的问题已经不在考虑之列了——写作，表达，发出一个来自心灵深处的声音，提出对当代史学发展的真实见解——一吐为快就成为我的唯一目的。一篇长达十余万字的论文，就这样在一种难以自已的极为冲动的思想场景中展开，最后的结果就是形成了收入本集的第一篇论文《六十年中国古代史研究的思想进程》。

初稿完成后，曾有过一段时间的喜悦和冲动。这样长的篇幅以及论文的基调都决定它无法在期刊上公开发表，我就通过电子邮件的方式在朋友圈子中传阅，并征求意见。这个传阅交流的过程，一方面使我受到了莫大的精神鼓励，另一方面也确实收到了不少好的修改建议。其中最普遍的建议就是希望将其扩充为一本专书，这使我想到采取出书的形式将其发表。

出书应该是没有问题的。根据我掌握的资料，想到的问题，扩充为几十万字的作品并不是有多大的难度，也就是一个时间的问题。但我这个人的确有自己的毛病，思考过的问题，就没有了兴趣，甚至修改的动力都不是很足。因为，毕竟主要的观点不会改变，没有了思想的冲动，写作的动力从哪里来呢？最初写作本文时那种激越的情感，那种难以自已的冲动，那种激动得双手颤抖以至于键盘凌乱敲不出完整句子的情景，是不会在单纯的扩充中再现的。失去冲动体验的写作是痛苦的，所以，我不想去做扩充成书的事情。但是，朋友们的建议的确给我指出了一个出书的选择。

出书，出不了专书就出集子，把我写过的一些评论文章结集成书，自然就解决了该文的发表问题。于是，我就动手翻检自己在这方面所做过的点点滴滴。没想到多少年下来，还真是写了不少这方面的文字，有专题评论文章，有对史学现状的随感式短评，也有为一些史学名家写作的书评，林林总总不下几十万字，结集起来也算是颇具规模了。当已经有了初步的谋划之后，却出现了论文公开发表的转机。《中国史研究》主编彭卫先生来信说，他们要创办一个《历史学评论》杂志，可以把这篇长文在创刊号上发表。这篇文章倒是适合他们刊物的性质，但我也顾虑论文的敏感性会给彭卫先生带来麻烦。最后，彭卫先生的执着和勇气感染了我，我就怀着惴惴不安的心情交给了他们。论文有了着落，没有了出版评论集的初衷，而出版一个评论集的想法却被调动起来了，并挥之不去。不知道是不是有点敝帚自珍的心态，翻看已经发表过的那些评论文字，总感觉还有些结集的价值，有些文字虽已过多年，也还有阅读的冲动。所以，最后还是下决心将其出版。

本集收入论文 24 篇，分为四组。

第一组五篇，是关于史学研究状况的思想性学术性评论，区别于一般的书评。只有《"天高皇帝近"：一个重要的中国思想史命题》是针对一本书的评论，但该文偏重于学术思想的讨论，思想性较强，不同于一般的书评，所以也列入本组之中。本组的第五篇论文《论刘知幾史学的批判精神》，评论对象是刘知幾，似乎不合乎本集"当代史学"之义，但考虑到论文主旨的时代性，立意在当代，所以也收录进来。

第二组五篇，是综述性评论，是以综述为主对某种研究状况的总结和点评，基本上是在世纪之交、新中国成立 60 年、改革开放 30 年等几个重要时间节点上，以学术总结和学术反思为目的的产物。

第三组八篇，是学术短评，都是针对某种学术现象所抒发的议论，不同于一般的学术论文。这组文章篇幅短小，不旁征博引，不重在立论，而重在展示一个小小的思想火花，行文也随意而恣情。这些文字的形成，多是为一些期刊的"笔谈"栏目所撰写。

第四组六篇，是为一些著名史家所撰写的书评。评论对象涉及吴泽、朱绍侯、熊铁基、瞿林东、蒋大椿五位先生。五位都是学界名家，编排顺序没有以文章发表的时代为据，而是按传统的年齿为序。其中关于朱绍侯先生，评论的是先生的两部中国古代史教材，不同于其他几篇一书一评的书评形式。

收入本集的文章，写作时间最早的距今已近30年了，现在读起来，无论术语还是观点，都有过时之嫌，但为着尊重历史，就不再做修饰。各篇写作时是独立成篇，有些评论、举例在不同的场景、从不同的角度被反复谈到，现在结集在一起便显示出某些地方的内容重复之弊，但为了保持文章的完整性也不再删改。类似这些不妥不当之处，敬请读者诸君多多见谅。

本集中的评论文章涉及不少具体学术现象，需要就此做个声明。笔者从事史学研究30余年，虽然成就不彰，但却没有和任何人交恶，只有朋友，没有敌人。学术观点方面的不同，都不影响朋友之间的个人情感。因此，论集中所涉及的各种观点，无论是是是非，都是就事论事，不针对任何个人。如果无意之中伤到了哪位同仁，绝非恶意攻讦，敬请多多海涵。

河南大学历史文化学院为本书的出版提供了资金方面的支持，深表谢忱！

老朋友彭卫兄为本书写序，是笔者的荣耀。笔者虚长彭卫兄几岁，对这位老弟素怀敬意，能淘到他的点评文字，私心引以为幸。在本书出版之际，对彭卫兄的赐序，表达无尽的感激！

李振宏

2014 年 9 月 8 日

图书在版编目（CIP）数据

当代史学平议/李振宏著. —北京：社会科学文献出版社，
2015.7
ISBN 978 – 7 – 5097 – 7635 – 3

Ⅰ. ①当…　Ⅱ. ①李…　Ⅲ. ①中国历史 – 古代史 – 文集
Ⅳ. ①K220. 7 – 53

中国版本图书馆 CIP 数据核字（2015）第 130887 号

当代史学平议

著　　者 / 李振宏

出 版 人 / 谢寿光
项目统筹 / 宋荣欣
责任编辑 / 宋　超

出　　版 / 社会科学文献出版社 · 近代史编辑室（010）59367256
　　　　　地址：北京市北三环中路甲 29 号院华龙大厦　邮编：100029
　　　　　网址：www. ssap. com. cn
发　　行 / 市场营销中心（010）59367081　　59367090
　　　　　读者服务中心（010）59367028
印　　装 / 三河市东方印刷有限公司

规　　格 / 开　本：787mm × 1092mm　1/16
　　　　　印　张：35. 25　字　数：540 千字
版　　次 / 2015 年 7 月第 1 版　2015 年 7 月第 1 次印刷
书　　号 / ISBN 978 – 7 – 5097 – 7635 – 3
定　　价 / 128. 00 元